böhlau

Studien und Darstellungen
der Gesellschaft für Rheinische Geschichtskunde
Band 2

Herausgegeben von der
Gesellschaft für Rheinische Geschichtskunde

Stephan Laux (Hg.)

Quellenpublikationen der Gesellschaft für Rheinische Geschichtskunde

Rahmenbedingungen, Genese und Rezeption im
wissenschaftshistorischen Kontext

BÖHLAU

Veröffentlicht mit freundlicher Unterstützung des Landschaftsverbandes Rheinland

Bibliografische Information der Deutschen Nationalbibliothek:
Die Deutsche Nationalbibliothek verzeichnet diese Publikation in der
Deutschen Nationalbibliografie; detaillierte bibliografische Daten sind
im Internet über http://dnb.d-nb.de abrufbar.

© 2025 Böhlau, Lindenstraße 14, D-50674 Köln, ein Imprint der Brill-Gruppe
(Koninklijke Brill BV, Leiden, Niederlande; Brill USA Inc., Boston MA, USA; Brill Asia Pte Ltd, Singapore;
Brill Deutschland GmbH, Paderborn, Deutschland; Brill Österreich GmbH, Wien, Österreich)
Koninklijke Brill BV umfasst die Imprints Brill, Brill Nijhoff, Brill Schöningh, Brill Fink, Brill mentis,
Brill Wageningen Academic, Vandenhoeck & Ruprecht, Böhlau und V&R unipress.

Alle Rechte vorbehalten. Das Werk und seine Teile sind urheberrechtlich geschützt.
Jede Verwertung in anderen als den gesetzlich zugelassenen Fällen bedarf der vorherigen
schriftlichen Einwilligung des Verlages.

Umschlagabbildung: Band, Karl; Rathaus // Blick auf den alten Kölner Rathauskomplex. Im dortigen
Hansasaal erfolgte am 1. Juni 1881 die Gründung der Gesellschaft für Rheinische Geschichtskunde, undatierte
Fotografie. (Rheinisches Bildarchiv, Nr. rba_014036).

Korrektorat: Dirk Michel, Mannheim
Einbandgestaltung: Guido Klütsch, Köln
Satz: Michael Rauscher, Wien
Druck und Bindung: Prime Rate, Budapest
Gedruckt auf chlor- und säurefreiem Papier
Printed in the EU

Vandenhoeck & Ruprecht Verlage | www.vandenhoeck-ruprecht-verlage.com
E-Mail: info@boehlau-verlag.com

ISBN 978-3-412-53021-1

Inhalt

Vorwort 7

I. Einführung

Stephan Laux
Editionen in ihrer Zeit. Einleitende Gedanken zu ihrer Entstehung, Funktion und Rezeption 13

Frank M. Bischoff
Perspektiven der Gesellschaft für Rheinische Geschichtskunde im 21. Jahrhundert 27

II. Rahmenbedingungen

Günther Schulz
Rheinisches Wirtschaftsbürgertum und regionale Wissenschaft. Gustav von Mevissen und Karl Lamprecht 57

Wilfried Reininghaus
Rheinisch-westfälische Interferenzen und Verbindungen 73

III. Werkbetrachtungen

Andreas Rutz
Konstantin Höhlbaum et al., »Das Buch Weinsberg« (1886–1898/1926). Geschichte, Probleme und Perspektiven einer Edition 97

Stephan Laux
Georg von Below et al., Die »Landtagsakten von Jülich-Berg« (1895–1925/1940). Staat versus Genossenschaft 121

Joachim Oepen
Richard Knipping et al., »Die Regesten der Erzbischöfe von Köln im Mittelalter« (1901–2001). Elf Jahrhunderte in 100 Jahren 159

Wolfgang Schmitz
Ernst Vouliéme, »Der Buchdruck Kölns bis zum Ende des 15. Jahrhunderts«
(1903). Bibliographie als Quelle der Buch-, Kultur- und Wissenschaftsgeschichte 181

Ralf-Peter Fuchs
Otto R. Redlich, »Jülich-Bergische Kirchenpolitik am Ausgange des Mittelalters
und in der Reformationszeit im 15. und 16. Jahrhundert« (1907–1911).
Ein Versuch, Reformationsgeschichte über Quellenstudium zu versachlichen 207

Michael Wettengel
Joseph Hansen, »Rheinische Briefe und Akten zur Geschichte
der politischen Bewegung 1830–1850« (1919–2013). Zwischen Rheinland,
Preußen und Liberalismus 221

Carla Meyer-Schlenkrich
Adolf Kober, »Grundbuch des Kölner Judenviertels 1135–1425« (1920).
Kartierung einer verlorenen Welt 259

Georg Mölich
Joseph Hansen (Hg.), »Geschichte des Rheinlandes von der ältesten Zeit bis zur
Gegenwart« (1922). Gesamtdarstellung als geschichtspolitisches Angebot 285

Jort Blazejewski
Joseph Hansen, »Quellen zur Geschichte des Rheinlandes im Zeitalter der
Französischen Revolution 1780–1801« (1931–1938). Deutsch-französische
Zeitgeschichte im Spiegel des Alten Reiches und der Revolutionsepoche 299

Helmut Rönz
Burkhard Dietz / Anselm Faust / Bernd A. Rusinek, »Lageberichte rheinischer
Gestapostellen« (2012–2016). Die »Gesellschaft« entdeckt das 20. Jahrhundert 323

Siglen und Abkürzungen 337

Abbildungsnachweise 339

Autoren und Autorinnen 341

Register 345

Vorwort

Der vorliegende Sammelband publiziert in ergänzter Form die Redebeiträge der Tagung »Die Gesellschaft für Rheinische Geschichtskunde im Kontext. Geschichte – Leistungen – Perspektiven« vom 9. und 10. Juni 2022. Die Veranstaltung knüpfte an die 2022 von Klaus Pabst vorgelegte Gesamtdarstellung »Die Gesellschaft für Rheinische Geschichtskunde (1881–1981). Trägerschaft, Organisation und Ziele in den ersten 100 Jahren ihres Bestehens« an. Pabst hatte in seiner Monographie ihre ersten 100 Jahre seit der Gründung behandelt. Besondere Entstehungsumstände erforderten die weitgehende Beschränkung auf die institutionelle Dimension. Nun galt es, den Blick auf die eigentliche wissenschaftliche Produktivität der »Gesellschaft« zu richten.

Indem diese Aufsatzsammlung insofern einen Lückenschluss mit Blick auf eine spezielle Wissenschaftseinrichtung vornehmen will, sollte sich ihr Wert darin doch nicht erschöpfen: Denn die gestellten pragmatischen Fragen, mit denen hier die wichtigsten Veröffentlichungen der »Gesellschaft« adressiert werden, reichen weit über den Horizont der rheinischen Landesgeschichte hinaus. Das Grundthema ist nämlich ein universelles: die Historizität von Quelleneditionen. Diese Dimension des historischen Arbeitens ist noch nicht hinreichend reflektiert worden. Hierzu möchte der Band aus regionaler Perspektive einen nicht nur ergänzenden, sondern auch perspektivisch innovativen Beitrag leisten.

Zu diesem Zweck wurden zentrale Editionen im Rahmen der »Publikationen der Gesellschaft für Rheinische Geschichtskunde« identifiziert und mit Hilfe ausgewiesener Expertise porträtiert. Ein besonderes Augenmerk richtete sich auf die Veranlassung, Genese und personelle Umsetzung der Editionen. Die dabei gestellten pragmatischen ›W‹-Fragen lassen sich wie folgt benennen: Wer hat sich wann, durch welche persönliche oder institutionelle Veranlassung, unter welchen Bedingungen und vor allem in welcher Form und Aussage zur Edition historischer Quellen veranlasst gesehen? Sie werden erweitert durch die nicht weniger relevante Frage, wie sich Nutzung, Aneignung und Rezeption der Quellenwerke innerhalb, wie möglicherweise auch außerhalb der Fachwissenschaft gestalteten. Der Behandlung dieser zentralen Aspekte sind in den Abschnitten »Einführung« und »Rahmenbedingungen« insgesamt vier Beiträge vorgeschaltet, die die Editionstätigkeit der »Gesellschaft« in einen umfassenden Kontext stellen.

Bei der Beleuchtung der Entstehung der Editionen boten sich maßgeblich die seit 1881 lückenlos dokumentierten »Jahresbericht[e]« der »Gesellschaft« an. Daneben wurde, sofern möglich, in vielen Fällen die archivische Provenienzüberlieferung der »Gesellschaft« herangezogen. Der in der Tektonik des Historischen Archivs der Stadt Köln unter »Nachlässe und Sammlungen« eingeordnete Bestand 1800 geriet allerdings durch den

Zusammensturz des Archivs 2009 massiv in Mitleidenschaft und kann auf absehbare Zeit nicht vollständig genutzt werden. Es besteht immerhin die Aussicht, dass die Totalverluste dieses Bestandes, der vor 2009 440 Einheiten zählte, nach Abschluss aller Arbeiten nicht über jenen zwei bis fünf Prozent liegen, die für den Gesamtbestand veranschlagt werden.

Ungeachtet des gewählten systematischen Ansatzes sind und bleiben die Porträts in diesem Sammelband ebensolche. Angesichts der Vielzahl der Editionen der »Gesellschaft«, die bis heute (2024) 86 römische Nummern und noch viel mehr Bände und Teilbände zählen, können sie keine Repräsentativität beanspruchen. Auf die Untersuchung einzelner, unzweifelhaft bedeutender Werke musste in Ermangelung verfügbarer Bearbeiter verzichtet werden. Dazu zählt ganz besonders der von 1894 bis 1909 entstandene »Geschichtliche Atlas der Rheinprovinz« einschließlich der bis in die 1920er Jahre erschienenen »Erläuterungen« sowie der 1981 bis 2008 aufgelegte »Geschichtliche Atlas der Rheinlande«. Andere, ebenfalls nicht behandelte Publikationen erscheinen vergleichsweise unauffällig. Angesichts eher verborgener Implikationen würden sie jedoch eine nähere Beschäftigung lohnen. Als Beispiel seien die von Ernst Landsberg (1860–1927) ausgerechnet 1914 veröffentlichten »Gutachten der Rheinischen-Immediat-Justiz-Kommission« genannt. Mit diesen verband sich nichts Geringeres als, wie der weitere Titelverlauf verrät, »der Kampf um die rheinische Rechts- und Gerichtsverfassung 1814–1819«, also der Wunsch nach der Wahrung liberaler Errungenschaften in der Übergangsphase vom postrevolutionären Frankreich zum restaurativen preußischen Staat.

Wenngleich also manches mehr wünschenswert gewesen wäre, eröffnet der Sammelband doch ein breites Spektrum der Editionstätigkeiten der »Gesellschaft«. Zugleich spannt er den Bogen weiter, indem über die Werkbetrachtungen hinaus die Anfänge der »Gesellschaft« und hier vor allem die Haltung ihrer Hauptakteure nochmals in den Blick genommen werden. Auch das Verhältnis von Editionen und Quellen in der Entwicklung der Geschichtswissenschaft des 20. Jahrhunderts wird insbesondere unter dem Aspekt der Darstellung, quasi als Tradition, beleuchtet. Und die wissenschaftlichen Schwerpunkte werden in einer vergleichenden Betrachtung der Arbeiten zweier Schwesterorganisationen, der rheinischen »Gesellschaft« und der Westfälischen Kommission, zueinander in Beziehung gesetzt. Nicht zuletzt wird auch die jüngste Geschichte der Gesellschaft in ihrer organisatorischen und thematischen Entwicklung wenigstens in groben Zügen gestreift und mit Verweis auf aktuelle und mögliche zukünftige Herausforderungen ein Blick in die Zukunft gewagt.

Was der Band nicht separat wiedergeben kann, sind die angeregten Diskussionsbeiträge der Teilnehmerinnen und Teilnehmer im Verlauf der Tagung am 9. und 10. Juni 2022 im LVR-LandesMuseum in Bonn, die das große Interesse an einer historischen Einordnung der Arbeit der »Gesellschaft« im Besonderen und der rheinischen Landesgeschichte und ihrer Vermittlung im Allgemeinen zum Ausdruck brachten. Manch ein Hinweis mag aber in die Beiträge eingeflossen sein. Die wissenschaftsgeschichtliche Auseinandersetzung mit der Geschichtsschreibung über den Großraum Rheinland einschließlich der angrenzenden Regionen verdient es, fortgesetzt und intensiviert zu werden auch im Sinne einer kritischen Reflexion der jeweils zeittypischen Zugänge und Erkenntnisinteressen oder der ausgeblendeten Aspekte.

Über die Autorin und die Autoren hinaus möchten wir all jenen danken, die an der Entstehung und Bearbeitung dieses Bandes maßgeblich mitgewirkt haben. Georg Mölich hatte im Zuge der Vorbereitungen der erwähnten Tagung und insbesondere bei der Konzipierung des Bandes, einschließlich der Gewinnung von Verfassern, einen großen Anteil. Seitens der Universität Trier ist den Mitarbeiterinnen und Mitarbeitern bei der Professur für Geschichtliche Landeskunde in Trier nachdrücklich zu danken, namentlich Anja Ottilie Ilg, Konrad Langner und Johanna Strupp für redaktionelle Unterstützung. Seitens der beim Landschaftsverband Rheinland beheimateten Geschäftsstelle der »Gesellschaft« danken wir Alexander Olenik für das allgemeine ›Management‹. Ein besonderer Dank gilt auch Dr. Max Plassmann vom Historischen Archiv der Stadt Köln, der dafür Sorge getragen hat, dass mehrere Beiträger dieses Sammelbandes von der Restaurierung einzelner Akten profitieren konnten, die auf entsprechende Bitte durch das Archiv bevorzugt bearbeitet wurden.

Bonn und Trier, im Juli 2024
Frank M. Bischoff und Stephan Laux

I. EINFÜHRUNG

Stephan Laux

Editionen in ihrer Zeit

Einleitende Gedanken zu ihrer Entstehung, Funktion und Rezeption

»Jeder kritischen Bereitstellung von Quellen« liegt, so drückte es Rudolf Schieffer 2007 aus, »der dienende Charakter« dieses Tuns zugrunde.[1] Die Aussage trifft für den Nutzwert von Quelleneditionen ebenso zu wie für das Selbstverständnis derjenigen, die sie realisieren. Schließlich entspricht das Ethos des beflissenen Quelleneditors ebenso wie sein skrupulöses, oft genug entsagungsvolles Handeln dem tradierten Werteverständnis der historischen Zunft, die sich fortwährend mit der Frage der Verfügbarkeit der Quellen und der Bewertung ihrer Beschaffenheit konfrontiert sieht. Mag daher die Verpflichtung zur editorischen Arbeit als solche mehr oder minder selbstverständlich sein, sahen sich auch die Historikerphilologen in der Zeit des Historismus nicht von der Frage nach dem Gegenstand und der Reichweite seiner Erfassung entbunden. Allein der Umstand, dass durch eine Edition ein Gegenstand respektive ein Themenfeld definiert und als dokumentationswürdig ausgewiesen wird, wirft daher die Frage nach Beweggründen und institutionellen Verbindungen bzw. Abhängigkeiten auf.

Ungeachtet des Umstands, dass Quelleneditionen sich durch Art und Ausmaß von Kommentierungen – in der Regel mehr oder auch minder umfangreiche Einleitungen – stark unterscheiden, müssen sie zwingend dem Feld der Historiographiegeschichte zugeordnet werden. Damit sind gleichzeitig die Zielstellung dieses Sammelbandes wie die zentrale These dieser einleitenden Skizze formuliert. Der enge Zusammenhang von Quelle und Kommentar ist – wohl nicht allein im Gesichtskreis der rheinischen Geschichte – indes bislang noch nicht ausreichend, vor allem nicht systematisch dargelegt worden. Dabei sollte man meinen, dass genau dies ein oft und tiefgründig erforschtes Feld sein müsse. Indes war in den 1880er Jahren, also in der Spätzeit Leopold von Rankes und genau zur Gründerzeit auch der »Gesellschaft«, die historische Zunft ungleich stärker damit befasst, Quellen nach schulmäßigen Regeln zu erschließen und zur Veröffentlichung zu bringen, als sich über die inhaltlichen Kriterien dieses Tuns zu vergewissern.[2] Dies und die im Historismus vorwaltende strenge Scheidung von Quellen und Literatur dürfte dazu beigetragen haben, dass historische Editionen weitgehend aus dem Horizont der Historiographiegeschichte herausgefallen sind, weil die Darstellung gegenüber der

---

1 Zit. SCHIEFFER, Erschließung, S. 57.
2 Vgl. etwa die Ausführungen zur Begründung der Sozialgeschichte bei OESTREICH, Fachhistorie, S. 321–323.

Quelle als wesensfremd angesehen wurde: Jene, so dachte man, erfordere narratives Geschick, diese die Beherrschung des »Handwerks«.

Editionen – doch kein »Werkzeug des Historikers«?

Mit dieser auf historische Sinnzusammenhänge übertragenen Vokabel des »Handwerks« verbindet sich unweigerlich das »Werkzeug des Historikers«, ein nach älterer Diktion als »Einführung in die Hilfswissenschaften« zum primär studentischen Gebrauch dienendes Taschenbuch des Archivars und Mediävisten Ahasver von Brandt (1909–1977). Es erschien erstmals 1958 und zuletzt 2012 in 18. Auflage. Brandt räumte in seinen Aussagen zu den »Grundlagen der Forschung« zwar ein, dass hinsichtlich des Verhältnisses von Quellen und Literatur »keine absolute, sondern nur eine relative Unterscheidungsmöglichkeit« bestehe.[3] Schließlich könne jede zurückliegende »Darstellung« als »Quelle« verstanden werden, derweil, wie zu ergänzen und nicht nur in der Alten Geschichte bekannt ist, manche »Sekundärquelle« eine historische Darstellung eines wiederum historischen Sachverhalts war. Allerdings lag Brandt die Problematik offenbar fern, dass auch die Veröffentlichung von Quellen Teil einer meinungs- bzw. interessegeleiteten geschichtswissenschaftlichen Produktion und insofern auch »Darstellung« sein kann. Mit dieser Mutmaßung korreliert der eigentümliche Umstand, dass sich Brandt in seinem Büchlein *nicht* über Quelleneditionen äußerte – weder über ihre Anfertigung noch über ihre Benutzung.

Der ›Fall‹ Brandt verdient in diesem Zusammenhang auch deswegen zitiert zu werden, weil er mit Blick auf die von ihm prominent vertretene Hanseforschung geeignetes Anschauungsmaterial für die Einsicht in die Notwendigkeit einer historisierenden Rückschau auf das Editionswesen bietet. Brandt war nämlich mit der Fertigstellung der »Regesten der Lübecker Bürgertestamente des Mittelalters« (1964 und 1973)[4] betraut. Seine Überzeugung, die führenden Hansekaufleute seien von tiefem Gemeinwohlempfinden erfüllt gewesen, ließen ihn an eine quasi natürliche Idoneität glauben, der er auch im »Werkzeug des Historikers« Ausdruck gab: Hier sollte eine genealogische Tafel ernsthaft die Korrelation von »Begabungshäufung und Verwandtschaftszusammenhänge[n] in vier Familien der bürgerlichen Oberschicht« belegen – nicht überraschend unter namhafter Lübecker Beteiligung.[5]

Dieses im Ganzen harmonisierende, durchaus auch beschönigende Narrativ der Lübecker Oberschicht war in sozialgeschichtlicher Hinsicht im Grunde indifferent und damit schon bei Fertigstellung der Edition nicht mehr zeitgemäß. Schwerer wiegt die

---

3 Zit. BRANDT, Werkzeug des Historikers, S. 48.
4 Vgl. BRANDT, Regesten (2 Bde.).
5 BRANDT, Werkzeug des Historikers, S. 47.

in Teilen völkische Ausrichtung des Editionsunternehmens in dessen Anfängen, für die die nationalsozialistisch gesinnten Vorarbeiter Brandts standen, Adolf Hofmeister (1878–1936) und vor allem Georg Fink (1884–1966). Auch Brandt selbst hatte einen erheblichen Anteil daran, das national geprägte »Hansebild« seines Lehrers Fritz Rörig (1882–1952), der nach dem Ersten Weltkrieg lange führenden Persönlichkeit der Hanseforschung, nach dessen Tod fortleben zu lassen. Rörig hatte seinen prominentesten Schüler 1934 promoviert und nachfolgend in ein einflussreiches Wissenschaftsnetzwerk eingeführt. Nach dem Tod Rörigs musste es aus bürgerlicher Sicht darum gehen, einen Kontrapunkt zu den seit Mitte der 1950er Jahre erschienenen marxistischen Hanseforschungen zu setzen. Für Rörig selbst hatte die hansische Kaufmannschaft als der tief im Volkstum verwurzelte Antipode des zunächst obsiegenden Territorialfürstentums gegolten, das infolge der Wiederbelebung des nationalen Volksstaats ein von der Geschichte überholtes Degenerationsphänomen darstellte. Die Edition der Bürgertestamente nach 1945 konservierte damit unmerklich – denn Einleitung und Textaufbereitung verraten von alledem nichts – ein zweifelhaftes Geschichtsbild.[6] Brandt, der in seinem »Werkzeug des Historikers« einleitend die Verpflichtung »des Historikers« ausgesprochen hatte, »aktiv an der Entstehung und Vervollkommnung des gültigen Geschichtsbildes mitzuwirken«, gab also in eigener Person Anlass, darüber nachzudenken, dass »die kritische Fähigkeit, die gefundenen Quellen fehlerfrei auszuwerten«, voraussetzt, zunächst auch ebenso kritische Nachfragen nach deren Herkunft und Aufbereitung zu stellen.[7]

Die Zeitgeschichte als Vorreiterin

Das Wissen darum, dass Editionen, zumal wenn sie von einer Institution in Auftrag gegeben, finanziert, gedruckt und beworben wurden, stets an den jeweiligen Zweck-, Format- und nicht zuletzt auch inhaltlichen Vorgaben gespiegelt werden müssen, ist wohl am ehesten in der Geschichtsschreibung des 20. Jahrhunderts ausgeprägt. Die »Zeitgeschichte«, so die pointierte Aussage von Klaus Große Kracht, war »ein Kind des Krieges«.[8] Sie bietet hinlängliche Beweise für die politische Bedeutung des Editionswesens, wohl weniger nach dem Zweiten als nach dem Ersten Weltkrieg, da Dokumentationen zur Erhellung der »Kriegsschuldfrage« in der gewünschten Tendenz sich in Reaktion auf »Versailles« zu Dimensionen der Großforschung auswuchsen.[9] Dass rheinische Landeshistoriker wie Moriz Ritter (1840–1923), Joseph Hansen (1863–1943) oder Justus

---

6 Vgl. STUBBE DA LUZ, Verein für Lübeckische Geschichte und Altertumskunde; FÖRSTER, Hansebild; REICH, Der Hansische Geschichtsverein, u. a. S. 231–259.
7 Zitate aus BRANDT, Werkzeug des Historikers, S. 9.
8 Zit. GROSSE KRACHT, Kriegsschuldfrage.
9 Vgl. zu Organisation, Stellenwert und Hervorbringungen der Kriegsschuldhistoriographie unter der Leitung des Auswärtigen Amtes ab 1919 HEINEMANN, Verdrängte Niederlage.

Hashagen (1877–1961) hieran, wenn auch in unterschiedlichen Funktionen und Ausprägungen, einen großen Anteil hatten, ist inzwischen bekannt. Subtiler, aber ebenso nationalen Zielen verpflichtet, war der von Ritter inmitten des Ersten Weltkriegs vorgebrachte Plan eines »Quellenwerks zur Geschichte der Gründung und Befestigung des Deutschen Reiches« vor der von ihm 1908 bis 1923 präsidierten »Historischen Kommission bei der Bayerischen Akademie der Wissenschaften«. Dabei hatte er sich von der Absicht leiten lassen, so Klaus Hildebrand, »dem im Ersten Weltkrieg buchstäblich um seine Existenz ringenden Kaiserreich durch die Herausgabe und das Verfassen historischer Schriften ein geschichtliches Fundament zu verleihen, also dem 1871 gegründeten (klein-)deutschen Nationalstaat historische Legitimität zuwachsen zu lassen«.[10] Im Zuge dessen erweiterte sich in der editorischen Praxis das Gesichtsfeld über die Schwelle des 18. zum 19. Jahrhundert. Ritter selbst regte die Beleuchtung der Wirkungszeit Otto von Bismarcks an.[11]

Stellt man die Notwendigkeit terminologischer Klärungen bezüglich der Typologie, Auswahl und Darbietung von Editionen einmal zurück, so könnte die Aussage über die Erforschungsbedürftigkeit von Quellensammlungen zum Widerspruch reizen. Schließlich beanspruchen oder suggerieren diese zumeist, ein ausgewogenes Bild des jeweiligen Gegenstandsbereichs zu bieten. Dies gilt insbesondere für kombinierte Editionen wie die 1955 begründete »Freiherr vom Stein-Gedächtnisausgabe«, die das Ziel verfolgte, historische Sachverhalte in inhaltlicher bzw. perspektivischer Vielfalt zu dokumentieren und durch Kürzungen, Übersetzungen und den Verzicht auf kritische Apparate leichter rezipierbar zu machen. Editionen, die eher spezielle Sachbereiche dokumentieren und entsprechend von einem stark sachinteressierten Publikum rezipiert werden, werden dagegen meistens als Solitäre angesehen und, wenn überhaupt, historiographisch für minder relevant erachtet. Die zitierte Feststellung Hildebrands bezüglich der Schaffung eines »geschichtlichen Fundaments« impliziert aber nicht zwingend eine editorische Großleistung und nicht einmal eine stringente Agenda, wie sie dem etatistischen Ansatz des Münchener »Quellenwerks« respektive der aus den Planungen tatsächlich erwachsenen Edition der »Deutschen Geschichtsquellen des 19. und 20. Jahrhunderts« zu eigen war.

Grundsätzlich kann zur Herleitung von Tradition *jedwede* Quelle anregen und potentiell auch dienen: Schon im schieren Akt der Historisierung, durch die explizit bemühte oder auch ausgesparte Parallelisierung, lag für die – in welchem Geist auch immer – affirmativ eingestellten Hersteller von Editionen eine Tendenz. Allein auf die Vormoderne bezogen denke man an die Hervorkehrung der Ancienität, Reputation und Wirksamkeit von Dynastien oder von Prozessen der disziplinatorischen Normsetzung. Was etwa zeitgenössisch mit der eudämonistischen Kategorie der »guten Policey« verbunden wurde, hat die Forschung zu der problematischen Verwendung der Vokabel »Verrechtlichung« veranlasst. Als ebenso beliebt erwies sich in diesem Zusammenhang die Nachzeichnung

---

10 Zit. HILDEBRAND, Editionen zum 19. und 20. Jahrhundert, S. 199.
11 Vgl. HAHN, Jagow-Edition, S. 8.

so genannter Prozesse der Staatsbildung, die vielleicht gerade in später untergegangenen oder ›mindermächtig‹ gebliebenen Staatsgebilden im Kleinen beweisen sollten, was die »Acta Borussica« mit dem Untertitel »Denkmäler der Preußischen Staatsverwaltung« im Großen auszudrücken versprachen.

Quelle und Kommentar

Schon ein flüchtiger Blick in die großen seriellen Editionswerke um 1900 wie die erwähnten »Acta Borussica« oder die »Chroniken der deutschen Städte« zeigt den im Verhältnis zu den eigentlichen Quellen beträchtlichen Anteil der Kommentierungen. Soweit auch diesem Feld – der Geschichte des editorischen Kommentars – bislang Aufmerksamkeit gezollt worden ist, besteht Einigkeit darüber[12], dass deren Herabstufung zum paratextuellen Beiwerk nicht angemessen wäre: Erstens ist der Kommentar eine Hinführung zum Thema und insofern unweigerlich Interpretation, zweitens erweisen sich Kommentare nach Aufbau, Zielstellung und schierer Länge oft als Darstellungen sui generis, wobei die Tendenz nicht selten eher zur Monographie als zum Aufsatz weist. In erster Linie ist hier an die »Einleitungen« zu denken. Nach modernem Verständnis ist die Einleitung »Schlüssel zum Verständnis der Quelle«[13], wobei hiermit nicht eine interpretative Vorgabe, sondern eine pragmatische Zugänglichmachung gemeint ist. Darüber hinaus ist stets auch die Annotierung als ein wesentlicher Bestandteil der oft nicht nur sachbezogenen, sondern vielmehr auslegenden Hinführung zu berücksichtigen. Noch kleinere Segmente der Arbeit – man denke beispielsweise an Überschriften, die Quellenstücken gar nicht zu eigen waren – können durchaus von Bedeutung sein. Für derlei Beiwerk zu sensibilisieren, stellt eine permanente Aufgabe der Quellenkritik auch in der universitären Lehre dar. Verallgemeinernde Aussagen sind indes nicht möglich, da die Kommentierungstätigkeit keinen definitorisch fixierten Rahmen bietet. In der praktischen Arbeit des Edierens kommt Fragen der sachadäquaten und orientierenden Kommentierung daher stets eine große Bedeutung zu.[14]

Überschaut man die Forschung über die Edition historischer Quellen, so dominiert, von Einzelbetrachtungen abgesehen, der philologische Bereich und hierbei die Technik des Edierens.[15] Im Vordergrund stehen Aspekte der Textaufbereitung, namentlich Entscheidungen über Zitat oder Paraphrase, Authentizität oder Normalisierung, Vollabdruck oder Kürzungen und, neuerdings und unter breiter Anteilnahme, analoge oder

---

12 Vgl. den 7. Band der Reihe »editio« von 1994, der der Praxis des editorischen Kommentierens gewidmet war, hier u. a. den einschlägigen Beitrag von ROLOFF, Geschichte des editorischen Kommentars.
13 Zit. BEYER, Praktische Tipps, S. 24 (Abschnitt 2.2).
14 Vgl. KLINGNER/SCHUFFELS, Edition und Kommentar (Druck eines Beitrags auf der Tagung des Instituts für Sächsische Geschichte und Volkskunde, Dresden, 22.–24. Juni 2022).
15 Vgl. ROHRSCHNEIDER, Allgemeine Techniken und Fachbegriffe.

digitale Bereitstellung. Gerade komplexe Überlieferungen, wenn sie nicht (was eher selten der Fall ist) auf Vollständigkeit zielende Editionen hervorbringen, geben aber Anlass dazu, neben den technischen auch sehr grundsätzliche Fragen nach Auswahlkriterien zu stellen, die sich als dritter Faktor an die zwei genannten Bereiche des Kommentars anschließen. Tiefer liegende Implikationen, die auch nicht allein für das Rezeptionsverhalten, sondern bereits für die Vermittlungsintention gelten, findet man indes selten. In der Geschichtswissenschaft existieren immerhin epochen- bzw. fallbezogene Betrachtungen zu Quelleneditionen, allerdings eher versprengt und nicht in großer Zahl.[16] Die editionswissenschaftliche Befassung ist gegenwarts- oder sogar zukunftsorientiert. »Das Editionswesen«, so etwa die den »Berliner Beiträgen zur Editionswissenschaft« vorangestellte Definition, »gehört in den Bereich der historischen Grundlagenforschung zusammen mit Lexikographie, Bibliographie, historische[r] Realienkunde und Forschungsinformation. Ihm obliegt die Aufgabe, für die geisteswissenschaftliche Forschung, Quellen verfügbar zu machen.«[17] An der Rezeption interessierte Beiträge scheinen weitgehend außerhalb des Gesichtskreises zu liegen.[18] Ähnlich wie die erwähnten »Berliner Beiträge« ressortiert auch die etablierte Reihe »Beihefte zu edito« im philologischen Spektrum mit dominantem textwissenschaftlichen Niederschlag.

Die »Publikationen« der »Gesellschaft«

Nach allem, was wir über die Anfänge der »Gesellschaft« wissen, verfolgte diese kein Editionskonzept in thematisch-inhaltlicher Hinsicht. Für die Gründergeneration stand das bereits genannte Argument im Vordergrund: Überhaupt Quellen über das Rheinland zu publizieren, um so mit der allgemeinen Geschichtswissenschaft und mancher Konkurrenzlandschaft gleichzuziehen, war Wunsch und Ziel zugleich. Die Geldgeber waren nicht vom Verlangen nach Überzeugungsarbeit, sondern vom Reiz des Vergangenen in einer sich rapide verändernden Moderne erfüllt. Die Angebote kamen aus der Wissenschaft selbst: Noch heute werden Editionen unter der Voraussetzung geeigneter archivischer Überlieferungen von einzelnen Forschern selbst vorgeschlagen oder diese werden gezielt angesprochen, weil sie als wissenschaftlich ausgewiesen, fachlich interessiert und (oft nach Ende ihrer Dienstzeit) auch zeitlich abkömmlich gelten.

---

16 Vgl. den Sammelband von KLINGENSTEIN/FELLNER/HYE, Umgang mit Quellen heute (2003). Für den Hinweis auf diese mir zunächst entgangene Publikation danke ich Michael Rohrschneider.
17 So die Verlagswebsite, abgerufen unter: http://www.weidler-verlag.de/Reihen/Berliner_Beitr__zur_Editionswi/berliner_beitr__zur_editionswi.html (abgerufen am 11.3.2024).
18 Vgl. etwa den 2007 erschienenen Band von SELL, Editionen – Wandel und Wirkung, und rezent einen Sammelband in Herausgabe von Jochen Johrendt von der Universität Wuppertal, wo seit 2010 ein disziplinenübergreifender Masterstudiengang »Editions- und Dokumentwissenschaft« angesiedelt ist (JOHRENDT, Editionen in der Kritik).

Die Frage, wie »politisch« die »Gesellschaft« gewesen sein mag, leitete Klaus Pabst in unterschiedlichen Zusammenhängen durch seine gesamte Monographie. Er kam zu dem Schluss, dass insbesondere in den ersten zwei Jahrzehnten ihres Bestehens die in der »Gesellschaft« führenden wissenschaftlichen »Gelehrten« und die nichtwissenschaftlichen »Patrone« Zurückhaltung übten, was damals aktuelle politische Themen wie auch historische Sachverhalte von politischer Bedeutung anbelangte.[19] Man kann wohl davon ausgehen, dass die Exklusivität der »Gesellschaft« und der unverfängliche Beiklang ihrer thematisch mitunter reichlich entlegenen Veröffentlichungen dazu beitragen sollten, nur keinen bösen Schein der Illoyalität gegenüber dem preußischen Staat aufkommen zu lassen. Doch selbst diese Spekulation über womöglich ›beredtes Schweigen‹ sollte nicht zu überhöhten Schlüssen führen: Die Arbeit der »Gesellschaft« vollzog sich in einem Kreis vornehmer Gelehrsamkeit. Hier waltete ein hohes Maß an Positivismus vor und eben nicht jener politisch anteilnehmende Geist, der die während der Weimarer Republik erwachsenen landesgeschichtlichen Institutionen wie das 1920 gegründete Institut für Geschichtliche Landeskunde in Bonn[20] erfüllte.

Die »Gesellschaft« war über die längste Zeit hinweg gewiss nicht der Austragungsort gesellschaftlicher Streitfragen. Sie hatte keinen staatlichen Auftrag, lange auch keine staatliche Finanzierung und war nicht hierarchisch-direktorial, sondern vielmehr kollegial organisiert. In den ersten 50 Jahren ihres Bestehens hatte sie manches gemein mit den älteren historischen Vereinen, denen es unter dem Eindruck massiver Daseinsveränderungen in erster Linie darum ging, die Reminiszenz an geschichtliche »Altertümer« zu wahren. Und doch: Schon durch die Auswahl von regionalen Themen lässt sich auf das Grundinteresse der Editoren schließen, dem ›Rheinland‹ eine wie auch immer geartete Besonderheit oder Dignität, bedingt auch Eigenständigkeit, zuzusprechen. Die Hervorkehrung der historischen Territorien, die 1794 sukzessive praktisch allesamt verschwunden waren, stellte somit eine implizite Distanzierung gegenüber der Hohenzollernmonarchie dar, die in der Region nur in kleineren Teilen über eine Staatstradition verfügt hatte. Programmatische Intentionen sind damit nicht ohne Weiteres vorauszusetzen. Gleichwohl fällt auf, überschaut man das Tableau der »Publikationen« der »Gesellschaft«, dass es bis heute keine Editionen gibt, die den Konnex der Region zu Staat, Nation oder »Reich« zu erstellen suchen. Der Blick ging eher nach innen als nach außen. Viele Editionen zeugen dabei von der Stadt Köln als historischem Gravitationszentrum. Indes war man, praktisch in Vorwegnahme der Verbindung zum heutigen Landschaftsverband Rheinland, darauf bedacht, die Region auch in der geographischen Breite zu erfassen, außerdem, Stadt und Land im Gleichmaß zu bedienen.

---

19 Vgl. PABST, Gesellschaft, hier die »Bilanz«, S. 251–256.
20 Vgl. zuletzt LAUX, Institut.

Die Beiträge des Sammelbandes

Nach der hier anschließenden Schilderung von »Perspektiven der Gesellschaft für Rheinische Geschichtskunde im 21. Jahrhundert« durch den Vorsitzenden der »Gesellschaft«, Frank M. Bischoff, machen zwei nicht werkbezogene Beiträge den Auftakt, indem sie »Rahmenbedingungen« abstecken: GÜNTHER SCHULZ beleuchtet zunächst die persönlichen und institutionellen Verbindungen, die sich im Umkreis von Gustav Mevissen herausbildeten. Anknüpfend an die erwähnte Studie von Klaus Pabst richtet Schulz den Fokus auf die mentalen Prägungen und die Erwartungen der ökonomischen Eliten, die – aus heutiger Sicht erstaunlicherweise – den Weg zu einer historischen Gesellschaft fanden. Sie trafen dort auf universitäre Vertreter, die, wiewohl einen akademisch-ordinarialen Habitus pflegend, den Umfang mit wirtschaftlichen Honoratioren attraktiv empfanden. Im Zuge dessen wirft Schulz die grundsätzliche Frage nach den längerfristigen Beziehungen zwischen Unternehmungen und kulturellen Einrichtungen auf, die nicht allein aus der Binnensicht der universitären Wirtschaftsgeschichte bis heute aktuell sind.

WILFRIED REININGHAUS stellt der »Gesellschaft« die 1896 gegründete, in Form regionaler Altertumsvereine aber schon deutlich früher angelegte »Historische Kommission für Westfalen« an die Seite. Im Vordergrund der dargestellten »Interferenzen und Verbindungen« stehen die editorischen Hervorbringungen der »HIKO«, die zwar auf ähnliche Interessenslagen der Institutionen schließen, einmal mehr aber auch die spezifischen Präferenzen der wissenschaftlichen Akteure erkennen lassen. Gemeinschaftlich von »Gesellschaft« und HIKO herausgegebene Editionen und Tagungsbände gibt es erst seit jüngerer Zeit.

Die eigentlichen Werkbetrachtungen sind in dieser Sammlung chronologisch nach dem Erscheinen der jeweils ersten Teilbände angeordnet. Den Reigen eröffnet ANDREAS RUTZ mit dem im Titel der historischen Edition damals fälschlicherweise »Buch Weinsberg« überschriebenen »Gedenkbuch« des Kölner Bürgers Hermann Weinsberg aus dem 16. Jahrhundert. Diese nacheinander von Konstantin Höhlbaum, Friedrich Lau und Josef Stein bearbeitete und von 1886 bis 1926 erschienene ›Ego-Quelle‹ stellte für die beteiligten Zeitgenossen ein Faszinosum und eine Verlegenheit zugleich dar: Der Tagebuchschreiber Hermann Weinsberg zeichnete ein sehr lebensnahes und eindrückliches Bild seiner Heimatstadt. Es ließ sich aber angesichts des vorherrschenden bürgerlichen Schamempfindens im Kaiserreich nicht als Gewährsmann großbürgerlicher städtischer Honorabilität anführen. Rutz porträtiert diese in seinen Worten »heillos veraltete, aber nichtsdestotrotz höchst aktuelle Edition«, wobei er sich nicht auf die Editionsgeschichte beschränkt, sondern vorausschauend auf Gestaltungsmerkmale einer höchst wünschenswerten Neuerfassung eingeht.

Die von Georg von Below 1895 begründete Edition der »Landtagsakten von Jülich-Berg« kann nach meiner Auffassung als musterhaft für eine zutiefst ›politische‹ Edition gesehen werden, die für eine spezifische gesellschaftliche Auffassung in ihrer Entstehungszeit Evidenz in historisch weit entlegenen Zeiten suchte. Sie stellt insofern eine Besonderheit für die »Gesellschaft« dar, ohne dass dieser Umstand bislang ins Bewusstsein gedrungen wäre. Below, der mit der Veröffentlichung seine Karriere als einer der wirkmächtigsten Historiker der wilhelminischen Zeit begründete, beabsichtigte mit seiner umfassend kommentierten Edition nämlich eine historische Ursprungsdarstellung der ständischen Repräsentation, in der er den unbedingten Vorrang des »Staates« gegenüber korporativer Eigenständigkeit reklamierte. Er untermauerte damit nach eigenem Verständnis seine Absage an die parlamentarische Demokratie seiner Zeit unter Zuhilfenahme historischer Argumente.

Es folgt die Darstellung von JOACHIM OEPEN zu den »Regesten der Erzbischöfe von Köln«, deren Edition 1901 vom damaligen Düsseldorfer Staatsarchivar Richard Knipping begonnen worden war. Nach jahrzehntelanger Unterbrechung wurde sie erst 1973 durch Wilhelm Janssen wiederaufgenommen. Oepen zeichnet die überaus sprunghafte Editionsgeschichte der »Regesten«, durch die den in Personalunion agierenden Oberhirten und Regenten Historizität auch außerhalb der Kirchengeschichte zugeschrieben wurde. Die enormen praktischen Herausforderungen, wie sie aus einer Dokumentation geschichtlicher Handlungen, Ereignisse und Strukturen in der ›longue durée‹ – in diesem Fall von 1.100 Jahren! – unweigerlich erwachsen, werden hier sehr plastisch dargestellt.

Das von WOLFGANG SCHMITZ gewürdigte Werk »Der Buchdruck Kölns bis zum Ende des 15. Jahrhunderts« von Ernst Voulliéme von 1903 ist keine Edition, sondern ein regionalbibliographisches Verzeichnis von Inkunabeln (Wiegendrucken) aus der zweiten Hälfte des 15. Jahrhunderts. Mit der Erfassung und beschreibenden Einordnung von 1.271 Kölner Drucken gelang Voulliéme eine fundamentale Vorleistung zur Erforschung der spätmittelalterlichen Druckgeschichte, die durch den Verfasser in internationale Zusammenhänge gestellt wird.

Die von RALF-PETER FUCHS vorgestellte Edition von Otto R. Redlich, »Jülich-Bergische Kirchenpolitik am Ausgange des Mittelalters und in der Reformationszeit im 15. und 16. Jahrhundert«, behandelt, ebenso wie jene von Redlichs wenig älterem Zeitgenossen Below, die weltlichen Territorien in der Nachbarschaft des Kölner Kurstaats. Während es dem Archivar Redlich darauf ankam, die schon durch den Begriff »Kirchenpolitik« suggerierte Eigenständigkeit und Handlungsfähigkeit der Territorialfürsten gegenüber der katholischen Kirche hervorzukehren, verfolgte er doch keine geschichtspolitische Agenda. Anders als Below, der sich nicht geneigt zeigte, religiöser oder sonstiger Diversität durch Auswahl und Kommentierung der Quellen Beachtung zu schenken, eröffnete der offenkundig vom Wunsch nach Vollständigkeit geleitete Bearbeiter Redlich Einblicke in vielfältige lebensnahe Verhältnisse. Auch deshalb genießt seine Edition bis heute eine größere Wahrnehmung als jene Belows und seiner Nachfolger.

Die Bedeutung Joseph Hansens für die »Gesellschaft« nicht nur als Wissenschaftsfunktionär, sondern auch als enorm produktiver und profilierter Quellenherausgeber kommt durch zwei Beiträge zum Ausdruck. Zunächst befasst sich MICHAEL WETTENGEL mit Hansens 1919 aufgenommener Edition »Rheinische Briefe und Akten zur Geschichte der politischen Bewegung 1830–1850«. Auf den ersten, 1919 erschienenen Band Hansens folgte der zweite erst 1942, kurz vor Hansens tragischem Tod. Der zweite Teilband in der Bearbeitung von Heinz Boberach wurde erst 1976 veröffentlicht. Wiederum mehr als 20 Jahre vergingen, ehe Boberach 1998 den dritten Band herausbringen konnte. Dem Verfasser dieses Beitrags, Michael Wettengel, war es vorbehalten, die Edition durch umfangreiche Indices zu erschließen, die 2013 einen weiteren, letzten Band füllten. Wettengel liefert mit Blick auf die Genese, die politisch-weltanschaulichen Implikationen insbesondere der von Hansen besorgten Bände, aber auch in thematischer Hinsicht tiefe Einblicke. Diese, so wäre zu hoffen, sollten künftig zu einer intensiveren Nutzung der bis heute unter Wert gehandelten Edition Anlass geben.

CARLA MEYER-SCHLENKRICH stellt das »Grundbuch des Kölner Judenviertels 1135–1425« in der Bearbeitung durch Adolf Kober vor, die im Blickfeld der gesamten deutschsprachigen Geschichtswissenschaft eine ausgesprochene Besonderheit darstellt. Die Edition fußte auf Kobers Breslauer Dissertationsschrift von 1903 und erschien 1920, zwei Jahre nach Kobers Übernahme des Gemeinderabbinats in Köln. Erst 1939 emigrierte Kober in die USA. Meyer-Schlenkrich führt in die Genese, Anlage und Rezeption dieser bedeutenden Publikation ein, die sich in Ermangelung von Forschungen – so diese nicht von Juden selbst hervorgebracht wurden – als Solitär bis in die 1980er Jahre hinein erweisen sollte. Vor dem Hintergrund der aktuellen Rekonstruktion und musealen Aufbereitung der »MiQua«, der »Archäologischen Zone« im Umfeld des Kölner Rathausplatzes, kommt dem Beitrag eine besondere Bedeutung zu.

Der von GEORG MÖLICH beigesteuerte Beitrag zur zweibändigen »Geschichte des Rheinlandes von der ältesten Zeit bis zur Gegenwart« befasst sich nicht mit einer Edition von Quellen, ist aber dennoch mit Berechtigung unter die »Werkbetrachtungen« zu nehmen. Joseph Hansen hatte unmittelbar nach Ende der Pariser Friedenskonferenz im Januar 1920 den Plan einer Gesamtdarstellung zur rheinischen Geschichte aufgeworfen, die er mit finanziellen Mitteln der »Mevissen-Stiftung« zu realisieren plante. Die darin enthaltenen elf Beiträge kreisen allesamt um die historische und kulturelle Verbindung des Rheinlandes – respektive das, was dazu erklärt wurde – mit dem Deutschen Reich. Das Werk wurde, bedingt offenbar durch eine, gemessen an den Ambitionen seines Machers, unzureichende Vermarktung, wenig rezipiert. Im Interesse am historiographischen Selbstverständnis der Beteiligten wie auch der Führungsriege der »Gesellschaft« ist es nichtsdestoweniger sehr erhellend.

Große Aufmerksamkeit wurde dagegen seit jeher Joseph Hansens »Quellen zur Geschichte des Rheinlandes im Zeitalter der Französischen Revolution 1780–1801« zuteil. JORT BLAZEJEWSKI befasst sich mit dieser ebenso großen wie bedeutenden Edition Hansens, die zwar größtenteils in nationalsozialistischer Zeit erschien (1931–1938), allerdings in erster Linie von der grenzüberschreitenden »Historikerschlacht« (K. Pabst) im Kontext des Versailler Friedensschlusses zeugt. Schon die zeitliche Erfassung, die 1780, also mehr als ein Jahrzehnt vor dem Wirksamwerden der Revolution im Linksrheinischen, ansetzte, um mit der staatsrechtlichen Angliederung des Raums durch Frankreich 1801 zu enden, lässt auf eine klare Tendenz des Werks schließen: Die angebliche Reformfähigkeit der rheinischen Territorialstaaten im Ancien Régime und deren wiederum angeblich vorwiegende Akzeptanz durch die Bevölkerung werden hervorgehoben, die spätestens ab 1798 konstruktive Politik der Franzosen und die Wertschätzung der »citoyens« dagegen werden ausgeblendet oder ins Negative verkehrt. Blazejewski schenkt der eigenwilligen Auswahl und Aufbereitung der Quellen durch Hansen ebenso Aufmerksamkeit wie der nationalen und internationalen Nutzung bzw. Rezeption des Werks über Jahrzehnte hinweg.

Die abschließend von HELMUT RÖNZ vorgestellte Edition der »Lageberichte rheinischer Gestapostellen« (2012–2016) hat angesichts der Befassung mit dem 20. Jahrhundert im Allgemeinen und dem Nationalsozialismus im Besonderen als »ein Leuchtturm und ein Pilotprojekt« zu gelten. Die Edition dokumentiert sowohl die institutionell-organisatorischen Bedingungen des nationalsozialistischen Verfolgungsapparats als auch dessen Wirksamkeit. Inmitten konkreter lokaler Milieus erhalten Opfer und Widersacher ebenso ein Gesicht wie Täter und Denunzianten, derweil das charakteristische Spannungsfeld zwischen institutionellem Beharren und Reputationsinteressen einerseits und dem zentralistischen Gewaltprinzip des Regimes andererseits erkennbar wird. Weit über den gewählten regionalen Kontext hinaus entspricht die Edition somit dem in der Forschung aktuell leitenden Interesse an der sozialen Wirklichkeit des Verfolgungsregimes und der Teilhabe der institutionellen und individuellen Akteure.

Nachklang

Soweit Aussagen über die Wahrnehmung der Editionen der »Gesellschaft« möglich sind, bestätigen sie die Annahme, dass an die Auswahl, Aufbereitung und Kommentierung von Quellen veränderte und sich verändernde Erwartungen herangetragen werden. Daran zeigt sich allgemein das Fortschreiten der Geschichtswissenschaft und, wie man sicher sagen darf, ein deutlich gesteigertes Interesse an mentalen und kulturellen Figurationen, die in der Historiographie des 19. Jahrhunderts hinter das stark vorwaltende Interesse an staatlich-institutionellen Faktoren zurücktreten. Die Leistungen der Editoren früherer Tage verdienen es deshalb in aller Regel nicht, herabgesetzt zu werden. Sämtliche Werke zeugen von großen, teils als grandios zu erachtenden wissenschaftlichen Leistungen unter oft dürftigen Bedingungen. Der Wert mancher Edition liegt aus heutiger Sicht auch in der ein- bzw. letztmaligen Dokumentation von unikalen Beständen, die insbesondere im Zweiten Weltkrieg große Schäden erlitten haben oder auch unwiederbringlich verloren gingen.

Während damals die Hervorbringung von Editionen nicht nur als Auszeichnung, sondern als Qualifikationserfordernis künftiger Ordinarien und manchmal so genannter Historikerarchivare gegolten hat, haben sich die Voraussetzungen für diese Berufsfelder seit längerer Zeit verändert. Das sollte nicht zu anachronistischen Einschätzungen verleiten. Respekt und eine sehr exakte Wahrnehmung verdienen die Editionen eben auch aufgrund der Persönlichkeit ihrer Bearbeiter. Lassen zeitbedingte Umstände auch oft die Entstehung und Umsetzung der Publikationen verständlich erscheinen, so handelte es sich doch immer auch um eigenständige Hervorbringungen. Sie wurden, abgesehen von Vorgaben aus dem Leitungskreis der »Gesellschaft«, geprägt durch individuelle Zu- wie Abneigungen, durch Kompetenz, Motivation und Arbeitskraft, durch Karriere- wie Reputationserwartungen und natürlich durch vielfältige biographische Umstände, die sich durch keine Strukturgeschichte und keine Ideengeschichte des historischen Edierens erfassen lassen.

Quellen und Literatur

Beyer, Burkhard, *Praktische Tipps* für die Edition landesgeschichtlicher Quellen (= Materialien der Historischen Kommission für Westfalen, Bd. 15), Münster i. W. 2018.

Brandt, Ahasver von, *Regesten* der Lübecker Bürgertestamente des Mittelalters, Bd. I: 1278–1350; Bd. II: 1351–1363. Auf Grund der Vorarbeiten von Eduard Hach, Fritz Rörig und anderen [Bd. I] bzw. Friedrich Bruns, Georg Fink, Adolf Hofmeister und anderen [Bd. II] bearb. u. hg. von Ahasver von Brandt (= Veröffentlichungen zur Geschichte der Hansestadt Lübeck, Bde. 18 u. 24), Lübeck 1964/1973.

Ders., *Werkzeug des Historikers*, Stuttgart ^{12}1989.

Förster, Ulrike, *Untersuchungen* zum Hansebild Fritz Rörigs, in: Hansische Geschichtsblätter 135 (2017), S. 115–185.

Grosse Kracht, Klaus, *Kriegsschuldfrage* und zeithistorische Forschung in Deutschland. Historiographische Nachwirkungen des Ersten Weltkriegs, in: Zeitgeschichte-online, Mai 2004, abgerufen unter: https://zeitgeschichte-online.de/themen/kriegsschuldfrage-und-zeithistorische-forschung-deutschland (abgerufen am 12.3.2024).

Hahn, Hans Werner, Die *Jagow-Edition* und die ›Deutschen Geschichtsquellen des 19. und 20. Jahrhunderts‹, in: Sitzungsberichte der Leibniz-Sozietät der Wissenschaften zu Berlin 142 (2020), S. 7–11.

Heinemann, Ulrich, Die *verdrängte Niederlage* (= Kritische Studien zur Geschichtswissenschaft, Bd. 59), Göttingen 1983.

Johrendt, Jochen (Hg.), *Editionen in der Kritik*. Editionswissenschaftliches Rezensionsorgan (= Berliner Beiträge zur Editionswissenschaft, Bd. 21), Berlin 2024.

Klingenstein, Grete / Fellner, Fritz / Hye, Hans Peter (Hgg.), *Umgang mit Quellen heute*. Zur Problematik neuzeitlicher Quelleneditionen vom 16. Jahrhundert bis zur Gegenwart (= Fontes Rerum Austriacarum. Österreichische Geschichtsquellen, 2. Abt., Bd. 92), Wien 2003.

Klingner, Jens / Schuffels, Christian, *Edition und Kommentar*. Aufbau und Vermittlung von kontextualisierenden Inhalten. Tagung des Instituts für Sächsische Geschichte und Volkskunde (ISGV), Dresden, 22.–24. Juni 2022 in: editio 36 (2022), S. 215–226.

LAUX, Stephan, Das »*Institut* für geschichtliche Landeskunde der Rheinlande« 1920 bis 2020. Ein Jahrhundert regionaler Kulturraumforschung im Wandel der Zeit und Wissenschaftsgeschichte, in: RhVjbll 87 (2023), S. 55–82.

OESTREICH, Gerhard, Die *Fachhistorie* und die Anfänge der sozialgeschichtlichen Forschung in Deutschland, in: HZ 208 (1969), S. 320–363.

PABST, Klaus, Die *Gesellschaft* für Rheinische Geschichtskunde (1881–1981). Trägerschaft, Organisation und Ziele in den ersten 100 Jahren ihres Bestehens (Redaktion: Stephan Laux) (= Studien und Darstellungen der Gesellschaft für Rheinische Geschichtskunde, Bd. 1), Köln / Wien 2022.

REICH, Elisabeth, *Der Hansische Geschichtsverein*. Entwicklung, Netzwerke, Geschichtsbilder (= Göttinger Forschungen zur Landesgeschichte, Bd. 23), Bielefeld 2019.

ROHRSCHNEIDER, Michael, *Allgemeine Techniken und Fachbegriffe*, in: Tutorium Quelleneditionen analog und digital, abgerufen unter: https://historicum-estudies.uni-koeln.de/wissenschaftliches-arbeiten-i/tutorium-quelleneditionen/grundlagen/techniken-und-fachbegriffe (abgerufen am 11.3.2024).

ROLOFF, Hans-Gert, Zur *Geschichte des editorischen Kommentars*, in: editio 7 (1993), S. 1–17.

SCHIEFFER, Rudolf, Die *Erschließung* der historischen Quellen des Mittelalters: alte Probleme und neue Entwicklungen, in: Annette Sell (Hg.), Editionen – Wandel und Wirkung (= Beihefte zu editio, Bd. 25), Tübingen 2007, S. 55–64.

SELL, Annette (Hg.), *Editionen – Wandel und Wirkung* (= Beihefte zu editio, Bd. 25), Tübingen 2007.

STUBBE DA LUZ, Helmut, »Die Arbeit in der gewohnten Form fortgesetzt«? Der *Verein für Lübeckische Geschichte und Altertumskunde*, die Bremer Historische Gesellschaft und der Hansische Geschichtsverein in der NS-Zeit, in: BlldtLG 141/142, H. 1 (2005/2006), S. 289–345.

Frank M. Bischoff

Perspektiven der Gesellschaft für Rheinische Geschichtskunde im 21. Jahrhundert*

Über die Perspektiven der Gesellschaft für Rheinische Geschichtskunde im 20. Jahrhundert zu sprechen, wäre vielleicht auch für Joseph Hansen im Jahr 1922 ein Wagnis gewesen. Allerdings hatte er zu diesem Zeitpunkt schon seit 29 Jahren den Vorsitz der »Gesellschaft« inne, durfte auf eine sehr erfolgreiche, angesehene und bis dato noch abgesicherte Gesellschaftstätigkeit zurückblicken und konnte gerade gemeinsam mit Aubin und Frings die »Geschichte des Rheinlandes« als Sonderveröffentlichung im Programm der »Gesellschaft« vorlegen. All diese Gründe hätten dem Kölner Stadtarchivar vermutlich das ungebrochene Selbstbewusstsein verliehen, programmatisch die kommenden 80 Jahre in den Blick zu nehmen. Er hatte vor allem keinen Grund zur Sorge, dass der Gegenstand des wissenschaftlichen Engagements der Gesellschaft, die Edition der überlieferten rheinischen Quellen, in seiner Struktur zukünftig so gravierenden Veränderungen unterliegen würde, dass die erprobten Grundsätze der wissenschaftlichen Quellenkritik und Editionstechnik auf den Prüfstand gestellt werden könnten, oder dass das Medium, mit dem die wissenschaftlich-editorischen Erträge der »Gesellschaft« transportiert wurden, einem grundlegenden Wandel unterworfen sein könnte.

Im Gegensatz zu der Zeit »festgegründeten Wohlstands und Friedens«[1] beim 25-jährigen Jubiläum im Jahr 1906 musste Hansen nun allerdings die Inflation Sorgen bereiten, die bereits vor dem Ersten Weltkrieg eingesetzt hatte, sich danach erheblich beschleunigte und gerade in die Hyperinflation einmündete. Im Oktober 1922 besaß die Mark nur noch ein Tausendstel ihres Wertes von 1914 und 13 Monate später wurde die Goldmark mit einer Billion Papiermark festgesetzt.[2] Wie Klaus Pabst in seiner Geschichte der »Gesellschaft« dargelegt hat, war das auf stolze 98.000 Papiermark angewachsene Stiftungsvermögen der »Gesellschaft« bis zur Währungsreform und der Einführung der

---

* Geringfügig modifizierte und um Anmerkungen ergänzte Fassung des Vortrags anlässlich der Jubiläumstagung der Gesellschaft für Rheinische Geschichtskunde am 9. und 10. Juni 2022 in Bonn. Soweit nicht explizit anders vermerkt, beziehen sich die Informationen zum Arbeitsprogramm auf diesen Zeitpunkt. – Alle im Folgenden zitierten Internetadressen wurden zwischen dem 12. und 20. April 2024 auf ihre Validität geprüft.
1 Pabst, Gesellschaft, S. 13.
2 Vgl. Teupe, Zeit des Geldes, S. 250; allerdings lässt die Entwicklung der Inflation erkennen, dass die GRhG bereits vor 1922/1923, mindestens seit 1918/1919 finanziell zunehmend unter Druck gestanden haben muss; ebd., bes. S. 80 ff. u. 92 ff.

Rentenmark völlig verfallen.³ Auch andernorts ließ sich die Finanzgeschichte Historischer Kommissionen in diesen Jahren als eine »Abfolge von Horrormeldungen lesen«.⁴ Wenn Mitarbeiter in der bisherigen Form nicht mehr besoldet werden konnten, wie in der Vorstandssitzung im Dezember 1922 festgestellt wurde, und auch nach der Währungsreform nur noch in Ausnahmefällen laufende Stipendien weiter finanziert, im Übrigen aber Werkverträge auf der Basis von Bogenhonoraren vergütet wurden, mag das die schwierige Situation dieser Zeit unterstreichen. Noch beim 50. Jubiläum 1931 gab es für Gerhard Kallen (1884–1973), der Hansen drei Jahre zuvor im Vorsitz abgelöst hatte, keinen Anlass, optimistischer nach vorn zu blicken. Er verlieh seinem Zweifel Ausdruck, ob die anstehenden Arbeiten »angesichts der ungeheuren Aufgaben in der heutigen krisenhaften Zeit« überhaupt zu bewältigen seien, und klagte nicht allein über den Verlust der reichen finanziellen Mittel der »Gesellschaft«, sondern auch über die »Gefährdung der geistigen und kulturellen Führerstellung« Deutschlands, indem »der Bolschewismus versucht die Welt unter sein kulturfeindliches Programm zu zwingen«.⁵ Abgesehen von Kallens nationalistisch gefärbten Ausführungen, verdeutlichen die dargestellten Nöte aus heutiger Perspektive vor allem eine finanzielle Beweglichkeit in den vorangehenden Jahrzehnten, die mit der gegenwärtigen Realität von Historischen Gesellschaften und Kommissionen nichts gemein hat und wie ein Blick in eine ›gute alte Zeit‹ anmutet.

100 Jahre später stellt sich die Situation für die »Gesellschaft« anders dar. Die prekären Jahre, die den wirtschaftlichen Handlungsspielraum der »Gesellschaft« zur Umsetzung ihrer Projekte erheblich eingeengt hatten, mögen überstanden sein. Allerdings sieht sich die »Gesellschaft« vor Herausforderungen gestellt hinsichtlich ihres Arbeitsprogramms und der Art und Weise, wie sie die Ergebnisse der wissenschaftlichen Leistungen ihrer Mitglieder sowie Projektbearbeiterinnen und Projektbearbeiter weitergibt. Welche Kontinuitäten und welche Neuausrichtungen sich für die Arbeit der Gesellschaft für Rheinische Geschichtskunde ergeben haben oder noch ergeben könnten, soll im Folgenden reflektiert werden.

Krisen, Strukturen und Reformen der »Gesellschaft« zu Beginn des 21. Jahrhunderts

Die Geschichte der »Gesellschaft« zeigt, dass sie auch nach der Hyperinflation in den 1920er Jahren von finanziellen Krisen betroffen war, insbesondere solchen, die auch weite Teile der deutschen Bevölkerung in Mitleidenschaft zogen. Die Krise, die in den beiden ersten Dekaden des 21. Jahrhunderts ihren Höhepunkt hatte, mag auch von der

---

3 Pabst, Gesellschaft, S. 232 f.
4 Reininghaus, Historische Kommission für Westfalen, S. 80.
5 Kallen, Ansprache, S. 128–131, hier S. 130.

Finanz- und Wirtschaftskrise 2008/2009 befördert worden sein, war aber doch zu einem erheblichen Anteil auf für die »Gesellschaft« spezifische Strukturfaktoren zurückzuführen.

Wirtschaftliche Entwicklung

Die knappen Finanzmittel mussten in der Publikationstätigkeit der »Gesellschaft« ihren Niederschlag finden. Konnten zwischen 1990 und 2000 jährlich noch durchschnittlich 3,2 Veröffentlichungen in den Reihen der Publikationen, der »Rheinischen Lebensbilder« und der »Vorträge« vorgelegt werden[6], waren es zwischen 2001 und 2018 gerade noch halb so viele. Im engeren Vorstand wurde beraten, ob den Bearbeitern angesichts der Finanzlage überhaupt noch eine Aufwandsentschädigung gezahlt werden könne.[7] Einzelne Jahre weisen vierstellige Einnahmen in der Kasse der »Gesellschaft« auf, was nicht einmal für die Drucklegung eines Bandes ausgereicht hätte. Es waren die Projektförderungen von Stiftungen und die Druckkostenzuschüsse öffentlich-rechtlicher Institutionen, die es erlaubten, ein druckfertiges Manuskript zur Veröffentlichung an den Verlag zu geben. Die Erlöse aus dem Verkauf der Publikationen waren dagegen gering und konnten mit den Kosten für die Drucklegung neuer Bände ohnehin nicht mithalten.

Das Konzept der Gründerväter, die »Gesellschaft« über ein rheinisches Mäzenatentum, über eine stolze Bürger- und Kaufmannschaft wirtschaftlich abzusichern, die als Stifter und Patrone die erforderlichen Finanzmittel zur Aufarbeitung und Veröffentlichung der Quellen zur rheinischen Landesgeschichte bereitstellen, hatte viele Jahrzehnte getragen.[8] In der Nachkriegszeit begann diese Idee aber in der Realität zu verblassen. Spätestens am Ende der 1960er Jahre hätte man realisieren können, dass eine andere Form der Finanzierung der Gesellschaftszwecke notwendig war. Es gelang dann zwar, über vier Jahrzehnte hinweg den strukturellen Wandel durch projektgebundene Fördermittel auszutarieren. Konsequenzen aus – nach Klaus Pabst – den veränderten Bildungsinteressen der Bürgerschaft zuungunsten der Geschichtswissenschaft, die zu einem deutlichen Rückgang der Patrone innerhalb der »Gesellschaft« geführt hatten[9], sind aber nicht gezogen worden.

---

6   Vgl. dazu BISCHOFF, Zweifach berufen.
7   Hier und im Folgenden sei pauschal auf die Protokolle des Vorstands und des engeren Vorstands in diesen Jahren verwiesen, die sich derzeit noch in der Registratur der Geschäftsstelle der Gesellschaft befinden.
8   Noch 1931 wandte sich Kallen in seiner Ansprache zum 50. Jubiläum mit einem »letzten Notruf an die rheinischen Wirtschaftsführer«, die Gesellschaft verstärkt zu fördern, musste aber zugleich eingestehen, dass die Zahl der Patrone von einst 130 auf nur noch 78 gesunken war; KALLEN, Ansprache, S. 131.
9   PABST, Gesellschaft, S. 190.

Abb. 1: Vorderes Umschlagblatt der Imagebroschüre der Gesellschaft für Rheinische Geschichtskunde, 2017.

Inhaltliche Orientierung

Die finanzielle Krise der »Gesellschaft« wurde rasch von Bemühungen um eine inhaltliche Neuorientierung begleitet. Arbeitsgruppen wurden eingesetzt, um verschiedene wissenschaftliche Vorhaben zu entwickeln. Auch sollte die öffentliche Darstellung der »Gesellschaft« überprüft und Konzepte für eine Verbesserung erarbeitet werden, darunter eine moderne und zielgruppenorientierte Darstellung der »Gesellschaft« auf ihrer Homepage, die inzwischen als eigenständiger Teil innerhalb des »Portals Rheinische Geschichte« gepflegt wird.[10] Es ging aber ebenfalls um die Wahrnehmung der Leistungen der »Gesellschaft« seit ihrer Entstehung für die Erforschung der Geschichte des Rheinlandes jenseits von Onlineauftritten. Sie sollte mittels einer in Politik, Verwaltung, Universitäten, unter den Mitgliedern und bei potentiellen Förderern gestreuten Imagebroschüre verbessert werden, deren Konzept von einer Arbeitsgruppe erstellt und vom Vorstand angenommen wurde. Mit ihrem Druck wurde auch gleich das heutige emblematische Erscheinungsbild der »Gesellschaft« mit dem geschlängelten Rheinverlauf auf grünem Grund und mit dem in Groteskschrift gestalteten Namenszug der »Gesellschaft« definiert. Es hat das 1890 von Heinrich Nahde entworfene, aber bereits seit langem außer

---

10 Abrufbar unter: http://www.grhg.de.

Gebrauch gekommene Siegelbild abgelöst, das Vater Rhein, auf einer Anhöhe sitzend, vor dem Hintergrund des Rheintals mit Burgen zeigt.[11]

Ein weiteres Vorhaben richtete sich auf die Onlinestellung aller Publikationen der »Gesellschaft«. Gemeinsam mit der Universitäts- und Stadtbibliothek Köln wurde dafür ein rechtlich und praktisch umsetzbares Konzept erstellt, das bis heute zu einem großen Teil für die älteren Publikationen der »Gesellschaft« bereits umgesetzt ist.[12] Zugleich wurde im Vorstand beschlossen, dass künftige Publikationen mit einer maximalen Moving Wall von zwei Jahren nach der Printveröffentlichung ebenfalls online gestellt werden sollen.

Am anspruchsvollsten war der Versuch einer Definition von »Leitquellen der rheinischen Zeitgeschichte« und die Erarbeitung von quellenkritischen Einführungen zu einzelnen Quellengruppen, die von einer weiteren Arbeitsgruppe verfolgt wurden. Hier offenbarte sich ein strukturelles Problem, das nicht von der rheinischen »Gesellschaft« ausgeht, aber sie ebenso wie andere Gesellschaften und Kommissionen tangiert und dieses Projekt zum Erliegen brachte. Es handelt sich um den Einsatz von Personalressourcen für die wissenschaftlichen Ziele der Gesellschaft.

Veränderte Rahmenbedingungen der Projektarbeit

Was im 19. und auch noch über die Mitte des 20. Jahrhunderts hinaus möglich war, nämlich die Anstellung und Bezahlung von wissenschaftlichem Personal, das von der »Gesellschaft« beauftragte Editionen erarbeitete, ist seit mehreren Jahrzehnten eine allenfalls seltene Ausnahme geworden. Stattdessen werden die Arbeiten der »Gesellschaft« von Mitgliedern und der »Gesellschaft« nahestehenden Wissenschaftlern erarbeitet. Hierzu gehörten von Anfang an nicht nur die Wissenschaftlerinnen und Wissenschaftler an Hochschulen und Forschungsinstituten, sondern auch Archivarinnen und Archivare. Waren Letztere in den ersten 70 Jahren der »Gesellschaft« immer mit einem Anteil von rund einem Fünftel in der Mitgliedschaft und gut 15 Prozent im Vorstand vertreten, stieg ihre Zahl seit den 1960er Jahren im Verhältnis deutlich an und pendelte sich auf das Niveau ein, das bei den Hochschul- und Forschungsinstitutsangehörigen bereits kurz nach der Jahrhundertwende erreicht war.[13] Der gestiegene Stellenwert von Archivarinnen und Archivaren lässt sich leicht an der Häufigkeit der Nennung dieser Berufsgruppe in Klaus Pabsts Geschichte der »Gesellschaft« ermessen, wo auf rund 260 Seiten 172 Verweise auf diese Berufsbezeichnung begegnen.[14] Übrigens sind heute auch die Vorsitze der Histori-

---

11 Eine Abbildung des Siegels bei PABST, Gesellschaft, S. 77.
12 Vgl. Anm. 55.
13 Zur Veränderung der beruflichen Zusammensetzung des Vorstandes vgl. PABST, Gesellschaft, S. 131 f.
14 Häufigkeitsauszählung der Begriffe »Archivar«, »Archivdirektor« und »Archivrat« auf der Basis des digitalen Manuskripts von PABST, Gesellschaft.

schen Kommissionen in den deutschen Bundesländern zwischen Hochschullehrern und Institutsleitern einerseits sowie leitenden Archivarinnen und Archivaren andererseits pari besetzt.[15]

Mit dieser wissenschaftlich gut ausgebildeten Klientel, die über Jahrzehnte hinweg die Gelegenheiten wahrnahm, berufsnah Forschungs- und Editionsprojekte zu bearbeiten, war es der »Gesellschaft« möglich, die Geschichtswissenschaft um die Früchte dieser Forschungen zur rheinischen Landesgeschichte und ihren Quellen in ihrer Publikationsreihe zu bereichern. Seit rund 40 Jahren ist hier jedoch ein grundlegender Wandel eingetreten, der mit Anforderungen an die jeweilige Berufsgruppe zusammenhängt. Im Bereich der Geschichtswissenschaft gilt eine Edition schon lange nicht mehr als Vorzeigeleistung, mit der die wissenschaftliche Karriere vorangetrieben werden kann, wie das etwa noch bis in die 1970er Jahre und nicht allein auf dem Gebiet der Historischen Grundwissenschaften der Fall war. Wilhelm Janssen hatte bereits im Vorwort des 1973 erschienenen 5. Bandes der »Regesten der Erzbischöfe von Köln« beklagt, dass die Arbeit an einem Regestenwerk »nicht mehr auf jenes Maß wissenschaftlicher Anerkennung hoffen läßt, dessen die Autoren der früheren Bände dieses Unternehmens noch halbwegs sicher sein konnten«.[16] Bei den Archivaren hat sich in den vergangenen Jahrzehnten das Berufsbild derart grundlegend verändert, dass geschichtswissenschaftliche Forschung nicht mehr als selbstverständlicher Bestandteil der beruflichen Tätigkeit gelten und oft nur noch in der privaten Zeit betrieben werden kann. Die archivischen Kernaufgaben sind bei knapper Personaldecke in den Vordergrund getreten. Die Beschäftigung mit Records Management, Überlieferungsbildung und Archivierungsmodellen, Erschließung, Benutzung und ihren Rechtsfragen, der zunehmenden digitalen Bereitstellung von Quellen, der elektronischen Archivierung und der klassischen Bestandserhaltung, der außerschulischen historischen Bildungsarbeit und vielen weiteren Themen lässt im Arbeitsalltag wenig Raum für die wissenschaftlich-kritische Bearbeitung von Quelleneditionen.

Im gleichen Zusammenhang sind sonstige Leistungen für Vereine, Gesellschaften und Kommissionen zu sehen. Sofern nicht entsprechende Mittel in den jeweiligen Haushalten verstetigt sind, ist es heutigen Forschungsinstituten, Lehrstühlen oder Archiven kaum möglich, regelmäßig nennenswerte Leistungen, etwa die Redaktion von Zeitschriften und Büchern, die Organisation von Veranstaltungen oder gar die Führung einer Geschäftsstelle, für solche wissenschaftlichen Einrichtungen zu erbringen.

---

15 Geprüft wurden die Vorsitze von 18 Kommissionen für das Jahr 2022: Baden-Württemberg, Bayern, Berlin (Historische und Preußische Komm.), Brandenburg, Hessen (Frankfurter, Darmstädter, Marburger, Nassauische Komm. und Komm. für Geschichte der Juden), Mecklenburg, Niedersachsen und Bremen, Rheinland, Westfalen, Rheinland-Pfalz, Saarland, Sachsen-Anhalt und Thüringen. Darunter fanden sich acht Wissenschaftlerinnen und Wissenschaftler, acht Archivarinnen und Archivare und zwei Politikerinnen und Politiker.

16 JANSSEN, Regesten der Erzbischöfe von Köln, S. VII; vgl. hierzu auch BISCHOFF, Zweifach berufen.

Noch ist es um die Projektliste der »Gesellschaft« gut bestellt, nicht zuletzt dank vieler pensionierter Kolleginnen und Kollegen, die jetzt die Zeit finden, ihre bereits vor Jahren seitens der »Gesellschaft« angenommenen Projekte fertigzustellen. Die Fortschreibung der Forschungs- und Publikationsvorhaben der »Gesellschaft« und die Suche nach geeigneten Projektbearbeiterinnen und -bearbeitern ist aber gerade angesichts der skizzierten Entwicklung ein fundamental wichtiges Desiderat. Wenn zwischen Annahme eines Editionsplans und seiner teilweisen oder vollständigen Fertigstellung leicht mehr als zehn Jahre liegen können, wird deutlich, in welch langfristigen Dimensionen der Vorstand die Arbeit der »Gesellschaft« denken und steuern muss. Vor dem Hintergrund dieser Herausforderungen hat der Vorstand jüngst das neue Programm »Junge Gesellschaft« zur Förderung der landesgeschichtlichen Nachwuchsforschung beschlossen, mit dem junge Kolleginnen und Kollegen, die zur rheinischen Landesgeschichte forschen, vernetzt und an die »Gesellschaft« herangeführt werden sollen.[17]

Reformen: Finanzierung, Satzung und Geschäftsstelle

Optionen für eine Reform der »Gesellschaft« mit dem Ziel strafferer Strukturen, einer funktionsfähigen und personell abgesicherten Geschäftsstelle, einer zuverlässigen Finanzgrundlage und einer zeitgemäßen Anpassung der Satzung schienen sich im Jahr 2016 zu eröffnen. Im Gespräch mit dem stellvertretenden Vorsitzenden des Kulturausschusses der Landschaftsversammlung Rheinland, Prof. Dr. Leo Peters, wurde erkennbar, dass die langjährige Arbeit der »Gesellschaft« als erfolgreich eingeschätzt und eine abgesicherte Fortsetzung dieser Tätigkeit als wünschenswert erachtet wurde. Die Einrichtung einer Geschäftsstelle mit einer zunächst bescheidenen Ausstattung erschien finanziell leistbar.

Die Anregungen aus diesen Gesprächen wurden noch im Herbst in einem Gespräch mit der Kulturdezernentin des Landschaftsverbands Rheinland ausgelotet. Einen regelrechten Durchbruch bedeutete der Beschluss des Kulturausschusses der 14. Landschaftsversammlung Rheinland in seiner 15. Sitzung am 21. Juni 2017, in dem er die Verwaltung beauftragte, zwei Varianten zur Anbindung der Gesellschaft für Rheinische Geschichtskunde an den Landschaftsverband weiter auszuarbeiten und der politischen Vertretung Anfang 2018 die Ergebnisse vorzulegen.[18] Variante 1 hätte eine Integration

---

17 Beschlossen in der Vorstandssitzung vom 24.11.2023 mit der Perspektive, weitere Ausbaustufen des Programms folgen zu lassen. Ähnliche Initiativen wurden auch in anderen Historischen Kommissionen gestartet. So hat die Historische Kommission Berlin bereits 2014 das Programm »Jugend forscht – das Netzwerk Hiko_21« eingerichtet (abrufbar unter: https://www.hiko-berlin.de/hiko-21).

18 Vgl. die Niederschrift über die 15. Sitzung des Kulturausschusses am 21.6.2017 unter TOP 7, abgerufen unter: https://dom.lvr.de/lvis/lvr_recherchewww.nsf/o/1062E259A66A3F80C1258162002BBF4A/$file/Niederschrift_Oeff_Ku_20170621.pdf (abgerufen am 22.7.2024) und den Bericht der Kulturdezernentin, Vorlage

der »Gesellschaft« in den Landschaftsverband Rheinland nach dem Vorbild der Historischen Kommission für Westfalen beim Landschaftsverband Westfalen-Lippe nach sich gezogen. Allerdings besteht in Westfalen mit der Hauptsatzung des Landschaftsverbandes und der Hauptsatzung der Westfälischen Kommissionen für Landeskunde für die Historische Kommission ein hierarchisch strukturierter rechtlicher Regelungsrahmen[19], der im Rheinland fehlt und mit hohem Aufwand für die Umsetzung einer solchen Lösung hätte geschaffen werden müssen. Die Variante 2 orientierte sich demgegenüber am Modell des Rheinischen Vereins für Denkmalpflege und Landschaftsschutz und seiner Fördervereinbarung mit dem LVR, war ohne nennenswerten rechtlichen Zusatzaufwand umsetzbar und wurde ohnehin seitens der Vertreter der »Gesellschaft« präferiert. In den gemeinsamen Gesprächen konnte deshalb rasch ein Einvernehmen über die Beibehaltung der Eigenständigkeit der »Gesellschaft« als altrechtlicher Verein in Kombination mit einer Sockelfinanzierung einer Geschäftsstelle und der laufenden Arbeit der »Gesellschaft« erzielt werden.

In seiner 25. Sitzung am 19. März 2018 beschloss dann der Landschaftsausschuss die Anbindung einer Geschäftsstelle der Gesellschaft für Rheinische Geschichtskunde an das LVR-Institut für Landeskunde und Regionalgeschichte in Bonn mit den Stimmen der Fraktionen von CDU, SPD, Grünen, FDP und Die Linke.[20] Das dort anzusiedelnde Personal sollte der Dienstaufsicht des Landschaftsverbands und der Fachaufsicht des Vorsitzenden der »Gesellschaft« unterstellt sein. Die jährliche Finanzierung wurde zunächst auf 120.000 Euro beziffert, darin enthalten waren eine halbe wissenschaftliche Mitarbeiterstelle als Geschäftsführer der »Gesellschaft« und eine halbe Stelle für eine

---

14/2021 vom 6.6.2017, abgerufen unter: https://dom.lvr.de/lvis/lvr_recherchewww.nsf/0/7F0A715489BB009CC125814B003D5366/$file/Vorlage14_2021.pdf (abgerufen am 22.7.2024). Vorangegangen war in der 13. Sitzung ein gemeinsamer Antrag von CDU und SPD zur Anbindung der »Gesellschaft« an den Landschaftsverband Rheinland; Niederschrift über die 13. Sitzung des Kulturausschusses am 1.2.2017 unter TOP 11.1, abgerufen unter: https://dom.lvr.de/lvis/lvr_recherchewww.nsf/0/77414F96117D04C9C12580CE00347CEC/$file/Niederschrift_Oeff_Ku_20170201.pdf (abgerufen am 22.7.2024).

19 Vgl. insbes. § 6 der Hauptsatzung des Landschaftsverbandes Westfalen-Lippe vom 12.1.1995 (GV. NRW, S. 72), zuletzt geändert durch Satzung vom 21.12.2023, abgerufen unter: https://www.politik.lwl.org/de/lwl-recht/ (abgerufen am 22.7.2024). Zur Hauptsatzung der Westfälischen Kommissionen für Landeskunde vgl. Gesetz und Verordnungsblatt für das Land Nordrhein-Westfalen, 46. Jg., Nr. 51 v. 27.11.1992, S. 438–440 (auch einsehbar bei https://recht.nrw.de/). Über § 23 der Satzung der Historischen Kommission vom 20. Oktober 1993, zuletzt geändert durch Beschluss der Hauptversammlung vom 12. November 2021, abgerufen unter: https://www.historische-kommission.lwl.org/de/uber-uns/satzung/ (abgerufen am 22.7.2024), ist die Anbindung an die Hauptsatzungen des LWL geregelt.

20 Niederschrift über die 25. Sitzung des Landschaftsausschusses am 19.3.2018 unter TOP 8, abgerufen unter: https://dom.lvr.de/lvis/lvr_recherchewww.nsf/0/67F264DDABB77039C125826600233994/$file/Niederschrift_Oeff_LA_20180319.pdf (abgerufen am 22.7.2024); die Vorlage 14/2447 dazu, abgerufen unter: https://dom.lvr.de/lvis/lvr_recherchewww.nsf/0/BF70B5FC5F0FC6A5C125822F00290C9A/$file/Vorlage14_2447.pdf (abgerufen am 22.7.2024).

Teamassistenz. Die gegenseitigen Rechte und Pflichten sollten in einem entsprechenden Vertrag bzw. einer Satzung vereinbart werden.

Der Vertrag mit dem Landschaftsverband Rheinland sieht regelmäßige Besprechungen zwischen der »Gesellschaft« und dem LVR über Projekte und Forschungsvorhaben sowie jährliche Berichte, Rechenschaftsberichte und Jahresabschlüsse des Vorsitzenden der »Gesellschaft« vor, umfasst aber keine unmittelbaren Einflussmöglichkeiten des Landschaftsverbands auf die inhaltliche Ausgestaltung der Arbeit der »Gesellschaft«. Allerdings soll alle fünf Jahre im Rahmen einer Evaluation geprüft werden, ob der Förderzweck mit den Zuwendungen erreicht wird. Im Übrigen werden Personalausstattung, Räumlichkeiten, Geschäftsausstattung und Infrastrukturnutzung geregelt.[21]

Die im September 2018 in der Mitgliederversammlung mit einhelliger Zustimmung verabschiedete, im Dezember von der Bezirksregierung Köln genehmigte und am 1. Januar 2019 in Kraft getretene Fassung der Satzung der Gesellschaft für Rheinische Geschichtskunde[22] beinhaltet die wohl weitreichendsten Änderungen seit Bestehen der Gesellschaft, sieht man einmal von jener von 1935 ab, die vorübergehend das Führerprinzip in der »Gesellschaft« verankerte. Angesichts einer Reihe von zu regelnden rechtlichen Fragen war es ein Glück, dass der seinerzeitige Schatzmeister der Gesellschaft, Konrad Adenauer, mit seiner juristischen Expertise im gesamten Reformprozess beratend zur Seite stand.

Die neue Satzung definierte den Zweck der »Gesellschaft« breiter, indem sie in der Präambel bereits die Publikation geschichtswissenschaftlicher Darstellungen, die Organisation von Tagungen und die Pflege von Netzwerken sowie die Weiterentwicklung zeitgemäßer Publikationsformen und die Nutzung elektronischer Medien hervorhob, was in § 3 dann auch seinen konkreten Niederschlag fand. Neu ist auch die Verkleinerung des Vorstandes auf zehn Mitglieder, darunter vier ›geborene‹, die von Nordrhein-Westfalen, Rheinland-Pfalz, dem Saarland und dem Landschaftsverband Rheinland benannt werden. Die reduzierte Mitgliederzahl erleichtert eine häufigere Einberufung des Vorstands und soll eine beschleunigte Beschlussfassung fördern. Um dennoch nicht auf eine breite Expertise verzichten zu müssen, wurde ein Wissenschaftlicher Beirat eingerichtet, der bis zu 40 Mitglieder umfassen darf. Darüber hinaus kann der Vorstand Kommissionen einsetzen, die einzelne Angelegenheiten bearbeiten und dem Vorstand darüber berichten sollen. Für diese Regelung stand die Erfahrung mit den Arbeitsgruppen Pate, die sich als probates Mittel zur entscheidungsreifen Vorbereitung einzelner Sachfragen erwiesen hatten. Völlig neu sind die Regelungen zur Geschäftsstelle in § 14, die die Rechte und Pflichten des Geschäftsführers benennen. Das neue Finanzierungsmodell hat es ermög-

---

21 Abgerufen unter: https://rheinische-landeskunde.lvr.de/media/ilr/grhg/Foerdervereinbarung_LVR-GRhG_2019-01-25.pdf (abgerufen am 22.7.2024).
22 Abgerufen unter: https://rheinische-geschichte.lvr.de/gesellschaft/organisation/Satzung (abgerufen am 22.7.2024).

licht, in der Satzung eine hauptamtliche Bestellung von Personal gegen angemessene Vergütung vorzusehen.

Der geographische Raum, den die »Gesellschaft« mit ihren Aktivitäten abdeckt, stand zu keiner Zeit ernsthaft in Frage. In der Präambel der Satzung heißt es daher, dass die »Gesellschaft« die Aufgaben einer Historischen Kommission für das Rheinland in den Dimensionen der preußischen Rheinprovinz wahrnimmt. Ein anderer in § 1 genannter örtlicher Aspekt muss hier erwähnt werden, allein schon, um einer Legendenbildung vorzubeugen. Absatz 2 besagt: »Der Sitz der Gesellschaft ist Bonn.« Nach 138 Jahren war damit der Kölner Sitz der »Gesellschaft« abgelöst worden. Das Ringen darum, die alte Konkurrenz zwischen der Bonner Professorenschaft und den Kölner Patronen, die vermeintliche Dominanz der Dom- und Kaufmannsstadt, das »bis heute fortbestehende Übergewicht Kölns gegenüber Bonn und anderen rheinischen Städten«[23], das alles lässt sich in der Gesellschaftsgeschichte von Klaus Pabst nachlesen und ist mit der neuen Satzung plötzlich obsolet geworden. Um einer neuen Legendenbildung vorzubeugen, sei hier erklärt, dass es sich nicht um einen späten Sieg der Bonner Professorenschaft handelt. In den Verhandlungen zwischen den Vertretern des Landschaftsverbands und der »Gesellschaft« wurde die Frage des Sitzes über geraume Zeit hinweg diskutiert. Wie noch aus der Beschlussfassung der bereits zitierten Sitzung vom 21. Juni 2017 hervorgeht, hätten der Kulturausschuss der Landschaftsversammlung und die Verwaltung des Landschaftsverbands verschiedene Optionen akzeptiert:

- orientiert am bisherigen Sitz in Köln, sei es in Räumlichkeiten des Historischen Archivs der Stadt oder des Landschaftsverbands,
- orientiert am Dienstsitz des gegenwärtigen Vorsitzenden in Duisburg beim Landesarchiv NRW oder
- orientiert an fachlichen Zusammenhängen in Bonn im Dienstgebäude des LVR-Instituts für Landeskunde und Regionalgeschichte.

Es waren die rein rational-fachlichen Gründe, die den Vorstand der »Gesellschaft« zu einer Verlegung des Gesellschaftssitzes nach Bonn veranlassten, was vom Landschaftsverband auch entsprechend akzeptiert wurde. Das Vorhandensein einer geschichtswissenschaftlichen Infrastruktur einschließlich einer Institutsbibliothek, der kurze Weg zu einer Verwaltung, die mit den Anforderungen eines Wissenschaftsbetriebs vertraut ist, was die auszuübende Dienstaufsicht über das hier ansässige Personal erleichtert, und schlicht die Verfügbarkeit von angemessenen Räumlichkeiten für das einzustellende Personal waren die wesentlichen Gründe, die für Bonn sprachen.

---

23 Pabst, Gesellschaft, S. 114. – Zu Fragen der geografischen Mitgliederherkunft, der räumlichen Zuständigkeit und der geografischen Arbeitsschwerpunkte der »Gesellschaft« vgl. Plassmann, Rheinland oder Rheinprovinz?

Kontinuitäten und Neuausrichtungen im Arbeitsprogramm der Gesellschaft

Auf Neuerungen im Arbeitsprogramm der »Gesellschaft« ist bereits zum Teil verwiesen worden. Deshalb sollen hier zunächst die Kontinuitäten zur Sprache kommen.

Die Klassiker: Editionen und Regesten von Quellen des Alten Reichs

Das klassische und in der alten Satzung auch als einziger Gesellschaftszweck genannte Arbeitsfeld ist die wissenschaftliche Quellenedition. Sie hat die Tätigkeit der »Gesellschaft« in der Vergangenheit dominiert. Bei den 23 im Juni 2022 laufenden Projekten handelt es sich in sechs Fällen um Darstellungen oder Tagungsbände, die sich jeweils hälftig auf das Alte Reich und die Zeit nach 1815 verteilen. Die übrigen Vorhaben sind Editionen und Regestenwerke und beziehen sich zeitlich zwölfmal auf das Ancien Régime und fünfmal auf das 19./20. Jahrhundert.

Der Schwerpunkt liegt also auch heute noch auf dem Gebiet der Edition von Quellen des Mittelalters und der Frühen Neuzeit. Und diese sollen auch in Zukunft einen hohen Stellenwert behalten. Denn es handelt sich oft um Archivmaterialien, die allein mittels Digitalisierung und Onlinestellung seitens der Archive nicht angemessen vermittelt würden. Eine kommentierte wissenschaftliche Edition kann den Wert der Quelle vermitteln und zugleich die kritische Auseinandersetzung mit ihr fördern.

Da es sich hier in der Regel um arbeitsintensive Vorhaben handelt, ist ihre Laufzeit – wie bereits erwähnt – zumeist lang, weshalb es für diesen Aufgabenbereich eine besondere Herausforderung für die »Gesellschaft« darstellt, Bearbeiterinnen und Bearbeiter für neue Projekte zu gewinnen. Vor diesem Hintergrund wurde in der Vorstandssitzung vom 6. Mai 2022 ein »Scouting-Programm« ins Gespräch gebracht, um verstärkt mit geeigneten Personen ins Gespräch zu kommen, nicht allein jüngeren, sondern gerade auch erfahrenen Kolleginnen und Kollegen, die nach Abschluss ihrer aktiven beruflichen Karriere noch bereit sind, solche Arbeitsvorhaben zu übernehmen.

Im Übrigen hat es sich in der Praxis längst etabliert, dass nicht allein von der »Gesellschaft« oder ihrem Vorstand entwickelte Themen beauftragt werden, sondern auch neue oder bereits fast vollendete Arbeitsvorhaben, die von Wissenschaftlern an die »Gesellschaft« herangetragen werden. Voraussetzung ist, dass eine entsprechende Prüfung durch ein Vorstands- oder Beiratsmitglied in einer positiven Empfehlung mündet und diese vom Vorstand angenommen wird.

Deutung durch Auslese: zeithistorische Quellen

Die Edition von Quellen des 19. und 20. Jahrhunderts hat eine durchaus lange Tradition und erfolgte bereits zu Beginn des 20. Jahrhunderts. Frühe Beispiele dafür sind etwa

Landsbergs »Gutachten der rheinischen Immediat-Justiz-Kommission« von 1914[24] oder die 1919 von Hansen begonnenen »Rheinischen Briefe und Akten zur Geschichte der politischen Bewegung von 1830–1850«.[25] Wenn Hansen in seiner Einleitung vermerkt, dass für die Edition auch Aktengruppen herangezogen wurden, aus denen »wichtige Stücke abgedruckt, weniger wichtige im Kommentar verwertet sind«[26], gelangt darin bereits das Prinzip einer Auswahledition zum Ausdruck.

Je jünger das Arbeitsgebiet ist, umso eher muss auf Vollständigkeit verzichtet werden. So konnte auch Adelmann seine »Quellensammlung zur Geschichte der sozialen Betriebsverfassung« nur als Auswahledition gestalten.[27] Häufig geht damit auch eine thematische Zuspitzung einher, die anhand der ausgewählten Quellen illustriert wird. Die von Anselm Faust zusammengestellten »Dokumente zur Arbeitsmarktpolitik im nördlichen Rheinland und in Westfalen«, die gerade erschienen sind, stellen eine Auslese dar, die im Titel des Werks nochmals pointiert als Darstellung der Entwicklung »Vom Arbeitsmarkt zum Arbeitseinsatz 1933–1945« überschrieben wird.[28]

Geschichtsquellen sind kein neutrales Gebiet, wie es Moriz Ritter 1880 noch gern annehmen wollte[29], auch dann nicht, wenn sie vollständig ediert werden. Eine Auswahl von Quellen kann es noch viel weniger sein. Archivarinnen und Archivaren ist bewusst, dass ihre Bewertungsentscheidungen gravierende Eingriffe und gewissermaßen eine Kompilation der Überlieferung für die Nachwelt durch den je eigenen Filter darstellen, selbst wenn dieser – wie es die Regel sein sollte und sicherlich auch ist – besten Wissens erfolgt und frei ist von jeglichen Manipulationsversuchen. Wer hier scharf urteilt, könnte den im Prozess der Bewertung herausgefilterten archivalischen Quellen den Status von Überresten absprechen und darin Traditionen sehen wollen.[30]

Insofern hat man es gerade im Fall von Auswahleditionen in noch stärkerem Maße mit Deutungen des Bearbeiters zu tun, als dies bei Editionen der Fall ist, die einen Quellenkorpus vollständig erfassen. Will man aber insbesondere den Bereich der jüngeren Geschichte auch editorisch abdecken, sind Auswahleditionen alternativlos. Vor diesem Hintergrund hat der Vorstand der »Gesellschaft« in der Sitzung vom 6. Mai 2022 die Offenheit für thematisch ausgerichtete Auswahleditionen betont, sofern das inhaltlich begründbar sei. Damit ist zugleich nochmals das starke Interesse an einer Ausweitung der Editionstätigkeit der »Gesellschaft« in die jüngere Geschichte unterstrichen worden.

---

24 Landsberg, Gutachten.
25 Rheinische Briefe und Akten (begr. durch Joseph Hansen).
26 Ebd., Bd. 1, S. *7.
27 Adelmann, Quellensammlung.
28 Faust, Arbeitsmarkt.
29 Pabst, Gesellschaft, S. 163.
30 Zu der auch innerarchivisch geführten Diskussion vgl. etwa Bischoff/Patel, Was auf dem Spiel steht, S. 145–156, bes. S. 150 f. Zum Effekt der Bewertung durch die Archive auf die Quellenüberlieferung zugespitzt die Auffassung von Schmidt, Signifikante Eigenschaften, S. 20–29, hier S. 24.

Derzeit sind die jüngsten edierten Quellen die in den vergangenen zehn Jahren erschienenen »Lageberichte rheinischer Gestapostellen«[31] und die bereits erwähnten »Dokumente zur Arbeitsmarktpolitik im nördlichen Rheinland und in Westfalen«. An Material nach 1945 hat sich, sieht man von einem noch zu benennenden Bildeditionsprojekt ab, bisher niemand herangewagt, was – ungeachtet etwaiger Schutzfristen für personenbezogene Daten – durchaus auf der Sollseite des Arbeitsprogramms der »Gesellschaft« vermerkt werden muss.

Supranationale Landesgeschichte: rheinische Geschichte im Spiegel ausländischer Quellen

Es wurde bereits ausgeführt, dass der geographische Raum, den die Gesellschaft für Rheinische Geschichtskunde abdeckt, das Rheinland in den Ausdehnungen der preußischen Rheinprovinz umfasst. Die damit gezogenen Grenzen decken sich aber keineswegs immer mit den historischen Entwicklungen. Wenn man sich mit der Ruhrkrise des Jahres 1923 befasst, wie es die »Gesellschaft« 2023 im Rahmen einer gemeinsamen Veranstaltung mit der Historischen Kommission für Westfalen, dem Haus der Geschichte des Ruhrgebiets und dem Landesarchiv Nordrhein-Westfalen getan hat, muss zwangsläufig auch eine supranationale Perspektive eingenommen und der Blick auf die politischen Ereignisse im Ruhrgebiet aus England, Belgien und Frankreich miteinbezogen werden. Zugleich darf dabei nicht vergessen werden, dass die Streiks und Blockaden ganz unmittelbare Auswirkungen auf den Wirtschaftsverkehr etwa mit den Niederlanden hatten.[32]

Die Grenzen lassen sich auch schwer einhalten, wenn man sich mit der Geschichte eines aus heutiger Sicht transnationalen Staates wie dem Herzogtum Geldern befasst. Wie wichtig eine supranationale Sicht auf die historische Entwicklung des Rheinlandes ist, hat Ralf-Peter Fuchs in der Sitzung des Wissenschaftlichen Beirats vom 9. Juni 2022 noch am Beispiel der rund 100-jährigen Anwesenheit spanischer Truppen und der Folgen der spanischen Herrschaft am Niederrhein von 1560 bis 1660 dargelegt.

Vor diesem Hintergrund ist es wünschenswert, Kolleginnen und Kollegen aus dem benachbarten Ausland für die »Gesellschaft« zu gewinnen, nicht allein als Mitglieder, sondern auch für einen Sitz im Wissenschaftlichen Beirat. Darüber hinaus hat der Wissenschaftliche Beirat der »Gesellschaft« empfohlen, eine grenzüberschreitende Perspektive einzunehmen respektive auszubauen, regional übergreifend zu arbeiten und Brücken sowohl in die Niederlande als auch nach Westfalen zu schlagen, wie es die Erforschung der jülich-klevischen Länder geradezu verlangt. Außerdem sollte auch das Editionsprofil der »Gesellschaft« internationalisiert und eine Einbeziehung von Beständen aus auslän-

---

31 Lageberichte (begr. 2012).
32 Zur Tagung »Ruhrkrise 1923 in transnationaler und regionaler Perspektive« vom 13.–15.9.2023 in Bochum vgl. OLENIK / FREHSE, Tagungsbericht: Ruhrkrise 1923.

dischen Archiven in neue Projekte gefördert werden. Diese erweiterte Zielsetzung steht im Einklang mit dem Gesellschaftszweck und ist zugleich ein anspruchsvolles Desiderat für die künftigen Vorhaben der Gesellschaft.

Iconic Turn: Bilder als Quelle

Wenn die rheinische »Gesellschaft« sich in ihren Publikationen mit Malerei befasst hat, was vor allem von Paul Clemen etwa mit den Werken zur romanischen Wandmalerei[33] oder zur romanischen und gotischen Monumentalmalerei[34] vorangetrieben wurde, war die Perspektive zumeist eine kunsthistorische. Ob »Kunst und Architektur des Mittelalters den anschaulichen Sinn der Rheinländer gefesselt hielten«[35], wie Klaus Pabst vermutet, sodass das kunsthistorische Publikationsprogramm im ersten Drittel des 20. Jahrhunderts ein rheinisches oder Kölner Bürgertum stärker mit der »Gesellschaft« hätte verbinden können, als das mit den schriftlichen Quellen zur Landesgeschichte gelang, kann hier offenbleiben. Neben diesen kunsthistorischen Werken hatte sich die »Gesellschaft« in früherer Zeit aber auch bereits mit bildhafter Überlieferung befasst, etwa den »Rheinischen Siegeln«[36] oder den Trierer Münzen[37]. In jüngerer Zeit ist die Befassung mit Bildquellen aber nicht fortgesetzt worden.

Bilder sind wirkmächtig und können eine große Aussagekraft entfalten. Sie haben im Zuge des Iconic Turn seit dem ausgehenden 20. Jahrhundert eine bedeutende Aufwertung als Quelle erfahren und bilden für die Visual History innerhalb der heutigen Geschichtswissenschaft inzwischen ein eigenes Forschungsfeld.[38] Gelegentlich ist sogar die Rede von einem Paradigmenwechsel in einer jüngeren Historikergeneration, in der die Dominanz der Schrift durch die Hegemonie der Bilder abgelöst erscheint.[39] Sie spielen auch eine besondere Rolle für aktuelle Strömungen in der Geschichtswissenschaft, die auf populäre Formen der Geschichtsvermittlung gegenüber einem breiten, nicht wissenschaftlich vorgebildeten Publikum zielen, wie etwa die sich an deutschen Universitäten in den letzten 15 Jahren allmählich entwickelnde Public History.[40]

---

33 CLEMEN, Wandmalereien (1905).
34 DERS., Die romanische Monumentalmalerei (1916) bzw. Die gotischen Monumentalmalereien der Rheinlande (1930).
35 PABST, Gesellschaft, S. 40.
36 EWALD, Rheinische Siegel (begr. 1906).
37 Die Münzen von Trier, begr. von Raymond Weiller (1906).
38 Vgl. auch zum Folgenden die Verweise bei BISCHOFF, Bildquellen im Fokus.
39 PAUL, Visual History, S. 3.
40 Vgl. LÜCKE/ZÜNDORF, Einführung in die Public History, zur universitären Verankerung S. 19, zu den zeitlich-thematischen Schwerpunkten und den anvisierten Quellengattungen S. 25 ff.

Bilder dokumentieren historische Sachverhalte und sind doch Sichtweisen, mithin Interpretationen des historischen Geschehens durch den Bildautor, die sich nicht selbst erklären und mit Umsicht unter Einbeziehung ihres Entstehungs- und Überlieferungskontextes bewertet und ausgewertet werden müssen. Bilder können mit Bedeutung aufgeladen werden, die über die originär szenische Darstellung hinausreicht. Sie können inszenieren, propagieren, manipulieren oder – neutraler ausgedrückt – beabsichtigen, Veränderungen zu generieren. Es geht hier nicht allein um den Bildautor, den Künstler, Graveur oder Fotografen, seine Intentionen oder seinen Auftrag, der ihn mindestens eine Perspektive wählen lässt, sondern auch um ›Hintermänner‹ und ›Drahtzieher‹, die mit Bildern Bedeutung und Resonanz generieren und Weltanschauungen und Meinungen verbreiten lassen. Gerade weil Bilder hintergründig sein können und Stimmungen erzeugen, ist eine historisch-kritische Befassung mit dieser Quelle angezeigt[41], sollten diese Quellen auch Gegenstand historischer Editionen sein.

Ungeachtet der großen Bedeutung von Fotografie und audiovisuellen Aufnahme- und Wiedergabemöglichkeiten in jüngerer Zeit ist die Macht der Bilder ein Phänomen, das weit in die Menschheitsgeschichte zurückreicht. In der Überlieferung der Antike, des Mittelalters oder der Frühen Neuzeit finden sich bildhafte Darstellungen in unterschiedlichsten Ausprägungen. Neben den bereits genannten Beispielen seien hier graphische Darstellungen, Situationsskizzen und Zeichnungen in Amtsbüchern, Akten, Karten und Plänen, Zeichen und Symbole in Urkunden, Flugblätter und Plakate genannt. Die Variationen in Technik, Inhalt und medialer Überlieferungsform sind vielfältig.

Um auch Bilder als historische Quellen vermitteln zu können, wurde vor drei Jahren eine neue Veröffentlichungsreihe ins Leben gerufen, die mit einem an den jeweiligen Bedarf angepassten Buchformat und einer qualitativ hochwertigen Auflösung dem Medium Bild gerecht werden will. »Historische Bilder des Rheinlandes« hat sich im ersten Doppelband mit einer besonderen Gattung von Fotografien befasst, den historischen Schrägluftbildern aus der Frühzeit der Luftbildfotografie.[42] Die beiden querformatigen Bände umfassen Aufnahmen, die vor 80–100 Jahren entstanden sind und damit historische Landstriche und Orte in einer noch nicht vom Zweiten Weltkrieg und den Umgestaltungen in bundesrepublikanischer Zeit veränderten Weise zeigen.

Inzwischen stehen drei weitere Vorhaben auf der Agenda der Gesellschaft. Birgit Bernard bereitet gerade einen zweiteiligen Fotoband zur frühen Fernsehästhetik in den Produktionen des WDR vor, der auf das Fernsehspiel als eine rundfunkeigene Gattung zielt und die Entwicklung von der Theateradaption zum Fernsehspiel nachzeichnen will. Anselm Faust bereitet einen Band mit Fotografien des Fotojournalisten Carl August Stachelscheid (1909–1990) aus den Nachkriegsjahren mit dem Fokus auf Politik, Wirtschaft und Gesellschaft im Rheinland vor. Ein weiterer Band schließt gewissermaßen an die

---

41 So bereits BUCHMANN, »Woher kommt das Photo?«, S. 296–306, hier S. 306.
42 MEUSCH, Der Rhein in alten Luftaufnahmen.

Publikationen von Ewald an. Andrea Stieldorf will mit weiteren Wissenschaftlerinnen und Wissenschaftlern am Bonner Lehrstuhl für Historische Grundwissenschaften und Archivkunde die Geschichte des Rheinlandes im Spiegel der Siegel vermitteln. Im Zentrum sollen dabei die politischen, sozialen und kulturellen Entwicklungen der Zeit zwischen 800 und 1550 stehen.

Die Bände der Reihe »Historische Bilder des Rheinlandes«, bei denen es sich der Natur der Sache nach um Auswahleditionen handeln wird, wollen sich nicht allein an ein fachwissenschaftliches Publikum wenden, sondern auch Laien ansprechen und für die in den Bildern dargestellten historischen Sachverhalte, Ereignisse und Entwicklungen Interesse wecken. Insofern bedienen sie auch Anliegen, die von der Public History formuliert werden.

Darstellung als Vermittlung

Obwohl die ältere Satzung der Gesellschaft für Rheinische Geschichtskunde die Veröffentlichung von Darstellungen nicht vorsah, wurden doch immer wieder Monographien, Vorträge und Aufsätze veröffentlicht. Die »Geschichte der Kölner Malerschule« von Scheibler und Aldenhoven[43] kann hier *pars pro toto* ebenso genannt werden wie Bärs »Behördenverfassung der Rheinprovinz seit 1815«[44], an die sich Romeyks »Verwaltungs- und Behördengeschichte der Rheinprovinz 1914–1945«[45] anschloss. Vor kurzem ist noch der aus einer Tagung zur Revolution 1918/1919 hervorgegangene Sammelband »Aufbruch in die Demokratie« als Gemeinschaftspublikation der Historischen Kommission für Westfalen und der Gesellschaft für Rheinische Geschichtskunde erschienen.[46] Die darstellenden Veröffentlichungen sind nicht einer spezifischen Reihe zugewiesen. Sie konnten ebenso in den »Publikationen der Gesellschaft für Rheinische Geschichtskunde« erscheinen wie in der Reihe »Vorträge«, in der speziell für diesen Zweck geschaffenen Reihe »Preis-Schriften der Mevissen-Stiftung« oder als Sonderveröffentlichung wie die eingangs erwähnte »Geschichte des Rheinlandes«.

Abweichend davon werden die seit Beginn der 1960er Jahre erscheinenden Kurzbiographien zu bedeutenden Persönlichkeiten des Rheinlandes in der Reihe »Rheinische Lebensbilder« veröffentlicht. Mit diesem Format wurde bereits ein breiteres, an Geschichte interessiertes Publikum angesprochen, was schon im Verzicht auf einen Anmerkungsapparat zum Ausdruck gelangt. Public History ist also nicht erst im 21. Jahrhundert erfunden worden.

---

43 SCHEIBLER / ALDENHOVEN, Kölner Malerschule (1902).
44 BÄR, Behördenverfassung (1919).
45 ROMEYK, Verwaltungs- und Behördengeschichte (1985).
46 BISCHOFF / HITZE / REININGHAUS, Aufbruch in die Demokratie.

Als Konsequenz aus dem erweiterten Aufgabenverständnis der reformierten Gesellschaftssatzung von 2018 wurde 2020 entschieden, ein profilschärferes Format für wissenschaftliche Darstellungen zu entwickeln.[47] Im Ergebnis stand die einvernehmliche Entscheidung, die Reihe der »Vorträge« einzustellen, da der Reihentitel den darstellenden Publikationsvorhaben der »Gesellschaft« nicht mehr gerecht werden konnte. Stattdessen wurde eine neue Reihe eingerichtet, in der Tagungs- und Sammelbände, Monographien und Gesamtdarstellungen oder auch Handbücher ihren Platz finden können. Unter dem Reihentitel »Studien und Darstellungen der Gesellschaft für Rheinische Geschichtskunde« ist ein offenes Format sowohl für innovative Forschungsarbeiten als auch für zusammenfassende Darstellungen geschaffen worden.

Die neue Reihe wendet sich nicht an eine einschränkend definierte Klientel, sondern will für alle an der Geschichte des Rheinlandes Interessierten zugänglich sein. Sie wird getragen von der Überzeugung sowohl im Vorstand wie auch im Wissenschaftlichen Beirat, dass rheinische Geschichte über die Veröffentlichung ihrer Quellen hinaus auch erzählt und interpretiert, also vermittelt werden muss. Allerdings wird diese Reihe gegenüber den »Lebensbildern« einen fachwissenschaftlichen Anstrich behalten, indem sie mit den üblichen Nachweisapparaten und Indices versehen ist. Da mit der erschienenen Geschichte der »Gesellschaft« von Klaus Pabst der erste Band der neuen Reihe vorliegt und die vorliegende Veröffentlichung den zweiten Band dieser Reihe bildet, müssen an dieser Stelle keine weiteren Erläuterungen zum Konzept der Reihe gemacht werden.

Die »Gesellschaft« im Dialog: Fachveranstaltungen

Ebenfalls im Sinne von Vermittlung ist der Stellenwert des fachlichen Austauschs und der Kommunikation in den letzten Jahren so hoch bewertet worden, dass die »Gesellschaft« den fachlichen Dialog sucht und sich auf dem Gebiet von Tagungen und Vortragsveranstaltungen bis hin zu Buchvorstellungen stärker engagiert als in früherer Zeit. Auch das ist in der Neufassung der Satzung hervorgehoben worden: Vorträge und wissenschaftliche Bildungsveranstaltungen zählen explizit zum Portfolio der »Gesellschaft«.

Der Dialog mit anderen an der rheinischen Geschichte Interessierten soll intensiviert werden, auch in der Erwartung, dass sich hier Ideenbörsen und Innovationstreiber entwickeln können. Dabei werden auch gezielt kooperative Modelle gesucht wie etwa die

---

47 Der Wandel der Veröffentlichungstätigkeit von Quellen- und Grundlagenwerken hin zu Darstellungen wurde auch in anderen Historischen Kommissionen vollzogen, zumeist sogar schon viel früher, als das bei der »Gesellschaft« der Fall ist; vgl. etwa zur Historischen Kommission für Hessen HEDWIG, Neubeginn nach 1945?, S. 79–104, hier S. 95 f.

Revolutions-Tagung 2018[48], die Ruhrkrise-Tagung 2023[49] oder die ins Jahr 2025 projektierte Tagung zur kommunalen Gebietsreform. Ebenso lässt sich auch die »Gesellschaft« gern einbinden und hat im vergangenen Jahr etwa an der Tagung zur Geschichtsschreibung am Niederrhein und in Westfalen unter dem Titel »Mythos als Aufgabe«[50] oder an der Tagung über »Die Kölnische Zeitung im Kontext«[51] mitgewirkt.

Das Erscheinen des von Heinz Wolter bearbeiteten Doppelbandes über die Synodalstatuten der Kölner Kirche im Spätmittelalter von 1261 bis 1523 wurde zum Anlass genommen, ein von Karl Ubl und Sabine von Heusinger organisiertes Forschungskolloquium der »Gesellschaft« am 1. Juli 2022 in der Kölner Universität zum Thema »Geistliche Gewalt und kirchliches Recht. Die Synodalstatuten der Kölner Kirche im Vergleich« durchzuführen.[52] Schließlich wurde anlässlich des Geburtstags eines leider im Jahr 2021 verstorbenen Ehrenmitglieds der Gesellschaft für Rheinische Geschichtskunde, Prof. Dr. Wilhelm Janssen, am 12. Mai 2023 ein Kolloquium in Bonn durchgeführt, das gemeinsam von Michael Rohrschneider und der Abteilung für Geschichte der Frühen Neuzeit und Rheinische Landesgeschichte der Universität Bonn und der »Gesellschaft« gestaltet wurde.[53]

Zur Tradition hat es sich inzwischen entwickelt, dass die »Gesellschaft« anlässlich der jährlichen Mitgliederversammlung und der Beiratssitzung ein kleines Vortragsprogramm durchführt, das sich jeweils mit aktuell in der »Gesellschaft« diskutierten oder publizierten Themen befasst oder die Arbeiten von jungen Nachwuchswissenschaftlern zur rheinischen Geschichte vorstellt.

Mediale Kommunikation: Veröffentlichung im World Wide Web

Kommunikation findet aber nicht nur im persönlichen Austausch statt, sondern auch medial. Die Nutzung von elektronischen Medien und die uneingeschränkte Bereitstellung der von der »Gesellschaft« veröffentlichten Werke im Internet ist ein erklärtes und in der neuen Satzung verankertes Ziel. Dass das nicht im Widerspruch zu analogen Ver-

---

48 Die Tagung wurde in Kooperation mit der Historischen Kommission für Westfalen, der Planungsgruppe Haus der Geschichte NRW beim Landtag Nordrhein-Westfalen und dem Landesarchiv Nordrhein-Westfalen organisiert; vgl. BISCHOFF/HITZE/REININGHAUS, Aufbruch in die Demokratie.
49 OLENIK/FREHSE, Tagungsbericht: Ruhrkrise 1923. Die Erträge der Tagung sollen 2025 als vierter Band in der Reihe »Studien und Darstellungen der Gesellschaft für Rheinische Geschichtskunde« und parallel in den »Veröffentlichungen der Historischen Kommission für Westfalen« erscheinen.
50 WEIERMÜLLER, Tagungsbericht: Mythos als Aufgabe?
51 FANTON, Tagungsbericht: Die Kölnische Zeitung.
52 WOLTER, Synodalstatuten (2022). Zu der von Sabine von Heusinger und Karl Ubl organisierten Tagung vgl. KAMMERER, Tagungsbericht: Geistliche Gewalt. Die Beiträge der Tagung werden 2025 als dritter Band in der Reihe »Studien und Darstellungen der Gesellschaft für Rheinische Geschichtskunde« erscheinen.
53 Vgl. BISCHOFF, Zweifach berufen.

öffentlichungen steht, belegen die jüngsten Publikationen. Die »Gesellschaft« fährt hier vielmehr zweigleisig und strebt eine Onlinestellung der gedruckten Bände zwei Jahre nach ihrem Erscheinen im Druck an.[54] Dank der guten Zusammenarbeit mit der Universitäts- und Stadtbibliothek Köln ist die Mehrzahl der von der »Gesellschaft« herausgegebenen Bände inzwischen auch digital im Internet einsehbar.[55] Da in der Vergangenheit keine Verträge mit entsprechenden Rechtsübertragungen für eine Internetveröffentlichung geschlossen wurden, musste die Klärung des rechtlichen Rahmens rückwirkend für jeden Einzelband erledigt werden und ist der verdienstvollen Arbeit einer wissenschaftlichen Beirätin der »Gesellschaft«, Margret Wensky, zu danken.

Der Ehrgeiz der »Gesellschaft« geht aber weiter und richtet sich auch auf das Gebiet der Onlinepräsentation von Quellen in recherchierbaren Systemumgebungen. Heute herrscht ein breites Einvernehmen, dass historische Quelleneditionen ebenso im Netz publiziert werden sollten wie Informationen über die Bestände der Archive und Bibliotheken oder sogar die Digitalisate des Archiv- und Bibliotheksguts selbst. In der Umsetzung bestehen hier aber große Unterschiede. Sie reichen von der oben beschriebenen Onlinestellung eines digitalisierten Buchs im PDF-Format über die Konversion einer abgeschlossenen analogen Edition in ein durch Nutzer recherchierbares und strukturierbares Datenformat bis hin zur Erstellung der Edition in einer digitalen Arbeitsumgebung. Bei digitalen Arbeitsumgebungen kann es sich um kollaborativ nutzbare Editionsplattformen handeln, von denen aus die Texte in beliebige – digitale oder analoge – Zielformate und Rechercheumgebungen transferiert werden können. Letzteres dürfte in der Regel längerfristig finanzierte Projekte oder sogar eine institutionelle Absicherung solcher Editionstätigkeiten, jedenfalls eher kontinuierlich arbeitende Editoren voraussetzen. Bei den meisten früheren und heutigen Editionsunternehmungen der »Gesellschaft« waren und sind solche Rahmenbedingungen nicht gegeben.

Der anspruchsvolle Weg, edierte Quellen nicht nur im PDF-Format, sondern im Rahmen einer Onlineeditionsplattform mit diversen Recherchefunktionen bereitzustellen, wurde von einzelnen Historischen Kommissionen bereits vor über 15 Jahren beschritten.[56]

---

54 Dass gedruckte Publikationen und Onlineveröffentlichungen sich sehr gut ergänzen, hat jüngst auch SCHAPER, Schlüssel zur Erkenntnis, S. 175–177, hier S. 175, unterstrichen. Klaus Eiler und Christiane Heinemann haben anlässlich des 125-jährigen Jubiläums der Historischen Kommission für Nassau hervorgehoben, dass diese und ihre hessischen Schwesterkommissionen unter anderem über die Anforderungen an ihre öffentliche Präsentation im digitalen Zeitalter in einen Diskussionsprozess eingetreten sind und einen gemeinsamen Auftritt im Internet in Erwägung ziehen. Die Festgabe »Historische Kommission für Nassau 1897–2022« ist online verfügbar (s. Anhang).

55 Die online zugänglichen Bände sind auf der Website der Gesellschaft verlinkt (etwa die Publikationen unter https://www.rheinische-geschichte.lvr.de/gesellschaft/ver%C3%B6ffentlichungen/Publikationen [abgerufen am 22.7.2024]), können aber auch direkt bei der Universitäts- und Stadtbibliothek Köln abgerufen werden (https://ub.uni-koeln.de/sammlungen-und-schwerpunkte/grhg [abgerufen am 22.7.2024]).

56 Für die Historische Kommission München hob GELBERG, Aufbruch ins digitale Zeitalter, S. 23–25, hier S. 23, hervor: »Sie ist sich bewusst, dass die Zukunft für Quelleneditionen ganz wesentlich im Internet liegt,

Diese Vorhaben, die sich in der »Gesellschaft« auf die im Druck erschienenen Gestapo-Lageberichte[57] ebenso erstrecken wie auf die Fortsetzung des Rheinischen Urkundenbuchs[58], müssen aber noch realisiert werden. Hier haben sich die technischen und organisatorischen Aufwände für nachhaltige Lösungen als Herausforderung erwiesen, für die Mittel jenseits vierstelliger Beträge eingesetzt werden müssen. Für Historische Kommissionen entstehen auf diese Weise Langzeitkosten, die in der Ära der Printveröffentlichungen dank der gesellschaftlichen Finanzierung von öffentlichen und universitären Bibliotheken nicht existierten.[59] Auf einer Tagung zum digitalen Edieren anlässlich der Freischaltung der Digitalen Edition der Kabinettsprotokolle der Landesregierung Nordrhein-Westfalen urteilte Martin Schlemmer: »Die Aufrechterhaltung einer Online-Verfügbarkeit ist eine Aufgabe von Dauer, quasi eine ›Ewigkeitslast‹.«[60] Die Sollseite des gesellschaftlichen Arbeitsprogramms bleibt also auch beim Beschreiten des Wegs der digitalen Quelleneditionen langfristig in jeder Hinsicht gefüllt.

Quellenkritik und Editionsmöglichkeiten auf dem Prüfstand zukünftig entstehender Überlieferung

Die Entwicklung der Forschungsschwerpunkte in der Geschichtswissenschaft lassen seit mindestens 40 Jahren eine deutliche Verschiebung hin zur Zeitgeschichte erkennen.

---

die anders als Monographien in den seltensten Fällen von vorne bis hinten gelesen werden, sondern punktuell genutzt werden.«

57 Die Konversion der Printausgabe der Gestapo-Lageberichte erfolgt dank einer Projektförderung der Gerda Henkel Stiftung, zieht sich aber aufgrund der beschriebenen Herausforderungen dennoch in die Länge.

58 Die Entwicklung einer Editionsplattform für das Rheinische Urkundenbuch erfolgt durch das LVR-Institut für Landeskunde und Regionalgeschichte in Kooperation mit dem Bonner Lehrstuhl für Historische Grundwissenschaften und der Gesellschaft für Rheinische Geschichtskunde. Eine enge Zusammenarbeit mit Forschungsinstituten, die zumeist über eine stabilere und breitere Infrastruktur verfügen, als das bei vielen Historischen Kommissionen der Fall sein dürfte, wird auch andernorts verfolgt. So besteht eine enge Zusammenarbeit der Historischen Kommission für Hessen mit dem Hessischen Institut für Landesgeschichte in Marburg, das das Landesgeschichtliche Informationssystem Hessen (LAGIS) betreibt und dort verschiedene Regestenwerke und Register mit einfachen Recherchemöglichkeiten online anbietet; vgl. HEDWIG, Neubeginn nach 1945?, S. 100.

59 Bei der Herausgabe einer Printedition sind die Kosten des Drucks und der Verlagsaufwände einmalig vom Herausgeber zu tragen. Die Gewährleistung der Nachhaltigkeit erfolgt über Bibliotheken, die die Bände erwerben und dauerhaft für die Nutzung zur Verfügung stellen. Wechselt man für die Bereitstellung von Editionen ins Internet, muss die Editionsplattform finanziert werden, und zwar dauerhaft, da sich die Plattformen technisch weiterentwickeln. Lediglich für Standardformate wie PDF bieten Universitätsbibliotheken für wissenschaftliche Publikationen und Editionen inzwischen kostenlose oder kostenarme Lösungen an.

60 SCHLEMMER, Einleitung, S. 10. Auch GELBERG, digitale Strategie, S. 99–110, hier S. 107, weist auf einen nicht unerheblichen Arbeits- und Programmieraufwand hin, für den sich im späteren Editionsprozess jedoch Synergien ergeben.

Ungeachtet einer jüngst in Ansätzen spürbaren Renaissance wurden die Historischen Grundwissenschaften an den Universitäten institutionell drastisch dezimiert, und die Mediävistik ist mindestens in die Defensive geraten. Auch in der Benutzerschaft der Archive spiegelt sich dieser Trend deutlich wider. Die Mehrzahl der Benutzerinnen und Benutzer fragt Quellen des 19. und vor allem des 20. Jahrhunderts nach.

Das darf Historische Kommissionen und Gesellschaften nicht dazu verleiten, die Quellen der älteren Zeit in ihren Arbeitsprogrammen zu vernachlässigen. Allerdings müssen die Programme fortgeschrieben und auch auf die Zeitgeschichte ausgerichtet werden. In der Gesellschaft für Rheinische Geschichtskunde ist die Hinwendung zu den Quellen des 20. Jahrhundert vollzogen worden, wenn auch die bundesrepublikanische Zeit derzeit noch ausgeblendet bleibt.

Projiziert man das Arbeitsprogramm für die zeithistorischen Quellen in die Zukunft, wird man aber schon bald mit einem gravierenden Wandel konfrontiert: Die Quellen, die heute in den Verwaltungen, Gerichten, Unternehmen usw. entstehen, sind elektronisch. Hier ist nicht die Rede von analogen Unterlagen, die digitalisiert und online gestellt werden, sondern von den so genannten *born digitals*, die in den Registraturen der Schriftgutbildner nie in Papierform abgelegt, sondern in ebensolchen digitalen Registraturen, in Dokumentenmanagementsystemen verwaltet werden. Sie werden heute bereits von den Archiven übernommen, in digitaler Form dauerhaft gesichert und in naher Zukunft auch für die Benutzung zur Verfügung gestellt.[61]

Will man die Unversehrtheit dieser Quellen überprüfen oder Manipulationen ausschließen, greift man nicht zur Lupe, um nach Kratzspuren oder Tintenunterschieden zu suchen, macht auch keine Wasserzeichenprobe oder Formularuntersuchung, sondern prüft digitale Hashwerte, elektronische Signaturen und prozessuale Metadaten, wobei Letztere vor allem in E-Akten, aber nicht zwingend in der Vielzahl behördlicher Fachverfahren vorhanden sind. Hinzu kommt, dass Archive diese Unterlagen oft schon im Bewertungsprozess verändern oder gar modellieren[62] und zwangsläufig auf lange Sicht regelmäßig verändern werden, weil sie immer wieder neuen Format- und Darstellungstechniken angepasst werden müssen, damit sie dauerhaft nutzbar und aussagekräftig bleiben. Zu ihrer kritisch-wissenschaftlichen Interpretation wird man statt Geschäftsgangsvermerke auf Papier die besagten Metadaten und die archivische Dokumentation nutzen müssen, die Aufschluss darüber geben, wer wann was gemacht und entschieden hat.[63] Dafür erübrigt sich paläographische Kärrnerarbeit und eine Transkription von Texten, weil diese in maschinenlesbarer Form vorliegen.

---

61 Für einen kurzen Überblick über die Bedeutung des elektronischen Records Managements für die Archive und die Aufgaben des Landesarchivs NRW im Kontext des E-Government-Prozesses vgl. BISCHOFF, E-Government.
62 Vgl. BISCHOFF, Bewertung elektronischer Unterlagen.
63 Die Komplexität des Sachverhalts auf archivischer Seite mit Langzeitfolgen für die Forschung illustriert UNGER, Archivale. Seinen Appell, dass die Archive dafür zu sorgen haben, »dass digitales Archivgut seine

Vor wenigen Jahren stellte Frank Bösch mit Blick auf die Digitalisierung in der zweiten Hälfte des 20. Jahrhundert fest: »Computer blieben für die meisten Zeithistoriker ein unsichtbares technisches Beiwerk, deren Rolle selbst bei mehrbändigen Studien zum Sozialstaat oder zur Bankengeschichte nicht berücksichtigt wurde.«[64] Während er der boomenden Digital History zugesteht, sich mit dem Feld der Wissensbildung zu befassen, jedoch nicht mit der digitalen Technik der Informationsverarbeitung, bleiben aber auch hier die Ablösung der analogen Überlieferung und die Entstehung der digitalen Quellen als ein die zeithistorische Forschung absehbar tangierendes Phänomen weitgehend ausgeblendet. Was die Kenntnis dieser Quellen angeht, sind die Archive der historischen Forschung weit voraus und dennoch fern von einer quellenkritischen Durchdringung aller Facetten solcher elektronisch entstandenen Unterlagen. Über quellenkritische Aspekte von elektronischen Unterlagen wurde zwar in Fachkreisen bereits nachgedacht.[65] Eine Quellenkritik zu den verschiedenen Varianten von *born digitals* existiert aber noch nicht. Und die Hoffnung, dass im digitalen Zeitalter der Variationsreichtum durch verfügbare Standards in Schranken gehalten werden könnte – was schon allein aus Kostengründen von den Archiven immer angestrebt wird –, weicht inzwischen einer nüchternen Betrachtung von Vielfalt.

Was hat das mit Historischen Kommissionen und Gesellschaften zu tun? Sehr viel, wenn man die quelleneditorische Arbeit weiterdenken und fortgesetzt sehen möchte. Es muss auch in Zukunft noch Stellen geben, die Quellen edieren, sodass diese von der historischen Forschung und anderen historisch interessierten Kreisen in einer wissenschaftlich aufbereiteten Form genutzt und verstanden werden können. Dann stellt sich aber die Frage, wie eine Edition elektronisch entstandener Verwaltungsunterlagen aussehen könnte.

Eine Identifikation der Akteure, der genannten Institutionen und Personen mag sich vielleicht weniger von den heutigen Standards wissenschaftlicher Editionen unterscheiden, ebenso wenig wie Querverweise zu anderen Quellen, wie man es aus dem Bereich der Edition von Kabinettsprotokollen kennt, wenn hier etwa auf korrespondierende Ministerialüberlieferung oder anderweitige ergänzende Quellen verwiesen wird. Ver-

---

Handlungs- und Organisationskontexte soweit als möglich aus sich selbst heraus preisgibt« (S. 146), würden wohl alle Fachkolleginnen und -kollegen nur zu gern unterschreiben. Wenn er gleich darauf eine kritische Fachdiskussion einfordert, wenn von bewährten Grundsätzen abgewichen wird, gelangt darin doch die Spur eines Zweifels zum Ausdruck.

64 Bösch, Wege, S. 7. Nachdem er die in der Geschichtswissenschaft entwickelten hermeneutischen Fähigkeiten der Quellenkritik grundsätzlich für geeignet hält, um den digitalen Wandel zu untersuchen, urteilt Bösch in seinem jüngst erschienenen Beitrag zu den Perspektiven der Zeitgeschichte im digitalen Zeitalter (Bösch, Perspektiven, S. 360): »Aber es sind neue Verfahren für Archive und individuelle Recherchen nötig, um rein digital entstandene Quellen auszumachen und zu bewerten.«

65 Vgl. dazu Wurthmann/Schmidt, Digitale Quellenkunde. Auf dem Deutschen Historikertag 2023 in Leipzig fand ebenfalls ein Panel zu dieser Thematik statt: Schlöder, Tagungsbericht: HT 2023.

mutlich müssen aber vorhandene Datenstrukturen erläutert, vielleicht auch Prozesse, Kontexte und Hintergründe der in den Vorgängen zum Ausdruck gelangenden Sachverhalte herausgearbeitet und dargestellt werden. Wenn die Entstehungsprozesse gar nicht erhalten oder erkennbar sind, werden diese quasi im Sinne einer Diplomatik elektronischer Fachverfahren oder Fileablagen – um nur zwei denkbare Überlieferungsgruppen zu nennen – erarbeitet werden müssen. Die Eingriffe der Archive, respektive allgemeiner gefasst: die Veränderungen der Quellen vom Schriftgutbildner bis zur gegenwärtigen Überlieferungsform im Archiv, werden in einem ungleich ausführlicheren Maße kritisch analysiert und in ihren Konsequenzen hinsichtlich der Aussagekraft der Quellen erläutert werden müssen, als das heute der Fall ist, weil zu befürchten ist, dass dieser Wandlungsprozess von weder mit der Quellengenese noch mit der Überlieferungsgeschichte vertrauten Nutzerinnen und Nutzern kaum nachvollzogen werden und Anlass zu Fehlinterpretationen bieten kann. Die Möglichkeiten der Künstlichen Intelligenz werden dafür vermutlich nicht die Lösung bieten, aber gewiss weitere Probleme hinsichtlich der Transparenz von Entscheidungsfindungsprozessen generieren. Und ganz sicher wird man in Zukunft keinen Medienbruch vollziehen. Eine Edition solcher Quellen und ihre Nutzung können folglich nur in digitalen Netzen gedacht werden und nicht mehr in Buchform.

Es ist hier nicht beabsichtigt, mögliche Editionsregeln für elektronisch entstandene Verwaltungsakten oder dafür einschlägige Publikations- und Vermittlungsformen zu empfehlen. Bis das notwendig ist und alle Schutzfristen für diese digital entstandenen und verarbeiteten Unterlagen abgelaufen sind, wird noch einige Zeit vergehen, selbst wenn man sich schon heute einen Eindruck von dieser Überlieferung in den Archiven machen kann. Hier geht es vielmehr darum, darauf aufmerksam zu machen, dass sich gerade ein fundamentaler Wandel zukünftiger Geschichtsquellen vollzieht, mit dem sich nicht nur die Archive, sondern auch die historische Forschung zeitnah auseinandersetzen müssen. Die zukünftige Vergangenheit wird sich nicht mehr mit analogen Quellen erforschen lassen. Und das erfordert von Historischen Kommissionen und Gesellschaften perspektivisch neue Analyse- und Editionsprofile, sofern sie nicht ausschließlich der Ära analoger Quellen verhaftet bleiben wollen.

Fazit

Am Beginn dieses Beitrags stand die Frage, mit welchem Selbstbewusstsein und welchen Sorgen Joseph Hansen vor 100 Jahren auf die Perspektive der Gesellschaft für Rheinische Geschichtskunde im 20. Jahrhundert geblickt haben könnte. Jetzt soll der Versuch unternommen werden, diese Frage aus heutiger Sicht für das 21. Jahrhundert zu beantworten.

Die organisatorische und wirtschaftliche Verfassung der »Gesellschaft« darf derzeit als zufriedenstellend bezeichnet werden. Es gibt moderate Bewegungsspielräume für Publikations- und Veranstaltungsvorhaben, wenngleich im Arbeitsprogramm immer die Bereitschaft zur ehrenamtlichen Mitwirkung erwartet werden muss, da in keinem Publikations- oder Editionsprojekt eine Vollfinanzierung geleistet werden kann. Im Bereich der Geschäftsführung überschreitet die Arbeitsauslastung zunehmend die Grenzen der verfügbaren Stellenausstattung, sodass hier eine angemessene Anpassung angestrebt werden muss.

Hinsichtlich des wissenschaftlichen Programms sind die Weichen so gestellt, dass das erweiterte Aufgabenprofil wichtige Bereiche auf dem Gebiet der historischen Forschung abdeckt. Die heute bestehenden vier Publikationsreihen der »Gesellschaft« können solide Säulen bilden, um die Erträge aus der Quellen- und Forschungsarbeit sowohl an wissenschaftliche Adressaten als auch an ein interessiertes Laienpublikum weiterzugeben. Dass darüber hinaus die Nutzbarmachung der Arbeiten im Internet eine wachsende Rolle spielt, ist richtig und konsequent, wenn auch einzelne technische, konzeptionelle und finanzielle Herausforderungen einen längeren Atem verlangen.

Einen sensiblen Punkt bildet die Verfügbarkeit gut ausgebildeter und motivierter Projektmitarbeiterinnen und -mitarbeiter, die auch in Zukunft gewillt sind, sich in das Aufgabenportfolio der »Gesellschaft« mit eigenen Beiträgen einzubringen. Nicht umsonst wurden Überlegungen über ein Scouting-Programm und eine Nachwuchsvernetzung angestellt. Und an kaum einer anderen Stelle erweist sich eine langjährige Berufs- und Wissenschaftserfahrung so wertvoll wie im Editions- und Publikationsprogramm der Gesellschaft. Der Suche und Gewinnung potentiell Mitwirkender müssen Vorstand und Wissenschaftlicher Beirat der »Gesellschaft« gerade in diesen Zeiten des demographischen Wandels große Aufmerksamkeit widmen.

Die zukünftigen historischen Quellen sind demgegenüber ein Gebiet, auf dem Erfahrungen gesammelt und tragfähige Lösungen entwickelt werden müssen. Hier steht die »Gesellschaft« noch am Nullpunkt, was in anderen Kommissionen und Gesellschaften gleichermaßen der Fall sein dürfte. Angesichts der Vorlaufzeiten von der Entstehung einer Quelle bis zu ihrer Edition ist die Lage nicht kritisch, bietet aber Anlass genug, sich gedanklich damit auseinanderzusetzen.

Allerdings ist in dieser Hinsicht eine Selbstgewissheit verloren gegangen, die Hansen haben konnte: Die virtuelle Welt erzeugt eine Quellenüberlieferung, die mit den Erkenntnissen und Methoden der Quellenkritik und der Editionsgrundsätze des 19. und 20. Jahrhunderts nicht mehr adäquat erfasst und vermittelt werden kann. Die Gesellschaft für Rheinische Geschichtskunde wird hier mittel- bis langfristig eine Neuorientierung entwickeln und umsetzen müssen.

Quellen und Literatur

Quellen

ADELMANN, Gerhard (Bearb.), Quellensammlung zur Geschichte der sozialen *Betriebsverfassung*. Ruhrindustrie unter besonderer Berücksichtigung des Industrie- und Handelskammerbezirks Essen, 3 Bde. (= PubGRhG, Nr. LIV), Bonn 1960–1968.

CLEMEN, Paul (Bearb.), *Die gotischen Monumentalmalereien* der Rheinlande (= PubGRhG, Nr. XLI), Düsseldorf 1930.

DERS. (Bearb.), *Die romanische Monumentalmalerei* in den Rheinlanden (= PubGRhG, Nr. XXXII), Düsseldorf 1916.

DERS. (Bearb.), *Die romanischen Wandmalereien* der Rheinlande (Tafelband) (= PubGRhG, Nr. XXV), Düsseldorf 1905.

Die Münzen von Trier, bearb. v. Raymond Weiller (Bd. 1,1), Alfred Noss (Bd. 1,2) u. Friedrich Schröter (Bd. 2), 3 Bde. (= PubGRhG, Nr. XXX), Bonn 1908–1916 (ND Düsseldorf 1988, 1978 u. 1978).

EWALD, Wilhelm (Bearb. unter Mitw. von Edith Meyer-Wurmbach), *Rheinische Siegel*, 6 Bde. (= PubGRhG, Nr. XXVII), Bonn / Köln / Düsseldorf 1906–1976 (ND Düsseldorf 1989–1993).

FAUST, Anselm (Bearb.), Vom *Arbeitsmarkt* zum Arbeitseinsatz 1933–1945. Dokumente zur Arbeitsmarktpolitik im nördlichen Rheinland und in Westfalen (= PubGRhG, Nr. LXXXV / Veröffentlichungen der Historischen Kommission für Westfalen, N. F. 84), Wien / Köln / Weimar 2023.

JANSSEN, Wilhelm (Bearb.), Die *Regesten der Erzbischöfe von Köln* im Mittelalter, Bd. 5: 1332–1349 (= PubGRhG, Nr. XXI, 5), Bonn 1973.

Lageberichte rheinischer Gestapostellen, 3 Bde., bearb. v. Anselm FAUST / Bernd A. RUSINEK / Burkhard DIETZ (= PubGRhG, Nr. LXXXI), Düsseldorf 2012–2016.

LANDSBERG, Ernst (Bearb.), Die *Gutachten* der rheinischen Immediat-Justiz-Kommission und der Kampf um die rheinische Rechts- und Gerichtsverfassung 1814–1819 (= PubGRhG, Nr. XXXI), Bonn 1914 (ND Düsseldorf 2000).

PABST, Klaus, Die *Gesellschaft* für Rheinische Geschichtskunde (1881–1981). Trägerschaft, Organisation und Ziele in den ersten 100 Jahren ihres Bestehens (Redaktion: Stephan Laux) (= Studien und Darstellungen der Gesellschaft für Rheinische Geschichtskunde, Bd. 1), Köln / Wien 2022.

Rheinische Briefe und Akten zur Geschichte der politischen Bewegung 1830–1850, begr. von Joseph Hansen, 4 Bde. (= PubGRhG, Nr. XXXVI), Essen / Leipzig / Bonn / Köln / Düsseldorf 1919–2013.

ROMEYK, Horst, *Verwaltungs- und Behördengeschichte* der Rheinprovinz 1914–1945 (= PubGRhG, Nr. LXIII), Düsseldorf 1985.

SCHEIBLER, Ludwig / ALDENHOVEN, Carl, Geschichte der *Kölner Malerschule* (= PubGRhG, Nr. XIII), Lübeck 1902.

WOLTER, Heinz (Bearb.), Die *Synodalstatuten* der Kölner Kirche im Spätmittelalter 1261–1513 (= PubGRhG, Nr. LXXXIV), Wien / Köln / Weimar 2022.

Literatur

Bär, Max, Die *Behördenverfassung* der Rheinprovinz seit 1815 (= PubGRhG, Nr. XXXV), Bonn 1919 (ND Düsseldorf 1998).

Bischoff, Frank M., *Bewertung elektronischer Unterlagen* und die Auswirkungen archivarischer Eingriffe auf die Typologie zukünftiger Quellen, in: Der Archivar 67 (2014), S. 40–52.

Ders., *Bildquellen im Fokus.* Die Vermittlung fotografischer Sammlungen in Gedächtniseinrichtungen – Eine Einführung, in: Zeitschrift für Bibliothekswesen und Bibliographie 67 (2020), S. 266–270.

Ders., *E-Government* und Records Management als Kernkompetenz und Beratungsaufgabe öffentlicher Archive. Zur Beteiligung des Landesarchivs Nordrhein-Westfalen bei der Einführung der elektronischen Verwaltung in Landesbehörden, in: Archive heute – Vergangenheit für die Zukunft. Archivgut – Kulturerbe – Wissenschaft. Zum 65. Geburtstag von Robert Kretzschmar, hg. v. Gerald Maier und Clemens Rehm, Stuttgart 2018 (= Werkhefte der staatlichen Archivverwaltung Baden Württemberg, Serie A, 26), S. 123–139.

Ders., *Zweifach berufen.* Wilhelm Janssen als Vorsitzender der Gesellschaft für Rheinische Geschichtskunde, 1973–1978 und 1994–1998, in: In memoriam Wilhelm Janssen (6.5.1933–12.7.2021). Reden gehalten bei der Akademischen Gedenkfeier am 12. Mai 2023 im Universitätsclub Bonn (= Alma Mater. Beiträge zur Geschichte der Universität Bonn, 114), Bonn 2024 [i. Dr.].

Ders./Hitze, Guido/Reininghaus, Wilfried (Hgg.), *Aufbruch in die Demokratie.* 100 Jahre Revolution im Rheinland und Westfalen. Beiträge der Tagung am 8. und 9. November 2018 in Düsseldorf (= Veröffentlichungen der Historischen Kommission für Westfalen, N. F., Bd. 51; zugl. PubGRhG, Vorträge, Bd. 37), Münster 2020.

Bischoff, Frank M./Patel, Kiran Klaus, *Was auf dem Spiel steht.* Über den Preis des Schweigens zwischen Geschichtswissenschaft und Archiven im digitalen Zeitalter, in: Zeithistorische Forschungen 17, H. 1 (2020), S. 145–156.

Bösch, Frank, *Perspektiven* der Zeitgeschichte im digitalen Zeitalter, in: Vierteljahrshefte für Zeitgeschichte 72 (2024) S. 346–361.

Ders., *Wege* in die digitale Gesellschaft. Computer als Gegenstand der Zeitgeschichtsforschung, in: ders. (Hg.), Wege in die digitale Gesellschaft. Computernutzung in der Bundesrepublik 1955–1990, Göttingen 2018 (= Geschichte der Gegenwart, Bd. 20), S. 7–37.

Buchmann, Wolf, *»Woher kommt das Photo?«* Zur Authentizität und Interpretation von historischen Photoaufnahmen in Archiven, in: Der Archivar 52 (1999), S. 296–306.

Fanton, Giulia, Tagungsbericht: Die Kölnische Zeitung in ihrem Kontext. Forschung – Kontroversen – Digitalisierung, in: H-Soz-Kult, 5.5.2022, abgerufen unter: www.hsozkult.de/conferencereport/id/fdkn-127965 (abgerufen am 26.7.2024).

Gelberg, Karl-Ulrich, *Aufbruch ins digitale Zeitalter.* Die Historische Kommission entwickelt sich zum Dienstleister der Historischen Grundlagenforschung im 21. Jahrhundert, in: Akademie Aktuell (25) 2008, Nr. 2, S. 23–25.

Ders., Die *digitale Strategie* der Historischen Kommission bei der Bayerischen Akademie der Wissenschaften, in: Martin Schlemmer (Hg.), Digitales Edieren im 21. Jahrhundert (= Veröffentlichungen des Landesarchivs Nordrhein-Westfalen, Bd. 67), Essen 2017, S. 99–110.

Hedwig, Andreas, *Neubeginn nach 1945?* Kontinuitäten und Diskontinuitäten, in: Holger Th. Gräf/

Andreas Hedwig / Alexander Jendorff (Hgg.), Geschichtsschreibung in Hessen vom 19. Jahrhundert bis zur Gegenwart. Brücke – Kontinuitäten – Perspektiven. Vorträge der Tagung anlässlich des 125jährigen Jubiläums der Historischen Kommission für Hessen vom 4. bis 5. November 2022 in Marburg, (= Veröffentlichungen der Historischen Kommission für Hessen, Bd. 94), Marburg 2024, S. 79–104.

Historische Kommission für Nassau 1897–2022. 125 Jahre im Dienst der nassauischen und hessischen Geschichte. Festgabe zum Jubiläum, Wiesbaden 2022, abgerufen unter: https://www.hiko-nassau.de/files/publikationen/texte/Hiko_Festgabe_Gesamt_web.pdf (abgerufen am 26.7.2024).

Kallen, Gerhard, *Ansprache*, in: Nachrichtenblatt für Rheinische Heimatpflege 3 H. 5/6 (1931/1932), S. 128–131.

Kammerer, Adrian, *Tagungsbericht: Geistliche Gewalt und kirchliches Recht. Die Synodalstatuten der Kölner Kirche im Vergleich*, in: H-Soz-Kult, 22.8.2022, abgerufen unter: www.hsozkult.de/conferencereport/id/fdkn-129058 (abgerufen am 26.7.2024).

Lücke, Martin / Zündorf, Irmgard, *Einführung in die Public History*, Göttingen 2018.

Meusch, Matthias (Hg.), *Der Rhein in alten Luftaufnahmen*, Tl. 1: Von Eltville bis Bonn, Tl. 2: Der Niederrhein von Köln bis Emmerich (= Historische Bilder des Rheinlandes, Bd. 1), Jünkerath 2019–2021.

Olenik, Alexander / Frehse, Johann, *Tagungsbericht: Ruhrkrise 1923 aus transnationaler und regionaler Perspektive*, in: H-Soz-Kult, 25.1.2024, abgerufen unter: www.hsozkult.de/conferencereport/id/fdkn-141399 (abgerufen am 26.7.2024).

Paul, Gerhard, *Visual History*, Version 3.0, in: Docupedia-Zeitgeschichte, 13.3.2014, S. 3, abgerufen unter: http://doi.org/10.14765/zzf.dok.2.558.v3 (abgerufen am 26.7.2024).

Plassmann, Max, *Rheinland oder Rheinprovinz? Die Gesellschaft für Rheinische Geschichtskunde nach 1945*, in: Mathias Beer (Hg.), Landesgeschichte mit und ohne Land. West- und ostdeutsche historische Kommissionen nach 1945, Stuttgart 2023 (= Schriftenreihe des Instituts für donauschwäbische Geschichte und Landeskunde, Bd. 27), S. 35–54.

Reininghaus, Wilfried, Die *Historische Kommission für Westfalen* 1896–2021. Eine regionale Wissenschaftsgeschichte (= Veröffentlichungen der Historischen Kommission für Westfalen, N. F., Bd. 70), Münster 2021.

Schaper, Uwe, *Schlüssel zur Erkenntnis – HiKo goes online*, in: Jahrbuch für die Geschichte Mittel- und Ostdeutschlands 65 (2019), S. 175–177.

Schlemmer, Martin, *Einleitung*, in: ders. (Hg.), Digitales Edieren im 21. Jahrhundert (= Veröffentlichungen des Landesarchivs Nordrhein-Westfalen, Bd. 67), Essen 2017, S. 7–13.

Schlöder, Christian, *Tagungsbericht: HT 2023: Das Ende des Originals? Quellenkritik genuin elektronischer »Quellen« in Archiven sowie in der historischen Forschung und Lehre*, in: H-Soz-Kult, 2.12.2023, abgerufen unter: www.hsozkult.de/conferencereport/id/fdkn-140129 (abgerufen am 26.7.2024).

Schmidt, Christoph, *Signifikante Eigenschaften und ihre Bedeutung für die Bewertung elektronischer Unterlagen*, in: Katharina Tiemann (Hg.), Bewertung und Übernahme elektronischer Unterlagen – Business as usual? Beiträge des Expertenworkshops in Münster am 11. und 12. Juni 2013 (= Texte und Untersuchungen zur Archivpflege, Bd. 28), S. 20–29, Münster 2013.

TEUPE, Sebastian, *Zeit des Geldes*. Die deutsche Inflation zwischen 1914 und 1923, Frankfurt a. M. 2022.

UNGER, Michael, Vom *Archivale* zum Archival Information Package. Digitales Archivgut als Herausforderung für die Archivwissenschaft, in: Archivalische Zeitschrift 97 (2021), S. 129–146.

WEIERMÜLLER, Gregor Maximilian, *Tagungsbericht: Mythos als Aufgabe?* Geschichtsschreibung am Niederrhein und in Westfalen im späten Mittelalter und in der Frühen Neuzeit, in: H-Soz-Kult, 19.10.2021, abgerufen unter: www.hsozkult.de/conferencereport/id/fdkn-127650 (abgerufen am 26.7.2024).

WURTHMANN, Nicola / SCHMIDT, Christoph, *Digitale Quellenkunde*. Zukunftsaufgaben der Historischen Grundwissenschaften, in: Zeithistorische Forschungen 17 (2020), S. 169–178.

II. RAHMENBEDINGUNGEN

Günther Schulz

Rheinisches Wirtschaftsbürgertum und regionale Wissenschaft

Gustav von Mevissen und Karl Lamprecht

Im November 1879 begegneten sich Gustav Mevissen und Karl Lamprecht zum ersten Mal. Mevissen, 64 Jahre alt, war einer der bedeutendsten Unternehmer des Rheinlandes, ein Mann mit gewaltigem Vermögen und mit besten Verbindungen in die höchsten Ränge von Wirtschaft, Politik und Verwaltung. Lamprecht war 23 Jahre alt, ein Sachse aus der Nähe von Wittenberg. Er war in Leipzig promoviert worden – mit einer Arbeit, betitelt »Beiträge zur Geschichte des französischen Wirtschaftslebens im 11. Jahrhundert«. Er hatte zudem gerade das Staatsexamen für das Lehramt am Gymnasium in den Fächern Geschichte, Latein, Griechisch und Geographie abgelegt und war Referendar (»Kandidat des höheren Schulamts«) am Kölner Königlichen Friedrich-Wilhelm-Gymnasium geworden sowie Privatlehrer in der Bankiersfamilie Deichmann. Dort hatte sich Lamprecht so gut eingeführt, dass Theodor Deichmann ihm die Einladung zu einem großen Abendessen bei Deichmanns Onkel Gustav Mevissen vermittelte. Lamprecht trug an diesem Abend – so die skurrilen Details der Überlieferung – einen geborgten schwarzen Rock mit zu kurzen Ärmeln, deshalb bewegte er sich meist mit dem Rücken zur Wand und hielt die Hände hinter dem Rücken verschränkt.[1]

Es war ein Abend mit Folgen, die bis heute weiterwirken. Freilich: Damals hätte wohl keiner der beiden ungleichen Männer darauf gesetzt, dass sich zwischen ihnen ein enger Kontakt entwickeln würde, eine intensive Zusammenarbeit und ein mehrjähriges großzügiges Sponsorship sowie nicht zuletzt eine freundschaftliche Beziehung – ja, ein Vater-Sohn-Verhältnis. Es hatte 20 Jahre lang Bestand, bis zu Mevissens Tod 1899. Aus der Förderung regionaler Wissenschaft durch den wohl bedeutendsten zeitgenössischen rheinischen Wirtschaftsbürger gingen wichtige, nachhaltig wirkende Impulse in dreierlei Hinsicht hervor:

- *Inhaltlich*: Die historische Forschung zum Rheinland erhielt wichtige, weiterwirkende Impulse und gewann gewaltig an Bedeutung.
- *Institutionell*: Nun wurden Pläne realisiert, die Mevissen und der damalige Bonner

---

[1] SCHÖNEBAUM, Gustav Mevissen und Karl Lamprecht, S. 180; Zitat bei HANSEN, Gustav von Mevissen, Bd. 1, S. 838. Zu Lamprecht siehe zuletzt und grundlegend CHICKERING, Karl Lamprecht. – Der vorliegende Beitrag ist die für den Druck erweiterte und um Belege ergänzte Fassung eines Abendvortrags am 9. Juni 2022 in Bonn bei der Tagung der Gesellschaft für Rheinische Geschichtskunde anlässlich ihres 140-jährigen Bestehens. Der Vortragsduktus wurde beibehalten. – Für sehr hilfreiche Hinweise danke ich Herrn Georg Mölich.

Abb. 3: Karl Lamprecht an seinem Schreibtisch, 1909.

Abb. 2: Gustav von Mevissen, 1884.

Geschichtsordinarius Heinrich von Sybel schon länger gehegt hatten, eine landesgeschichtliche historische Kommission für das Rheinland zu gründen: 1881 entstand die Gesellschaft für Rheinische Geschichtskunde. Heute feiern wir ihr 140-jähriges Jubiläum mit dieser Tagung und mit einer gerade erschienenen gewichtigen und sehr informativen Darstellung der ersten 100 Jahre ihres Wirkens aus der Feder von Klaus Pabst in der Redaktion von Stephan Laux.[2] Zudem ist die institutionelle Fernwirkung auf die Bonner Universität zu nennen – man denke an die Errichtung des Instituts für geschichtliche Landeskunde der Rheinlande (IGL) 1920[3] wie auch später der Abteilung Verfassungs-, Sozial- und Wirtschaftsgeschichte (VSWG) des Historischen Seminars, des heutigen Instituts für Geschichtswissenschaft. Beide Gründungen waren inhaltlich von Lamprechts disziplinübergreifender Sicht beeinflusst.[4]

– Nicht zuletzt gab es über den engeren geschichtswissenschaftlichen Bereich hinaus

---

2   Siehe PABST, Gesellschaft.
3   Siehe insbes. GROTEN / RUTZ (Hgg.), Rheinische Landesgeschichte.
4   Zur Geschichte des Bonner Historischen Seminars (heute: Institut für Geschichtswissenschaft) siehe zuletzt SCHULZ, Geschichte, S. 611–626. Ferner INSTITUT FÜR GESCHICHTSWISSENSCHAFT (Hg.), 150 Jahre Historisches Seminar, darin insbes. SCHULZ, Karl Lamprecht, S. 95 et passim.

weiterwirkende *theoretische* und *methodisch-wissenschaftsgeschichtliche* Impulse. Denn die Förderung von Lamprecht und dessen kulturwissenschaftlichem Ansatz schuf den Boden, auf dem ein heftiger innerwissenschaftlicher Streit über das Verhältnis von Geschichts- und Sozial- bzw. Kulturwissenschaften entstand. Dieser »Methodenstreit« in der Historiographie begann in den 1890er Jahren und flammt seither immer wieder auf. Bis heute beteiligen sich daran Wissenschaftlerinnen und Wissenschaftler aus der Geschichtswissenschaft im engeren und den Sozialwissenschaften im weitesten Sinne, aus der Kultur-, Sozial- und Universalgeschichte, der Kirchengeschichte und Pädagogik sowie aus der Kulturanthropologie mit immer wieder neuen bzw. weiterentwickelten Fragestellungen und Einschätzungen.[5] Auf allen genannten Feldern hat Lamprecht gearbeitet, Anregungen gegeben, Widerspruch hervorgerufen und so Stoff für Diskussionen geliefert. Er war einer der zügigsten und produktivsten Autoren seiner Zeit. Allein seine »Deutsche Geschichte« brachte es auf 16 Bände und drei Ergänzungsbände in den Jahren 1891 bis 1909: Im Durchschnitt erschien jedes Jahr ein Band, vom Publikum »begeistert« aufgenommen und wegen der großen Nachfrage immer wieder neu aufgelegt – und von den Fachkollegen meist als inhaltlich problematisch und handwerklich unzulänglich kritisiert.[6]

Aber der Reihe nach. Die Literatur über Karl Lamprecht und den Methodenstreit füllt Bibliotheken. Mevissen hingegen hat nicht gleichermaßen viel Aufmerksamkeit gefunden.[7] Hier sollen und können die Biographien der beiden und ihr wissenschaftliches bzw. unternehmerisches Werk nicht im Einzelnen beleuchtet werden. Konzentrieren wir uns auf die Fragen, wie sich die Förderung des Wissenschaftlers durch den Wirtschaftsbürger gestaltete, welche Motive, Erwartungen, welche Wirkungen und Ergebnisse sich zeigten und ob man allgemeinere Aussagen und Einordnungen daraus ableiten kann und, wenn ja, welche.

Dazu werden drei Bereiche behandelt. Anfangs wird das realhistorische Geschehen knapp skizziert: Personen und Abläufe. Daran schließt sich zweitens eine kurze Einordnung an. Drittens wird nach den Hoffnungen, den Erwartungen und Ergebnissen der Protagonisten und nach Möglichkeiten zur Verallgemeinerung gefragt.

Realgeschichte: Personen und Abläufe

Gustav Mevissen wurde 1815 als Sohn eines vermögenden Textilfabrikanten und Garngroßhändlers am Niederrhein in Dülken geboren. Im väterlichen Betrieb kaufmännisch ausgebildet, engagierte er sich anfangs vornehmlich im Textilgroßhandel. Von 1841 bis

---

5 Siehe etwa die Beiträge in FLÖTER / DIESENER (Hgg.), Karl Lamprecht.
6 BROCKE, Karl Lamprecht, S. 29–43, hier S. 35.
7 Zu Mevissen siehe SCHULZ, Vorreiter der Moderne.

zu seinem Tod 1899 lebte er in Köln. 1846 heiratete er die Tochter eines Kölner Weingroßhändlers, Elise Leiden. Das Ehepaar hatte fünf Töchter. Elise starb 1857. Drei Jahre später heiratete Mevissen ihre Schwester Therese.[8]

Mevissen war der wohl erfolg- und einflussreichste Kölner Unternehmer des 19. Jahrhunderts. Seine Leistung bestand im Kern darin, vom Handel ausgehend Kapital im Bereich der Banken und Versicherungen für die beginnende und rasch voranschreitende Industrialisierung zu beschaffen und in den neuen aufstrebenden Branchen einzusetzen, vor allem in Handel und Verkehr, Eisenbahnbau, Schwerindustrie bzw. Kohle und Stahl. Schon mit 29 Jahren, 1844, wurde er Präsident der Rheinischen Eisenbahngesellschaft. Seit 1848 leitete er den »A. Schaaffhausen'schen Bankverein«. Auch politisch engagierte er sich. Er war ein führender Vertreter des rheinischen Liberalismus und gehörte unter anderem dem Provinziallandtag der Rheinprovinz, der Frankfurter Nationalversammlung und dem Preußischen Herrenhaus an. Er war von eher schwacher Konstitution, litt an Bronchitis und Rheuma. Aber er verfügte über erhebliches Selbstbewusstsein, große Energie, gute analytische und prognostische Fähigkeiten, er dachte unkonventionell und war umfangreich belesen. Mevissen war eine Ausnahmeerscheinung, ein Multitalent. Ich habe an anderer Stelle seine wichtigsten Tätigkeitsfelder herausgearbeitet, deshalb soll es hier ausreichen, diese nur kurz zu nennen:[9] Erstens engagierte er sich als Textilunternehmer; zweitens gründete und leitete er mehrere Versicherungen und Banken; drittens beteiligte er sich an dem gerade entstehenden Eisenbahnsektor sowie – viertens – an wichtigen Montanunternehmen, an Schifffahrtsgesellschaften und Maschinenbauunternehmen. Mit den schwerindustriellen Gründungen verdiente Mevissen sein großes Vermögen. Fünftens war er, wie erwähnt, politisch interessiert, positioniert und aktiv, was sich auch in der Mitarbeit bei der »Rheinischen Zeitung« 1842/1843 zeigt. Sechstens hatte Mevissen seit frühester Jugend großes Interesse an Kultur und Wissenschaft, insbesondere an Geschichte. Dies war der Ausgangspunkt seines Mäzenatentums zugunsten der rheinischen Landesgeschichte und namentlich zugunsten Lamprechts.

Pläne, einen Verein für die Förderung der landesgeschichtlichen Forschung im Rheinland zu gründen, hatte, wie angesprochen, schon 1868 Heinrich von Sybel entwickelt, Professor für Geschichte an der Bonner Universität seit 1861 und 1867/68 deren Rektor. Er tat dies gemeinsam mit Mevissen, mit dem er befreundet war. Allerdings versandete die Initiative. Doch nach dem eingangs genannten Abendessen im November 1879 begann die Realisierung und das Projekt nahm rasch Fahrt auf. Diese Sachverhalte hat Klaus Pabst in seiner Geschichte der Gesellschaft für Rheinische Geschichtskunde akribisch dargestellt.[10]

---

8 Zu Person und Werk siehe GROTEN, Nachlass Gustav von Mevissen, S. XI–XVIII.
9 SCHULZ, Vorreiter der Moderne, S. 160–165.
10 Hierzu und zum Folgenden siehe PABST, Gesellschaft, S. 48–60.

Mevissen hatte nun plötzlich jemanden gefunden, der qualifiziert und bereit war, mit Fleiß und großer Energie das gewaltige Projekt in Angriff zu nehmen. Der Kölner Unternehmer griff sofort zu, er bot Lamprecht gleich anderntags ein jährliches Stipendium von 400 Talern für drei Jahre an. Seine Konditionen: Lamprecht müsse sich der Erforschung der rheinischen Wirtschaftsgeschichte annehmen, sich in Bonn habilitieren sowie Mevissens Bibliothek ordnen und katalogisieren. Lamprecht akzeptierte. Das Angebot überschnitt sich mit seinen eigenen Plänen: Sein Interesse galt ohnehin der landesgeschichtlichen und der wirtschaftshistorischen Forschung; ferner hatte er sich schon in Leipzig um eine Habilitation bemüht, allerdings vergeblich. Und er brauchte Geld – und zwar mehr als 400 Taler. Auf seine Bitte hin änderte Mevissen die Finanzierung: auf jährlich 600 Taler für zwei Jahre. Damit kam Lamprecht hin. Es war in etwa das »Gehalt eines Bankangestellten oder städtischen Hauptlehrers« und das Dreifache dessen, was ein Handwerksgeselle verdiente.[11]

Lamprecht entwickelte sogleich einen Plan für eine rheinische Geschichte des Mittelalters und wandte sich an die vier Bonner Ordinarien für Geschichte, um sie für seinen Habilitationswunsch zu gewinnen. Er verfasste in sehr kurzer Zeit eine Habilitationsschrift, mit der ihn die Philosophische Fakultät bereits im Juli 1880 habilitierte, obwohl die Arbeit dünn war, ein Torso. Sie wurde nie zu Ende geschrieben und nie publiziert. Das Habilitationsverfahren war offenkundig auf Hoffnung gebaut und auf die Schubkraft des Namens Mevissen. Pabst spricht – wohl zu Recht – von einer »Gefälligkeitshabilitation«. Freilich: Damit war Mevissens erste Bedingung erfüllt.[12]

Auch der Erfüllung der zweiten und dritten Bedingung nahm sich Lamprecht sogleich tatkräftig an. Er führte die Bibliotheksarbeit rasch durch, obwohl er die Ordnung und Katalogisierung der nicht weniger als etwa 25.000 Bände in Mevissens Bibliothek[13] als eine »infam langweilige und nervös machende Arbeit«[14] empfand. Und er entwickelte Vorstellungen für die Organisation und das Programm eines Vereins für Rheinische Geschichte.[15] Hier sei nur hervorgehoben, dass Lamprecht empfahl, die Finanzierung nicht durch Abonnements, sondern durch zahlungskräftige Unterstützer (»Patrone«) zu sichern und zu Anfang nicht das Verfassen einer historischen Darstellung in den Vordergrund zu stellen, sondern vornehmlich wirtschafts- bzw. kulturgeschichtliche Quellen zu edieren. Dies erwies sich, um hier etwas vorzugreifen, einesteils als Segen – beispielsweise wurden so das »Buch Weinsberg«[16] und die Wundergeschichten des Caesarius von

---

11 Ebd., S. 54, Fußnote 62.
12 Ebd., S. 54–58 (Zitat S. 58).
13 HANSEN, Bd. 1, S. 822; Katalog zur Kölner Ausstellung: QUARG, Gustav von Mevissen.
14 Lamprecht in einem Brief an seinen Bruder Hugo im April 1880, zit. nach SCHÖNEBAUM, Gustav Mevissen und Karl Lamprecht, S. 183.
15 PABST, Gesellschaft, S. 58 f.
16 Vgl. dazu den Aufsatz von Andreas Rutz im vorliegenden Band.

Heisterbach publiziert.[17] Andererseits erwies sich diese Empfehlung als problematisch, denn die für Editionen unabdingbare Sorgfalt war nicht die Stärke Lamprechts – ein Sachverhalt, den dieser selbst allerdings nie so sah.

In der Konzeptionsphase der Gesellschaft für Rheinische Geschichtskunde engagierte sich Lamprecht stark, Mevissen griff immer wieder ein und auch der Kölner Stadtarchivar Konstantin Höhlbaum[18], der Bonner Professor Wilhelm Maurenbrecher und andere gaben Ratschläge. Mit Blick auf das Verhältnis von Wirtschaftsbürgertum und Wissenschaftsförderung ist festzuhalten, dass Mevissen nachdrücklich ein Mitspracherecht für die Patrone gegenüber den Wissenschaftlern verlangte und dass Lamprecht es vermied, dazu deutlich Position zu beziehen.[19]

Die weitere Gründungsgeschichte hat Pabst ausführlich und subtil dargestellt – das kann hier nicht wiederholt werden.[20] Lamprecht gewann Mevissens Hochschätzung immer mehr, indem er seine Weiterarbeit am Projekt durch rasche Publikation von Aufsätzen und voluminösen Werken dokumentierte. Und er hielt engen persönlichen Kontakt zu Mevissen, holte dessen Rat ein und erstattete seinem Mentor regelmäßig Bericht über den Fortgang der Forschungen. Dazu gehörte neben der eigenen Publikationstätigkeit auch, dass er in der Geschichtsforschung als Organisator inhaltlich neue Akzente setzte. So wurde er 1881 neben Felix Hettner (Museumsdirektor in Trier) Herausgeber der neu gegründeten »Westdeutschen Zeitschrift für Geschichte und Kunst« – eines Publikationsorgans, das die Regionalgeschichte nach Westeuropa hin öffnete und beispielsweise auch Henri Pirenne als Autor gewann. Die Zeitschrift wurde »unter Lamprechts Leitung schnell eines der renommiertesten Organe der Regionalgeschichte in Deutschland«. Mit ihrem breiten kulturgeschichtlichen Ansatz ist sie ein – noch näher zu erforschendes – Muster, ein Brennglas für die Impulse und Akzente, die Lamprechts Ansatz kennzeichnen.[21]

1883 starb der Bonner (Alt-)Historiker Arnold Schäfer, der Lamprecht gefördert und durch das Habilitationsverfahren navigiert hatte. Damit war ein Förderer des Privatdozenten nicht mehr da. Aber ein anderer kam hinzu: Friedrich Althoff, preußischer Universitätsreferent und bald eigenwilliger und durchsetzungsstarker Gestalter der Berufungspolitik in Preußen.[22] Althoff wurde auf den engagierten Bonner aufmerksam und dieser fand in ihm einen nachdrücklichen Förderer und hatte bald auch persönlichen Kontakt zu ihm.

---

17 Pabst, Gesellschaft, S. 58–60.
18 Zu Höhlbaum siehe Pabst, Gesellschaft, S. 60–67 et passim.
19 Ebd., S. 62–67.
20 Ebd., S. 67–77.
21 Siehe Mölich, »Gemeinsame Ordnungen«, insbes. S. 292 (dort das Zitat in Anlehnung an Chickering); Warland, Internationalisierungsstrategien.
22 Zu Althoff siehe Brocke, Hochschul- und Wissenschaftspolitik; für Althoffs Aktivitäten bzgl. der Bonner Universität siehe Schmoeckel, Universitärer Aufschwung, S. 352 ff. et passim.

Mevissen setzte Lamprecht nach dem Tod von dessen Mutter 1882 wiederum ein Legat aus. Des Weiteren zahlte er ihm ein »Jahresgehalt«, nachdem der Historiker den dritten Band des »Deutschen Wirtschaftslebens im Mittelalter« vorgelegt hatte. 1884 erhielt Lamprecht einen Ruf an die Kunstakademie in Düsseldorf. Doch Mevissen riet ab. Inzwischen war die Verbindung zwischen den beiden so eng, dass der Mäzen riet, sich keine Sorgen zu machen, er sei jederzeit für Lamprecht »bereit«. Im Übrigen bewog Mevissen Althoff, sich für Lamprechts Fortkommen vor Ort in Bonn einzusetzen. Hier wurde dieser nun außerordentlicher Professor. Lamprecht wiederum sorgte dafür, dass Mevissen zu seinem 70. Geburtstag Ehrendoktor der Bonner Juristischen Fakultät wurde. Acht Jahre später, 1893, wurde Mevissen auch Ehrendoktor der Philosophischen Fakultät.[23]

Das Verhältnis Mevissens zu Lamprecht wurde mehr und mehr das eines väterlichen Freundes, der zudem wissenschaftliche Publikationen generös belohnte. Die Beziehung erreichte etwa 1886 besonders große Intensität: Lamprecht berichtete Mevissen von Hochzeitsplänen und dieser bot ihm an, über sein Konto beim A. Schaaffhausen'schen Bankverein zu verfügen. Durch seine Publikationen wurde Lamprecht mehr und mehr bekannt. 1887 erhielt er einen Ruf an das Eidgenössische Polytechnikum in Zürich. Doch Mevissen hintertrieb dies, indem er bei Althoff intervenierte – er wollte Lamprecht nicht für die rheinische Forschung verlieren. Aber Lamprecht kam auf Berufungslisten in Tübingen, Halle, Breslau, Marburg und Münster – ohne dort jedoch zu reüssieren. Das freute Mevissen. Doch 1890 verhalf Althoff dem Bonner zur Berufung nach Marburg. Lamprecht nahm den Ruf an und verließ das Rheinland. Er schloss noch einige Archivstudien ab – aber damit war das Rheinlandprojekt beendet. Die Wertschätzung und Freundschaft in Bezug auf seinen Förderer Mevissen aber blieben, wie angesprochen, bis zu dessen Tod 1899 bestehen.[24]

Einordnung: Strukturen und Distinktionen

Wie ist die Zusammenarbeit von Mevissen und Lamprecht in die langfristigen Beziehungen zwischen Unternehmern und im weitesten Sinne kulturellen Einrichtungen einzuordnen? Drei säkulare Veränderungen dominieren den Hintergrund dieses Mäzenatentums:

– erstens Verweltlichung: Neben dem religiös geprägten Engagement gewann das weltliche mehr und mehr Bedeutung vor dem Hintergrund einer langfristigen, periodisch beschleunigten Säkularisierung vieler Bereiche;

---

23 Dies und das Vorangehende nach SCHÖNEBAUM, Gustav Mevissen und Karl Lamprecht, S. 187–190; dort S. 190 das Zitat aus einem Brief Lamprechts Ende 1884 an seinen Bruder Hugo. Zu den Ehrenpromotionen siehe GROTEN, Nachlass Gustav von Mevissen, S. XVIII.
24 Das Vorstehende nach SCHÖNEBAUM, Gustav Mevissen und Karl Lamprecht, S. 182–196.

- zweitens: Neben der Förderung von Kunst und Kultur gewann die Förderung der Wissenschaft mehr und mehr Gewicht – zumal im wissenschafts- und technikeuphorischen 19. Jahrhundert;
- drittens trat neben das unmittelbare Nutzendenken mehr und mehr das Motiv des mittelbaren eigenen Nutzens.

Dass sich Wirtschaftsbürger als Mäzene engagierten, ist ein Phänomen, das es wohl ebenso lange gibt, wie es Wirtschaftsbürger gibt.[25] Es gehört zur Selbstinszenierung von Trägern von Macht und Reichtum. Es dient zudem dazu, das Signal auszusenden, dass die eigene Macht und der eigene Reichtum über den engeren ökonomischen Rahmen hinaus auch gesellschaftlich-kulturell Gutes bewirken sollen. Jahrhundertelang lag der Schwerpunkt auf der christlichen Mildtätigkeit, auf Schenkungen an die Kirche und auf der Unterstützung von Armen, Kranken und anderen Bedürftigen durch mannigfache Aktivitäten, insbesondere durch Errichtung frommer Stiftungen.[26] Darin verband sich das Ziel der Vorsorge für das eigene Seelenheil mit Selbstdarstellung und Selbstverewigung. Neben dieser dominierenden kirchlichen Ausrichtung stand in geringerem Maße die Förderung von Malerei, Bildhauerei, Musik und weiteren Künsten, freilich oft auch mit religiösem Bezug.

Im Lauf der Jahrhunderte verlor die Kirche an Prominenz, säkulare Macht gewann an Bedeutung, Wohltätigkeit wurde mehr und mehr säkularisiert und kommunalisiert. Und damit verlagerten sich auch die Schwerpunkte des Mäzenatentums. Die Förderung von Kunst und Kultur auch außerhalb des kirchlich-religiösen Bereichs trat seit der Aufklärung, vor allem seit dem 19. Jahrhundert stärker in den Vordergrund.[27] Bis heute gehört das Engagement für Kunst und Kultur zur Corporate Culture bzw. Cultural Identity potenter Wirtschaftsunternehmen und schwerreicher Unternehmer/-innen. Beispiele sind das Engagement von Hermann Josef Abs zugunsten des Bonner Beethovenhauses und des dortigen Kammermusiksaals; die Finanzierung eines 2007 bis 2010 errichteten Erweiterungsbaus für das Essener Kunstmuseum Folkwang durch das Kuratorium der »Alfried Krupp von Bohlen und Halbach-Stiftung« – in Person namentlich von Berthold Beitz; die Errichtung und der Unterhalt des Museums Barberini in Potsdam durch den SAP-Mitgründer Hasso Plattner. Die Sparkassen zum Beispiel haben Stiftungen, mit deren Hilfe sie kulturelle Aktivitäten in ihrer jeweiligen Region unterstützen.

Wachsende Förderung von Wissenschaft und Wissenschaftlern reflektiert den gesellschaftlich-kulturellen Wandel von der religiös geprägten Sichtweise und Erklärung

---

25 Siehe den konzisen Überblick bei CLEMENS, Der Rheinische Kunstmarkt, S. 205 f.
26 Siehe etwa die klassische Darstellung von SACHSSE/TENNSTEDT, Armenfürsorge in Deutschland.
27 Zum erstarkenden privaten Mäzenatentum seit der Frühen Neuzeit vornehmlich im Kontext von Stiftungswesen, Bildungsförderung und Wohltätigkeit siehe die Beiträge bei FLÖTER/RITZI (Hgg.), Bildungsmäzenatentum.

der Welt zur wissenschaftlich geprägten, vornehmlich seit der Aufklärung, verstärkt im 19. Jahrhundert. Förderung von Wissenschaft ist zuvörderst Förderung von rationalem Streben nach Erkenntnis. Das gilt für die Naturwissenschaften, Technik und Medizin ebenso wie für die Geisteswissenschaften. Wobei sich freilich an geisteswissenschaftliches Erkenntnisstreben oft politische, gesellschaftliche, ideologische Motive anlagern – beispielsweise ein Interesse an politischen Veränderungen, Engagement für ökonomische Umverteilung, für Klimawandel, Heimat, Nation oder andere Ziele.

Zu unterscheiden ist die hier thematisierte Wissenschaftsförderung von Public-Private-Partnerschaften. Das ist hier aber nicht das Thema. Solche unmittelbar nutzenbezogenen Kooperationen finden sich vor allem im Bereich der Naturwissenschaften und Medizin, etwa der Elektrotechnik, Chemie, Physik und Pharmazie. Bekannte Beispiele sind Zeiss/Jena und Ernst Abbe, Siemens und Erlangen-Nürnberg, Linde und die Technische Universität in München, auch die Kooperation von Felten und Guilleaume mit der Technischen Hochschule Karlsruhe. In solchen Fällen sind die Unternehmen an den unmittelbaren Ergebnissen wissenschaftlicher Forschung und meist an kurzfristigen ökonomischen Erträgen interessiert. Der regionale Bezug spielt dabei weniger eine Rolle, man sucht die fachliche Expertise, wo immer sie zu finden ist. Diese Kooperation ist hier ebenfalls nicht das Thema, aber zu nennen, weil sich daran nicht selten weitere Förderung ohne engen Nutzenbezug anlagert. Man denke etwa an die Unterstützung des Bonner Studentenwerks durch Bayer seit der Weimarer Zeit – begleitend zur Kooperation des Chemieunternehmens mit Bonner Chemikern. Hinter solcher Sponsorship durch Unternehmen steht immer auch das Engagement unternehmerischer Einzelpersonen – beim Bonner Beispiel etwa von Carl Duisberg.[28]

Die Förderung Lamprechts und der Landesgeschichte durch Mevissen ordnet sich in diese allgemeinen Phänomene ein: säkularisiert, dominant wissenschaftsorientiert und nicht – allenfalls mittelbar – motiviert durch unternehmerisches Nutzendenken. Sie ist damit wohl ein Stück weit auch zu erklären. Allerdings kamen individuelle Faktoren hinzu: Mevissens Generosität, sein großer Reichtum, ferner seine Hochschätzung der Historie und Historiographie. Das war im Unternehmertum des 19. Jahrhunderts keineswegs die Regel. Vielmehr war in diesen Kreisen in der Frühindustrialisierung und auch noch in der Hochindustrialisierung die Einschätzung weit verbreitet, Wissenschaft und Studium seien nicht gut für den Unternehmer. Dieser brauche für seine Arbeit vielmehr praktischen Verstand, Durchsetzungsfähigkeit, innerweltliche Askese, aber kein Studium. Dies lenke ihn von den wichtigen Aufgaben ab, kompliziere seine Wahrnehmung und verlege den Blick auf Unnützes. Solche Einschätzungen waren in alten Industrien wie Textil, Bergbau und Metallverarbeitung besonders verbreitet, fanden sich aber auch in neuen Branchen wie Elektro- und chemische Industrie. Für Mevissens Orientierung

---

28 Siehe zuletzt PLUMPE, Carl Duisberg.

dürfte es eine Rolle gespielt haben, dass er von Hause aus Kaufmann und unternehmerisch sehr breit aufgestellt war.

Mevissens Förderung von Lamprecht unterschied sich freilich auch vom breiten Strom wirtschaftsbürgerlichen Mäzenatentums. Die Forschung zum 19. Jahrhundert hat herausgearbeitet, dass Unternehmer selten aus intrinsischen Motiven zu Mäzenen wurden. Vielmehr spielten Faktoren wie die repräsentative Zurschaustellung des eigenen Reichtums und von Wohltätigkeit eine Rolle, Einflussnahme auf die städtische und regionale Kultur und nicht zuletzt ein »kollektiver Habitus, der den Zusammenhalt der Peergroup stärkte und die gegenseitige Anerkennung unter Gleichen förderte« – dabei freilich das individuelle Profil deutlich machte. Kooperation mit anderen Wirtschaftsbürgern war verbreitet, etwa zur Förderung von Museen und Theatern, aber man achtete auf das Gleichgewicht bzw. die Abstufungen untereinander. Man könnte es konkurrierende Kooperation nennen oder kooperierende Konkurrenz. Das Sammeln von Kunst diente vielfach auch der repräsentativen Selbstdarstellung – man erwarb bedeutende Kunstwerke, um Geschäftspartner, Gäste und Freunde zu beeindrucken. Und man förderte die Errichtung von Denkmälern etc., um die Aufmerksamkeit des Hofes, des Monarchen zu erreichen. So erlangte beispielsweise die reiche Kölner Bankiersfamilie Oppenheim durch demonstratives Mäzenatentum die Nobilitierung, was dann wiederum der Kreditwürdigkeit des Bankhauses zugutekam.[29]

Solche Erwägungen leiteten Mevissen bei der Förderung Lamprechts offensichtlich nicht. Diese war durchaus intrinsisch motiviert bzw. geprägt – demonstrative Zurschaustellung hingegen scheint die Sache des öffentlich eher zurückhaltenden Unternehmers nicht gewesen zu sein. Dennoch lässt sich auch diese Beziehung des Wirtschaftsbürgers zur Wissenschaft als eine Form des »Gabentauschs« interpretieren. Mit der Förderung der Landes-, insbesondere der Wirtschaftsgeschichte, verband Mevissen durchaus Nebenziele, nach denen nun zu fragen ist.

Hoffnungen, Erwartungen, Ergebnisse

Mevissen hatte seine Ausbildung im Wesentlichen in der Praxis erworben. Er hatte die Höhere Bürgerschule bis zur Tertia besucht und war dann in den Unternehmen seines Vaters – Zwirnfabrikation, Garngroßhandlung, Ölmühle, Landproduktehandlung – kaufmännisch ausgebildet worden. In Hinblick auf die Wissenschaft war er Autodidakt – allerdings einer mit gewaltigem Bildungshunger, wie seine riesige Bibliothek zeigt, die er keineswegs nur zu Repräsentationszwecken unterhielt. In der Wirtschaftsgeschichte sah er offensichtlich einen Schatz von Wissen und Erfahrung, von Anschauungsmaterial für

---

29 Siehe die konzise Studie von EFFMERT, Kulturförderung; zusammenfassend CLEMENS, Rheinischer Kunstmarkt; aus der Perspektive kommunaler Einflussnahme PIELHOFF, Gabe und Anerkennung.

gegenwärtiges und künftiges ökonomisches Handeln. Historisches Wissen zu gewinnen und zu vermitteln und im Weiteren den wissenschaftlichen Erwerb von Wissen und dessen Analyse und Verallgemeinerung etc. zu fördern – dies lässt sich als Wunsch lesen, für künftige Generationen ein Defizit zu überwinden, das Mevissen an sich selbst erfahren hatte. Zumal sich dieses Motiv mit dem Plan verband, in Köln eine Handelshochschule zu gründen. So ließe sich Wissen, das er selbst nur in der Praxis kennengelernt hatte, systematisch beschaffen, auswerten und weitergeben.[30]

Mevissen projizierte also, so ließe sich diese Überlegung fortsetzen, ein Wunschdenken auf Lamprecht, das er aus der Erfahrung seines eigenen Werdegangs gewonnen hatte. Lamprecht entsprach seinem Wunschbild – insbesondere aufgrund seiner wissenschaftlichen Energie und der Bereitschaft, sich auf die Einbeziehung des Ökonomischen in die Objektwelt des Historikers einzulassen. Mehr noch: Lamprecht hatte aufgrund eigener Prioritätensetzung die Ökonomie lange schon in seine wissenschaftliche Arbeit einbezogen. Diese Übereinstimmung zwischen Lamprecht und Mevissen trug offenbar – neben anderem – zu der stabilen positiven Beziehung der beiden bei.

Das Problem war allerdings: Für Mevissen war die Förderung der Wissenschaft ein Mittel zum Zweck: um ökonomisches Wissen aus der Vergangenheit für Gegenwart und Zukunft nutzbar zu machen. Es war Mevissen, der Lamprecht immer wieder drängte, bei seinen Mittelalter- und weiteren Studien insbesondere die Wirtschaft in den Fokus zu stellen. Der Unternehmer stellte dies nicht nur immer wieder Lamprecht vor Augen, sondern er zog auch hinter den Kulissen Drähte, um zu verhindern, dass Lamprecht durch Wegberufung andere Wege ging.

Lamprecht wusste die Förderung durch Mevissen sehr zu schätzen. Und nach allem, was wir wissen, war sein Verhältnis zu seinem Mäzen zwar durch Rücksichtnahme und die Bereitschaft geprägt, sich einzulassen und den Wünschen Mevissens nach Möglichkeit Rechnung zu tragen, auch den thematischen. Aber Lamprechts Haltung war nicht durch Selbstverleugnung getragen, sondern durch die Schnittmenge der gemeinsamen Interessen und durch Hochachtung Mevissens, durch Anerkennung von dessen Persönlichkeit – über das Pekuniäre hinaus. Mevissens Haltung war nicht durch eine Engführung Lamprechts geprägt, nicht durch inhaltliches unbedingtes Insistieren. Er wollte die angemessene Berücksichtigung der Ökonomie in Lamprechts Arbeiten gesichert wissen und gab im Allgemeinen nicht die Details vor. Insofern gab es eine hinreichende Schnittmenge der Interessen beider.

Doch Mevissens Hoffnung trog schließlich, mit Lamprecht das Ökonomische besonders prominent zu machen. Lamprecht bezog das Ökonomische zwar ein – aber es war für ihn nicht prioritär. Das war für ihn vielmehr die Kulturgeschichte. In seiner Sicht war das Ökonomische nur ein Teil davon. Ähnlich wichtig waren ihm Recht und Gesellschaft, wichtiger aber die neu aufkommende Psychologie, insbesondere die Völkerpsychologie.

---

30 SCHULZ, Vorreiter der Moderne, S. 155, 165 f.

Als deren Pionier gilt Wilhelm Wundt, sein Leipziger Prüfer im Rigorosum. In Anlehnung an ihn interpretierte Lamprecht Geschichte psychogenetisch: Massenpsychologie als so etwas wie die Mechanik der Geisteswissenschaften. Damit stand er im Widerspruch zur politischen Geschichte und namentlich zu Leopold von Ranke.[31] Tatsächlich ist die psychogenetische Betrachtungsweise der schwächste Teil von Lamprechts Anschauung.

Dass Mevissen seinen Wunsch nach einem Prä für die rheinische Wirtschaftsgeschichte schließlich doch nicht gegen Lamprechts Prä für eine umfassende Kulturgeschichte durchsetzen konnte, darf freilich nicht davon ablenken, dass Mevissen aus der Kooperation insofern auch Gewinn schöpfte, als die rheinische Geschichte, nicht nur die Wirtschaftsgeschichte, einen gewaltigen Schub erhielt. Und dass die Gesellschaft für Rheinische Geschichtskunde weiterhin besteht und inzwischen das 140. Jubiläum feiern kann, zeigt, dass es ein großer, nachhaltiger Gewinn war, eine Erfolgsgeschichte.

Ähnlich januskizzig wie für Mevissen stellt sich die Situation für Lamprecht dar. Er gewann einerseits, insofern er für seine Sicht der Dinge große Publizität erreichte, eine sehr erfolgreiche akademische Karriere hatte und überaus viele Anregungen gab – bis hin, als Rektor der Leipziger Universität, zur Reorganisation der dortigen Universität nach amerikanischem Muster.[32] Aber er verlor auch, weil er mit den meisten Anregungen nicht durchdrang und mitunter Irrwege beschritt, etwa was seine beschriebene Vorstellung von der Sozialpsychologie ganzer Gesellschaften betraf.[33]

Roger Chickering, der kenntnisreiche Biograph Lamprechts, nennt diesen »einen tragischen Helden« und erklärt dessen größte Schwächen – analytische, systematische, sprachliche und handwerkliche Unzulänglichkeiten – mit Verweis auf dessen »chronische analytische Ungeduld«: Lamprecht habe mit gewaltiger Arbeitskraft in atemberaubendem Tempo Unmengen an Material gesammelt, dieses dann aber methodisch und systematisch unzulänglich und fehlerhaft ausgewertet.[34] Karl Lamprecht habe eine »außerordentliche Mischung aus Weitsicht und Engstirnigkeit, Fantasie und Verwirrung, Befähigung und Selbstüberschätzung, Leistung und Misserfolg« gekennzeichnet, »sodass man noch lange um ihn streiten« werde.[35]

Diese Einschätzung ist unverändert gültig. Doch hier ist das Thema nicht die Methodik und Theorie der Geschichte, sondern die Förderung der regionalen Wissenschaft durch Wirtschaftsbürger. Einige Folgerungen aus den vorgetragenen Überlegungen seien abschließend festgehalten:

---

31 Vgl. Nipperdey, Kulturgeschichte, S. 153 f. – Zur Bedeutung der Kulturgeschichte für Lamprecht siehe zusammenfassend Schulz, Karl Lamprecht, S. 103–107.
32 Siehe im einzelnen Chickering, Lamprecht, S. 526–552.
33 Siehe insbes. Schorn-Schütte, Karl Lamprecht, passim; Chickering, Lamprecht, passim.
34 Chickering, Karl Lamprecht, S. 173 f.
35 Ders., Der Lamprecht-Streit, S. 347.

- Wissenschaftsförderung ist ein Kind ihrer Zeit – hier: des aufgeklärten Zeitalters, das die religiöse Erklärung durch die verstandesmäßige ablöste.
- Der Prüfstein von Wissenschaftsförderung war im vorliegenden Fall die dezisionistische Sicht des Förderers. Mevissen schaute auf Lamprechts Energie, Schnelligkeit und seinen Output. Insbesondere an den Output knüpfte er seine Legate. Später, nachdem Lamprecht Mevissens Vertrauen gewonnen hatte, gab der schwerreiche Unternehmer Geld auch anlässlich persönlicher Ereignisse wie beim Tod von Lamprechts Mutter und bei dessen Heirat. Inhaltlich konnte der Kölner Wirtschaftsbürger die Publikationen kaum beurteilen. Die Evaluierung war subjektiv-individuell, nicht objektiviert. Demonstrative Darstellung des eigenen Reichtums, Gewinn von Prestige oder unmittelbarer wirtschaftlicher Nutzen waren offensichtlich nicht die Motive Mevissens.
- Wissenschaftsförderung umfasst nicht nur die finanzielle Dimension. Mindestens ebenso wichtig sind das kulturelle, soziale und symbolische Kapital im Sinne von Pierre Bourdieu – hier manifest insbesondere in den Netzwerken. Bei näherem Hinsehen zeigt sich eine Fülle von persönlichen Kontakten: Deichmann – Mevissen – Althoff – die Bonner Professoren – externe Vermittler, Archivare des Rheinlandes; geplante, ergangene, abgelehnte, angenommene Rufe und die jeweiligen Umstände. Nicht zuletzt schlug auch Kollegenneid zu Buche.[36]

Insgesamt zeigt sich ein kompliziertes Geflecht von Strukturen und Ereignissen, von Zwangsläufigkeiten und Zufällen, allgemeinen und individuellen, kontingenten und inkontingenten Faktoren. Dazu gehört neben der direkten Förderung von Wissenschaftlern und Wissenschaftlerinnen durch finanzielle Unterstützung oder Dienstleistungen auch eine Sphäre projektunmittelbarer Rücksichtnahme. In Bezug auf Lamprecht zeigte sich dies etwa bei dessen Habilitation: Eine schwache Arbeit passierte in kurzer Zeit erfolgreich das akademische Verfahren. Die Habilitation entsprach Mevissens Wunsch – und Lamprecht profitierte offensichtlich vom Nimbus Mevissens, ohne dafür im Wissenschaftsbetrieb eigene zusätzliche Ressourcen einbringen zu müssen. Darüber hinaus gibt es eine Aktionssphäre mittelbarer Wirkungen – insofern, als die Kenntnis der genannten Faktoren ihrerseits zu neuen Reaktionen führte. Ein Beispiel im vorliegenden Fall ist der Einsatz Althoffs zugunsten von Lamprecht – ein Einsatz, der unmittelbar weder durch das rheinische Projekt noch durch damit verbundene Rücksichtnahmen motiviert war. Als Althoff versuchte, Lamprechts Berufung in die Schweiz zu hintertreiben und ihm Rufe nach Gießen, Marburg, Leipzig und schließlich nach Berlin zu verschaffen, tat er dies, weil er Lamprecht für besonders tüchtig hielt und im eigenen Einflussbereich halten wollte.

All dies erweist sich als ein kompliziertes Interaktionsgefüge von »Gabentausch«, von Nutzenerwägungen, Abwägung von Rücksichten, von operativen und strategischen Er-

---

36 Darauf verweist insbesondere SCHÖNEBAUM, Gustav Mevissen und Karl Lamprecht.

wägungen. Es ist vom Historiker schwer zu erhellen, denn *quod non est in actis non est in mundo*. Aktionen auf der zweiten und dritten Handlungsebene finden in der Regel keinen Niederschlag in den Akten und damit in der archivischen Überlieferung. Im Falle Lamprecht haben wir doppeltes Glück: Zum einen ist viel überliefert, nicht zuletzt in persönlichen Briefen in Bonn, Leipzig und andernorts. Und zum anderen blieben diese Informationen nicht im Archiv verborgen, sondern es fanden sich zahlreiche Forscher, die die Überlieferungen in den vergangenen Jahrzehnten auswerteten. Dadurch lässt sich bezüglich Lamprecht ein sehr gutes, dichtes, offenbar recht realitätsnahes Bild zeichnen.

Für Mevissen gibt es nach der umfassenden Biographie von Hansen auch nach mehr als 100 Jahren immer noch keine ähnlich intensive Forschung. Deshalb möchte ich mit einem Plädoyer für die Erarbeitung einer umfassenden historisch-kritischen Mevissen-Biographie schließen. Dies ist vielleicht nur als Projekt mehrerer Autorinnen und Autoren realisierbar. Manfred Groten hat den Nachlass verzeichnet.[37] Und so wissen wir, wie viel überliefert ist. Eine kritische Biographie dieses wichtigsten Kölner Wirtschaftsbürgers des 19. Jahrhunderts ist viel Arbeit. Aber sie wäre wichtig.

Literatur

BROCKE, Bernhard vom, *Karl Lamprecht* (1856–1916). Leben und Werk im Kontext der Wissenschaftsentwicklung, in: FLÖTER/DIESENER (Hgg.), Karl Lamprecht, S. 29–43.

DERS. *Hochschul- und Wissenschaftspolitik* in Preußen und im Deutschen Kaiserreich 1882–1907. Das »System Althoff«, Stuttgart 1980.

CHICKERING, Roger, *Der Lamprecht-Streit* (Fortsetzung). Einige Betrachtungen, in: FLÖTER/DIESENER (Hgg.), Lamprecht, S. 335–347.

DERS., *Karl Lamprecht*. Das Leben eines deutschen Historikers (1856–1915), Stuttgart 2021.

CLEMENS, Gabriele B., *Der rheinische Kunstmarkt*, Mäzene und Sammler im langen 19. Jahrhundert, in: RhVjbll 76 (2012), S. 205–225.

EFFMERT, Viola, Sal. Oppenheim jr. & Cie. *Kulturförderung* im 19. Jahrhundert, Köln/Weimar/Wien 2006.

FLÖTER, Jonas/DIESENER, Gerald (Hgg.), *Karl Lamprecht* (1856–1915). Durchbruch in der Geschichtswissenschaft, Leipzig 2015.

FLÖTER, Jonas/RITZI, Christian (Hgg.), *Bildungsmäzenatentum*. Privates Handeln – Bürgersinn – kulturelle Kompetenz seit der Frühen Neuzeit, Köln/Weimar/Wien 2007.

GROTEN, Manfred (Bearb.), Der *Nachlass Gustav von Mevissen* (= Mitteilungen aus dem Stadtarchiv von Köln, H. 86), Köln/Weimar/Wien 1999.

DERS./RUTZ, Andreas (Hgg.), *Rheinische Landesgeschichte* an der Universität Bonn. Traditionen – Entwicklungen – Perspektiven, Göttingen 2007.

HANSEN, Joseph, *Gustav von Mevissen*. Ein rheinisches Lebensbild, 1815–1899, Berlin 1906 [unveränd. ND Berlin 2019].

---

37 GROTEN, Nachlass Gustav von Mevissen.

Institut für Geschichtswissenschaft (Hg.), *150 Jahre Historisches Seminar*. Profile der Bonner Geschichtswissenschaft. Erträge einer Ringvorlesung, Siegburg 2013.

Mölich, Georg, *»Gemeinsame Ordnungen«* oder »Grenzen« – Historiker und der Begriff des Rheinlandes vor dem Ersten Weltkrieg: Justus Hashagen (1877–1961) im Kontext, in: Siedlungsforschung. Archäologie – Geschichte – Geographie 38 (2021), S. 291–306.

Nipperdey, Thomas, *Kulturgeschichte*, Sozialgeschichte, historische Anthropologie, in: VSWG 55 (1968), S. 145–164.

Pabst, Klaus, Die *Gesellschaft* für Rheinische Geschichtskunde (1881–1981). Trägerschaft, Organisation und Ziele in den ersten 100 Jahren ihres Bestehens (Redaktion: Stephan Laux) (= Studien und Darstellungen der Gesellschaft für Rheinische Geschichtskunde, Bd. 1), Köln/Wien 2022.

Pielhoff, Stephen, *Gabe und Anerkennung*. Mäzene in rheinischen und westfälischen Städten des Kaiserreichs, in: Archiv für Kulturgeschichte 94 (2012), S. 147–175.

Plumpe, Werner, *Carl Duisberg* 1861 bis 1935. Anatomie eines Industriellen, München 2016.

Quarg, Gunter, *Gustav von Mevissen* (1815–1899) und seine Bibliothek. Katalog der Ausstellung in der Universitäts- und Stadtbibliothek Köln von Gunter Quarg mit einer biographischen Einleitung von Klara van Eyll, Köln 1999.

Sachsse, Christoph/Tennstedt, Florian, Geschichte der *Armenfürsorge in Deutschland*, Bd. 1: Vom Spätmittelalter bis zum 1. Weltkrieg, Stuttgart/Berlin/Köln ²1980.

Schmoeckel, Mathias, *Universitärer Aufschwung* und staatliche Eingriffe (1870–1900), in: Dominik Geppert (Hg.), Preußens Rhein-Universität 1818–1918 (= Geschichte der Universität Bonn, Bd. 1), Göttingen 2018, S. 253–370.

Schönebaum, Herbert, *Gustav Mevissen und Karl Lamprecht*. Zur rheinischen Kulturpolitik von 1880–1890, in: RhVjbll 17 (1952), S. 180–196.

Schorn-Schütte, Luise, *Karl Lamprecht*. Kulturgeschichtsschreibung zwischen Wissenschaft und Politik, Göttingen 1984.

Schulz, Günther, *Geschichte* [des Historischen Seminars], in: Thomas P. Becker/Philip Rosin (Hgg.), Die Buchwissenschaften (= Geschichte der Universität Bonn, Bd. 3), Göttingen 2018, S. 611–626.

Ders., *Karl Lamprecht* (1856–1916), sein Wirken in Bonn und der Streit um eine neue Geschichtswissenschaft, in: Institut für Geschichtswissenschaft (Hg.), 150 Jahre Historisches Seminar, S. 87–107.

Ders., *Vorreiter der Moderne*: Gustav von Mevissen in Köln, in: Werner Eck (Hg.), Für Köln. Leben für die Stadt. Gedenkschrift für Hanns Schaefer, Köln 2014, S. 155–172.

Warland, Geneviève, Henri Pirennes und Karl Lamprechts *Internationalisierungsstrategien*, in: Flöter/Diesener (Hgg.), Karl Lamprecht, S. 193–215.

Wilfried Reininghaus

Rheinisch-westfälische Interferenzen und Verbindungen

141 Jahre »Gesellschaft für Rheinische Geschichtskunde« und 126 Jahre »Historische Kommission für Westfalen« (künftig: »Kommission«) sowie das Erscheinen von zwei Publikationen zur Geschichte beider Institutionen erlauben es, sie zueinander in Beziehung zu setzen.[1] Meine Leitfrage lautet: Wann und wie haben sich beide gegenseitig beeinflusst? Worin unterscheiden sie sich? Ich will dies in einem ersten Block anhand der Organisationsgeschichte tun. Der zweite gilt einigen größeren Projekten, die sowohl »Gesellschaft« als auch »Kommission« angepackt haben. Dabei orientiere ich mich an den Satzungen von »Gesellschaft« und »Kommission«, die in der Gründerzeit im jeweils ersten Artikel ähnlich formuliert waren. Sie lauten – bezogen auf das Rheinland: »Die Gesellschaft für Rheinische Geschichtskunde hat den Zweck, die Forschungen über die Geschichte der Rheinlande dadurch zu fördern, dass sie Quellen der rheinischen Geschichte in einer den Forderungen der Wissenschaft entsprechenden Weise herausgibt.« Meine Vermutung ist, dass sich »Kommission« und »Gesellschaft« an ihren Editionen, deren Quantität und Qualität messen und vergleichen lassen müssen.

Die Organisationsgeschichte(n)

Ich beginne mit Westfalen, weil die Gründung der »Kommission« zwar erst 1896 erfolgte, sie aber nichts anderes als eine Ausgliederung aus den beiden Abteilungen des »Vereins für Geschichte und Alterthumskunde Westfalens« war.[2] Er hatte sich 1824 zuerst in Paderborn und dann ein Jahr später in Münster konstituiert. Noch vor der offiziellen Gründung hatten sich in Paderborn und Höxter Ignaz Liborius Meyer und Paul Wigand über die Notwendigkeit der Edition von Geschichtsquellen ausgetauscht. Wigand stand mit dem Freiherrn vom und zum Stein in Verbindung, als 1819 die »Gesellschaft für ältere deutsche Geschichtskunde« gegründet wurde. Der Paderborner Verein sollte ursprünglich deren regionale Filiale sein; Wigand wurde angeboten, Widukinds Sachsengeschichte zu edieren. Wigand war die treibende Kraft der Paderborner Gründung, hatte

---

1 Um die Abschnitte »Urbare«, »Chroniken« und »Weistümer« erweiterter Text des Vortrags vom 9.6.2022. Die Anmerkungen sind auf ein Minimum beschränkt. – Vgl. Pabst, Gesellschaft; Reininghaus, Kommission.
2 Reininghaus, Kommission, S. 47–57.

aber zugleich Gesamt-Westfalen im Blick, denn er öffnete die von ihm selbst redigierte Zeitschrift »Archiv für Geschichte und Alterthumskunde Westphalens« für alle Teile Westfalens. 1825 konstituierte sich in der Provinzialhauptstadt Münster eine weitere Abteilung. Münster und Paderborn verständigten sich auf zwei zentrale Programmpunkte: das »Westfälische Urkundenbuch« und die Herausgabe der später so genannten »Westfälischen Zeitschrift«. Wigand sollte nach dem Willen des Oberpräsidenten Vincke 1829 die Leitung des neuen Provinzialarchivs übernehmen, doch war das ihm angebotene Gehalt so niedrig, dass er damit seine Familie nicht hätte ernähren können. Wigand nahm eine Stelle als Richter in Wetzlar an. Die Last der Arbeit am Urkundenbuch übernahm Heinrich August Erhard, der erste Archivleiter in Münster. Er stabilisierte nicht nur das Vereinsleben, sondern schloss zu Lebzeiten bis 1850 die ersten beiden Bände des Urkundenbuchs ab, das damals noch »Codex Diplomaticus Westphaliae« hieß. Einer Gruppe junger Historiker in Münster war um 1850 das Urkundenbuch nicht genug. Wir finden in ihr später Prominente: Julius (von) Ficker, Carl Adolph Cornelius, Johannes Janssen. Sie etablierte zwischen 1851 und 1857 die eigene Reihe »Geschichtsquellen des Bistums Münster«, die breiter aufgestellt war. In ihr erschienen in kurzer Folge Wiedertäuferakten und Bistumschroniken, später die Vita Ludgeri.

Eine Generation später rebellierte ein junger Wissenschaftler, Wilhelm Diekamp, dagegen, dass nichts mehr passierte. Er hielt dem Altertumsverein Münster 1884 vor, dass er seinen Aufgaben, das reiche Material der westfälischen Geschichte zu präsentieren, nicht genüge. Diekamp forderte die Gründung einer Historischen Kommission, die vom Altertumsverein ernannt werden und sich durch Unterstützung von Städten und Privatleuten finanzieren solle. Der Verein und vor allem sein Direktor, Domkapitular Adolf Tibus (1817–1894), wiegelten ab. Erst nach Tibus' Tod 1894 war der Weg frei für diese Lösung, die nicht Diekamp, sondern sein Freund Heinrich Finke umsetzte. Diekamp starb tragischerweise Weihnachten 1885 an Typhus in Rom. Finke habilitierte sich an der Akademie in Münster und übernahm das Vereinsdirektorat als Tibus' Nachfolger. Innerhalb von anderthalb Jahren koppelte Finke zwei Kommissionen vom Verein ab: die Historische Kommission und die Altertumskommission. Letztere hatte wegen der anlaufenden Römerforschung in Haltern einen hohen Stellenwert. Formal berief der Altertumsverein die Mitglieder beider Kommissionen. Auch finanziell blieben Verein und Historische Kommission noch bis etwa 1930 verbunden. Was Finke in der Kürze der Zeit nicht gelang, war nämlich, einen finanziellen Rahmen zu schaffen, der wissenschaftliche Großprojekte solide finanziert hätte. Die »Kommission« kam 1896 zunächst mit 3.500 Mark vom Provinzialverband, 500 Mark von der Stadt Münster und kleinen Beträgen vom Oberpräsidenten aus. Dass die »Gesellschaft« im Rheinland über ganz andere Beträge disponieren konnte, blieb in Westfalen nicht unbekannt. Zu diesem Zeitpunkt verfügte die »Gesellschaft« über einen Etat von 23.103 Mark und über ein eigenes Vermögen von 40.102 Mark, zu dem die 40.000 Mark der Mevissen-Stiftung kamen.[3] Die Historische Kommission musste sich lange mit einem vergleichsweise schmalen Budget bescheiden. Die Vorsitzenden Georg Erler und Aloys Meister versuchten seit 1908, Patrone aus Wirtschaft und Adel zu gewinnen. Dies gelang nur in einem bescheidenen Maße. Die Inflation und ihre Folgen lähmten die »Kommission«. Erst als der Provinzialverband 1929 einsprang und die Finanzierung sicherte, war die Weiterexistenz möglich. Daran änderte sich nach 1945 nichts Grundlegendes mehr.

Wie unterscheidet sich die rheinische »Gesellschaft« von der westfälischen »Kommission«? Sie stand erstens nicht in der Tradition eines Vereins, der dazu noch auf zwei Abteilungen verteilt war. Die direkte Ableitung der »Kommission« aus dem Verein – die Trennung erfolgte endgültig erst 1929 – wirkte lange eher hemmend als förderlich. Zweitens besaß die »Gesellschaft« aus bekannten Gründen größere finanzielle Spielräume. Drittens gab es mit dem Historischen Archiv der Stadt Köln ein zusätzliches Gravitationszentrum, das in Westfalen fehlte. 1896 bestand in Westfalen kein hauptberuflich besetztes Kommunalarchiv. Viertens hatte die Universität Bonn einen Entwicklungsvorsprung vor der Akademie Münster gewonnen, die erst 1902 Volluniversität wurde. Fünftens unterschieden sich »Gesellschaft« und »Kommission« in ihrer Einstellung zu den Kirchen. In Westfalen kann man gewiss nicht von einer antiklerikalen Haltung sprechen wie phasenweise im Rheinland. Dass Prälat Georg Schreiber der westfälischen »Kommission« zwischen 1945 und 1962 vorstand, war sicher kein Zufall.

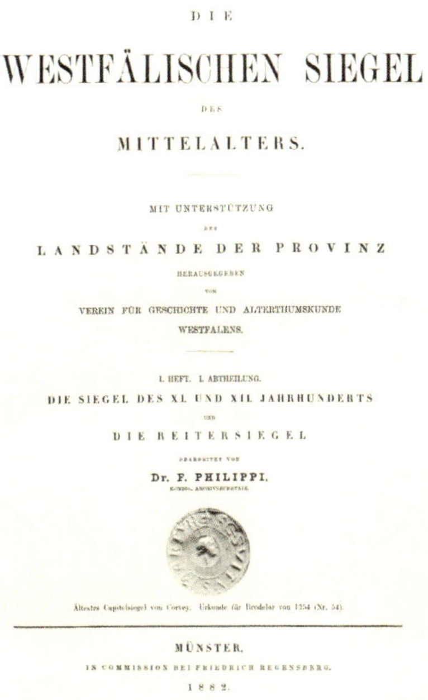

DIE

WESTFÄLISCHEN SIEGEL

DES

MITTELALTERS.

MIT UNTERSTÜTZUNG

DER

LANDSTÄNDE DER PROVINZ

HERAUSGEGEBEN

VOM

VEREIN FÜR GESCHICHTE UND ALTERTHUMSKUNDE

WESTFALENS.

I. HEFT. I. ABTHEILUNG.

DIE SIEGEL DES XI. UND XII. JAHRHUNDERTS

UND

DIE REITERSIEGEL

BEARBEITET VON

Dr. F. PHILIPPI.

Ältestes Capitelsiegel von Corvey. Urkunde für Bredelar von 1254 (Nr. 54).

MÜNSTER,

IN COMMISSION BEI FRIEDRICH REGENSBERG.

1882.

Abb. 4: Titelblatt von F[riedrich] Philippi (Bearb.), Die westfälischen Siegel des Mittelalters, Heft 1, Abt. 1: Die Siegel des XI. und XII. Jahrhunderts und die Reitersiegel, hrsg. m. Unterstützung der Landstände der Provinz hrsg. v. Verein für Geschichte und Alterthumskunde Westfalens, Münster 1882.

Ich habe mich mehrfach gefragt, ob es im 19. Jahrhundert die Chance zur Gründung einer »Gesellschaft für rheinisch-westfälische Geschichtskunde« gegeben hat. Sybel hatte ja 1868 zusammen mit Mevissen die Idee, einen »Verein für rheinisch-westfälische Geschichte« ins Leben zu rufen, über den wir kaum Näheres wissen.[4] Westfalen war bis

3 JbGRhG 16 (1896), S. 3 f.; Reininghaus, Kommission, S. 61.

4 Pabst, Gesellschaft, S. 53; Janssen, Karl Lamprecht, S. 189–198, Zitat S. 192.

in die Gründungszeit der »Gesellschaft« durch die befreundeten Archivdirektoren Harleß (Düsseldorf) und Wilmans (Münster) bezüglich der rheinischen Pläne informiert, doch Wilmans war Protestant, aktiv in den Kulturkampf eingebunden und wäre wahrscheinlich als Promotor eines die Provinzgrenzen überschreitenden Raums im mehrheitlich katholischen Westfalen ausgefallen. Um katholische Historiker aus Westfalen bemühte sich die »Gesellschaft« ausweislich ihrer Mitgliederlisten gar nicht erst, wenn man vom früh verstorbenen Diekamp absieht. Aber auch Dortmund, das eigene Interessen verfolgte und dessen Archivar Rübel Mitglied in der »Gesellschaft« war, lehnte ein Patronat bei der »Gesellschaft« ab. Immerhin stammte der erste Vorsitzende des Vorstands der »Gesellschaft«, Hermann Becker, aus Dortmund, war dort und später in Köln Oberbürgermeister. Und er hatte 1871 den Dortmunder Geschichtsverein gegründet.[5] Dass es also diese und viele andere personelle Verquickungen zwischen Historikern in Rheinland und Westfalen gab und noch gibt, förderte kein institutionelles Zusammengehen, obwohl es doch eine illustre Zahl von Persönlichkeiten gibt, in deren Vita Rheinland und Westfalen eine Rolle gespielt haben: Friedrich Philippi, Joseph Hansen, Theodor Ilgen, Aloys Meister, Anton Eitel, Hugo Stehkämper, Wilhelm Janssen und Ottfried Dascher.

Urkunden und Siegel

Nicht zufälligerweise galten die ersten Editionsprojekte in Rheinland und Westfalen zuerst den Urkunden, denn sie waren die »vielseitigste Quelle und die sicherste Stütze auf dem Gebiete geschichtlicher Forschung« (Theodor Joseph Lacomblet).[6] Das Westfälische Urkundenbuch war konstitutiv für den Altertumsverein und das Aufgehen seiner wissenschaftlichen Arbeit in der »Kommission«. Ich will an dieser Stelle nur die strategisch wichtigsten Entscheidungen seit 1824 benennen.[7] Nach dem Abschluss von ausgewählten Volltexten und Regesten bis 1200 stand zur Mitte des vorletzten Jahrhunderts an, zu diskutieren, wie es weitergehen solle. Man entschied sich für eine Aufteilung der westfälischen Urkunden nach den Bistümern Münster, Paderborn, Minden und dem westfälischen Anteil von Köln. Das war problematisch, denn es fehlte Osnabrück, damals im Königreich Hannover gelegen, während das Bistum Minden weitgehend außerhalb der Provinz Westfalen lag. Siegen und Wittgenstein blieben völlig außen vor. Diese Schieflage löste immer wieder Rückfragen aus. Hinzu kam, dass die Bände bis 1200 mehrere Supplemente und Nachbearbeitungen erforderten. Die Zeitschicht 1200 bis 1300 war für Münster schnell bis 1869 abgearbeitet, während die Paderborner Urkunden verstreut la-

---

5 REININGHAUS, Hermann Becker und Karl Rübel, S. 133–170.
6 LACOMBLET, Urkundenbuch, S. I.
7 REININGHAUS, Kommission, S. 209–229.

gen. Der erste Bearbeiter Wilmans beschränkte sich aber auf die in seinem Archiv in Münster lagernden Bestände und rief damit 1878 berechtigte Kritik bei Giefers in Paderborn hervor. Der Streit zwischen beiden war überschattet vom Kulturkampf und führte dazu, dass die Paderborner Abteilung die Herausgabe an sich zog. Treibende Kraft war zunächst Diekamp und dann Finke, der den Band 1894 abschloss. Minden lag 1898 vor.

Die Arbeit am Band zum kölnischen Westfalen zog sich wegen der großen Mengen an Urkunden bis 1917 hin. In die Gründungsphase der »Kommission« fiel eine lebhafte Debatte, ob und wie man über das Jahr 1300 hinausgehen solle. Finke plädierte für Regesten. Schließlich verständigte sich die Kommission auf die Obergrenze 1325, die durch Volltexte abgedeckt werden sollte. Die vier Teilgebiete abzudecken, dauerte von 1913 (Münster) bis 2005 (kölnisches Westfalen). 1936 fiel die Entscheidung, für die Zeit ab 1325 nur noch institutionelle Regestenwerke zu veröffentlichen. Ab 1975 setzte die »Kommission« diese Idee um und veröffentlichte neun Bände dieser Art. Insbesondere die von Helmut Müller herausgegebenen Bände zu den Klöstern Hardehausen und Bredelar reichen bis in das 18. Jahrhundert hinein und werfen damit Grundsatzfragen zur Editionspolitik auf, die ich noch kurz streifen werde.

Die Entwicklung im Rheinland war dadurch geprägt, dass Lacomblet mit seinem »Niederrheinischen Urkundenbuch« bis 1609 vor Gründung der »Gesellschaft« eine Basis geschaffen hatte, die aber auf Dauer nicht befriedigte. 1885 regte Karl Menzel an, die älteren Urkunden des Rheinlands bis 1250 zu edieren. Auf die ebenfalls von Menzel angeregten »Regesten des Erzbischofs von Köln« gehe ich nicht ein.[8] Bei seinem Tod 1905 war er aber über Vorstudien noch nicht hinausgekommen. Als Otto Oppermann an seine Stelle trat, entdeckte er bekanntermaßen so viele Fälschungen in der Zeit vor 1100, dass eine Kurskorrektur angesagt war.[9] Das Ergebnis ist das von Erich Wisplinghoff begonnene Rheinische Urkundenbuch, das die älteren Urkunden bis 1100 edieren soll.[10] Das Jahr 1100 wurde deshalb gewählt, weil in die Zeit davor alle wesentlichen Fälschungen fielen. Wisplinghoff entschied sich ferner dafür, die Urkunden bestandsweise zu veröffentlichen, und sprach von einem Effekt der »Rationalisierung«. Für die Zeit ab 1250 war 1918 beschlossen worden, Regestenwerke zu veröffentlichen. Eine späte Frucht sind die Regesten der Reichsstadt Aachen von 1251 bis 1400, die Wilhelm Mummenhoff und Thomas R. Kraus zwischen 1961 und 2012 vorlegten.[11] Die Zeit zwischen 1101 und 1250 deckt Erich Meuthens Edition Aachener Urkunden von 1972 ab.[12]

Sehen wir vom Abschluss älterer Vorhaben ab, so herrschten im Rheinland und in Westfalen nach dem Zweiten Weltkrieg institutionelle Urkundenbücher und/oder Re-

---

8 Vgl. hierzu den Beitrag von Joachim Oepen in diesem Band.
9 OPPERMANN, Rheinische Urkundenstudien.
10 WISPLINGHOFF, Einleitung, S. V–XII.
11 MUMMENHOFF (Bearb.), Regesten der Reichsstadt Aachen.
12 MEUTHEN, Aachener Urkunden.

Abb. 5: Tafel X. Grafen von der Mark, aus F[riedrich] Philippi (Bearb.), Die westfälischen Siegel des Mittelalters, Heft 1, Abt. 1: Die Siegel des XI. und XII. Jahrhunderts und die Reitersiegel, hrsg. m. Unterstützung der Landstände der Provinz hrsg. v. Verein für Geschichte und Alterthumskunde Westfalens, Münster 1882.

gestenwerke vor. Sie erreichen aber in der Regel nur die zeitliche Obergrenze 1400 oder 1500. Die Gründe sind wegen der Mengenbeherrschung nachvollziehbar, aber Urkunden des 16. Jahrhunderts, eine Zeit massenhafter Urkundenproduktion und weitreichender Veränderungen, sind damit noch nicht in das Blickfeld der Historischen Grundwissenschaften gekommen.[13]

Auf dem Gebiet der Papsturkunden hätte es zu einer rheinisch-westfälischen Kooperation kommen können. Sie scheiterte, weil der Mitarbeiter der rheinischen »Gesellschaft« in Westfalen als »inopportun« angesehen wurde.[14] Aber der Reihe nach: Nach der Öffnung des Vatikanischen Archivs durch Papst Leo XIII. 1879 erkannte die Forschung schnell, welch wertvolle Bestände für die Landes- und Ortsgeschichte in Rom zu entdecken waren. Vorbereitet durch Diekamp, erschloss Finke 1886/1888 einen ersten Teil der Papsturkunden bis 1304. Hieraus erwuchs der erste Teil von Band 5 des »Westfälischen Urkundenbuchs«. Zum zweiten Teil, der bis 1378 reichen sollte, kam Finke als Lehrstuhlinhaber in Münster und Freiburg nicht mehr selbst. Als 1898 Heinrich Volbert Sauerland als Bearbeiter vorgeschlagen wurde, winkte die »Kommission« ab. Sauerland war ein Freund von Hermann Becker, stand auf Seiten der Linksliberalen und galt in Dortmund als »roter Kaplan«. Zudem hatte er zwischenzeitlich mit der Amtskirche gebrochen. Im Rheinland nahm man seine Arbeiten gerne an und so liegen seit 1913 sieben Bände »Urkunden und Regesten zur Geschichte der Rheinlande aus dem Vatikanischen Archiv« bis 1415 vor, während in Westfalen der Teilband der Papsturkunden bis 1378 immer noch fehlt.

Besser funktionierte die Kooperation bei den Siegeln. Wilhelm Ewalds sechsbändiges rheinisches Siegelwerk orientierte sich nach 1906 bis in die Gliederung hinein am älteren westfälischen Siegelwerk.[15] Dessen Realisierung zwischen 1884 und 1900 war gebunden an mehrere günstige Voraussetzungen. Der zeichnerisch begabte Friedrich Philippi traf in Münster auf den Fotografen Friedrich Hundt, der neue Verfahren zur Ablichtung von Siegeln entwickelte.[16] Georg Tumbült teilte Philippis Begeisterung und setzte dessen Werk fort. Die letzten beiden Hefte verantwortete noch in Münster Theodor Ilgen, der dann als Leiter des Staatsarchivs Düsseldorf die Idee eines territorialen Siegelbuchs in das Rheinland transportierte und in Ewald einen kongenialen Partner fand.

---

13 Wichtige Überlegungen hierzu jüngst durch BÜNZ, Serielle Quellen.
14 REININGHAUS, Kommission, S. 217–219, Zit. S. 218 (»inopportun«); zu Sauerland vgl. REIMANN, Der »rote Kaplan«, S. 335–379.
15 SIEGEL (Bearb.), Rheinische Siegel, S. 237–239.
16 Vgl. REININGHAUS, Friedrich Philippi, S. 147–152.

Editionen zur Stadtgeschichte

Wenn ich nun Editionen zur Stadtgeschichte behandle, heißt das für das Rheinland zunächst Editionen zur kölnischen Stadtgeschichte. Das ist maßgeblich dem Einfluss von Konstantin Höhlbaum (1849–1904) geschuldet, der hier 1880 als Nachfolger von Leonard Ennen zum Stadtarchivar berufen wurde. In den zehn Jahren bis zu seinem Weggang an die Universität Gießen setzte er Akzente, die das Profil, ja den Ruhm der »Gesellschaft« von ihrer ersten Phase bis heute prägen. Seine Motivation bezog er aus einem bürgerlichen Selbstbewusstsein, das nirgendwo besser nachzuvollziehen ist als im programmatischen Vorwort zur ersten Publikation der »Gesellschaft«: »Die geschichtliche Betrachtung, welche allein diesen Namen verdient, indem sie dem inneren Zusammenhang der vergangenen Tage und der gegenwärtigen nachgeht und die Äusserungen der lebendigen sittlichen Kräfte untersucht, erkennt unter den Faktoren des besonderen Lebens im Rheinland das freie Bürgerthum der Städte, die ausserordentlichen Impulse für Recht und Wirthschaft, für Religion und Politik, für Bildung und bürgerliches Schaffen, welche im Verlauf der Zeiten von der Stadt Köln ausgegangen sind.«[17] Für die ins Auge gefassten Editionen verlangte Höhlbaum einen »festen systematischen Plan [...] in strenger Wissenschaftlichkeit«.[18] Das war eine stille Kritik an dem von Ennen und Gottfried Eckertz zwischen 1860 und 1879 herausgegebenen Quellenwerk zur Geschichte der Stadt Köln.[19] Höhlbaum legte nicht nur selbst zwei Bände des »Buchs Weinsberg« vor[20], sondern initiierte die Edition der Schreinskarten des 12. Jahrhunderts durch Robert Hoeniger, denen 1938 die Schreinsbücher des 13. und 14. Jahrhunderts, herausgegeben von Hans Planitz und Thea Buyken, folgten.[21]

Das zweite große Projekt, das Höhlbaum anstieß, erschien 1893 und 1895, als er schon in Gießen lehrte. Walther Stein (1864–1920) arbeitete seit 1888 an zwei Bänden »Akten zur Geschichte der Verfassung und Verwaltung der Stadt Köln im 14. und 15. Jahrhundert«, deren Titel allerdings irreführend ist. Denn Stein kommentierte und edierte nicht Akten im heutigen Sinne, sondern städtische Amtsbücher. In den seit einiger Zeit angelaufenen Forschungen zu dieser Quellengattung und ihrer Provenienz erweist sich Steins Edition als ein souveräner Guide für Köln, der wohl wegen des Titels nicht überall wahrgenommen wird.[22] Für Richard Knippings ebenfalls zweibändige Edition der Kölner Stadtrechnungen des Mittelalters gilt das nicht.[23] Knipping legte ein Standardwerk für die schwierige Materie der städtischen Finanzen in vormoderner Zeit vor. Manch

---

17 So das Vorwort Höhlbaums zu HOENIGER, Kölner Schreinsurkunden.
18 Ebd.
19 ENNEN / ECKERTZ (Hgg.), Quellen, Bd. 1–6, Köln 1860–1879.
20 Vgl. hierzu den Beitrag von Andreas Rutz in diesem Band.
21 HOENIGER, Schreinsurkunden; PLANITZ / BUYKEN (Bearb.), Kölner Schreinsbücher.
22 STEIN, Köln. Zu Forschungen über Stadtbücher vgl. SPEER, Index Librorum Civitatum.
23 KNIPPING (Bearb.), Kölner Stadtrechnungen.

andere haben sich an dieser Gattung in kleineren Städten schon die Zähne ausgebissen. Heute würde man allerdings Knippings Euphorie hinsichtlich der statistischen Auswertbarkeit der Rechnungsserien nicht uneingeschränkt teilen.

Was kann Westfalen und seine »Kommission« dem entgegensetzen? Die Notwendigkeit, der Forschung Stadtrechtsquellen zugänglich zu machen, erkannte die »Kommission« bald und plante eine Reihe »Westfälische Stadtrechte«, ließ aber die Bischofsstädte, außerdem Dortmund und Soest, zunächst außen vor.[24] Beide Städte besaßen eine eigene Forschungstradition, die sich im Fall von Dortmund durch die große Edition von Ferdinand Frensdorff der »Statuten und Urteile« im Rahmen der hansischen Geschichte und durch Karl Rübels Urkundenbuch verselbständigt hatte. Deshalb entschied sich die »Kommission«, die Stadtrechte der Grafschaft Mark herauszugeben, womöglich, um damit den preußischen Königen zu schmeicheln, die sich als Nachfolger der Grafen von der Mark sahen. Es erschienen Bände zu Lippstadt (1901), Hamm (1902) und Unna (1930), bevor die Reihe stillgelegt wurde. Die ersten beiden Bände, die Alfred Overmann verantwortete, litten unter einer zu stark auf die Normen fixierten Ausrichtung, während Reinhard Lüdickes Band zu Unna auszuufern drohte, weil er zahlreiche Akten des 16. und 17. Jahrhunderts mit herausgab. Das Ende der Reihe kam, als Albert Brackmann, der preußische Generaldirektor, bezweifelte, ob es Sinn mache, zu jeder noch so kleinen Stadt solche Bände wie Lüdicke zu Unna zu produzieren. Die Ehrenrettung der kleineren Städte erfolgte nicht zuletzt durch den Westfälischen Städteatlas, der selbst Zwergstädte mit weniger als 500 Einwohnern auf die Agenda setzte.

Wohl vom Muster der Reihe »Westfälische Städterechte« ausgehend[25], beschloss die »Gesellschaft« 1905, eine eigene Reihe »Quellen zur Rechts- und Wirtschaftsgeschichte der rheinischen Städte« aufzulegen.[26] Wie Theodor Ilgen in der Einführung zum ersten Band darlegte, sollte der Stoff jeweils in drei Hauptgruppen gegliedert werden: (1.) Stadtrechte einschließlich der Weistümer; (2.) Urkunden und Akten zur Rechts-, Verfassungs-, Verwaltungs- und Wirtschaftsgeschichte in chronologischer Folge; (3.) Materialien zur Rechnungslegung. Die Reihe war der Versuch, kleinere Städte neben Köln zu ihrem Recht kommen zu lassen. Die Editionen zur Kölner Stadtgeschichte standen Pate, wobei der Einfluss der Wirtschaft auch hier wirkte, so Ilgen. Man brauche nur in das Siegburger Statutenbuch zu schauen, »um sofort zu erkennen, wie stark Verfassung und Verwaltung der kleinen Stadt auch durch ihre wirtschaftliche Struktur bedingt waren«. Im Auftaktband zu Siegburg, den Friedrich Lau bearbeitete, spielten tatsächlich ökonomische Verhältnisse eine wichtige, wenn nicht dominante Rolle. Und dies verlieh der Reihe ein eigenes Profil. Sie sollte nach Territorien gegliedert werden. Nach 1928 wurde

---

24 REININGHAUS, Kommission, S. 251–254.
25 Dies vermutete mit guten Gründen der Rezensent des Bandes zu Siegburg (vgl. nächste Anm.), RIETSCHEL, Quellen.
26 LAU (Bearb.), Siegburg, Einführung von Theodor Ilgen, ebd., S. I*–IV*, Zitat II*.

sie nicht mehr fortgeführt. Nach Siegburg waren drei bergische Städte, eine kurkölnische und zwei jülischsche Städte bearbeitet worden.

Urbariale Überlieferungen

Andere Quellengattungen als Urkunden rückten in Westfalen nach dem Abschluss der ersten Lieferungen des Urkundenbuchs in den Blick. Die Initiative ging von Provinzialarchivar Roger Wilmans aus, der 1870 »die Traditions-, Güter- und Heberegister« neben die Urkunden stellte, weil sie »der mit der Geschichte Hand in Hand gehende[n] Geographie die Fundamente geben« und »für die Kenntnisse der gesellschaftlichen Zustände und der ländlichen Bewirthschaftung reiches und wichtiges Material darbieten«.[27] Wilmans stellte eine Liste derjenigen Register auf, deren Edition vorgesehen war. Darauf standen 14 Register, u. a. zwei »Heberegister« aus Werden des 11. Jahrhunderts (das waren die von Kötzschke später so bezeichneten Urbare A und B). Mit der Arbeit an Band 1 der Reihe, dem »Codex traditionum Westfalicarum« (CTW), beauftragte er seinen jungen Kollegen Ernst Friedländer, der 1872 die Heberegister des Klosters Freckenhorst vorlegte. Darunter waren zwei Prunkstücke: die Heberegister des 11. Jahrhunderts, berühmt als »altniederdeutsche Denkmäler«, und das »Goldene Buch«, in dem unter einem Prachteinband ein Evangeliar des 12. Jahrhunderts mit einem etwas jüngeren Einnahmeregister vereinigt wurde. Friedländers Edition schlug Wellen bis nach Innsbruck und wurde von dem dort lehrenden Karl Theodor von Inama-Sternegg 1877 als beispielhaft für die Herausgabe von »Urbarien und Urbarialaufzeichnungen« bezeichnet.[28] Friedländer wurde als Archivleiter nach Aurich versetzt und konnte die Reihe nicht fortführen. In seine Fußstapfen trat Gymnasialprofessor Franz Darpe, der zwischen 1886 und 1914 fünf weitere Bände des CTW publizierte.[29] Die Herausgabe der Reihe war vom Altertumsverein und dann von der »Kommission« übernommen worden.

Inamas Wertschätzung der Urbare übertrug sich auf Karl Lamprecht, der für seine »Deutsche Wirtschaftsgeschichte« nicht nur das Prümer und andere Urbare auswertete, sondern – im zweiten Anlauf – für die »Gesellschaft« ein Programm zur Edition von Urbaren auflegte.[30] Er publizierte 1890 nach Vorrecherchen nicht nur ein »Verzeichnis niederrheinischer Urbarialien«, sondern aktivierte einen Kreis von Mitarbeitern, die gegen

---

27 FRIEDLÄNDER (Hg.), Heberegister, Vorwort, S. V–XII, Zitat S. V.
28 INAMA-STERNEGG, Ueber Urbarien, S. 27–51.
29 Der letzte Band, CTW VII, erschien 1914 posthum. Zu Darpe vgl. REININGHAUS, Kommission, S. 234–236; DERS., Franz Darpe, S. 140–146.
30 LAMPRECHT, Urbarialien. Zum Scheitern im ersten Anlauf JANSSEN, Karl Lamprecht, S. 194 f. Der Einfluss Inamas auf Lamprecht wird bei dessen Biographen SCHORN-SCHÜTTE, Karl Lamprecht, und CHICKERING, Karl Lamprecht, m. E. unterschätzt.

Honorare der »Gesellschaft« Urbare kollationierten. Vorgesehen war u. a. eine Edition der Xantener Urbare durch Armin Tille und der Aachener Zinsregister durch Heinrich Kelleter. Nur zwei der damals projektierten Editionen sind dann tatsächlich erschienen, Benno Hilligers Edition der Urbare von St. Pantaleon in Köln 1902, Rudolf Kötzschkes Edition der Werdener Urbare zwischen 1906 und 1950.[31]

In seinem Vorwort zu Hilligers Edition zog Lamprecht eine Bilanz seiner eigenen Urbar-Forschungen. Er sah sie in der Tradition der französischen Urkundenbücher, die im Gegensatz zu den deutschen nicht territorial, sondern institutionell angelegt waren. Lamprecht wollte die Urbare mit aktenmäßiger Überlieferung kombinieren. Deshalb hieß die Reihe in den ersten vier Bänden im Untertitel »Sammlung von Urbaren *und anderen Quellen* zur rheinischen Wirtschaftsgeschichte«. Wer Hilligers Edition durchsieht, findet Urbare nur auf 50 der 607 Seiten. Den großen Rest machen Urkunden und Weistümer aus. Möglicherweise war diese Erweiterung der Grund, warum Hilliger nur diesen einen Band fertigstellen konnte, obwohl bereits 1894 seine Transkriptionen zu S. Aposteln, S. Severin, S. Ursula und S. Cäcilien abgeschlossen waren.[32] Lamprecht ließ, wie er selbst zugab, seine Mitarbeiter je länger, desto weniger kontrolliert gewähren. Kötzschke war seit 1894 auf Werden angesetzt, nachdem zwei Vorgänger, Waldemar Barth und Hans F. Helmolt, von der Projekt- auf eine Dauerstelle gewechselt waren. Kötzschke hielt sich strenger als Hilliger an die Gattung der Urbare und verwandte ausschließlich buchförmige Aufzeichnungen. Auch deshalb ist Kötzschkes Edition in meinen Augen ein Meisterwerk.

Gerne begründe ich warum: (1.) Er bettete die Urbare vielfach in Kontexte ein. Sein einleitender Überblick über die Geschichte von Werden profitierte von seiner 1901 erschienenen »Verwaltungsgeschichte« dieser Großgrundherrschaft, die sich über ganz Nordwestdeutschland erstreckte.[33] (2.) Kötzschke würdigte die je eigene Überlieferung in Urkunden, Registern, Rechnungen und Weistümern und nahm so den Auftrag ernst, über Urkunden hinauszugehen. Für die Quellengattung Urbare, deren problematische Begrifflichkeit er kannte, beschrieb er differenzierend die Überlieferung. (3.) Seine Beschreibung der Handschriften erfüllte die kodikologischen Standards seiner Zeit. (4.) Die Edition selbst erfüllte bei der Bestimmung der Ortsnamen so viele Erwartungen, dass es heute noch heißt, die rheinischen Urbare seien »eine unerschöpfliche Fundgrube« für die Ortsgeschichte.[34] Dass Kötzschke dabei im Detail Fehler unterliefen, spricht angesichts des Forschungsstandes um 1900 nicht gegen ihn. (5.) Kötzschke konzentrierte sich nicht auf das frühe und hohe Mittelalter, sondern bezog die »Lagerbücher, Hebe- und

---

31 HILLIGER (Bearb.), Rheinische Urbare; KÖTZSCHKE (Bearb.), Rheinische Urbare; KÖRHOLZ (Bearb.), Einleitung und Register, Bonn 1950 (alle Bände ND Düsseldorf 1978). Zu Kötzschke vgl. HELD / SCHIRMER, Kötzschke.
32 JbGRhG 14 (1894), S. 29.
33 KÖTZSCHKE, Großgrundherrschaft Werden.
34 Z. B. RICKEN, Rheinische Urbare, S. 75–77.

Zinsregister« des 14. bis 17. Jahrhunderts mit ein und wagte sich also in eine Epoche vor, die bis heute für die Historischen Hilfswissenschaften meistens *terra incognita* ist. Dieser Vorstoß hatte seinen Preis: Band 2 erschien erst 1917, das Register wurde im Zweiten Weltkrieg vernichtet und konnte nach Rekonstruktion erst 1950 herauskommen. Editionen von Urbaren, die sich nicht nur auf die älteste Schicht beziehen, sind also eine undankbare Quelle, von deren Herausgebern Selbstlosigkeit verlangt wird. Im Rheinland erschienen nach Kötzschke nur noch Ingo Schwabs Edition und Auswertung des Prümer Urbars sowie Reiner Noldens Edition des Urbars von St. Maximin vor Trier.[35] In Westfalen sieht es nicht viel anders aus. Die »Kommission« regte in den 1930er Jahren vier weitere Editionen an, von denen nur eine, und zwar zum Katharinenkloster in Dortmund, erschien.[36] Allerdings darf sich die Kommission zugutehalten, dass sie anlässlich der Neuplanung ihres Programms in jener Zeit den Blick auf andere, ähnlich registerhafte Quellengattungen lenkte, deren Edition sie bis heute vorangetrieben hat: Schatzungsregister und Lehnbücher.

Ein Zwischenfazit zu Urbaren: Sie belegen in herausragender Weise die Interferenzen zwischen den Landesteilen und gerade die westfälische Landes- und Ortsgeschichte profitieren von Kötzschkes »Meisterwerk«. Ich lebe zum Beispiel in einem Dorf, dessen Ersterwähnung im späten 9. Jahrhundert im Werdener Urbar bezeugt ist.[37]

Editionen zur Wirtschafts- und Sozialgeschichte

Dem Rheinland gelang etwas, was Westfalen lange versagt blieb: Editionen zur Wirtschafts- und Sozialgeschichte.[38] In Westfalen nahm die »Kommission« zwei Anläufe, die beide scheiterten. Aloys Meister erreichte zwar, dass 1909/1910 eine »Wirtschaftsgeschichtliche Abteilung« eingerichtet wurde. Doch die anschließenden Zeitumstände verhinderten die Realisierung von Meisters Plänen. Immerhin gingen mittelbar die Rheinisch-Westfälischen Wirtschaftsbiographien daraus hervor. In einem zweiten Anlauf etablierte die »Kommission« 1965 einen Ausschuss für Wirtschafts- und Sozialgeschichte, dem es jedoch in seinen Anfangsjahren nicht gelang, die Arbeit der Lehrstühle in Bochum und Münster im Rahmen des DFG-Programms zur Frühindustrialisierung zu koordinieren.

Beziehen wir die Editionen zu Urbaren und deren zitierte Untertitel ein, dann machte die Wirtschaftsgeschichte einen Schwerpunkt in der Publikationsreihe der »Gesellschaft« aus. Auch das erste hier anzuzeigende Projekt nahm seinen Anfangsschwung noch aus

---

35 SCHWAB (Bearb.), Das Prümer Urbar; NOLDEN (Bearb.), Urbar der Abtei St. Maximin.
36 REININGHAUS, Kommission, S. 236 f.
37 KÖTZSCHKE, Rheinische Urbare, S. 21: »in alio Basenseli [Senden-Bösensell] duo sicli in grano […]«.
38 REININGHAUS, Kommission, S. 408 f.

den stadtkölnischen Editionen mit.[39] 1888 ließ Höhlbaum die Edition der Kölner Zunfturkunden auf die Agenda der »Gesellschaft« setzen, um »die gewerbliche und politische Entwicklung der Zünfte in der Hauptstadt von Westdeutschland [zu] veranschaulichen«. Geplant war, die Edition bis zum Ende des Alten Reiches voranzutreiben. Nachdem eine Hilfskraft (Kaspar Keller) schnell mit Abschriften begonnen hatte, geriet das Projekt ins Stocken. Der verantwortliche Betreuer, Eberhard Gothein, seit 1890 Professor in Bonn, ließ es zunächst schleifen.[40] Erst der neu gewonnene Bearbeiter Heinrich von Loesch, ein Rechtshistoriker, forcierte seit 1897 die Edition, konzentrierte sich allerdings auf die Zeit zwischen 1397 und 1500, wobei das Jahr 1500 keinen Einschnitt in der Kölner Zunftgeschichte bedeutete. Loesch legte 1907 eine zweibändige Edition vor, die auch wegen ihrer Einleitung zur Geschichte der Kölner Zünfte bis heute ihren Wert behalten hat. Von Loesch gliederte den Stoff in drei Gruppen: (1.) die Ordnungen der Zünfte; (2.) Namenslisten; (3.) Urkunden und Akten, die er vor allem in Unterlagen des Rates und in den Schreinsbüchern vorfand. Die Register legte Justus Hashagen an, der später in der »Gesellschaft« Bedeutung erlangen sollte.

In Gotheins Verantwortung lag seit 1895 noch ein weiteres Projekt: »Urkunden und Akten zur Geschichte des Handels und der Industrie in Rheinland und Westfalen«. Es machte wenig Fortschritte, ehe Gothein 1897 begann, Material für sein dann 1904 erschienenes Buch zur Rheinschifffahrt zu sammeln. Zu diesem Zeitpunkt war er schon nach Heidelberg berufen worden; das Buch erschien außerhalb der Publikationen der »Gesellschaft«.[41] In seine Fußstapfen trat Bruno Kuske, der am Ende auf 2.230 Seiten »Quellen zur Geschichte des Kölner Handels und Verkehrs im Mittelalter« herausgab – verteilt auf die Jahre 1917 bis 1934.[42] Kuske war 1903 von Lamprecht der »Gesellschaft« vermittelt worden. Mit der Arbeit an der Edition machte er in Köln die bekannte Karriere. Die Publikation verzögerte sich, weil Kuske die einleitend geplante zusammenfassende Kölner Handelsgeschichte nie vorlegte, auch nicht in einem fünften Band, den er 1934 noch ankündigte. Die gedruckte Vorlage des Materials begann 1917 mit den Regesten und Textabdrucken zu den Jahren 1450 bis 1500. Quellengrundlage waren vor allem die Briefbücher des Rats. Band 1 mit der Überlieferung von 1146 bis 1449 erschien ebenso 1923 wie Band 3 mit »besonderen Quellengruppen«. Darunter fielen nach Kuske Prozessakten, Akziseregister, Rentenverzeichnisse, Testamente, Auszüge zu auswärtigem Grundbesitz Kölner Kaufleute und Handelsmarken. In den vierten Band, 1934 erschienen, integrierte er die Geschäftsbücher der Kaufleute Johann van Nuyss und Dietmar Bungart von 1427 und 1434. In der Reihe der großen Editionen aus dem Stadtarchiv

---

39 VON LOESCH (Bearb.), Kölner Zunfturkunden.
40 MAURER, Eberhard Gothein, S. 150–156.
41 GOTHEIN, Rheinschifffahrt.
42 KUSKE (Bearb.), Quellen.

Köln fallen Kuskes Bände nicht nur wegen fehlender Einleitung, sondern auch wegen der gleichfalls fehlenden quellenkundlichen Beschreibungen der edierten Texte auf.

Eine dritte hier vorzustellende Edition zur Wirtschafts- und Sozialgeschichte hatte wiederum spezifisch rheinische Entstehungsgründe. Wie Franz Steinbach 1962 anmerkte, äußerten die »aus der Wirtschaft herkommenden Mitglieder« des Vorstandes den Wunsch, »die Herausgabe von Quellen auf die Geschichte der neuzeitlich, technisch industriellen Wirtschaft und Gesellschaft auszudehnen«.[43] In Westfalen fehlten Unternehmer im Vorstand. Gerhard Adelmanns zweibändige »Quellensammlung zur Geschichte der sozialen Betriebsverfassung« (mit Registerband), erschienen zwischen 1960 und 1968, hatte darüber hinaus aktuellen politischen Bezug, denn die Einführung der Montanmitbestimmung 1951 beschäftigte Arbeitgeber und -nehmer. Adelmann ging der Vorgeschichte nach, zunächst anhand staatlicher Akten, bevor er in Band 2 die Praxis in den Betrieben anhand von Unternehmensakten darstellte.

Editionen zum Zeitraum 1780–1850

Aus westfälischer Perspektive beneide ich das Rheinland um die beiden Quellensammlungen, die Joseph Hansen auf den Weg brachte.[44] Da ihm zwei eigene Beiträge gewidmet sind, beschränke ich mich darauf, zu zeigen, was das Fehlen vergleichbarer Editionen forschungsstrategisch für Westfalen bedeutete. Die Revolution von 1848/1849 und der Vormärz waren hier lange ein Tabuthema, ehe Wilhelm Schulte 1954 sein Buch »Volk und Staat« vorlegte.[45] Er konnte sich jedoch nicht zwischen Edition und Darstellung entscheiden und wirkte nicht flächendeckend. Erst 1998 kam die Revolution in Westfalen wirkungsvoll auf die Agenda, auch dank der »Kommission«.[46] Für die hier ebenfalls unruhigen Jahre seit 1780 gilt das weniger. Nur punktuell ist bekannt, dass man auch im Sauerland 1795 mit dem Vorbild »Paris« drohte und damit einen Aufstand meinte.[47]

Landtagsakten

Die Edition von Landtagsakten[48] geht im Rheinland auf eine Initiative von Moriz Ritter zurück. Er postulierte, dass der »Prozess staatlicher Einigung und Kräftigung der großen deutschen Fürstentümer« nur dann richtig erkannt werden könne, »wenn das Verhält-

---

43 ADELMANN, Betriebsverfassung, darin ein Vorwort von Franz Steinbach, S. V (Zitat).
44 Vgl. hierzu die Beiträge von Jort Blazejewski und Michael Wettengel in diesem Band.
45 SCHULTE, Westfalen.
46 Vgl. REININGHAUS (Hg.), Revolution 1848/49.
47 HERZIG, Schwelm, S. 10–20; SCHUMACHER, Das kölnische Westfalen, S. 69–76.
48 Vgl. dazu ausführlich in diesem Band den Beitrag von Stephan Laux zu Below.

nis landesherrlicher und landständischer Verwaltung erforscht ist«. Das gehöre »zu den Aufgaben jeder Vereinigung für deutsche Provinzialgeschichte«.[49] Die »Gesellschaft« entschied sich dafür, die Landstände von Jülich-Berg intensiver untersuchen zu lassen, und übertrug die Aufgabe Georg von Below. Dieser legte von 1885 bis 1891 nicht nur eine dreibändige Geschichte der landständischen Verfassung von Jülich-Berg vor, sondern kam auch 1895 und 1907 seinem Editionsauftrag nach. Mag Below auch die Lust an diesem Projekt beim raschen Wechsel seiner Universitätsstandorte verloren haben, so erfüllte er doch seine Pflicht zur Edition in einer wegweisenden Art. Systematisch ordnete und präsentierte er das Material, dem »eine gewisse Umständlichkeit« eigentümlich ist; Below konnte auf diese Weise die Bedeutung der Landstände untermauern. Der Gedanke, nach Jülich-Berg andere westdeutsche Territorien, vor allem Kleve-Mark, zu untersuchen, lag nahe, was von Below selbst ansprach. Aufgrund seines Rufs nach Münster entschied er sich, die Landstände im Fürstbistum Münster durch eine Dissertation mit paralleler Edition der Landtagsakten untersuchen zu lassen. Vorgesehen war dafür sein Doktorand Ludwig Schmitz-Kallenberg. Dieses Projekt war der erste von der westfälischen »Kommission« vergebene Auftrag an einen Mitarbeiter überhaupt.[50] Schmitz-Kallenberg bezog zwar die Honorare dafür, doch die Edition legte er nie vor. Nur die Einleitung veröffentlichte Johannes Bauermann 1936 posthum. Danach war das Thema »Landtagsakten« für die »Kommission« in Westfalen quasi »verbrannt«. Aber auch im Rheinland blieb es bei einem dritten Band zu Jülich-Berg (1624–1630), den Friedrich Küch 1925 vorlegte.[51] Aus dieser Abstinenz ergibt sich, dass zu den Landständen in Rheinland und in Westfalen in der Frühneuzeitforschung noch einige Desiderate bestehen.

Chroniken und erzählende Geschichtsquellen

Die Edition erzählender Quellen stand im Rheinland und in Westfalen früh auf der Agenda. Lacomblet hatte für »ältere Chroniken« in seinem »Archiv für die Geschichte des Niederrheins« 1831 eine eigene Abteilung vorgesehen, ohne die Pläne umzusetzen.[52] Auch in Westfalen spielten sie in der Gründungsphase des Altertumsvereins eine Rolle. Konkretisiert wurden hier die Vorhaben aber erst in der Reihe »Die Geschichtsquellen des Bistums Münster« zwischen 1851 und 1856: Julius Ficker edierte die Münsterschen Chroniken des Mittelalters, Carl Adolph Cornelius Augenzeugenberichte des Täuferreichs, Johannes Janssen Münstersche Chroniken des 16. bis 18. Jahrhunderts. Janssen

---

49 BELOW, Landtagsakten von Jülich-Berg, S. V.
50 REININGHAUS, Kommission, S. 278–281.
51 KÜCH, Landtagsakten von Jülich-Berg.
52 LACOMBLET, Vorwort, S. IX.

war es auch, der eine Brücke in das Rheinland schlug, denn seine Übersicht »über die kölnischen Geschichtsquellen« von 1855 vermittelte den Reichtum und die Vielfalt der Überlieferung.[53] Zu dieser Zeit liefen bereits die Planungen für die Reihe, mit deren Herausgabe die »Historische Kommission bei der Bayerischen Akademie der Wissenschaften« Karl Hegel beauftragte.

Die »Chroniken der deutschen Städte vom 14. bis 16. Jahrhundert« deckten eine Zeit ab, in der Hegel das mittelalterliche Bürgertum auf dem Höhepunkt seines Einflusses angekommen sah. Die Editionen zielten nicht auf Fachhistoriker, sondern auch auf gebildete Leser anderer Fachrichtungen. Heute gilt die Editionstechnik als fragwürdig, weil sie mit sinnentstellenden Auslassungen arbeitete und den Autoren der Chroniken wenig Respekt entgegenbrachte. Nachdem sich Hegel zunächst auf Schwaben, Bayern und Nürnberg konzentriert hatte, nahm er sich den Ober- und Mittelrhein vor. 1871 begann er mit den Arbeiten an Kölner Chroniken, für die er Hermann Cardauns neben dem Germanisten Karl Schröder als Mitarbeiter gewann. Auf Köln bezogen sich drei Bände der niederrheinischen Chroniken. Wichtigster Text im ersten Band war Gottfried Hagens Reimchronik. Zwei weitere Bände waren 1876/1877 der Koelhoff'schen Chronik gewidmet. Zur Fortsetzung der Reihe beauftragte Hegel 1884 Lamprecht damit, weitere editionswürdige Chroniken zu suchen. Lamprecht besuchte die Archive von 21 Städten, befand aber, dass nur Chroniken aus Aachen, Dortmund, Neuss und Soest für das Vorhaben der Bayerischen Akademie in Frage kämen. Alle übrigen seien »von rein landesgeschichtlichem Interesse«.[54] Mit Joseph Hansen und Theodor Ilgen gewann Lamprecht kompetente Mitarbeiter, die drei Bände zu Dortmund, Soest, Neuss und – verspätet hinzugekommen – Duisburg vorlegten. Ihre jeweiligen Einleitungen standen wissenschaftlich auf der Höhe der Zeit. Die Editionen der Kerkhörde- und Westhoff-Chronik aus Dortmund tragen jedoch wie die Kölner Chronik-Bände den Makel, dass sie nur Auswahleditionen sind. Zu Soest edierte Hansen das Kriegstagebuch der Soester Fehde sowie zwei Reimchroniken und Lieder, Ilgen Auszüge aus dem Ratsprotokoll. Diese Beispiele belegen nicht nur, wie fließend der Chronik-Begriff gehandhabt wurde, sondern auch, wie Gattungsgrenzen verschwimmen. Angesichts der Editionstechnik verwundert es nicht, dass im Rheinland die Reimchronik des Gottfried Hagen durch die »Gesellschaft« 2008 neu ediert und kommentiert wurde und die Koelhoff'sche Chronik 2001 quellenkritisch neu durchleuchtet wurde.[55]

In Westfalen stehen die quellenkritischen Arbeiten zu den Dortmunder und Soester »Chroniken« noch aus.[56] Hier setzte die »Kommission« die Edition anderer erzählender

---

53 REININGHAUS, Kommission, S. 230–233; JANSSEN, Studien, S. 78–104, 196–229.
54 Chroniken der deutschen Städte, S. VII. Bei KREIS, Karl Hegel, spielt dieser Teil der »Chroniken« nur eine untergeordnete Rolle (S. 314 f., Anm. 885).
55 GÄRTNER/RAPP/WELTER (Hgg.), Gottfried Hagen; MÖLICH/NEDDERMEYER/SCHMITZ (Hgg.), Geschichtsschreibung.
56 Die Stadtbücher von Soest untersucht Jessica Bruns in ihrer Hallenser Dissertation. Zur Westhoff-Chronik

Geschichtsquellen fort.[57] Sie nahm in die Reihe der Geschichtsquellen des Bistums Münster die in Latein geschriebene Wiedertäufergeschichte des Hermann von Kerssenbroch auf. Sie hätte wegen der Sprache keine Chance gehabt, in Hegels Reihe veröffentlicht zu werden, denn die »Chroniken deutscher Städte« übernahmen nur deutsche Texte. Drei Mindener Chroniken erschienen zwischen 1917 und 1981 durch Klemens Löffler und Martin Krieg. Auch Hermann Hamelmanns Oldenburgische Chronik erschien 1940 bei der westfälischen Kommission. In Heinrich Rüthings meisterlichen Editionen der Chroniken der Böddeker Mönche Johannes Probus und Göbel erleichtern die Übersetzungen aus dem Lateinischen den heutigen Lesern den Zugang. Auch die Chronik des Lüneburger Pfarrers Georg Spormecker, ediert durch Wingolf Lehnemann, vereint lateinischen Text und Übersetzung. Die Spormecker-Chronik wurde im Übrigen von Lamprecht 1884 aussortiert.

Weistümer

Die Frage, warum bis heute im Rheinland Weistümer als protokollierte mündliche Auskünfte über ländliche Rechtsverhältnisse Gegenstand von Editionen sind, in Westfalen dagegen nicht, lässt sich auf den ersten Blick leicht beantworten. Das Rheinland besaß mit Hugo Loersch (1840–1907) einen rührigen Rechtshistoriker, der führend in der »Gesellschaft« wirkte und die Reihe »Weistümer in der Rheinprovinz« etablierte. Mit Wilhelm Crecelius und Karl Lamprecht legte er 1883 als Vorarbeit ein Verzeichnis der gedruckten und ungedruckten Weistümer vor.[58] Die Reihe eröffnete schließlich 1900 selbst mit einem Band über Boppard und Koblenz. Mit Ulrich Stutz fand Loersch einen Nachfolger, unter dessen Leitung Hermann Aubin 1913/1914 zwei weitere Bände folgen ließ. Sie dienten Aubin zu seiner landesgeschichtlichen Profilierung.[59] Bis 2019 erschienen vier weitere Bände. Westfalen unternahm mehrere Anläufe, Ähnliches zu bewerkstelligen. Hans Schreuer und sein Nachfolger auf dem rechtshistorischen Lehrstuhl in Münster Rudolf His setzten sich seit 1909 für die Edition westfälischer Weistümer ein.[60] Schreuers Doktorand Eduard Schulte, der mit einer Arbeit zum Gewerberecht deutscher Weistümer promoviert worden war, wurde mit dem Nachweis von Weistümern beauftragt, der eine vergleichbare Funktion wie der von Loersch hätte haben können. Schulte erhielt andere Aufgaben, überwarf sich mit der Kommission, die mit anderen Mitarbeitern wenig Glück hatte, sodass sie das Weistümer-Projekt 1960 endgültig aufgab. Neben dem Pro-

---

und anderen Dortmunder Chroniken vgl. jetzt meinen Beitrag REININGHAUS, Dietrich Westhoff.
57 REININGHAUS, Kommission, S. 232 f., 387, 395–397.
58 CRECELIUS / LAMPRECHT / LOERSCH, Weistümer.
59 AUBIN (Bearb.), Weistümer; dazu MÜHLE, Hermann Aubin, S. 44–47.
60 REININGHAUS, Kommission, S. 288–292.

jektmanagement war für das Scheitern des Vorhabens wahrscheinlich ausschlaggebend, dass »Westfalen [...] an sich kein Gebiet der Weistümer« sei, so Albert K. Hömberg als Vorsitzender der Kommission 1962. Das ist allerdings nur die halbe Wahrheit. »Weistümer« kommen als Quellenbegriff zwar selten vor, wenngleich der durch den Begriff abgedeckte Sachverhalt auch in Westfalen nicht fehlt. Mit Schulte und anderen, gescheiterten Nachfolgern standen schlicht keine Bearbeiter zur Verfügung, die das vorhandene Material zur Editionsreife hätten bringen können.

Fazit

Ich will einem quantitativen und qualitativen Vergleich über die Produktion im Rheinland und in Westfalen nicht ausweichen. Wenn ich in die Fußballersprache verfalle, dann bricht aus mir der ehemalige Sportreporter hervor. Der Vergleich geht mit einem hochverdienten 2:1 für das Rheinland aus. Dieses Ergebnis erinnert mich an das letzte Spiel, das im alten Müngersdorfer Stadion der 1. FC Köln und Borussia Dortmund in der Oberliga West im April 1963 austrugen und das mit eben diesem Resultat für Köln endete. Die Geschichte hat eine Pointe, die Fußballkenner nicht überrascht. Acht Wochen später gewann der BVB das letzte Endspiel um die Deutsche Meisterschaft mit 3:1. Unterstellen Sie bitte dem Westfalen mit diesem Ausblick keine unlauteren Absichten, denn Sportgeschichte ist nicht Wissenschaftsgeschichte. Und in der Wissenschaft sollte Kooperation und nicht nur Konkurrenz herrschen. Deshalb wünsche ich mir auch mehr Kooperation zwischen »Gesellschaft« und »Kommission«. Die Tagungen zu 1609 und 1918/1919 waren hoffnungsvolle Ansätze.[61] Und im Übrigen bin ich der Ansicht, dass Nordrhein-Westfalen ein so großes Bundesland ist, dass man der Vielfalt seiner Geschichte und seiner Landschaften nur durch zwei Einrichtungen dieser Art gerecht werden kann.

Quellen und Literatur

Gedruckte Quellen

AUBIN, Hermann (Bearb.), Die *Weistümer* der Rheinprovinz. Zweite Abteilung: Die Weistümer des Kurfürstentums Köln, 2 Bde., Bonn 1913–1914 (= PubGRhG, Nr. XVIII) [ND Düsseldorf 1996].

---

61 GROTEN / LOOZ-CORSWAREM / REININGHAUS (Hgg.), Der Jülich-Klevische Erbfolgestreit; BISCHOFF / HITZE / REININGHAUS (Hgg.), Aufbruch.

BELOW, Georg von (Bearb.), *Landtagsakten* von Jülich-Berg 1400–1610 [ältere Reihe], Bd. 1: 1440–1560, Bd. 2: 1563–1589 (= PubGRhG, Nr. XI), Düsseldorf 1895 / 1907.

Die *Chroniken der deutschen Städte* vom 14. bis ins 16. Jahrhundert, Bd. 20: Die Chroniken der westfälischen und niederrheinischen Städte, Bd. 1: Dortmund, Neuß, Leipzig 1887 (ND Göttingen 1969).

ENNEN, Leonard / ECKERTZ, Gottfried (Hgg.), *Quellen* zur Geschichte der Stadt Köln, 6 Bde., Köln 1860–1879.

EWALD, Wilhelm (Bearb.), *Rheinische Siegel* I: Die Siegel der Erzbischöfe von Köln (948–1795) (= PubGRhG, Nr. XXVII), Bonn 1906 (ND 1993).

FRIEDLÄNDER, Ernst (Hg.), Die *Heberegister* des Klosters Freckenhorst (= Codex Traditionum Westfalicarum I), Münster 1872.

HILLIGER, Benno (Bearb.), *Rheinische Urbare*, Bd. 1: Die Urbare von S. Pantaleon in Köln (= PubGRhG, Nr. XX), Bonn 1902.

HOENIGER, Robert (Bearb.), Kölner *Schreinsurkunden* des 12. Jahrhunderts. Quellen zur Rechts- und Wirtschaftsgeschichte der Stadt Köln, Bd. 1 (= PubGRhG, Nr. I), Bonn 1884–1888.

INAMA-STERNEGG, Karl Theodor von, *Ueber Urbarien* und Urbarialaufzeichnungen. Wirtschaftsgeschichtliche Bemerkungen, in: Archivalische Zeitschrift 11 (1877), S. 27–51.

KNIPPING, Richard (Bearb.), Die *Kölner Stadtrechnungen* des Mittelalters mit einer Darstellung der Finanzverwaltung, 2 Bde. (= PubGRhG, Nr. XV), Bonn 1897/1898.

KÖTZSCHKE, Rudolf (Bearb.), *Rheinische Urbare*, Bd. 2/4: Die Urbare der Abtei Werden a. d. Ruhr, A: Die Urbare vom 9.–13. Jahrhundert, Bonn 1906, B: Lagerbücher, Hebe- und Zinsregister vom 14. bis 17. Jahrhundert (= PubGRhG, Nr. XX), Bonn 1917.

KÜCH, Friedrich (Bearb.), *Landtagsakten von Jülich-Berg, Bd. 2: 1624–1653* (= PubGRhG, Nr. XI), Düsseldorf 1925.

KUSKE, Bruno (Bearb.), *Quellen* zur Geschichte des Kölner Handels und Verkehrs im Mittelalter, 4 Bde. (= PubGRhG, Nr. XXXIII), Bonn 1917–1934 (ND Düsseldorf 1978).

LACOMBLET, Theodor Joseph, *Urkundenbuch* für die Geschichte des Niederrheins, Bd. 1, Düsseldorf 1840.

LAU, Friedrich (Bearb.), Quellen zur Rechts- und Wirtschaftsgeschichte der rheinischen Städte. Bergische Städte I: *Siegburg* (= PubGRhG, Nr. XXIX), Bonn 1907.

LOESCH, Heinrich von (Bearb.), Die *Kölner Zunfturkunden* nebst anderen Kölner Gewerbeurkunden bis zum Jahre 1500, 2 Bde., Bonn 1907 (ND Düsseldorf 1984).

MEUTHEN, Erich (Bearb.), *Aachener Urkunden* 1101–1250 (= PubGRhG, Nr. LVIII), Bonn 1972.

MUMMENHOFF, Wilhelm (Bearb.), *Regesten der Reichsstadt Aachen* (einschließlich des Aachener Reiches und der Reichsabtei Burtscheid), Bd. 1: 1251–1300 (= PubGRhG, Nr. XLVII), Bonn 1961.

NOLDEN, Reiner (Bearb.), *Das Urbar der Abtei St. Maximin* vor Trier (= Rheinische Urbare, Bd. 6 / PubGRhG, Nr. XX), Düsseldorf 1999.

OPPERMANN, Otto (Bearb.), *Rheinische Urkundenstudien*. Erster Teil: Die kölnisch-niederrheinischen Urkunden (= PubGRhG, Nr. XXXIX / Bijdragen van het Instituut voor Middeleeuwsche Geschiedenis der Rijks-Universiteit te Utrecht, Bd. 7), Köln / Utrecht 1922.

PLANITZ, Hans / BUYKEN, Thea (Bearb.), Die *Kölner Schreinsbücher* des 13. und 14. Jahrhunderts (= PubGRhG, Nr. XLVI), Weimar 1937.

SCHWAB, Ingo (Bearb.), *Das Prümer Urbar* (= Rheinische Urbare, Bd. 6 / PubGRhG, Nr. XX), Düsseldorf 1983.
STEIN, Walther (Bearb.), Akten zur Geschichte der Verfassung und Verwaltung der Stadt *Köln* im 14. und 15. Jahrhundert, 2 Bde., Bonn 1893/1895.

Literatur

ADELMANN, Gerhard, Die soziale *Betriebsverfassung* des Ruhrbergbaus vom Anfang des 19. Jahrhunderts bis zum Ersten Weltkrieg unter besonderer Berücksichtigung des Industrie- und Handelskammerbezirks Essen, Bonn 1962.
BISCHOFF, Frank M. / HITZE, Guido / REININGHAUS, Wilfried (Hgg.), *Aufbruch* in die Demokratie. Die Revolution 1918/19 in Rheinland und Westfalen. Beiträge der Tagung am 8. und 9. November 2018 in Düsseldorf, Münster 2020.
BÜNZ, Enno, *Serielle Quellen* des späten Mittelalters – Herausforderungen, Möglichkeiten und Grenzen der editorischen Arbeit angesichts beginnender Massenüberlieferung, in: Martina Hartmann / Horst Zimmerhackl (Hgg.), Quellenforschung im 21. Jahrhundert. Vorträge der Veranstaltungen zum 200-jährigen Bestehen der MGH vom 27. bis 29. Juni 2019, Wiesbaden 2020, S. 195–239.
CHICKERING, Roger, *Karl Lamprecht*. Das Leben eines deutschen Historikers (1856–1915), Stuttgart 2021.
CRECELIUS, Wilhelm / LAMPRECHT, Karl / LOERSCH, Hugo, Verzeichnis der rheinischen *Weistümer*. Vorarbeiten zu der von der Gesellschaft unternommenen Ausgabe, Trier 1883.
GÄRTNER, Kurt / RAPP, Andrea / WELTER, Désirée (Hgg.), *Gottfried Hagen*. Reimchronik der Stadt Köln, Düsseldorf 2008.
GOTHEIN, Eberhard, Geschichtliche Entwicklung der *Rheinschiffahrt* im XIX. Jahrhundert, Leipzig 1903.
GROTEN, Manfred / LOOZ-CORSWAREM, Clemens von / REININGHAUS, Wilfried (Hgg.), *Der Jülich-Klevische Erbfolgestreit* 1609. Seine Voraussetzungen und Folgen. Vortragsband, Düsseldorf 2011.
HASHAGEN, Justus, Rezension zu: Otto R. Redlich: Jülich-Bergische Kirchenpolitik [...], in: Westdeutsche Zeitschrift für Geschichte und Kunst 26 (1907), S. 250–272.
HELD, Wieland / SCHIRMER, Uwe (Hgg.), *Rudolf Kötzschke* und das Seminar für Landesgeschichte und Siedlungskunde an der Universität Leipzig. Heimstatt sächsischer Landeskunde (= Schriften der Rudolf-Kötzschke-Gesellschaft, Bd. 1), Beucha 1999.
HERZIG, Arno, Sozialer Protest in *Schwelm*. Zum Verhalten der Unterschichten im Hungerjahr 1795, in: Beiträge zur Heimatkunde von Schwelm 33 (1983), S. 10–20.
JANSSEN, Johannes, *Studien* über die kölnischen Geschichtsquellen, in: AHVN 1 (1855), S. 78–104, 196–229.
JANSSEN, Wilhelm, *Karl Lamprecht* und die Institutionalisierung der rheinischen Landesgeschichtsforschung, in: Wieland Held / Uwe Schirmer (Hgg.), Rudolf Kötzschke und das Seminar für Landesgeschichte und Siedlungskunde an der Universität Leipzig. Heimstatt sächsischer Landeskunde, Beucha 1999, S. 189–198.

KÖRHOLZ, Franz (Bearb.), Die Urbare der Abtei Werden a. d. Ruhr, Bd. 4,1: *Einleitung und Register* (= PubGRhG, Nr. XX), Bonn 1950 (ND Düsseldorf 1978).

KÖTZSCHKE, Rudolf, Studien zur Verwaltungsgeschichte der *Großgrundherrschaft Werden* a. d. Ruhr, Leipzig 1901.

KREIS, Marion, *Karl Hegel*: Geschichtswissenschaftliche Bedeutung und wissenschaftsgeschichtlicher Standort, Göttingen 2012.

LACOMBLET, Theodor, *Vorwort*: Plan der Schrift, in: Archiv für die Geschichte des Niederrheins 1 (1831), S. I–XVI.

LAMPRECHT, Karl, Verzeichnis niederrheinischer *Urbarialien*. Eine Vorarbeit zur Herausgabe der Rheinischen Urbare, Marburg 1890.

MAURER, Michael, *Eberhard Gothein* (1853–1923). Leben und Werk zwischen Kulturgeschichte und Nationalökonomie, Köln 2007.

MÖLICH, Georg / NEDDERMEYER, Uwe / SCHMITZ, Wolfgang (Hgg.), Spätmittelalterliche und städtische *Geschichtsschreibung* in Köln und im Reich. Die ›Koelhoffsche‹ Chronik und ihr historisches Umfeld, Köln 2001.

MÜHLE, Eduard, Für Volk und deutschen Osten. Der Historiker *Hermann Aubin* und die deutsche Ostforschung (= Schriften des Bundesarchivs, Bd. 65), Düsseldorf 2005.

PABST, Klaus, Die *Gesellschaft* für Rheinische Geschichtskunde (1881–1981). Trägerschaft, Organisation und Ziele in den ersten 100 Jahren ihres Bestehens (Redaktion: Stephan Laux) (= Studien und Darstellungen der Gesellschaft für Rheinische Geschichtskunde, Bd. 1), Köln / Wien 2022.

REIMANN, Norbert, *Der »rote Kaplan«* aus Dortmund. Zur Biographie des umstrittenen Priesters und Historikers Heinrich Volbert Sauerland (1839–1910), in: WZ 140 (1996), S. 335–379.

REININGHAUS, Wilfried (Hg.), *Die Revolution 1848/49* in Westfalen und Lippe. Tagung der Historischen Kommission für Westfalen am 18. und 19. Februar 1999 in Iserlohn, Münster 1999.

DERS., Die Historische *Kommission* für Westfalen 1896 bis 2021. Eine regionale Wissenschaftsgeschichte, Münster 2021.

DERS., *Dietrich Westhoff* und die Dortmunder Chronistik des 14. bis 18. Jahrhunderts, in: Stefan Pätzold / Marcus Stumpf (Hgg.), Chroniken als Quellen der landesgeschichtlichen Forschung (= Westfälische Quellen und Archivpublikationen, Bd. 32), Münster i. W. 2023, S. 25–38.

DERS., *Franz Darpe* und der Codex Traditionum Westfalicarum, in: WZ 162 (2012), S. 140–146.

DERS., *Friedrich Philippi*. Historiker und Archivar in wilhelminischer Zeit. Eine Biographie, Münster 2014.

DERS., *Hermann Becker und Karl Rübel*. Die Begründer der modernen Dortmunder Stadtgeschichte, in: Beiträge zur Geschichte Dortmunds und der Grafschaft Mark 102/103 (2011/2012), S. 133–170.

RICKEN, Doris, *Rheinische Urbare* – eine unerschöpfliche Fundgrube, in: Jahrbuch der linksrheinischen Ortsteile der Stadt Duisburg 14 (1997/1998), S. 75–77.

RIETSCHEL, Siegfried, *Rezension* zu: Friedrich Lau (Bearb.), Quellen zur Rechts- und Wirtschaftsgeschichte der rheinischen Städte. Bergische Städte I: Siegburg, Bonn 1907, in: VSWG 6 (1906), S. 303–305.

SCHORN-SCHÜTTE, Luise, *Karl Lamprecht*. Kulturgeschichtsschreibung zwischen Wissenschaft und Politik, Göttingen 1984.

SCHULTE, Wilhelm, Volk und Staat. *Westfalen* im Vormärz und in der Revolution 1848/49, Münster 1954.

SCHUMACHER, Elisabeth, *Das kölnische Westfalen* im Zeitalter der Aufklärung unter besonderer Berücksichtigung der Reformen des letzten Kurfürsten von Köln, Max Franz von Österreich, Diss. Köln 1952, Olpe 1967.

SPEER, Christian, Der *Index Librorum Civitatum* als Instrument der historischen Grundlagenforschung, in: Wilfried Reininghaus / Marcus Stumpf (Hgg.), Amtsbücher als Quellen der landesgeschichtlichen Forschung, Münster 2012, S. 107–124.

WISPLINGHOFF, Erich, *Einleitung* zu: Rheinisches Urkundenbuch, Bd. 1: Aachen-Deutz, Bonn 1972, S. V–XII.

III. WERKBETRACHTUNGEN

Andreas Rutz

Konstantin Höhlbaum et al., »Das Buch Weinsberg« (1886–1898/1926)

Geschichte, Probleme und Perspektiven einer Edition

Einleitung

»Das Buch Weinsberg« ist vermutlich diejenige Edition der Gesellschaft für Rheinische Geschichtskunde, die hinsichtlich der zugrunde liegenden Quelle für ihre Entstehungszeit am ungewöhnlichsten ist. Denn um 1900 standen insbesondere Urkunden und Akten aus dem Bereich von Politik und Verwaltung auf der Agenda der Geschichtswissenschaft und weniger Quellen, die mittlerweile aufgrund ihrer spezifischen Autorperspektive als Selbstzeugnisse oder Ego-Dokumente bezeichnet werden. Nachdem die Weinsberg-Edition über Jahrzehnte vor allem als Steinbruch für diverse Forschungen zur Kölner Geschichte genutzt worden war, erreichte die Rezeption etwa 100 Jahre nach ihrem Erscheinen im Zuge des *cultural turn* eine völlig neue inhaltliche und methodische Dimension. Wie im Folgenden gezeigt werden soll, handelt es sich beim ›Weinsberg‹ – um es zugespitzt zu formulieren – um eine heillos veraltete, aber nichtsdestotrotz höchst aktuelle Edition. Zunächst sollen die Edition und ihre Entstehung genauer vorgestellt werden (1), im zweiten Teil geht es um die Bedeutung der Edition für die Forschung (2), abschließend wird ein Vorschlag für eine Neuedition der Schriften Hermann Weinsbergs entwickelt (3).

Die »Gesellschaft« hat ihre fünfbändige Weinsberg-Edition zwischen 1887 und 1926 unter dem Titel »Das Buch Weinsberg. Kölner Denkwürdigkeiten aus dem 16. Jahrhundert« herausgebracht.[1] Der Titel ist bekanntlich irreführend, denn das von dem Kölner Ratsherren und Chronisten Hermann Weinsberg (1518–1597) in den 1550er Jahren verfasste *boich Weinsberg* ist eine zu großen Teilen fiktive Familiengeschichte seit der Zeit Karls des Großen, die in der Edition gar nicht bzw. erst im fünften Band in einigen Auszügen aufgenommen worden ist.[2] Die Edition betrifft dagegen die 1560/1561 von Weinsberg begonnenen Gedenkbücher.[3] Der *liber iuventutis* behandelt die Zeit von seiner Geburt bis in die Gegenwart, zunächst ausgehend von Erzählungen von Verwandten und von zeitgeschichtlichen Chroniken. Seit Mitte der 1550er Jahre hatte Weinsberg parallel zum *boich Weinsberg* auch eigene tagebuchähnliche Notizen angefertigt, auf die er

---

1 Buch Weinsberg.
2 Historisches Archiv der Stadt Köln, Best. 7030 (Chroniken und Darstellungen), Nr. 52.
3 Ebd., Nr. 49–51.

für seinen *liber iuventutis* zurückgreifen konnte, und ergänzte das Gedenkbuch schließlich bis 1578 durch regelmäßige Eintragungen. Mit dem zweiten Gedenkbuch, dem *liber senectutis*, setzte Weinsberg diese Praxis bis 1587 fort. Das dritte Gedenkbuch, der *liber decrepitudinis*, behandelt schließlich das letzte Lebensjahrzehnt bis 1597. Dass die Editoren annahmen, Weinsberg hätte das *boich Weinsberg* fälschlicherweise so benannt, eigentlich handele es sich dabei um ein »Materialienbuch« und tatsächlich seien die Gedenkbücher das richtige »Buch Weinsberg«[4], wirft ein helles Licht auf das Unverständnis, mit dem man diesem in seiner Genese äußerst komplexen Werk gegenüberstand.

Die Edition und ihre Editoren

Die beiden ersten Teile der Weinsberg-Edition erschienen 1886 und 1887 als Band 3 und 4 der Publikationen der Gesellschaft für Rheinische Geschichtskunde, als Bearbeiter fungierte Konstantin Höhlbaum (1849–1904). Er war seit 1880 Direktor des Kölner Stadtarchivs und ab 1886 Vorsitzender der »Gesellschaft«, zu deren Entstehung er maßgeblich beigetragen hatte.[5] Höhlbaum stammte aus Reval und war in Göttingen bei Georg Waitz mit einer Arbeit zur spätmittelalterlichen Geschichtsschreibung in Livland promoviert und ebendort auch habilitiert worden.[6] Sein zentrales Projekt in Köln stellte der dritte Band des Hansischen Urkundenbuchs für die Jahre von 1343 bis 1360 dar, der von 1882 und 1886 in mehreren Lieferungen publiziert wurde.[7] Parallel dazu betrieb er die Weinsberg-Edition. 1890 wurde Höhlbaum nach Gießen auf eine Professur für mittelalterliche Geschichte berufen. Für den dritten und vierten Teil der Edition, die 1897 und 1898 als Teilbände von Band 16 der Publikationen der »Gesellschaft« erschienen, wurde Friedrich Lau (1867–1947) gewonnen.[8] Gebürtig aus Lübeck, war Lau in Bonn mit einer Arbeit zu den erzbischöflichen Beamten in der Stadt Köln im 12. Jahrhundert promoviert worden[9] und arbeitete seit 1893 am Kölner Stadtarchiv, wo er neben der Weinsberg-Edition auch eine Kölner Verfassungsgeschichte bis zum Verbundbrief vorlegte, die 1898 als erste Preisschrift der Mevissen-Stiftung erschien.[10] Im selben Jahr

---

4 So Stein in der Einleitung zu Buch Weinsberg, Bd. 5, S. XXXIX.
5 Zu Höhlbaum vgl. Pabst, Gesellschaft, S. 60–67; außerdem Fehling, Gedächtnis, S. 3*–9*; Ropp, Nachruf, sowie knapp zu seiner Rolle als Weinsberg-Editor Groten, Vorwort, S. 9 f.
6 Höhlbaum, Joh. Renner's Livländische Historien.
7 Ders. (Bearb.), Hansisches Urkundenbuch. Zuvor hatte Höhlbaum bereits Bd. 1, Halle 1876, und Bd. 2, Halle 1879, bearbeitet. Nach seiner Kölner Zeit erschien in diesem Zusammenhang außerdem Höhlbaum, Kölner Inventar.
8 Zu Lau vgl. Grassmann, »Lau, Friedrich«; außerdem die Nachrufe von B. Vollmer, Friedrich Lau; G. Vollmer, Erinnerungen; zur Tätigkeit als Weinsberg-Editor knapp auch Groten, Vorwort, S. 10, 12.
9 Lau, Die erzbischöflichen Beamten.
10 Lau, Entwicklung.

Abb. 6: Konstantin Höhlbaum, vor 1904.   Abb. 7: Friedrich Lau, undatiert.

ging er an das Staatsarchiv Berlin, später an das Staatsarchiv Stettin und schließlich an das Staatsarchiv Düsseldorf. Der fünfte und letzte Teil der Weinsberg-Edition war ein – inhaltlich motivierter – Nachzügler, bearbeitet von Josef Stein (1890–1948) und 1926 wiederum als einer der Teilbände von Band 16 der »Gesellschaft« publiziert. Die Arbeiten an der Edition waren zunächst 1916 von Eduard Wiepen (1852–1919), einem Kölner Realschullehrer, aufgenommen worden, der allerdings bereits 1919 starb und die Edition kaum hatte voranbringen können.[11] Die eigentliche Auswahl der edierten kulturhistorischen Teile erfolgte durch Stein, der in Bonn mit einer Studie zu Hermann Weinsberg promoviert worden war[12], als Mitarbeiter Wiepens gearbeitet hatte und nun Studienassessor in Köln und schließlich Lehrer in Kleve war.[13]

»Die Blätter dieser Denkwürdigkeiten erzählen, wie man gelebt und gedacht hat, wie es gewesen ist in Köln, in den meisten Städten des Niederrheins, in vielen Städten Deutschlands wäh-

---

11 JbGRhG 36 (1916), S. 15; 37 (1917), S. 15; 38 (1918), S. 15; 39/40 (1919/1920), S. 11. In Wiepens hinterlassenem Material befindet sich ein Heft mit Abschriften aus dem Buch Weinsberg, HAStK, Best. 1107 (Eduard Wiepen – 16. Jh.).
12 STEIN, Hermann Weinsberg, S. 109–169.
13 JbGRhG 39/40 (1919/1920), S. 11; 41–44 (1921–1924), S. 10.

rend des 16. Jahrhunderts. Man meine nicht auf jene Kreise zu treffen, aus denen Bürgermeister, welche Staatsmänner wurden, theilgenommen haben an der grossen Bewegung ihrer Zeit; auf Gelehrte und Bürger, die in dem Kampf der Ideen, welcher über allen schwebte, sich offen entschieden durch Anschluss oder Widerspruch. Nur ein kleiner Bruchteil des Volkes wird es immer wagen, weil er den Beruf in sich fühlt, mit der Ueberzeugung unumwunden hervorzutreten: einem noch kleineren war es damals beschieden, auf den Gang der öffentlichen Verhältnisse unmittelbar einzuwirken. Sollte man indes nicht den Anschauungen einmal nachgehen, welche in der breiten Masse des Volkes heimisch geworden waren, den Vorstellungen und den Bildungen, welche die kleinen Entwicklungen bestimmten, die doch überall vorwalteten?«[14]

Mit diesen Zeilen beginnt die Vorrede des ersten Bandes, in der Höhlbaum den Wert der Quelle für die Geschichtswissenschaft skizziert und damit zugleich deren Edition rechtfertigt. In einer Zeit, in der die Geschichtswissenschaft sich noch immer vor allem mit den herausragenden Männern, die Geschichte machten, beschäftigte, war es nicht selbstverständlich, eine Quelle zu edieren, die – wie Höhlbaum ihn nennt – »den grossen bürgerlichen Mittelstand« repräsentiert. Dies gilt umso mehr, als es sich bei Weinsbergs Gedenkbüchern nicht um eine (mittelalterliche) Chronik im klassischen ereignisgeschichtlichen Sinne handelte[15], sondern um einen vielfach um das Ich und die Lebenswelt des Autors kreisenden Text aus dem 16. Jahrhundert.[16] Die in der zweiten Hälfte des 19. Jahrhunderts entstehenden und sich allmählich institutionalisierenden Disziplinen der Wirtschafts- und Sozialgeschichte, der Landesgeschichte und der Volkskunde dürften einen gewissen Rückhalt für ein solches Editionsprojekt abgegeben haben.[17] Wichtiger noch waren aber sicherlich der stadtgeschichtliche Bezug der Quelle und damit die Einbettung in die diesbezügliche Forschung, die anderen Voraussetzungen folgte als die allgemeine Geschichtswissenschaft und dadurch eine größere Offenheit für Themen und Akteure jenseits der großen Politik pflegen konnte.[18]

Nicht zuletzt ist auch auf den Spiritus Rector der 1881 gegründeten Gesellschaft für Rheinische Geschichtskunde, Karl Lamprecht, hinzuweisen.[19] In dem Entwurf für die

---

14 Buch Weinsberg, Bd. 1, S. IX.
15 Zu erwähnen wäre in diesem Zusammenhang etwa das große Editionsprojekt »Chroniken der deutschen Städte«, das seit 1862 unter der Ägide von Karl Hegel realisiert wurde, vgl. hierzu JOHANEK, Gedächtnis, hier S. 372–375.
16 Vgl. grundlegend KRUSENSTJERN, Selbstzeugnisse; außerdem RUTZ, Ego-Dokument.
17 Vgl. nur SCHULZ u. a. (Hgg.), Sozial- und Wirtschaftsgeschichte; WERNER, Landesgeschichtsforschung; GROTEN/RUTZ (Hgg.), Rheinische Landesgeschichte; BÜNZ, Leipziger Leistungen.
18 Vgl. zur eng mit den Beständen des Historischen Archivs der Stadt Köln verbundenen Forschung zur Kölner Stadtgeschichte die Beiträge in SCHMIDT-CZAIA/SOÉNIUS (Hgg.), Gedächtnisort, für unseren Zusammenhang insb. den Beitrag von SCHWERHOFF, Frühneuzeitforschung; außerdem SCHMIDT-CZAIA (Hg.), Schatzhaus.
19 Zu Lamprecht vgl. jetzt CHICKERING, Karl Lamprecht, zu seiner rheinischen Zeit, S. 119–170, es handelt sich um die Überarbeitung und deutsche Übersetzung der 1993 erschienenen Biographie von DEMS., Karl

Gründung einer solchen »Gesellschaft« vom 11. Januar 1880, den Lamprecht dem Initiator dieser Idee und ersten Stifter Gustav Mevissen zukommen ließ, ist ein Veröffentlichungsprogramm enthalten, in dem auch Weinsberg als zu edierende Quelle genannt wird.[20] Bekanntlich waren die Gedenkbücher erst zwei Jahrzehnte zuvor von Leonard Ennen im Kölner Stadtarchiv entdeckt und seit 1859 der Fachwelt bekannt gemacht worden.[21] Im Programm der »Gesellschaft« nahmen sie nun in der Gründungsphase auch insofern eine besondere Rolle ein, als sie offenbar bei potentiellen Förderern auf großes Interesse stießen. Mevissen interessierte sich als Industrieller nicht zuletzt für die materielle Kultur der Vergangenheit und fand dementsprechend in Lamprecht einen gleichsam kongenialen Stichwortgeber.[22] Der nach Mevissen zweite Stifter der »Gesellschaft«, der Berliner Majoratsherr und 1881 geadelte Großgrundbesitzer Adolf von Carstanjen, der verwandtschaftlich mit vielen Familien der Kölner Oberschicht verbunden war, wollte mit seiner Stiftung nicht zuletzt »das Buch Weinsberg fortgesetzt […] sehen«, um so »ein neues Bild des Kulturzustandes der Stadt Köln in der zweiten Hälfte des 16. Jahrhunderts zu erhalten«.[23] Und auch bei der 1895 als Patronin gewonnenen Kaiserin Victoria, der Mutter Wilhelms II., stieß die Weinsberg-Edition auf »allerhöchstes Interesse«.[24]

Dass das Interesse, welches Weinsberg im Umfeld der »Gesellschaft« entgegengebracht wurde, nicht mit einer Alltagsgeschichte oder historischen Anthropologie *avant la lettre* zu verwechseln ist, die seine Person als solche, seine hausväterlichen Ambitionen und die zahlreichen lebensweltlichen Schilderungen in den Mittelpunkt gerückt hätten, zeigt wiederum die Vorrede Höhlbaums. Er glaube nicht, »dass man der Person des Verfassers nach 300 Jahren noch eine besondere Theilnahme zuwenden mag«.[25] Weinsberg und andere Zeitgenossen (er nennt den Schreiber der Zimmerischen Chronik und Hans von Schweinichen) würden aufgrund ihrer »menschlichen Schwäche[n]« nicht an »die Platter, die Sastrow und verwandte Naturen«, die offenbar eher als tugendhafte Helden taugten, heranreichen. Und doch: »das Gedenkbuch seines Lebens bleibt ein Stück der Wirklichkeit«. Ganz ähnlich lesen sich die Jahresberichte der Gesellschaft für Rheinische Geschichtskunde aus der Planungsphase der Edition, wo sich »nach einer anfänglichen Euphorie über die Entdeckung eines Kölner Sastrow oder Platter schnell eine gewisse

---

    Lamprecht. A German Academic Life, 1993. Vgl. zuvor bereits SCHORN-SCHÜTTE, Karl Lamprecht; sowie in jüngerer Zeit FLÖTER/DIESENER (Hgg.), Karl Lamprecht.
20 PABST, Gesellschaft, S. 58 f.
21 ENNEN, Das Buch Weinsberg; DERS., Gedenkbuch. Zur Überlieferungsgeschichte vgl. ausführlich SCHWERHOFF, Verklärung. Zu Ennen vgl. LAUX, Leonard Ennen.
22 PABST, Gesellschaft, S. 253.
23 Zit. nach PABST, Gesellschaft, S. 184; zu Adolf von Carstanjen vgl. auch VOGT, Familie Carstanjen.
24 PABST, Gesellschaft, S. 213.
25 Buch Weinsberg, Bd. 1, S. X; die folgenden Zitate ebd. Zu Leben und Werk vgl. in jüngerer Zeit GROTEN (Hg.), Hermann Weinsberg (1518–1597); LUNDIN, Paper Memory; GLASNER, »Hermann von Weinsberg (1518–1597)«; GROTEN, »Weinsberg, Hermann (von)«.

Enttäuschung breit« machte.[26] Zunächst heißt es im ersten Jahresbericht der »Gesellschaft« von 1881 noch, dass es sich beim Weinsberg »um das Werk eines hervorragenden Vertreters des deutschen Humanismus [handele], dem überall dort uneingeschränkt das Wort zu überlassen ist, wo er in seinen charakteristischen Anschauungen und Aeusserungen den Ideenkreis der classisch gebildeten Mitwelt widerspiegelt«. Insbesondere für das erste Buch sei eine Kürzung »unzulässig« und »auch scheinbar geringfügige Mittheilungen werden durch die Interpretation gebührend beleuchtet und danach von der Forschung und der allgemeinen Theilnahme der Leser nicht mehr als entbehrlich betrachtet werden.«[27]

Schon ein Jahr später ändert sich der Tenor im Jahresbericht und es wird kritisiert, dass Ennen »dem Buche eine ganz singuläre Stellung und eine durchaus autoritative Bedeutung« zugeschrieben habe. Man könne dementsprechend »vor einer lokalpatriotischen Ueberschätzung der Chronik und ihres Helden nicht eindringlich genug warnen«.[28] Im Vergleich mit anderen Chronisten seiner Zeit, die »deutlich erkennbaren Idealen« huldigten, konnte Weinsberg nun nur noch verlieren: Ihm fehlten »solche ideale Züge«, seine Äußerungen seien die »eines engherzigen Lebens«, es lasse sich in seinem Werk der äußere Werdegang und Aufstieg nachvollziehen, »aber es fehlen die inneren Kämpfe, selbstlosen, reinen Strebens nach idealen Gütern und für das Wohl andrer und der Wirkung weltmännischer Erkenntniss, welche ihn über die Mittelmässigkeit empor heben müssten«, er erwehre sich »tieferer Gedanken«, sein Leben sei »nach bequemer Gewohnheit und nach den Trieben einer scharf ausgeprägten Selbstsucht« ausgerichtet gewesen, er sei mit den klassischen Texten und ihren Interpreten bekannt, aber nicht mit dem »bleibenden Gehalt ihrer Werke«, angesichts großer Veränderungen in seiner Zeit beschränke er »sein Wissen und sein Glauben auf die engen Grenzen eines selbstzufriedenen, eitelen, indolenten Bürgers, dem das eigene Behagen das höchste ist. Er verliert den Blick für die Unterscheidung des Nebensächlichen vom Bedeutenden, er verwirrt den Begriff der Pflicht und zielt allein auf die Verherrlichung seiner Person und seines Hauses.«[29]

Ich zitiere diese Passage deshalb so ausführlich, weil sie den erstaunlichen und binnen eines Jahres erfolgten Wandel in der Beurteilung verdeutlicht, die sich vom hohen

---

26 WULF, Bestandsaufnahme, S. 42.
27 JbGRhG 1 (1881), S. 6 f.; vgl. auch HARLESS / HÖHLBAUM / LOERSCH, Denkschrift, S. 25: »Die vier starken Bände des Gedenkbuchs enthalten eine solche Fülle geschichtlichen und kulturhistorischen Materials, dass sie den Wettstreit mit der berühmten Zimmerischen Chronik wohl aufzunehmen vermögen. Es muss die Sorge der Gesellschaft sein dieses Spiegelbild des stadtkölnischen Lebens in grössern und engern Kreisen während des 16. Jahrhunderts der wissenschaftlichen Forschung zugänglich zu machen: ein Werk, das mehr als ein andres geeignet ist die Theilnahme an vergangenen Zeiten auch bei denen wach zu erhalten, welche die Erforschung der Vorzeit nicht zu dem Beruf ihres Lebens gemacht haben.«
28 JbGRhG 2 (1882), S. 9.
29 Ebd., S. 10.

Lied auf den Kölner Humanisten Weinsberg zur überaus harschen Kritik am Kleinbürger Hermann verschiebt. Dies lässt sich nur aus einer weitgehenden Unkenntnis des Werkes seitens der Verantwortlichen in der »Gesellschaft« zu Beginn des Editionsvorhabens erklären, deren Überlegungen zur Edition vermutlich vor allem auf den diesbezüglichen Äußerungen Ennens und Lamprechts beruhten. Erst mit der beginnenden Bearbeitung durch Höhlbaum wurde ersichtlich, dass das Werk nicht das bot, was man eigentlich erwartet oder erhofft hatte. Immerhin hielt man am Editionsplan fest und sah darin die Möglichkeit, das Leben eines »Durchschnittsbürgers der Zeit« vorzustellen.[30]

Vor diesem Hintergrund wurde allerdings nicht mehr die integrale Edition empfohlen, sondern es wurden im Gegenteil erhebliche Kürzungen angestrebt. Ediert werden sollte, was Weinsbergs Karriere abbildete und »von dem reichen Beiwerk […] der Theil […], welcher aus dem engen Kreise der persönlichen Erlebnisse in den weiteren des stadtkölnischen Bürgerthums hinübergreift, durch Bemerkungen über Vorgänge wie über Zustände« sowie schließlich Meldungen über außerkölnische Ereignisse. Interessant ist darüber hinaus vor allem, was nicht aufgenommen werden sollte: »Ausgeschieden werden diejenigen Abschnitte, welche gleichgültige Familien-Verzweigungen ausmalen, die kleinsten Vorgänge des täglichen Lebens ohne allen kulturgeschichtlichen Reiz breit beschreiben oder unmittelbar in das Gebiet der Pornographie gehören.«[31] Letztlich ergab sich daraus ein Editionsprogramm, das der Quelle als solcher kaum gerecht wurde. Vor dem Hintergrund der Historiographie der Zeit und ihrer Fixierung auf die politischen Verhältnisse und die Wirtschafts- und Sozialgeschichte, soweit sie sich zur Typologisierung eignete, ist die Vorgehensweise aber nachvollziehbar.

Hinsichtlich der »Wahrhaftigkeit« der Quelle, also deren Quellengehalt, hebt Höhlbaum in seiner Einleitung zum ersten Band zu Recht hervor, dass sie nicht für die Öffentlichkeit bestimmt gewesen sei und dementsprechend ungeschminkt berichte.[32] Außerdem sei der Verfasser, wie man es schon aus den Bemerkungen in den Jahresberichten der »Gesellschaft« kennt, nicht von einem höheren »Antrieb« geleitet gewesen, sondern erzähle aus »den Verhältnissen seiner Umgebung« heraus, »die ihm die natürlichen sind, welche sich für ihn von selbst verstehen«.[33] Höhlbaum attestiert Weinsberg also ein Höchstmaß an Authentizität, selbst sein »Gefallen« an der eigenen Person sei ihm nachzusehen, denn »es begründet einen tiefen Unterschied, ob er sich selbst im Spiegel betrachtet und sich daran freut oder hinaus geht, um sich andern zu zeigen«.[34]

Trotz dieses historischen Ansatzes eines ›wie es eigentlich ist gewesen‹ (Ranke) und obwohl er betont, dass man die Denkwürdigkeiten »als ein Ganzes auf sich wirken«

---

30 Ebd., S. 11; vgl. auch ebd. 3 (1883), S. 6.
31 Ebd. 2 (1882), S. 11.
32 Buch Weinsberg, Bd. 1, S. X.
33 Ebd., S. X f.
34 Ebd., S. XI.

lassen müsse, um »ganze Anschauungen von dem Leben des 16. Jahrhunderts aufzubauen«, erhob Höhlbaum für die Edition keinen Vollständigkeitsanspruch. Es genüge, »den Sumpf zu zeigen, wo er sich findet; seine Tiefe zu ergründen kann uns gleichgültig sein, wenn er sich darstellt wie jeder andre zu jeder Zeit«.[35] Diese Aussage betrifft insbesondere die lebens- und alltagsnahen Schilderungen Weinsbergs. Aber auch auf die weitläufigen Ausführungen zu seiner Familie habe man verzichtet, »weil die Gegenwart nur nach dem Typus zu fragen hat, welchen Weinsberg vertritt«, und es dementsprechend ausreiche, »den Civilstand seiner ausgedehnten Familie festzustellen«.[36] Die politischen Verhältnisse in Köln werden dagegen umfassender in die Edition einbezogen und auch die außerkölnische Geschichte wird berücksichtigt, denn es sei wichtig, zu sehen, »welche allgemeine Verhältnisse die Aufmerksamkeit des reichsstädtischen Bürgers fanden, wie er nach diesem Gesichtspunkte dasjenige übernahm, wodurch er seine Familie zu belehren trachtete, und wie er endlich die Kunde, die er daneben erwarb, durch die Akten des Rathes, durch die Berichte der städtischen Gesandten, durch das Gerücht, mit den entlehnten Abschnitten verschmolz. Denn nicht gänzlich unselbständig sind seine Mittheilungen über öffentliche Dinge.«[37]

Höhlbaum hatte nicht vor, alle Gedenkbücher Hermann Weinsbergs – den *liber iuventutis*, den *liber senectutis* und den *liber decrepitudinis* – in die Edition einzubeziehen, ganz zu schweigen vom *boich Weinsberg*, das die Geschichte der Familie bis zur Geburt Hermanns erzählt und in der weitgehend fiktiven Erzählung von einem mythischen Stammvater in karolingischer Zeit ausgeht. Eine Bewertung des *boich Weinsberg* findet sich im zweiten Jahresbericht der »Gesellschaft« von 1881, die weder dem Werk selbst noch ihrem Autor etwas Positives abgewinnt. Es sei »ein Gewebe von Leichtgläubigkeit und bewusster Entstellung, gefertigt in der einzigen Tendenz: einem Emporkömmling einen weiten geschichtlichen Hintergrund zu geben, aus welchem er hervorspringt als der kräftige Spross hoher Ahnen. Denn das Geschlecht, welchem er angehört, ist dunkel und niedrig, nicht so alt, wie er es macht, eine schlichte Bürgerfamilie aus Schwelm«.[38]

Im fünften Jahresbericht der »Gesellschaft« vom Dezember 1885 heißt es, dass beabsichtigt sei, »zunächst die Aufzeichnungen Weinsbergs bis zum Jahre 1550 mitzutheilen«.[39] Tatsächlich reicht der erste Band der Edition bis 1551 und Höhlbaum kündigt hier in der Vorrede an, dass ein zweiter Band »die Ausgabe des Gedenkbuchs [Singular!] zu Ende führen« werde.[40] Der zweite Band der Weinsberg-Edition endet mit dem Jahr 1577. Insgesamt hat Höhlbaum sich also damit zufriedengegeben, den *liber iuventutis* zu edieren, der die ersten 60 Jahre im Leben Weinsbergs umfasst – geschrieben seit etwa 1560/1561

---

35 Ebd.
36 Ebd.
37 Ebd., S. XIII.
38 JbGRhG 2 (1882), S. 12.
39 Ebd. 5 (1885), S. 4.
40 Buch Weinsberg, Bd. 1, S. XIII.

im autobiographischen Rückblick und ab diesem Zeitpunkt übergehend in tägliche oder wöchentliche Notate.

Zum Abschluss bringt Höhlbaum in der Edition einen kurzen Abschnitt aus dem *liber senectutis*, in dem Weinsberg am 1. Januar 1578, also kurz vor dem Ende des 60. Lebensjahres, seinen gegenwärtigen körperlichen und geistigen Zustand beschreibt. Für Höhlbaum wird die Edition dadurch ›abgerundet‹, das Werk gewinne so »einen Ruhepunkt, es vermittelt zum Schluss eine volle, lehrreiche Schau«.[41] Denn offensichtlich war das Ziel erreicht, den Menschen Hermann Weinsberg als Typus seiner Zeit vorzustellen. Die weiteren Ausführungen des älteren und schließlich greisen Mannes mussten gar nicht weiter berücksichtigt werden, denn man hatte die wesentlichen Aspekte ja bereits vor Augen geführt, nicht zuletzt die aktive Tätigkeit Weinsbergs im Rat seiner Heimatstadt. Und natürlich wurde auch in diesem zweiten Teil kräftig, vielleicht sogar noch kräftiger gekürzt: »Eine Fülle von Nichtigkeiten, welche die zweite, grössere Hälfte des Buches beschweren, welche wohl Vorfälle und Zufälle des täglichen Lebens, nicht aber Erlebnisse von gemeingültiger Bedeutung überliefern, durfte über Bord fallen. Was das Dasein des Verfassers als Typus erklärt, kehrt in dieser Ausgabe wieder; was sich an seinem Wege fand, ohne diesen unmittelbar zu berühren, liess ich dort an der Seite stehen. Nicht darauf kommt es hier an, eine Menge vereinzelter Notizen zu sammeln: auf die gesamte Persönlichkeit Weinsbergs, die den Reichsstädter abspiegelt, sollte die Bearbeitung ihr Augenmerk richten.«[42]

Ursprünglich war von der »Gesellschaft« geplant worden, dass in der Edition Personen und Ereignisse aus den Akten in Köln und Düsseldorf erläutert und Weinsbergs Leben und Werk in einer Einleitung unter Hinzuziehung der ihn betreffenden Quellen gewürdigt würden.[43] Davon rückte man aber im Laufe der Bearbeitung ab und konzentrierte sich immer stärker auf die Textedition selbst. Schon im zweiten Jahresbericht der »Gesellschaft« von 1882 heißt es, dass sich der Fortgang der Arbeiten aufgrund des »Zustand[s] völligster Verwahrlosung«, in dem sich das Kölner Archiv befinde, nicht besonders schnell entwickeln könne und Höhlbaum bei der Neuordnung noch lange nicht beim 16. Jahrhundert angekommen sei.[44] Auch im dritten Jahresbericht von 1883 wird darauf verwiesen, dass die Vorarbeiten sich verzögerten, weil der Herausgeber dazu »des ganzen einschlägigen Quellenstoffs im stadtkölnischen Archive Herr werden« müsse, was aus bekannten Gründen schwierig sei.[45] Gleichwohl hatte Höhlbaum zu diesem Zeitpunkt die Transkription des *liber iuventutis* abgeschlossen und auch schon »eine lange Reihe von Aktenstücken« gesammelt. Im vierten Jahresbericht vom Januar 1884 wird dementsprechend angekündigt, dass der erste Band der Edition in der Mitte des Jahres erscheinen

---

41 Ebd., Bd. 2, S. 369, Anm. 1.
42 Ebd., S. XI.
43 JbGRhG 1 (1881), S. 7.
44 Ebd. 2 (1882), S. 12.
45 Ebd. 3 (1883), S. 8; das folgende Zitat ebd.

und einen »ansehnlichen Theil des Erläuterungsstoffes bringen« solle.[46] Man rückte allerdings nun davon ab, die Edition selbst mit einem umfangreichen Anmerkungsapparat zu versehen und verfiel darauf, »diejenigen Dokumente, welche das Bild von dem inneren Leben der Stadt Köln im 16. Jahrhundert beleuchten und die Erzählungen Hermann von Weinsbergs ergänzen, gesondert voraus zu schicken«.[47] Im ersten Band sollten die Morgensprachen des Kölner Rates und Auszüge aus den Ratsprotokollen sowie aus Urkunden und Briefen des Kölner Stadtarchivs publiziert werden. »Er ist bestimmt die Unterlage zu schaffen, von welcher aus der Bericht des Chronisten zum Leser sprechen soll.«[48] Hingewiesen wird auf eine im Archiv in Arbeit befindliche Publikation der Ratsschlüsse und Morgensprachen des 15. Jahrhunderts, die in Kürze abgeschlossen sei, in der Weinsberg-Edition sollte dann die Anschlusspublikation für das 16. Jahrhundert folgen.

Dieser Plan war offenbar doch zu optimistisch: Weder ist der Band für das 15. Jahrhundert tatsächlich erschienen[49], noch wurden in den ersten Band der Weinsberg-Edition am Ende weitere Quellen aufgenommen. Stattdessen wurde, wie der fünfte Jahresbericht der »Gesellschaft« von 1886 deutlich macht, nun geplant, dass die beiden Bände der Weinsberg-Edition durch einen »ergänzenden Band von Aktenstücken und Erläuterungen« komplettiert werden sollten: »Der Erläuterungsstoff will mit den bürgerlichen Unruhen in der Stadt Köln anheben, welche zur Prüfung der Verfassung in dem sog. Transfixbriefe des Jahres 1513 führten, und ebenso die Unruhen des Jahres 1525 vergegenwärtigen, sodann die Thätigkeit des Stadtrathes für die einheimischen Verhältnisse der Bevölkerung, insbesondere für Handwerk und Gewerbe, welchem Hermann von Weinsberg seinem Ursprunge nach angehört, und für die Frage des religiösen Bekenntnisses.«[50] Die auswärtigen Beziehungen der Stadt sollten hingegen nicht berücksichtigt werden. Im sechsten Jahresbericht der »Gesellschaft« von 1886 wird noch einmal auf den Erläuterungsband hingewiesen und eine Fertigstellung für 1887 in Aussicht gestellt, wobei explizit neben den »urkundliche[n] Erläuterungen« zur Stadtgeschichte auch die »Würdigung der Person und der Werke Hermanns von Weinsberg« als Ziel formuliert wird.[51] Im siebten Jahresbericht von 1887 wird dann sehr knapp darauf verwiesen, dass der Erläuterungsband von Höhlbaum nun bald in Angriff genommen werde[52] und 1888 heißt es tatsächlich, dass die Arbeit »weit fortgeschritten« sei und das Manuskript wahrscheinlich im folgenden Jahr vollendet sein würde.[53] Auch in den beiden folgenden Berichten von 1890 und 1891 wird auf

---

46 Ebd. 4 (1885), S. 4.
47 Ebd., S. 4 f.
48 Ebd., S. 5.
49 Vgl. aber KEUSSEN, Inhaltsverzeichnis, S. 81–100 sowie in späterer Zeit KUPHAL, Polizeiwesen, und natürlich GROTEN / HUISKES (Bearb.), Beschlüsse.
50 JbGRhG 5 (1885), S. 4.
51 Ebd. 6 (1886), S. 2.
52 Ebd. 7 (1887), S. 1.
53 Ebd. 8 (1888), S. 2.

Fortschritte bei der Bearbeitung sowie immer wieder neue Quellenfunde verwiesen, ohne sich allerdings noch einmal auf ein konkretes Fertigstellungsdatum festzulegen.[54] Geplant war nun eine Zweiteilung des Bandes, der erste Teil sollte die inneren Verhältnisse in Köln behandeln und der zweite nun doch die auswärtigen Beziehungen, vornehmlich zu den Niederlanden. Der zehnte Jahresbericht von 1891 lässt dann schon erkennen, dass die Arbeiten am Band von Höhlbaum nach seinem Weggang nach Gießen eventuell nicht mehr beendet werden könnten.[55] Die Sammlung von Aktenstücken sei zwar um einige Hundert ergänzt worden, aber Höhlbaum behalte sich vor, seine Arbeit am Erläuterungsband einzuschränken und nur einen Teil zu bearbeiten, die übrigen Vorarbeiten sollten aber dem Vorstand zur Verfügung gestellt werden. Im Jahresbericht für 1891 wird dann vermeldet, dass Höhlbaum das Projekt in Gießen nur wenig fördern konnte und nicht davon ausgehe, sich in nächster Zeit damit eingehender beschäftigen zu können.[56] Dementsprechend habe er die Bearbeitung des Bandes niedergelegt und die »umfangreiche Sammlung von Abschriften zur Geschichte Kölns im 16. Jahrhundert dem Vorstande zur Verfügung gestellt«, der nun hoffte, dass sich ein neuer Bearbeiter finden würde.

Dies ist aber offensichtlich nicht gelungen, der Erläuterungsband ist nie erschienen und es sind auch – soweit ich sehe – keine der genannten Vorarbeiten überliefert. 1892 erschien ein singulärer Aufsatz von Höhlbaum, in dem noch einmal der Erläuterungsband erwähnt und festgestellt wird, dieser werde »sich die Aufgabe stellen müssen, die Geschehnisse und die Zustände in der Stadt, über welche Hermann von Weinsberg berichtet, aus denen heraus er geschrieben hat, durch Urkunden und Akten zu beleuchten, die aus ihnen selbst hervorgegangen sind«.[57] Der Beitrag selbst bringt nach einer kurzen Einleitung die Edition von Quellen zum Aufstand von 1525, in der in den Fußnoten immer wieder auch auf Weinsberg hingewiesen wird. Ob dies das Konzept des Erläuterungsbandes abbildet, ist unklar. Wenn es so sein sollte, wäre dieser Band eher eine Quellensammlung zur Kölner Stadtgeschichte im 16. Jahrhundert mit Verweisen auf Weinsberg geworden als ein Erläuterungsband zu seinem Werk.

Die beiden von Friedrich Lau bearbeiteten Bände, die den *liber senectutis* und den *liber decrepitudinis* wiedergeben, erschienen etwa zehn Jahre nach Höhlbaums Edition. Lau setzte dessen Linie fort und kürzte entsprechend rigoros, zumal diese Gedenkbücher noch weit umfangreicher als der *liber iuventutis* sind. Das war aber nicht der einzige oder wichtigste Grund für die Kürzungen, wie Lau in den jeweiligen Vorreden ausführt. Vielmehr habe er die Aufzeichnungen »auf ihren Wert geprüft« und dabei ein »wesentlich negatives Resultat« erzielt.[58] Für die Edition als nicht geeignet angesehen wurden die umfangreichen

---

54 Ebd. 9 (1890), S. 1 f.; ebd. 10 (1891), S. 3.
55 Ebd. 10 (1891), S. 3.
56 Ebd. 11 (1891), S. 22 f., das folgende Zitat S. 22.
57 Höhlbaum, Aussagen und Urtheile, hier S. 45.
58 Buch Weinsberg, Bd. 3, S. XXI. In den Jahresberichten der Gesellschaft findet sich keine Diskussion der Editionsprinzipien für diese Bände, 1896 wird lediglich darauf hingewiesen, dass man beschlossen habe,

Belehrungen des künftigen Hausvaters, denn sie würden sich »in keiner Weise über das Mittelmass der landläufigen bürgerlichen Lebensmoral« erheben, seien »in unerträglicher Breite abgefasst« und auch dann nicht von größerem Interesse, wenn »in dichterischer Form, in lateinischer oder deutscher Sprache« präsentiert.[59] Auch Mitteilungen zu Weinsbergs Leben und seinen Erlebnissen habe man nach eingehender Prüfung fortlassen können, denn: »Das Leben W.'s vollzog sich seit seinem sechzigsten Jahre in so ruhigen und gleichmässigen Bahnen, dass die Erlebnisse des einen Jahres sich in fast stereotyper Folge in dem nächsten wiederholen. Es fehlt diesem Lebensgange ferner das charakteristische Gepräge der Weiterentwicklung. Der Weinsberg, wie ihn uns seine früheren Aufzeichnungen zur Genüge und bis ins einzelne erkennen lassen, ist derselbe geblieben, in seinen religiösen und politischen Anschauungen, in seinem Denken und Fühlen, wie in seinen äusseren Lebensverhältnissen.«[60] Auch die weitere Familie wird in der Edition nicht berücksichtigt, zumal sie »fast ohne Ausnahme durch eigene Schuld in ihrer Lebenshaltung immer mehr zurück[ging]«.[61] Es bleibt nach dieser radikalen Durchsicht nur das, was »sich über den Bereich des ganz Persönlichen und Alltäglichen zu erheben schien«, und auch hier hätte man, so Lau, sicherlich »noch einiges ohne grösseren Schaden« streichen können.[62]

Für den *liber decrepitudinis* hat Lau schließlich nur noch Verachtung übrig, spricht von einem »ungeheuerliche[n] Produkt schriftstellerischer Emsigkeit«, das »weniger Wert« habe als die ersten Teile: »Zahllos sind die Wiederholungen von bereits früher Erzähltem, und den thatsächlichen Stoffmangel muss die endlose Ausmalung von Themata ersetzen, die für einen jeden, den Schreiber selbst ausgenommen, jeglichen Interesses entbehren.«[63] Und es folgt auch noch ein Hieb gegen die zeitgenössische Kulturgeschichte: »Wem es als Aufgabe der Kulturgeschichte erscheint, auch die kleinsten Kleinigkeiten einer eingehenden Betrachtung zu unterziehen, für den mag das Buch Weinsberg noch manches bergen.« Aber gerade diese »wahllose Ausgrabung antiquarischer Nichtigkeiten« habe die Kulturgeschichte »sehr zu ihrem Schaden in den Ruf einer dilettantischen Spielerei gebracht«.[64] Die Dinge von allgemeinerem Interesse jedenfalls seien in die Edition eingegangen. Es handelt sich dabei – wie schon im vorherigen Band – vor allem um Ereignisse in Köln und im Rheinland bzw. am Niederrhein.

Mit dem von Josef Stein bearbeiteten fünften Band, der schließlich 1926, also eine Generation nach Höhlbaum und Lau, publiziert wurde, zeichnet sich ein Paradigmen-

---

auch den Schluss des Weinsberg in gekürzter Form zu edieren, und dass das von Lau bearbeitete Manuskript bereits druckfertig in zwei Bänden vorliege (JbGRhG 16 [1896], S. 32); 1897 wird der erfolgte Druck des dritten und der bevorstehende Druck des vierten Bandes angezeigt, ebd. 17 (1897), S. 34.

59 Buch Weinsberg, Bd. 3, S. XXI.
60 Ebd., S. XXII.
61 Ebd.
62 Ebd.
63 Ebd., Bd. 4, S. XIX.
64 Ebd.

wechsel in der Weinsberg-Edition ab, denn es ging der »Gesellschaft« bei der Wiederaufnahme des Editionsprojekts genau um die kulturgeschichtlichen Aspekte, die Lau so vehement als für eine Edition unerheblich gebrandmarkt hatte. Im 36. Jahresbericht von 1917 heißt es, dass in der Edition bislang vor allem der »Charakter des Werks als einer Quelle zur politischen Zeitgeschichte« zur Geltung gekommen sei, weniger dagegen »das Persönliche und Kulturgeschichtliche, das ihm ein besonderes Gepräge gibt«.[65] Ziel sei es nun für den weiteren Band, alles das aufzugreifen, »was für die Kenntnis des gesellschaftlichen, geistigen, religiösen und wirtschaftlichen Lebens der Stadt Köln, ihre Verfassungs- und Rechtsgeschichte, Familien- und Sittengeschichte von Wert ist«. Der erste Herausgeber Wiepen konnte, wie oben schon erwähnt, das Projekt aufgrund seiner Krankheit und des frühen Todes nicht voranbringen. Der neue Bearbeiter Stein folgte der im Jahresbericht knapp skizzierten Linie, bezieht aber in seiner Einleitung zum fünften Band eine deutlich kritischere Position zu seinen Vorgängern: Die Editionen von Höhlbaum und Lau ließen nicht erkennen, welches »riesige[] Material« das Weinsbergsche Œuvre eigentlich biete[66], und er wirft seinen Vorgängern vor, dass sie den »Hauptwert der Quelle auf politischem Gebiete gesucht« hätten[67], was meines Erachtens für Lau zutrifft, aber nicht für Höhlbaum. Dieser lässt in seinen Bänden gerade auch die Person Weinsbergs – mit Blick auf den ›Typus‹ des mittelständischen Bürgers des 16. Jahrhunderts – deutlich hervortreten, während Lau den Verfasser im Grunde vollständig aus dem »Buch Weinsberg« herausstreicht. Stein sieht den »größere[n] und ganz unvergleichliche[n] Wert seiner Bücher […] auf kulturgeschichtlichem Gebiete«.[68] Auch Stein hat nicht alles ediert, auch er verzichtet »auf alle weitläufigen Wiederholungen, Betrachtungen, Reimungen usw.« Vielmehr habe er »die heute noch wertvollen Stellen herausgeschält« und versichert – wie Lau! –, »daß alles irgendwie Bedeutsame nun zutage gefördert ist«.[69] Dazu gehören auch Auszüge aus dem *boich Weinsberg*.

Vor allem aber sind es die »kulturgeschichtlichen Ergänzungen« – so der Untertitel des Bandes – aus den drei Gedenkbüchern, die eine völlig neue, allenfalls in Ansätzen in den Höhlbaum-Bänden greifbare Dimension des Weinsbergschen Werks sichtbar machen und die uns tief in den Kölner Alltag des 16. Jahrhunderts und die Gedanken- und Gefühlswelt des Autors eintauchen lassen. Um diese kulturgeschichtliche Perspektive in der Forschung zu etablieren, hat Stein seinem Band eine ausführliche Einleitung vorangestellt, in der er das Werk als Familienchronik kennzeichnet, den Verfasser charakterisiert und die alltagsgeschichtlichen Inhalte skizziert.[70] Darüber hinaus bietet er ein

---

65 JbGRhG 36 (1917), S. 15; das folgende Zitat ebd.
66 Buch Weinsberg, Bd. 5, S. VI.
67 Ebd.
68 Ebd.
69 Ebd.
70 Ebd., S. IX–XLV; vgl. außerdem bereits STEIN, Hermann Weinsberg.

Sachregister zu allen fünf Bänden, das die kulturgeschichtlichen Aspekte betont und rückwirkend auch in den ersten vier Bänden sichtbar macht.

Die Bedeutung der Weinsberg-Edition für die Forschung

Die Weinsberg-Edition der Gesellschaft für Rheinische Geschichtskunde hatte zwei sich nur scheinbar widersprechende Effekte auf die Forschung. Zum einen hat sie eingehende Analysen zur Alltags- und Sozialgeschichte der Stadt Köln im 16. Jahrhundert angeregt und auch insgesamt die Kölner Stadtgeschichtsforschung mit vielfältigem und anschaulichem Material versorgt – es gibt kaum eine Publikation zur Kölner Vormoderne, die nicht, sobald sie auf das Alltagsleben zu sprechen kommt, auf Weinsberg Bezug nimmt. Zum anderen hat die Publikation aber eine eingehendere Beschäftigung mit dem Werk Weinsbergs verhindert.

Es ist hier nicht der Ort, einen ausführlicheren Überblick zur Weinsberg-Forschung zu geben[71], ganz zu schweigen von der Forschung zur Kölner Stadtgeschichte des 16. Jahrhunderts.[72] Beides würde weit über die hier angestrebte Werkbetrachtung im Sinne eines kritischen Blicks auf das Editionsprojekt der »Gesellschaft« hinausgehen. Vielmehr möchte ich nur kurz auf die zwei Phasen der Rezeption des Werkes hinweisen: Bis in die 1990er Jahre – und teilweise darüber hinaus – wurde die Edition als Steinbruch genutzt, um die unterschiedlichsten Fragen der Sozial- und Alltagsgeschichte zu behandeln. Die Auswahledition hat hierzu aufgrund ihrer chronologischen Anlage sicherlich erheblich beigetragen, denn sie vermittelt den Eindruck, Weinsbergs Werk sei eine mehr oder weniger lose Sammlung diverser Ereignisse und Sachverhalte. Dass es sich dabei aber nicht nur um bloße Notizen, sondern um ein konzeptionell zusammenhängendes und unter bestimmten Gattungskonventionen gestaltetes Gesamtwerk handelt, das eng mit dem Versuch zur Gründung einer Hausstiftung verbunden war, mit der Weinsberg die Zukunft des von ihm imaginierten ›Hauses Weinsberg‹ trotz fehlender eigener Nachkommen sichern wollte, ist erst seit den 1990er Jahren deutlich geworden, als man sich im Zuge der Diskussion über Selbstzeugnisse und Ego-Dokumente in den Literatur- und Geschichtswissenschaften genauer mit der Person Weinsberg zu beschäftigen begann. Ich verweise in diesem Zusammenhang nur auf die wegweisenden Arbeiten von Stephan Pastenaci[73],

---

71 Vgl. WULF, Bestandsaufnahme, sowie DERS., Auswahlbibliographie. Eine ausführliche, aktualisierte Bibliographie findet sich bei GLASNER, »Hermann von Weinsberg (1518–1597)«.

72 Vgl. nur den in jüngerer Zeit erschienenen Band der großen Kölner Stadtgeschichte zum 16. Jahrhundert von CHAIX, Köln, zu Weinsberg S. 16–19 und passim. Im Personenregister hat Weinsberg mit Abstand die meisten Verweise.

73 PASTENACI, Erzählform.

Hans Rudolf Velten[74], Birgit Studt[75] und Gregor Rohmann.[76] Immer deutlicher wurde im Verlauf der Diskussion der Charakter des Werks als Haus- und Familienbuch, das konkrete Funktionen für die von Hermann Weinsberg geplante Familienstiftung und die Weitergabe von Wissen unter den künftigen Hausvätern erfüllen sollte.[77] Immer deutlicher wurde auch die Bedeutung des von den frühen Editoren mehr oder weniger ignorierten *boich Weinsberg*, von dem man sich lediglich den Titel entlehnt hatte. Erst Stein hat hieraus einige Auszüge in seine kulturhistorischen Ergänzungen aufgenommen, wirklich ernst genommen wurden sie von der Forschung zunächst aber nicht. In der jüngeren Forschung ist es vor allem Peter Glasner, der das *boich Weinsberg* genauer und in einem konzeptionellen Zusammenhang mit den Gedenkbüchern erforscht hat, wobei auch die vielfältigen Illustrationen für die Interpretation eine Rolle spielen.[78] Eva Büthe-Scheider, die sich intensiv aus sprachgeschichtlicher Perspektive mit Weinsberg beschäftigt hat, bereitet im Auftrag der Gesellschaft für Rheinische Geschichtskunde die dringend notwendige Edition vor.[79] Das Memorialbuch von St. Jakob, das Weinsberg als Kirchmeister geführt hat, wird von Joachim Oepen erforscht und zur Edition vorbereitet.[80] Die weitere, über die autobiographischen Aufzeichnungen hinausgehende Überlieferung von Weinsberg-Autographen ist bekannt, aber noch nicht genauer untersucht.[81]

Auch wenn die jüngere Forschung ganz offensichtlich einen Paradigmenwechsel bei der Beschäftigung mit Weinsbergs Œuvre vollzogen hat, gibt es bislang niemanden, der tatsächlich das integrale Werk in den Blick genommen und auf dieser Grundlage eine Gesamtinterpretation unternommen hat. Die Edition behindert, wie gesagt, eine solche Beschäftigung mit dem Gesamtwerk. Denn es ist allein aufgrund des Umfangs der Gedenkbücher nur verständlich, dass jegliche Forschung zunächst einmal von der Edition ausgeht und dann – im besten Fall – ergänzend die Originale heranzieht. Der Forschungsprozess ist dementsprechend immer durch die Edition gelenkt und vorstrukturiert.

Dieses Problem ist auch nicht durch die digitale Weinsberg-Edition behoben worden, die im Rahmen eines von 2002 bis 2007 laufenden DFG-Projekts am Institut für

---

74 Velten, Autobiographie.
75 Studt, Hausvater.
76 Rohmann, Lügner.
77 Vgl. übergreifend zur Textgattung Studt (Hg.), Haus- und Familienbücher; sowie in jüngerer Zeit mit Blick auf Weinsberg Tomaszewski, Hausväter.
78 Glasner, Das erinnernde Ich; Ders., Symbolisierungsformen.
79 Büthe-Scheider, Kölner Schriftsprache; Dies., Die e-Apokope, S. 13–20 und passim; Dies., Namensschreibung.
80 Oepen, Ein neues Buch Weinsberg; Ders., Aufzeichnungen.
81 Vgl. die Übersicht zu den im Historischen Archiv der Stadt Köln und im Historischen Archiv der Erzdiözese Köln überlieferten Quellen bei Wulf, Auswahlbibliographie, S. 293 f., sowie die diesbezüglichen Erläuterungen von Dems., Bestandsaufnahme, S. 35–40.

geschichtliche Landeskunde der Rheinlande in Bonn erarbeitet wurde.[82] Ziel war die Transkription der fehlenden Teile der Gedenkbücher und des *boich Weinsberg* und deren Vereinigung mit den bereits edierten Teilen in einer online abrufbaren Gesamtedition. Als interdisziplinäres Projekt von Landesgeschichte und Sprachwissenschaft zielte das Vorhaben sowohl auf eine diplomatische Version als auch auf eine Lesefassung. Das Projekt konnte die Arbeit an den Gedenkbüchern abschließen, die seitdem online greifbar sind. Die Vorarbeiten für das *boich Weinsberg* bilden die Grundlage für die in Buchform geplante Edition von Büthe-Scheider. Dass die Forschung dennoch weiterhin vor allem auf die fünfbändige Edition der »Gesellschaft« zurückgreift, hat aus meiner Sicht zwei Gründe: Zum einen sind es technische Aspekte, die die Rezeption der digitalen Edition behindern. Sie ist gewissermaßen in der Steinzeit digitaler Editionen konzipiert worden und entspricht nicht mehr heutigen Standards. Aber bereits während der Projektlaufzeit fehlte das Geld für eine professionelle Datenbank, der digitale Weinsberg ist handgestrickt und wenig funktional. Insbesondere fehlen eine Volltextsuche und eine differenzierte Suchfunktion mit hinterlegtem Thesaurus und die Navigation ist beschwerlich, da man sich nur jahrweise durch den riesigen Text bewegen kann, von jüngeren Features wie der parallelen Ansicht von Transkription und Original, normdatenbasierten Verknüpfungen von Orten und Personen oder selbst einer Druckfunktion ganz abgesehen. Der Griff nach der handlichen Edition der »Gesellschaft« mit ihren differenzierten Registern liegt vor diesem Hintergrund nahe. Ich selbst muss mich hier ebenfalls schuldig bekennen, denn meine letzte Weinsberg-Publikation von 2021 – zur Wahrnehmung der ›Anderen‹ im Krieg – basiert ebenfalls auf der Auswahledition, denn nur hier bin ich über die Register in einer vertretbaren Zeit fündig geworden.[83]

Aber es kommt noch ein weiterer Grund für die andauernde Beliebtheit der gedruckten Edition hinzu: Die digitale Weinsberg-Edition ist mitunter äußerst fehlerhaft, denn die Laufzeit des Projekts reichte nicht aus, um die teilweise von studentischen Hilfskräften angefertigten Transkriptionen einem Korrekturgang zu unterziehen. Wir haben es also mit einer Rohfassung zu tun, was grundsätzlich zur Logik des Internets als dynamischem Ort passt, wo man natürlich sukzessive Ergebnisse veröffentlichen und dann weiterbearbeiten kann. Allerdings fehlt der digitalen Weinsberg-Edition seit 2007 die Dynamik oder besser gesagt das Geld. Mir ist die Fehlerhaftigkeit der Edition vor einigen Jahren sehr deutlich geworden, nachdem ich zuvor aufgrund von Gesprächen mit dem Projektteam von den Hintergründen zwar gewusst hatte, aber nie Gelegenheit hatte, Original und digitale Edition im Detail abzugleichen. Für einen Sammelband zu Wilhelm V. von Jülich-Kleve-Berg wollte ich Weinsbergs Nekrolog auf den Herzog von 1592 in kom-

---

82 Die autobiographischen Aufzeichnungen Hermann Weinsbergs; vgl. auch die knappe Projektvorstellung von GROTEN, Aufzeichnungen; sowie WULF, Bestandsaufnahme, S. 53–56.
83 RUTZ, Die Anderen im Krieg; vgl. zuvor bereits DERS., Westen des Reiches, S. 11–13.

mentierter Fassung aufbereiten.[84] Ich war in der gedruckten Edition darauf aufmerksam geworden, wo der Nekrolog zwar erwähnt wird, aber nicht abgedruckt ist. Dabei war ich zunächst davon ausgegangen, dass ich mich bei dem Vorhaben auf die Kommentierung konzentrieren und den Text einfach aus der digitalen Edition ziehen könnte. Am Ende hat mich der Abgleich von digitaler Edition und Original ähnlich viel Zeit gekostet wie die Kommentierung von Orten, Personen und Sachverhalten. Ein genaues Zeit-Mengen-Gerüst, um anzugeben, wie lange es dauern würde, den digitalen Weinsberg Korrektur zu lesen und zu kommentieren, wäre noch zu erstellen. Aber es dürfte deutlich geworden sein, dass ein Neuansatz bei der Weinsberg-Edition notwendig ist, um sie für die künftige Forschung nutzbar zu machen.

Vorschlag für eine neue Weinsberg-Edition

Es ist meines Erachtens aufgrund der Bedeutung von Weinsbergs Werk für die stadtkölnische, die rheinische und die allgemeine Geschichte des 16. Jahrhunderts unabdingbar, eine neue Weinsberg-Edition zu realisieren. Ein Konzept hierzu kann an dieser Stelle nicht im Detail vorgestellt werden, es seien aber zumindest die zentralen Punkte genannt, die eine solche Gesamtedition zu bieten hätte.[85]

1. XML-codierte Transkription aller Schriften Hermann Weinsbergs

Grundlage hierfür können die vorliegenden Editionen sein, die aber – mit Ausnahme der jüngsten Editionsprojekte von Büthe-Scheider und Oepen – anhand der Originale zu überprüfen wären. Das gilt nicht nur für die digitale Weinsberg-Edition, sondern auch für die fünf Bände der gedruckten Edition, die nach bestimmten Transkriptionsregeln erstellt wurde und etwa sprachhistorischen Ansprüchen nicht genügt. Eine XML-Codierung (Extensible Markup Language) entsprechend der Empfehlungen der Text Encoding Initiative (TEI) ermöglicht es, den Text in seiner Struktur und seinen Bestandteilen maschinenlesbar aufzubereiten und damit für Visualisierungen, Verknüpfungen und Nachnutzungen verfügbar zu machen. Der Text ist damit nicht nur ein Text, sondern ein Datensatz, durch den auch die beiden folgenden Aspekte gewährleistet werden, nämlich:

---

84 Ders., Hermann Weinsbergs Nachruf.
85 Zur Praxis digitalen Edierens vgl. allg. Sahle, Digitale Edition; außerdem Ambrosio/Barret/Vogeler (Hgg.), Digital Diplomatics; Schlemmer (Hg.), Digitales Edieren; Ralle, Selbstzeugnisse digital. Zu Digital Humanities und Landesgeschichte vgl. jetzt Munke (Hg.), Regional- und Landesgeschichte digital.

2. Differenzierte Suchfunktion mit Thesaurus (Orte, Personen, Sachen)

Eine einfache Volltextsuche reicht natürlich für Quellen des 16. Jahrhunderts schon allein wegen variierender Schreibungen nicht aus. Hier hilft die Hinterlegung der Suchfunktion mit einem Thesaurus, um die tatsächlichen Nennungen wie über ein wissenschaftlich erstelltes Register auffinden zu können. Eng damit verbunden ist der folgende Punkt:

3. Normdatenbasierte Verknüpfung von Namen, Orten und Ereignissen

Die normdatenbasierte Verknüpfung von Orten und Namen ist mittlerweile ein Standardverfahren, basierend auf dem Gemeinsamen Normdatensatz (GND). Durch die entsprechende Kennzeichnung werden Namen und Orte eindeutig identifiziert und können mit entsprechend gekennzeichneten Daten in anderen Datenbanken weltweit verknüpft werden. Auf diese Weise erweitert sich der Zugriff auf Informationen um ein Vielfaches, indem externe Daten entweder automatisiert in die Edition eingespielt werden oder aber die Edition mit den externen Datenbanken verlinkt wird. Neben den bereits zur Verknüpfung von Daten etablierten Namen und Orten könnte die Kategorie des Ereignisses eine weitere Möglichkeit bieten. Sie ermöglicht es, die beiden anderen Kategorien temporal zu bestimmen und dadurch in einer weiteren Perspektive zu verknüpfen. Man stelle sich eine historische Situation wie den Besuch Karls V. in Köln 1520 vor, den Weinsberg als Kind erlebt hat.[86] Eine normdatenbasierte Verknüpfung könnte die betreffende Passage bei Weinsberg nicht nur mit der dort genannten Person (Karl V.) und dem Ort (Köln) verbinden, sondern auch mit anderen entsprechend aufbereiteten Quellen, die von dem Ereignis berichten, seien es Verwaltungsschriftgut, Chroniken, Historiographie, Selbstzeugnisse oder auch Bilder. Während Normdaten zu Personen und Orten vor allem der eindeutigen Identifizierung sowie der zusätzlichen Information für Nutzerinnen und Nutzer dienen, die sich dann schnell zur Deutschen Biographie[87], zum Portal Rheinische Geschichte[88] oder zur Nordrhein-Westfälischen Bibliographie (NWBib)[89] weiterklicken können, bietet die Verknüpfung von Ereignissen ganz neue Perspektiven für die Forschung. Denn sie macht Bezüge zwischen Quellen sichtbar, die ansonsten nicht oder nur mit mühsamen Recherchen offengelegt werden könnten.

---

86 Buch Weinsberg, Bd. 1, S. 27 f.
87 Abrufbar unter: https://www.deutsche-biographie.de/ (abgerufen am 26.8.2024).
88 Abrufbar unter: https://www.rheinische-geschichte.lvr.de/ (abgerufen am 26.8.2024).
89 Abrufbar unter: https://nwbib.de/ (abgerufen am 26.8.2024).

4. Verknüpfung der Weinsbergschen Texte untereinander und mit anderen Quellen zur Kölner Stadtgeschichte des 16. Jahrhunderts

Die normdatenbasierte Verknüpfung beruht auf der Hoffnung, dass sukzessive möglichst viele durch Normdaten angereicherte Daten im Netz zur Verfügung stehen. Global gesehen, dürfte diese Hoffnung berechtigt sein, im Detail und für spezialisierte Fragestellungen und Projekte erscheint es aber sinnvoll, auch ›händisch‹ vorzugehen, um in absehbarer Zeit zu Ergebnissen zu kommen. Ein Verweissystem innerhalb des Weinsbergschen Œuvres, um die sich häufig wiederholenden oder in unterschiedlichen Texten begegnenden Erinnerungen, Beschreibungen und Reflexionen sichtbar zu machen, ist das eine. Wünschenswert ist darüber hinaus aber auch eine Verknüpfung mit edierten und nicht edierten, sondern bislang nur über Findbücher und gegebenenfalls Digitalisate greifbaren Quellen zur Kölner Geschichte, denn die Reichsstadt spielt bei Weinsberg nicht nur lebensweltlich, sondern auch hinsichtlich des politischen, wirtschaftlichen und gesellschaftlichen Kontextes seines Werks eine zentrale Rolle.

5. Implementierung weiterer aktueller Standards digitaler Editionen

Hierzu gehören etwa Farbscans und die synoptische Anzeige der Quelle neben der Edition, PDF-Ausgabe / Druckfunktion, Einführung und Erläuterungstexte, Kommentierung und Übersetzungen (ggf. als Crowd-Projekt mit Nutzerinnen und Nutzern), ergänzendes Bild- und Kartenmaterial, zeitliche und geographische Visualisierung der Inhalte usw. Was wirklich notwendig, sinnvoll und realisierbar wäre, müsste diskutiert werden.

Die Voraussetzungen für den skizzierten Neuansatz sind meines Erachtens derzeit gut, weil einerseits eine neue Generation von Weinsberg-Spezialistinnen und -Spezialisten aktiv ist, die ein solches Vorhaben inhaltlich mitgestalten könnte, und andererseits die technischen Möglichkeiten gegeben sind, um eine integrale Onlineedition so zu gestalten, dass sie nicht nur aktuellen Bedürfnissen entspricht, sondern hinsichtlich der Datenstrukturierung und -aufbereitung zukunftsfest konzipiert werden kann.

Quellen und Literatur

Die Edition

Das *Buch Weinsberg*. Kölner Denkwürdigkeiten aus dem 16. Jahrhundert (= PubGRhG, Bde. III, IV, XVI), Bd. 1–2, bearb. v. Konstantin Höhlbaum, Leipzig 1886/1887, Bd. 3–4, bearb. v. Friedrich Lau, Bonn 1897/1898, Bd. 5, bearb. v. Josef Stein, Bonn 1926 (ND Düsseldorf 2000).

Ungedruckte Quellen

HAStK, Best. 1107 (Nachlass Eduard Wiepen).
HAStK, Best. 7030 (Chroniken und Darstellungen), Nr. 49–52.

Gedruckte und digitale Quellen

Die autobiographischen Aufzeichnungen Hermann Weinsbergs. Digitale Gesamtedition, hg. v. der Abteilung für Rheinische Landesgeschichte der Rheinischen Friedrich-Wilhelms-Universität Bonn, Bonn 2003–2009. Online: https://www.weinsberg.uni-bonn.de/index.htm (abgerufen am 26.8.2024).

Ennen, Leonard, Aus dem *Gedenkbuch* des Hermann Weinsberg, in: Zeitschrift für deutsche Kulturgeschichte N. F. 1 (1872), S. 554–570, 613–636, 764–774; ebd. 3 (1874), S. 46–56, 294–316, 359–368, 489–503, 731–765.

Groten, Manfred/Huiskes, Manfred (Bearb.), *Beschlüsse* des Rates der Stadt Köln 1320–1550, 6 Bde. (= PubGRhG, Nr. LXV), Düsseldorf 1988–2003.

Harless, Woldemar/Höhlbaum, Konstantin/Loersch, Hugo, *Denkschrift* über die Aufgaben der Gesellschaft für rheinische Geschichtskunde, in: Die Gesellschaft für Rheinische Geschichtskunde. Ziele und Aufgaben 1881–1906, Köln 1907, S. 5–37.

Höhlbaum, Konstantin, *Aussagen und Urtheile* über den Kölner Aufruhr von 1525, in: Mitteilungen aus dem Stadtarchiv von Köln 21 (1892), S. 45–64.

Ders. (Bearb.), *Hansisches Urkundenbuch,* Bde. 1–3, Halle a. d. S. 1876, 1879, 1886.

Ders., *Joh. Renner's Livländische Historien* und die jüngere Livländische Reimchronik, Teil 1, Göttingen 1872.

Ders., *Kölner Inventar* (= Inventare hansischer Archive des 16. Jahrhunderts, Bd. 1), 2 Bde., Köln 1896–1903.

Keussen, Hermann, *Inhaltsverzeichnis* zu den Sammlungen der Ratsedikte 1493–1819 (= Mitteilungen aus dem Stadtarchiv von Köln, H. 29), Köln 1899.

Literatur

Ambrosio, Antonella/Barret, Sébastien/Vogeler, Georg (Hgg.), *Digital Diplomatics.* The Computer as a Tool for the Diplomatist? (= Beihefte zum Archiv für Diplomatik, Schriftgeschichte, Siegel- und Wappenkunde, Bd. 14), Köln/Weimar/Wien 2014.

Bünz, Enno (Hg.), 100 Jahre Landesgeschichte. *Leipziger Leistungen*, Verwicklungen und Wirkungen (= Schriften zur sächsischen Geschichte und Volkskunde, Bd. 38), Leipzig 2012.

Büthe-Scheider, Eva, *Die e-Apokope* im Ripuarischen. Eine korpuslinguistische Untersuchung spätmittelhochdeutscher und frühneuhochdeutscher Quellen (= Studia Linguistica Germanica, Bd. 130), Berlin/Boston 2017.

Dies., Weinsberch – Weinsberg – Weinsbergh. *Namensschreibung* und Identität im Köln des 16. Jahrhunderts, in: Rutz (Hg.), Die Stadt und die Anderen, S. 159–184.

Dies., Zur *Kölner Schriftsprache* im 16. Jahrhundert. Die Vokalbezeichnung Hermann Weinsbergs, in: RhVjbll 74 (2010), S. 127–152.

Chaix, Gérald, *Köln* im Zeitalter von Reformation und katholischer Reform 1512/13–1610 (= Geschichte der Stadt Köln, Bd. 5), Köln 2021.

Chickering, Roger, *Karl Lamprecht. A German Academic Life*, Atlantic Highlands 1993.

Ders., *Karl Lamprecht*. Das Leben eines deutschen Historikers (1856–1915). Aus dem amerikanischen Englisch übersetzt von Sabine vom Bruch und Roger Chickering, Stuttgart 2021.

Ennen, Leonard, *Das Buch Weinsberg*, in: AHVN 6 (1859), S. 122–135.

Fehling, Ferdinand, Zum *Gedächtnis* Ludwig Hänselmanns und Konstantin Höhlbaums, in: Hansische Geschichtsblätter 11 (1904), S. 3*–9*.

Flöter, Jonas/Diesener, Gerald (Hgg.), *Karl Lamprecht*. Durchbruch in der Geschichtswissenschaft, Leipzig 2015.

Glasner, Peter, Art. »*Hermann von Weinsberg (1518–1597)*«, in: Frühe Neuzeit in Deutschland 1520–1620 (= Literaturwissenschaftliches Verfasserlexikon, Bd. 6), Berlin/Boston 2017, Sp. 481–487.

Ders., Ein geschrift zu ewiger gedechtniß … *Das erinnernde Ich* bei Hermann von Weinsberg (1518–1597) in der Medialität von Schrift und Bild, in: Gerald Kapfhammer/Wolf-Dietrich Löhr/Barbara Nitsche (Hgg.), Autorbilder. Zur Medialität literarischer Kommunikation in Mittelalter und Früher Neuzeit, Münster 2006, S. 285–319.

Ders., geschriben und gemailt. *Symbolisierungsformen* von Ich- und Wir-Identität bei Hermann (von) Weinsberg (1518–1597), in: Rutz (Hg.), Die Stadt und die Anderen, S. 93–124.

Grassmann, Antjekathrin, Art. »*Lau, Friedrich*«, in: Biographisches Lexikon für Schleswig-Holstein und Lübeck, Bd. 12, Neumünster 2006, S. 279–281.

Groten, Manfred, Art. »*Weinsberg, Hermann (von)*«, in: NDB 27 (2020), Sp. 652 f.

Ders., Die autobiographischen *Aufzeichnungen* des Kölner Bürgers Hermann Weinsberg (1518–1597). Digitale Erfassung, historische Auswertung und sprachgeschichtliche Analyse, in: Stefan Elit/Stephan Kraft/Andreas Rutz (Hgg.), Das ›Ich‹ in der Frühen Neuzeit. Autobiographien – Selbstzeugnisse – Ego-Dokumente in geschichts- und literaturwissenschaftlicher Perspektive = zeitenblicke. Online-Journal für die Geschichtswissenschaften 1 (2002), Nr. 2 [20.12.2002], abgerufen unter: http://www.zeitenblicke.historicum.net/2002/02/groten/index.html (abgerufen am 26.8.2024).

Ders. (Hg.), *Hermann Weinsberg (1518–1597)* – Kölner Bürger und Ratsherr. Studien zu Leben und Werk (= Geschichte in Köln. Beihefte, Bd. 1), Köln 2005.

Ders., *Vorwort*, in: Ders. (Hg.), Hermann Weinsberg (1518–1597), S. 9–13.

Ders./Rutz, Andreas (Hgg.), *Rheinische Landesgeschichte* an der Universität Bonn. Traditionen – Entwicklungen – Perspektiven, Göttingen 2007.

Johanek, Peter, Das *Gedächtnis* der Stadt. Stadtchronistik im Mittelalter, in: Gerhard Wolf/Norbert H. Ott (Hgg.), Handbuch Chroniken des Mittelalters, Berlin/Boston 2016, S. 337–398.

Krusenstjern, Benigna von, Was sind *Selbstzeugnisse*? Begriffskritische und quellenkundliche Überlegungen anhand von Beispielen aus dem 17. Jahrhundert, in: Historische Anthropologie. Kultur – Gesellschaft – Alltag 2 (1994), S. 462–471.

Kuphal, Erich, Das *Polizeiwesen* der Reichstadt Köln im Spiegel der Großen Morgensprache, in: JbKölnGV 10 (1928), S. 81–100.

Lau, Friedrich, *Die erzbischöflichen Beamten* in der Stadt Köln während des 12. Jahrhunderts, Lübeck 1891.

Ders., *Entwicklung* der kommunalen Verfassung und Verwaltung der Stadt Köln bis zum Jahr 1396 (= Preis-Schriften der Mevissen-Stiftung, Bd. 1), Bonn 1898.

Laux, Stephan, *Leonard Ennen* (1820–1880). Ein rheinischer »Historikerarchivar« des 19. Jahrhunderts zwischen Dilettantismus und moderner Quellenkritik – gleichzeitig ein Beitrag zur Geschichte des Kölner Stadtarchivs, in: Schmidt-Czaia (Hg.), Schatzhaus, S. 77–99.

Lundin, Matthew, *Paper Memory*. A Sixteenth-Century Townsman Writes his World (= Harvard Historical Studies, Bd. 179), Cambridge, Mass. 2012.

Munke, Martin (Hg.), *Regional- und Landesgeschichte digital*. Angebote – Bedarfe – Perspektiven, Dresden/München 2022, abgerufen unter: https://doi.org/10.25366/2021.27 (abgerufen am 26.8.2024).

Oepen, Joachim, Die *Aufzeichnungen* von Hermann Weinsberg im Memorialbuch der Pfarrkirche St. Jakob in Köln als historische Quelle, in: Groten (Hg.), Hermann Weinsberg (1518–1597), S. 59–77.

Ders., *Ein neues Buch Weinsberg*, in: Geschichte in Köln 46 (1999), S. 123–129.

Pabst, Klaus, Die *Gesellschaft* für Rheinische Geschichtskunde (1881–1981). Trägerschaft, Organisation und Ziele in den ersten 100 Jahren ihres Bestehens (Redaktion: Stephan Laux) (= Studien und Darstellungen der Gesellschaft für Rheinische Geschichtskunde, Bd. 1), Köln/Wien 2022.

Pastenaci, Stephan, *Erzählform* und Persönlichkeitsdarstellung in deutschsprachigen Autobiographien des 16. Jahrhunderts. Ein Beitrag zur historischen Psychologie (= Literatur, Imagination, Realität, Bd. 6), Trier 1993.

Ralle, Inga Hanna, *Selbstzeugnisse digital* – Erschließung, Präsentation und Benutzbarkeit, in: Roland S. Kamzelak/Timo Steyer (Hgg.), Digitale Metamorphose. Digital Humanities und Editionswissenschaft (= Sonderband der Zeitschrift für digitale Geisteswissenschaften, Bd. 2) (15.3.2018), abgerufen unter DOI: 10.17175/sb002_005 (abgerufen am 26.8.2024).

Rohmann, Gregor, Der *Lügner* durchschaut die Wahrheit. Verwandtschaft, Status und historisches Wissen bei Hermann von Weinsberg, in: *JbKölnGV* 71 (2000), S. 43–76.

Ropp, Goswin von der, Konstantin Höhlbaum. *Nachruf*, in: Hansische Geschichtsblätter 11 (1904), S. 13*–30*.

Rutz, Andreas, »… dan mir beide zeitgenoissen gewesen, war scheir zwei jar alter dan ich.« *Hermann Weinsbergs Nachruf* auf Wilhelm V. von Jülich-Kleve-Berg – Einführung und Textedition, in: Guido von Büren/Ralf-Peter Fuchs/Georg Mölich (Hgg.), Herrschaft, Hof und Humanismus. Wilhelm V. von Jülich-Kleve-Berg und seine Zeit (= Schriftenreihe der Niederrhein-Akademie/Academie Nederrijn, Bd. 11), Bielefeld ²2020, S. 29–52.

Ders., Der *Westen des Reiches* als Kriegsschauplatz und Erfahrungsraum im langen 17. Jahrhundert, in: Andreas Rutz (Hg.), Krieg und Kriegserfahrung im Westen des Reiches 1568–1714 (= Herrschaft und soziale Systeme in der Frühen Neuzeit, Bd. 20), Göttingen 2016, S. 11–30.

Ders., *Die Anderen im Krieg*. Spanier, Niederländer und anderes ›Kriegsvolk‹ in den Aufzeichnungen des Kölner Ratsherrn und Chronisten Hermann Weinsberg (1518–1597), in: Rutz (Hg.), Die Stadt und die Anderen, S. 127–143.

Ders. (Hg.), *Die Stadt und die Anderen*. Fremdheit in Selbstzeugnissen und Chroniken des Spätmittelalters und der Frühen Neuzeit (= Städteforschung, Bd. A/101), Wien/Köln/Weimar 2021.

Ders., Ego-*Dokument* oder *Ich-Konstruktion*? Selbstzeugnisse als Quellen zur Erforschung des frühneuzeitlichen Menschen, in: Stefan Elit / Stephan Kraft / Andreas Rutz (Hgg.), Das ›Ich‹ in der Frühen Neuzeit. Autobiographien – Selbstzeugnisse – Ego-Dokumente in geschichts- und literaturwissenschaftlicher Perspektive = zeitenblicke. Online-Journal für die Geschichtswissenschaften 1 (2002), Nr. 2, abgerufen unter: http://www.zeitenblicke.de/2002/02/rutz/index.html (abgerufen am 26.8.2024).

Sahle, Patrick, *Digitale Edition*, in: Fotis Jannidis / Hubertus Kohle / Malte Rehbein (Hgg.), Digital Humanities. Eine Einführung, Stuttgart 2017, S. 234–249.

Schlemmer, Martin (Hg.), *Digitales Edieren* im 21. Jahrhundert (= Veröffentlichungen des Landesarchivs Nordrhein-Westfalen, Bd. 67), Essen 2017.

Schmidt-Czaia, Bettina (Hg.), Das *Schatzhaus* der Bürger mit Leben erfüllt – 150 Jahre Überlieferungsbildung im Historischen Archiv der Stadt Köln. Beiträge des Symposiums anlässlich des 150-jährigen Jubiläums am 19. Oktober 2007 (= Mitteilungen aus dem Stadtarchiv von Köln, Bd. 98), Köln 2011.

Dies. / Soénius, Ulrich S. (Hgg.), *Gedächtnisort*. Das Historische Archiv der Stadt Köln, Köln / Weimar / Wien 2010.

Schorn-Schütte, Luise, *Karl Lamprecht*. Kulturgeschichtsschreibung zwischen Wissenschaft und Politik, Göttingen 1984.

Schulz, Günther u. a. (Hgg.), *Sozial- und Wirtschaftsgeschichte* – Arbeitsgebiete – Probleme – Perspektiven. 100 Jahre Vierteljahrsschrift für Sozial- und Wirtschaftsgeschichte (= VSWG, Beihefte, Bd. 169), Stuttgart 2004.

Schwerhoff, Gerd, *Frühneuzeitforschung*, in: Schmidt-Czaia / Soénius (Hgg.), Gedächtnisort, S. 170–180.

Ders., *Verklärung* und Untergang des Hauses Weinsberg – eine gescheiterte Geltungsgeschichte, oder: Vom glücklichen Überlieferungs-Zufall eines Ego-Dokuments aus dem 16. Jahrhundert, in: Johannes Altenberend (Hg.), Kloster – Stadt – Region. Festschrift für Heinrich Rüthing (= Sonderveröffentlichung des Historischen Vereins für die Grafschaft Ravensberg, Bd. 10), Bielefeld 2002, S. 65–86.

Stein, Josef, *Hermann Weinsberg* als Mensch und Historiker, in: *JbKölnGV* 4 (1917), S. 109–169.

Studt, Birgit, Der *Hausvater*. Haus und Gedächtnis bei Hermann von Weinsberg, in: RhVjbll 61 (1997), S. 135–160.

Dies. (Hg.), *Haus- und Familienbücher* in der städtischen Gesellschaft des Spätmittelalters und der Frühen Neuzeit (= Städteforschung, Bd. A/69), Köln / Weimar / Wien 2007.

Tomaszewski, Marco, Die *Hausväter* und die Anderen. Männlichkeitsentwürfe und soziale Ungleichheit in städtischen Familienbüchern und Hausratgedichten (14.–17. Jahrhundert), in: Rutz (Hg.), Die Stadt und die Anderen, S. 71–91.

Velten, Hans Rudolf, Das selbst geschriebene Leben. Eine Studie zur deutschen *Autobiographie* im 16. Jahrhundert (= Frankfurter Beiträge zur Germanistik, Bd. 29), Heidelberg 1995.

Vogt, Helmut, *Familie Carstanjen*, in: Internetportal Rheinische Geschichte, abgerufen unter: https://www.rheinische-geschichte.lvr.de/Persoenlichkeiten/familie-carstanjen-/DE-2086/lido/57c68b3eb93055.16209659 (abgerufen am 26.8.2024).

Vollmer, Bernhard, *Friedrich Lau* zum Gedächtnis, in: DJb 45 (1951), S. 299–304.

Vollmer, Gisela, Erinnerungen an *Friedrich Lau*. Zu seinem 50jährigen Todestag am 5.2.1997, in: DJb 67 (1996), S. 433–440.

WERNER, Matthias, Zwischen politischer Begrenzung und methodischer Offenheit. Wege und Stationen deutscher *Landesgeschichtsforschung* im 20. Jahrhundert, in: Peter Moraw/Rudolf Schieffer (Hgg.), Die deutschsprachige Mediävistik im 20. Jahrhundert (= Vorträge und Forschungen, Bd. 62), Ostfildern 2005, S. 251–364.

WULF, Tobias, *Auswahlbibliographie*. Hermann Weinsberg und seine Aufzeichnungen als Gegenstand und Quelle der historischen und sprachwissenschaftlichen Forschung, in: Groten (Hg.), Hermann Weinsberg (1518–1597), S. 293–300.

DERS., *Bestandsaufnahme* und Perspektiven der Weinsberg-Forschung, in: Groten (Hg.), Hermann Weinsberg (1518–1597), S. 35–57.

Stephan Laux

Georg von Below et al., Die »Landtagsakten von Jülich-Berg« (1895–1925/1940)

Staat versus Genossenschaft

Vorbemerkungen

Die Edition der Landtagsakten von Jülich-Berg zählt zu den frühesten Quellenveröffentlichungen der Gesellschaft für Rheinische Geschichtskunde. Am Ende einer schwerfälligen Entstehungsgeschichte blieb das Ergebnis jedoch unvollkommen. Nicht nur, dass die drei in den Jahren 1895, 1907 und 1925 erschienenen Bände zeitlich weit auseinanderlagen: Sie decken die Zeiträume 1400–1562, 1563–1589 und 1624–1630 ab und bilden in dieser Diskontinuität ein Torso. Zudem wurde der letzte vorgesehene Teilband, der bis 1653 hatte reichen sollen, nicht erstellt. Diese Umstände trugen, wenn auch sicher nicht allein, zu einer eher geringen Resonanz der Edition bei, die zudem umso seltener als geschlossenes Ganzes zur Kenntnis genommen wurde. So gesehen spricht für eine Befassung mit dem Werk in landesgeschichtlicher Perspektive wenig. Das gilt allerdings nicht für seinen ideengeschichtlichen Zusammenhang, der für die Geschichte der Geschichtswissenschaft im Allgemeinen und auch für die der »Gesellschaft« im Besonderen sehr signifikant war. Denn hinter der unscheinbaren Aktenveröffentlichung entbrannte die wohl massivste politische Kontroverse in ihrer Entstehungszeit. In ihr ging es um nicht weniger als um die Verhältnisbestimmung politisch-dynastischer Herrschaft und gesellschaftlicher Partizipation unter den Bedingungen der massiven sozialen, wirtschaftlichen und kulturellen Veränderungen des ausgehenden 19. Jahrhunderts. Ausgetragen wurde diese Verhältnisbestimmung indes in weit zurückliegenden Zeiten, da man an Rhein, Rur und Wupper Ritter und Bürger zu »Landständen« vereint glaubte.

Im Mittelpunkt dieser Auseinandersetzungen stand mit dem Mediävisten Georg von Below der erste Bearbeiter dieser Edition, die praktisch immer mit seiner Person identifiziert wird. Im Prinzip geschieht dies zwar zu Unrecht. Richtig ist dagegen, dass unter den drei zu nennenden Bearbeitern allein Below es zu Prominenz brachte. Mit dieser Arbeit begründete er sein wissenschaftliches Werk, wobei diese Aussage in einem doppelten Sinne zu verstehen ist: Die Below zu Beginn seiner wissenschaftlichen Karriere zugefallene Veröffentlichungsarbeit im Auftrag der »Gesellschaft« bildete nämlich sowohl biographisch bzw. chronologisch als auch geistig den Ausgangspunkt und die Argumentationsbasis seines Geschichtsverständnisses. Was angesichts der Vielzahl forschender Ordinarien kaum weiter erwähnenswert wäre, bezieht seine ausgesprochene

Relevanz jedoch daraus, dass Georg von Below in der »wilhelminischen« Hochzeit des deutschen Kaiserreichs um die Wende vom 19. zum 20. Jahrhundert zu einem, vielleicht *dem* stimmgewaltigsten und wirkmächtigsten aller »politischen Historiker« in Deutschland avancierte.[1] Seinem Selbst- und Daseinsverständnis zufolge war dieser Großordinarius, wie man ihn nennen muss, konsequent gegen jedwede Liberalisierung von Staat und Gesellschaft eingestellt. Im Abwehrkampf – diese militärische Vokabel hätte Below kaum von sich gewiesen – gegen eine intellektuelle Öffnung auch der Geschichtswissenschaft stand er an vorderster Front, wovon zuletzt die deutlich erweiterte Fassung der Biographie Karl Lamprechts durch Roger Chickering zeugte.[2]

Eckdaten der politisch-dynastischen Geschichte Jülichs und Bergs

Vorab knappe Fakten über den behandelten Raum und seine fürstlichen Herrscher. Die Herzogtümer Jülich links und Berg rechts des Rheins waren seit 1423 infolge des Aussterbens der Jülicher Herzöge unter den Herzögen von Berg vereinigt.[3] 1437 kam über eine bergische Nebenlinie Ravensberg mit der Hauptstadt Bielefeld hinzu. 1511 gelangten Jülich-Berg-Ravensberg an den Erben von Kleve-Mark, Johann, der 1521 die »Vereinigten Herzogtümer« in einer Hand regierte. Dessen Sohn Wilhelm V. regierte von 1539 bis 1592, seit 1566 gesundheitsbedingt zunehmend eingeschränkt. Sein einziger überlebender Sohn, Johann Wilhelm, dem durch den unerwarteten Tod des Bruders Karl Friedrich (1575) die Anwartschaft auf die Herzogtümer zugefallen war, hinterließ bei seinem Tod 1609 keine Kinder. 1614 endete der anschließende »Jülich-Bergische Erbfolgestreit« faktisch mit einer Teilung der Territorien zwischen Pfalz-Neuburg und Brandenburg, wobei Jülich und Berg bis zum Ausgreifen der Französischen Revolution als pfälzische bzw. pfalzbayerische Nebenländer beieinanderblieben.[4]

Die Landstände: Historiographie und Editionspraxis

Überschaut man den ›Markt‹ an Quellenveröffentlichungen zur Geschichte der deutschen Territorialstände[5], dann sticht als ein vielleicht nicht zu erwartendes Faktum ins

---

1 Vgl. die maßgebliche Studie von CYMOREK, Georg von Below (1999).
2 Vgl. CHICKERING, Karl Lamprecht (2021); dazu verweise ich auf meine Rezension: LAUX, Rezension Roger Chickering, Karl Lamprecht.
3 Vgl. SMOLINSKY, Jülich-Kleve-Berg.
4 Zu den politisch-dynastischen und kirchenpolitischen Dimensionen der Region im 16. Jahrhundert sei hier nur verwiesen auf den einschlägigen Sammelband in Herausgabe durch BÜREN/FUCHS/MÖLICH (Hgg.), Herrschaft.
5 Vgl. die Einzelnachweise bei KRÜGER, Landständische Verfassung, Kap. III.

Auge, dass die Überlieferungen der ostdeutschen, mithin der preußischen bzw. irgendwann preußisch gewordenen Territorien den Auftakt bildeten: schon 1864 zur Kurmark, 1865 zu Schlesien, dann jeweils als Teilbände der »Urkunden und Actenstücke zur Geschichte des Kurfürsten Friedrich Wilhelm von Brandenburg«, von 1869 bis 1899 fünf Bände zu Kleve-Mark, sodann zur Mark bzw. zur Kurmark Brandenburg. Erst danach folgten Editionen zu Hessen (1901), Thüringen und Sachsen (1902 und 1928) sowie Württemberg (1910–1919).

Gewiss leisteten diese Editionen wie beispielsweise die der »Ständische[n] Verhandlungen«, die in der Reihe zum Kurfürsten Friedrich Wilhelm von Brandenburg »auf Veranlassung seiner Königlichen Hoheit des Kronprinzen von Preußen« entstanden, in der einen oder anderen Form staatlichen, also, wenn man so will, geschichtspolitischen Vorgaben Folge. Doch die Annahme, die altborussische Historiographie habe das ständische Moment aus ihrem Gesichtskreis verbannt, ließe sich nicht aufrechterhalten. Eher ist vom Gegenteil auszugehen. Davon unbenommen bleibt die freilich in den zeitgeschichtlichen Kontext einzureihende These, dass der »Niedergang der deutschen Landstände« – so der deutsche Exilhistoriker Francis L. Carsten (1911–1998) im Jahr 1938[6] – maßgeblich der Hohenzollernmonarchie zur Last gelegt und als Initial einer preußisch-deutschen Fehlentwicklung gesehen wurde. Die Vorzeichen der Bewertung der Stände mögen negative gewesen sein, das Phänomen als solches war aber in der borussischen Historiographie präsent. Dagegen standen traditionell ständisch geprägte Territorialfürstentümer hintan, in dynastischer Klammer in erster Linie die wittelsbachischen Territorien, daneben die meisten Gebiete der Habsburgermonarchie und ganz besonders der geistlichen Staaten, obwohl diese die größte institutionelle Vielfalt, Persistenz und daher auch Überlieferungsdichte hervorbrachten und deshalb heute, so Michael Rohrschneider, als Archetypen von »composite states«[7] angesehen werden.

Rahmen und Entstehungsgeschichte

Die Absicht, eine Edition von Ständeakten herauszubringen, vernimmt man erstmals 1883 in den Jahresberichten der »Gesellschaft«, die Moriz Ritters Präsentation dieses Ansinnens auf der Jahresversammlung im Kölner Rathaus am 18. November wiedergeben.[8] Ritter (1840–1923) war seit 1873 ordentlicher Professor für Mittlere und Neuere

---

6　Carsten, Ursachen (1961).
7　Vgl. zuletzt Rohrschneider, Kurköln (2021).
8　Vgl. den Bericht in JbGRhG 3 (1883), S. 13. Ein nicht wesentlich abweichender handschriftlicher »Bericht über den Plan und die bisherigen Vorarbeiten zur Herausgabe der Landtagsakten der Herzogtümer Jülich u. Berg« mit Datum 17.11.1883, der demnach die Vorlage des Jahresberichts bildete, findet sich in HAStK, Best. 1800, 183 (o. S.).

Geschichte an der Universität Bonn, wo er bis zu seiner Emeritierung 1911 wirkte.[9] 1883 wurde er außerordentliches, ab 1893 ordentliches Mitglied der Historischen Kommission in München und 1908 bis zu seinem Tod deren Präsident. In der »Gesellschaft« war er Vorstandsmitglied seit der ersten Stunde gewesen, also seit 1881.

Ritter, der als junger Mann schon seit 1863 als Bearbeiter der »Wittelsbacher Korrespondenzen« zusammen mit Wilhelm Maurenbrecher (1838–1892) gewirkt hatte, wurde über Jahrzehnte hinweg als fleißigem und solidem Quellenherausgeber hohe Wertschätzung zuteil. Hervorzuheben sind seine »Briefe und Akten zur Geschichte des Dreißigjährigen Krieges«, die in drei Bänden von 1870 bis 1877 erschienen. Neben seiner ist mit einiger Wahrscheinlichkeit eine Initiative auch Woldemar Harleß[10] zuzuschreiben, dem langjährigen Leiter des Staatsarchivs Düsseldorf (1866–1900). Zudem hatte er als Schriftleiter der »Zeitschrift des Bergischen Geschichtsvereins« über ein Vierteljahrhundert hinweg (1876–1901) auch eine große Nähe zur Region. Schließlich ist auch Harleß zu den Begründern und Vordenkern der »Gesellschaft« zu zählen.

Die Idee zur Publikation der Landtagsakten war dem Vernehmen nach:

> »aus der Einsicht entsprungen, dass für die Zeiten des ausgehenden Mittelalters und der beginnenden neueren Zeit sowohl der Process staatlicher Einigung und Kräftigung der grossen deutschen Fürstentümer als auch die entscheidenden Aktionen der nach innen oder aussen gerichteten Staatsverwaltung derselben nur dann richtig erkannt werden können, wenn das Verhältniss landesherrlicher und landständischer Verwaltung erforscht ist.«[11]

Die Geschlossenheit der Territorien »in den Rheinlanden« spreche, so Ritter, ebenfalls für eine Behandlung von Jülich und Berg, derweil ja die kleve-märkischen Stände bereits bearbeitet seien.[12] Zeitlich wolle man bis zum Abschluss des Vertrags von Xanten 1614 gehen. Hinsichtlich des Stellenwerts der Stände kam Ritter zu folgender Einschätzung: Dass in ihnen weder ein Herren- noch ein Prälatenstand existierte, sei zwar »ein Grund geringer Kraft und Selbständigkeit«.[13] Indes hätten die Stände sich durch die erworbenen Kompetenzen »überall wo es sich um die Integrität und das Recht der Lande im ganzen handelt […] doch eine feste Stellung in der gesamten Landesregierung« erworben. Würden, so Ritter weiter, die ständischen Gravamina »treffend interpretirt und übersichtlich zusammengefasst, so gewähren sie einen Einblick in das ganze Getriebe der Landesverwaltung«. Als zweites Hauptinteresse der Edition hob Ritter die Erforschung des regiona-

---

9 Vgl. die Beiträge von Lanzinner, Moriz Ritter, und Brechenmacher, »Ritter, Moriz«.
10 Vgl. zu ihm Leesch, Archivare, S. 223.
11 Zit. im Folgenden aus JbGRhG 3 (1883), S. 13.
12 Gemeint war die Edition der »Urkunden und Aktenstücke zur Geschichte der inneren Politik des Kurfürsten Friedrich Wilhelm von Brandenburg, Tl. 2: Stände und Verwaltung von Cleve und Mark in der Zeit von 1688 bis 1697« (Leipzig 1908).
13 Zit. JbGRhG 3 (1883), S. 13–14.

len Adels hervor, dessen Angehörige er über die ständischen Überlieferungen zu erfassen hoffte. Bemerkenswerterweise ließ sich Ritter hierbei durch ein wirtschaftliches Interesse leiten, wollte er doch den Besitzstand der Adligen erheben und dabei Erkenntnisse über »Volksvermögen und Volkswirtschaft überhaupt« beziehen. Dies erfordere die »Befolgung einer statistischen Methode«. Zwei Jahre später, auf der Jahresversammlung der »Gesellschaft« am 5. Januar 1885[14], äußerte sich Ritter im Rahmen seines Vortrags »Über rheinische Geschichte und die Aufgaben der Rheinischen Geschichtsgesellschaft« eher beiläufig über den Zweck der Edition: Sie trage dazu bei, »der Provinz zu zeigen, wie sie geworden ist«. Im Sinn hatte er mit dieser »Provinz« gewiss die preußische Rheinprovinz.

Eine meinungsbedingte Ausrichtung ist Ritter bei diesem Unterfangen wohl eher nicht zu attestieren. Der aus dem katholischen Medebach im einst kurkölnischen Sauerland stammende Ritter stand zwar auf der Seite der großdeutsch-katholischen Historiographie, machte sich aber nie die ultramontane Sicht zu eigen. So hatte er sich 1873 justament der jungen Altkatholischen Kirche angeschlossen, als diese in seiner Heimatstadt Bonn ihren ersten Bischof im Deutschen Reich installierte. Zumindest bis zur unmittelbaren Vorkriegszeit offenbarte sich Ritter auch nicht als ein politischer Historiker im engeren Sinne: »Politisch«, so formulierte es Thomas Brechenmacher, »wandelte er sich von ursprünglich groß[eu]t[schen] Anschauungen zur Anerkennung des Bismarckreichs, ohne jedoch die geschichtspolitische Ideologie des klein[eu]t[schen] Nationalstaats im Sinne Sybels oder Treitschkes mitzutragen.«[15]

Die Erstellung der Edition unter seiner Leitung gedachte Ritter »einem jungen zu den besten Erwartungen berechtigenden Gelehrten, Herrn Dr. Below«, zu überantworten.[16] Georg von Below war Mitarbeiter Ritters und wurde 1883 bei ihm promoviert. Seine Anstellung bei der »Gesellschaft« stand demnach am Anfang seiner wissenschaftlichen Karriere. Nach der Darstellung des Jahresberichts nahm Below die Arbeit an den Landtagsakten zum Mai jenes Jahres auf. Dabei hatte er sich zunächst an eine Sammlung von Landtagsabschieden in der Redinghov'schen Sammlung in München gehalten, auf die Ritter gestoßen war und die er nun »theils kopirte, theils excerpirte«.[17] Im Anschluss machte sich Below an die Durchforstung der Dokumente ständischer Provenienz im Düsseldorfer Staatsarchiv, um die gesamte Überlieferung vom 15. Jahrhundert bis zum avisierten Erfassungsschluss 1614 durchgesehen zu haben. Er sollte künftig auch

---

14 RITTER, Über rheinische Geschichte, Zit. S. 54.
15 Zit. BRECHENMACHER, »Ritter, Moriz«, S. 668.
16 Zit. JbGRhG 3 (1883), S. 16.
17 Die Sammlung des jülich-bergischen Geheimrats und Archivars Redinghoven (1628–1704) besteht aus 79 handschriftlichen Foliobänden zur Geschichte und Genealogie der niederrheinischen Lande und verschiedener Nachbargebiete. Die Bände werden in der Manuskriptsammlung der Bayerischen Staatsbibliothek (BSB) in München aufbewahrt (Cod. germ. 2213). Bei den von Below herangezogenen Materialien wird es sich um die in Band 78 (Cgm 2213 [78]) zusammengetragenen ständischen Überlieferungen gehandelt haben.

die Quellen des damaligen Münchner Reichsarchivs (der Vorgängerinstitution des seit 1921 so genannten Bayerischen Hauptstaatsarchivs), außerdem Adels- und Kommunalarchive heranziehen. 1885 vermeldete der Jahresbericht[18], Below habe die Düsseldorfer Bestände bis 1596 bereits weitgehend durchgearbeitet, derweil Ritter in München die pfalz-neuburgischen Akten gesichtet und »als eine Vorfrucht des Unternehmens« einen Aufsatz zur Finanzverwaltung in der »Zeitschrift des Bergischen Geschichtsvereins« veröffentlicht habe.[19] Von Below werde nun »in nicht ferner Zeit« eine Darstellung über die Anfänge der jülich-bergischen Ständeverfassung erwartet. Belows Witwe Minnie von Below (1865–1937) gab in ihren 1930 erschienenen Lebenserinnerungen einen Eindruck davon, wie sehr auf dem »unter dem Joch einer auch von Nichtsachverständigen terminmäßig geforderten Editionsarbeit Schaffenden« der Druck lastete, der durch die »kühle Unerbittlichkeit« seines Mentors Ritter verstärkt wurde.[20]

Die »Gesellschaft« hatte mit den Landtagsakten demnach ein Projekt auf den Plan gesetzt, das in erster Linie der editorischen Routine folgte. Auf so etwas wie eine editorische Programmschrift deutet dagegen nichts hin. Kaum wird man sich auch bewusst gewesen sein, dass der vorgesehene Bearbeiter der Edition, Georg von Below, sehr wohl einen Plan verfolgte – respektive derer zwei: Zum einen ermöglichte ihm die Finanzierung der »Gesellschaft« die Archivarbeit, die für seine Habilitation erforderlich war. Grundlage dieses ihn vorrangig beschäftigenden Qualifizierungsziels waren die in der »Zeitschrift des Bergischen Geschichtsvereins« veröffentlichten Aufsätze, deren erster schon 1885 erschien und deren zweiter 1886 nachfolgte. Selbstständig sollten die Aufsätze später im Düsseldorfer Voss-Verlag publiziert werden, aber nicht im Zusammenhang mit der »Gesellschaft«. Teil I mit 84 Seiten enthielt die Kapitel »Die ständischen Grundlagen« und »Die Vorläufer der landständischen Verfassung«, Teil II mit 79 Seiten bestand nur aus einem einzigen Kapitel mit der Bezeichnung »Die Zeit des Bergischen Rechtsbuchs«. Diese Teile lagen Belows Habilitation zugrunde, derweil ein weitaus umfangreicherer über die »Geschichte der direkten Staatssteuern«, der bibliographisch regelmäßig seiner »Landständischen Verfassung« zugeordnet wird, erst nachfolgte.[21]

Gegenüber diesen Darstellungen, die auf dem im Auftrag der »Gesellschaft« gesammelten Material basierten, hatte Below die Editionsarbeit zurückgestellt, was der »Gesellschaft« nicht verborgen blieb. In der Jahresversammlung am 8. Dezember 1885[22] konnte über eine Teilveröffentlichung Belows über die Frühzeit der Stände in Jülich und Berg bis 1511 berichtet werden, deren Abschluss schon für das nachfolgende Jahr angekündigt

---

18 JbGRhG 4 (1885), S. 5–6.
19 RITTER, Zur Geschichte (1884).
20 Vgl. die Schilderungen seiner Ehefrau Minnie von Below (M. BELOW, Georg von Below, Zitate S. 48, 67).
21 Die Einzelteile erschienen separat in den Jahren 1885 (Tl. 1) und 1886 (Tl. 2) sowie 1890 (Tl. 3, H. 1) und 1891 (Tl. 3, H. 2). Sie wurden erst 1965 im Scientia Verlag Aalen als fotomechanischer Nachdruck in Buchform, aber mit separaten Paginierungen herausgebracht.
22 JbGRhG 5 (1885), S. 4–5.

wurde. Die Edition selbst stehe nun vor der Erschließung der Münchner Akten, werde aber viel Zeit erfordern. Im Dezember 1886 hieß es dann aber, der Fortgang sei »wesentlich beeinflusst worden«, weil Below »in die akademische Thätigkeit eingetreten« sei.[23] Als er dann auch nachfolgend keine Erträge vorweisen konnte, wurde der Vorstand ungehalten. So versteht sich die 1887 ausgesprochene Bemerkung, die in Belows Arbeit gesetzte »Erwartung« habe »sich nicht verwirklicht«.[24] 1888 wurden für denselben Befund diskretere Worte, namentlich »Abhaltungen des mit der Aufgabe betrauten Gelehrten« ins Feld geführt.[25] 1890 wurde erstmals Fortschritt vermeldet, nachdem Below einen größeren steuergeschichtlichen Komplex abgearbeitet habe und sich nun der Verfassungsfrage zuwenden könne.[26] Wohl erst mit dem Abschluss seiner Gesamtdarstellung über die »Staatssteuern« konnte er sich indes den eigentlichen Ständeakten widmen.[27] Ende 1891 stand die Edition des ersten, mit 150 Seiten ausführlich kommentierten Bandes, der bis 1589 oder 1591 reichen sollte, »vor einem gewissen Abschlusse«.[28] 1895 konnte der Druck des ersten Bandes Belows vermeldet werden.[29]

Mit dem Wechsel nach Marburg 1897 stellte Below die Arbeit an der Edition jedoch wieder zurück.[30] Erst 1907 sollte er den zweiten Band restlos fertigstellen. Mit der Vorlage dieses Bandes erklärte Georg von Below endgültig seinen Rückzug aus dem Publikationsunternehmen: Am 2. Februar 1907 teilte er Hansen brieflich mit, er sei mit anderweitigen Aufgaben und Plänen zu belastet, als dass er den dritten Teilband erstellen könne.[31] Diese Arbeit müsse einem anderen Wissenschaftler übergeben werden, der sie »ganz selbständig« verrichten könne. Im März des nachfolgenden Jahres empfahl Below die Anstellung von Hans Goldschmidt.[32] Goldschmidt war soeben von Belows Göttinger Kollegen – und konservativem Geistesverwandten – Max Lehmann (1845–1929) promoviert worden. Sicher hatte Lehmann die Anstellung vermittelt, für die sich Below nun, verbunden mit einem nach heutigem Verständnis fragwürdigen Verweis auf Goldschmidts schwere Hörbehinderung, stark machte (»[…] würde daher auch von der Edition der Landtagsakten nicht vorzeitig abspringen«). Goldschmidt würde voraussichtlich drei Jahre Zeit benötigen. Zum 1. Juni 1908 trat er ein förmliches Arbeitsverhältnis bei der »Gesellschaft« an, das ihn zu täglich fünfstündiger Arbeit an der Edition verpflich-

---

23 Ebd. 6 (1886), Bericht des Vorsitzenden, S. 2 (o. S.).
24 Ebd. 7 (1887), Bericht des Vorsitzenden, S. 2 (o. S.).
25 Ebd. 8 (1889), Bericht des Vorsitzenden, S. 2 (o. S.).
26 Ebd. 9 (1890), Bericht des Vorsitzenden, S. 2 (o. S.).
27 Ebd. 10 (1891), S. 3.
28 Ebd. 11 (1891), S. 23.
29 Ebd. 14 (1895), S. 30–31.
30 Vgl. u. a. ebd. 17 (1897), S. 30.
31 Below an Hansen am 2.2.1907 (HAStK, Best. 1800, 184 [o. S.], Unterstreichung im Original); vgl. auch JbGRhG 27 (1907), S. 36.
32 Below an Hansen am 23.3.1908 (HAStK, Best. 1800, 184 [o. S.]).

tete. Mit einem Monatsgehalt von 125 RM ging die »Gesellschaft« offenkundig an ihre finanzielle Substanz, denn eigentlich waren nur noch wenige Restmittel vorgesehen.[33]

Goldschmidt wird die Edition kaum »ganz selbständig« ausgeführt haben, was schon aus der Verlegung seines Wohnsitzes nach Freiburg zu schließen ist, dem Wirkungsort Belows. Über mindestens neun Jahre hinweg – dann versiegt die im Kölner Stadtarchiv zugängliche Überlieferung[34] – besaß Below nämlich auch formell die Leitung über die Bearbeitung des dritten Teilbandes der ersten Reihe. Indes liefert die für diese Phase der Editionsgeschichte recht reichhaltige archivische Korrespondenz kein Anzeichen eines tieferen Konflikts zwischen Below und Goldschmidt, sieht man davon ab, dass Below selbst durch die Nichtfertigstellung des Bandes durch Goldschmidt in erkennbare Verlegenheit gebracht wurde. 1913 schon wurde das Manuskript für einen Band III über die Zeit 1589–1596 als »grossenteils druckfertig«, die Materialsammlung für Band IV über die Zeit 1596–1609 als abgeschlossen bezeichnet.[35] Die Beendigung der Edition werde aber dadurch erschwert, dass einige Archive wie das Staatsarchiv München keine Akten versendeten.[36] Goldschmidt bat Below deshalb wiederholt, von der »Gesellschaft« Mittel für zusätzliche Reisen zu erwirken, die er auch erhielt. 1916 war dann davon die Rede, Goldschmidt habe für die Jahre 1589 bis 1596 nicht weniger als »850 Aktenstücke« zusammengetragen, und nur der Druck verzögere sich kriegsbedingt.[37] Tatsächlich hatte Hansen Ende 1915 die Reißleine gezogen und verweigerte Below die erneut erbetene Gehaltserhöhung für Goldschmidt. Dieser sollte zwar noch eine letzte Reisekostenzuwendung von 500 RM erhalten, doch blieb die, so Hansen, »starke Enttäuschung« klar zu bekennen[38]: 15.000 RM habe die »Gesellschaft« seit 1908 aufgewandt und von Goldschmidt nur ein Fragment erhalten. Gegen dessen separate Veröffentlichung verwahrte sich Goldschmidt nach Ausweis der Korrespondenzen, obwohl die Jahre 1589 bis 1596 abgedeckt waren.[39] Allerdings: Es fehlte die Kommentierung. Das Vorhaben zerschlug sich schließlich. Im Mai 1917 schied Goldschmidt aus den Diensten der »Gesellschaft« aus. Mit dem Verzicht auf Einhaltung der Kündigungsfrist verband Hansen zwar noch die Hoffnung auf Fertigstellung.[40] Das Thema taucht nachfolgend in den Jahresberichten aber nicht mehr auf (derweil weitere archivische Korrespondenz ausfällt). Zu Lebzeiten beschränkte sich Goldschmidts Beitrag zur Edition somit auf Nachträge zu den Bänden

---

33 Ebd. 28 (1908), S. 36; vgl. auch PABST, Gesellschaft, S. 227.
34 Einschlägig ist das Faszikel HAStK, Best. 1800, 184. Weitenteils werden hier teils konfliktvolle Finanzierungsfragen mit dem Düsseldorfer Voss-Verlag berührt, die an dieser Stelle nicht vertieft werden sollen. Mit dem Ausstieg Belows aus der Edition bieten sich indes recht interessante persönliche Korrespondenzen.
35 JbGRhG 33 (1913), S. 10.
36 Ebd. 34 (1914), S. 10.
37 Ebd. 36 (1916), S. 19.
38 Hansen an Below, 21.12.1915 (HAStK, Best. 1800, 184 [o. S.]).
39 Vgl. die Erwähnungen ebd. 37 (1917), S. 10 u. 38 (1918), S. 10 bzw. 45 (1925), S. 6.
40 Protokoll der Vorstandssitzung 29.5.1917 (HAStK, Best. 1800, 184 [o. S.]).

Belows, die er 1913 in der »Zeitschrift des Bergischen Geschichtsvereins« veröffentlichte.[41] Daneben verfasste er eine Reihe von Zeitschriftenbeiträgen im Themenumkreis der Stände, insbesondere 1912 in der »Zeitschrift des Aachener Geschichtsvereins«.[42]

Wenige Jahre nach Beginn der ersten Reihe hatte die »Gesellschaft« wohl auf Anregung von Harleß die Arbeit an einer zweiten (»jüngeren«) Reihe aufgenommen, die zunächst schleppend, dann vielversprechend voranschritt.[43] Schon 1894 hatte es geheißen, das Manuskript dürfe »für Sommer 1898« erwartet werden.[44] Verantwortlich hierfür zeichnete Friedrich Küch aus Düsseldorf, der sich die Bestände von 1615 bis 1624 vorgenommen hatte.[45] 20 Jahre gingen ins Land, bis es 1915 hieß, es seien nur noch Schlussarbeiten zu tätigen.[46] Zuvor, so Klaus Pabst auf Grundlage der Kommissionsprotokolle, hatte man Küch mit großem Ernst vor die Entscheidung gestellt, das Werk entweder abzuliefern oder aufzugeben.[47] Doch noch einmal mehr als zehn Jahre dauerte es, bis das Buch 1925 erschien. Zudem blieb es, wie bereits erwähnt, bei diesem einzigen Band, der zwar planmäßig nur bis 1630 reichte, aber eine Fortsetzung bis zum Tod des Pfalzgrafen Wolfgang Wilhelm (1653) hätte erhalten sollen.

Die Anlage der Bände

Die Edition setzt sich bei ihrer Fertigstellung bzw. Beendigung aus drei veröffentlichten Büchern und einem als solchem druckfertigen, aber unvollständigen Teil zusammen. In der von Georg von Below erstellten ersten Reihe (I) reicht der erste Teilband von 1895 von den Anfängen bis 1562. Dieser – *nur* dieser – Band enthält eine ausführliche Einleitung über 155 Seiten in vier Hauptabschnitten, die nacheinander »Die Quellen«, »Die Organisation des Landtags«, »Die allgemeine Stellung der Landstände« und »Die Kompetenz des Landtags« behandeln. Der editorische Teil erscheint recht unübersichtlich: Zunächst werden »Regesten der landständischen Privilegien« beider Territorien (Jülich: 1423–1542; Berg: 1404–1542) aufgelistet, sodann folgen insgesamt 31 »Urkundliche Beilagen« zur geistlichen und zur ständischen Gerichtsbarkeit. Ab Seite 236 schließt sich die eigentliche Edition der 274 Quellenstücke an. Sie sind in neun thematische Abschnitte geordnet, allerdings in linearer zeitlicher Abfolge über den Erfassungszeitraum 1537/1538 bis 1562 hinweg. Mit Index kommt der Teilband auf 824 Seiten. Die Quellenaufnahme entspricht einem Standard, der in allen Teilen der Edition befolgt wurde: Jede

---

41 GOLDSCHMIDT, Landtagsakten.
42 Vgl. GOLDSCHMIDT, Landstände.
43 JbGRhG 12 (1892), S. 26, u. 16 (1896), S. 29.
44 Ebd. 14 (1895), S. 31. Nachfolgende Bekundungen sind hier nicht aufzuführen.
45 Ebd. 13 (1893), S. 27.
46 Ebd. 35 (1915), S. 10.
47 PABST, Gesellschaft, S. 227, Anm. 44.

Quellengruppe wird mit einer »Vorbemerkung« charakterisiert, die in durchlaufender Form gezählten Quellen sind mit einem Kopfregest versehen. Die Darbietung der Quellen erfolgt referierend, das heißt durch Kombination originaler Textteile mit paraphrasierenden bzw. summierenden Kommentaren. Der 1907 folgende zweite Teilband (I,2) füllt mit Index sogar 1.018 Seiten. Er bietet 556 Quellenstücke, daneben Berichtigungen und Ergänzungen. Hier sind die Quellen auf acht Abschnitte verteilt. Die Auswahl und Eingruppierung der Quellen priorisiert dieselben Themen wie der erste: Steuern, Landesdefension und Krieg, fürstliche Heiratspolitik.

Der von Hans Goldschmidt erstellte Anschlussband umfasst im überlieferten Fragment 192 Seiten. Es trägt eine einzige, als Kapitel I ausgewiesene Überschrift (»Landesverteidigung und Regimentsordnung. Erstes Auftauchen der Erbfolgefrage«), die sich auf die Phase vom 30. Juni 1589 bis 31. Dezember 1591 bezieht. Von den unter diesem Rubrum angekündigten 276 Quellenstücken sind darin nur 161 enthalten, da die Edition unter dieser Nummer mit dem 16./26. September 1591 abrupt abbricht. Da der erhaltene Teil mit einer Buchlage endet, steht zu vermuten, dass Papierbögen aus bzw. vor der Bindung verloren gingen. Dieser überlieferte Teil wurde, soweit zu ersehen, abschließend gesetzt und publikationsfertig gemacht.[48] Goldschmidts gut achtseitiger Vorbemerkung ist aufgrund der zahlreichen Rekurse auf einzelne Quellenstücke zu entnehmen, dass die Detailplanung dieses Abschnitts abgeschlossen war, vermutlich auch die Reinfassung als solche. Damals war es nämlich bei der »Gesellschaft« üblich, dass Editionen *in statu nascendi* in Teilen gedruckt, dann zur Bindung zusammengefasst wurden. Ob der Verlust des verbliebenen Teils Goldschmidts schicksalhaften Umständen geschuldet war, lässt sich nicht mehr ermitteln, ebenso wenig, ob er Quellen aus der Zeit ab 1592 verarbeitet hatte.

Festzuhalten ist somit, dass Goldschmidt allein für den kurzen Zeitraum vom ausgehenden September 1591 bis Jahresende weitere 105 Aktenstücke vorgesehen hatte. Die Veranlassung dazu liegt auf der Hand: In diesem Zeitraum kulminierten die Aktivitäten des so genannten Räteregiments, das gegenüber dem im Januar 1590 für regierungsunfähig erklärten Herzog Johann Wilhelm die Vormundschaftsregierung über die Vereinigten Herzogtümer angetreten hatte. In der Folge entbrannte ein Konflikt mit der protestantischen Herzogsgattin, Jakobe von Baden, der durch die Interventionen der »Interessenten«, der auswärtigen Thronanwärter, nur noch verschärft wurde.[49] Goldschmidts Thema wäre demnach im Kern die Dokumentation des »Langen Landtags« in Düsseldorf

---

48 LAW NRW, H 18 A 11. Hierbei handelt es sich um eine Bibliothekssignatur, die sich folglich nicht auf Archivgut bezieht. In Ermangelung von Individualsignaturen dieser Bestandsgruppe wäre im Übrigen die Zweitsignatur VI P 15 [11,3] zu verwenden. Unter dieser Signatur konnte der Band auch im alten Bandkatalog der Dienstbibliothek nachgewiesen werden, allerdings ohne Zugangsnummer. Etwaigen Nachweisen in der Dienstregistratur unter BR 2094 Nr. 276 sowie den Zugangsverzeichnissen der Dienstbibliothek (BR 2093 Nr. 390, Nr. 393–398) bin ich nicht weiter nachgegangen (Aussagen nach frdl. Mitteilung Dr. Martin Früh, LAW NRW, am 31.7.2023).

49 Vgl. dazu zuletzt RICHTER, Die jülich-bergischen Räte.

von Mitte September bis 19. Dezember gewesen. Auf diesem genehmigten die Stände die unter Vermittlung kaiserlicher Kommissare zustande gekommene Regimentsordnung, durch die sich Jakobe von Baden von der Regierung ausgeschlossen sah.[50]

Hier bleibt in aller Kürze auf die Dramaturgie jener Ereignisse zu verweisen, die sich teils noch im geplanten Berichtszeitraum der älteren Reihe (bis 1610), dann binnen der per se nicht geplanten 14 Jahre bis zum Einsetzen der jüngeren Reihe (ab 1624) abspielten: Als sich Herzogin Jakobe nach dem Tod Herzogs Wilhelms V. wieder in den Besitz der Regierung bringen wollte und dazu eine Annäherung an den Kaiser suchte, blockierten die mehrheitlich katholischen Stände ihr Ansinnen, entzogen ihr den Einfluss auf Herzog und Regentschaft und fädelten ihre Verhaftung ein. Am 3. September 1597 wurde Jakobe tot aufgefunden, offenbar infolge eines auf sie verübten Attentats. Über mehr als zehn Jahre hinweg, als mit dem Tod Johann Wilhelms am 25. März 1608 der erwartete Erbfall eintrat, fungierten die Räte als kommissarische Regierung, derweil die Stände ihrerseits Distanz gegenüber den Prätendenten zu wahren bemüht blieben. 1609 gelangten der Herzog von Pfalz-Neuburg und der Kurfürst von Brandenburg faktisch in den Besitz des rheinisch-westfälischen Erbes. Eine Einigung über die jeweiligen Territorialbestände und wechselseitige Kompetenzen brachte der Vertrag von Xanten 1614. Dass diese Geschehnisse am Vorabend des Dreißigjährigen Krieges und deren Implikationen mit Blick auf die Landstände von herausragender Bedeutung gewesen sind, lässt sich leicht ermessen. Bedingt durch die Konkurrenz zu Brandenburg, aber auch im Dissens mit den Ständen, berief Pfalzgraf Wolfgang Wilhelm nach den Landtagen 1609, 1610 und 1611 zudem bis 1624 keine weiteren Landtage mehr ein und versuchte sich von ständischen Steuerbewilligungen unabhängig zu machen.

Friedrich Küchs Quellenveröffentlichung in der zweiten Reihe setzt aus diesem Grund erst 1624 an. Eine Einleitung Küchs rekurriert auf die Jahre seit 1610. Die sieben Jahre bis 1630 füllen mit 492 Quellenstücken 704 Druckseiten. Küch ordnete die Quellen in sechs Sparten, in erster Linie nach den Land- und Deputiertentagen, namentlich 1623/1624 (Gruppe I, Nr. 1–57), 1625 (II, Nr. 58–148), 1618–1629 (IV, Nr. 305–419) und 1629–160 (V, Nr. 420–480). Bemerkenswert sind zwei aus der Ordnung fallende Gruppen, nämlich über den Reichshofratsprozess gegen Pfalzgraf Wolfgang Wilhelm (III, Nr. 149–304) und die Jülichschen Unterherrentage (VI, Nr. 481–492). Insbesondere mit der Dokumentation der 155 Nummern zum Reichshofratsprozess trat der Herausgeber aus der vorwaltenden Logik heraus und dokumentierte, statt sich allein auf die ständischen Sessionen zu beschränken, einen fundamentalen Konflikt außerhalb des institutionellen Rahmens. Umso bedauerlicher ist es, dass die Edition den Vorgang, an dessen Anfang ein kaiserliches Protektorat für die Stände vom 13. April 1628 stand, nicht abschließend dokumentiert hat.

---

50 Druck bei BRUCKHAUS / KASTEN, Hof-, Hofämter- und Regimentsordnungen, Nr. 92.

Die Bearbeiter: Below, Goldschmidt, Küch

Für die Edition trugen drei Mitarbeiter die Verantwortung: Georg von Below, Hans Goldschmidt und Friedrich Küch. Die akademischen Lebenswege und Prägungen dieser Männer seien im Folgenden nachgezeichnet.

Georg von Below

Dass Ritter ausgerechnet Georg von Below mit der Bearbeitung der Landtagsakten betraute, entbehrt im Rückblick nicht der Brisanz, denn Below gilt als ein bitterer Gegner Karl Lamprechts im so genannten »Methodenstreit« der deutschen Geschichte. Dieser hob allerdings erst seit Ende der 1880er Jahre an, also wenige Jahre, bevor Below mit seinen ständegeschichtlichen Arbeiten hervorgetreten war.

Georg Anton Hugo von Below wurde 1858 als Sohn eines dem preußischen Landadel angehörigen Offiziers und seiner ebenfalls aus adliger Familie (von der Goltz) stammenden Frau geboren. Mit Blick auf seine späteren wissenschaftlichen Neigungen ist es sicher nicht ohne Belang, dass sein Großvater, Gustav von Below (1791–1852), ein Vertrauter König Friedrich Wilhelms IV. und als ständischer Vertreter der Ritterschaft Mitglied des damaligen Provinziallandtags der Provinz Preußen sowie bis zu seinem Tod auch Mitglied des Preußischen Herrenhauses gewesen war.

Georg von Below[51] hatte die Lebensweise und -auffassung des ostelbischen Adels tief verinnerlicht. Infolge seiner familiären Sozialisierung war er in ständischer wie politischer Hinsicht fest im preußischen Ritteradel verankert. »In der straffen Haltung eines Charakters, der zuerst auf die Erfüllung einer ohne viele Fragen feststehenden Pflicht gerichtet ist, wie in seiner steten Kampfbereitschaft blieb er auch im Professorenrock der ostpreußische Adelige« – so Hermann Aubin 1930 in der Rezension über das »Lebensbild«, das Belows Frau in diesem Jahr veröffentlicht hatte.[52] Da Below entgegen der Familientradition väterlicherseits eine militärische Karriere infolge von Körperbehinderungen verwehrt war, nahm er 1878 in Bonn das Studium der Geschichte auf. Dort orientierte er sich vor allem an Moriz Ritter und Wilhelm Maurenbrecher. 1883 wurde er bei Ritter in Bonn mit einer fünfzigseitigen Arbeit über das domkapitularische Wahlrecht im 12. Jahrhundert promoviert.[53] Entsprechend groß war die Abhängigkeit von Ritter, der Below, wie schon gehört, mit großer Strenge und hohen Erwartungen bezüglich der Editionsarbeit begegnete, während Below selbst sich in erster Linie für eine Professur zu qualifizieren plante. Ritter attestierte ihm dagegen in einem Brief an Friedrich Althoff, »an einer gewissen Unbehülflichkeit« in der Gedankenführung zu leiden,

---

51 Vgl. CYMOREK, Georg von Below, S. 24–30.
52 Zit. AUBIN, Lebensbild, S. 489 zu M. v. BELOW, Lebensbild.
53 BELOW, Entstehung; dazu CYMOREK, Georg von Below, S. 34–36.

was er ihn vermutlich auch wissen ließ, da er seine im Entwurfsstadium befindlichen Schriften moniert hatte, um nun hoffen zu dürfen, dass Below »derartiger Bevormundung nicht mehr bedarf«.⁵⁴ Der Adressat, Friedrich Althoff (1839–1908), war zwar noch nicht in der Funktion als Ministerialdirektor für das Unterrichts- und Hochschulwesen in Preußen, trug aber nach Abschluss von Belows Habilitation maßgeblich dazu bei, dass dieser bereits 1886 ein Extraordinariat an der Universität Königsberg erhielt.

Ordentlicher Professor für Mittlere und Neuere Geschichte wurde Below 1891 an der damaligen »Akademie« Münster. 1897 wechselte er nach Marburg, 1901 nach Tübingen und 1905 nach Freiburg, wo er 1924 emeritiert werden sollte. Um die Jahrhundertwende erlangte Below reputierliche Ämter und Funktionen⁵⁵: Unter anderem war er als Mitbegründer der »Vierteljahrschrift für Sozial- und Wirtschaftsgeschichte« von 1903 bis zu seinem Tod deren Herausgeber, ab 1904 auch Leiter der Abteilung »Die Chroniken der deutschen Städte« bei der

Abb. 8: Georg von Below, undatiert.

»Historischen Kommission bei der Bayerischen Akademie der Wissenschaften« und seit 1910 Mitherausgeber der »Historischen Zeitschrift«. 1904 bis 1906 präsidierte er dem deutschen Historikerverband, 1903 wurde er Mitglied der »Bayerischen«, 1909 der »Heidelberger«, 1922 der »Wiener« und der »Preußischen Akademie der Wissenschaften«. 1924 wurde er entpflichtet. 1927 starb er, soeben mit einem zweiten Ehrendoktortitel dekoriert, in Badenweiler in der Nähe von Freiburg.

Hans Cymorek, dem unter schwierigen Überlieferungsbedingungen eine herausragende biographische Studie zu Below gelang, beschrieb dessen Charakter als von Rigorismus und Härte gegen sich und andere geprägt.⁵⁶ Von Ehrgeiz und Konfrontationsbereitschaft angetrieben, habe er niemandem nachstehen wollen – weder in Reputations- noch in Meinungssachen. Diese sind schwer voneinander zu trennen: So führte Below seine bittere Auseinandersetzung mit Gustav Schmoller, dem von ihm fachlich nicht aner-

---

54 Ritter an Friedrich Althoff am 2.2.1886, zit. nach CYMOREK, Georg von Below, S. 41.
55 Vgl. die Übersicht bei DOTTERWEICH, Georg von Below.
56 Zit. BELOW, Entstehung, S. 1.

kannten Vertreter der historischen Nationalökonomie, während er ihm im Grunde die Verhinderung seiner Berliner Karriereambitionen anlastete. Below zog alle Register der argumentativen Herabsetzung seiner Gegner bis hin zu kalkulierten antisemitischen Ausfällen, im Rahmen derer er schon vor 1900 (!) den Ausschluss von Juden bei der Vergabe von »deutschen« Professuren erwog.[57] 1893 hatte er, der seit zwei Jahren ordentlicher Professor in Münster war, sich wegen seiner scharfen Rezensionen sogar eine Duellforderung durch einen bezeichnenderweise nicht fest installierten Kollegen eingehandelt. Der Akt blieb ihm, der durch eine Lähmung und Knochenbrüche inzwischen an beiden Armen behindert war, erspart, beschäftigte ihn aber offenbar lange.[58] Sein eigenes »tempérament agressif« – so ein noch durchaus wohlwollender französischer Rezensent des ersten Bandes der »Landtagsakten« – war derweil in der akademischen Welt und auch über die nationalen Grenzen hinweg notorisch.[59]

Bereits mit dem Studienbeginn hatte sich Below auf die Seite der borussischen Historiker gestellt. Über seine gesamte Schaffenszeit hinweg sollte er einen ausgesprochen kämpferischen Habitus an den Tag legen, der sich gegen jeden richtete, der vom preußisch-nationalen Kurs abwich. Während wir dank der Studien von Wolfgang Neugebauer[60] unbedingt die Vielfalt auch der Geschichtsdeutungen preußischer Provenienz im ausgehenden 19. Jahrhundert anzuerkennen haben, würde dies bei Georg von Below ungeachtet seiner enormen Produktivität schwerfallen. Schließlich ließ er niemals Zweifel an seiner bedingungslosen Loyalität gegenüber Heinrich von Treitschke, der ihm »Idol« und intellektuelles Vorbild war. Als ebenfalls »politischer Historiker« (O. G. Oexle) sah Below sich aufgerufen, mit historischen Argumenten über die einschneidenden Veränderungen seiner eigenen Zeit zu urteilen. Man muss daher seine allesamt weit entlegenen, oft spröden Themen als Chiffren für Gegenwartsbezüge verstehen. Die Untersuchungsgebiete und Argumente Belows mögen von den Dimensionen der industriellen Moderne also weit entfernt gelegen erscheinen, doch die Verknüpfungen reichten in seine eigene Lebenswelt hinein: Mit ihnen verhandelte Below die Idee von Freiheit und Autonomie, weniger auf der individuellen Ebene als auf der der kollektiven sozialen Bewegungen, und dies in seiner Wirkungszeit, dem frühen Wilhelminismus.

Ein leitmotivischer, sprachlich auffällig formelhafter Bestandteil dieser Argumentation war das Räsonnement nach originären Referenzpunkten. Die Marksteine seiner Be-

---

57 Vgl. sein Schreiben an das Berliner Kultusministerium gegen die Berufung des Germanisten Richard M. Meyer (1860–1914) nach Marburg vom 18.11.1898 bei SPENKUCH, Preußische Universitätspolitik, Nr. 149b, dazu ebd., S. 77–78 u. 89, u. CYMOREK, Georg von Below, S. 296–302.

58 Vgl. M. BELOW, Georg von Below, S. 61, dazu CYMOREK, Georg von Below, S. 159, der darauf verweist, dass Below sich fortan als Duellgegner öffentlich hervortat. Sein Kontrahent 1893 war der Historiker Robert Hoeniger (1855–1929).

59 So Georges Blondel (1856–1948) in seiner Rezension des ersten Bandes der »Landtagsakten« (BLONDEL, Landtagsakten, Zit. S. 170).

60 NEUGEBAUER, Preußische Geschichte, insbes. Kap. 15: »Professionalisierung und Schulenbildung«.

weisführung hatte Below, dessen wissenschaftliche Bibliographie am Ende seines Lebens 61 Seiten umfasst haben soll, durch größere Publikationen binnen nicht mehr als fünf bis sechs Jahren gesetzt (1885/1886 »Die landständische Verfassung«, 1889 die »Entstehung der mittelalterlichen Stadt«, 1892 der »Ursprung der deutschen Stadtverfassung«).[61] Below wollte in ihnen nachweisen, dass soziale Gemeinschaftsbildungen nicht auf Selbstermächtigung zurückgingen und dass sie auch keine Tradition und Identitätsbildung zur Folge hätten.

In seinem erweiterten Nachruf in der VSWG mit dem Titel »Georg von Below als Sozial- und Wirtschaftshistoriker« attestierte Hermann Aubin ihm gleich zu Beginn einen festen Standpunkt: »Man wird jene Denkweise, die ihm vor allem eigen gewesen ist, welche den Staat in den Mittelpunkt seiner Lebensarbeit gerückt hat, vornehmlich als Ausfluß der Überlieferung des Standes ansehen dürfen, dem er entstammte.«[62] Aber was war damit gemeint und was dachte Below selbst, wenn er etwa betonte, es sei eine Fehlannahme, »daß der mittelalterliche Staat eine irgendwie erhebliche Wirtschafts- und Sozialpolitik geübt hat«[63]? Vielleicht schlug hier ein patrimoniales Sozialverständnis seines Standes durch, vielleicht der Grundverdacht gegen jede Form von ›Staatssozialismus‹? Mehr noch habe Below – das räumte auch Aubin wiederholt ein – »seine vornehmste Aufgabe im wissenschaftlichen Leben darin gesehen, dem Gedanken des Staates zu dienen«. Das hieß konkret: Parteinahme in der Auseinandersetzung des Staats mit korporativen, institutionellen und insgesamt gesellschaftlichen Akteuren. Schon die allerersten Worte seiner Dissertation hatten angekündigt, es werde hierin »die Geschichte des Kampfes zwischen Staat und Kirche« geschildert[64], was einer Programmatik entsprach, von der er niemals abrückte. Cymorek verweist darauf, dass Below stets unter Verwendung von Abstracta argumentierte (»Staat«, »Stadt«, »Landgemeinde« etc.). Durch deren fortwährende Wiederholung – insbesondere die dauernde Rede von »der landständischen Verfassung« – sollte der Eindruck faktischer Wesenheiten entstehen, wo doch diese Begriffe das Erzeugnis von »normativen Regelinterpretationen« waren, die sich stets an Initialaufnahmen festmachten.[65] Individuen oder, modern gesprochen, »Akteure«, blieben weitenteils unbenannt. Denn es ging Below stets um das Musterhafte und mit diesem um die Regelhaftigkeit historischer Vorgänge, was den Blick auf Faktoren wie Retardierung, Stagnation und Regression ebenso wie das schier Kontingente und Unergründliche in der Geschichte verstellte.[66]

---

61 Zu den Implikationen vgl. u. a. CYMOREK, Georg von Below, S. 104–110. Zu Belows Schriftenverzeichnis die auf einer älteren Aufstellung beruhende Auflistung ebd., S. 320–334.
62 Zit. AUBIN, Georg von Below, S. 4.
63 Zit. BELOW, Ursprung, S. 124.
64 Zit. DERS. Entstehung, S. 1.
65 Vgl. CYMOREK, Georg von Below, S. 207–209.
66 Vgl. die an sich zutreffende, aber die ideologische Dimension unterschätzende Feststellung von HECKER-TWRSNICK, Ritterschaft, S. 34–35: »Die juristisch gebildeten Historiker des 19. und 20. Jahrhunderts

Hans Goldschmidt

Nach dem Rückzug Belows oblag die Fortsetzung der Edition dem Archivar und Historiker (Julius) Hans Goldschmidt.[67] Der 1879 in Hamburg geborene Goldschmidt hatte von 1903 bis 1908 bei Georg von Below und Max Lehmann in Freiburg bzw. Göttingen studiert. Für den schon in jungen Jahren, stärker noch im Alter hörbehinderten Mann stellte,

Abb. 9: Hans Goldschmidt, undatiert.

ähnlich wie im Falle Belows, die Tätigkeit als »wissenschaftlicher Hilfsarbeiter« bei der »Gesellschaft« den Beginn der beruflichen Tätigkeit dar. 1908 war er unter Max Lehmann in Göttingen promoviert worden.[68] Goldschmidt stand von Juni 1908 bis Februar 1917 in Diensten der »Gesellschaft«. Nach kürzeren anderweitigen Beschäftigungen wechselte er im Oktober 1923 an das Reichsarchiv, wo er mit der Bearbeitung und Editionsvorbereitung von Weltkriegsakten betraut war. Seit Ende der 1920er Jahre hatte Goldschmidt sich eingehend mit Otto von Bismarck befasst. Frucht dieser Arbeit war eine 1931 vorgelegte eigenständige Aktenedition. In dieser bemühte sich Goldschmidt unter Heranziehung noch unbekannter Dokumente um den Nachweis, Bismarck habe zur Stärkung der fiskalpolitischen Handlungsfähigkeit der Regierung sowie zur Bekämpfung des Parlamentarismus versucht, den Reichstag zu umgehen und über den Bundesrat einen »bündischen Unitarismus« zu verwirklichen.[69]

---

nahmen ein statisches Verfassungsmodell der Vormoderne an, was die Existenz von Entwicklungsstufen zwischen der Einführung einer landständischen Verfassung und den frühneuzeitlichen Verhältnissen ausschloss. Besonders eine sich über Jahrhunderte erstreckende Entwicklung der politischen Mithandlung unterschiedlicher Akteure, die erst spät in einer landständischen Verfassung kumulierte, wurde von der älteren Forschung nicht für möglich gehalten.«

67 Eine moderne Darstellung zu ihm liegt nicht vor. Vgl. in erster Linie die von seinem Sohn Dietrich Goldschmidt (1914–1998) veröffentlichten Erinnerungen (GOLDSCHMIDT, Hans Goldschmidt); leichter zugänglich ANONYMUS, »Goldschmidt, Julius Hans« und die div. Nennungen bei MEINSCHIEN, Geschichtswissenschaft, S. 50–51, 65–66, 74.
68 GOLDSCHMIDT, Zentralbehörden.
69 DERS., Das Reich und Preußen, insbes. S. 69–95. Einige Aspekte in der Miszelle von HOPP, Otto von Bismarck.

Im Juni 1934 wurde Goldschmidt aufgrund seiner jüdischen Herkunft auf der Grundlage des »Gesetzes zur Wiederherstellung des Berufsbeamtentums«, zudem offenbar infolge einer Intrige gegen ihn, aus dem Dienst entfernt.[70] Dass er 1902 zum Protestantismus konvertiert und mit einer Nichtjüdin verheiratet war, schützte ihn nicht. Auf Betreiben des seit 1936 amtierenden Direktors des Reichsarchivs, Ernst Zipfel (1891–1966), wurde ihm sukzessive auch die Benutzung des Archivs verwehrt. Erst im August 1939 gelang Goldschmidt nach zuvor vergeblichen Bemühungen die Emigration zu einem seiner zwei Söhne nach London.[71] Dort wurde er wie auch andere Historikerkollegen – namentlich genannt werden muss Wilhelm Levison (1876–1947) – für einige Wochen interniert.[72] Am 6. November 1940 fiel Goldschmidt dem schwersten Angriff der deutschen Luftwaffe auf den seit Mitte August mehrfach attackierten Londoner Stadtteil Wimbledon zum Opfer.[73]

Friedrich Küch

Mit der Ausarbeitung der zweiten Reihe betraute die »Gesellschaft« in Person von Friedrich Küch einen erfahrenen Archivar. Der 1863 geborene Küch[74] hatte seit 1881 in Leipzig studiert, seit 1883 in Marburg, wo er 1887 unter Conrad Varrentrapp mit einer Arbeit über Kaiser Friedrich »Barbarossa« promoviert wurde. Sein Engagement für die Aktenedition war im Grunde eine Pflichtaufgabe, die ihm mit Aufnahme seiner Archivassistentur zunächst noch in Marburg, im Juni 1893 dann am Staatsarchiv Düsseldorf unter dessen Leiter Woldemar Harleß zufiel. Sie endete schon 1898 mit dem

Abb. 10: Friedrich Küch, undatiert.

---

70 Vgl. NEUGEBAUER, Preußische Geschichte, S. 504–505 mit Hintergrundinformationen.
71 Sein Sohn hob hervor, dass Hans Goldschmidt ein Affidavit des englischen Historikers George Peabody Gooch (1873–1968) und weiterer Personen erhalten hatte; vgl. GOLDSCHMIDT, Hans Goldschmidt, S. 5; MEINSCHIEN, Geschichtsschreibung, S. 65.
72 Vgl. MEINSCHIEN, Geschichtsschreibung, S. 152 mit Anm. 927.
73 Vgl. GOLDSCHMIDT, Hans Goldschmidt, S. 6. Er wurde auf dem Gap Road Cemetery in Wimbledon, London, beigesetzt (Find a Grave, Datenbank und Bilder [abgerufen unter: https://de.findagrave.com/memorial/202126731/hans-goldschmidt: abgerufen am 3.8.2022]).
74 Vgl. WOLFF, Friedrich Küch; PABST, Gesellschaft, S. 227, Anm. 44; aktuell: ANONYMUS, »Küch, Friedrich«.

Wechsel Küchs ans Staatsarchiv Marburg. Von 1914 bis zu seiner Pensionierung 1929 war Küch, der 1922 Honorarprofessor an der Universität Marburg wurde, Leiter des Marburger Archivs.

Mit Küchs Namen verbindet sich in erster Linie das »Politische Archiv des Landgrafen Philipp des Großmütigen von Hessen«, dessen Inventar er in zwei Bänden 1904 und 1910 in der Reihe »Publikationen aus den k. preußischen Staatsarchiven« veröffentlichte. Während Küch attestiert wurde, in seinen fünf Düsseldorfer Jahren so produktiv wie nie gewesen zu sein, trug die Edition der Landständeakten 27 Jahre nach seinem Weggang eher wenig dazu bei, diesen guten Ruf zu stärken. Ähnlich wie Below veröffentlichte aber auch Küch zwei große – um nicht zu sagen: übergroße – Beiträge über den Pfalzgrafen Wolfgang Wilhelm in einer Fachzeitschrift, dem »Düsseldorfer Jahrbuch«.[75] Dies zeigt erstens, dass die landes- und stadtgeschichtlichen Zeitschriften damals eine hohe Reputation besaßen, zweitens, dass sie damals, wie schon im Falle Belows zu sehen, eine Alternative zu Monographien darstellten.

Staat und Stände in Jülich-Berg in der Sicht Belows

Das Bild der Landstände Jülichs und Bergs prägte im Wesentlichen Georg von Below im ersten Teil seiner Edition von 1895, der er eine Einleitung von nicht weniger als 155 Seiten zugrunde legte. Daneben ist seine dreiteilige »Landständische Verfassung« von 1885/1886 zu berücksichtigen.

Nach einer Darstellung zur Überlieferung der Quellen (Kapitel I) fasst Below »Die Organisation des Landtags« (Kapitel II) ins Auge. Diese habe man sich als eher lose vorzustellen: Die Geistlichkeit sei nicht als ständische Kurie verfestigt, die Landtagsfähigkeit der Ritterschaft, des ersten Standes, in vielen Einzelfällen ungesichert gewesen. Die Städte bildeten die zweite Kurie, deren Vertretung aber auf die je vier Hauptstädte Jülichs und Bergs beschränkt geblieben sei, wobei sie die Bezeichnung nur »technisch« trugen. Den Ehrenvorrang habe indes die Ritterschaft gehabt, die, bedingt auch durch die Doppelfunktion als aufgeschworene Adlige wie als fürstliche Räte, meist zur Zustimmung gegenüber der fürstlichen Administration geneigt gewesen sei. Die Ständeversammlungen seien in Ermangelung von Präsenzpflicht wie -neigung im Übrigen oft schlecht besucht gewesen, konstante Abhaltungsorte hätten sich ebenso wenig wie Periodizität herausgebildet und Einberufungen seien – allerdings ohne Zwangscharakter – eher auf Initiative des Landesherrn als der Stände erfolgt, die auch kein Interesse an der Formalisierung eines Selbstversammlungsrechts demonstriert hätten. Einungen hätten keinen ersichtlichen Einfluss auf die Geschlossenheit der Stände ausgeübt. »Die allgemeine Stellung der Landstände« (Kapitel III) sei von einem Dualismus gekennzeichnet gewesen. Anders

---

75 KÜCH, Pfalzgraf (1895); KÜCH, Politik des Pfalzgrafen (1897).

als es der heute geläufige Begriff nahelegt, sah Below diesen »Dualismus« allerdings im Sinne einer doppelten Bindung an Land und Fürst (S. 60–61).

Merkwürdig ambivalent ist Belows Befassung mit einem oder *dem* ständischen »Widerstandsrecht«. Dieses bejahte er, aber nur beschränkt auf die individuelle und passive Verweigerung im eindeutigen Fall eines unlauteren administrativen Zwanges (S. 67–70). »Die Kompetenz des Landtags« (Kapitel IV) sehe zwar Eingriffe in relevante dynastische Handlungen vor, die bis zur Verweigerung einer Huldigung reichen könnten (§ 1). Dies spiegele aber keine eigentliche Teilhabe an Landesherrschaft wider, sondern das von materiellen Erwägungen gesteuerte Festhalten an der territorialen Integrität des Landes, das das bestimmende Movens diplomatischer Aktivitäten gewesen sei (§ 2). Legislatorische Ambitionen hätten die Stände, mit Ausnahme höchstens in Verfahrensfragen, nicht an den Tag gelegt, wobei das Beharren der Ritterschaft auf der von Landfriedensgesetzen unbeeinträchtigten Fehdeführung im Vordergrund gestanden habe (§ 3). Die Anteilnahme an der Landesverwaltung (§ 4) und »Polizei« (§ 5) sei gering gewesen und dies gelte ebenso für Bereiche, unter die auch religiöse und kirchliche bzw. kirchenpolitische Fragen gefallen seien. Wohl aber hätten die Stände einen starken Zugriff auf die Finanzverwaltung auch jenseits der Steuerbewilligungen genommen (§ 6). Interesse an der Wahrung ihrer Privilegien und an der Wahrung von Ordnung und Wohlfahrt hätten hierfür den Ausschlag gegeben. Kurzum, so ließe sich nach der Darstellung Belows schließen: Die Stände von Jülich und Berg zeigten in ihrer Frühphase gegenüber der Landesverwaltung weder nennenswerte Kompetenzen noch Neigungen, sofern sie keine partikularen (»privaten«) Interessen auf dem Spiel stehen sahen.

In den Quellen des zweiten Teilbandes mit dem Berichtszeitraum 1562 bis 1590 treten die Gravamina der Stände deutlicher hervor. Man möchte meinen, dies gäbe Anlass dazu, auf Dissens oder Konflikt zu schließen. Indes zollte Below diesen Vorgängen, die vor dem Hintergrund der Herrschaftsinstabilität unter Wilhelm V. und dem Aufstand der niederländischen Stände (!) zu sehen sind, keine Aufmerksamkeit: Eine Fortsetzung der Einleitung blieb hier aus, derweil er sich auf kurze »Vorbemerkungen« zu den zehn Abschnitten seiner Quellendarbietung beschränkte. Den Stoff durchdrang er aber nicht – weder bei dieser noch zu anderer Gelegenheit.

Eine eingehendere Befassung würden an dieser Stelle eigentlich Belows Ausführungen zur Steuergeschichte verdienen. Auf den ersten Blick erschließt es sich allerdings nicht, warum Below der »Staatssteuer« einen so hohen Stellenwert einräumte. Beide Teilbände seiner Landtagsakten widmen sich ja der Entstehung, Erhebung und Bemessung von Steuern, ebenso der gesamte dritte Teil seiner Habilitationsschrift, wozu noch mehrere kleinere Veröffentlichungen kommen. Cymorek deutet Belows Räsonnement im Sinne seines grundsätzlichen Anliegens: Entgegen der Annahme einer Diffusion fiskalischer Rechte behauptete Below allerorten die historische Erst- und Vorrangigkeit der landesherrlichen Bede als ›Normalsteuer‹. Abweichungen des ursprünglichen »staatlichen« Hoheitsrechts zugunsten, wie er meinte, privater Abgabepflichten seien im Laufe der Zeit korrigiert worden. »Der Staat« habe also gewissermaßen die Renitenz intermediärer Instanzen zu einem Lernerfolg genutzt. Ernst-Wolfgang Böckenförde stützte das Argument und verwies auf das »versteckte und wissenschaftspolitische Engagement«, das sich »am klarsten in der Beschreibung und Beurteilung des sog. Feudalstaats [zeige]«: Demnach »muß dieser Feudalstaat notwendigerweise in den Bereich der Privatwirtschaft, Unstaatlichkeit und Patrimonialität fallen«.[76] Below dagegen unternahm den Versuch, »im Dunkel patrimonialer Anarchie« (Böckenförde) doch die Präponderanz von Staatlichkeit zu behaupten, »womit er zugleich das historische Königtum gegen das liberale Unwerturteil über dessen patrimoniale Anfänge verteidigte«.[77]

Die Relevanz, die Below der Steuer zuerkannte, versteht sich also aus der Theorie der Entwicklung von Staatlichkeit. Dabei räumte er ein, dass die direkte staatliche Steuer (»Schatz«, »Bede«) noch nicht das gesamte Territorium erfasst habe, zumal Adel und Klerus steuerbefreit waren. Die landständische Steuer habe diese Staatssteuer im Laufe der Zeit als Konsequenz eines gestiegenen Geldbedarfs ergänzt. Sie sei freiwillig, aber unter wachsendem fürstlichem Nachdruck erfolgt und habe sich am Ende eines lange währenden Schwebezustandes etabliert. Die Landstände bildeten nach Below die Institution, die für die Erbringung dieser ständischen Steuer verantwortlich war bzw. gemacht wurde. Sie waren damit, selbst wenn sie sich in vereinzelten Situationen versperrt haben mögen, ein Teil des Staates und verdankten als ein solcher – und zwar von Anfang an – diesem ihre Hervorbringung.

Diese einseitige Darstellung partizipativer Tendenzen verkennt – oder unterschlägt – manche zentrifugale Realität an der Spitze wie in den administrativen bzw. lokalen Substrukturen des Ständestaats (den als solchen zu bezeichnen Below gewiss nicht zugelassen hätte). So war das maßgebliche Regulativ der Beziehung zwischen Fürsten und Ständen der Schuldendienst. Demnach verschafften sich die Stände – eine kleinere Gruppe führender Adelsfamilien in erster Linie – auch in Jülich und Berg durch die, so Dieter Scheler, »planmäßige Übernahme herzoglicher Schulden« viele Vorteile.[78] Dazu gehörten die Sicherung bzw. Hinzugewinnung von Einnahmen, die Anwartschaft auf Schlüsselpositionen in der Zentral- und Mittelverwaltung, die Konsolidierung von Standesexklusivität und unweigerlich auch die Eindämmung der fürstlichen Gewalt im Allgemeinen. Führt man sich mit Scheler vor Augen, dass 39 von 40 Ämtern in Jülich und Berg langfristig verpfändet waren, stellt sich dringend die Frage nach den Konsequenzen für die Herrschaftspraxis auf der unteren Ebene. Diese völlig außerhalb des Gesichtskreises Belows liegende Problematik interessiert die ›neue Verwaltungsgeschichte‹ seit geraumer Zeit. Doch auch im 19. Jahrhundert hätte man fragen können, welches Gewicht neben Pfandherrschaften den beinahe 50 territorialen Unterherrschaften in vor allem Jülich sowie in

---

76 Zit. BÖCKENFÖRDE, Deutsche verfassungsgeschichtliche Forschung, S. 202–203.
77 Zit. ebd., S. 204.
78 Zit. SCHELER, Rendite, S. 128.

Berg zukam. Below wusste seine einmal mehr der Steuergeschichte überwiesenen Überlegungen mit keiner tieferen Erkenntnis zu eröffnen, als dass sie »durchaus keine bedeutende Macht« dargestellt hätten.[79] Als Kategorie der Verfassungsgeschichte – nur als eine solche nahm Below sie wahr –, spielten sie gewiss keine wichtige Rolle. Anders stellt sich dies im Blick auf die Sozial- und Gesellschaftsgeschichte dar, wovon eigenmächtige konfessionspolitische Handlungen, Hexenverfolgungen, die Aneignung und Ausübung des Judengeleits und die signifikante Häufung von Untertanenprotesten zeugen.[80] Bei Below erfährt man darüber nichts, allenfalls dass die Unterherren bis zu einem gewissen Zeitpunkt in der Tat Rechte ausgeübt hätten, die sie aber nicht gehabt hätten – landesherrliche respektive staatliche nämlich, um damit implizit eine Irregularität zu behaupten.

War diese Beschränkung auf das kommentarlose Sammeln von Quellen allein der persönlichen Situation Belows geschuldet, der den zweiten Band seiner Edition erst zwölf Jahre nach dem ersten lieferte und nun anderweitigen Interessen und Verpflichtungen nachging? Oder lag dem strengen Mediävisten die neuzeitliche Thematik fern? Womöglich wäre es ihm indessen in der Sache unmöglich gewesen, sein aus dem 14. Jahrhundert bezogenes Bild der Stände auch auf jene Zeit zu übertragen, da – so die Theorie Johannes Burkhardts – es ausgerechnet *sie* waren, die sich (so in den Niederlanden und in Böhmen) in führender Position in »Staatsgründungskriegen« exponierten.[81] Während Below die Stände somit gewissermaßen einhegte, indem er die gesamte Dimension des politischen und konfessionellen Konflikts ausblendete, überhöhte er sie unzulässig, wenn er suggerierte, es habe »Landstände« quasi immer schon gegeben. Gregor Hecker-Twrsnick sieht dagegen in seiner 2022 erschienenen Untersuchung zur Ritterschaft des Herzogtums Jülich eine institutionelle Verstetigung und eine entsprechende Wahrnehmung von Landständen erst nach 1500.[82] Zuvor, so Hecker-Twrsnick, hätten sie eine sozial eher heterogene, aber durch ein Solidaritätsempfinden geeinte »Genossenschaft« gebildet. Mit dieser ist nun der zentrale Begriff ins Spiel zu bringen, der – in einem negativen Sinne – für Georg von Below leitend war.

»Habe ich widerlegt [...]«: Belows Kampf gegen die Genossenschaftsidee

Die Tragweite des von Below in extenso geführten Räsonnements über die Stände im Westen erschließt sich erst durch die Einordnung in die historiographischen Auseinandersetzungen in der Hochphase der wilhelminischen Zeit. Der von ihm betriebene Aufwand bei der Bearbeitung der Ständeedition versteht sich insbesondere nur dann,

---

79 Vgl. BELOW, Landständische Verfassung III, S. 183–198.
80 Vgl. LAUX, Gravamen, u. GABEL, Widerstand.
81 So der oft zitierte Beitrag von BURCKHARDT, Der Dreißigjährige Krieg (1994).
82 Vgl. HECKER-TWRSNICK, Ritterschaft, S. 227–242, Zit. (»Genossenschaft«) S. 244.

wenn man die publizistischen Auseinandersetzungen, in die er sich in den letzten Jahren des 19. Jahrhunderts förmlich hineingestürzt hatte, auch abseits des erbitterten Kampfes mit Karl Lamprecht im Für und Wider der »Kulturgeschichte« zur Kenntnis nimmt. In seinen ständegeschichtlichen Schriften galt Belows Referenz nämlich einem anderen als Lamprecht: Otto (ab 1911 »von«) Gierke (1841–1921).

Gierke hat in der neueren Geschichtswissenschaft ab 1945 nur eine geringe Wahrnehmung erfahren. Anders war dies im Kaiserreich. Die Frontstellung, die Below gegenüber Gierke bezogen hatte, wurde indes erst von Otto Gerhard Oexle (1939–2016) und Peter Blickle (1938–2017) herausgestellt[83]: »Below sah nach seinen eigenen Worten in Gierke ›den eigentlichen Widerpart‹ und selbst nach dessen Tod den ›alten Gegner‹, dessen gefährliche ›republikanische Gesinntheit‹ bekämpft werden mußte.«[84] Es sei erwähnt, dass auch Familienmitglieder Gierkes – und zwar die weiblichen – als engagierte Sozialpädagoginnen bekannt waren und deshalb dazu beigetragen haben werden, auf die Person Gierkes die Idee des Sozialen gewissermaßen brennspiegelartig zu fokussieren.[85] Während Below Gierke im ersten Band der Landtagsakten nur dreimal beiläufig erwähnte, hatte er ihn im zweiten Aufsatz seiner »Landständischen Verfassung« 1886 bereits massiv angegriffen.[86] Vor allem aber in seinem Spätwerk, »Der deutsche Staat des Mittelalters«, nahm sich Below Gierke in extenso vor. Seine »Widerlegung der Gierkeschen Auffassung«, so schrieb Below selbst, meinte er aus seinen Studien zu Jülich und Berg ableiten zu können.[87]

Für Gierke kennzeichnete die Dichotomie von »Genossenschaft« und »Herrschaft« den Verlauf der Geschichte. Seine Gesellschaftsauffassung ging von der ursprünglichen Freiheit sozialer Verbände außerhalb staatlicher Organisation aus, an deren Ende, das durch das Ende des Alten Reichs markiert wurde, die Durchsetzung des staatlichen Gewaltmonopols stand. Die durch »Assoziation« – das ist der zentrale Begriff bei Gierke – formierte Gemeinschaft wirkte für ihn als ein »ganzes mit überindividueller Lebenseinheit«, also nicht nur als institutioneller Zusammenschluss von Individuen. Die Körperschaft, die eine Art der Verbandsperson bildete, sah er als frei geschlossene und rechtsfähige Vereinigung. Diese Auffassung widersprach der von den »Germanisten« um Savigny vertretenen Fiktionstheorie, die die Rechtsfähigkeit juristischer Personen öffentlichen Rechts (d. h. auch Körperschaften) rundweg abstritt. Diesem Punkt – der Behauptung einer Selbstautonomisierung von Gruppen – trat Below vehement entgegen. Seine Beweisführung ging insofern ins Kategoriale, als sie Gierkes Auffassung in der

---

83 OEXLE, Gierkes »Rechtsgeschichte der deutschen Genossenschaft«, hier S. 211.
84 Zit. BLICKLE, Otto Gierke als Referenz?, S. 249. Vgl. auch CYMOREK, Historiker, insbes. S. 507.
85 So seine aus einer wohlhabenden jüdischen Verlegerfamilie stammende Ehefrau Lili (1850–1936) und seine Töchter Anna (1874–1943) und Hildegard (1880–1966).
86 BELOW, Landständische Verfassung II, S. 62–67.
87 Zit. BELOW, Staat des Mittelalters, S. 270, Anm. 2, auch DERS., System, S. 59, Anm. 2.

Breite angriff: So war es ihm darum zu tun, die Genese der Stände, ihrer Kompetenzen, ihr Wirken und auch ihre Kompetenzansprüche vom Prinzip der Autonomie abzulösen.

Below muss sich durch den von Gierke historisch unterlegten Genossenschaftsbegriff viel stärker herausgefordert gefühlt haben als durch das Wenige, was Gierke über Stände tatsächlich sagte. In seinem »Genossenschaftsrecht« von 1868 widmete er den »Landständecorpora«, wie er sie nannte, nämlich gerade einmal 20 von 1.111 Seiten.[88] Dabei charakterisierte er die Entwicklung der Stände dahingehend, dass sie ihrer öffentlich-rechtlichen Grundlage zugunsten einer nur privatrechtlichen Geltung beraubt worden seien. Damit hätten die »Privilegskorporationen« ihren genossenschaftlichen Zweck und Anteil eingebüßt. Gierke machte keinen Hehl daraus, dass er dies als eine Fehlentwicklung ansah, die den von ihm als negativ und sogar widernatürlich konnotierten »Absolutismus« freigesetzt habe. An anderer Stelle sprach er provokanter noch von »Staatsabsolutismus«, wobei die Verwendung dieser Vokabel, die 1868 noch als Neologismus gegolten haben dürfte, an sich bemerkenswert ist. Immerhin konzedierte er, dass der »Absolutismus« zur Nivellierung feudaler Strukturen beigetragen habe.[89]

Gierke stellte in seinem »Genossenschaftsrecht« eine negative Bilanz wie folgt auf: »Statt daß ein naturgemäßer Fortschritt die Erkenntniß der staatsrechtlichen Natur der scheinbaren Verträge als wirklicher V e r f a s s u n g s vereinbarungen, mithin als Gesetze gebracht hätte, ging selbst die Vorstellung von der Möglichkeit einer aus Vereinbarung fließenden lex verloren.«[90] Und wenig später: »Die Verbindlichkeit der Gesammtbeschlüsse, der Umfang der korporativen Autonomie und Gerichtsbarkeit gegen die Glieder, die Geltung der Stimmenmehrheit verloren an Terrain, statt zu gewinnen; an Stelle eines lebendigen Gemeinsinns trat elender Streit über kleinliche Dinge […].« Gierkes Aussage, dass »selbst die alten Konföderationsurkunden« im Nachhinein »in dem ihnen ursprünglich fremden Sinne« als privatrechtliche Bestimmungen aufgefasst wurden, bedeutet eine Verkehrung geschichtlicher Prämissen in der Zeit selbst, derweil Below gegenüber Gierke das Gegenteil behauptete und diesem eine Manipulation von Tatsachen anlastete. Dabei hatten Gierke und Below über die Marginalisierung ständischer Kompetenzen im Laufe der Frühen Neuzeit vermutlich keine Differenz, wohl aber über deren Umstände und Bewertung. Während Gierke nämlich von einem positiven Urzustand ausging, dessen Untergrabung durch den Staat einen Prozess der Freiheitsberaubung darstellte, stellte Below in Abrede, dass die Anfänge korporativer Gemeinschaftsbildung überhaupt durch Selbstermächtigung zustande gekommen seien. Er sah darin vielmehr eine Folge staatlicher Ermächtigung (oder besser: Gewährung). In der Logik beider kam

---

88 Gierke, Genossenschaftsrecht 1, S. 801–822; vgl. das kurze Resümee bei Krüger, Landständische Verfassung, S. 39–42.
89 Vgl. zur Verwendung der Begriffe »Absolutismus« und »Aufklärung« bei Gierke die Reflexionen von Espenhorst, »Der absolute Staat«, hier S. 235–236.
90 Nachfolgende Zitate bei Gierke, Genossenschaftsrecht 1, S. 803 (Sperrung im Text) bzw. 805.

es daher zentral darauf an, die Entstehungsumstände korporativer Autonomie zu beleuchten.

Man mag dafürhalten, dass es sich hierbei um einen Streit geltungsbedürftiger, ja zelotischer Gelehrter handelte, dessen Gegenstand zeitlich weit entlegen und ohne jede Relevanz war. Dies dürfte schließlich auch die Fehde Belows mit Lamprecht weitenteils gekennzeichnet haben, derweil Lamprechts Interesse an Psychologie und Materialität in der Geschichte dem gestrengen Etatisten Below zwar anstößig, aber doch ziemlich harmlos erschienen sein muss – weil ohne eigentliche politische Tendenz. Anders im Falle Gierkes, in dessen Denken ein Freiheitsideal zentral angelegt war, das von ihm zwar weder als egalitär noch individuell aufgefasst wurde, das aber die Herbeiführung einer Repräsentativverfassung mit sich zog.[91] Diese Konsequenz ließ Gierke nicht im Dunkeln: Dem harmonisierenden organischen Denken seiner Zeit entsprechend, wünschte auch er einen Ausgleich von Staat und Staatsbürgergesellschaft. Originär war indes die liberalkonstitutionelle Ausrichtung seines Ansatzes, der zufolge genossenschaftliche Elemente als Korrektiv zentralistischer Staatlichkeit festgeschrieben werden sollten: nicht bloß durch Versprechen, sondern vermittels einer »repräsentativen Verfassung«.[92] Die »Associationsidee« habe somit entscheidend dazu beigetragen, »den Staat […] in das Volk zurückzuverlegen«. Mit anderen Worten: Die freie Genossenschaftsbildung habe »der Idee, daß der Staat nichts anderes als das organisierte Volk ist, Ausdruck gegeben und diesen Staat unter obrigkeitlicher Spitze, aber auf die Grundlage der Staatsbürger gebaut«. Den »Staat« und die »Genossenschaft der Staatsbürger« erachtete Gierke als identisch.

Dem streitbaren Below, der ungebrochene promonarchische und antiparlamentarische Ansichten vertrat, lagen solche Gedanken fern. Er sah den Staat als den eigentlichen Stifter von Gemeinsinn, keiner Läuterung und keines Korrektivs bedürftig, außerdem exklusiv befähigt zu konstruktiver gesellschaftlicher Wirksamkeit. Durch den von Gierke vertretenen Dualismus wird sich Below gewiss an Marx' Geschichtsphilosophie erinnert gefühlt haben, in der mit »Arbeit« und »Kapital«, »Freiheit« und »Knechtschaft«, »Proletariat« und »Bourgeoisie« ebenso dichotome Kategorien zentral angelegt waren. Schließlich war Marx' erster Band des »Kapitals« nur ein Jahr vor Gierkes erstem Band des »Genossenschaftsrechts« erschienen. Die teleologische Ausrichtung ihres geschichtlichen Denkens war beiden zu eigen. In Kenntnis der Persönlichkeit Belows muss die Verneinung der ständischen Autonomie in der Vergangenheit folglich als ein Stellvertreterthema zur Begründung zeitbezogener Meinungen erachtet werden. Wenn sich, so Peter Blickle, im Denken Gierkes »Einheit […] eher mit Herrschaft verknüpft, Freiheit eher mit Genossenschaft«, dann lag darin wenige Jahre vor der Reichsgründung in der Tat eine große »Brisanz«, insofern als Otto von Bismarck 1867 soeben Kanzler eines »Norddeutschen Bundes« geworden war, dessen Verfassung bereits die des Kaiserreichs

---

91 Vgl. KÜHNE, Bedeutung der Genossenschaftslehre.
92 Zitate bei GIERKE, Genossenschaftsrecht 1, S. 655.

vorzeichnete. *Diese* Einheit hätte demnach mit Unfreiheit bezahlt werden müssen. Die Ruhmestaten Preußens wären in ihr Gegenteil verkehrt worden.

»Belows Versuch«, so noch einmal Oexle[93], »den öffentlich-rechtlichen Anstaltscharakter und die monistische Struktur mittelalterlicher Staatlichkeit zu erweisen, hat seine Wurzeln in seinem Bestreben, die Monarchie in Deutschland von dem Makel ihrer Herkunft aus privatrechtlicher und patrimonialer Gewalt zu befreien; er richtete sich gegen das liberale Unwertsurteil über diese Anfänge, wie es auch in Gierkes ›Feudalismus‹-Begriff steckt. Und er richtete sich darüber hinaus gegen die liberalen und demokratischen Züge in Gierkes Genossenschaftstheorie, hinter der Below eine ›republikanische‹ Gesinntheit erkannte.« Marx und Engels ließen ständische Traditionen als Teil einer Emanzipationsgeschichte des Proletariats gar nicht erst zu, sondern sahen sie vielmehr als Ausflüsse einer Täuschungsabsicht der herrschenden Klasse.[94] Gierkes weitreichender historischer Rückgriff auf die städtische wie urbane Welt galt dem Ursprungsnachweis der Genossenschaftsidee, für deren Aufrechterhaltung er somit Anciennität und Tradition ins Feld führte. Somit versteht sich, dass Below sich auf eine Beweisführung verlegte, die den Genossenschaftsgedanken durch die Kappung seiner Wurzel zu enthistorisieren suchte. Waren »Dörfer, Städte und Stände«, so Blickle, »die eigentlichen Themen Gierkes«[95], musterte Below dessen Werk und konzipierte mit dem Fokus auf Gierke seine eigenen Publikationen: systematisch, komplementär, dabei stets kontradiktorisch.

Begünstigt durch den durch die »Gesellschaft« erteilten Auftrag, unternahm Below eine Beweisführung anhand eines einzelnen (Doppel-)Territoriums, die er in anderen Konstellationen gewiss ganz ähnlich verfolgt hätte. Es ist bemerkenswert, dass die Landesgeschichte, die ja nach landläufigem Sinne als zurückgezogen galt und teils noch gilt, schon hier eine paradigmatische Funktion erfüllte. Man fühlt sich an die von Hermann Aubin entwickelte historische Kulturraumforschung erinnert, die dieselbe Tendenz hatte und nach ihrer methodischen Ausformung und wissenschaftspolitischen Bewerbung wie ein Passepartout auf andere Regionen übertragen wurde. Dass Aubin ein Schüler Belows war, der ihm post mortem zugutehielt, für die »Reinhaltung der Disziplin« eingetreten zu sein[96] – gemeint war hier die Wirtschaftsgeschichte respektive unzweifelhaft Karl Lamprecht als Antipode Belows –, stützt die Annahme einer Geistesverwandtschaft dieser beiden ungemein einflussreichen Historiker.

---

93 Zit. OEXLE, Otto von Gierkes »Rechtsgeschichte der deutschen Genossenschaft«, S. 212–213.
94 Nachweise bei LAUX, Das »Organische«, S. 137–138.
95 Zit. BLICKLE, Otto Gierke als Referenz?, S. 250.
96 Zit. AUBIN, Georg von Below, S. 18. Aubin hatte unter Below 1910 seine Promotion abgeschlossen.

»Anfänge« statt »Entwicklung« – was bei Below fehlt

Below zeichnete ein Bild, in dem Vielfalt zugunsten von Gleichförmigkeit zurückgestellt wurde. Mit der Aussage verbindet sich nicht etwa Kritik an einer Reduktion von Masse und Komplexität, derer sich jede Aufarbeitung serieller Überlieferungen bedienen muss. Vielmehr kommt in Belows Edition eine monothematische Betrachtungsweise zum Ausdruck, die die Abbildung fundamentaler Lebens- und Sozialbereiche – je nach Sichtweise – als Voraussetzung oder zur Folge hat.

Die Limitierungen zeigen sich zunächst auf dem ureigensten Gebiet Belows: Dieser imaginierte in seinem natürlich vorkonstitutionellen Gegenstandsfeld stets formale und moralische Normzustände, die er vermittels einer auf primordiale Situationen ausgerichteten Spurensuche ableiten zu können glaubte. Damit erklärt sich das bei ihm immer und überall vorwaltende Interesse an »Anfängen« und »Ursprüngen«, die aber nicht, wie heute im Sprachgebrauch üblich, Initiale von Veränderungen markierten, sondern Festschreibungen des Status quo. Das ist mitzudenken, wenn Hermann Aubin Below attestierte, dieser habe sich im Zuge der Arbeit an der Edition zum »Verfassungshistoriker« gewandelt.[97] Diese sehr statisch angelegte »Verfassungsgeschichte« war in ihrem normativen Sinne axiomatisch. Sie konnte unmöglich die Abirrungen der Realgeschichte aufnehmen, am allerwenigsten die Dynamik des reformatorischen bzw. konfessionellen Zeitalters, das – ausgerechnet am Grenzsaum des Herzogtums Jülich – mit der Republik der Vereinigten Niederlande das erste nicht feudale Staatswesen der Neuzeit aus ständischer Initiative hervorbrachte.

Selbst dem Anspruch als »politischer Historiker« (Cymorek) wurde Below nicht gerecht, da er für kein Wirkungsfeld staatlichen Handelns mit Ausnahme nur der Steuerverwaltung und der Landesdefension ein systematisches Interesse aufbrachte. Hätte er dies getan, sich beispielsweise für zentralbehördliche Funktionsteilung, Justizordnung und -praxis oder disziplinarische Maßnahmen oder irgendein anderes Feld der »guten Polizey« interessiert, hätte er seine Quellen auswählen, Verbindungen schaffen und zusätzliche Evidenz aus anderen als ständischen Serien herbeibemühen müssen. Ein normaler analytischer Prozess also. Stattdessen schüttete Below aus, was er fand, in erster Linie Dokumente fiskalischer Bedeutung: in der Zahl 830 Quellennummern und noch viel mehr Betreffe in den Fußnoten. Für eine Edition im Geiste des Positivismus wäre dies vielleicht ausreichend gewesen, nicht aber für die Aufstellung einer Theorie über Freiheit und Herrschaft. Sie klammert nicht weniger als das gesamte Spektrum des geistigen Lebens komplett aus, kennt keine alte Kirche und keine neue, kein fürstliches Kirchenregiment, kein Schulwesen, keinen Humanismus und keine *devotio moderna*, keine

---

[97] »Erst im Verlauf dieser Arbeit ist bei ihm nach dem eigenen Zeugnis die Erkenntnis zum Durchbruch gekommen, dass er zum Verfassungshistoriker geboren sei« (Zit. AUBIN, Georg von Below, S. 4).

Reform oder sonst irgendein Feld außerhalb des »Staats«, wobei auch dieser durch kaum mehr als die Person des Dynasten verkörpert wird.

Auch als »Wirtschafts-«, geschweige denn als »Sozialhistoriker« gibt sich Below in den Landtagsakten nicht zu erkennen. In seiner »Landständischen Verfassung« hatte er zwar den Vermögensverhältnissen des Ritterstandes »rein rechtsgeschichtlich« (Aubin) nachgespürt; materielle, mithin lebensweltliche Aspekte standen ihm indes fern, sodass die Erwartung von Anknüpfungen an die gewerbliche Entwicklung – man denke nur an die berühmte »Wuppertaler Garnnahrung« – illusionär wäre: Der »Wirtschaftshistoriker« Below verwahrte sich gegen einen derartigen Materialismus, wovon die Fehde mit Karl Lamprecht beredten Ausdruck gibt.[98] Aber diese steht eben nicht allein für die Infragestellung der politischen Geschichte, deren Primat Belows Kollege Dietrich Schäfer (1845–1929) noch vehementer als er selbst verteidigte: Auch in der so genannten Jüngeren Historischen Schule der Nationalökonomie um Gustav Schmoller (1838–1917) war ein großes Interesse am Verständnis der sozialen Welt erwachsen, ungeachtet der plausiblen Annahme, dass es im Selbstverständnis der »Kathedersozialisten« weniger in Empathie gegenüber den unterprivilegierten Klassen als in Furcht vor ihrem Aufbegehren gründete.[99]

Die Auslassungen der Edition verbinden sich aber natürlich nicht nur durch individuell bedingte thematische Engführungen, sondern durch die Unfertigkeit des Gesamtunternehmens. Während vom persönlichen Schicksal Goldschmidts die Rede war, muss aus heutiger Sicht in erster Linie das Fehlen des Schlussteils beklagt werden. Doch auch der Ansatz 1624 war nur bedingt konsistent: Im Laufe seiner Bearbeitung hatte Friedrich Küch erkannt, dass in Jülich-Berg von 1611 bis 1624 keine regulären Ständeverhandlungen stattgefunden hatten, weshalb er die politischen Verhandlungen dieser Zeit auf eine andere Edition verwiesen sehen wollte. Tatsächlich hatte sich die »Gesellschaft« 1891 – wieder auf Initiative Moriz Ritters – auch eine Edition von »Akten der Jülich-Klevischen Politik Kurbrandenburgs 1610–1640« vorgenommen. Hier wird Ritter vor dem Vorstand 1891 wie folgt zitiert: »Es ist klar, dass unter den Vorgängen der neueren rheinischen Geschichte die Begründung, Befestigung und Bethätigung der brandenburgisch-preussischen Herrschaft ein wichtiger oder schlechtweg der wichtigste Verlauf ist.«[100] Dieses Unterfangen sollte allerdings zu den gescheiterten Publikationen der »Gesellschaft« zu zählen sein.[101] Da Küch zu seinem Part der Ständeedition nur bis 1630 lieferte, fehlt

---

98 So auch AUBIN, Georg von Below, S. 5.
99 So dürfte die Darstellung von Gerhard Oestreich aus dem Jahr 1969 zu den Anfängen der Sozialgeschichtsschreibung im späten 19. Jh. zu verstehen sein (OESTREICH, Fachhistorie).
100 Vgl. JbGRhG 12 (1892), S. 29.
101 Mit der Ausweitung der von Ritter in verschiedenen Archiven geleisteten Vorarbeiten war 1894 der Kölner Lehrer Dr. Hugo Löwe (1862–1930) betraut worden, nicht zu verwechseln mit dem aus Breslau stammenden Archivar Victor Loewe (1871–1933). Unter ihm sollte die Arbeit aber nach einem Jahrzehnt stehen bleiben, da er, wie es 1905 hieß, »sich einer anderen Tätigkeit zugewandt hat« (ebd. 25 [1905], S. 35). Die

ausgerechnet jener Abschnitt, in dem die Auseinandersetzungen zwischen Fürst und Ständen eskalierten. Damit blieb beispielsweise die Phase des Dreißigjährigen Krieges, in der die linksrheinische Region am massivsten heimgesucht wurde (der »Hessenkrieg am Niederrhein«), außen vor. Die politischen Implikationen waren umso drastischer: »Der Kampf der Stände mit dem Pfalzgrafen um Steuerbewilligungsrechte und Steuerverwaltung«, so Rainer Walz, »wurde von 1635 bis 1649 von dem Versuch begleitet, ein vom Fürsten gänzlich unabhängiges Steuersystem aufzurichten«.[102] Bemerkenswert ist auch die wechselseitige Mobilisierung von Unterstützung: 1637 bis 1639 organisierten die Stände Untertanenversammlungen gegen die Umlage von Steuern, während der Pfalzgraf sich auf dem »Bauernlandtag« im April 1639 Steuern bewilligen ließ, was auf Einwirken der Stände vom Kaiser aber kassiert wurde.[103] Die Landstände erneuerten 1636 und 1647 die seit 1496 bestehende Erbunion mit Kleve, um die eigene Position gegenüber dem Pfalzgrafen zu stärken. Der Konflikt wurde nach gegenseitigen Zugeständnissen im Vergleich vom 25. September 1649 beigelegt. Ob, wie behauptet, 1653 eine Zäsur im Sinne einer Befriedung der Verhältnisse von Fürst und Ständen zu setzen ist, scheint zweifelhaft. Denn unter den Pfalzgrafen Philipp Wilhelm (1653–1690) und Johann Wilhelm (1690–1716) setzten sich diese Differenzen fort.

Die Rezeption der Edition

Die Rezensenten zollten Below für seinen ersten grundlegenden Band die gebührliche Anerkennung, unter ihnen die Archivare aus dem unmittelbaren Umfeld, Harleß, Redlich und Küch. In der kurzen Anzeige in der »Historischen Zeitschrift« monierte ein von der Verschachtelung der Quellenabschnitte irritierter Rezensent (J. Hartung) lediglich, der Band verrate ein »nicht zu verkennendes Schwanken zwischen den weiteren Aufgaben eines territorialen Urkundenbuchs und den besonderen Zielen einer derartigen Spezialpublikation«. Offenbar wurde die Edition in ihrer Zeit aber durchaus geschätzt. So bezeichnete sie der Marburger Privatdozent und spätere Greifswalder Professor Hans Glagau 1901 als Muster und Vorbild seiner Edition der hessischen Landtagsakten.[104]

Fortsetzung fiel 1913 Dr. Karl Schumacher zu (ebd. 32 [1912], S. 15). Während man anfangs hoffte, sein Manuskript könne im Folgejahr fertiggestellt werden, wurde diese Hoffnung zunichtegemacht, als er zu Beginn des Krieges eingezogen wurde und am 3.1.1916 starb (vgl. PABST, Gesellschaft, S. 153, Anm. 188). Ritter hatte sich seit der Einberufung Schumachers nicht mehr in der Lage gesehen, die Edition auf den Weg zu bringen (Einzelheiten dazu in JbGRhG 34 [1914], S. 13–14). Der mit der Sichtung der Hinterlassenschaften Schumachers beauftragte Remscheider Oberlehrer Dr. Otto Hollweg zog sich spätestens 1925 von der Arbeit an der Edition zurück (ebd. 45 [1925], S. 10), die damit endgültig versandete.

102 Zit. WALZ, Stände, S. 112.
103 Vgl. ebd., Kap. 7, dort S. 191–196.
104 Vgl. LOEWE, Bücherkunde, S. 7.

Dem zweiten Teilband der Edition wurde viel weniger Wahrnehmung zuteil, was auch für den von Friedrich Küch herausgegebenen gilt.[105]

Die wohlmeinenden Kommentare der Rezensenten bezogen sich im Wesentlichen auf institutionelle und editorische Aspekte, ohne die politischen Implikationen zu überdenken. Eine Reaktion in der Sache bot dagegen Joseph Hansen, der anlässlich eines Vortrags vor der »Gesellschaft« im März 1907, der in die vielbeachtete Sammelschrift »Ziele und Aufgaben. 1881–1906« einfloss, auf die Edition rekurrierte.[106] Dabei zog Hansen eine bemerkenswerte Quintessenz des ersten Below'schen Bandes, dessen zweiter soeben im Druck war: Die Edition beweise, dass die Unterwerfung der Stände am Rhein nicht stattgefunden und sich ein fürstliches Gewaltmonopol (»Absolutismus«) folglich nicht herausgebildet habe: »Durch Unterwerfung der Landstände«, so Hansen, »ist die Staatseinheit in der Hand der Fürsten concentriert worden. Diejenigen Territorien, in denen die Steigerung der Krongewalt am vollkommensten gelang, wie im brandenburgisch-preussischen Staat östlich der Elbe, gewannen dadurch eine ausserordentlich vermehrte Stoss- und Schlagkraft. Da ist nun für die Rheinlande charakteristisch, dass hier die Unterwerfung der Stände nicht durchgeführt worden ist.« Die weitere Einschätzung sei ausführlich zitiert, weil die gewählten Worte in beeindruckender Weise Ausdruck der Spannung zwischen Retardierung, Statik und Dynamik sind[107]:

> »Diese Conservierung des Ständewesens am Rhein hat nun einerseits dazu beigetragen, dass es in einer Epoche, wo anderwärts der fürstliche Absolutismus seinen Siegeszug hielt, hier zu einem aktiven politischen Leben, das sich in grossen und weitreichenden Plänen und Entwürfen äusserte, nicht kommen konnte. Der politische Schwerpunkt Deutschlands wurde damals endgültig nach dem Osten verlegt, und die rheinischen Territorien mit ihrem Mangel an concentrierter staatlicher Kraft gerieten in andauernde Abhängigkeit von Frankreich. Andererseits aber hat diese landständische Verfassung, wenn sie sich auch als unfähig erwies, aus sich heraus Neues zu entwickeln, doch die Continuität in der politischen Mitarbeit des Landes gewahrt. Hier konnte daher, als im Zeitalter der französischen Revolution offenbar wurde, dass der fürstliche Absolutismus seine historische Aufgabe der straffen Zusammenfassung und Vereinheitlichung staatlicher Gebilde vollendet habe und dass fortan eine selbständige Mitwirkung der im Volke lebenden Kräfte am Staate unvermeidlich sei, nicht nur der grosse Reformator des preussischen Staates, der Freiherr vom Stein, entscheidende Anregungen für sein Werk empfangen, sondern es haben auch, seit die Rheinlande 1815 dem preussischen Staatswesen einverleibt wurden, die Ideen des modernen Verfassungsstaates hier einen kräftigen Wurzelboden gefunden. Für die Überleitung des absolutistischen Staates Preussen in einen konstitutionellen Rechtsstaat ist der rheinische vormärzliche Liberalismus bedeutsam geworden, der – wenn

---

105 Siehe die Liste der mir bekannten Rezensionen im Anhang dieses Aufsatzes.
106 Zit. HANSEN, Gesellschaft, S. 82–83.
107 Das Folgende aus HANSEN, Gesellschaft, S. 83.

auch unter Abwandlungen, die sich aus dem neuen Begriff der Volksrepräsentation ergaben – durch die Epoche der französischen Fremdherrschaft hindurch mit der landständischen Verfassung der alten rheinischen Territorien mannigfach verknüpft ist.«

Diese Worte sind in Kenntnis der Persönlichkeit Hansens so zu verstehen, dass ständisch geprägte Territorien das Manko fehlender staatlicher Ordnungsmacht, die intermediären Instanzen aber immerhin ein Korrektiv gegenüber einer Überspannung fürstlicher Souveränität bildeten. In seiner Gesamtdarstellung zur preußischen Herrschaft über die Rheinprovinz von 1918 stellte Hansen diese Situation indes als einen Mangelzustand dar, den es von beiden Seiten zu beheben gelte[108]: »Zwei gleich starke Mächte im Staate lähmen die staatliche Kraft, insbesondere kann die Steuerverweigerung den ganzen Mechanismus des Staats in Frage stellen. Der fürstlich-ständische Dualismus hatte sich daher in inneren Reibungen verzehrt.« Als die wünschenswerte Lösung stand Hansen eine konstitutionell eingehegte staatliche Gewalt vor Augen, aber unter der Voraussetzung der Anerkennung liberaler Grundsätze und damit einer mentalen Anpassung: Denn »diese Auffassung des staatlichen Gehenlassens, die nach 1860 vorherrschend wurde, stand mit der preussischen Tradition und den erprobten Lebenskräften des preussischen Staates in Widerspruch«.[109]

Umfassende ständegeschichtliche Forschungen zu den rheinischen Territorien sind rar gesät, was insbesondere für Jülich und Berg gilt. 1980 stellte Rainer Walz die These auf[110], dass die Landstände dort im 16. Jahrhundert noch wirkungsvolle Intermediäre zwischen Untertanen und Fürsten gebildet hätten und als solche – das heißt als legitimierte Vertretung des »gemeinen Mannes« – auch anerkannt worden sein. Institutionelle Partizipationsforderungen, gar gewaltsame Interessenskollisionen seien so abgewendet worden. Gegen Ende der 1630er Jahre aber, also inmitten des Dreißigjährigen Krieges, sei dieses vergleichsweise stabile System aufgebrochen worden, indem der Adel die Untertanen mit dem Ziel der Abwendung landesfürstlicher Steuern gegen den Pfalzgrafen mobilisiert habe. Es sei dahingestellt, da hier nicht zu bewerten, ob der von Walz beschriebene Wandel der Stände von einer integrativen zu einer konfrontativen (dualistischen) Wirkung einer vertieften Analyse standhalten würde. Hier genügt die Feststellung, dass eine anhand sozialwissenschaftlicher Fragestellungen entwickelte Forschung an den regionalen Ständen (das gilt für die gesamte Region!), wie sie Walz in seiner Bielefelder Dissertation unternahm, thematisch, methodisch und auch chronologisch außerhalb des Horizonts der hier behandelten Ständeedition und ihrer Bearbeiter lag.

---

108 Zit. DERS., Preußen und Rheinland, S. 24.
109 Zit. ebd., S. 164.
110 Vgl. WALZ, Stände, Kap. 7.

Landstände – etwa doch »Genossen« des Staats? Ein Fazit

»Indem ihn der Zufall einer übertragenden [!] Quellenedition in das Wesen des Territorialstaats einführte, indem er früh erkannte, daß das Verständnis der deutschen staatlichen Entwicklung auf dieser Ebene, nicht auf der des Reiches zu gewinnen sei, stand bald für ihn als das Endziel seiner Arbeit fest eine Darstellung des deutschen Staates im Mittelalter.«[111] Im Sinne dieser belobigenden Aussage Hermann Aubins hatte Georg Below in den ersten Zeilen seiner Edition von 1895 »den deutschen Landesherren unsern Dank« dafür ausgesprochen, dass sie alle auseinandergetriebenen Einzelrechte im so errichteten Staat zusammengeführt hätten.[112] In diesen »Dank« wollte Below die Landstände eingeschlossen sehen, denn sie hätten sich als »Genossen« des Staats erwiesen und »großartige Thätigkeit für die Ausbildung des deutschen Territorialstats« geleistet. Vom Vorwurf des »engherzigen Egoismus« müssten sie, die doch »während eines gewissen Zeitraums für das gemeine Beste des Territoriums eingetreten sind«, daher freigesprochen werden. An anderer Stelle pochte Below auf die »stets« von ihm vertretene »Auffassung, daß die Landstände im alten Territorium eine Landesvertretung, eine Vertretung der Gesamtheit, eine Volksrepräsentation gewesen seien und nicht etwa nur sich und ihre Hintersassen vertreten hätten«.[113]

Wie ist *das* aus dem Munde des Staatsapologeten Below zu verstehen? Sein Biograph Hans Cymorek bemerkt dazu, dass hiermit – es geht um eine Rezension aus der zweiten Jahreshälfte 1918 – die zuvor im Grunde harmlosen Auslassungen Belows an politischer Brisanz gewonnen hatten[114]: »Ständestaatliche Ideen als Gegenentwurf zur verhaßten parlamentarischen Demokratie besaßen nun auch für Below einen beträchtlichen Reiz jenseits akademischer Modellbildungen.« Und tatsächlich: Hatte Below seine große Schrift »System und Bedeutung der landständischen Verfassung« noch mit der Feststellung eröffnet, »das öffentliche Interesse der Gegenwart« sei für dieses Thema »nicht günstig«, so bemerkte er in der Neuauflage dieser Schrift 1923 in veränderter Diktion, nun befassten sich damit nicht nur einzelne Wissenschaftler, sondern es sei auch ein »praktisches« Interesse erwachsen.[115] Von einem »Paradigmawechsel«, so Kersten Krüger[116], ist bei Below aber nicht zu sprechen. So schrieb er die Hochkonjunktur der Ständethematik »der Ratlosigkeit der Formaldemokratie« zu, die gar nicht anders könne, als »auf die ältern Vertretungsformen« zurückzublicken.[117] Für ihn selbst waren und blieben

---

111 Zit. AUBIN, Georg von Below, S. 4–5.
112 Zit. BELOW, Landtagsakten I, S. 3.
113 Zit. DERS., Staatsrecht, S. 222.
114 Vgl. CYMOREK, Georg von Below, S. 112.
115 Zit. BELOW, System, 1. Aufl., S. 163, bzw. 2. Aufl., S. 53. Auf die signifikanten Unterschiede in den Fassungen 1918 u. 1923 verwies schon CYMOREK, Georg von Below, S. 112, Anm. 189.
116 Zit. KRÜGER, Landständische Verfassung, S. 47.
117 Zit. BELOW, System, 2. Aufl., S. 53.

die »alten Landtage« aber keine Hervorbringungen eines emanzipatorischen Prozesses, die einen *konfrontativen* Dualismus zur Folge hatten. Vielmehr wollte er sie für einen immer schon gewesenen Teil von Staatlichkeit halten, insofern mit der Konsequenz eines *einvernehmlichen* Dualismus.

Below, der sich ab 1907 im deutschnationalen Milieu auch aktiv zu betätigen begonnen hatte, war vor wie nach dem Krieg ein entschiedener Gegner jedweder Form von Demokratie, zumal in Verbindung mit Pazifismus.[118] Als Monarchist war er gleichzeitig von der imperialen Sendung Deutschlands überzeugt, der aber nicht »ein autonomer völkisch-nationaler Kolonisationstrieb, sondern die politische Einsicht und Führungsbefähigung genialer Herrscher« zugrunde lag.[119] Nach dem Krieg, als Below den Soldatentod zweier Söhne hinter und das Schreckensbild einer bolschewistischen Rätediktatur vor sich sah, könnte die Option einer ständestaatlichen Verfassung für ihn unter Umständen ein gerade noch hinnehmbares Übel gewesen sein. Und hatten die Stände alter Zeit »den reinen Volkswillen« nicht eher vertreten, als es »das schärfste Prinzip der Demokratie« ersinnen könnte?[120] Dennoch: Seine Geschichte der »landständischen Verfassung« ist die Behauptung einer *Diskontinuität*, nicht des Gegenteils.[121]

Die von Below erdachte Präfiguration von Staatlichkeit, die in seiner zitierten Referenz an die Vorläufer im Mittelalter zum Ausdruck kommt, muss als Wunschdenken einer in Hyperkonformität erstarrten borussischen Geschichtsschreibung angesehen werden. »Analyse und Bekenntnis gehen ineinander über, wissenschaftlicher Anspruch und unverhüllte ›Tendenz‹ vereinen sich scheinbar mühelos«, diagnostizierte Cymorek.[122] Diese »Tendenz« radikalisierte sich durch sein persönliches Profilierungsbedürfnis und seine bis ins Extreme übersteigerten akademischen Verfeindungen. Doch sie wurzelten tief in einer Daseinsauffassung, die die konstitutiven Elemente der Moderne als Verfallserscheinungen oder schiere Widrigkeiten ablehnte, nenne man sie Autonomie oder Mitbestimmung, Widerspruch oder Räsonnement. Below bekämpfte alle voluntaristischen Ausdrucksformen mit den Mitteln des Historikers: durch Widerlegung oder Ausblendung – zu beiden schien ihn die Position eines »Mandarins« der deutschen Historikerschaft (Cymorek) je später, desto mehr zu qualifizieren. In seinem Buch »Der deutsche Staat des Mittelalters« blickte er mit erkennbarem Stolz auf die von ihm erbrachte Herleitung des deutschen Staates zurück.[123] Seine intellektuelle Radikalisierung aber hatte er während der Vorbereitung des erstens Bandes seiner Ständeedition vollzogen: Sie fiel

---

118 Vgl. nur diesbezüglich das »Lebensbild« seiner Frau M. Below, Georg von Below, hier S. 139–164 (»Krieg und Revolution«).
119 Zit. Weber, Völkische Tendenzen, S. 849.
120 So Below in einer Rezension aus der zweiten Jahreshälfte 1918 (Zit. Below, Staatsrecht, S. 223).
121 Vgl. zur Kontinuitätsfrage und zu den historiographiegeschichtlichen Implikationen über die Person Belows hinaus die Ausführungen bei Neu, Vormoderne Verfassungsgenese.
122 Zit. Cymorek, Georg von Below, S. 111.
123 Vgl. Below, Staat des Mittelalters, S. 91–94.

zusammen mit seiner ersten Professur in Münster von 1891 bis 1896, die – so erlebte es seine Ehefrau – »seine schärfsten Kampfesjahre« ausfüllte.[124]

Die Inflexibilität und Unerbittlichkeit seiner Argumente hinderten Below indes daran, einen im Grunde banalen Fehler seiner Argumentation zu erkennen, der die tönerne Grundlage seines Gedankengebäudes offengelegt hätte: Denn selbst, wenn es sich hätte beweisen lassen, dass genossenschaftliche Verbindungen allein infolge kalkulierter obrigkeitlicher Ermächtigung entstanden waren, so wäre über die ideelle wie reelle Veränderung einer derart nur gratifizierten Autonomie nichts Wesentliches gesagt. Genauso wenig statthaft ist es, soziale »Zustände« aus rechtsgeschichtlichen bzw. normativen Prämissen abzuleiten – mag Hermann Aubin dies dem »Wirtschafts- und Sozialhistoriker« Below auch als besondere Erkenntnisbefähigung attestiert haben.[125]

So fragt es sich: Warum ist dieser Determinismus nachfolgenden Kommentatoren und Nutzern der Edition nicht aufgefallen? Von Belows Nachfolger in der Editionsarbeit, Friedrich Küch, hätte man es nicht erwarten müssen. In seiner Rezension des ersten Ständebandes gelangte er über folgende Erkenntnis nicht hinaus: »Die Kämpfe, die später zwischen Landesherren und Ständen geführt werden sollten, werden erst durch die Kenntnis der alten Entwicklung verständlich.«[126] Das deutet auf einen Gemeinplatz hin, der für jede historische Analyse gilt. In der spezifischen Interpretationsabsicht Belows ist die Aussage aber in Abrede zu stellen: Denn seine immer wieder – so auch im Falle Jülich-Berg – auf »Anfang« und »Ursprung« gepolten Interpretationen fingen die Dynamik der Folgezeit nicht auf. Es ist somit nur verständlich, dass er die Augen verschloss. So gesehen, wurde Georg von Below von den Befunden seiner eigenen Edition überholt: Weder existierte der »Staat« im Mittelalter nach seinen Vorstellungen, noch hatte dieser im 16. und 17. Jahrhundert das erdachte Maß an Stabilität und öffentlicher Unterstützung. Im Gegenteil: Die Geschichte von Jülich und Berg zeugt von einer erheblichen Widerstandspotenz und -bereitschaft ständischer Instanzen und deutet in gewisser Hinsicht auf jene antietatistische Disposition, die Below schon als theoretische Idee bekämpfte. Dabei ist, anders als bei Below, von einem kategorialen »Dualismus« aus zwei Gründen nicht zu sprechen: Zum einen bildeten Fürst und Stände in mancherlei Hinsicht Interessenskonvergenzen aus, da sie an der Erhaltung des Status quo interessiert und in vielen praktischen Bezügen aufeinander angewiesen waren. Zum anderen entwickelten sich in der Ritterschaft und in den Städten – und wieder innerhalb ihrer selbst: bei finanz- und statusschwachen Adligen, Haupt- und »Unterstädten« – starke Friktionen aus. Letztlich zerfiel das Bild einer harmonisch gefügten Ständegemeinschaft unter den katastrophalen Folgen des Spanisch-Niederländischen und des Dreißigjährigen Krieges, derweil eine Geschichte der »Stände« im Rheinland nach 1650 noch zu schreiben wäre.

---

124 Zit. M. Below, Georg von Below, S. 108.
125 Vgl. Aubin, Georg von Below, S. 8.
126 Zit. Küch, Landtagsakten I [Rezension], S. 258.

Aus der Sicht heutiger Nutzerinnen und Nutzer empfiehlt es sich, die Edition der Ständeakten aus ihren zeitgenössischen Kommentierungszusammenhängen zu lösen und sich auch der Verzerrungen des Urteils gewahr zu sein, die schon mit der Auswahl und editorischen Aufbereitung der Quellen einhergehen. Während die Kommentierung Küchs relativ frei von geschichtspolitischen Suggestionen ist, dient diejenige Belows bestenfalls der Kenntnis pragmatischer Fakten. Der Rest ist Historiographiegeschichte, für deren Berechtigung als Gegenstand der Forschung Georg von Below immerhin gute Argumente liefert.

Quellen und Literatur

Die Edition

Below, Georg von (Bearb.), *Landtagsakten* von Jülich-Berg 1400–1610 [ältere Reihe], Bd. 1: 1440–1560, Bd. 2: 1563–1589 (= PubGRhG, Nr. XI), Düsseldorf 1895/1907.

Goldschmidt, Hans (Bearb.), Landtagsakten von Jülich-Berg 1400–1610 [ältere Reihe], Bd. 3: 1589–1610 (unvollendetes Fragment LAW NRW, H 18 A 11).

Küch, Friedrich (Bearb.), Landtagsakten von Jülich-Berg 1624–1653 [jüngere Reihe], Bd. 1: 1610–1630 (= PubGRhG, Nr. XI), Düsseldorf 1925.

Ungedruckte Quellen

HAStK, Best. 1800, 183–184.

Gedruckte Quellen

Below, Georg von, Die *Entstehung* des ausschliesslichen Wahlrechts der Domkapitel. Mit besonderer Rücksicht auf Deutschland (= Historische Studien, Bd. 11), Leipzig 1883.

Ders., *System und Bedeutung* der landständischen Verfassung, in: ders. (Hg.), Territorium und Stadt. Aufsätze zur deutschen Verfassungs-, Verwaltungs- und Wirtschaftsgeschichte (= Historische Bibliothek, Bd. 11), München/Leipzig 1900, S. 163–282, München/Berlin ²1923, S. 53–160.

Below, Minnie von, *Georg von Below*. Ein Lebensbild für seine Freunde, Stuttgart 1930.

Bruckhaus, Margarete/Kasten, Brigitte (Hgg.), Die jülich-kleve-bergischen *Hof-, Hofämter- und Regimentsordnungen* 1456/1521 bis 1609 (= Residenzenforschung, Bd. 26), Ostfildern 2015.

Goldschmidt, Hans, *Landtagsakten* von Jülich-Berg, 1400–1610. Nachtrag zu I und II, in: ZBGV 46 (1913), S. 33–126.

Kessler, Ewald, *Lebenserinnerungen* des Historikers Moriz Ritter, Tl. 5 [Schluss], in: Internationale kirchliche Zeitschrift / neue Folge der Revue internationale de théologie 88, H. 4 (1998), S. 461–473.

Küch, Friedrich (Bearb.), Landtagsakten von Jülich-Berg, Reihe 2: 1624–1653 (= PubGRhG, Nr. XI), Düsseldorf 1925.

Spenkuch, Hartwig (Bearb.), *Preußische Universitätspolitik* im Deutschen Kaiserreich. Dokumente zu Grundproblemen und ausgewählten Professorenberufungen in den Philosophischen Fakultäten zur Zeit Friedrich Althoffs (1897 bis 1907) (= Acta Borussica, N. F., 2. Reihe, Abt. II, Bd. 13), Berlin 2018.

Literatur

Anonymus, Art. »*Goldschmidt, Julius Hans*«, in: Herbert A. Strauss / Werner Röder (Hgg.), International Biographical Dictionary of Central European Emigrés 1933–1945 / Biographisches Handbuch der deutschsprachigen Emigration nach 1933, Bd. II: The Arts, Sciences, and Literature: Volume II (part 1: A–K), München u. a. 1983, S. 394–395.

Anonymus, Art. »*Küch, Friedrich*«, in: Hessische Biografie, abgerufen unter: https://www.lagis-hessen.de/pnd/116580976 (abgerufen am 5.7.2022).

Aubin, Hermann, *Georg von Below* als Sozial- und Wirtschaftshistoriker, in: VSWG 21, H. 1/2 (1928), S. 1–32.

Below, Georg von, Der deutsche *Staat des Mittalters*. Ein Grundriß der deutschen Verfassungsgeschichte, Bd. 1: Die allgemeinen Fragen, Leipzig 1914.

Ders., Der *Ursprung* der deutschen Stadtverfassung, Düsseldorf 1892.

Ders., Die *landständische Verfassung* in Jülich und Berg bis zum Jahre 1511. Eine verfassungsgeschichtliche Studie, Teil I: Die ständischen Grundlagen. Die Vorläufer der landständischen Verfassung, Düsseldorf 1885; Teil II: Die Zeit des bergischen Rechtsbuchs, Düsseldorf 1886; Teil III: Geschichte der direkten Staatssteuern bis zum geldrischen Erbfolgekrieg, Düsseldorf 1890/1891.

Ders., Die *Entstehung* der deutschen Stadtgemeinde, Düsseldorf 1889.

Ders., *Staatsrecht* und Naturrecht in der Lehre vom Widerstandsrecht des Volkes gegen rechtswidrige Ausübung der Staatsgewalt, Breslau 1916 [Rezension], in: Jahrbücher für Nationalökonomie und Statistik 111, H. 2 (1918), S. 219–224.

Blickle, Peter, *Otto Gierke als Referenz?* Rechtswissenschaft und Geschichtswissenschaft auf der Suche nach dem Alten Europa, in: Zeitschrift für neuere Rechtsgeschichte 17 (1995), S. 245–267.

Böckenförde, Ernst-Wolfgang, Die *deutsche verfassungsgeschichtliche Forschung* im 19. Jahrhundert. Zeitgebundene Fragestellungen und Leitbilder (= Schriften zur Verfassungsgeschichte, Bd. 1), Berlin ²1991.

Brechenmacher, Thomas, Art. »*Ritter, Moriz*«, in: NDB 21 (2003), S. 668.

Burckhardt, Johannes, *Der Dreißigjährige Krieg* als frühmoderner Staatsbildungskrieg, in: Geschichte in Wissenschaft und Unterricht 45 (1994), S. 487–499.

Büren, Guido von / Fuchs, Ralf-Peter / Mölich, Georg (Hgg.), *Herrschaft*, Hof und Humanismus. Wilhelm V. von Jülich-Kleve-Berg und seine Zeit (= Schriftenreihe der Niederrhein-Akademie, Bd. 11), Bielefeld 2020.

Carsten, Francis L., Die *Ursachen* des Niedergangs der deutschen Landstände, in: HZ 192 (1961), S. 273–281.

Chickering, Roger, *Karl Lamprecht*. Das Leben eines deutschen Historikers (1856–1915), Stuttgart 2021.

Cymorek, Hans, *Georg von Below* und die deutsche Geschichtswissenschaft um 1900 (= VSWG, Beihefte, H. 142), Stuttgart 1998.

Ders., *Historiker* in »Ritterrüstung«? Georg von Below und die deutsche Rechtswissenschaft um 1900, in: Zeitschrift für Rechtsgeschichte, Germ. Abt. 116 (1999), S. 504–513.

Dotterweich, Volker, *Georg von Below*, in: Badische Biographien N. F. 3 (1990), S. 31–35 (mit tabellarischen Ergänzungen), abgerufen unter: https://www.leo-bw.de/detail/-/Detail/details/PERSON/kgl_biographien/118658085/Below+Georg+Anton+Hugo+von (abgerufen am 2.1.2023).

Espenhorst, Martin, »*Der absolute Staat* und die absolute Individualität werden die Devisen der Zeit.« Die Begriffe »Absolutismus« und »Aufklärung« im Werk Otto von Gierkes (1841–1921), in: Peter Schröder (Hg.), Der Staat als Genossenschaft. Zum rechtshistorischen und politischen Werk Otto von Gierkes (= Staatsverständnisse, Bd. 155), Baden-Baden 2021, S. 231–253.

Gabel, Helmut, *Widerstand* und Kooperation: Studien zur politischen Kultur rheinischer und maasländischer Kleinterritorien (1648–1794) (= Frühneuzeit-Forschungen, Bd. 2), Tübingen 1995.

Gierke, Otto von, Das deutsche *Genossenschaftsrecht*, Bd. 4: Die Staats- und Korporationslehre der Neuzeit. Durchgeführt bis zur Mitte des 17. Jahrhunderts, für das Naturrecht bis zur Mitte des 19. Jahrhunderts, Berlin 1913.

Goldschmidt, Dietrich, *Hans Goldschmidt*. 22. Mai 1879 – 6. November 1940; unveröff. Typoskript, Berlin 1980 (Original in der Bibliothek der FU Berlin).

Ders., *Das Reich und Preußen* im Kampf um die Führung: von Bismarck bis 1918, Berlin 1931.

Ders., Die *Landstände* von Jülich-Berg und die landesherrliche Gewalt 1609–1610, in: ZAGV 34 (1912), S. 175–226.

Ders., *Zentralbehörden* und Beamtentum im Kurfürstentum Mainz vom 16.–18. Jahrhundert (= Abhandlungen zur Mittleren und Neueren Geschichte, H. 8), Berlin/Leipzig 1908 [Diss. Göttingen 1908].

Grothe, Ewald, *Zwischen Geschichte und Recht*. Deutsche Verfassungsgeschichtsschreibung 1900–1970 (= Ordnungssysteme. Studien zur Ideengeschichte der Neuzeit, Bd. 16), München 2005.

Hansen, Joseph, Die *Gesellschaft* für Rheinische Geschichtskunde in den Jahren 1881–1906, in: Die Gesellschaft für Rheinische Geschichtskunde. Ziele und Aufgaben 1881–1906, Köln 1907, S. 55–86.

Ders., *Preußen und Rheinland* von 1815 bis 1915. Hundert Jahre politischen Lebens am Rhein (= Rheinprovinz, Bd. 4) [um verschiedene Beiträge ergänzter ND der Ausgabe von 1918], Köln 1990.

Hecker-Twrsnick, Gregor, Die *Ritterschaft* des Herzogtums Jülich im 15. Jahrhundert: Genese einer territorialen Elite (= Jülicher Forschungen, Bd. 16), Münster i. W. 2022.

Hopp, Andrea, *Otto von Bismarck* aus der Sicht des jüdischen Bürgertums, u. a. in: Ulrich Lappenküper (Hg.), Otto von Bismarck und das »lange 19. Jahrhundert«. Lebendige Vergangenheit im Spiegel der »Friedrichsruher Beiträge« 1996–2016, Paderborn u. a. 2017, S. 80–103.

KRÜGER, Kersten, *Die landständische Verfassung* (= Enzyklopädie deutscher Geschichte, Bd. 67), München 2003.

KÜCH, Friedrich, Die *Politik* des Pfalzgrafen Wolfgang Wilhelm 1632 bis 1636. Zugleich ein Beitrag zur Geschichte von Jülich und Berg während des Dreißigjährigen Krieges, in: DJb 12 (1897), S. 1–220.

DERS., *Pfalzgraf* Wolfgang Wilhelm, in Brüssel 1632, in: DJb 10 (1895), S. 190–224.

KÜHNE, Jörg-Detlef, Die Bedeutung der *Genossenschaftslehre* für die moderne Verfassung, in: Zeitschrift für Parlamentsfragen 15 (1984), S. 552–570.

LANZINNER, Maximilian, *Moriz Ritter* (1840–1923) – Historiker der »Kleinseitigkeit«?, in: 150 Jahre Historisches Seminar: Profile der Bonner Geschichtswissenschaft. Erträge einer Ringvorlesung (= Bonner Historische Forschungen, Bd. 64), Siegburg 2013, S. 69–85.

LAUX, Stephan, *Das »Organische«* in der Landesgeschichte. Überlegungen zu einem Leitbegriff historischer Reflexion im 19. und 20. Jahrhundert, in: RhVjbll 82 (2018), S. 130–158.

DERS., *Gravamen* und Geleit. Die Juden im Ständestaat der Frühen Neuzeit (15.–18. Jahrhundert) (= Forschungen zur Geschichte der Juden, Abhandlungen, Bd. 21), Hannover 2010.

DERS., *Rezension Roger Chickering, Karl Lamprecht* (2021), in: Kurtrierisches Jahrbuch 61 (2021), S. 438–443 (online verfügbar).

LEESCH, Wolfgang, Die deutschen *Archivare* 1500–1945, Bd. 2: Biographisches Lexikon, München u. a. 1992.

LOEWE, Victor, *Bücherkunde* zur deutschen Geschichte. Kritischer Wegweiser durch die neuere deutsche historische Literatur, Altenburg ⁴1913.

MEINSCHIEN, Birte, *Geschichtsschreibung* in der Emigration. Deutschsprachige Historikerinnen und Historiker in Großbritannien (= Veröffentlichungen des Deutschen Historischen Instituts London, Bd. 84), Berlin / Boston 2020.

NEU, Tim, *Vormoderne Verfassungsgenese*: Die landständische Verfassung und das Problem der Kontinuität, in: BlldtLG 151 (2015), S. 489–525.

NEUGEBAUER, Wolfgang, *Preußische Geschichte* als gesellschaftliche Veranstaltung. Historiographie vom Mittelalter bis zum Jahr 2009, Paderborn 2018.

OESTREICH, Gerhard, Die *Fachhistorie* und die Anfänge der sozialgeschichtlichen Forschung in Deutschland, in: HZ 208 (1969), S. 320–363.

OEXLE, Otto Gerhard, Ein politischer Historiker: *Georg von Below* (1858–1927), in: Notker Hammerstein (Hg.), Deutsche Geschichtswissenschaft um 1900, Stuttgart 1988, S. 283–312.

DERS., *Otto von Gierkes* »Rechtsgeschichte der deutschen Genossenschaft«. Ein Versuch wissenschaftsgeschichtlicher Rekapitulation, in: Notker Hammerstein (Hg.), Deutsche Geschichtswissenschaft um 1900, Stuttgart 1988, S. 193–217.

PABST, Klaus, Die *Gesellschaft* für Rheinische Geschichtskunde (1881–1981). Trägerschaft, Organisation und Ziele in den ersten 100 Jahren ihres Bestehens (Redaktion: Stephan Laux) (= Studien und Darstellungen der Gesellschaft für Rheinische Geschichtskunde, Bd. 1), Köln / Wien 2022.

RICHTER, Olaf, *Die jülich-bergischen Räte* und der Erbfolgestreit, in: Manfred Groten / Clemens von Looz-Corswarem / Wilfried Reininghaus (Hgg.), Der Jülich-Klevische Erbstreit 1609: Seine Voraussetzungen und Folgen (= PubGRhG, Vorträge, Bd. 36 / Veröffentlichungen der Historischen Kommission für Westfalen, N. F. 1 / Veröffentlichung des Arbeitskreises Niederrheinischer Kommunalarchivare), Düsseldorf 2011, S. 111–136.

RITTER, Moriz, *Über rheinische Geschichte* und die Aufgaben der Gesellschaft für Rheinische Geschichtskunde. Vortrag (Köln 1885), neu abgedruckt in: Die Gesellschaft für Rheinische Geschichtskunde. Ziele und Aufgaben 1881–1906, Köln 1907, S. 38–54.

DERS., *Zur Geschichte* deutscher Finanzverwaltung im 16. Jahrhundert (mit Nachtrag von Georg von Below), in: ZBGV 20 (1884), S. 1–32.

ROHRSCHNEIDER, Michael, *Kurköln* – ein geistlicher ›composite state‹ der Frühen Neuzeit. Stand und Perspektiven der Forschung, in: RhVjbll 85 (2021), S. 127–147.

SCHELER, Dieter, *Rendite* und Repräsentation: der Adel als Landstand und landesherrlicher Gläubiger in Jülich und Berg im Spätmittelalter, in: RhVjbll 58 (1994), S. 121–132.

SCHÜSSLER, Wilhelm, Art. »Goldschmidt, Hans«, in: NDB 6 (1964), S. 614–615.

SMOLINSKY, Heribert, *Jülich-Kleve-Berg*, in: Anton Schindling / Walter Ziegler (Hgg.), Die Territorien des Reichs im Zeitalter der Reformation und Konfessionalisierung, Land und Konfession 1500–1650, Bd. 3: Der Nordwesten (= Katholisches Leben und Kirchenreform im Zeitalter der Glaubensspaltung, Bd. 51,3), Münster i. W. ²1996, S. 86–106.

WALZ, Rainer, *Stände* und frühmoderner Staat. Die Landstände von Jülich-Berg im 16. und 17. Jahrhundert (= Bergische Forschungen, Bd. 17), Neustadt a. d. Aisch 1982.

WEBER, Wolfgang, *Völkische Tendenzen* in der Geschichtswissenschaft, in: Uwe Puschner u. a. (Hgg.), Handbuch zur »Völkischen Bewegung« 1871–1918, München 1999, S. 834–858.

WOLFF, Fritz, *Friedrich Küch* (1863–1935), in: Ingeborg Schnack (Hg.), Marburger Gelehrte in der ersten Hälfte des 20. Jahrhunderts (= Lebensbilder aus Hessen, Bd. 1 / Veröffentlichungen der Historischen Kommission für Hessen, Bd. 35, 1), Marburg 1977, S. 308–315.

Rezensionen

zu Bd. I,1 (Below)

BLONDEL, Georges, in: Revue Historique 67 (1898), S. 167–171.

HARLESS, Woldemar, in: Göttingische Gelehrte Anzeigen 158 (1896), S. 151–157.

HARTUNG, J., in: HZ 76 (1896), S. 135–136.

KÜCH, Friedrich, in: Beiträge zur Geschichte des Niederrheins 10 (1895), S. 250–264.

KÜNTZEL, Georg, in: Deutsche Literaturzeitung 16 (1895), Sp. 1227–1232.

REDLICH, Oswald Reinhard, in: Mitteilungen aus der historischen Literatur 24 (1896), S. 196–203.

STUTZ, Ulrich, in: Zeitschrift der Savigny-Stiftung für Rechtsgeschichte, Germ. Abteilung 20 (1899), S. 337–340.

zu Bd. I,2 (Below)

HASS, Martin, in: HZ 104, H. 3 (1910), S. 628–634.

zu Bd. II,1 (Küch)

REDLICH, O[tto] R[einhard], in: Historische Vierteljahrschrift. Zeitschrift für Geschichtswissenschaft und für lateinische Philologie des Mittelalters 23 (1926), S. 515.

Joachim Oepen

Richard Knipping et al., »Die Regesten der Erzbischöfe von Köln im Mittelalter« (1901–2001)

Elf Jahrhunderte in 100 Jahren

Elf Jahrhunderte in 100 Jahren: Das ist nicht nur ein naheliegendes Zahlenspiel, sondern damit lässt sich auch die Geschichte der Erarbeitung jenes monumentalen Regestenwerkes der Kölner Erzbischöfe trefflich umreißen: Vom Erscheinen des ersten Bandes im Jahre 1901 bis zum Erscheinen des letzten Bandes 2001 sind genau 100 Jahre vergangen und in dieser Zeitspanne ist es gelungen, einen Berichtszeitraum von ziemlich genau 1.100 Jahren abzudecken, nämlich von der ersten Erwähnung eines Kölner Bischofs im Jahre 313 bis 1414, dem Ende des Pontifikates von Friedrich von Saarwerden. Damit war vor bald einem Vierteljahrhundert ein monumentales Werk zum Abschluss gekommen, das zwölf bzw. 14 Einzelbände umfasst – die Bände 3 und 12 gliedern sich in je zwei Teilbände – und einen stolzen halben Regalmeter ausmacht; insgesamt 24.465 Regesten enthalten die 14 Bände.

Fünf Bearbeiter – und man möchte angesichts dieser beeindruckenden Leistung sagen: *nur* fünf Bearbeiter – waren es, die diese Arbeit geschultert haben. Mit dem Tode von Wilhelm Janssen 2021 lebt inzwischen keiner dieser Bearbeiter mehr. Dennoch stellt sich natürlich die Frage, warum die Erarbeitung der zwölf Bände ein volles Jahrhundert in Anspruch nahm. Zudem machen die »Regesten der Erzbischöfe von Köln im Mittelalter« nur auf den ersten Blick den Eindruck eines wissenschaftlichen Grundlagenwerkes von großer Geschlossenheit und einheitlicher Konzeption. Wenn man sich aber näher mit diesem Projekt beschäftigt, finden sich doch allerhand Brüche und es wird deutlich, dass die Erarbeitung dieses Regestenwerkes einen außerordentlichen Kraftakt für die Gesellschaft für Rheinische Geschichtskunde und die Bearbeiter darstellte, der in mehreren Phasen verlief. Wie sich das Projekt dieser Regesten im Einzelnen entwickelte, soll nun im Folgenden nachgezeichnet werden. Dabei wird deutlich, dass es neben Zeiten intensiver Erarbeitung der Regesten auch solche des Stillstands gab, was sich letztlich zu einer 100-jährigen Bearbeitungsgeschichte aufaddierte.

Quellengrundlage für diese Untersuchung sind in erster Linie die »Jahresbericht[e] der Gesellschaft für Rheinische Geschichtskunde«[1], die 1881 einsetzen und den kom-

---

1 Die Jahresberichte und weiteren Unterlagen wurden bereits von Klaus Pabst ausgewertet, dessen Materialsammlung ich benutzen konnte, weshalb ich ihm zu großem Dank verpflichtet bin. Für freundliche Hinweise danke ich Prof. Dr. Toni Diederich, Bonn, und Georg Mölich, Köln.

pletten Zeitraum bis heute abdecken. Allerdings liegt nur bis 1918 für jedes Jahr ein einzelner Bericht vor; seitdem sind immer wieder bis zu zehn Jahre in einem Bericht zusammengefasst worden, teilweise bedingt durch zeitgeschichtliche Ereignisse wie die Hyperinflation der frühen 1920er Jahre oder den Zweiten Weltkrieg. Neben den Jahresberichten bilden die als Bestand 1800 im Historischen Archiv der Stadt Köln aufbewahrten Akten der Gesellschaft für Rheinische Geschichtskunde einen wichtigen Quellenfundus, der jedoch nach dem Einsturz des Stadtarchivs am 3. März 2009 nach wie vor leider nur eingeschränkt zur Verfügung steht. Insbesondere konnten von den 14 unter der Klassifikation »Bearbeitung, Druck und Finanzierung der Publikationen« eingeordneten Projektakten zu den Regesten mit einer Gesamtlaufzeit von 1884 bis 2003 lediglich zwei benutzt werden.[2]

Warum Regesten?

Dass die »Gesellschaft« nicht zuletzt die von den Kölner Erzbischöfen ausgestellten Urkunden in irgendeiner Form bearbeiten würde, war ihr bei der Gründung 1881 sozusagen in die Wiege gelegt worden, gehörten die Erzbischöfe im Mittelalter doch zu den wichtigsten Akteuren im Gebiet der »Gesellschaft«. Dementsprechend forderte eine im gleichen Jahr erschienene Denkschrift über die Aufgaben der »Gesellschaft« ein entsprechendes »General-Regestenwerk«.[3]

Bekanntlich waren die »Monumenta Germaniae Historica« schon seit dem früheren 19. Jahrhundert Vorbild für Quellenveröffentlichungen. Dabei stand die Quellengattung der Urkunden schon früh im Blickfeld, sodass die »Diplomata« (Urkunden) bis heute eine der fünf traditionellen Abteilungen der »Monumenta« bilden. Im weiteren Verlauf des 19. Jahrhunderts nahm die diplomatische Forschung eher noch weiter an Bedeutung zu, nicht zuletzt auch durch die von Ranke und seinen Schülern entwickelte und weiter verfeinerte »historisch-kritische« Methode, ließ sich doch etwa das *discrimen veri et falsi* besonders gut anhand von Urkunden beleuchten. Jedenfalls entstanden bald auch regionale Urkundenbücher, oft getragen von historischen Vereinen, Gesellschaften oder Kommissionen bzw. deren Vorläufern. Zu den ältesten Vorhaben gehört das 1847 begonnene »Westfälische Urkundenbuch« (1847–2005, elf Bände in mehreren Teilbänden), das die dem Rheinland benachbarte Großregion abdeckt. Hier ergibt sich eine teilweise Überschneidung mit den Regesten der Erzbischöfe, sind doch die Bände 7 und 11 allein den Urkunden des kölnischen Westfalen gewidmet.[4] Zu nennen sind ferner etwa das »Württembergische Urkundenbuch« (1849–1913, elf Bände), das »Preußische Urkundenbuch«

---

2 HAStK, Best. 1800, A 255 – A 268. Benutzt werden konnten A 257 und A 258.
3 HARLESS/HÖHLBAUM/LOERSCH, Denkschrift, S. 18.
4 Übersicht zum »Westfälischen Urkundenbuch«: HISTORISCHE KOMMISSION FÜR WESTFALEN, Gesamt-

(seit 1882, bislang sechs Bände in mehreren Teilbänden) und das »Hansische Urkundenbuch« (1876–1939, elf Bände) – letzteres mit einem weniger auf eine Region beschränkten Zuschnitt, wenngleich der Schwerpunkt im Bereich des Niederdeutschen liegt.

Wie für andere Regionen lagen auch für das Rheinland ältere, wissenschaftlich indessen unzureichende Urkundensammlungen vor, etwa der »Codex Diplomaticus Rheno-Mosellanus« (1822–1826, sechs Bände), dann das »Urkundenbuch zur Geschichte der […] mittelrheinischen Territorien« (1860–1874, drei Bände), schließlich das 1840 bis 1858 in vier Bänden erschienene »Urkundenbuch für die Geschichte des Niederrheins« von Theodor Joseph Lacomblet (1789–1866). Dabei handelt es sich um ein »in seiner Art bahnbrechend[es] […] Fundamentalwerk«[5] und eine wichtige, gleichwohl nicht recht befriedigende Basis für die rheinische Geschichtsforschung.[6] Dennoch wurde es bereits 1966 nachgedruckt und noch 1981 mit einem Zusatzband »Nachweis der Überlieferung« versehen, der die entsprechenden Quellennachweise enthält.[7] Die Bedeutung dieses Urkundenbuches und seines Herausgebers Lacomblet hat Wilhelm Janssen auf den Punkt gebracht: »Mit diesem Werk bleibt sein Name verknüpft, solange rheinische Landesgeschichte betrieben wird.«[8]

Angesichts dieser Vorgeschichte berechtigt die Entscheidung, für die Urkunden der Kölner Erzbischöfe ein Regestenwerk vorzulegen, zu der Frage: Warum Regesten und kein Urkundenbuch? Diese Frage drängt sich umso mehr auf, da doch in der Denkschrift von 1881 die verschiedenen Urkundenbücher des Rheinlandes lang und breit aufgezählt werden.[9] Sicher, auch für Regestenwerke gibt es Vorbilder wie die »Regesta Imperii« (seit 1829), die »Regesten der Pfalzgrafen am Rhein« (seit 1891) oder die »Regesta sive Rerum Boicarum Autographa« (1822–1854 und 1927, 14 Bände), aber im Bereich der Landesgeschichte stellt man für das 19. Jahrhundert doch eine Bevorzugung von Quellenpublikationen in Form von Urkundenbüchern fest, oft gegliedert nach Urkundenausstellern. Auch hier dient das benachbarte Westfalen als Beispiel, ist das »Westfälische Urkundenbuch« ab Band 3 doch nach Urkunden der Bistümer Münster, Paderborn, Minden, dem kölnischen Westfalen sowie nach Papsturkunden gegliedert.

Für die »Gesellschaft« war ein Grund, ein Regestenwerk anzustreben und damit einen anderen Weg als die Westfalen mit ihrem Urkundenbuch zu gehen[10], die Notwendigkeit einer »Beschränkung gegenüber den Urkundenmassen«[11], wie es die Denkschrift von

---

verzeichnis, S. 45–49, abgerufen unter: https://www.lwl.org/hiko-download/HiKo-Schriftenverzeichnis_2022-04.pdf (abgerufen am 3.3.2024).
5 Harless/Höhlbaum/Loersch, Denkschrift, S. 6.
6 Vgl. dazu den Beitrag von Wilfried Reininghaus in diesem Band.
7 Schleidgen, Urkundenbuch.
8 Janssen, Lacomblet.
9 Harless/Höhlbaum/Loersch, Denkschrift, S. 6 f.
10 Vgl. dazu den Beitrag von Wilfried Reininghaus in diesem Band.
11 Harless/Höhlbaum/Loersch, Denkschrift, S. 18.

1881 formuliert. Zudem lag mit Lacomblets Urkundenbuch ein durchaus brauchbares Werk vor, dessen Lücken die künftigen Regesten schließen sollten.[12] Damit nimmt bereits in den ersten Plänen der »Gesellschaft« die Regestenform für die Urkunden der Erzbischöfe eine Sonderstellung ein, sollten ansonsten doch »Urkundenbücher einzelner Territorien, Städte, Geschlechter, Genossenschaften usw. in Angriff«[13] genommen werden.

Bald schon stand auch das Konzept der Erzbischofsregesten in enger Verbindung mit einem weiteren, in der Denkschrift zunächst noch nicht angedachten Publikationsprojekt der »Gesellschaft«, dem (später so bezeichneten) »Rheinischen Urkundenbuch«; beide wurden gleichzeitig und auf Vorschlag von Karl Menzel, von dem noch die Rede sein wird, 1885 ins Arbeitsprogramm aufgenommen. Dabei ging es von vornherein um ein Urkundenbuch, in dem für das Gebiet der preußischen Rheinprovinz, nach Empfängern geordnet, die ältesten Urkunden im Volltext ediert werden sollten.[14] In einem späteren Jahresbericht wird ein »dringendes Bedürfnis für diese Edition« konstatiert, »da sämtliche älteren Urkundenveröffentlichungen die wünschenswerte wissenschaftliche Kritik vermissen lassen«.[15] Darin darf man nicht nur einen Hinweis etwa auf Lacomblets Urkundenbuch sehen, sondern auch die Erkenntnis, dass es sich bei der älteren urkundlichen Überlieferung um »außerordentlich wertvolle[…], aber sehr umstrittene[…] Quellen«[16] handelte, wie es Erich Wisplinghoff (1920–1999) im ersten Band des »Rheinischen Urkundenbuchs« zum Ausdruck brachte. Tatsächlich ist für die Urkundenkritik und insbesondere die Behandlung von Echtheitsfragen das Format eines Urkundenbuches mit vollständigen Textabdrucken der Urkunden mitsamt kritischem Apparat weit mehr geeignet als eine per se verkürzte Regestenform. Ins Auge gefasst wurde zunächst ein Projekt, das die Urkunden bis 1000 behandeln sollte, bis dann ohne weitere Begründung seit 1902 die zeitliche Begrenzung bis 1100 ausgedehnt wurde.[17] Im ersten Band des »Rheinischen Urkundenbuches« begründet Erich Wisplinghoff diese zeitliche Ausweitung damit, dass »alle wesentlichen Fälschungsgruppen«[18] vor 1100 liegen, aber in einem längeren Passus auch mit rein arbeitsorganisatorischen Aspekten. Seine Ausführungen spiegeln das Selbstverständnis eines Historiker-Archivars wider: »Quellenedition, Quellenkritik, also die historische ›Grundlagenforschung‹ ist ein mühsames Geschäft. Wenn auch wohl niemand an seinem Nutzen Zweifel äußern wird, so ist doch

---

12 Ebd.
13 Ebd., S. 16. Es folgen Ausführungen, um welche Territorien, Städte, Stifte und Klöster es sich konkret handeln könnte.
14 Das Konzept des »Rheinischen Urkundenbuchs« bezeichnete SCHIEFFER, Urkundenbücher, S. 6, als »Unikum«.
15 JbGRhG 20 (1900), S. 33.
16 WISPLINGHOFF, Rheinisches Urkundenbuch, S. V.
17 JbGRhG 22 (1902), S. 34.
18 WISPLINGHOFF, Rheinisches Urkundenbuch, Bd. 1, S. VII.

auf diesem Wege kaum wissenschaftlich Karriere zu machen. Wer hier tätig ist, wird vielmehr leicht als Spezialist abgestempelt, obwohl zu erfolgreicher Arbeit neben dem paläographischen und urkundenkritischen Rüstzeug mehr als nur oberflächliche Kenntnisse in Sozial- und Wirtschaftsgeschichte, kirchlicher und weltlicher Verfassungs- und Rechtsgeschichte erfordert werden.«[19]

Der Zusammenhang zwischen den Regesten der Erzbischöfe und dem »Rheinischen Urkundenbuch« ist ein wenig aus dem Blick geraten, was auch mit dem Erscheinen des ersten Bandes des »Rheinischen Urkundenbuches« erst 1972 zu tun hat – mehr als 70 Jahre nach dem ersten Regestenband. Die Gründe dafür sind vielschichtig, liegen aber zu einem wesentlichen Teil in den Vorarbeiten von Otto Oppermann (1873–1946), der mit einem ausgesprochen positivistischen Verständnis Urkundenkritik betrieb.[20] Seine 1922 als Publikation der »Gesellschaft« erschienenen »Rheinischen Urkundenstudien«, ausdrücklich als »Einleitung zum rheinischen Urkundenbuch« untertitelt, riefen denn auch teils heftigen Widerspruch hervor. Erst 22 Jahre nach dem ersten Band (Aachen–Deutz)[21] konnte der zweite Band des »Rheinischen Urkundenbuches« (Elten–Köln)[22] vorgelegt werden, nunmehr mit dem wichtigen Block der Kölner Stifte und der beiden Benediktinerabteien Groß St. Martin und St. Pantaleon. Hingegen steht ein letzter und dritter Band bis heute aus.

Erarbeitung der Regesten in mehreren Phasen

Phase 1: 1885–1915

Schon im Gründungsjahr der »Gesellschaft« 1881 wurde nicht nur ein entsprechendes Regestenwerk bereits in der genannten Denkschrift thematisiert, vielmehr erging im gleichen Jahr vom Vorstand eine Aufforderung an den Bonner Rechtshistoriker Hermann Hüffer (1830–1905), er solle einen Antrag stellen für eine »Publikation von Urkunden des Erzstiftes Köln«.[23] Auch wenn sich diese ersten Planungen bald zerschlagen haben dürften, zeigen sie doch, dass die späteren Regesten der Erzbischöfe von Köln von Anfang an auf der Agenda der »Gesellschaft« standen. Es wird nicht recht klar, warum dann 1884 die Erarbeitung von Regesten bis 1500 nicht auf Hüffers Antrag, sondern

---

19 Ebd., S. VI.
20 Wisplinghoff kritisiert in der Einleitung zum ersten Band des Rheinischen Urkundenbuches nicht nur Oppermann, sondern auch die Vorarbeiten von Karl Menzel und führt die Kritik inhaltlich näher aus: WISPLINGHOFF, Rheinisches Urkundenbuch, Bd. 1, S. V, VIII.
21 WISPLINGHOFF, Rheinisches Urkundenbuch, Bd. 1.
22 Ebd., Bd. 2.
23 Diese Angabe findet sich in der Materialsammlung von Klaus Pabst (siehe Anm. 1); die Quelle kann jedoch mit Hilfe der dortigen Angaben nicht verifiziert werden; womöglich handelt es sich um Angaben aus den noch nicht wieder zugänglichen Akten der GRhG im HAStK, Akten GRhG.

auf Vorschlag des ehemaligen Archivars und nunmehr Bonner Hilfswissenschaftlers Karl Menzel (1835–1897), Vorstandsmitglied der »Gesellschaft«, ins Arbeitsprogramm aufgenommen und Menzel selbst zum Leiter dieses Unternehmens bestellt wurde.[24] Es entbehrt aus heutiger Sicht jedenfalls nicht einer gewissen ironischen Note, dass ausgerechnet der dezidiert liberal eingestellte Menzel, der sich als antiklerikaler Wahlredner betätigte und sich in der »Gesellschaft« gegen auch nur vermeintliche ultramontane Tendenzen wandte[25], die Bearbeitung von Urkunden der Erzbischöfe übernahm. Allerdings weist Klaus Pabst zu Recht darauf hin, dass man sich in der »Gesellschaft« unabhängig von politischen, weltanschaulichen und religiösen Überzeugungen »auf der gemeinsamen Grundlage wissenschaftlicher Methodik zu sachbezogener Zusammenarbeit«[26] traf.

Jedenfalls war mit der Übertragung der Arbeiten an Menzel der Startschuss für das Vorhaben gegeben, das »für die allgemeine Geschichte des Niederrheins und für einen ansehnlichen Teil der deutschen Geschichte zum ersten Mal eine sichere urkundliche Grundlage […] schaffen« sollte. Passend zu dieser weitreichenden Programmatik gab man sich optimistisch, könne das Projekt doch »allseitige Aufmerksamkeit für sich in Anspruch nehmen bereits bei seiner Entstehung; es darf auf die Unterstützung durch die gelehrte Forschung über diese Provinz hinaus mit Bestimmtheit rechnen«.[27] Gleichzeitig wurde Menzel 1884 zum »Herausgeber der ältesten Urkunden der Rheinprovinz bis 1000«[28] berufen, dem späteren »Rheinischen Urkundenbuch«. Diese Verknüpfung zeigt, dass zwischen dem Regestenwerk und dem Urkundenbuch von vornherein ein enger Zusammenhang gesehen wurde.

Es spricht für die Weitsicht von Konstantin Höhlbaum (1849–1904)[29], dem Kölner Stadtarchivar und Vorsitzenden der »Gesellschaft«, dass er noch vor seinem Weggang aus Köln und der Annahme eines Rufes auf einen Lehrstuhl in Gießen 1890 im Februar desselben Jahres bemerkte, die Regesten seien »ein weit ausschauendes Werk, dessen Entwicklung sich jetzt nicht abschätzen läßt«[30] – eine realistische Einschätzung angesichts der Tatsache, dass zu diesem Zeitpunkt noch mehr als zehn Jahre bis zum Erscheinen des ersten und mehr als 100 Jahre bis zum Erscheinen des letzten Bandes verstreichen sollten! Mit dem Weggang von Höhlbaum fehlte jedenfalls diese Stimme und so liest man in den Jahren bis nach der Jahrhundertwende heute mit leichtem Erstaunen die Erfolgsmeldungen, wie viele Urkunden »gesammelt« wurden, dass man in Archiven und

---

24 JbGRhG 4 (1884), S. 7.
25 PABST, Gesellschaft, S. 162 f.
26 Ebd., S. 164.
27 JbGRhG 5 (1885), S. 5 f.
28 Ebd. 4 (1884), S. 7.
29 Zu Höhlbaum: PABST, Gesellschaft, v. a. S. 60 f., 98–101.
30 Diese Angabe findet sich in der Materialsammlung von Klaus Pabst (siehe Anm. 1); die Quelle kann jedoch mit Hilfe der dortigen Angaben nicht verifiziert werden; womöglich handelt es sich um Angaben aus den noch nicht wieder zugänglichen Akten der Gesellschaft im HAStK, Akten GRhG.

Bibliotheken, etwa in Trier, Halle, Brüssel und Paris, weitere Trouvaillen machte usw.[31] Einige Male heißt es, das Material würde in diesem oder bis zum nächsten Jahr vorliegen[32] oder es sei noch umfangreiche Literatur abzuarbeiten, was binnen Jahresfrist bewältigt werden könne.[33] Dabei war man sich bewusst, dass »bei der weiten Ausdehnung des Gegenstandes und des Stoffes […] diese Arbeit erst in einer Reihe von Jahren vollendet werden«[34] könne. Das führte dann bald schon zur Aufteilung in verschiedene Abteilungen: bis 1099, 1100–1304, 1304–1414.[35] Eine weitere Abteilung bis 1508 (Ende des Pontifikates von Hermann von Hessen), »den Schluss des ganzen Werkes«, wollte man zunächst angehen[36], stellte sie dann aber anscheinend zurück. Die zeitliche Begrenzung der einzelnen Abteilungen orientierte sich an dem Ende der Pontifikate der Erzbischöfe Hermann von Hochstaden (1099), Wikbold von Holte (1304) und Friedrich von Saarwerden (1414), wobei seinerzeit wohl kaum jemand damit gerechnet haben dürfte, dass mehr als 100 Jahre später das Jahr 1414 das Schlussjahr für das Gesamtwerk sein würde.

Wie allzu optimistisch man war, zeigt die Einschätzung von 1896, die erste Abteilung (bis 1099) werde »nicht lange hinter der zweiten zurückbleiben, vielleicht gleichzeitig mit ihr erscheinen«[37] – tatsächlich erschien dieser Band erst 1954. Denn durch Krankheit und anschließenden Tod von Karl Menzel am 10. Mai 1897 kam es bald schon zum vorübergehenden Stopp der 1. Abteilung[38], wobei Menzel ohnehin nicht über einen Anfang der Materialsammlung hinausgekommen war.[39] Aber auch sein Nachfolger Otto Oppermann, der ja gleichzeitig mit der Bearbeitung des Rheinischen Urkundenbuchs betraut war und dem man eigens dafür ein höheres Honorar als sonst üblich gewährt hatte[40], konnte keine rechten Fortschritte verzeichnen, auch weil er nach der Übernahme der Arbeiten (1901) schon 1904 an die Universität Utrecht berufen wurde; offenbar gab er die Regesten der Erzbischöfe 1912 ganz auf.[41] Ein weiterer Grund für die immer längeren Verzögerungen, insbesondere für den Bearbeitungszeitraum ab dem 13. Jahrhundert, war schlichtweg die für diese Zeiten von Jahrzehnt zu Jahrzehnt immer weiter anwachsende Überlieferung. So führt der Jahresbericht 1908 19 kleinere oder größere, teils rheinische,

---

31 Beispiele: JbGRhG 11 (1891), S. 24 f.; ebd. 13 (1893), S. 28; ebd. 14 (1894), S. 31.
32 Beispiele: ebd. 11 (1891), S. 25; ebd. 13 (1893), S. 28; ebd. 14 (1894), S. 31.
33 Ebd. 15 (1895), S. 32
34 Ebd. 5 (1885), S. 6.
35 Ebd. 11 (1891), S. 24 f.
36 Ebd. 13 (1893), S. 28.
37 Ebd. 16 (1896), S. 30.
38 Ebd. 17 (1897), S. 31.
39 KNIPPING, Regesten der Erzbischöfe von Köln, Bd. 2, S. Vorwort, o. S.
40 PABST, Gesellschaft, S. 230.
41 JbGRhG 21 (1901), S. 33; die Aufgabe der Arbeiten 1912 erwähnt OEDIGER, Regesten der Erzbischöfe von Köln, Bd. 1, S. 2*, während im JbGRhG 32 (1912), S. 12, einmal mehr keine Fortschritte vermeldet werden. Allerdings heißt es im JbGRhG 33 (1913), S. 11: »ein geeigneter Bearbeiter für diesen Band ist noch nicht gefunden.«

teil weiter entfernte Archive und Bibliotheken auf[42], die bei der Recherche nach erzbischöflichen Urkunden besucht wurden, und meldet am Ende: »Die Ausbeute war überall sehr reich und wertvoll, sodass der Stoff beträchtlich angeschwollen ist.«[43] Ähnliche Angaben werden in den Jahresberichten geradezu zum Cantus firmus. Schließlich war man sich 1911 endgültig darüber im Klaren, dass der für 1304 bis 1414 vorgesehene Band »wegen der großen Fülle des Stoffes« unmöglich zu realisieren sei und daher »in mehrere Unterabteilungen zerlegt« werde[44]; es erschien dann letztlich 1915, vier Jahre später, der Band für das Pontifikat Heinrichs von Virneburg (1304–1322).

Immer wieder wird auch von »Untersuchungen«, vor allem durch Menzel, berichtet, so etwa 1894 »über die Stellung der Erzbischöfe als Erzkanzler des Reiches für Italien und als Bibliothekare und Erzkanzler des apostolischen Stuhls, über Pallienverleihungen, über Kirchenbauten und Kirchenweihen u. s. w.«[45] Auch solche Forschungen dürften zu Verzögerungen geführt haben, räumt doch der Jahresbericht 1893 ein, dass Untersuchungen über die ersten Kölner Bischöfe und die Entstehung des Erzbistums »viel Zeit und Mühe« kosteten.[46]

Zusammengefasst konnten bis zum Ersten Weltkrieg von den hochfliegenden Plänen lediglich die Bände 2-4[47] unter veränderter Zählweise gegenüber dem ursprünglichen Plan verwirklicht werden, welche die Zeit von 1100 bis 1332 abdecken. Bearbeiter waren die beiden Archivare Richard Knipping (1865–1950), der zunächst am Düsseldorfer und später am Koblenzer Staatsarchiv tätig war[48], sowie Wilhelm Kisky (1881–1953), der später erster Leiter der Archivberatungsstelle der rheinischen Provinzialverwaltung werden sollte.[49] Knipping hatte 1891 seine Arbeit aufgenommen und war von vornherein mit der Erarbeitung der von 1100 bis 1304 reichenden Abteilung, den späteren Bänden

---

42 JbGRhG 28 (1908), S. 37: u.a. Kirchenarchiv und Stadtarchiv Kleve, Gräflich Waldbott-Bassenheimsches Archiv in Buxheim, Wien k. u. k. Haus-, Hof- und Staatsarchiv.

43 JbGRhG 28 (1908), S. 37. Neben dem Wiener Haus-, Hof- und Staatsarchiv und Deutschordens-Zentralarchiv werden etwa das Pfarrarchiv und das Stadtarchiv Kleve genannt, das Stadtarchiv Nijmegen, die Bestände des Germanischen Nationalmuseums in Nürnberg, das Gräflich von Waldbott-Bassenheimsche Archiv in Buxheim (Allgäu), heute im Staatsarchiv Sigmaringen.

44 JbGRhG 31 (1911), S. 12.

45 Ebd. 14 (1894), S. 31.

46 Ebd. 13 (1893), S. 28.

47 KNIPPING, Regesten der Erzbischöfe von Köln, Bd. 2 und 3; KISKY, Regesten der Erzbischöfe von Köln, Bd. 4.

48 Richard Knipping (1865–1950), 1897–1906 Archivar am Staatsarchiv Düsseldorf (heute Landesarchiv NRW, Abteilung Rheinland), 1906–1920 am Staatsarchiv (heute Landeshauptarchiv) Koblenz. In beiden Archiven sind (im Umfang sehr überschaubare) Teilnachlässe Knippings vorhanden, u.a. mit Vorarbeiten zu seinen Regestenbänden, siehe https://kalliope-verbund.info/search.html?q=richard+knipping (abgerufen am 20.6.2024).

49 Zu Kisky siehe: WISOTZKY, Kisky.

2 und 3 betraut worden.[50] Offenbar konzentrierte er sich stärker auf seine eigentliche Aufgabe, werden in den Jahresberichten doch weitaus weniger begleitende Forschungen vermeldet als bei Menzel. Kisky war 1905 eingestiegen unter der Leitung von Aloys Schulte (1857–1941)[51], nachdem der frühere Bearbeiter, der Aachener Bibliothekar Moritz Müller, bereits nach 1898 ausgestiegen war.[52]

Stillstand: 1915–1953

Schon im Jahr des Erscheinens von Band 4 deutet sich der jahrzehntelange Stillstand an, heißt es doch im Jahresbericht 1915, dass für Band 1 noch kein Bearbeiter gewonnen werden konnte, Wilhelm Kisky auch den folgenden Band 5 übernommen habe, »inzwischen aber eingezogen worden ist« und daher die Bearbeitung in den vorgesehenen drei Jahren nicht leisten könne.[53] Während des Krieges arbeitete Kisky bei der Verwaltung des Generalgouvernements Belgien in Brüssel. Schon zwei Jahre früher war er durch seine Anstellung als Direktor des Archivs der Fürsten zu Salm in Anholt am Niederrhein als wissenschaftlicher Mitarbeiter der »Gesellschaft« ausgeschieden, wodurch erste Verzögerungen eingetreten waren.[54] Allerdings meldet der Bericht für 1914, das Material für die Zeit bis 1370, mithin also für die späteren Bände 5–7, sei »ziemlich vollständig gesammelt«.[55] Das wiederholt Kisky im Vorwort des vierten Bandes und setzt hinzu, das Material sei »zum Teil auch schon ausgearbeitet«.[56] Diese Angaben stehen in vollkommenem Widerspruch zu dem, was Wilhelm Janssen, der letztlich die Arbeit von Kisky fortführte, im Vorwort zum fünften Band bemerkt: In Kiskys Nachlass habe sich »nicht e i n ausgearbeitetes Regest für die Zeit nach dem Tode des Erzbischofs Heinrich von Virneburg [1332] gefunden; nicht einmal die lückenhafte Materialsammlung ist fortgeführt worden«.[57] Janssen war der Meinung, Kisky habe »die Fortführung der Reges-

---

50 JbGRhG 11 (1891), S. 25.
51 Ebd. 25 (1905), S. 34.
52 Beginn von Müllers Tätigkeit: JbGRhG 12 (1892), S. 27; zuletzt wird Müllers Tätigkeit 1898 erwähnt (ebd. 18 [1898], S. 32), 1905 heißt es, Müller habe »vor längeren Jahren« eine ansehnliche Materialsammlung erstellt (ebd. 25 [1905], S. 34).
53 Ebd. 35 (1915), S. 11.
54 Ebd. 33 (1913), S. 11; vgl. WISOTZKY, Kisky.
55 JbGRhG 34 (1914), S. 11.
56 KISKY, Regesten der Erzbischöfe von Köln, Bd. 4, Vorwort, o. S.
57 JANSSEN, Regesten der Erzbischöfe von Köln, Bd. 5, S. VII; Hervorhebung im Zitat. Der Nachlass Kisky im Historischen Archiv der Stadt Köln (Best. 1160) enthält gar keine Unterlagen zu seiner Arbeit an den Regesten. Auch in Oedigers Überlegungen zur Weiterführung der Regesten hört es sich nicht nach einer reichhaltigen und umfassenden Materialsammlung an, wenn er recht allgemein davon spricht, dass im Nachlass Kisky Material gefunden worden sei (HAStK, Akten GRhG A 258, Oediger an Prof. Steinbach, Bonn, 22.7.1953).

ten [...] nicht mehr mit ernstlichem Nachdruck betreiben«.[58] Jedenfalls konnte Band 5 erst 1973 und damit fast 60 Jahre später erscheinen.

Tatsächlich wird in den Jahresberichten der Weimarer Zeit immer wieder darauf verwiesen, dass die Arbeiten seit dem Weltkrieg ruhten.[59] Erst 1928/1929 kam ein wenig Bewegung in die Sache, indem Kisky vorrechnete, dass es für die Zeit von 1332 bis 1370 angesichts der Menge des Materials zwei Halbbände brauche, und das Manuskript des ersten Halbbandes binnen eines Jahres und des zweiten Bandes innerhalb eines weiteren Jahres ankündigte.[60] Weitere Ankündigungen folgten, bis Kisky im Januar 1933 in offenkundiger Verlegenheit erklärte, dass er nur langsam vorankomme, sich nicht für die Ablieferung des druckfertigen Manuskriptes festlegen wolle und jedenfalls vorschlage, im Etat noch keine finanziellen Mittel für den Druck vorzusehen.[61] Das ist im Wesentlichen für die nächsten Jahrzehnte die letzte Nachricht von diesem Vorhaben. Eine Beurteilung der Arbeiten Kiskys und seines Scheiterns hinsichtlich der Fortführung der Regesten ist nicht ganz einfach. Man zögert jedenfalls, Janssen vorbehaltlos zuzustimmen, zumal in Rechnung zu stellen ist, dass Kisky 1928 die Leitung der neu geschaffenen Archivberatungsstelle der rheinischen Provinzialverwaltung (heute: LVR-Archivberatungs- und Fortbildungszentrum, Brauweiler) übernahm, was mit einer kräfte- und zeitzehrenden Reisetätigkeit verbunden war.[62] Darauf wies nicht zuletzt auch Kisky selbst hin: »Ich bin aber durch meine berufliche Tätigkeit so sehr in Anspruch genommen und infolge der vielen Reisen bleibt mir so wenig Zeit zum ruhigen Arbeiten am Schreibtisch.«[63] Vergleichbares ist auch heute noch jedem aus eigener leidvoller Erfahrung nur allzu vertraut, der sich bemüht, neben archivischer Verwaltungsarbeit noch wissenschaftlich tätig zu sein. Andererseits bleibt aber Janssens Befund einer im Ganzen lückenhaften Materialsammlung.

Die Schwierigkeiten Kiskys deuten indessen auch einen grundlegenden Wandel hinsichtlich der Bearbeiter der Regestenbände an, was sich im Geleitwort zum zwölften und letzten Band zusammengefasst so liest: »Hatten zunächst junge Wissenschaftler im (bezahlten) Auftrag der Gesellschaft für Rheinische Geschichtskunde an den Regesten gearbeitet, um sich damit eine Qualifikation für ihre berufliche Zukunft zu verschaffen, so mussten fortan die Bearbeiter das Geschäft neben ihren Dienstaufgaben im engeren Sinne

---

58 Ebd.
59 JbGRhG 39/40 (1919/1920), S. 10; ebd. 31/44 (1921/1924), S. 6; ebd. 45 (1925), S. 6; ebd. 46 (1926), S. 5; ebd. 47 (1927), S. 5; in den Jahresberichten von 1921/1924 bis 1929 werden die Regesten der Erzbischöfe mit den Regesten der Reichsstadt Aachen zu »Rheinischen Regesten von 1251–1519« zusammengefasst.
60 HAStK, Akten GRhG A 257, Kisky an Kallen, 15.2.1929; vgl. JbGRhG 48 (1928), S. 5; JbGRhG 49 (1929), S. 5.
61 HAStK, Akten GRhG A 257, Kisky an Kallen, 30.1.1933. Im JbGRhG 55 (1935), S. 5, ist noch einmal die Rede davon, dass die Ausarbeitung der Bände 5 und 6 »nur ganz wenig gefördert werden« konnte, allerdings weiteres Material gesammelt wurde. Es bleibt unklar, ob sich diese Angaben nicht mehr auf den sechsten als auf den fünften Band beziehen.
62 Dazu näher auch WISOTZKY, Kisky.
63 HAStK, Akten GRhG A 257, Kisky an Kallen, 30.1.1933.

betreiben.«[64] In der Tat hatte die »Gesellschaft« seit 1882 wissenschaftliche Mitarbeiter für die Erarbeitung von Publikationen der »Gesellschaft« beschäftigt, was nach der Hyperinflation von 1922 nicht mehr möglich war. Erst nach 1949 konnten wieder wissenschaftliche Mitarbeiter beschäftigt werden, nunmehr aber meist nebenamtlich tätige Archivare.[65]

Wenn jedoch in den Jahresberichten um 1930 davon die Rede ist, dass wegen der »schwierigen finanziellen Lage«[66] entsprechende Publikationen zurückgestellt werden müssten, ist das hinsichtlich der Regesten also nicht einmal die halbe Wahrheit. Dabei war die finanzielle Lage der »Gesellschaft« angesichts der Hyperinflation in den frühen 1920er Jahren und der Weltwirtschaftskrise tatsächlich trostlos. Das frühere Stipendiatensystem zur Finanzierung der Mitarbeiter war ja ohnehin schon nicht mehr zu halten und die gezahlten Honorare stellten nicht eben große Anreize dar.[67]

Dabei nahm man gleichzeitig mit der Bearbeitung der Zeit von 1322 bis 1370 auch bereits die Amtszeit von Friedrich von Saarwerden (1370–1414) in den Blick, nachdem Kisky auf das umfangreiche Material für dieses lange Pontifikat sowie die in dieser Zeit erstmals angelegten Lehnsregister hingewiesen hatte.[68] Daraufhin kam es 1929 zu einer Ausleihe der Lehnsregister vom Staatsarchiv Düsseldorf an das Historische Archiv der Stadt Köln, wo sie von dem dort tätigen Arnold Güttsches (1904–1975) ausgewertet werden sollten[69], der später Direktor des Stadtarchivs wurde.[70] 1933 schließlich trat Kisky die Bearbeitung der Regesten für das Pontifikat Friedrichs von Saarwerden ab und stellte Güttsches sein Material zur Verfügung. Dabei ist zwischen den Zeilen zu spüren, dass es offenbar einiger Überredungskünste bedurft hatte, um Kisky zu diesem Schritt zu bewegen.[71]

Allein kam auch Güttsches nicht wesentlich weiter und so heißt es im Jahresbericht für die Jahre 1932–1934 entwaffnend offen: »Für die Regesten der Kölner Erzbischöfe geschah nichts.«[72] Abgesehen vom Bericht für 1935[73] werden in den folgenden Jahresberichten bis nach dem Zweiten Weltkrieg die Regesten nicht einmal mehr unter den vorbereiteten oder geplanten Veröffentlichungen erwähnt. Auch in den Vorstandsprotokollen und Haushaltsvoranschlägen dieser Zeit spielen die Regesten keine Rolle.[74] Das Unternehmen war an einem Tiefpunkt angekommen.

---

64 ANDERNACH, Regesten der Erzbischöfe von Köln, Bd. 12,2, S. V–VI.
65 PABST, Gesellschaft, S. 225, 232 f., 234.
66 JbGRhG 50 (1930), S. 6; ähnlich: ebd. 51 (1931).
67 PABST, Gesellschaft, S. 82, 232 f.
68 HAStK, Akten GRhG A 257, Kisky an Kallen, 15.2.1929.
69 HAStK, Akten GRhG A 257.
70 Zu Güttsches: PABST, Gesellschaft, S. 119.
71 HAStK, Akten GRhG A 30 B (Vorstandsprotokoll Nr. 119, 8.3.1933), A 257.
72 JbGRhG 52/54 (1932/1934), S. 6.
73 Ebd. 55 (1935), S. 5: Die Bände 5 und 6 »konnten nur ganz wenig gefördert werden; dagegen wurde die Materialsammlung durch viele Funde an entlegenen Stellen erweitert«.
74 HAStK, Akten GRhG A 30 B.

Abb. 11: Richard Knipping, undatiert.

Abb. 12: Wilhelm Kisky, 1941.

Phase 2: 1954–2001

Erst 1954 mit der Vorlage der ersten Lieferung zu Band 1 – er erschien im Zeitraum von sieben Jahren in fünf Lieferungen – brachte Friedrich Wilhelm Oediger (1907–1993), der Leiter des Staatsarchivs Düsseldorf[75], das Vorhaben nach jahrzehntelangem Stillstand wieder in Schwung. 1949 hatte er den Auftrag übernommen und schaffte es, binnen weniger Jahre das Manuskript abzuschließen.[76] Dabei widmete er sich dem inhaltlich so schwierigen ersten Band mit der Überlieferung bis 1099, wobei Oppermanns überzogene Urkundenkritik die Schwierigkeiten eher noch vermehrt hatte. In vornehmer Zurückhaltung bringt Oediger die Lage im Vorwort von Band 1 der »Regesten« auf den Punkt: »Nur wenige – und nicht die wesentlichen – Urkunden hatten die Feuerprobe dieser Kritik ausgehalten. Man kann das Mißbehagen der Kritiker nachfühlen, als sie vor dem Aschenhaufen standen.«[77] In dieser Hinsicht werden die Rezensenten von Band 1

---

75 Zu Oedigers Wirken für die Gesellschaft vgl. v. a. PABST, Gesellschaft, S. 154.
76 HAStK, Akten GRhG A 30 B: Protokolle der Vorstandssitzungen 1949–1953.
77 OEDIGER, Regesten der Erzbischöfe von Köln, Bd. 1, S. 2*.

Abb. 13: Friedrich Wilhelm Oediger, 1970

Abb. 14: Wilhelm Janssen beim Festakt 150 Jahre Staatsarchiv bzw. Hauptstaatsarchiv Düsseldorf und Landeshauptarchiv Koblenz, 1982.

um einiges deutlicher, wenn etwa für »Oppermanns radikale Kritik« das Diktum von Paul Kehr als »Urkundensadismus« aufgegriffen wird oder Oppermann »mit geradezu ikonoklastischem Eifer auch über die älteren Kölner Erzbischofsurkunden hergefallen« sei. Erich Meuthen führt aus: »Viele Urkunden wurden von ihm [= Oppermann] in oberflächlicher Weise als Fälschungen erklärt, besonders fehlte ihm der Blick für die vielstufige Skala der Verunechtungsgrade.«[78] Allerdings war es gerade der viel gescholtene Oppermann, der 1903 in einer Rezension zu Band 2 der »Regesten« nicht mit Lob sparte und durchaus nicht über Knippings Urkundenkritik herfiel.[79]

Indessen taten sich in der Nachkriegszeit angesichts der »finanziell ruinösen Lage der Gesellschaft im Augenblick«[80] Schwierigkeiten anderer Art auf, mussten doch die nötigen Mittel zusammengebracht werden, um einen insgesamt recht aufwändigen Band drucken zu können. Letztlich gelang es dem Vorsitzenden der Gesellschaft, Gerhard Kallen (1884–1973), das Land NRW sowie den Kölner Erzbischof zu einer Bezuschussung von je 3.000 DM und die Stadt Köln sogar zu einer finanziellen Unterstützung von 5.000 DM zu bewegen.[81] Die Stadt Köln und der Erzbischof gehörten als Patrone ohnehin zu wichtigen Trägern der »Gesellschaft«.[82]

---

78 Vorstehende Zitate stammen aus Rezensionen zu Band 1, die zusammengestellt sind in: HAStK, Akten GRhG A 258. Auf Einzelnachweise wird hier verzichtet.
79 OPPERMANN, Rezension zu: KNIPPING, Regesten der Erzbischöfe von Köln, Bd. 2.
80 HAStK, Akten GRhG A 30 B, Vorstandsprotokoll Nr. 134, 11.4.1951.
81 HAStK, Akten GRhG A 258, Schriftwechsel 1952–1955; Kallen bezifferte die Gesamtkosten für den Regestenband auf etwa 15.000,- DM: Kallen an die Kölner Stadtverwaltung, 2.6.1953.
82 PABST, Gesellschaft, S. 208 f., 214.

Abb. 15: Norbert Andernach, undatiert.

Wenige Jahre nach dem Erscheinen des ersten Regestenbandes ließ die »Gesellschaft« 1964 die Bände 2–4 nachdrucken. Im Vorfeld stellte Oediger Überlegungen an, zum 2. Band Nachträge zusammenzustellen. In Anerkennung von Knippings Arbeit ging es ihm dabei weniger um die kaum 20 übersehenen Stücke, sondern mehr um die seit 1901 erschienenen Publikationen und Quelleneditionen. Ferner seien »die Knipping'schen Regesten dort, wo sie aus den Chroniken und Briefen entnommen sind, oft zu kurz«.[83] Das Vorhaben der Nachträge wurde indessen nicht verwirklicht.

Der weitere Fortgang des Unternehmens ist schnell zusammengefasst: Bald nach dem Erscheinen des Oediger-Bandes nahm Wilhelm Janssen 1964 die Arbeit an Band 5 auf, von Oediger »mit bestimmender Überzeugungskunst und unter Ausnutzung des Überraschungsmoments«[84] dafür gewonnen. Wohl u. a. aus einer solchen Formulierung glaubte Johannes Mötsch »zwischen den Zeilen das Moment der Überrumpelung herauslesen zu können«.[85] Bis 2001 jedenfalls konnten dann Janssen und Norbert Andernach (1941–2016) das Werk vollenden.[86] Beide waren am Hauptstaatsarchiv Düsseldorf tätig, Janssen von 1972 bis 1992 als dessen Leiter.[87] Mit Oediger, Janssen und Andernach lag die Erarbeitung der Regesten der Erzbischöfe faktisch beim Hauptstaatsarchiv Düsseldorf.

Auch bei den Bänden 5–12 zeigten sich wieder die altbekannten Schwierigkeiten. Am gravierendsten war die ungeheure Materialfülle – nunmehr aber nicht wie bei den zu Beginn des 20. Jahrhunderts erschienenen Bänden, weil die Bearbeiter bei Archivstudien immer mehr Quellen zutage förderten, die man vorher nicht kannte, sondern weil die Verdichtung der Überlieferung im 14. Jahrhundert weiter zunimmt und ferner die für das Spätmittelalter typischen seriellen Massenquellen einsetzen. Das alles ließ die Zahlen der Regesten exponentiell ansteigen. So melden Janssen und Andernach für die zweite Hälfte des 14. Jahrhunderts, dass für die Regesten der Erzbischöfe die Urkun-

---

83 HAStK, Akten GRhG A 258, Oediger an den Vorsitzenden der Gesellschaft, Theodor Schieffer, 11.7.1963.
84 ANDERNACH, Regesten der Erzbischöfe von Köln, Bd. 12,2, S. V; siehe auch HAStK, Akten GRhG A 30 B, Protokoll der Vorstandssitzung 9.6.1964.
85 MÖTSCH, Rezension zu: ANDERNACH, Regesten der Erzbischöfe von Köln, Bd. 12,2, S. 419, zur Gewinnung der Bearbeiter Janssen und Andernach als Berufsanfänger durch ihre jeweiligen Chefs.
86 Janssen: Bände 5–7; Andernach: Bände 8–12.
87 Zu Janssen, von 1973–1978 zugleich auch Vorsitzender der Gesellschaft: GROTEN, Nachruf.

den des Kölner Offizials und die Rechnungen von Territorien und Städten erst gar nicht berücksichtigt würden.[88] Aber auch damit konnte man der anschwellenden Materialfülle nicht Herr werden, sodass die Regesten der Kölner Erzbischöfe am Ende für die knapp anderthalb Jahrzehnte von 1401 bis zum Schlussdatum 1414 ohne Nachträge 3.903 Nummern ausmachen. Zum Vergleich: Das sind nur wenige Dutzend weniger als die 3.972 Regesten für das gesamte 13. Jahrhundert (1205–1304, Bd. 3). Damit ist allein schon von den Quantitäten der Beweis erbracht, dass spätestens um 1400 eine natürliche Grenze für solche Regestenwerke erreicht ist, die für die Zeit danach auszuufern drohen. Diesem quantitativen Befund ist der qualitative an die Seite zu stellen: So enthalten etwa viele Regesten der letzten Bände, die auf Xantener Kellnereirechnungen oder Arnsberger Botenrechnungen beruhen, beinahe schon banale Informationen wie die, dass 1407 ein Bote des Erzbischofs einen Brief von Arnsberg nach Volkmarsen bringt[89] – eine typische Information, wie sie seriellen Quellen häufig zu entnehmen ist. Dementsprechend wird im Geleitwort des letzten Bandes eingeräumt, dass ein Fortgang des Projektes nicht zu erwarten sei, auch wenn sich die etwas blumige Formulierung findet, »ob das Unternehmen damit überhaupt an sein Ende gekommen ist, wird die Zukunft lehren«.[90] Jedenfalls war damit die ursprünglich angedachte Weiterführung der Regesten bis 1508 ipso facto, aber auch sang- und klanglos zu Grabe getragen worden. Die Finanzierung des Drucks der Bände 5–12 erfolgte dank der fortgesetzten Bemühungen des damaligen Schriftführers Hugo Stehkämper aus Zuschüssen des Landschaftsverbandes Rheinland sowie der (Erz-)Bistümer Köln, Paderborn, Aachen, Essen, Münster und Trier.

Rezensionen und Rezeption

Ein Werk wie die Regesten der Erzbischöfe bleibt nicht ohne Widerhall in den Rezensionsteilen wissenschaftlicher Periodika.[91] Lediglich von den in der ersten Phase erschienenen Bänden (1901–1915) finden sich eher wenige Rezensionen. Durchweg erhalten die einzelnen Bände höchste Anerkennung und größtes, bisweilen gar hymnisches Lob. So wird das Erscheinen des fünften Bandes als »herausragendes Ereignis«[92] gefeiert oder

---

88 JbGRhG 89/93 (1969/1973), S. 10; vgl. JANSSEN, Regesten der Erzbischöfe von Köln, Bd. 5, S. VII, und ANDERNACH, Regesten der Erzbischöfe von Köln, Bd. 8, S. VIII.
89 ANDERNACH, Regesten der Erzbischöfe von Köln, Bd. 12,1, Nr. 1477, S. 445.
90 Ebd., Bd. 12,2, S. V.
91 Systematisch durchgesehen wurden folgende Periodika: Annalen des Historischen Vereins für den Niederrhein; Blätter für deutsche Landesgeschichte; Historische Zeitschrift; Historisches Jahrbuch; Rheinische Vierteljahrsblätter; Zeitschrift der Savigny-Stiftung für Rechtsgeschichte, Kanonistische Abteilung. Auf Einzelnachweise wird außer im Fall der folgenden Zitationen verzichtet. Insgesamt neun Rezensionen zu Band 1 sind zusammengestellt in: HAStK, Akten GRhG A 258.
92 LÖHR, Sammelbericht Rheinland, S. 660.

der Band selbst als »quasi opus perfectum«.[93] Immer wieder würdigen die Rezensenten die imponierende Arbeitsleistung, bisweilen in Verbindung mit den von Band zu Band weiter anschwellenden Quellenmassen, die es zu bearbeiten galt. So heißt es zu Band 6, dass ein solches Pensum nur zu bewältigen sei, »wenn man eisern pro Arbeitstag seine zwei Regesten verfaßt«.[94] Ohnehin finden sich allerlei statistische Berechnungen zu den im 14. Jahrhundert stetig anwachsenden Quellen. Mehrfach enthalten Besprechungen zu dem in der Nachkriegszeit erschienenen Band 1 den Hinweis, dass es aufgrund der zeitbedingten Einschränkungen schlichtweg an Geld mangele, um in außerrheinische Archive und Bibliotheken zu reisen und dort die entsprechende Überlieferung zu überprüfen.[95]

Sofern Rezensenten Korrekturen oder Ergänzungen anbringen, fehlt nicht der Hinweis, dass diese keineswegs den vorzüglichen Gesamteindruck schmälern sollen. Durchweg wird die weitreichende Bedeutung der Bände hervorgehoben. Rudolf Schieffer formuliert etwas blumig zu Band 5: »J[anssen] hat hier in entsagungsvoller Kleinarbeit einen beträchtlichen Acker gerodet, auf dem nun andere säen und ernten dürfen.«[96] Zum Abschluss des Unternehmens resümiert Johannes Mötsch: »Mit der Vollendung eines derartigen Großprojektes steht die Region fast einzig da. Vergleichbare Unternehmungen andernorts sind steckengeblieben.«[97] Aus interner Kenntnis sei noch eine Würdigung besonderer Art angefügt. Als 2001 der umfangreiche Abschlussband der Regesten, der nur den Namen- und Sachindex zu den Bänden 8–12,1 enthält, den Patronen zugeschickt wurde, reagierte der damalige Kölner Erzbischof, Kardinal Joachim Meisner, der sich in der Nachfolge des heiligen Maternus sah, auf stilvolle Weise: Er schrieb einen persönlichen Dankesbrief an den Bearbeiter Norbert Andernach und würdigte die Bedeutung des Regestenwerkes für die Erforschung der Geschichte des Erzbistums Köln.

Die Wirkung der Regesten auf die Forschung, insbesondere die rheinische Landesgeschichte, kann kaum überschätzt werden. Unzählige Werke greifen auf die Regesten zurück und manche Arbeiten, etwa zur Biographie und Politik der Kölner Erzbischöfe, konnten durch das Regestenwerk überhaupt erst erstehen, was dankbar oder würdigend auch vermerkt wird.[98] Auch die akribische Biographie des Erzbischofs Heinrich von Müllenark von Michael Matscha fußt wesentlich auf den Regesten. Der Autor hat einen Anhang mit Nachträgen zum 2. Regestenband zusammengestellt[99] und kommt dabei auf lediglich 35 Stücke, was einmal mehr für die gründliche Arbeit von Richard Knipping spricht.

---

93 Huiskes, Rezension zu: Janssen, Regesten der Erzbischöfe von Köln, Bd. 5, S. 145.
94 Löhr, Rezension zu: Janssen, Regesten der Erzbischöfe von Köln, Bd. 6, S. 965.
95 So auch Oediger selbst im Vorwort: Oediger, Regesten der Erzbischöfe von Köln, Bd. 1, S. 2*.
96 Schieffer, Rezension zu: Janssen, Regesten der Erzbischöfe von Köln, Bd. 5, S. 468.
97 Mötsch, Rezension zu: Andernach, Regesten der Erzbischöfe von Köln, Bd. 12,2, S. 419.
98 Beispiele: Tewes, Amts- und Pfandpolitik, S. 9; Erkens, Siegfried von Westerburg, S. 49.
99 Matscha, Heinrich I. von Müllenark, S. 654–662.

Fazit

Bei dem 1885 begonnenen Unternehmen der Regesten der Erzbischöfe von Köln handelte es sich um ein stupendes Projekt, in das die »Gesellschaft« über mehr als 100 Jahre gewaltige finanzielle Ressourcen investierte und das ebenso gewaltige Ressourcen an Arbeitskraft band, nicht zuletzt auch von Bearbeitern, die am Ende keinen Band vorlegen konnten. Das Ergebnis mit 14 Einzelbänden und fast 25.000 Regesten spricht für sich. Wenn man die Jahresberichte anschaut, wird überdies klar, dass vor allem für die ersten, bis 1915 erschienenen Bände in Zeiten ohne Internet, Flug- oder Autoreisen die Erarbeitung der Regesten nicht zuletzt auch logistisch eine große Leistung darstellte, mussten doch Archive und Bibliotheken im gesamten deutschsprachigen Raum, in Frankreich, Belgien, den Niederlanden und Luxemburg besucht werden.

Deutlich erkennbar sind die beiden Phasen, in denen die Regesten erschienen sind: Den von 1901–1915 gedruckten Bänden folgte eine lange Lücke bis 1954, an die sich dann von 1954 bis 2001 über fast ein halbes Jahrhundert die restlichen Bände anschlossen.

Eine von mehreren Problemlagen bestand in der Materialfülle. In der ersten Phase tat man für die Bände 2–4 immer mehr bislang unbekannte Überlieferung auf, was sämtliche Zeitpläne als zu optimistisch erscheinen ließ und zu immer wieder neuen Aufteilungen der Bände führte. Materialfülle war dann auch das Problem der Bände 5–12, nunmehr aber aufgrund der Beschaffenheit der Quellen. Eine ganz andere Problemlage bestand bei Band 1 für die Zeit bis 1100, für die Fragen der Quellenkritik wesentlich wurden, sodass dieser Band zu einem »opus sui generis«[100] wurde. Dies gilt auch für die verstärkte Einbeziehung erzählender Quellen, hagiographischer Literatur, der Totenbuchüberlieferung und der frühen Kölner Bischofslisten, wodurch die klassischen Urkundenregesten in der Minderzahl sind. Gegen eine solche Weiterentwicklung, wie man sie in mancherlei Regestenwerken findet, meldete Rudolf Schieffer grundsätzliche Bedenken an[101], die indessen in den Rezensionen der Kölner Erzbischofsregesten keinen Widerhall fanden.

Auch in anderer Hinsicht lassen sich die Regesten der Erzbischöfe in zwei große Blöcke unterteilen: Die Regesten in den von Knipping erarbeiteten Bänden 2 und 3 sind viel knapper gehalten als die von Kisky in Band 4, der ausführliche und detaillierte Vollregesten erstellte, die zudem der Struktur der Quelle folgen. Das Ziel Kiskys war es, das gesamte erreichbare Quellenmaterial aufzunehmen, in dem der Erzbischof auch nur erwähnt wird, und zudem »ein Zurückgreifen auf die Vorlage möglichst entbehrlich zu machen«[102], also die Erstellung von so genannten Vollregesten – ein Maximalprogramm, das er in seinem Vorwort zum vierten Band ausführlich vorstellt und das auch eine Er-

---

100 Wilhelm Janssen im Vorwort zu Bd. 5.
101 SCHIEFFER, Urkundenbücher, S. 10 f.
102 KISKY, Regesten der Erzbischöfe von Köln, Bd. 4, Vorwort, o. S.

weiterung der ursprünglichen Zielsetzung bedeutete: In der Denkschrift von 1881 war noch die Rede davon, dass von den ungedruckten Urkunden lediglich die wichtigsten Berücksichtigung finden sollten.[103] Gleichwohl wurden Kiskys Grundsätze vorbildhaft für alle folgenden Bände, allerdings auch als Perfektionismus kritisiert, der für die Krise der Regesten mitverantwortlich gewesen sei.[104] Dementsprechend ging man ab Band 5 in »vorsichtige[...] Distanz«[105] zu den Grundsätzen Kiskys. Dennoch uferte in den letzten Bänden die Regestentechnik zu seitenlangen Regesten von im Einzelfall bis zu acht Druckseiten aus.[106] Sieht man von den Bänden Knippings ab, zieht sich jedenfalls das Bestreben nach opulenter Berücksichtigung möglichst oder weitgehend aller Erwähnungen der Erzbischöfe durch dieses Regestenwerk – angesichts der Quellenmassen eigentlich eine schiere Unmöglichkeit, was sich oft genug auch als Hemmschuh für das Fortschreiten des Werkes erwies.

Unmittelbare politische, weltanschauliche und religiöse Überzeugungen oder gar Differenzen schlagen sich in den Regesten der Erzbischöfe so gut wie nicht nieder. Durchweg wurden die einzelnen Bände auch vom Erzbistum Köln selbst und seinen Erzbischöfen gefördert. So kamen alle Kölner Oberhirten von Philipp Krementz (1885–1899) bis Joachim Meisner (1989–2014) nicht nur den Verpflichtungen ihres Patronates nach[107], sondern unterstützten insbesondere sämtliche in der Zeit nach dem Zweiten Weltkrieg erschienenen Bände finanziell, wie die Vorworte durch die Bank erkennen lassen. Lediglich der liberal-antiklerikal eingestellte Joseph Hansen, Vorsitzender der »Gesellschaft« von 1893 bis 1927[108], hob für den 1901 erschienenen Band 2 etwas einseitig und unter Hintansetzung der Bedeutung der Regesten für die kirchliche Geschichte hervor, dass es um ein Werk gehe, in dem insbesondere die politische Geschichte einer »großen Zeit [...], und zwar der Hohenstaufenepoche«, berücksichtigt werde.[109]

Zusammenfassend kann man feststellen, dass die »Regesten der Erzbischöfe von Köln« ein Unternehmen der »Gesellschaft« sind, das auf unrealistischer Planungsgrundlage mit viel Schwung begonnen wurde, schon nach drei Bänden zum Erliegen kam, dann jahrzehntelang stagnierte, schließlich noch einmal ein halbes Jahrhundert benötigte, vor Erreichen des ursprünglichen Ziels (Schlusspunkt 1508) doch stecken blieb, sang- und klanglos beendet wurde und am Ende alles andere als ein Werk aus einheitlichem Guss darstellt. Das ist die eine Sicht der Dinge.

Die andere Sicht ist die, dass mit den »Regesten« ein zuverlässiges, qualitativ hochwertiges wissenschaftliches Grundlagenwerk entstanden ist, das gewaltige Quellenbestände

---

103 HARLESS/HÖHLBAUM/LOERSCH, Denkschrift, S. 18.
104 JANSSEN, Regesten der Erzbischöfe von Köln, Bd. 5, S. VII.
105 Ebd.
106 ANDERNACH, Regesten der Erzbischöfe von Köln, Bd. 12,1, Nr. 1, S. 1–8; Nr. 931, S. 282–286.
107 Vgl. im Einzelnen PABST, Gesellschaft, S. 141, 201.
108 Zu Hansen: PABST, Gesellschaft, S. 102–105.
109 HANSEN, Gesellschaft für Rheinische Geschichtskunde, S. 60.

für einen Zeitraum von mehr als 1.000 Jahren erschließt und für sämtliche Forschungen zur mittelalterlichen Geschichte nicht nur des nördlichen Rheinlandes ein unverzichtbares Hilfsmittel, ja ein wesentliches Fundament darstellt. In einer Hinsicht sind die Regesten der Erzbischöfe ihrem Grundlagencharakter indessen nicht ganz gerecht geworden: Richard Knipping betont im Vorwort zum zweiten Band der Regesten, »man könnte füglich an dieser Stelle als Einleitung zu den Regesten der Erzbischöfe von Köln eine Untersuchung des erzbischöflichen Urkundenwesens erwarten«[110], um es dann aber bei einigen kurzen Bemerkungen zu belassen, auf seine Dissertation[111] und ansonsten auf den künftigen ersten Band zu verweisen. Dabei blieb es dann aber im Wesentlichen und nur im ersten Band der Regesten finden sich einige Ausführungen zu dieser Thematik.[112] Das wird man indessen nicht kritisieren, sondern als sinnvolle Konzentration auf die wesentlichen Arbeiten sowie das Voranschreiten der einzelnen Bände ansehen wollen. Die Beschäftigung mit dem Urkundenwesen der Kölner Erzbischöfe sollte unabhängig von den Regesten separaten Einzelstudien vorbehalten sein.[113]

Rudolf Schieffer brachte 1990 auf dem Tag der Landesgeschichte die Problematik von regionalen Urkundenbüchern und Regestenwerken und damit auch der »Regesten der Erzbischöfe von Köln« auf den Punkt: Solche Grundlagenwerke seien oft von Anfang an »von arger Unterschätzung des tatsächlich erforderlichen Zeitaufwands begleitet […] und [wären …] schwerlich begonnen worden […], wenn ihre Bearbeiter von vornherein überblickt hätten, worauf sie sich einließen«.[114] Daher sind manche solcher Projekte zu »mehr oder minder stattlichen Torsi«[115] geraten – nicht so die Regesten der Kölner Erzbischöfe! Und so kommt Schieffer aus der Perspektive des Vergleichs mit anderen Bischofsregesten zu dem berechtigten Schluss, dass insbesondere die von Janssen und Andernach vorgelegten Bände eine »ganz exzeptionelle Leistung«[116] darstellen.

Am Ende sei eine persönliche Bemerkung gestattet von jemandem, für den die Regesten seit drei Jahrzehnten selbst ein unverzichtbares Hilfsmittel bei seinen Forschungen wie bei seiner beruflichen Arbeit sind. Wir dürfen den fünf Bearbeitern dieser Bände und allen, die sich um dieses Projekt bemüht haben, schlichtweg dankbar sein, stehen wir doch bei unseren Forschungen auf deren Schultern. Zu würdigen ist dabei auch die oft jahrzehntelange Kärrnerarbeit im Dienst der historischen Forschung und Wissenschaft, was ein großes, selbstloses persönliches Engagement erforderte. Das war auch Wilhelm Janssen, dem am 12. Juli 2021 als letzten verstorbenen Bearbeiter der Regesten, bewusst; er hat es in seiner unprätentiösen Art so auf den Punkt gebracht: »Und daß die

---

110 Knipping, Regesten der Erzbischöfe von Köln, Bd. 2, Vorwort, o. S.
111 Knipping, Beiträge.
112 Oediger, Regesten der Erzbischöfe von Köln, Bd. 1, S. 22*–32*.
113 Zuletzt ausführlich: Fuhrmann, Urkundenwesen, mit Hinweisen auf weitere Arbeiten S. 51–53.
114 Schieffer, Urkundenbücher, S. 1.
115 Ebd.
116 Ebd., S. 14.

Versuchung groß ist, die karge Zeit, die der Beruf der wissenschaftlichen Arbeit übrig läßt, interessanteren Gegenständen zuzuwenden, als es die Anfertigung eines Regestenwerkes zur spätmittelalterlichen Geschichte nun einmal ist, vermag jeder zu verstehen, der sich in ähnlicher Situation befunden hat. Dazu kommt, daß ein gewandeltes und sich wandelndes Urteil über Sinn und Aufgaben der Geschichtsforschung den Bearbeiter eines solchen mühselig zu erstellenden Regestenwerkes nicht mehr auf jenes Maß wissenschaftlicher Anerkennung hoffen läßt, dessen die Autoren der früheren Bände dieses Unternehmens noch halbwegs sicher sein konnten.«[117]

Quellen und Literatur

Die Edition

ANDERNACH, Norbert (Bearb.), Die *Regesten der Erzbischöfe von Köln* im Mittelalter (= PubGRhG, Nr. XXI), Bd. 8: 1370–1380, Düsseldorf 1981.

DERS. (Bearb.), Die *Regesten der Erzbischöfe von Köln* im Mittelalter (= PubGRhG, Nr. XXI), Bd. 9: 1381–1390, Düsseldorf 1983.

DERS. (Bearb.), Die *Regesten der Erzbischöfe von Köln* im Mittelalter (= PubGRhG, Nr. XXI), Bd. 10: 1391–1400, Düsseldorf 1987.

DERS. (Bearb.), Die *Regesten der Erzbischöfe von Köln* im Mittelalter (= PubGRhG, Nr. XXI), Bd. 11: 1401–1410, Düsseldorf 1992.

DERS. (Bearb.), Die *Regesten der Erzbischöfe von Köln* im Mittelalter (= PubGRhG, Nr. XXI), Bd. 12,1: 1411–1414 […], Düsseldorf 1995.

DERS. (Bearb.), Die *Regesten der Erzbischöfe von Köln* im Mittelalter (= PubGRhG, Nr. XXI), Bd. 12,2: Namen und Sachindex zu den Bänden 8–12,1, Düsseldorf 2001.

JANSSEN, Wilhelm (Bearb.), Die *Regesten der Erzbischöfe von Köln* im Mittelalter (= PubGRhG, Nr. XXI), Bd. 5: 1332–1349, Bonn 1973.

DERS. (Bearb.), Die *Regesten der Erzbischöfe von Köln* im Mittelalter (= PubGRhG, Nr. XXI), Bd. 6: 1349–1362, Bonn 1977.

DERS. (Bearb.), Die *Regesten der Erzbischöfe von Köln* im Mittelalter (= PubGRhG, Nr. XXI), Bd. 7: 1362–1370, Bonn 1982.

KISKY, Wilhelm (Bearb.), Die *Regesten der Erzbischöfe von Köln* im Mittelalter (= PubGRhG, Nr. XXI), Bd. 4: 1304–1322, Bonn 1915.

KNIPPING, Richard (Bearb.), Die *Regesten der Erzbischöfe von Köln* im Mittelalter (= PubGRhG, Nr. XXI), Bd. 2: 1100–1205, Bonn 1901.

DERS. (Bearb.), Die *Regesten der Erzbischöfe von Köln* im Mittelalter (= PubGRhG, Nr. XXI), Bd. 3: 1205–1304, Bonn 1909–1913.

OEDIGER, Friedrich Wilhelm (Bearb.), Die *Regesten der Erzbischöfe von Köln* im Mittelalter (= PubGRhG, Nr. XXI), Bd. 1: 313–1099, Bonn 1954–1961.

---

117 JANSSEN, Regesten der Erzbischöfe von Köln, Bd. 5, S. VII.

Ungedruckte Quellen

HAStK, Best. 1800, A 30 B, A 257 u. A 258.

Gedruckte Quellen

Wisplinghoff, Erich (Bearb.), *Rheinisches Urkundenbuch*. Ältere Urkunden bis 1100 (= PubGRhG, Nr. LVII), Bd. 1: Aachen–Deutz, Bonn 1972.
Ders. (Bearb.), *Rheinisches Urkundenbuch*. Ältere Urkunden bis 1100 (= PubGRhG, Nr. LVII), Bd. 2: Elten–Köln, S. Ursula, Düsseldorf 1994.

Literatur

Erkens, Franz-Reiner, *Siegfrid von Westerburg*. 1274–1297 (= Rheinisches Archiv, H. 114), Bonn 1982.
Fuhrmann, Hans, Das *Urkundenwesen* der Erzbischöfe von Köln im 13. Jahrhundert (= Studien zur Kölner Kirchengeschichte, Bd. 33), Siegburg 2000.
Groten, Manfred, *Nachruf* auf Wilhelm Janssen, in: RhVjbll 86 (2022), S. 290–295.
Hansen, Joseph (Hg.), Die *Gesellschaft für Rheinische Geschichtskunde* in den Jahren 1881–1906, in: Die Gesellschaft für Rheinische Geschichtskunde. Ziele und Aufgaben 1881–1906, Köln 1907, S. 55–86.
Harless, Woldemar / Höhlbaum, Konstantin / Loersch, Hugo, *Denkschrift* über die Aufgaben der Gesellschaft für rheinische Geschichtskunde, in: Die Gesellschaft für Rheinische Geschichtskunde. Ziele und Aufgaben 1881–1906, Köln 1907, S. 5–37.
Historische Kommission für Westfalen, *Gesamtverzeichnis* der Veröffentlichungen, S. 45–49, abgerufen unter: https://www.lwl.org/hiko-download/HiKo-Schriftenverzeichnis_2022-04.pdf (abgerufen am 3.3.2024).
Janssen, Wilhelm, Theodor Joseph *Lacomblet*, in: Internetportal Rheinische Geschichte, abgerufen unter: https://www.rheinische-geschichte.lvr.de/Persoenlichkeiten/theodor-joseph-lacomblet/DE-2086/lido/57c93c720d3cf5.74459288 (abgerufen am 3.3.2024).
Knipping, Richard, *Beiträge* zur Diplomatik der Erzbischöfe von Köln des 12. Jahrhunderts, Bonn 1889.
Matscha, Michael, *Heinrich I. von Müllenark*, Erzbischof von Köln. 1225–1238 (= Studien zur Kölner Kirchengeschichte, Bd. 25), Siegburg 1992.
Pabst, Klaus, Die *Gesellschaft* für Rheinische Geschichtskunde (1881–1981). Trägerschaft, Organisation und Ziele in den ersten 100 Jahren ihres Bestehens (Redaktion: Stephan Laux) (= Studien und Darstellungen der Gesellschaft für Rheinische Geschichtskunde, Bd. 1), Köln / Wien 2022.
Schieffer, Rudolf, Neue regionale *Urkundenbücher* und Regestenwerke, in: BlldtLG 127 (1991), S. 1–18.
Schleidgen, Wolf-Rüdiger (Bearb.), *Urkundenbuch* für die Geschichte des Niederrheins. Nach-

weis der Überlieferung (= Veröffentlichungen der Staatlichen Archive des Landes Nordrhein-Westfalen, Reihe C: Quellen und Forschungen 10), Siegburg 1981.

Tewes, Ludger, Die *Amts- und Pfandpolitik* der Kölner Erzbischöfe im Spätmittelalter. 1306–1463 (= Dissertationen zur mittelalterlichen Geschichte, Bd. 4), Köln / Wien 1987.

Wisotzky, Klaus, Wilhelm *Kisky*, in: Internetportal Rheinische Geschichte, abgerufen unter: https://www.rheinische-geschichte.lvr.de/Persoenlichkeiten/wilhelm-kisky-/DE-2086/lido/57c9353e1f5c04.58831674 (abgerufen am 3.3.2024).

Rezensionen

Huiskes, Manfred, *Rezension zu: Janssen, Regesten der Erzbischöfe von Köln, Bd. 5*, in: AHVN 182 (1979), S. 142–145.

Löhr, Wolfgang, *Rezension zu: Janssen, Regesten der Erzbischöfe von Köln, Bd. 6*, in: ZAGV 84/85 (1977/1978), S. 964–965.

Ders., *Sammelbericht Rheinland 1973–1977*, in: BlldtLG 118 (1982), S. 660–691.

Mötsch, Johannes, *Rezension zu: Andernach, Regesten der Erzbischöfe von Köln, Bd. 12,2*, in: AHVN 208 (2005), S. 418–420.

Oppermann, Otto, *Rezension zu: Knipping, Regesten der Erzbischöfe von Köln, Bd. 2*, in: HZ 91 (1903), S. 283–285.

Schieffer, Rudolf, *Rezension zu: Janssen, Regesten der Erzbischöfe von Köln, Bd. 5*, in: RhVjbll 38 (1974), S. 465–468.

Wolfgang Schmitz

Ernst Voulliéme, »Der Buchdruck Kölns bis zum Ende des 15. Jahrhunderts« (1903)

Bibliographie als Quelle der Buch-, Kultur- und Wissenschaftsgeschichte

Unter den Publikationen der Gesellschaft für Rheinische Geschichtskunde scheint Ernst Voulliémes Werk »Der Buchdruck Kölns bis zum Ende des 15. Jahrhunderts« von 1903 auf den ersten Blick etwas abseits zu stehen.[1] Es bildet aber in mehrerlei Hinsicht einen Markstein für die wissenschaftliche Entwicklung und genießt bis heute Aufmerksamkeit. Ernst Voulliémes[2] Buch – es wird der geläufigen Praxis folgend auch hier »VK« abgekürzt – verzeichnet Inkunabeln (oder Wiegendrucke). Dabei handelt es sich definitionsgemäß um Drucke, die von der Erfindung des Buchdrucks um 1440–1450 bis zum Jahrhundertende (31. Dezember 1500) erschienen sind.[3] Sie fanden schon früh das Interesse der Forscher und Sammler. Warum? Sie sind stark handwerklich geprägt. Das gilt für ihre Typographie, denn die Drucktypen wurden im 15. Jahrhundert noch weitgehend von den Druckern selbst oder in ihrem Auftrag hergestellt und weisen deshalb mehr oder minder individuelle Züge auf, wenn auch bald ein Trend zur Normierung erkennbar wird. Initialen, Rubrikzeichen, Überschriften wurden anfangs handschriftlich eingefügt. Das verleiht diesen frühen Produkten von Exemplar zu Exemplar ein ausgesprochen eigenständiges Aussehen und zeigt starke Berührungspunkte mit den zeitgenössischen Handschriften, die als Vorbild dienten und deren Buchmaler häufig ebenso die Drucke ausmalten. Zudem hat der langsame Druckvorgang mit der Handpresse die Möglichkeit zu Textkorrekturen von Exemplar zu Exemplar begünstigt und so genannte Varianten hervorgerufen. Inkunabeln waren manchmal »texts in progress«, wurden nämlich nach und nach vervollständigt und sind in ihrer Entstehung als Prozess zu verstehen.[4]

Warum sind Inkunabeln auch heute noch interessant? Sie sind Zeugnisse der wissenschaftlichen und literarischen Betätigung ihrer Zeit, der Religion, Wirtschaft sowie Verwaltung und können verlorene Handschriften ersetzen. Anders als bei diesen Unikaten bietet der Druck eine Auflage von anfangs 100, später mehreren Hundert bis über 1.000 mehr oder minder identischen Exemplaren. Sie haben dadurch eine größere Breiten-

---
1 Voulliéme, Buchdruck Kölns.
2 Vgl. zu Voulliémes Leben und Werdegang unten S. 183–184.
3 Einen kurzen Abriss der Forschungsgeschichte bietet mein »Grundriss der Inkunabelkunde«, S. 42–70 mit weiterführender Literatur.
4 Ein schönes Beispiel für solche Textanreicherungen bei Sebastian Brant in Basler Inkunabelausgaben liefert der Aufsatz von Henkel, Basler Sammelausgaben.

wirkung in der Gesellschaft und können interessante Zeugen für literatursoziologische Fragestellungen sein. Dafür werden die einzelnen Exemplare mit ihren Varianten, Provenienzen, Bearbeitungsvermerken usw. betrachtet.

Spätestens seit dem 17. Jahrhundert gibt es Unternehmungen, die Inkunabeln in eigenen Verzeichnissen zu sammeln. Das 19. Jahrhundert ist ganz allgemein das Jahrhundert der Bibliographien. Das war nicht zuletzt eine Folge der Französischen Revolution, durch die eine enorme Menge von Büchern auf den Antiquariatsmarkt und in die Bibliotheken gelangte. Ihre penible Verzeichnung wurde ein deutliches Desiderat, um sie ordnen und einschätzen zu können. Das verlangte enorme Fortschritte bei der Theorie und Methodik ihrer Erarbeitung.[5] Ein lebhaftes Interesse galt den infolge der Säkularisation in großer Zahl in die öffentlichen Bibliotheken einströmenden Inkunabeln. Sie wurden verstärkt als wichtige geschichtliche, wissenschaftliche und literarische Quellen begriffen. Zwar verdienen viele der früheren Inkunabelbibliographien trotz ihrer Verdienste aufgrund ihrer Methodik und ihres Umfangs nur noch antiquarisches Interesse, aber das ist anders bei Ludwig Hains (1781–1836) »Repertorium bibliographicum« von 1826–1838, das nicht nur die bis dahin unerreichte Zahl von 16.299 Titeln verzeichnet, sondern vor allem methodisch neue Wege beschreitet: Bisher hatte man die Inkunabeln, die in der Tradition der Handschriften anfangs noch kein Titelblatt besaßen, unzureichend, das heißt nicht genau identifizierbar, beschrieben. Hain machte es sich zu eigen, von jeder Ausgabe, die er einsehen konnte, wie bei der Handschriftenbeschreibung zeilen- und buchstabengetreu den Anfang und das Ende, Incipit und Explicit, wiederzugeben. Damit konnte man, ergänzt durch weitere Angaben wie z. B. die Zeilenzahl, die verschiedenen Ausgaben eindeutig identifizieren. Eine bahnbrechende Leistung![6]

Allerdings ließ Hain noch Ansätze zur Inkunabelbestimmung mittels der Typographie, wie wir sie schon im späten 18. Jahrhundert finden, außen vor. Deren Grundlage war die erwähnte Herstellung der Drucktypen durch die Drucker selbst, die damit auf die Offizin zurückführen konnten. Da 52,5 Prozent der Wiegendrucke ohne Druckernennung, 51,2 Prozent ohne Druckort und 43,5 Prozent ohne Datierung sind, ermöglicht die systematische Aufarbeitung der Typographie eine hohe Zuweisungsquote.[7]

---

5 WALTHER, Das Europa der Bibliographen, S. 3: »Bibliographien folgen in Theorie und Methodik ihrer Erarbeitung sowie ihren Inhalten oder der Gliederung der allgemeinen wissenschaftlichen Entwicklung, in ihnen spiegeln sich Tendenzen der Zeit ebenso wie die modische Zuwendung zu bestimmten Themen oder deren Vernachlässigung und Ignorierung.« Ebd., S. 4: »Die ordnenden und beschreibenden Tätigkeiten der Bibliographen und Bibliothekare des 19. Jahrhunderts bildeten eine der Voraussetzungen für das Entstehen neuer Forschungsgebiete und wissenschaftlicher Disziplinen, es war im weitesten Sinne des Wortes eine Kulturstiftung.«

6 Zu Hain vgl. RATH, Zur Biographie Ludwig Hains; GELDNER, Hain; WALTHER, Das Europa der Bibliographen, S. 48–65. Ergänzungen zu Hain boten im späteren 19. Jahrhundert COPINGER, Supplement, und REICHLING, Appendices, ein Register verfasste BURGER, Drucker; DERS., Printers and Publishers.

7 Laut Auskunft des Gesamtkatalogs der Wiegendrucke.

Herausragende Fortschritte boten hier in der zweiten Hälfte des 19. Jahrhunderts der Niederländer Johannes Willem Holtrop (1806–1870) und die Engländer Henry Bradshaw (1831–1886) und vor allem Robert Proctor (1868–1903)[8] sowie der Deutsche Konrad Haebler (1857–1946). Haebler entwickelte um 1900 aus Proctors und eigenen Ansätzen die so genannte Proctor-Haeblersche Methode zur Bestimmung unfirmierter Inkunabeln aufgrund ihrer Typographie.[9] So weit, sehr knapp skizziert, der Forschungshintergrund, als sich Ernst Voulliéme an die Sammlung und Beschreibung der Kölner Drucke des 15. Jahrhunderts machte.

Robert Proctor, einer der führenden Wiegendruckforscher um 1900, unterscheidet zwei Richtungen, in denen sich die Erforschung der Wiegendrucke vollzog:

»For, small as are the numbers of those who study these subjects, there is, nevertheless, a marked tendency among them to separate into two partially independent groups. Students of the one class are primarily concerned with the printers and what the Germans call Druckerpraxis: their aim is by means of the books to get behind them at the men who made them, and to reconstruct the work of their hands as it was gradually developed and modified. They tend more and more, perhaps too much, to look on the books themselves rather as pawns in the game, than as objects of individual interest in themselves and for themselves. To this school, represented by the names of Bradshaw, Claudin and Dziatzko, the other group, of which Dr. Voulliéme is a leading light, is more or less sharply, yet perhaps half unconsciously, opposed. These, the bibliographers properly so called, are primarily interested with the books themselves, and they endeavour to discover as many as possible and to describe them with all possible fullness and accuracy, with one notable exception. For while a follower of Bradshaw is keenly concerned in investigating the make-up of books which have no printed signatures, because in that way of all others is most light thrown on the ways of the printer, the school of Mlle. Pellechet and Dr. Voulliéme usually ignores this point altogether.«[10]

Ernst Voulliéme (1862–1930) entstammte einer hugenottischen Familie, die in Ostpreußen ansässig geworden war.[11] Der klassische Philologe und Archäologe trat nach dem Studium in Berlin und Halle 1889 in den Dienst der Universitätsbibliothek Bonn. Deren Direktor Carl Schaarschmidt übertrug ihm das Verzeichnis der dortigen Inkunabelsammlung, das 1894 erschien[12], und gab damit Voulliémes bibliothekarisches Le-

---

8 HOLTROP, Monuments; BRADSHAW, Index; PROCTOR, Types Facsimile Society; DERS., Index.
9 HAEBLER, Typenrepertorium.
10 PROCTOR, Early Printers of Köln, hier S. 392 f.; zu ihm: JOHNSON, Lost in the Alpes; BOWMAN, Private Diaries of Robert Proctor.
11 HUSUNG, Voulliéme †; RATH, Voulliéme; SCHMITZ, Voulliéme.
12 VOULLIÉME, Inkunabeln. Erich von Rath lobt ihn im Vorwort von Ernst Voulliéme als Inkunabelforscher: »Mit erstaunlicher Beherrschung des Gesamtgebiets und peinlichster Sorgfalt haben Sie einen Katalog geschaffen, der auch heute noch (s. c. 1922) als vortreffliche Leistung mit größter Achtung genannt wird und

bensthema vor: die Beschäftigung mit den Drucken des 15. Jahrhunderts. 1896 wechselte er an die Kgl. Bibliothek Berlin und blieb dort, seit 1921 als Leiter der Inkunabelsammlung, bis zu seiner Pensionierung. Die verbesserungsfähige Erschließungssituation der Inkunabeln trotz oder auch wegen der mehrfachen unzureichenden Ergänzungen zu Hains Repertorium brachte er Ende der 1890er Jahre in einem Gutachten für das Preußische Kultusministerium zum Ausdruck. Somit wurde er zu einem der Wegbereiter des »Gesamtkatalogs der Wiegendrucke« (GW), der sich zur Aufgabe gestellt hatte, alle jemals erschienenen Wiegendrucke (heute auf ca. 27.500 Titel geschätzt) mit den in aller Herren Länder vorhandenen Exemplaren zu dokumentieren. Dieser Plan kam 1904 durch eine formelle Gründung zum Tragen. Voulliéme wurde neben und nach Konrad Haebler einer der führenden Mitarbeiter an diesem an der Kgl. Bibliothek (heute Staatsbibliothek) Berlin angesiedelten Unternehmen.[13]

Noch während seiner Bonner Zeit begann Voulliéme über zehn Jahre hinweg in seiner Freizeit mit der systematischen Zusammenstellung der Kölner Titel des 15. Jahrhunderts, wie er im Vorwort seiner Bibliographie schreibt. Es ist nicht zu klären, ob dies – vermutlich – auf seine Initiative zurückging oder auf Anregung der Gesellschaft für Rheinische Geschichtskunde, die das Unternehmen in ihr Publikationsprogramm aufnahm, erfolgte. Er beschritt also ähnlich wie Konrad Haebler den Weg von der Beschreibung von Einzelsammlungen bzw. eines einzelnen Druckortes zum übergreifenden GW.[14]

Warum lohnte sich ein Gesamtverzeichnis speziell zu Köln? Kölns Druckproduktion stand im 15. Jahrhundert international an vierter Stelle.[15] Eine Übersicht der Titel und, daran anknüpfend, eine erste mögliche Analyse versprachen also einigen Gewinn. Voulliéme betrat damit Neuland, denn die Auflistung der Druckproduktion eines einzelnen Ortes hatte es bis dahin in Deutschland in diesem Umfang noch nicht gegeben. Darüber hinaus bot sich die Möglichkeit, im Gegensatz zur unüberschaubaren Masse der international erschienenen Wiegendrucke an einer Stelle eine potentielle Vollständigkeit zu erreichen, wie sie dann umfassend der GW anstrebte.

Voulliéme wies darauf hin[16], dass zwar bisher schon Kölner Drucke zusammengestellt worden seien (Holtrop, Ennen, Proctor)[17], aber stets nur als Teil der Verzeichnung ei-

---

der Bonner Bibliothek dauernd ausgezeichnete Dienste leistet. Von besonderem Wert war diese Arbeit auch für Sie selbst, denn der verhältnismäßig große Bestand an Kölner Frühdrucken, den Bonn besitzt, wies Sie auf das Arbeitsgebiet hin, auf dem Sie später Ihre größten Erfolge erreicht haben« (S. 7).

13 Vgl. die anschauliche Darstellung bei HAEBLER, Wie ich Inkunabelforscher wurde [S. 8–12]; KRAUSE, Geschichte des Gesamtkatalogs; ALTMANN, Inkunabelbeschreibung.

14 HAFFNER, Konrad Haebler, Der Weg zum GW, ebd., S. 348–352.

15 Köln stand an der Spitze aller Druckerstädte im deutschsprachigen Raum, im internationalen Vergleich nach Auskunft des ISTC (Incunabula Short Title Catalogue) nach Venedig, Paris und Rom an vierter Stelle, vgl. SCHMITZ, Inkunabelkunde, S. 360.

16 VK, Vorwort [S. 1 ff.].

17 HOLTROP, Catalogus; ENNEN, Katalog; PROCTOR, Index.

Abb. 16: Ernst Voulliéme, undatiert.

ner einzelnen Sammlung. Wegen der Lückenhaftigkeit des Materials bestand deshalb die Gefahr falscher Schlussfolgerungen (z. B. auf die Dauer der Offizinen, so bei Leonard Ennen) und er postulierte: »Bei der Dürftigkeit der archivalischen Quellen kann allein eine vollständige Sammlung der Drucke jener Zeit die für eine Geschichte des Kölner Buchdrucks notwendige Grundlage bilden.«[18] Die gab es aber – ausgenommen die verdienstvolle, inzwischen aber unzureichende Arbeit Ludwig von Büllingens – nicht.[19]

Wie kam Voulliéme an die Titel seiner Bibliographie?[20] Es blieb ihm nichts anderes übrig, als wichtige Bibliotheken mit reichem Inkunabelbestand zu besuchen, die Bestände nach Kölner Drucken durchzusehen und darüber hinaus die damals erschienenen Kataloge von Einzelsammlungen entsprechend zu prüfen.[21] Dazu kamen Buchhändlerkataloge – in einer Zeit wie der unseren, in der viele Kataloge im Netz stehen und übergreifend recherchiert werden können, eine kaum nachvollziehbare Mühe. Zu Ludwig Hains Repertorium hatte Konrad Burger 1891 ein Register zusammengestellt, dem weitere zu Hains Ergänzungswerken wie Copinger etc. folgten. Das erlaubte eine Nutzung

---

18 VK, Vorwort [S. 1 f.].
19 Der Kölner Kanonikus Ludwig von Büllingen hatte handschriftlich eine nach Druckern gegliederte und darunter annalistisch geordnete Auflistung der Kölner Drucke von den Anfängen bis 1800 in fünf Bänden zusammengestellt und dies mit ausgeschnittenen Titelblättern, Signeten usw. garniert (*Annales typographici Colonienses*); dazu BLUM, Ludwig von Büllingen; CORSTEN, Ludwig von Büllingen.
20 VK, Vorwort [S. 2 ff.].
21 Übersicht bei VK »Verzeichnis der benutzten Bibliotheken und Literatur«, im Anschluss an das Vorwort (ohne Seitenzählung).

dieser umfassenden Bibliographie unter dem Gesichtspunkt Kölner Titel. Gleichzeitig waren damit die Exemplare der Münchner Hof- und Staatsbibliothek (mit dem weltweit größten Inkunabelbestand) einbegriffen. Sie bildeten den Grundbestand von Hains Bibliographie. Schnell wurde klar, dass die von Ennen postulierte Zahl von ca. 800 Kölner Drucken weit übertroffen werden würde.[22]

In den Jahresberichten der Gesellschaft für Rheinische Geschichtskunde informierte Voulliéme regelmäßig über die Fortschritte seiner Bibliographie, sodass wir sie recht genau nachvollziehen können. Auszüge sind verzeichnet in einer von Klaus Pabst erstellten Kartei im Besitz des LVR-Instituts für Landeskunde und Regionalgeschichte.[23] Die Aktenlage ist ansonsten schwierig.[24]

1893 wurde Voulliémes Buch als beabsichtigte Veröffentlichung im Programm der »Gesellschaft« erstmals gemeldet: »Ein Katalog der im Rheinlande entstandenen Inkunabeln wird von Herrn Bibliotheks-Assistenten Dr. E. Voulliéme in Bonn bearbeitet. Unzweifelhaft bildet ein Inkunabelkatalog der rheinischen Drucke eine für die Geschichte des Buchdrucks und die Kulturgeschichte nicht zu unterschätzende Quelle.« Voulliéme hielt dabei Ennens Schätzung von 800 Kölner Inkunabeln für mindestens um die Hälfte zu niedrig gegriffen; zu dem Zeitpunkt hatte er 300 Inkunabeln der StB Köln und der Kgl. Bibliothek Berlin vollständig bearbeitet.[25]

1894: Voulliéme bearbeitete die Drucke aus Ennens »Katalog der Inkunabeln« neu und fand in den Gruppen AD (= Alte Drucke), Slg. Mevissen der Kölner Stadtbibliothek sowie in der Kölner Gymnasialbibliothek reiches, Ennen noch unbekanntes Material. Bei einem Aufenthalt in Trier von zwölf Tagen katalogisierte er in der Stadtbibliothek 65 Drucke, der Rest wurde nach Bonn zur dortigen Untersuchung übersandt. Ebenfalls wurden einige Berliner und vollständig alle Bonner Drucke bearbeitet, bis 1894 insgesamt 625 Kölner Inkunabeln katalogisiert.[26]

---

22 ENNEN, Katalog, S. XXI.
23 Für die Bereitstellung danke ich Georg Mölich (Bonn) sehr herzlich.
24 Auskunft von Max Plassmann vom Historischen Archiv der Stadt Köln vom 2.5.2022: »Es gibt theoretisch eine Projektakte zu Voulliéme im Bestand der Gesellschaft für Rheinische Geschichtskunde. Diese Akte ist aber leider vom Einsturz betroffen und konnte noch nicht wieder aufgefunden werden. Immerhin kann ich aber anhand der Datenbank sagen, dass ihre Laufzeit 1892 beginnt, das heißt, das Projekt wurde 1892 vorgeschlagen und vermutlich auch angenommen. Jetzt hätte ich auf die Protokolle der Vorstandssitzungen aus diesem Zeitraum verwiesen, aber die wiesen schon vor dem Einsturz ausgerechnet für die Jahre 1890 bis 1895 eine Lücke auf, so dass der entsprechende Beschluss bei uns nicht überliefert ist (aber vielleicht im Landesarchiv? In dessen Registratur sind auch Vorstandssitzungen überliefert). Nach meiner Kenntnis der frühen Protokolle unterscheiden sie sich allerdings wenig von den heutigen, was die inhaltliche Substanz angeht. D. h. viel mehr als das Faktum, dass ein Projekt angenommen wurde, ist dort wohl nicht zu erwarten.« Für diese klärende Auskunft danke ich Max Plassmann sehr herzlich.
25 JbGRhG 13 (1893), S. 31.
26 Ebd. 14 (1894), S. 34 f.

1895: Vouliéme arbeitete zahlreiche Beiträge aus anderen Bibliotheken ein, so größere Beiträge aus der Großherzoglichen Bibliothek Darmstadt, der Kgl. Hof- und Staatsbibliothek München, der Paulinischen Bibliothek Münster und kleinere Beiträge aus Berlin, Breslau, Göttingen und Mainz. Bei einem zweiten Besuch in Trier wurde der Rest der Trierer Exemplare durchgesehen. Damit waren bisher 915 Kölner Inkunabeln katalogisiert.[27]

1896: Vouliémes Versetzung an die Kgl. Bibliothek Berlin behinderte die Bearbeitung nicht unwesentlich; er arbeitete im September 1896 zwölf Tage an der Kgl. Hof- und Staatsbibliothek in München, »welche reiche Ausbeute an kölnischen, von Hain nicht erkannten Drucken gewährt«. Er benutzte die Bibliotheken von Augsburg, Berlin, Braunschweig, Budapest, Detmold, 's-Gravenhage, Hannover, Leipzig, Mainz, Marburg, München (Universitätsbibliothek) und Wolfenbüttel, erreichte jetzt 1.050 Nummern und meinte, »die Sammlung nähert sich sichtlich ihrem Ende«.[28]

1897: Eine Reise nach Wolfenbüttel wurde durch persönliche Verhältnisse verhindert. Neu aufgenommen wurden in das Verzeichnis nur einige gelegentliche Funde aus der Berliner Bibliothek, einige Drucke aus München, Göttingen und Solothurn. Prag ergab nichts; Panzers Annalen und Hains Repertorium wurden mit dem Manuskript verglichen und lieferten eine große Zahl von neuen, zum Teil freilich auch von »verdächtigen« Drucken. Wertvollen Zuwachs erhielt der Bearbeiter aus dem französischen Generalkatalog von Marie Pellechet und aus dem englischen »Supplement to Hain« von Walter Arthur Copinger; jetzt waren etwa 1.150 Nummern erreicht.[29]

1898: Der Abschluss des Verzeichnisses verzögerte sich hauptsächlich deshalb, weil der letzte Band von Copingers »Supplement to Hain« noch nicht erschienen war. Vouliéme verarbeitete kleinere Beiträge, die er aus Dresden, Göttingen, Halle, Karlsruhe, München und Straßburg erhielt. Durch einen Besuch in Wolfenbüttel gab es eine schätzenswerte Bereicherung der Sammlung, die jetzt 1200–1250 Nummern umfasste. Vouliéme wartete auf das Erscheinen des letzten Bandes von Copingers »Supplement to Hain« und prognostizierte dann eine baldige Drucklegung seines Bandes, da die historische Einleitung in Anbetracht der hierfür gemachten Vorarbeiten nicht allzu viel Zeit beanspruchen dürfte.[30]

1899: Vouliéme konnte die Arbeit noch nicht zum Abschluss bringen, da sich einerseits das Erscheinen von Copingers Supplement verzögerte und er andererseits aus Gesundheitsgründen nicht die wünschenswerte Energie für die Ausarbeitung der historischen Einleitung aufbrachte, sodass von dieser erst 16 Kapitel vorlagen, also erst etwa die Hälfte.[31]

---

27 Ebd. 15 (1895), S. 34.
28 Ebd. 16 (1896), Zitate S. 31 bzw. 32.
29 Ebd. 17 (1897), S. 33.
30 Ebd. 18 (1898), S. 34.
31 Ebd. 19 (1899), S. 34.

1900: Voulliéme besuchte noch einmal die rheinischen Bibliotheken Trier, Koblenz (Gymnasium), Bonn, Köln, Düsseldorf und Aachen; eine Reihe anderer deutscher Bibliotheken (Danzig, Stuttgart, Dresden, Leipzig, Halle, Breslau, Wien) lieferte insgesamt 15 zum Teil gänzlich unbekannte Drucke: Er beabsichtigte noch den Besuch in Lübeck, Hamburg, Göttingen. Die Einleitung war zu drei Vierteln ausgearbeitet. Die Bibliographie hoffte der Bearbeiter bis zum Herbst 1901 fertigzustellen, sodass alsdann der Druck beginnen konnte.[32]

1901: Voulliéme hielt sich in den Bibliotheken von Breslau, Dresden, Leipzig, Halle, Lübeck, Hamburg, Göttingen und Gotha auf, nur Breslau bot eine größere Zahl von neuen Drucken. »Der Bearbeiter hat daher noch einige einzelne Drucke aus Kopenhagen, Wien und Olmütz aufgenommen und alsdann die Sammlung abgeschlossen.« Auch die historische Einleitung war jetzt fertig, besonderes Augenmerk galt der Buchillustration. »Zu Anfang Februar [1902, W. S.] hat die Drucklegung der Bibliographie begonnen; bei der Schwierigkeit des Satzes ist aber die Vollendung erst Mitte nächsten Jahres zu erwarten.«[33]

1902: Das 33 Bogen starke Verzeichnis der Kölner Inkunabeln lag im Druck abgeschlossen vor; die Tabellen waren druckfertig und ebenso die Einleitung, sodass er die Herausgabe des Werkes im Sommer erwartete.[34] Der Jahresbericht für 1903 meldet nur noch, dass das Werk zur Ausgabe gelangte.[35]

Die genannten Jahresberichte verzeichnen zugleich auf den ersten Seiten die Ausgaben für die einzelnen Projekte; bei VK sind das 1893: 100 M, 1894: 116,45 M, 1895: 107,80 M, 1896: 110,30 M. 1897–1902 sind keine Beträge ausgewiesen. 1903 repräsentieren 6.061,63 M offenbar die Druckkosten.[36] Es war darüber hinaus üblich, den Bearbeitern der Publikationen von Seiten der Gesellschaft für Rheinische Geschichtskunde ein Honorar zu zahlen. Da die Akte zu Voulliémes Werk wie erwähnt im Moment durch den Einsturz des Historischen Archivs der Stadt Köln nicht greifbar ist, kann nur analog zu anderen Publikationen geschlossen werden: »Ein fester nebenamtlicher Mitarbeiter wie der Gymnasiallehrer Constantin Schulteis, der seit 1888 die Grundkarten für den ›Historischen Atlas‹ herstellte, erhielt […] 400 Mark im Jahr. Im Werkvertrag betrug das Bogenhonorar von 1881 bis in die Inflationszeit hinein 40 Mark pro Bogen Editionstext oder 60 Mark für die arbeitsintensiveren Einleitungen und Register.«[37] Genaueres kann nur bei Wiederauffinden der Akte gesagt werden.

---

32 Ebd. 20 (1900), S. 34.
33 Ebd. 21 (1901), S. 35. Nicht im Jahresbericht steht eine Ergänzung von Klaus Pabst in seiner Kartei: Verlagsverhandlungen mit Drugulin (Leipzig), geplante Auflage 400? Exemplare.
34 JbGRhG 22 (1902), S. 36.
35 Ebd. 23 (1903), S. 33.
36 In den entsprechenden Jahresberichten jeweils regelmäßig auf S. 4.
37 PABST, Gesellschaft, S. 230.

Voulliémes Sammlungstätigkeit verlangte eine kritische Sichtung des gebotenen Materials mit Ausscheiden von »einer nicht unerheblichen Zahl« von Drucken, die aus verschiedenen Gründen unberechtigterweise aufgeführt wurden: einzeln überlieferte Texte, die in Wirklichkeit Teile eines größeren Druckes sind (z. B. S. 71), falsche Identifikation von Texten (S. 127), nach dem Typenbefund bislang irrig als Kölner bezeichnete Werke (z. B. S. 127), irrtümliche Doppelverzeichnungen bei Hain (z. B. S. 58) und solche, die ins 16. Jahrhundert gehören (z. B. S. 78, S. 266), oder gar vermutete Fälschungen des berüchtigten Lilienfelder Zisterzienserpaters Chrysostomus Hanthaler (S. 103, ebf. S. 264). Als Kriterien dienten unter anderem Schlussfolgerungen aufgrund des Zustandes eines Holzschnitts, der 1501 noch vollständig war und im undatierten Druck nicht mehr; er musste deshalb später erschienen sein (S. 66). Es gibt aber auch Fälle wie S. 113: »Hain 3120: ist nicht zu ermitteln und beruht wohl auf einem Irrtum.«[38] Soweit überhaupt genannt, sind sie mit einem Kreuz ohne Nummer gekennzeichnet.[39] 141 so bezeichnete Objekte wurden ausgeschieden.

Drucke, die er nicht einsehen konnte, an denen er aber (meist) nicht zweifelte, versah er mit einem Gradzeichen (°) und vergab eine Nummer.[40] Blieben bei Titeln, die er autoptisch beschreiben konnte, manchmal Fragezeichen, folgen zur Titelaufnahme kleine erörternde Kommentare[41], z. B. wurde VK 900 aufgenommen, aber bezweifelt: »Die Angabe Kölns als Ursprungsort scheint mir wenig begründet.« Ebenso z. B. bei VK 3 nach Copingers Supplement to Hain's Repertorium Bibliographicum Nr. 29: »Nach der Typenprobe in der Type Facsimile Society 1901d erscheint mir der Kölner Ursprung höchst zweifelhaft.« Dennoch lässt er den Druck mit Fragezeichen im Verzeichnis. Ebenso urteilt er bei VK 179 (aus Hains Verzeichnis übernommen): »Der Titel erscheint mir verdächtig.« Fragen tauchen z. B. auf bei VK 1073 oder 1138. Bei der ihm ebenso fraglichen, obwohl in Augenschein genommenen VK 615 nimmt man heute nicht mehr Köln, sondern Basel als Druckort an.[42]

Insgesamt 156 Drucke sind demzufolge von ihm nicht eingesehen worden. Das sind acht Prozent des Gesamtwerks. Die entsprechenden Nachweise übernahm er (Mehrfachnennungen von Quellen eingerechnet!) in 110 Fällen aus Hain und seinen Ergänzungen (vor allem Copinger), mengenmäßig gefolgt von dem genannten Verzeichnis (Index) Robert Proctors mit 62 Titeln, Pellechet[43] mit 13, Panzer[44] mit zehn, Kloss[45] mit acht,

---

38 Der GW meldet dazu: 4 Sp. 129a Biblia. Köln, 1497. 2° H. 3120. Wohl Verwechslung mit der Kölner Ausgabe von 1479 Nr. 4240 (letzte Änderung: 1930).
39 VK, Vorwort [S. 2].
40 VK, Vorwort [S. 3].
41 Z. B. bei VK 199, 379, 388, 395, 604 (Mischexemplar), 777.
42 Scheidegger, Inkunabelkatalog, Nr. 852; Brinkhus, Inkunabeln, Nr. 1382.
43 Vgl. Pellechet, Catalogue.
44 Panzer, Annales typographici.
45 Catalogue of the Library of Dr. Kloss (1835). Zu dieser Bibliothek und ihrem Sammler Johann Georg Burckhard Franz Kloss (1787–1854) vgl. Bogeng, Die großen Bibliophilen, Bd. 1, S. 340–341.

Zedler[46] mit sechs Nennungen. Alle anderen Verzeichnisse bieten nur Einzelnes. Interessant ist, dass er wohl aufgrund seiner Besuche einige Titel aus Trier, Aachen, Brüssel, Düsseldorf, aber aus der Münchner Hofbibliothek nur einen zusätzlichen Titel aufführt (784).[47] Er nennt die Kgl. Hof- und Staatsbibliothek München als besitzende Institution ausschließlich bei Besonderheiten[48], weil er wohl auf Hains gründliche Vorarbeit vertraute. Allerdings hat er München nach dem Jahresbericht von 1896 im September 1896 besucht. Dagegen hat er sich bei der Bibliothek des Britischen Museums, der zweitgrößten Inkunabelbibliothek der Welt, mit Proctors Index begnügt, dessen Angaben als unbedingt zuverlässig gelten. Er konnte auf vielfache kollegiale Unterstützung bauen, denn es heißt am Schluss des Bibliotheks- und Literaturverzeichnisses: »Die Nachweisungen über Karlsruhe, Straßburg, Stuttgart, Tübingen und Wien verdanke ich Herrn Bibliothekar K. Burger, über Mainz Herrn Prof. Dr. Kautzsch und über Prag Herrn Dr. Kukula« (VK, Vorwort S. [8])[49], und ebenda: »Die übrigen Angaben beruhen auf eigener Anschauung oder vorhandenen handschriftlichen oder gedruckten Katalogen, sie erheben k e i n e n Anspruch darauf, ein v o l l s t ä n d i g e s Verzeichnis der erhaltenen Exemplare und deren Eigentümlichkeiten zu bieten. Auch habe ich in der Regel darauf verzichtet, die in den von mir citierten Katalogen angegebenen, von der meinigen abweichenden, Ansichten über die Herkunft etc. des Druckers zu verzeichnen.« (Hervorhebungen im Original)

Vouliéme erwog als Ordnungsprinzip in seinem Verzeichnis aufgrund der bisher erschienenen Inkunabelkataloge zwei Möglichkeiten:

1. eine alphabetische Ordnung nach Verfassern und Sachtiteln nach dem ersten *substantivum regens* oder bei Titeln in Satzform nach dem ersten Wort mit Übergehung des Artikels. So machten es z. B. Hain, Campbell sowie Pellechet in ihrem »Catalogue général des incunables des bibliothèques publiques de France«, Bd. 1, 1897;
2. eine Ordnung unter typographischem Gesichtspunkt, nach den Offizinen wie in Proctors Index, »wobei dann ein sehr ausführliches alphabetisches Register nicht zu entbehren gewesen wäre«.[50]

---

46 ZEDLER, Incunabeln.
47 Unter den Beschreibungen stehen als aufbewahrende Bibliotheken neben Köln, Bonn, Düsseldorf und Trier häufiger (ich folge der Mischung von Bibliotheksstädten und Katalognennungen, wie sie Vouliéme vornimmt), Karlsruhe, Krakau, Leipzig, Lübeck, Münster, Nentwig (Braunschweig), Olmütz, Straßburg, Stuttgart, Tübingen, Wien, Wolfenbüttel, Zedler (Nassau). Siehe aufschlussgebend die unten citierte Bemerkung am Schluss des Literaturverzeichnisses!
48 Ausgeschiedene Ausgabe S. 97, VK 471, VK 695, VK 979, VK 1011.
49 Gemeint sind der Kustos des Buchgewerbemuseums (1881–1893) und dann Bibliothekar des Börsenvereins Konrad Burger (1856–1893), der sich durch Register und Supplemente zu Hain etc. verdient machte; Rudolf Kautzsch (1868–1945), deutscher Kunsthistoriker mit einem Arbeitsschwerpunkt in der Buchgeschichte des Mittelalters und auch der Inkunabeln, damals (ab 1898) Leiter des Buchgewerbemuseums in Leipzig. Richard Kukula (1857–1927) war österreichischer Bibliothekar, u. a. 1898–1919 Direktor der UB Prag.
50 VK, Vorwort [S. 3].

Er schloss dann: »Wenn auch zugegeben werden muß, daß diese Methode die wissenschaftlichere ist, so habe ich mich doch mit Rücksicht auf die bequemere Benutzbarkeit des Buches bei Vergleichung und Bestimmung der Inkunabeln zu der alphabetischen Ordnung entschlossen und für die Zusammenstellung der Drucke der einzelnen Offizinen die Tabellenform gewählt, die überdies einen viel leichteren Überblick über den Umfang der Leistungen, die Entwicklung und technischen Fortschritte des einzelnen Druckers gestattet.«[51] Wissenschaftlicher: das meint wohl den Anschluss an Proctors Verzeichnung auf neuem, bisher unerreichtem Niveau, denn darin »hat er alle Vorarbeiten weit überholt und erst die wissenschaftliche Grundlage für die Behandlung und Bestimmung alter Druckwerke geschaffen«.[52] Heute noch ordnen die Inkunabelkataloge einzelner Bibliotheken fast ausnahmslos nach dem Alphabet der Verfasser bzw. Sachtitel[53], ein Grund mag neben den genannten sein, dass nicht alle Drucker / Erscheinungsjahre endgültig ermittelt werden können.

Bei der Beschreibung der Drucke folgte Voulliéme den Grundsätzen von Gustav Milchsack (1850–1919), Direktor der Wolfenbütteler Bibliothek (1904–1919) und anerkannter Handschriften- und Buchdruckspezialist.[54]

Die Titelbeschreibungen beginnen mit dem Verfassernamen bzw. dem Sachtitel[55], der Ortsangabe Köln, dann nach einem Doppelpunkt der Drucker und Erscheinungsdatum, wenn möglich sehr genau mit Tagesangabe, sonst ggf. geschätzt (c.). Ermittelte Elemente stehen in eckigen Klammern. Die Titelzeile wird abgeschlossen durch das Format, gemeint ist offenbar das natürliche Format, das heißt die Bogenbrechung.

Den zweiten wichtigen Block bilden die diplomatische Wiedergabe von Incipit und Explicit samt Kolophon, wenn vorhanden, und weitere wichtige Textpassagen im Inneren. Das steht in der Tradition von Ludwig Hain und seinem »Repertorium bibliographicum«, es erlaubt eben durch die Zeilentrennung und die Wiedergabe orthographischer Eigenheiten (z. B. Abkürzungen) die genaue Identifizierung eines Exemplars mit der vorliegenden Ausgabe. Freibleibende Initialen sind durch [], Druckfehler durch [!] gekennzeichnet. Voulliéme gibt eine eingehende Beschreibung selbst derjenigen Drucke, die schon bei Hain und

---

51 VK, Vorwort [S. 3]. ZEDLER, Rezension Voulliéme, S. 126, stimmt dem zu: »Man kann sich mit diesem Ordnungsprinzip, wenn man bedenkt, dass das Werk in den weitaus meisten Fällen als Nachschlagewerk zur Vergleichung und Bestimmung undatierter Drucke benutzt werden wird, nur einverstanden erklären.«

52 VK, Vorwort [S. 1]. Proctor verzeichnet in seinem Katalog der Inkunabeln des Britischen Museums die Drucke nach Ländern, Städten, darunter nach Offizinen und nahm eine bislang ungekannte exakte Bestimmung ihres Typenmaterials vor: PROCTOR, Index, mit damals 700 Drucken aus Kölner Offizinen.

53 Z. B. die Inkunabelkataloge von München, Freiburg, Heidelberg, Tübingen, anders z. B. Göttingen (Ordnung nach einer Sachgruppenaufstellung).

54 MILCHSACK, Inkunabeln. Zusammenfassung der Regeln, S. 22–23. Beachtenswerte Vorschläge von DZIATZKO, Inkunabelkatalogisierung, konnten nicht mehr berücksichtigt werden, da die Bibliographie 1896 schon zu weit vorgeschritten war.

55 Z. B. VK 101 oder VK 324, Kölner Chronik; in manchen Fällen wurde der Titel von Voulliéme eigenständig formuliert, z. B. VK 1958, Sachsenspiegel.

anderen beschrieben sind, um ein abgeschlossenes Ganzes zu bieten.[56] Für die Textpassagen wurden eigene, auch die Abkürzungen abbildende gotische Drucktypen verwendet – sicher ein teures und aufwändiges Verfahren, das später ebenso im GW angewandt wurde.

Ein weiterer Textblock enthält die Umfangsbezeichnung mit Zeilenzahl, dann die bibliographischen Hinweise und die besitzenden Bibliotheken (ggf. mit Angabe der Unvollständigkeit des Exemplars). Zusätzlich bietet Voulliéme in einer ganzen Reihe von Fällen meist kurze Bemerkungen oder Kommentare zur vorliegenden Ausgabe und ihren Besonderheiten oder zum vorliegenden Exemplar.[57]

Damit ist hier die beispielhafte Verzeichnung im Gesamtkatalog der Wiegendrucke im Wesentlichen vorgebildet. Der GW zieht nur die Umfangangabe vor, gleich nach der Titelzeile, gibt dort die Lagenformel wieder (die hier noch fehlt) und ggf. die Drucktypen an. Außerdem trennt der GW die bibliographischen Notizen, die dort sehr ausführlich viele Verzeichnisse umfassen, von der Angabe der besitzenden Bibliotheken. Gerade hier haben der GW oder auch das von der British Library geführte Bestandsverzeichnis *Incunabula Short Title Catalogue (ISTC)* ein ganz anderes Gewicht, da sie als weltumspannende Unternehmen die Besitzer weltweit zusammentragen, während Voulliéme aufgrund der beschränkten Möglichkeiten nur einige Besitzer angeben konnte. Auch konnte keine systematische Kollation in den Bibliotheken stattfinden, sodass nicht alle Varianten entdeckt wurden. Das listet erst der GW. Das heißt aber nicht, dass die Varianten bei Voulliéme fehlen.[58] Nicht vermeiden ließen sich trotz aller Vorsicht bibliographische ›Leichen‹, also durch die Literatur geisternde angebliche Kölner Ausgaben, die er nicht finden konnte, deren Nichtexistenz er aber ebenso wenig beweisen konnte.

Voulliéme nutzte intensiv die erwähnte Erforschung der Drucktypen zur Identifizierung nicht firmierter Drucke und es gelingen ihm hier schon eindeutige und klare

---

56 E. F., Rezension Voulliéme, S. 238.
57 Z. B. VK 5 u. ö. Angabe einer Faksimilereproduktion, so auch VK 6, Angaben über fehlerhafte Lagen- und Blattbezeichnung (z. B. VK 282), Abweichungen bei der Umfangangabe (z. B. VK 60), teilweiser Neusatz (z. B. VK 80), selten Bibliothekssignaturen und weiterführende Literatur wie beim Einblattdruck VK 100 oder bei dem großen volkssprachigen Bibeldruck VK 257 oder bei der Kölner Chronik VK 324, Kaufvermerke (VK 121, VK 612), falsche Anordnung von Text und Bild (VK 171), Abweichungen zu Verzeichnungen in Katalogen (z. B. VK 202), falsche Druckerzuweisung in der Literatur (VK 210, VK 350); Angabe eines Kartons in VK 259 ebf. VK 460, Vermerke über frühe Benutzung einer Ausgabe (VK 277), Korrekturen des genannten Druckdatums (VK 302), selten auch Kommentare zur Technik, z. B. VK 326: »sehr unvollkommener Zeilenausschluss«, ähnlich VK 465. Angabe eines Palimpsestdrucks VK 343, Angaben über Beziehungen von Drucken untereinander wie VK 347: Korrigierter Neudruck der vorhergehenden Ausgabe, ebf. VK 379; Diskussion des Verfassernamens VK 367, Heraushebung eines Akrostichons VK 388, Datierung durch Handrubrik VK 517, zum Einband VK 624, zur irrtümlich aus der Vorlage übernommenen Datierung VK 717, Rot- und Schwarzdruck VK 803, überklebter Titel VK 879, wirklicher Verfasser VK 1072, Durchschuss VK 1114, Hinweise auf von der Forschung gesuchten und jetzt identifizierten Kölner Druck VK 1256.
58 Wir finden sie z. B. in VK 233, VK 270, VK 354, VK 492, irrtümlicher Doppeldruck in einigen Exemplaren VK 496, VK 520, VK 592, VK 613, VK 995.

Zuweisungen, die bis heute Bestand haben. Aber: »[…] die Angabe der Typen, wie sie Proctor in seinem Index geliefert hat, war mir aus Mangel an geeigneten Nachbildungen bei den über eine größere Zahl von Schriften verfügenden Druckern wie Koelhoff, Quentell u. a., leider nicht möglich, ich habe mich bei diesen darauf beschränken müssen, die Summe der in den einzelnen Drucken gebrauchten Typen anzugeben.«[59]

Voulliéme bot aber nicht nur eine Bibliographie der ihm bekannt gewordenen 1.271 Kölner Drucke, wiewohl diese mit den Seiten 1–543 den größten Raum seines Werkes ausmachen. Er nahm sich gewissermaßen selbst beim Wort und ließ der Behauptung, dass die Bibliographie die unverzichtbare Grundlage einer Erforschung des Kölner Buchdrucks darstellt, Taten folgen: Auf 134 römisch gezählten Seiten geht der Bibliographie als Einleitung eine erste forschungsgeschichtlich fundierte Übersicht über den Kölner Buchdruck voran. Voulliéme rekurrierte dabei auf die bekannt gewordene archivalische Überlieferung und verzichtete auf die Suche nach bislang unbekanntem archivalischem Material, das der Kölner Bibliothekar Otto Zaretzky, der sich schon ausführlich damit beschäftigt hatte, weiter zusammentragen wollte.[60] Seine Darstellung ist gegliedert in ausführliche Überblicksartikel über die einzelnen Kölner Offizinen des 15. Jahrhunderts, chronologisch gereiht unter Einbeziehung der bekannt gewordenen Quellen und der Literatur, der Lebensumstände, Druckerpraxis, Typographie, Illustrationen und der Beziehungen der Drucker untereinander (S. I–LXXIX). Dabei gelingt es ihm, »das Bild der einzelnen Drucker nicht selten individueller und wahrheitsgetreuer zu gestalten, als es seinen Vorgängern möglich war«.[61] Dann folgt ein Überblick über den Charakter der ältesten Kölner Literatur, zu der er erstmals verlässliche Aussagen machen kann, so über die Prozentzahl der einzelnen thematischen Sparten (wie auch der klassischen Autoren). Er belegt, dass ca. die Hälfte der Titel auf die theologischen Disziplinen entfällt, dabei viel auf die wissenschaftliche Seite der Theologie, und dass demzufolge 96 Prozent in lateinischer Sprache und nur vier Prozent in deutscher Sprache gehalten sind.[62] Damit hatte Köln ein ganz anderes Profil als etwa die süddeutschen Druckerstädte Augsburg, Ulm, Nürnberg und Straßburg, in denen die volkstümliche Unterhaltungsliteratur einen großen Raum einnahm.[63]

Ein abschließendes Kapitel beschäftigt sich mit der Kölner Bücherzensur, die die unrühmliche Besonderheit enthält, dass hier das früheste Zensuredikt des Papstes Sixtus IV.

---

59 VK, Vorwort [S. 3].
60 Z. B. MERLO, Ulrich Zell. Die StB Köln plante damals eine Publikation aus den Quellen zur Kölner Druckkunst (VK Vorwort, S. 2), vgl. im Werk von HEITZ / ZARETZKY, Die Kölner Büchermarken, dort Vorwort von Adolf Keysser S. VI: »für die von der Bibliotheksverwaltung geplanten grösseren Arbeiten zur Geschichte der Druckkunst in Köln […]« angekündigt, aber nicht erschienen.
61 ZEDLER, Rezension Voulliéme, hier S. 126.
62 VK, S. LXXIX f.
63 Ein Überblick bei SAUER, Inkunabeln; GELDNER, Inkunabeldrucker.

zur Ausübung durch die Kölner Universität erlassen wurde, dem weitere folgten. Diese Texte sind hier im Wortlaut abgedruckt und erläutert.[64]

Das Kapitel schließt mit einem umfänglichen Verlagskatalog der Kölner Druckereien (S. xcvii–cxxxiv), also statistikartigen Übersichten zu den einzelnen Druckern, ihrer Druckproduktion, wobei die Titel so weit wie möglich chronologisch geordnet wurden. In den jeweilig zugehörigen Spalten findet man Angaben zum Format, zu Umfang, Kolumnen und Zeilen, dem Vorhandensein von Blattzählung, Signaturen, Kustoden, Signeten und Illustrationen. Bei den Typen gibt Voulliéme – wenn möglich – die Nummer der Type nach Proctors Zählung an (Type) bzw., wenn das nicht möglich war, die Summe der im Druck vorkommenden verschiedenen Schriftarten (Typi). Am Schluss soll eine Liste noch nicht bestimmter Drucke zur Weiterarbeit anregen.

Voulliémes Verzeichnis ist ein überaus respektables Werk, beruhend auf einem enormen Arbeitsaufwand. Man kann es als die beste und bedeutendste regionalbibliographische Verzeichnung von Inkunabeln dieser Zeit bezeichnen. Es setzte Maßstäbe. Über die Druckgeschichte hinaus zielte es weiter: Die sorgfältige Aufarbeitung und Beschreibung der in Köln gedruckten Bücher erlaubten jetzt einen vollständigen Überblick über die hier erschienene Literatur, ihre Autoren und Herausgeber, ggf. ihre Vorlagen. Die Zahl der Auflagen signalisiert das Interesse an dem speziellen Text. Manchmal wird sogar – wie bei den Schulausgaben – der intendierte Leserkreis ins Licht gerückt. Der Erscheinungszeitpunkt des jeweiligen Drucks ist nicht uninteressant, eingebettet in den allgemeinen Rahmen des Wiegendrucks. Schließlich geben die Gestaltung der Drucke, ihr Aufwand, zum Beispiel durch Bebilderung, Hinweise auf die Zusammenhänge, in denen die Drucke damals in Köln gesehen wurden. Kurzum, die Intention Voulliémes, seine Bibliographie werde sich über die Erforschung des Kölner Buchdrucks hinaus der Förderung der Kultur- und Gelehrtengeschichte der Kölner Universität als nutzbar erweisen[65], hat sich bewahrheitet. Sie löst damit die Erwartung der Gesellschaft für Rheinische Geschichtskunde mustergültig ein.

Voulliéme erhielt die verdiente Anerkennung für sein Buch durch die bald darauf folgenden Rezensionen. Sie üben gelegentlich milde Kritik an einzelnen Einordnungen und Bewertungen, wie das bei einem Werk, das aus so unendlich vielen Teilen zusammengesetzt ist, naheliegt. Als wichtigster Kritikpunkt wird dort mehr oder minder übereinstimmend genannt, dass die Typographie nicht durchweg aufgearbeitet wurde (wobei anerkannt wurde, dass dies vor dem Erscheinen des Index von Robert Proctor kaum möglich war) und dass typographische Tafeln fehlen. Aber das Gesamturteil fällt durchweg sehr positiv aus. Gottfried Zedler, Mitarbeiter der Nassauischen Landesbibliothek Wiesbaden und ausgewiesener Inkunabelfachmann, lässt beispielsweise an seiner Bewunderung und seinem Respekt vor dem »außerordentlich schwierigen und mühevollen

---

64 VK, S. LXXX–XCIII.
65 VK Vorwort [S. 4.].

Unternehmen« keinen Zweifel, »dass sein Werk für jede weitere Untersuchung des Kölner Buchdrucks im 15. Jahrhundert die dauernde Grundlage sein und bleiben wird«, und er schließt seine Rezension: »Im übrigen steckt gerade in dieser Druckbeschreibung eine solche Fülle von Arbeit, Fleiss und Sachkenntnis, dass wir allen Grund haben die Gabe in der Gestalt, in der sie geboten, freudig und dankbar willkommen zu heissen.«[66] So oder so ähnlich spiegelt sich das Werk in den zeitnahen Rezensionen.[67] Das gilt auch für ausländische Stimmen. Bemerkenswert ist sicher das Urteil des bedeutenden englischen Inkunabelforschers Robert Proctor, dessen Index Vouillième für die Bestände des Britischen Museums intensiv benutzt hatte. Proctor geht in seiner ausführlichen Besprechung auf viele Einzelpunkte der Kölner Buchproduktion ein, die sich in Vouilliémes Werk widerspiegeln (z. B. die Kartäuserdruckerei), kommt dabei durchaus zu anderen Schlüssen und macht ganz grundsätzlich deutlich, dass er – wie oben angedeutet – zu einer anderen Forschungsrichtung gehört:

> »I must admit that, for my part, I belong to the Bradshaw school; to me it is of far greater interest to know when and how Zel abandoned the use of four pinholes to make his quarto pages register, or the exact stage at which the ho with a pointed h replaced the same combination with a rounded h, than to learn the exact number of quartos which he printed, with their titles set out in alphabetical order, and the number of leaves in each.«[68]

Proctor schließt seine Rezension mit der Bekräftigung: »But that does not prevent me from a profound admiration for the care, research, and judgement displayed by Dr. Voulliéme in this book of his«[69] und »I cannot take leave of his book without expressing my admiration for his extremely careful and sound work, the accuracy and clearness of the

---

66 ZEDLER, Gottfried, Rezension Voulliéme, die Zitate S. 125 f. und S. 129. Er bedauert, dass V. nicht mehr das Werk Proctors in Hinblick auf die Typographie benutzen konnte, »man darf dem Verfasser daraus aber keinen Vorwurf machen« (S. 128).
67 SCHMIDT, Rezension Voulliéme, moniert das Fehlen von Typenabbildungen, »die mir in einer derartigen Monographie unerläßlich erscheinen« (Sp. 1575), lobt aber die Zuverlässigkeit der Beschreibungen und die vielen neuen Erkenntnisse, auch die sorgfältige kritische Bewertung (und das Ausscheiden falscher) Kölner Drucke und schließt: »Alles in allem darf sich die Stadt Köln rühmen, in dem Buche V.s ein Werk über ihre älteste Buchdruckgeschichte zu besitzen, wie es nur wenige andere Städte aufweisen können« (Sp. 1576); E. F., Rezension Voulliéme, bedauert auch das Fehlen von Typentafeln und schließt: »Im übrigen aber ist das ganze Werk nach Anlage und Durchführung eine hervorragende Leistung, die in gleicher Weise dem Verf., wie der Gesellschaft für rhein [!] Geschichtskunde zur Ehre gereicht und als Vorbild für ähnliche Arbeiten zu bezeichnen ist« (S. 238); Paul SCHWENKE, Rezension Voulliéme, bezeichnet die Arbeit »geradezu als vorbildlich« und sieht auch – anders als Zedler – keinen wesentlichen Mangel in den nicht überall aufgeführten Typen (S. 307).
68 PROCTOR, Early Printers of Köln, S. 393.
69 Ebd. S. 393.

printing, and the excellent judgement which is everywhere displayed«[70], nicht ohne auch seinerseits »a complete atlas of Köln types with their variations, whereby the inner history of the presses in that city may be made as clear as their results have been made by Dr. Voulliéme« zu fordern.[71]

Solche Forderungen stießen bei Voulliéme auf offene Ohren: Einige Jahre später veröffentlichte er als Auszug aus den Tafeln der »Gesellschaft für Typenkunde des XV. Jahrhunderts« einen Spezialband zu den Typen der Kölner Drucker und erfüllte damit einen Wunsch vieler Rezensenten, gewissermaßen als Ergänzung zu seiner Bibliographie von 1903.[72] Zur gleichen Thematik arbeitete er als Mitherausgeber einer großangelegten Publikation des Typenmaterials des 15. Jahrhunderts mit.[73]

Aber keine Freude ohne Wermutstropfen: Otto Zaretzky (1862–1929), der erwähnte Bibliothekar an der Stadtbibliothek Köln und ausgewiesene Wiegendruckexperte, übte scharfe, manchmal über das Ziel hinausschießende Kritik.[74] Seine »Erwartungen sind nur bis zu einem gewissen Grade erfüllt worden« (Sp. 2181). Die Einleitung über die Kölner Drucker wird als »gut« beurteilt, weil er Fehler und Irrtümer habe beseitigen können; wenig Neues wisse seiner Ansicht nach Voulliéme über die Buchillustration, ungenügend seien die Ausführungen zur Typographie. Er kehrt aber Ursache und Wirkung um, wenn er Voulliéme bescheinigt, gegenüber Burgers Register nicht viel neue Drucke ermittelt zu haben, da Burger schon das unveröffentlichte Material Voulliémes durch dessen Großzügigkeit benutzen konnte. Ferner bemängelt er, dass Voulliéme nicht die Drucke (Unikate) des Britischen Museums genau beschrieben habe. Neben zahlreichen kleineren Problemen zu Kölner Druckern, bei denen er eine andere Meinung vertritt, kritisiert er die mangelnde Vollständigkeit der Bibliographie (Sp. 2186), die der Verfasser in der Stadtbibliothek Köln hätte erweitern können.[75] Voulliéme fühlte sich verletzt. In einem undatierten Brief an Konrad Haebler, der offenbar ebenfalls auf einige Lücken hingewiesen hatte, schreibt er: »ich darf aber doch wohl hoffen, daß Sie nicht (wie Herr Z.) wegen dieser Lücken mein Buch gleich für ungenügend halten«, und er schließt: »Anbei gestatte ich mir Ihnen einen Separatabdruck meiner Erklärung gegen Zaretzky zu übersenden.«[76]

Er hatte die Kritik also nicht unbeantwortet gelassen. Zaretzkys Rezension folgte ein Schlagabtausch zwischen Verfasser und Rezensent, der sich über mehrere Erklärungen

---

70 Ebd. S. 401.
71 Ebd. S. 402.
72 VOULLIÉME, Die Typen der Kölner Buchdrucker.
73 VOULLIÉME / BURGER, Monumenta Germaniae et Italiae typographica.
74 Die folgenden Nachweise beziehen sich, sofern nicht angegeben, auf Zaretzkys Rezension zu Voulliéme von 1903.
75 ZARETZKY, Rezension Voulliéme, 5. September 1903.
76 Brief VOULLIÉMES an Konrad Haebler im Archiv des GW; ein herzlicher Dank an Frau Martina Nickel, Mitarbeiterin im GW, die die Korrespondenz von Voulliéme diesbezüglich für mich durchgesehen hat.

und Gegenerklärungen erstreckte und beidseitig »cum ira et studio« geführt wurde.[77] Da der Brief an Haebler nicht datiert ist und die Erklärungen dicht aufeinanderfolgten, ist nicht klar, welche Fassung er beigelegt hatte, vermutlich die vom 31. Oktober. In dieser »Erklärung«, ebenfalls in der Deutschen Litteraturzeitung, verteidigt er sich gegen Zaretzkys Kritik am geringen Umfang neu ermittelter oder zugewiesener Kölner Drucke und weist darauf hin, dass er Burger für dessen »The Printers and Publishers of the 15th Century« Kölner Titel zur Verfügung gestellt habe, was Zaretzky wider besseres Wissen verschweige. Überhaupt bestreitet er Zaretzky die Kompetenz, da er eine solche Quellenarbeit wie Voulliéme bislang nicht geleistet habe:

> »Nun, Herr Z. hat eine Arbeit, wie die meine, überhaupt noch nicht gemacht, seine Zell-Liste ist, wie er selbst zugibt, aus gedruckten Quellen und ohne Nachprüfung abgeschrieben; er hat also keine Ahnung davon, ein wieviel anderes es ist, in einem mit allen bibliographischen Hilfsmitteln ausgestatteten Hause eine darin befindliche Sammlung zu katalogisieren, als, nur mit einem Zettelkasten und allenfalls mit einem Hain bewaffnet – Copinger und Proctor existierten damals noch nicht – von Bibliothek zu Bibliothek zu wandern und in vielfach ungenügend ausgestatteten Räumen nach alten Drucken zu suchen« (Sp. 2665 f.).

Auch in Bezug auf die Buchillustration würde im Vergleich zu seiner, Voulliémes, Arbeit »Zs. Leistung, soweit sie sich auf das 15. Jahrhundert bezieht, noch fadenscheiniger aussehen, als sie ohnehin schon ist« (Sp. 2666), und er schießt nach Diskussion von einigen weiteren Punkten (u. a. seinem Verzicht auf Vollständigkeit der Exemplarnachweise) mit der Breitseite:

> »Wie wenig unbefangen Herr Z. mir und meiner Arbeit gegenübersteht, ergibt sich endlich auch daraus, dass er es gewesen ist, der dem Redaktionssekretär der Köln. Volkszeitg. Herrn G. Hölscher das Material zu seiner im Börsenblatt f. d. D. Buchhandel veröffentlichten Polemik gegen Einzelheiten meines Buches geliefert hat. Wenn ich auch auf Grund dieses ganz unzweifelhaften Sachverhaltes darauf verzichten darf, Herrn Hölscher besonders zu antworten, so kann ich doch nicht umhin, bei dieser Gelegenheit zu erklären, dass gerade er am allerwenigsten berufen ist, anderen Leuten bessere Sitten in ihrer schriftstellerischen Tätigkeit anzuraten« (Sp. 2666).

Das mag genügen, um den Ton der Auseinandersetzung zu charakterisieren, in den Zaretzky mit seiner Antwort vom 28. November in der »Deutschen Litteraturzeitung« wieder einstieg: »Herr Dr. Voulliéme hat in Nr. 44 eine Entgegnung auf meine Bespre-

---

77 ZARETZKY, Rezension Voulliéme, 5. September 1903; VOULLIÉME, Erklärung vom 31. Oktober 1903; ZARETZKY, Erklärung vom 28. November 1903; VOULLIÉME, Erklärung vom 12. Dezember 1903; ZARETZKY, Erklärung vom 16. Januar 1904; VOULLIÉME, Antwort vom 16. Januar 1904.

chung seines Buches über den Buchdruck Kölns im 15. Jahrhundert veröffentlicht, die mich, wenn sie auch an sachlichen Einwendungen nichts enthält, doch des Tones und mehrerer Unrichtigkeiten wegen zu einer kurzen Antwort zwingt« (Sp. 2919). Er widerspricht Vouliémes Vorwurf bezüglich Burgers Verzeichnis und seinem, Zaretzkys, Zell-Verzeichnis. Besonders empört ihn Vouliémes Einschätzung, er könne die mühsame Erarbeitung des VK gar nicht nachvollziehen, die er nicht zu Unrecht als Angriff auf seine wissenschaftliche Reputation ansieht. Schließlich verwahrt er sich gegen Vouliémes Behauptung, hinter Hölschers Rezensionsartikel zu stecken. Er schließt kampfeslustig: »Die durch Herrn V. in Aussicht gestellte ›Auseinandersetzung an anderer Stelle‹ soll mir willkommen sein, ich werde gewiss die Antwort nicht schuldig bleiben, vorausgesetzt, dass diese Auseinandersetzung sachlich gehalten ist« (Sp. 2922). Die darauf antwortende kurze »Erklärung« Vouliémes vom 12. Dezember 1903 wieder in der »Deutschen Litteraturzeitung« brachte im Wesentlichen Auszüge aus Proctors positiver Rezension. Proctors Bedeutung als eines erstrangigen Fachmannes wird hervorgehoben. »Gegenüber einem solchen Lobe müssen mir die Bemühungen des Herrn Z., den Wert meiner Arbeit möglichst herunterzudrücken, gleichgültig sein und ich verzichte deshalb auf jede weitere Erwiderung« (Sp. 3050).

Wie mancher Wissenschaftler seinen Intimfeind hat, mit dem er die Klinge kreuzt, so war das bei Voulliéme Otto Zaretzky. Zwar schreibt Max Josef Husung im Nachruf 1930: »Dabei war Voulliéme eine anima candida! Uneigennützig und ohne Ehrgeiz, froh, wenn er andere erfreuen konnte, hat er wohl kaum je einen Feind gehabt. Etwas von der Seele eines Kindes war in diesem Manne, und wer ihn kannte, mußte ihn schätzen und lieben. Have pia anima.«[78] Aber die Kölner Hausüberlieferung, mit der mich Severin Corsten (1920–2008) bekanntmachte und die über Rudolf Juchhoff (1894–1968, seinerzeit Bibliothekar in Bonn und Berlin) in die 1920er Jahre und damit in die Lebzeiten der beiden Kontrahenten zurückreichte, deutet an, dass Voulliéme den durchaus verdienten Kollegen Zaretzky als Bibliothekar einer Provinzbibliothek nicht recht ernst nahm und häufig von oben herab behandelte. Dieser Unterton prägt deutlich seine Stellungnahmen.

Das mag die überzogene Kritik Zaretzkys hervorgerufen haben. In dem erwähnten Besprechungsaufsatz von Georg Hölscher im Börsenblatt spiegeln sich diese Befindlichkeiten, so auch, dass Voulliéme Zaretzkys wichtige Verdienste um die Erforschung des Kölner Buchdrucks kannte, die er auch genutzt, aber unangemessen ignoriert habe.[79]

---

78 HUSUNG, Voulliéme †, S. 189; die Uneigennützigkeit Vouliémes loben auch Proctor und Schmidt in ihren Rezensionen.
79 HÖLSCHER, Kölns Inkunabeln, bietet aus Anlass von Vouliémes Werk einen ausführlichen Aufsatz zum Kölner Buchdruck und zeigt wie Zaretzky an mehreren Stellen sein Missbehagen über Vouliémes Vorgehen, er bestreitet verschiedene Urteile Vouliémes über einzelne Drucker und Drucke und kritisiert z. B. Voulliémes Stil im Umgang mit anderen Kölner Forschern: »Es ist bisher unter ehrlichen Forschern nicht üblich gewesen, Irrtümer, besonders aber solcher Forscher, denen der Tod den Mund zur Abwehr geschlossen hat, in solcher Weise anzugreifen, und es ist auch nicht zu wünschen, daß solche Sitten Eingang finden« (S. 6018).

Jedenfalls schrieb Otto Zaretzky an den Herausgeber des »Literarischen Zentralblattes« in Leipzig, Friedrich Zarncke: »In einer Erklärung in Nr. 50 der ›Deutschen Litteraturzeitung‹ hat Herr Dr. Voulliéme in einer ungewöhnlichen Art und Weise meine Besprechung seines Buches über den Kölner Buchdruck angegriffen und mich verdächtigt, so daß ich unter allen Umständen zu einer Erwiderung gezwungen bin. Leider hat aber der Verleger der Litteraturzeitung die Aufnahme der anliegenden Erklärung verweigert.« Und er fragte an, ob ihm Zarncke im Zentralblatt in einer der nächsten Nummern einen kleinen Raum für eine Erklärung zur Verfügung stellen könne. Andernfalls fragt er nach den Kosten für ein Inserat.[80] Zarnckes Antwort ist nicht erhalten, er versuchte allerdings Zaretzky von seinem Vorhaben abzubringen, wie dessen Postkarte kurz darauf belegt: »Im allgemeinen bin ich durchaus Ihrer Ansicht, aber im vorliegenden Falle möchte ich doch von Ihrem freundl. Anerbieten Gebrauch machen; ich kann die persönlichen Angriffe nicht gut ignorieren, da Herr V. sie sonst bei jeder Gelegenheit wiederholen wird. Ich bitte also, meine Erklärung als Inserat aufzunehmen.« Und er versprach, es dann dabei bewenden zu lassen, selbst wenn Voulliéme noch einmal antworte.[81] Das Inserat erschien dann dort im Jahre 1904.[82] Zaretzky verwies darauf, dass Proctor im Gegensatz zu Voulliémes Darstellung mit seinen Argumenten im Wesentlichen übereinstimme und ein ebenso abgewogenes Urteil getroffen habe. »Solchen Tatsachen gegenüber darf ich getrost dem unparteiischen Leser es überlassen, sich darüber ein Urteil zu bilden, ob ich neben Proctor bei seinem Spezialwerke über den Kölner Buchdruck als berufener Kritiker in Frage komme oder nicht.« In einer kurzen, darunter abgedruckten Antwort bekräftigte Voulliéme noch einmal seinen Standpunkt und schloss diesen Disput ab.

Zaretzky stieß mit der Schärfe seines Urteils seinerseits auf Kritik: Adolf Schmidt wies sie in seiner Rezension ausdrücklich zurück: »der mir [...] der V.schen Arbeit nicht ganz gerecht zu werden scheint« (S. 1575) und auch die spätere Einschätzung war überaus positiv, so z. B. von Erich von Rath im Vorwort seiner Bibliographie von Ernst Voulliémes Schriften 1922:

> Er springt speziell Zaretzky bei, den Voulliéme nicht als verdienten Inkunabelforscher nennt: »Voulliéme hat das nicht für nötig erachtet, trotzdem er fast zehn Jahre Zeit hatte für seine Arbeit; auch er hat Fehler gemacht [...] und Drucke übersehen, ohne daß man ihn in grober Weise zur Rechenschaft ziehen wird« (S. 6019). Sein Urteil: »Daß Voulliéme [...] eine wertvolle Monographie geliefert hat, kann nicht in Abrede gestellt werden, wenn auch wirklich Neues, noch nicht Bekanntes sich nur sehr spärlich darin findet« (S. 6019). Er bemängelt z. B. das Fehlen typographischer Tafeln, so »daß das umfangreiche Werk doch nicht auf eigenen Füßen steht« (S. 6019).

80 Brief Otto Zaretzkys an Friedrich Zarncke, den Herausgeber des Literarischen Zentralblatts, 4.1.1904 (NL 249/1/Z/311) der UB Leipzig.
81 Karte Zaretzkys an Zarncke vom 7.1.1904 (NL 249/1/Z/312) der UB Leipzig. Ich danke der Bibliothek, namentlich Frau Susanne Dietel (Sondersammlungen), für die schnelle Erfüllung meiner Bitte um ein Digitalisat.
82 Zaretzky, Erklärung vom 16.1.1904. Auf derselben Sp. 116 abschließend eine vierzeilige Antwort Voulliémes.

»›Der Buchdruck Kölns bis zum Ende des XV. Jahrhunderts‹ hat schon vor Ihnen namhafte Forscher zu speziellen Untersuchungen angeregt. Neben den einheimischen Gelehrten Ennen, Merlo und Zaretzky waren es vor allem so bedeutende Bibliographen wie Madden, Bradshaw und Proctor, die der reichen Produktion der rheinischen Metropole eindringende und fördernde Studien gewidmet haben. Aber erst Ihre Arbeit, in der zum ersten Mal systematisch sämtliche Erzeugnisse der Kölner Pressen verzeichnet und gewürdigt wurden, hat die Forschung zum Abschluss gebracht, und 20 Jahre haben Ihrem Werk nichts Wesentliches hinzufügen können. Ihr Buchdruck Kölns ist zugleich die erste auf fester wissenschaftlicher Grundlage ruhende monographische Behandlung des Buchdrucks einer deutschen Stadt und ist bis heute die einzige geblieben. Gleichberechtigt steht Ihr Werk neben den berühmten Bibliographien der Wiegendrucke einzelner Länder: Campbells Annales de la typographie Néerlandaise und Haeblers Bibliografía Ibérica.«[83]

Und was könnte den von Zedler prognostizierten dauernden Wert von Voulliémes Buch besser belegen als der Nachdruck 75 Jahre später, in dessen Nachwort Severin Corsten Voulliéme bescheinigte: Damit »[…] gab er der Forschung ein Werk an die Hand, das Epoche machte und neue Maßstäbe setzte«, was er auch für den zweiten Bereich, die Inkunabelverzeichnung, bestätigte: »Die Qualität der Titelbeschreibungen und die aufwendige Typographie, in der sie dargeboten wurden, nahmen die Standards des Gesamtkatalogs der Wiegendrucke vorweg.« Und er betonte: »Unentbehrlich sind aber für jeden, der sich mit Wiegendrucken aus welchen Gründen auch immer zu befassen hat, bis auf den heutigen Tag die diplomatisch getreuen Beschreibungen der Bücher und Einblattdrucke. Sie sind weder durch das Jahrhundertunternehmen des Gesamtkatalogs der Wiegendrucke, noch durch die seit 1903 in großer Zahl erschienenen Kataloge einzelner Sammlungen ersetzt und überflüssig geworden.«[84]

Kein Zweifel, Voulliéme hat eine vorbildliche, weit über ein Jahrhundert tragende Arbeit geleistet und die Wirkung seines Buches dauert heute noch unvermindert an. Dennoch hat es notwendigerweise nach 120 Jahren Patina angesetzt. Die Forschung, die es angeregt und immer wieder befruchtet hat, ist nicht stehen geblieben und hat es damit in vielen Einzelheiten überholt. Offene Fragen z. B. nach der Druckerzuweisung unfirmierter Texte, Erscheinungsdaten, der Identifikation von Notnamen der Drucker usw. wurden gelöst oder doch neu gesehen. Das schmälert VK nicht, es bleibt immer noch ein unentbehrliches Handwerkzeug und ist kein nur noch historisches Buch. Gerade daher sollte eine Überarbeitung und Aktualisierung in digitaler Form erfolgen. Das Material ist durch den GW, den ISTC und viele in den vergangenen über 100 Jahren erschienene Einzelkataloge von Sammlungen mit Exemplarbeschreibungen vorhanden.

---

83 RATH, Voulliéme, S. 8.
84 CORSTEN, Nachwort, alle Zitate S. 544.

Das gilt schon für den Umfang. Die Bibliographie trug 1.271 Ausgaben zusammen und von Rath dachte noch 20 Jahre später, dass der Kreis damit im Wesentlichen abgeschritten sei. Heute verzeichnet der GW aber ca. 1.600 Ausgaben aus Köln.

Wie angedeutet, müssen die vielen Einzeluntersuchungen und Korrekturen eingearbeitet werden.[85] Dazu gehört der möglichst vollständige Exemplarnachweis, der nun aufgrund der Universalkataloge möglich ist; dazu kommen die wichtigen Spezialkataloge wie der des Britischen Museums (heute British Library), dessen Bestände durch die häufige Verwendung des Symbols ° zeigen, dass Voulliéme die Exemplare nicht benutzt hat. Generell betrifft das die Identifizierung von Druckern mit Notnamen, die seitdem vorangeschritten ist, die Ergänzung von ganzen Titelbeschreibungen oder Teilen, wenn er kein Exemplar einsehen konnte. Dort erfolgte bei ihm die bibliographische Notiz oder Beschreibung aus zweiter Hand. Notwendig sind Korrekturen der Datierungen, z. B. durch später bekannt gewordene Rubrikatoreneinträge. Geprüft werden muss auch die Zeitgrenze 1500 bei undatierten Drucken, deren Drucker auch nach 1500 noch gearbeitet haben, ebenso wie die heutige Ansetzung des Verfassernamens. Auch die Ausscheidung aufgeführter apokrypher Titel ist sinnvoll. Die Korrekturen ergeben dann natürlich, dass die druckgeschichtliche Einleitung nicht mehr in allen Einzelheiten dem Stand der Forschung entspricht.

Eine solche Überarbeitung würde Voulliémes Buch der heutigen Forschung neue Perspektiven eröffnen und gleichzeitig auf den Gesamtkatalog der Wiegendrucke zurückwirken. Sie würde noch einmal bestätigen, dass das Werk als ein Meilenstein für die Erforschung des Kölner Buchdrucks und für den Gesamtkatalog der Wiegendrucke zu gelten hat.

Quellen und Literatur

Die Publikation

Voulliéme, Ernst, Der Buchdruck Kölns bis zum Ende des fünfzehnten Jahrhunderts. Ein Beitrag zur Inkunabelbibliographie, Bonn 1903 (= PubGRhG, Nr. XXIV), (ND Düsseldorf 1978 mit einem Nachwort von Severin Corsten) [online verfügbar].

Ungedruckte Quellen

HStAK, Projektakte zu Ernst Voulliémes Publikation im Bestand der Gesellschaft für Rheinische Geschichtskunde (zurzeit nicht auffindbar).

---

85 Corsten, Nachwort, gibt auf S. 545–550 einige Hinweise.

LVR-Institut für Landeskunde und Regionalgeschichte, Pabst, Klaus: Kartei zu den Jahresberichten der Gesellschaft für Rheinische Geschichtskunde.

Universitäts- und Stadtbibliothek Köln: Ludwig von Büllingen: *Annales typographici Colonienses*. 5 Bde., Handschrift (Sign. 5 P 160).

Archiv des GW Staatsbibliothek Berlin: Brief Ernst Voulliémes an Konrad Haebler (undat., ca. 1903).

Universitätsbibliothek Leipzig: Brief Otto Zaretzkys an Friedrich Zarncke, den Herausgeber des Literarischen Zentralblatts, 4.1.1904 (NL 249/1/Z/311).

Universitätsbibliothek Leipzig: Karte Otto Zaretzkys an Friedrich Zarncke vom 7.1.1904 (NL 249/1/Z/312).

Gedruckte Quellen

Bowman, John H. (Bearb.), A Critical Edition of the *Private Diaries of Robert Proctor*. The Life of a Librarian at the British Museum, Lewiston, NY 2010.

Bradshaw, Henry (Bearb.), A Classified *Index* of the Fifteenth Century Books in the Collection of the Late M. J. de Meyer, London 1870.

Brinkhus, Gerd (Bearb.), *Inkunabeln* der Universitätsbibliothek Tübingen, der Fürstlich Hohenzollernschen Hofbibliothek Sigmaringen und des Evangelischen Stifts Tübingen, Wiesbaden 2014.

Burger, Konrad (Bearb.), Die *Drucker* des XV. Jahrhunderts mit chronologischer Aufführung ihrer Werke, Leipzig 1891.

Ders. (Bearb.), The *Printers and Publishers* of the 15th Century, with Lists of their Works. Index to the Supplement to Hain's Repertorium Bibliographicum, London 1902.

Catalogue of the library of Dr. Kloss [Auktionskatalog], London 1835.

Copinger, Walter Arthur (Bearb.), *Supplement* to Hain's Repertorium Bibliographicum, London 1895–1902.

Ennen, Leonard (Bearb.), *Katalog* der Inkunabeln in der Stadt-Bibliothek Köln, Abth. 1, Köln 1865.

Gesamtkatalog der Wiegendrucke. Druckausgabe: Bd. 1, Leipzig 1925 ff. Online: http://www.gesamtkatalogderwiegendrucke.de (abgerufen am 22.7.2024).

Haebler, Konrad, *Typenrepertorium* der Wiegendrucke, Bd. 1–5. Halle, später Leipzig/New York 1905–1924 (ND Nendeln und Wiesbaden 1968).

Ders., *Wie ich Inkunabelforscher wurde*: ein Stückchen Lebensgeschichte, St. Gallen 1931.

Holtrop, Johan Willem (Bearb.), *Catalogus* librorum Saeculo XVo impressorum quotquot in Bibliotheca Regia Hagana asservantur, Den Haag 1856.

Ders. (Bearb.), Monuments typographiques des Pays-Bas au quinzième siècle. Collection de facsimilé d'après les originaux conserves à la Bibliothèque royale de La Haye et ailleurs, Den Haag 1868.

ISTC (= Incunabula Short Title Catalogue), abgerufen unter: https://data.cerl.org/istc/_search (abgerufen am 22.7.2024).

Panzer, Georg Wolfgang (Bearb.), *Annales typographici* ab artis inventae origine usque ad annum MDXXXVI, 11 Bde., Nürnberg 1793–1803.

Pellechet, Marie (Bearb.), *Catalogue* général des incunables des bibliothèques de France, Bd. 1, Paris 1897.

Proctor, Robert (Bearb.), *Index* of the early printed books in the British Museum from the invention of printing to the year 1500, London 1898–1903.

Ders. (Bearb.), *Types Facsimile Society*. Publications for the Years 1900–1909. Specimen of Early Printing Types, Oxford 1900–1913.

Reichling, Dietrich (Bearb.), *Appendices* ad Hainii-Copingeri Repertorium Bibliographicum, München 1905–1911 und Münster 1914.

Scheidegger, Christin (Bearb.), *Inkunabelkatalog* der Zentralbibliothek Zürich, Baden-Baden 2008.

Voulliéme, Ernst (Bearb.), Die *Inkunabeln* der Kgl. Universitätsbibliothek Bonn. Ein Beitrag zur Bücherkunde des XV. Jahrhunderts (= Zentralblatt für Bibliothekswesen, Bd. IV, H. 13), Leipzig 1894 mit Nachträgen in: Zentralblatt für Bibliothekswesen 12 (1895), S. 429–431.

Ders. (Bearb.), Die Typen der *Kölner Buchdrucker*, Halle a. d. S. 1912.

Ders. / Burger, Konrad (Bearb.), *Monumenta Germaniae et Italiae typographica*. Deutsche und italienische Inkunabeln in getreuen Nachbildungen, Berlin 1892–1913.

Literatur

Altmann, Ursula, Tendenzen der *Inkunabelbeschreibung* im Gesamtkatalog der Wiegendrucke, in: Beiträge aus der Deutschen Staatsbibliothek. Fachtagung Gesamtkatalog der Wiegendrucke, Berlin 1989, S. 15–21.

Blum, Hans, *Ludwig von Büllingen* und seine Sammlungen, in: Hans Blum (Hg.), Im Schatten von St. Gereon. Erich Kuphal zum 1. Juli 1960, Köln 1960 (= Veröffentlichungen des Kölnischen Geschichtsvereins 25), S. 1–12.

Bogeng, Gustav Adolf Erich, *Die großen Bibliophilen*, Bd. 1, Leipzig 1922 (Repr. Hildesheim 1984).

Corsten, Severin, *Ludwig von Büllingen* (1771–1848), in: Gernot Gabel / Wolfgang Schmitz (Hgg.), Kölner Sammler und ihre Bücherkollektionen in der Universitäts- und Stadtbibliothek Köln (= Schriften der Universitäts- und Stadtbibliothek Köln, Bd. 13), Köln 2003, S. 29–39.

Dziatzko, Karl, Über *Inkunabelkatalogisierung*, in: Beiträge zur Kenntnis des Buch-, Schrift- und Bibliothekswesens 3 / Sammlung bibliothekswissenschaftlicher Arbeiten, Bd. 10, Leipzig 1896, S. 94–133.

Geldner, Ferdinand, Die deutschen *Inkunabeldrucker*, Bd. 1, Das deutsche Sprachgebiet, Stuttgart 1968.

Ders., *Hain*, Ludwig Friedrich Theodor, in: NDB 7 (1966), S. 523.

Haffner, Thomas, *Konrad Haebler* und die Entwicklung vom lokalen zum internationalen Inkunabelkatalog, in: Achim Bolte / Juliane Rehnolt (Hgg.), Kooperative Informations-Infrastrukturen als Chance und Herausforderung, Thomas Bürger zum 65. Geburtstag, Berlin u. a. 2018, S. 338–354.

Heitz, Paul / Zaretzky, Otto (Bearb.), *Die Kölner Büchermarken* bis Anfang des XVII. Jahrhunderts, Straßburg 1898.

Henkel, Nikolaus, Die *Basler Sammelausgaben* von Sebastian Brants Dichtungen. Genese und Programmatik der »Carmina in laudem beatae Mariae virginis« (1494) und »Varia carmina«

(1498), in: Johanna Thali / Nigel F. Palmer (Hgg.), Raum und Medium. Literatur und Kultur in Basel im Spätmittelalter und Früher Neuzeit, Berlin / Boston 2020, S. 403–441.

Hölscher, Georg, *Kölns Inkunabeln*, in: Börsenblatt für den deutschen Buchhandel 70, Nr. 180 v. 6. August 1903, S. 6016–6020.

Husung, Max Joseph, Ernst *Voulliéme †*, in: Zentralblatt für Bibliothekswesen 48 (1930), S. 189–192.

Johnson, Barry C., *Lost in the Alpes*. A Portrait of Robert Proctor, the Great Bibliographer, and of his Career in the British Museum, London 1985.

Krause, Friedhilde, Zur *Geschichte des Gesamtkatalogs* der Wiegendrucke, in: Beiträge aus der Deutschen Staatsbibliothek, Fachtagung Gesamtkatalog der Wiegendrucke, Berlin 1989, S. 6–14.

Merlo, Johann Jakob, *Ulrich Zell*, Kölns erster Drucker, nach dem hinterlassenen Manuskript bearb. von Otto Zaretzky (= Veröffentlichungen der Stadtbibliothek Köln, Beiheft 3), Köln 1900.

Milchsack, Gustav, Wie soll man *Inkunabeln* verzeichnen? In: Neuer Anzeiger für Bibliographie und Bibliothekswissenschaft 1882, S. 15–25, 49–53.

Pabst, Klaus, Die *Gesellschaft* für Rheinische Geschichtskunde (1881–1981). Trägerschaft, Organisation und Ziele in den ersten 100 Jahren ihres Bestehens (Redaktion: Stephan Laux) (= Studien und Darstellungen der Gesellschaft für Rheinische Geschichtskunde, Bd. 1), Köln 2022.

Proctor, Robert, The *Early Printers of Köln*, in: The Library Ser. 2, vol. 4, Oct. 1903, S. 392–402.

Rath, Erich von, Ernst *Voulliéme* als Inkunabelforscher. Ein Verzeichnis seiner Arbeiten, Bonn 1922.

Ders., *Zur Biographie Ludwig Hains*, in: Bok- och Bibliotekshistoriska Studier tillägnade Isak Collijn, Uppsala 1925, S. 161–182.

Sauer, Manfred, Die deutschen *Inkunabeln*, ihre historischen Merkmale und ihr Publikum, Diss. Köln 1956.

Schmitz, Wolfgang, Ernst *Voulliéme*, in: NDB 27 (2019), S. 137–138.

Ders., Grundriss der *Inkunabelkunde* (= Bibliothek des Buchwesens 27), Stuttgart 2018.

Walther, Karl Klaus, *Das Europa der Bibliographen*. Von Brunet bis Estreicher, Berlin u. a. 2019.

Zedler, Gottfried, Die *Incunabeln* nassauischer Bibliotheken, in: Nassauische Annalen 31 (1900), S. 1–114.

Rezensionen und Kommentare

Corsten, Severin, *Nachwort* zu Voulliéme, Ernst, Der *Buchdruck Kölns* bis zum Ende des fünfzehnten Jahrhunderts. Ein Beitrag zur Inkunabelbibliographie (= PubGRhG, Nr. XXIV), Düsseldorf 1978 (ND Düsseldorf 1978), S. 544–552.

E. F. [= Ernst Freys?], *Rezension Voulliéme*, in: Historisches Jahrbuch der Görres-Gesellschaft 26 (1905), S. 236–238.

Schmidt, Adolf, *Rezension Voulliéme*, in: Litterarisches Centralblatt 54 (1903), Sp. 1574 f.

Schwenke, Paul, *Rezension Voulliéme*, in: HZ 94 (NF 58) (1905), S. 306–309.

Voulliéme, Ernst, *Antwort* [auf Otto Zaretzkys Erklärung vom 16. Januar 1904], in: Literarisches Zentralblatt Nr. 3 *vom 16. Januar 1904*, Sp. 115 f.

Ders., *Erklärung* [zu Otto Zaretzkys Rezension], in: Deutsche Litteraturzeitung Jg. 24, Nr. 44 *vom 31. Oktober 1903*, Sp. 2664 f.

DERS., *Erklärung* [zu Otto Zaretzkys Rezension], in: Deutsche Litteraturzeitung Jg. 24, Nr. 50 *vom 12. Dezember 1903*, Sp. 3050.

ZARETZKY, Otto, *Erklärung* [zu Ernst Voulliémes Erklärung vom 12. Dezember 1903], in: Literarisches Zentralblatt Nr.3 *vom 16. Januar 1904*, Sp. 116.

DERS., *Erklärung* [zu Ernst Voulliémes Erklärung vom 31. Oktober 1903], in: Deutsche Litteraturzeitung 24 (1903), Nr. 48 *vom 28. November 1903*, Sp. 2919 f.

DERS., *Rezension Voulliéme*, in: Deutsche Litteraturzeitung 24 (1903), Nr. 36 *vom 5. September 1903*, Sp. 2181–2187.

ZEDLER, Gottfried, *Rezension Voulliéme*, in: Zentralblatt für Bibliothekswesen 21 (1904), S. 125–129.

Ralf-Peter Fuchs

Otto R. Redlich, »Jülich-Bergische Kirchenpolitik am Ausgange des Mittelalters und in der Reformationszeit im 15. und 16. Jahrhundert« (1907–1911)

Ein Versuch, Reformationsgeschichte über Quellenstudium zu versachlichen

Einleitung

Am 29. Juni 1904 wurde mit dem Archivar Otto Reinhard Redlich vereinbart, eine von ihm bereits zum Teil erstellte umfangreiche Quellensammlung in die Publikationsreihe der Gesellschaft für Rheinische Geschichtskunde aufzunehmen. Diese Entscheidung beruhte auf einem von Georg von Below, zu dieser Zeit noch Professor in Tübingen, erstellten positiven Gutachten.[1] Die Texte sollten die landesherrlichen Konflikte mit der Kirche um die Gerichtsbarkeit, insbesondere in geistlichen Angelegenheiten im 15. und 16. Jahrhundert dokumentieren. Wenn Redlich später in seinem ersten Vorwort schreiben sollte, er sei zu diesem Editionswerk durch die »allseitig als wünschenswert bezeichnete Herausgabe der so genannten geistlichen Erkundungsbücher des 16. Jahrhunderts«[2] (Visitationsbücher) veranlasst worden, verwies er damit auf eine größere Gruppe von Forschern, die sich zum einen über die reformationsgeschichtlichen Besonderheiten in den jülich-klevischen Ländern im Klaren waren und sich auf der Suche nach deren Wurzeln befanden, zum anderen sicherlich aber auch auf das sich aus dem zurückliegenden »Kulturkampf« ergebende breitere Interesse, mehr über das historische Verhältnis von kirchlicher und weltlicher Obrigkeit zu erfahren.

Redlich erwähnte in seinem 1906 erstellten Vorwort zum ersten Band seiner Edition auch das Werk von Joseph Kuhl über den »Jülicher Kirchenstreit im 15. und 16. Jahrhundert«, erschienen 1902[3], nicht ohne darauf hinzuweisen, dass er selbst bereits früher mit seiner Arbeit begonnen habe und sich dessen Studie im Wesentlichen auf das »Dekanat Jülich« beschränke.[4] Unter den zeitgenössischen Forschern, die er als Interessenten im Auge hatte, benannte Redlich Conrad Varrentrapp, ordentlicher Professor für Geschichte

---

1 Dies ergibt sich aus dem Scan einer Karte mit Notizen von Herrn Dr. Klaus Pabst, entstanden im Kontext der Vorarbeiten an seiner Geschichte der »Gesellschaft für Rheinische Geschichtskunde«, der mir dankenswerterweise von Stephan Laux und Georg Mölich zur Verfügung gestellt wurde.
2 REDLICH, Kirchenpolitik, Bd. 1, Vorwort (o. S.).
3 KUHL, Jülicher Kirchenstreit.
4 REDLICH, Kirchenpolitik, Bd. 1, Vorwort (o. S.).

in Marburg, und auch Georg von Below selbst, dem er Dank für seine Beratung aussprach.[5] Beide Personen waren wiederum mit Bonner Kreisen bis in die Gesellschaft für Rheinische Geschichtskunde hinein gut vertraut. Als ein weiteres Referenzwerk nannte Redlich Joseph Hansens Arbeit »Westfalen und Rheinland im 15. Jahrhundert«, in der weltliche und kirchliche Spannungen im Herzogtum Kleve und der Grafschaft Mark im Kontext der großen Soester Fehde wie auch der münsterischen Stiftsfehde untersucht worden waren.[6]

Es soll im Folgenden darum gehen, das Quellenwerk von Otto Redlich zur Kirchenpolitik in Jülich-Berg eingehender darzustellen und zu kontextualisieren. Dabei ist auf die Konzeption dieses Werkes und die Ausführung einzugehen, wobei sich zwangsläufig Fragen nach der Nützlichkeit bzw. nach einem Stellenwert im Hinblick auf Forschungsmöglichkeiten aus heutiger Perspektive stellen. All dies kann nur in Umrissen oder auch exemplarisch erfolgen. Am Beginn muss jedoch der Bearbeiter selbst, der sich intensiv als Interpret der von ihm gesammelten Quellen und somit als Historiker einbrachte, in den Blick genommen werden.

Otto Reinhard Redlich, rheinischer Landeshistoriker

Die familiären Wurzeln von Otto Redlich liegen nicht im Rheinland, sondern in Sachsen. Geboren wurde er am 15. Februar 1864 in Hain südlich von Leipzig.[7] Dort war sein Vater Pfarrer, seine Mutter entstammte einer Leipziger Kaufmannsfamilie. Aus seinem Lebenslauf, der seiner Dissertationsschrift beigefügt wurde, können wir zweifelsfrei entnehmen, dass die Familie von Otto Redlich evangelischer Konfession war.[8] Auf eine evangelische Prägung des Heranwachsenden weisen zudem das Amt des Großvaters als Superintendent in Rochlitz als auch der Besuch des Nicolai-Gymnasiums in Leipzig hin.[9] Dass sich der Promovend an der Universität Leipzig einem Thema mit starken reformationsgeschichtlichen Bezügen, dem Nürnberger Reichstag von 1522/1523, widmete, ist sicherlich damit in Verbindung zu bringen. Aus seiner Dissertationsschrift, die von Wilhelm Maurenbrecher betreut wurde, wird hin und wieder trotz aller für Redlich typischen wissenschaftlichen Zurückhaltung die Sympathie für die lutherische Bewegung deutlich. Vor allem aber Redlichs Fähigkeiten, tief und reichlich aus handschriftlichen Quellen zu schöpfen, wurden in dieser Schrift unter Beweis gestellt.[10]

---

5 Ebd.
6 HANSEN, Westfalen und Rheinland im 15. Jahrhundert, Bd. 1: Soester Fehde; Bd. 2: Münsterische Stiftsfehde.
7 Siehe hierzu den seiner Dissertation zugefügten Lebenslauf in REDLICH, Reichstag, Anhang. Redlichs Geburtsort Hain (nicht zu verwechseln mit Haina in Thüringen) wurde seit Ende der 1960er Jahre im Zuge der Erweiterung des Braunkohleabbaus im Bornaer Revier abgetragen.
8 REDLICH, Reichstag, Anhang.
9 Hierzu HEYDERHOFF, Nachruf. Otto Reinhard Redlich †, S. 313.
10 REDLICH, Reichstag.

Nach seiner Promotion 1887 wurde Redlich Teilnehmer am Projekt der Edition der Deutschen Reichstagsakten unter August Kluckhohn und arbeitete von 1887 bis 1889 an der Transkription von Quellen, die nur direkt in den Archiven und nicht an der zentralen Arbeitsstelle einzusehen waren. Kluckhohn benannte Redlich in seiner Edition als seinen Mitarbeiter in Ulm.[11] Seine Karriere als Archivar wurde anschließend von Heinrich von Sybel maßgeblich gefördert, der ihm eine Stelle in Marburg verschaffte. Nach seiner dortigen Heirat sollte Redlich bereits 1891 im Staatsarchiv Düsseldorf als Archivassistent eingestellt werden. Dort, an seiner Wirkungsstätte bis zum Lebensende, stieg er zum Geheimen Archivrat auf.[12] 1921 wurde er schließlich Nachfolger von Theodor Ilgen als Direktor des Staatsarchivs. Dieses stand bis 1929, dem Jahr seiner Pensionierung, unter seiner Leitung. Danach wirkte er noch tatkräftig am Aufbau der neu gegründeten Archivberatungsstelle für das Rheinland mit. Er starb am 9. Dezember 1939 im Alter von 75 Jahren in Düsseldorf.[13]

Abb. 17: Otto R. Redlich, 1933.

Es ist interessant zu beobachten, dass Otto Redlich sich in seiner neu gefundenen Heimat Düsseldorf nicht nur als Archivar, sondern auch unmittelbar in der landesgeschichtlichen Forschung engagierte. Seit 1898 führten die »Beiträge zur Geschichte des Niederrheins«, die später zum »Düsseldorfer Jahrbuch« wurden, bereits seinen Namen im Redaktionsausschuss auf. Horst A. Wessel und Klaus Pabst haben ihn von diesem Jahr an bis zum Jahre 1906 als Vorsitzenden des Düsseldorfer Geschichtsvereins aufge-

---

11 KLUCKHOHN, Deutsche Reichstagsakten, Bd. 1 [1519, Januar – Juli], Gotha 1893. Siehe die Vorbemerkung, S. II: »In anderen Archiven, deren Bestimmungen die Versendung von Archivalien nicht gestatteten, wurde die Arbeit an Ort und Stelle gemacht; so durch Dr. Friedensburg in Dresden und Weimar, durch Dr. Wrede in München und durch Dr. Redlich in Ulm.«
12 Während des Ersten Weltkrieges blieb ihm, mittlerweile im fortgeschrittenen Alter, offensichtlich als Reservist längere Abwesenheit von seiner Wirkungsstätte erspart. In seinem Nachlass ist ein Feldpostbrief an seine Frau überliefert (1916). In der Regel war er selbst Empfänger von Feldpostbriefen, die an seine Düsseldorfer Adresse gerichtet waren. LA NRW, Abt. Rheinland, Signatur: 165.36, Nr. 39.
13 HEYDERHOFF: Nachruf. Otto Reinhard Redlich †.

listet.[14] Der Archivar trug dazu bei, die Verbindungen zwischen dem Staatsarchiv und dem Verein zu intensivieren, nachdem sich Letzterer bereits gegen Verlegungsabsichten des Archivs nach Bonn und stattdessen für eine Beibehaltung des Standorts Düsseldorf starkgemacht hatte.[15]

Otto Redlich war nicht der erste evangelische Vorsitzende des Düsseldorfer Geschichtsvereins[16], wohl aber der erste Archivar in dieser Position[17], was sich nachhaltig auf die wissenschaftliche Ausrichtung auswirkte. Unter seiner Führung entstand die Editionsreihe der »Urkundenbücher der geistlichen Stiftungen des Niederrheins« mit Kaiserswerth als erstem Band (1904).[18] Es zeigt sich hier, dass Redlich als Kenner reformationsgeschichtlicher Zusammenhänge auch in eine Linie mit jenen zu stellen ist, die traditionsgemäß besondere landesgeschichtliche Aufmerksamkeit für die »Altertümer« des Mittelalters einforderten. In dieses Bild passt sich sein eigenes Projekt zur »jülich-bergischen Kirchenpolitik« recht gut ein. Redlich hatte bereits 1902 in den Annalen des Historischen Vereins für den Niederrhein einen Aufsatz zur Geschichte des späten 14. Jahrhunderts in Köln (Kunibertstift) publiziert.[19] Klaus Pabst hat ihn in einer führenden Rolle auch in diesem Verein gesehen, was 1929 zu seiner Ehrenmitgliedschaft führte. Daneben wirkte er zwölf Jahre, von 1922 bis 1934, im Vorstand der Gesellschaft für Rheinische Geschichtskunde mit[20], für die er von 1928 bis 1929 als Schriftführer tätig war.[21] Nur am Rande soll darauf hingewiesen werden, dass Otto Redlich auch der Verfasser von Ortsgeschichten für Ratingen und Mülheim an der Ruhr war, darüber hinaus Schriften zu Düsseldorf veröffentlichte.[22] Im nordrhein-westfälischen Landesarchiv Rheinland (Duisburg) befinden sich innerhalb des Nachlasses von Redlich Sonderdrucke und Manuskripte von seinen Aufsätzen zum Sockel des Jan-Wellem-Denkmals in Düsseldorf, zur Entstehung der dortigen evangelischen Gemeinde und zu weiteren Themen.[23] Auch ein Editionsplan zur »Jülich-bergischen Kirchenpolitik« aus dem Jahr 1903 ist dort vorhanden.[24]

---

14 Wessel, 125 Jahre Düsseldorfer Geschichtsverein, S. 44; Pabst, Gesellschaft, S. 118, Anm. 63.
15 Wessel, 125 Jahre Düsseldorfer Geschichtsverein, S. 21.
16 Evangelischer Konfession war bereits Paul Tönnies, Vorsitzender von 1885 bis 1887, gewesen. Siehe Wessel, 125 Jahre Düsseldorfer Geschichtsverein, S. 18.
17 Heyderhoff: Nachruf. Otto Reinhard Redlich, S. 314.
18 Kelleter, Kaiserswerth.
19 Redlich, Auflehnung.
20 Pabst, Gesellschaft, S. 152.
21 Ebd., S. 118.
22 Redlich, Grundlagen; ders., Mülheim an der Ruhr; ders. (gemeins. mit Arnold Dresen u. Johannes Petry), Ratingen; ders., Hofgarten; ders., Urdenbach am Rhein.
23 LA NRW, Abt. Rheinland, Signatur: 165.36.
24 Ebd., Nr. 62.

Redlich als zurückhaltender Reformationshistoriker

Halten wir noch einmal fest: Redlich war als Historiker evangelischer Konfession durchaus ein besonders interessierter Beobachter von kirchenreformatorischen Vorgängen im 16. Jahrhundert; zugleich suchte er als Landeshistoriker engagiert Quellen und präferierte eine sich auf diese Quellen, insbesondere Archivquellen, besonders stark stützende Forschung, die zugleich eine Verpflichtung zu streng wissenschaftlicher Dokumentation nahelegte. Dies spiegelt sich durchaus wider in seinem Werk zur »Jülich-bergischen Kirchenpolitik am Ausgange des Mittelalters und in der Reformationszeit«, das in zwei umfangreichen Bänden publiziert wurde. Der zweite bestand aus zwei getrennt gebundenen Teilen, die 1911 und 1915 erschienen.[25]

Redlich unterschied, wie der Titel ausweist, das Mittelalter von einem Reformationszeitalter. Die gesamte, von den drei Teilen abgedeckte Zeitspanne reicht vom Jahr 1400 bis zum Jahr 1592, dem Todesjahr von Herzog Wilhelm V. von Jülich, Kleve und Berg. Den thematischen Schwerpunkt des ersten Bandes bilden die Auseinandersetzungen der Landesherren von Jülich und Berg vor allem mit den Erzbischöfen von Köln um die Jurisdiktion, insbesondere die kirchliche Jurisdiktion in den beiden Territorien. Der zweite Band dokumentiert die vorgenommenen Visitationen in den beiden Herzogtümern mit den Herzögen und ihren Regierungen als Initiatoren von 1533 bis 1591. In beiden Bänden behielt Redlich sich vor, die Quelleneditionen mit breiten Ausführungen und Erläuterungen in Form von längeren »Vorworten«, die eigentlich besser als Abhandlungen zu bezeichnen wären, und zuweilen umfangreichen Kommentaren in den Fußnoten zu versehen.

Die im ersten Band vorgelegte Abhandlung und Dokumentation zum Ringen der Landesherren und Kirchenoberhäupter um die Jurisdiktion mag man als eine Grundlegung für die Dokumentation der jülich-bergischen Kirchenpolitik über Visitationen im zweiten Band verstehen. Redlich begab sich damit auf die Spur des geflügelten Wortes »Der Herzog von Cleve sey Papst in seinen Ländern«[26], was angesichts der Personalunion der Landesherren über Kleve-Mark und Jülich-Berg-Ravensberg von besonderer Bedeutung für die kirchlichen Entwicklungen in allen genannten Territorien war. Er lieferte in seinem »Vorwort« zum ersten Band zahlreiche Hinweise für die Bestrebungen der Landesherren von Jülich und Berg seit dem 13. Jahrhundert, die kirchliche Jurisdiktion in den eigenen Herrschaftsgebieten zu beschränken. Sie münden in eine breitere Darstellung der erfolgreichen Konsolidierung des landesherrschaftlichen Einflusses auf die Gestaltung des Kir-

---

25 REDLICH, Jülich-Bergische Kirchenpolitik, Bd. 2, 2 Teile, nachgedruckt 1986.
26 Der Ausspruch ist hier zitiert nach ALPEN, Geschichte und Litteratur, S. 177. Vor ihm ist er bereits in der von Justus Christopher Dithmar 1721 herausgegebenen und kommentierten Ausgabe der »Annales Cliviæ« [etc.] von Werner Teschenmacher überliefert; siehe dort S. 294 (Anm. 2). Stammen sollen die Worte aus dem 15. Jahrhundert, siehe dazu DOMBOIS, Ordnung und Unordnung, S. 118.

chenwesens von der Vereinigung der Territorien 1521 bis zur Mitte des 16. Jahrhunderts. Anschließend wird auf das konkrete landesherrliche Kirchenregiment mit Blick auf die Beaufsichtigung der Klöster, der Geistlichen und letztlich auch der Verhältnisse in den Lokalitäten, was etwa Frömmigkeit und sittliches Leben betraf, eingegangen, bevor im dokumentarischen Teil die Quellen dazu chronologisch präsentiert werden.

Besonders hervorzuheben ist, dass Redlich den Begriff der Reformation weitgehend an den Quellen ausrichtet. Er spricht etwa von einer »Klosterreformation«, die die Bemühungen der Landesherren, die Beachtung strenger Ordensregeln durchzusetzen, umfasst. Dabei verwendet er auch zuweilen, sofern der Kontext deutlich ist, einfach den puren Begriff »Reformation« und nicht das Kompositum: Herzog Wilhelm IV. von Jülich († 1511) habe »in den meisten uns bekannten Fällen die Reformation [d. h. Klosterreformation, R.-P. F.] selbst an[ge]ordnet«.[27] Klöster wie Saarn und Hoven seien »reformiert worden [...] und zwar unter Beteiligung der herzoglichen Räte«.[28] Otto Redlich versteht unter »Reformation« hier immer allgemein landesherrliche Kirchenpolitik zur Behebung von Missständen, während er in anderen Kontexten einen enger gefassten Reformationsbegriff verwendet, der sich auf die reformatorischen Bewegungen des 16. Jahrhunderts bezieht: Im zweiten Band spricht Redlich von einer spezifisch »jülich-klevischen Kirchenreformation«, die wegen ihrer Abhängigkeit von »erasmischen Ideen [...] ihre Hauptsorge der sittlichen und geistlichen Beschaffenheit des Seelsorgeklerus« zugewandt habe.[29] »Beides, Reformation und Visitation«, habe eng zusammengehangen[30], wobei sich allerdings insbesondere die Kirchenpolitik unter den Herzögen Johann III. und Wilhelm V. für ihn »mit einem Wort als konservativ bezeichnen« ließ.[31] Redlich konstatierte zudem, dass diese Politik sich »in gewissem Sinne doch nur als eine Fortsetzung der bereits von ihren Vorfahren der Kirche gegenüber eingenommenen Haltung« dargestellt habe.[32] Dementsprechend schloss er, dass die »eigenartige Stellung Jülich-Cleves im Reformationszeitalter« auf einer »engen Verbindung mittelalterlicher und moderner Anschauungen beruht« habe.[33]

Wird in diesem Satz bereits sehr deutlich, dass Redlich hier nun bereits auf einen spezifischen Begriff von »Reformation« rekurrierte, den er mit der Moderne und der Überwindung des Mittelalters verband, so zeigt sich dies durchaus auch in anderen Passagen seiner mitgeteilten Überlegungen. Zuweilen ist die Rede von den »Reformatoren«, die er mit diesem epochalen Schritt verknüpft.[34] Eine »offene Parteinahme für die Refor-

---

27 REDLICH, Kirchenpolitik, Bd. 1, S. 97*.
28 Ebd., S. 96*.
29 REDLICH, Kirchenpolitik, Bd. 2, 2. Teil, S. 2*.
30 Ebd.
31 REDLICH, Kirchenpolitik, Bd. 1, S. 118*.
32 Ebd., S. 121*.
33 Ebd., S. 121*.
34 Ebd., S. 121*.

matoren« sei zu Lebzeiten von Herzog Johann III. auf einige Städte in seinen Territorien »beschränkt« geblieben.[35] Direkt im Anschluss an diese Aussage nennt er die »großen Reformationstage in Nürnberg, Speyer und Augsburg«[36] und verweist damit auf einen Reformationsbegriff, der den evangelischen Kirchen bzw. dem Protestantismus vorbehalten ist. Auch ein solches Verständnis konnte er gelegentlich durchaus über Quellen stützen. Dazu kann man etwa ein Schreiben von Melanchthon, entstanden 1538 oder 1539, anführen, das Redlich mit dem Regest überschrieb: »Gutachten Melanchthons über die Vorbereitungen zur Reformation in Jülich-Cleve«.[37] Zwar ist auch hier, bei Melanchthon, von einer (unvollkommenen) »Colnische[n] reformation« und einer »julichische[n] reformacio« die Rede, aber eben auch von einer Gefahr, die sich aus einer Weigerung des Herzogs von Jülich, Kleve und Berg, eine (echte) »reformacio« vorzunehmen, ergäbe.[38]

Um es auf den Punkt zu bringen: Der quellenorientierte Historiker Otto Redlich arbeitete mit einem offenen Reformationsbegriff, der evangelisch sozialisierte Historiker Redlich verwendete einen engen, auf der Vorstellung einer epochemachenden Bedeutung der Entstehung von evangelischen, also antipäpstlichen Kirchen beruhenden Reformationsbegriff. Beides finden wir in *einem* Werk. Dies soll dem Bearbeiter gar nicht zum Vorwurf gemacht werden, nicht zuletzt, zumal wir heute noch immer keine Klarheit und Eindeutigkeit in der Begrifflichkeit erzielt haben.[39] Die Verwirrung, die uns die Zeitgenossen des 16. Jahrhunderts hinterlassen haben, wird noch vertieft durch die Erwähnung von Anhängern »der reformierten Richtung«, denen Herzog Wilhelm V., wie Redlich festhält, den Kampf ansagte, nachdem calvinistische bzw. evangelisch-reformierte Gemeinden in Jülich und Berg entstanden waren, worauf, so Redlich, eine »kirchliche Reaktion seit dem Jahre 1567« erfolgt sei.[40]

Auch wenn gelegentlich der Historiker der »Reformation«, begriffen als großer weltgeschichtlicher Entwurf wie etwa bei Leopold von Ranke, durchscheint – Redlich hatte sogar an Vorlesungen von Treitschke teilgenommen –[41], dominiert in seinem Werk zur jülich-bergischen Kirchenpolitik der die Quellen in den Vordergrund rückende und damit politische Impulse aus seiner eigenen Zeit eher zurückdrängende Historiker. Ziehen

---

35 Ebd., S. 118*.
36 Ebd., S. 118*.
37 Ebd., S. 306.
38 Ebd., S. 306–307.
39 Ich verweise hier auf einen Text von mir, der dies verdeutlichen soll: FUCHS, Einheit der Reformation. Günter Vogler hat in diesem Zusammenhang bemerkt: »Das Bild von der Geschichte der Reformation hat sich in den letzten Jahrzehnten erheblich verändert. Heute wird von Historikern und Theologen mehrheitlich akzeptiert, dass es »*die* Reformation« nicht gegeben hat, sondern unterschiedliche reformatorische Ansätze, Anläufe und Aufbrüche festzuhalten sind und differierende Konzepte konkurrierten.« VOGLER, Thomas Müntzer, S. 12.
40 REDLICH, Kirchenpolitik, Bd. 2, 2. Teil, S. 49*.
41 Siehe den Lebenslauf in: REDLICH, Reichstag, Anhang.

wir den Vergleich zu Max Lehmanns »Preußen und die katholische Kirche seit 1640«, entstanden zu einer Zeit, als sich der »Kulturkampf« im Deutschen Reich auf dem Höhepunkt befunden hatte:[42] Dabei wird deutlich, dass Redlich sich gerade nicht in einem solchen Fahrwasser bewegen wollte. Sogar seinem Rezensenten Justus Hashagen, der dem ersten Band zuschrieb, Grundlegendes zur »Vorgeschichte der Reformation«[43] zu liefern, ist entgegenzuhalten, dass der Begriff von »Reformation«, den Redlich in sein Werk einbrachte, vielschichtig war. Natürlich ergab sich die Relevanz des Gesamtprojektes von Otto Redlich aus Fragen nach dem Aufkommen und der Durchsetzung antipäpstlich-reformatorischer Strömungen im 16. Jahrhundert. Es ging aber in der Ausführung zentral um die landesobrigkeitlichen Konzepte der Gestaltung des Kirchenwesens in Jülich-Berg schlechthin wie auch um Fragen nach deren Erfolgen. Dabei stand viel mehr im Blickpunkt als Fragen nach dem rechten Glauben und der rechten Liturgie. So geht es etwa konkret um die Besteuerung bzw. Bezehntung kirchlicher Güter[44], die Aufhebung von Interdikten[45], die Durchsetzung landesherrlicher Kollationsrechte[46], Präbenden[47] etc.

Es war dabei nicht nur Reformationsgeschichte im engeren Sinne, sondern allgemeine Landeskunde, auf deren Gebiet sich Redlich vornehmlich aufhielt, nicht zuletzt mit dem Versuch, seiner Leserschaft Einblick letztlich auch in die Vergangenheit von zahlreichen einzelnen Orten wie Sittard, Wassenberg, Lennep, Kaster etc. zu geben, auf dortige religiöse Bruderschaften aufmerksam zu machen und vieles mehr. Freilich versuchte er ebenso, den Streit der Landesherren mit Kurköln über die geistliche Jurisdiktion umfassend anhand von Quellen abzubilden. Zudem zog er Material heran, das die Stellung der Landesherren, insbesondere der Herzöge Johann III. und Wilhelm V., zu den bedeutenden Religionsfragen und -konflikten konturierte wie etwa die Anweisung an den Klerus, Bitt- und Dankgottesdienste anlässlich des Sieges über die Täufer in Münster abhalten zu lassen.[48]

Entstanden ist so ein Werk, das sich gerade in seiner Vielfältigkeit an Quellen dem Leser nicht leicht erschließt. Justus Hashagen brachte dies, positiv gewendet, auf folgende Formel: »Aufs engste verbinden sich darin [= im ersten Band] Akribie der Einzelforschung und Beherrschung der allgemeinen historischen Probleme, so dass man dann schliesslich im Zweifel ist, ob die territoriale oder die allgemeine Geschichte ihm [= Redlich] zu grösserem Danke verpflichtet ist.«[49] Ich denke, dass angesichts der Detailfülle

---

42 Siehe LEHMANN, Preußen und die katholische Kirche. Zu Lehmann und zu diesem Werk siehe: BRUCH, »Lehmann, Max«, S. 89.
43 HASHAGEN, Rezension zu: Otto R. Redlich: Jülich-Bergische Kirchenpolitik, S. 250.
44 REDLICH, Kirchenpolitik, Bd. 1, Nr. 253.
45 Ebd., Nr. 213 und 214.
46 Ebd., Nr. 157.
47 Ebd., Nr. 158 und 250.
48 Ebd., Nr. 261.
49 HASHAGEN, Rezension zu: Otto R. Redlich: Jülich-Bergische Kirchenpolitik, S. 251.

und der gelegentlich erzielten Plastizität in Redlichs »Jülich-bergischer Kirchenpolitik« der landesgeschichtliche Ansatz deutlich überwiegt und die Gesellschaft für Rheinische Geschichtskunde diesem Werk in ihrer wissenschaftlichen Reihe somit das passende Dach bot.

Im Hinblick auf die Landesgeschichte konnte Redlich seine Arbeit immerhin in einen Rahmen einfügen, der bereits von Georg von Below über die Edition von jülich-bergischen Landtagsakten[50] und von Ludwig Keller[51], dessen Edition von Quellen über die Politik von Herzog Wilhelm V. im Jahre 1556 einsetzte, geschaffen worden war. Auch ist auf zahlreiche Texte hinzuweisen, die in landeskundlichen Periodika bereits zu den jülich-klevischen Ländern im 16. Jahrhundert erschienen waren, nennen wir an dieser Stelle nur als Publikationsorgane die »Zeitschrift des Bergischen Geschichtsvereins« und die »Annalen des Historischen Vereins für den Niederrhein«. Die »jülich-bergische Kirchenpolitik« ließ sich in der Perspektive des Bearbeiters so in größere Diskussionszusammenhänge einbetten, indem nun noch einmal eine Fülle an Material bereitgestellt wurde. Die im zweiten Band edierten Visitationsquellen lieferten darüber hinausgehende Einblicke in eine große Zahl an Orten im Hinblick auf die Schulverhältnisse, den Klerus vor Ort, auch in Bezug auf die Ausbildung der Kleriker, ihre finanziellen Probleme und letztlich auch auf ihre »wilden Ehen«, so Redlich.[52] Sehr gut wird in diesen zahlreichen, örtliche Zustände dokumentierenden Passagen Landesgeschichte im Sinne von Karl Lamprecht in einer allgemeinen Hinwendung zur »materiellen Kultur«[53] fassbar. Zudem: Nicht immer, aber gelegentlich ließen sich befragte Geistliche auf Fragen zu den großen Religionsstreitigkeiten ein, so wie Pastor Caspar Lunéslaeth aus Sonnborn im Amt Solingen, der dies erstaunlich offensiv tat: »Respondet, dass er die mess auf teutsch, da communicanten vorhanden, halte; ehe er catholice mess halten sollte, dass er vil lieber die kirch verlassen wolle.«[54]

Wirkung und Nachwirkung

Ich komme zum Versuch, den bleibenden Wert von Otto Redlichs Edition zu skizzieren. Wir haben heute ein umfangreiches Textkorpus vor uns, das zum kleinen Teil aus Formulierungen in lateinischer und zum weitaus größeren Teil in mittelniederdeutscher Sprache besteht. Zuweilen sah sich Redlich veranlasst, die Quellenschriften passagenweise verkürzt über eigene zusammenfassende Formulierungen wiederzugeben, was von

---

50 BELOW, Landtagsakten.
51 KELLER, Gegenreformation.
52 REDLICH, Kirchenpolitik, Bd. 2, 2. Teil, S. 43*.
53 Zit. nach PABST, Gesellschaft, S. 253.
54 REDLICH, Kirchenpolitik, Bd. 2, 2. Teil, S. 327.

Justus Hashagen in seiner Rezension als »des Guten zuviel« kritisiert wurde.[55] Es sieht so aus, als sei Redlich durchaus bestrebt gewesen, »alle Zeugnisse urkundlicher Art zu sammeln«[56] – so sein Diktum im Vorwort –, die er als einschlägig für sein Thema erachtete. Bei aller berechtigten Skepsis an einem solchen Unterfangen ist immerhin darauf zu verweisen, dass es, wie Klaus Pabst noch einmal deutlich gemacht hat[57], in einer Tradition der national- und landesgeschichtlichen Forschung stand, die uns, so absurd auch solche Vollständigkeitsansprüche erscheinen mögen, zahlreiche Schätze überliefert hat. Sie war einem Bearbeiter anvertraut worden, der buchstäblich an der Quelle saß bzw. die Möglichkeit hatte, eine im Staatsarchiv umfangreiche Überlieferung zu sichten und damit die Fachwelt zu beeindrucken. Im Nachlass Redlichs finden sich zahlreiche Stellungnahmen aus der Theologie, Rechts- und Geschichtswissenschaft zu seinem Werk, zudem einige, die uns heute in Erstaunen versetzen, weil Landesgeschichte in größerem Umfang auch in den Tageszeitungen wie der »Kölnischen Zeitung« rezipiert wurde.[58]

Allgemein hatten die vorliegenden Bände sichtlich den Zweck, angehende und etablierte Historiker zu ermuntern, sich eingehender mit dem Material auseinanderzusetzen. Damit entsprach Redlich dem Wunsch der Gesellschaft für Rheinische Geschichtskunde, »Forschungen […] zu fördern.«[59] Dass er es sich selbst nicht nehmen ließ, die von ihm vorgelegten Quellen summarisch und dennoch eingehend zu interpretieren, ist bereits erwähnt worden. Es war ihm durchaus wichtig, die Rolle des Staates gegenüber der Kirche herauszustellen. Damit lag er prinzipiell auf einer protestantischen Linie. Auch in der katholischen Welt fand jedoch seine Quellenedition begeisterte Zustimmung wie etwa im »Literarischen Handweiser, zunächst für alle Katholiken deutscher Zunge«, in dem der Rezensent Johannes Linneborn von Hinweisen auf »vorreformatorisches Staatskirchentum« im Mittelalter ausging.[60] Hinzuzufügen ist noch, dass Redlich 1938, kurz vor seinem Tod, eine kleine Abhandlung zu »Staat und Kirche am Niederrhein zur Reformationszeit« veröffentlichen sollte.[61]

Von anderen Forschern wurde seine Edition gelegentlich dezidiert aufgegriffen, so z. B. von dem sich später zu nationalsozialistischen Abgründen hinneigenden Heinrich Forsthoff, der sich 1922 über mangelnde Resonanz von Redlichs Werk in der evangelischen Kirchengeschichte beklagte.[62] Es soll hier wiederum nicht im Einzelnen dargelegt werden, wie stark die »jülich-bergische Kirchenpolitik« wirklich in späteren Forschungsarbeiten aufgegriffen wurde. Dies etwa über konkrete Studien etc. zu beziffern, wäre

---

55 HASHAGEN, Rezension zu: Otto R. Redlich: Jülich-Bergische Kirchenpolitik, S. 271–272.
56 REDLICH, Kirchenpolitik, Bd. 1, Vorwort (o. S.).
57 Hierzu ausführlich: PABST, Gesellschaft, S. 21–38.
58 LA NRW, Abt. Rheinland, Signatur: 165.36, Nr. 63.
59 Zit. nach PABST, Gesellschaft, S. 79.
60 LA NRW, Abt. Rheinland, Signatur: 165.36, Nr. 63.
61 REDLICH, Staat und Kirche.
62 FORSTHOFF, Geschichte der Reformation, S. 34.

durchaus schwierig und würde eine längere Forschungsarbeit voraussetzen. Immerhin: In Publikationen zur Religionspolitik in den jülich-klevischen Ländern, insbesondere der Herzöge Johann III. und Wilhelm V., wird regelmäßig darauf verwiesen.[63] Eine intensive Nutzung des unterbreiteten Quellenmaterials sehe ich in Antje Flüchters Arbeit zu »Zölibat zwischen Norm und Devianz. Kirchenpolitik und Gemeindealltag in Jülich und Berg im 16. und 17. Jahrhundert«, veröffentlicht 2006.[64] Hier zeigen sich die Chancen, die die Quellen auch für neuere Fragestellungen eröffnen. Ich verweise hier vor allem auf den Begriff der »Ambiguität«, der in der neueren Forschung auf zahlreichen Feldern zurzeit nutzbar gemacht und sogar als eine Epochensignatur für die Epoche der Frühen Neuzeit in Anspruch genommen wird.[65] Für reformationsgeschichtliche Fragen ist auf den Begriff der »konfessionellen Ambiguität« hinzuweisen, der sicherlich zur Entschlüsselung vieler der von Redlich publizierten Quellen zentral ist.[66]

Generell sind Quellenwerke wie das hier erörterte von Otto Redlich von großem Nutzen für die universitäre Lehre, wobei wir uns, sofern wir sie dort im Seminarraum einsetzen, nicht zuletzt auf eine intensive Beschäftigung mit der für uns alle fremden Sprache vergangener Jahrhunderte einzustellen haben. Die Geduld kann sich lohnen. Religiöse Auseinandersetzungen des 16. Jahrhunderts stoßen durchaus auf Interesse in einer divers-multireligiösen Sozialität von Studenten und Studentinnen. Das Gleiche gilt für Fragen zu Kirchenalltag und -verfasstheit, nicht zuletzt zur politischen Kultur in einer für uns bereits weit entfernten Zeit. Landesgeschichte, das heißt die Geschichte der Regionen und Orte, in denen wir heute leben, kann, wie ich meine, durchaus in einer Gesellschaft, in der Mobilität und Migration zu prägenden Elementen geworden sind, gesellschaftlich integrierend wirken und dazu beitragen, das Interesse für den eigenen Lebensraum zu wecken und zu verstärken. Zahlreiche Forscher, die die Kenntnisse zur rheinischen Geschichte erweitert haben und strukturelle Voraussetzungen für weitere Forschungen geschaffen haben, stammten wie Otto Redlich nicht aus dem Rheinland, engagierten sich jedoch nichtsdestoweniger – oder vielleicht auch gerade aus diesem Grund – auf diesem Feld.

Es bleibt abzuwarten, wie weit heutige Möglichkeiten der Präsentation von Quellen vergangener Zeiten in Ergänzung zu den Quelleneditionen, wie sie von den historischen Gesellschaften vorangetrieben worden sind, dazu führen, Forschungen und ein breiteres Interesse an der Geschichte zu befördern. Die Digitalisierung von Archivmaterial bietet heute den Zugang zu den Quellen sowohl für die professionell tätigen Historiker als auch für lokale Initiativen in früher ungeahnter Breite. Mit diesen Chancen sind neue Fragen

---

63 Siehe etwa die Überblicksdarstellungen von PETRI, Zeitalter der Glaubenskämpfe, und SMOLINSKY, Jülich-Kleve-Berg.
64 FLÜCHTER, Zölibat.
65 THIESSEN, Zeitalter der Ambiguität.
66 Siehe hierzu den Sammelband: PIETSCH / STOLLBERG-RILINGER, Konfessionelle Ambiguität.

nach der Sicherung und Distribution von Wissen über den Umgang mit digitalisierten Archivalien verbunden, die angesichts des Abbaus von Lehrstühlen für die so genannten Historischen Hilfswissenschaften wie auch für die Landesgeschichte verbaut zu werden drohen.

Bei aller Wichtigkeit, die Landesgeschichte digital voranzubringen, bleiben neben neueren Editionsprojekten, die zu Dokumentationszwecken auf den Weg gebracht werden, auch die älteren Editionen zur vor- und frühmodernen Geschichte relevant. Der Aspekt der Quellensicherung fällt etwa angesichts der hohen Archivalienverluste im Zweiten Weltkrieg zusätzlich ins Gewicht. Auch wird dem heutigen geschichtswissenschaftlichen Forscher, dem man gerade im Hinblick auf spätmittelalterliche und frühneuzeitliche Forschungsprojekte immer wieder und unbedingt den Archivbesuch nahezubringen hat, der Einstieg in die Quellenarbeit erleichtert. Zudem wird ihm die Einbettung des selbst in den Archiven ermittelten Materials in einen größeren Quellenkorpus ermöglicht, was wiederum der Vertiefung dient, zuweilen sogar dem elementaren Verständnis zuträglich ist. Insofern ist es ein bleibendes Verdienst Otto Redlichs und anderer Forscher und Archivare, die sich in ähnlicher Art und Weise der rheinischen Geschichte zugewandt haben, Möglichkeiten geschaffen zu haben, um landesgeschichtliche Vergangenheit permanent neu zu sichten.

Quellen und Literatur

Die Edition

REDLICH, Otto R. (Bearb.), Jülich-Bergische *Kirchenpolitik* am Ausgange des Mittelalters und in der Reformationszeit
  Bd. 1: Urkunden und Akten: 1400–1553 (= PubGRhG, Nr. XXVIII), Düsseldorf 1986 (ND der Ausg. Bonn 1907),
  Bd. 2,1: Visitationsprotokolle und Berichte. Erster Teil: Jülich (1533–1589). Mit urkundlichen Beilagen von 1424–1559 (= PubGRhG, Nr. XXVIII), Düsseldorf 1986 (ND der Ausg. Bonn 1911),
  Bd. 2,2: Visitationsprotokolle und Berichte. Zweiter Teil: Berg (1550–1591). Düsseldorf 1986. Mit urkundlichen Beilagen von 1442–1592 (= PubGRhG, Nr. XXVIII), Düsseldorf 1968 (ND der Ausg. Bonn 1915).

Ungedruckte Quellen

LA NRW, Abt. Rheinland, 165.36 (Nachlass Redlich), Nr. 39.
LA NRW, Abt. Rheinland, 165.36 (Nachlass Redlich), Nr. 62.
LA NRW, Abt. Rheinland, 165.36 (Nachlass Redlich), Nr. 63.

Gedruckte Quellen

BELOW, Georg von (Bearb.), *Landtagsakten* von Jülich-Berg, 2 Bde. (= PubGRhG, Nr. XI), Düsseldorf 1895/1907.
HANSEN, Joseph, *Westfalen und Rheinland* im 15. Jahrhundert, Bd. 1: Soester Fehde, Bd. 2: Münsterische Stiftsfehde (= Publicationen aus den K. Preussischen Staatsarchiven, Bd. 34), Leipzig 1888/1890.
HEYDERHOFF, Justus, *Nachruf. Otto Reinhard Redlich †*, in: DJb 42 (1940), S. 313–316.
KELLER, Ludwig, Die *Gegenreformation* in Westfalen und dem Niederrhein. Actenstücke und Erläuterungen, Bd. 1 (1555–1585), Leipzig 1881.
KELLETER, Heinrich (Bearb.), Urkundenbuch des Stiftes *Kaiserswerth* (= Urkundenbücher der geistlichen Stiftungen des Niederrheins, Bd. 1), Bonn 1904.
KLUCKHOHN, August (Bearb.), *Deutsche Reichstagsakten* unter Kaiser Karl V., Bd. 1: Jan.–Juli 1519 (= Deutsche Reichstagsakten. Jüngere Reihe, Bd. 1), Gotha 1893.
LEHMANN, Max, *Preußen und die katholische Kirche* seit 1640. Bis 1897 nach den Acten des geheimen Staatsarchivs (= Publicationen aus den K. Preussischen Staatsarchiven, Bd. 24), Leipzig 1878 ff.
TESCHENMACHER, Werner, *Annales Cliviæ*, Juliæ, Montium, Marcæ Westphalicæ, Ravensbergæ, Geldriæ Et Zutphaniæ, Duabus Partibus Comprehensi, Quos denuo edi curavit, adjectisque Annotationibus, Tabulis Genealogicis, Geographicis, Codice Diplomatico atque Indice locuplettissimo / illustravit Justus Christophorus Dithmarus [...], Frankfurt a. d. Oder / Leipzig 1721.

Literatur

ALPEN, Heinrich Simon van, *Geschichte und Litteratur* des Heidelbergischen Katechismus oder Kurze Geschichte der Reformation in der Pfalz, Schweiz, in Holland, England, Deutschland, Pohlen und Ungarn, Frankfurt a. M. 1800.
BRUCH, Rüdiger von, Art. »*Lehmann, Max*«, in: NDB 14 (1985), S. 88–90.
DOMBOIS, Hans, *Ordnung und Unordnung* der Kirche. Kirchenrechtliche Abhandlungen und Vorträge, Kassel 1957.
FLÜCHTER, Antje, Der *Zölibat* zwischen Devianz und Norm. Kirchenpolitik und Gemeindealltag in den Herzogtümern Jülich und Berg im 16. und 17. Jahrhundert (= Norm und Struktur, Bd. 25), Köln u. a. 2006.
FORSTHOFF, Heinrich, Zur *Geschichte der Reformation* am Niederrhein, in: Monatsschriften für Rheinische Kirchengeschichte 16 (1922), S. 33–55.
FUCHS, Ralf-Peter, Von der *Einheit der Reformation* zur Vielfalt der Reformationen? Neue Tendenzen in der historischen Forschung, in: Wolfgang Behringer / Wolfgang Kraus / Roland Marti (Hgg.), Die Reformation zwischen Revolution und Renaissance. Reflexionen zum Reformationsjubiläum, Berlin 2019, S. 115–136.
KUHL, Joseph, Der *Jülicher Kirchenstreit* im 15. und 16. Jahrhundert, Bonn 1902.
PABST, Klaus, Die *Gesellschaft* für Rheinische Geschichtskunde (1881–1981). Trägerschaft, Organisation und Ziele in den ersten 100 Jahren ihres Bestehens (Redaktion: Stephan Laux) (= Studien und Darstellungen der Gesellschaft für Rheinische Geschichtskunde, Bd. 1), Köln / Wien 2022.

PETRI, Franz, Im *Zeitalter der Glaubenskämpfe* (1500–1648), in: ders./Georg Droege (Hgg.), Rheinische Geschichte in drei Bänden, Bd. 2: Neuzeit, Düsseldorf 1976, S. 1–217.

PIETSCH, Andreas/STOLLBERG-RILINGER, Barbara (Hgg.), *Konfessionelle Ambiguität*. Uneindeutigkeit und Verstellung als religiöse Praxis in der Frühen Neuzeit, Heidelberg 2013.

REDLICH, Otto R. (gemeins. mit Arnold Dresen u. Johannes Petry), Geschichte der Stadt *Ratingen* von den Anfängen bis 1815. Aufgrund der Vorarbeiten der Gebrüder Heinrich und Peter Eschbach, Ratingen 1926.

DERS., Der *Hofgarten* zu Düsseldorf und der Schlosspark zu Benrath. Mit 5 Lichtdruck-Tafeln. Herausgegeben von Düsseldorfer Geschichts-Verein zum 14. August 1893, Düsseldorf 1892.

DERS., Der *Reichstag* von Nürnberg 1522–23, Leipzig 1887.

DERS., Die *Auflehnung* der Kanoniker am Kunibertstift zu Köln gegen ihren Dechanten im Jahre 1386, in: AHVN 74 (1902), S. 103–114.

DERS., *Grundlagen* der politischen Geschichte Mülheims und seiner Umgebung, in: Denkschrift zur Hundertjahrfeier der Stadt Mülheim an der Ruhr 1908, Mülheim a. d. R. 1908, S. 4–48.

DERS., *Mülheim an der Ruhr*. Seine Geschichte von den Anfängen bis zum Übergang an Preußen 1815, Mülheim a. d. R. 1939.

DERS., *Staat und Kirche* am Niederrhein zur Reformationszeit, Leipzig 1938.

DERS., *Urdenbach am Rhein*. Studien zur Geschichte des Orts und der evangelischen Gemeinde. Festgabe zur Einweihung der Kirche am 26. Sept. 1920, Düsseldorf 1920.

REININGHAUS, Wilfried, Die Historische *Kommission* für Westfalen 1896 bis 2021. Eine regionale Wissenschaftsgeschichte, Münster 2021.

SMOLINSKY, Heribert, *Jülich-Kleve-Berg*, in: Anton Schindling/Walter Ziegler (Hgg.), Die Territorien des Reichs im Zeitalter der Reformation und Konfessionalisierung. H. 3: Der Nordwesten, Münster 1995, S. 86–106.

THIESSEN, Hillard von, Das *Zeitalter der Ambiguität*. Vom Umgang mit Werten und Normen in der Frühen Neuzeit, Köln/Weimar/Wien 2021.

VOGLER, Günter, *Thomas Müntzer* – Irrweg oder Alternative? Plädoyer für eine andere Sicht, in: Archiv für Reformationsgeschichte 103 (2012), S. 11–40.

WESSEL, Horst A., *125 Jahre Düsseldorfer Geschichtsverein*. Kontinuitäten im Wandel politischer und gesellschaftlicher Rahmenbedingungen, in: DJb 75 (2004/2005), S. 13–44.

Michael Wettengel

Joseph Hansen, »Rheinische Briefe und Akten zur Geschichte der politischen Bewegung 1830–1850« (1919–2013)

Zwischen Rheinland, Preußen und Liberalismus

Die Edition »Rheinische Briefe und Akten zur Geschichte der politischen Bewegung 1830–1850« (künftig zitiert RBA) zählt zu den bedeutenden Publikationsprojekten der Gesellschaft für Rheinische Geschichtskunde. Sie ist in starkem Maße mit der Person ihres Herausgebers und ersten Bearbeiters Joseph Hansen verknüpft, der ein bestens vernetzter, überaus produktiver Archivar und Historiker war. Als einen »Forscher und Organisator, der ›Produktion und Organisation‹ zu vereinigen wußte«, würdigte ihn die Preußische Akademie der Wissenschaften in ihrer Glückwunschadresse zu seinem 50-jährigen Doktorjubiläum.[1] Da Hansen heute »zu den weitgehend vergessenen Historikern« gezählt wird[2], soll er zunächst als Persönlichkeit und Wissenschaftler kurz vorgestellt werden.[3]

Der Initiator der Edition, Joseph Hansen

Joseph Hansen wurde am 26. April 1862 in Aachen geboren, wo er in einer strengkatholischen Familie und in einfachen Verhältnissen aufwuchs.[4] Er studierte zunächst in Bonn, wo er zum Kreis um Karl Lamprecht (1856–1915) gehörte, der ihn stark beeinflusste. Danach ging er nach Münster, wo er 1883 mit seiner Dissertation über die »Vorgeschichte der Soester Fehde« bei Theodor Lindner (1843–1919) promoviert wurde. Im Auftrag der Historischen Kommission bei der Akademie der Wissenschaften in München be-

---

1 KLEINERTZ, Joseph Hansen 1993, S. 264.
2 PELZER, Joseph Hansen, S. 272.
3 Vgl. ausführlicher KLEINERTZ, Joseph Hansen 1993; KLEINERTZ, Joseph Hansen 1990; PELZER, Joseph Hansen; PABST, Gesellschaft, u. a. S. 101–111, 114 f., zuletzt knapp SOLDWISCH, Joseph Hansen. Eine umfassende Biographie, die Hansen auch als politisch und gesellschaftlich aktive Persönlichkeit im Kontext ihrer Zeit untersucht, steht allerdings noch aus.
4 Unter der Nummer 733/1862 wurde beim Standesamt Aachen die Geburt von Johann Joseph Leonard Hansen, Sohn von Privatlehrer Ludwig Hansen und Barbara Hansen geb. Kuck, geboren am 26.4.1862, beurkundet, freundliche Auskunft von Frau Angelika Pauels, Stadtarchiv Aachen. Das gelegentlich anzutreffende Geburtsjahr 1863, zurückzuführen auf einen irrtümlichen Eintrag in der Sterbeurkunde, ist falsch.

arbeitete er die Publikation der Chroniken von Dortmund und Soest. 1886 trat Hansen in den preußischen Archivdienst ein und absolvierte den Vorbereitungsdienst, ab 1889 edierte er als Mitarbeiter des Preußischen Historischen Instituts in Rom die Nuntiaturberichte aus Deutschland in den vatikanischen Archiven. 1891 wurde er zum Leiter des Kölner Stadtarchivs ernannt, seit 1900 mit der Amtsbezeichnung Direktor. Hansen leitete zudem in Personalunion von 1894 bis 1924 das »Historische Museum« der Stadt. Er stellte dabei die gemeinsame Rolle von Archiv und Museum bei der Bewahrung der historischen Überlieferung heraus, erst aus beiden zusammen ergebe sich eine »breite wissenschaftliche Grundlage der Stadtgeschichte«.[5] Ein »Glücksfall für das Historische Museum« sei er gewesen, auch wegen seines breiten Kulturbegriffs, seiner Darstellung Kölns als rheinische Metropole, der systematischen Ordnung der Sammlungen sowie der Betonung von Bildung und Vermittlung.[6] Zwei Rufe von Universitäten, aus Kiel und Breslau, schlug er aus und leitete bis zu seiner Pensionierung im Jahr 1927 das Kölner Archiv. Auch an der 1906 erfolgten Gründung des Rheinisch-Westfälischen Wirtschaftsarchivs in Köln, des ältesten regionalen Wirtschaftsarchivs, das zunächst dem Stadtarchiv angegliedert war, hatte er maßgeblichen Anteil.[7]

1893 übernahm Hansen zusätzlich den Vorsitz der Gesellschaft für Rheinische Geschichtskunde, den er bis 1926 innehatte, und sorgte für eine große Produktivität ihrer Schriftenreihe. Hansen hatte gute Verbindungen zu Angehörigen des rheinischen Großbürgertums, vor allem zu dem liberalen Unternehmer und Politiker Gustav von Mevissen (1815–1899), dessen Biographie er verfasste.[8] Das Kölner Archiv konnte auf diese Weise wertvolle Nachlässe und Unternehmensarchive erwerben und für seine Publikationsvorhaben erhielt er finanzielle Unterstützung auch von Privatpersonen. Hansen war ein mit enormer Tatkraft ausgestatteter Wissenschaftsorganisator und gehörte neben der Gesellschaft für Rheinische Geschichtskunde noch vielen weiteren wissenschaftlichen Vereinen, Verbänden und Kommissionen an. Hervorzuheben sind der Vorsitz im Verband Deutscher Historiker (1913–1922), dessen Schatzmeister er von 1895 bis 1924 war[9], und die Mitgliedschaft in der Historischen Reichskommission (seit 1928). Vor allem für den Verband Deutscher Historiker, dessen Gründungsausschuss er angehört hatte, war Hansen eine »unverzichtbare Konstante der fluiden Verbandsentwicklung«, da er im Gegensatz zu den wechselnden Vorsitzenden in seiner langen Amtszeit großes institutionelles Wissen erworben hatte.[10] Den Historikertag hatte er »einige Male vor drohendem Schiffbruch bewahrt«, sodass Georg von Below bereits 1907 feststellte, dass

---

5 Kramp, Bürgerstolz und altes Köln, S. 15.
6 Ebd.
7 Kleinertz, Joseph Hansen 1990, S. 282 f. Vgl. zur Geschichte des Archivs Soénius, Zukunft im Sinn.
8 Hansen, Gustav von Mevissen.
9 Zum Vorsitz im Verband Deutscher Historiker vgl. Berg, Kaiserreich, S. 148, 168 f.; zur Tätigkeit als Schatzmeister u. a. ebd., S. 68, 70, 78, 95 f., 126, 173.
10 Ebd., S. 123.

die Versammlungen deutscher Historiker ohne Hansen »eigentlich gar nicht stattfinden« könnten.¹¹

Die Rahmenbedingungen wurden nach dem Ersten Weltkrieg schwierig: Die Inflation entwertete die finanziellen Rücklagen und schränkte die Spendenbereitschaft der Stifter ein. Und die nun in Köln regierende Zentrumspartei stand Hansens Vorhaben nicht mehr so wohlwollend gegenüber wie die vorangegangenen Stadtregierungen. Dennoch gelang es Hansen, weiterhin Publikationen herauszugeben und wissenschaftliche Vorhaben anzustoßen. Hansen hatte sich seit seinem Studium zu einem fortschrittsoptimistischen, dezidiert antiklerikalen Nationalliberalen entwickelt, was nicht ohne Einfluss auf seine historischen Forschungen und Veröffentlichungen blieb. Der rheinische Liberalismus und das Verhältnis zwischen der Rheinprovinz und dem preußischen Staat gehörten zu seinen zentralen Themen. Im Zuge des Ersten Weltkriegs trat

Abb. 18: Joseph Hansen, [1917/18].

bei Hansen wie bei vielen Nationalliberalen ein ausgeprägter Nationalismus hervor.¹² Er war publizistisch für die Nationalliberalen aktiv, während er der Zentrumspartei in Köln distanziert gegenüberstand. Dies trug ihm die Gegnerschaft von Kardinal Karl Joseph Schulte ein, der sich sogar bei dem seit 1917 amtierenden Oberbürgermeister Konrad Adenauer über ihn beschwerte, da er den Katholizismus in der Kölner Geschichte nicht hinreichend berücksichtigt habe.¹³

Bereits sein Biograph Everhard Kleinertz wies darauf hin, dass Hansen auch ein aktiver Förderer der bürgerlichen Frauenbewegung war, der durch die Unternehmertochter Mathilde von Mevissen mit Fragen der Frauenemanzipation vertraut gemacht wurde.¹⁴ Hansen war zeitweise stellvertretender Schriftführer des »Kölner Frauen-Fortbildungs-Vereins« und förderte aktiv den »Verein Mädchengymnasium«, der im Archivgebäude am Gereonskloster 1899 gegründet wurde und dort oft tagte. 1903 gelang es dem Verein,

---

11 Ebd., S. 147, 164.
12 KLEINERTZ, Joseph Hansen 1990, S. 283, 295 f.
13 DERS., Joseph Hansen 1993, S. 255 f.
14 Vgl. hierzu ebd., S. 265 f.; KLEINERTZ, Joseph Hansen 1990, S. 297–299; WITTKA, Studieren; SOLDWISCH, Joseph Hansen, S. 72. Zu Mathilde von Mevissen HOHMANN, Mathilde von Mevissen.

die Genehmigung für die Errichtung eines sechsklassigen Mädchengymnasiums in Köln zu erhalten, des ersten Gymnasiums für Mädchen in Preußen, das ihnen diesen direkten Weg zum Abitur eröffnete. Dem Vorstand des Vereins, der sich schließlich in »Kölner Verein Frauenstudium« umbenannte, gehörte Hansen ebenfalls an und seine Ehefrau Johanna (geb. Rauschen) (1872–1943) war zeitweise dessen Vorsitzende. Hansen war auch einer der ersten deutschen Archivleiter, die Frauen die Mitarbeit in ihrem Archiv ermöglichten. Zu den »Volontären«, die bei ihm beschäftigt waren und dabei auch mit der Archivarbeit und den historischen Hilfswissenschaften vertraut gemacht wurden, zählten auch Frauen: Ermentrude Bäcker von Ranke (1892–1931), später die erste habilitierte Historikerin in Deutschland, und Luise von Winterfeld (1882–1967), nachfolgend die erste Leiterin eines deutschen Stadtarchivs.[15]

Über seine Pensionierung hinaus arbeitete Hansen an den Editionen »Quellen zur Geschichte des Rheinlandes im Zeitalter der Französischen Revolution 1780–1801« und »Rheinische Briefe und Akten zur Geschichte der politischen Bewegung 1830–1850« weiter. Zur nationalsozialistischen Herrschaft wahrte Hansen offenbar Distanz. Schon nach der Errichtung der faschistischen Diktatur Mussolinis hatte er sich geweigert, nach Italien zu reisen, da er sich »nicht gerne in den Dunstkreis der schamlosen Tyrannis des Duce« begebe, die nicht zu seinen »lieben italienischen Erinnerungen« passen würde.[16] Angesichts der nationalsozialistischen Hetze gegen Hermann Oncken 1935 drückte der inzwischen 73-jährige Hansen diesem seine Anteilnahme aus und sprach von einer »unerhörte[n] Anpöbelung« und der »politischen Verwirrung der jungen Generation,« die auch ihn persönlich tief verletzt habe.[17] Öffentlich äußerte er allerdings solche Vorbehalte nicht, und ob sein Rückzug aus dem öffentlichen Leben nach 1933 auch damit zusammenhing, ist unbekannt.[18] Unstrittig ist aber, dass die »Rheinischen Briefe und Akten« mit der Quellenauswahl und Kommentierung Hansens »in einem auffälligen Gegensatz zu dem politisch-totalitären Anspruch des Nationalsozialismus« standen.[19] Bei dem schwersten Luftangriff auf Köln am 29. Juni 1943, dem so genannten »Peter-und-Paul-Angriff«, kam Hansen zusammen mit etwa 4.500 anderen Menschen ums Leben. Er hatte sich bei dem Angriff mitten in der Nacht geweigert, einen Luftschutzraum aufzusuchen, weil er seine gehbehinderte Ehefrau Johanna nicht verlassen wollte. Das Gebäude mit der Wohnadresse Sachsenring 33 wurde von einer Phosphorbombe getroffen und

---

15 Vgl. KLEINERTZ, Joseph Hansen 1993, S. 258, 265; DERS., Joseph Hansen 1990, S. 280 f., 320; PALETSCHEK, Ermentrude und ihre Schwestern; PILGER, Frauen im Archiv; DÖSSELER, Luise v. Winterfeld. Winterfeld wurde 1917 Leiterin des Stadtarchivs Dortmund. Zu Johanna Hansen, geb. Rauschen, vgl. KLEINERTZ, Joseph Hansen 1990, S. 278, 314 f.
16 Zit. nach KLEINERTZ, Joseph Hansen 1993, S. 253.
17 Zit. nach PELZER, Joseph Hansen, S. 281; vgl. auch KLEINERTZ, Joseph Hansen 1993, S. 264.
18 KLEINERTZ, Joseph Hansen 1990, S. 294, verneint dies.
19 DERS., Joseph Hansen 1993, S. 271.

Hansen verbrannte mit seiner Frau.[20] Das Leben des bedeutenden Archivars und Historikers nahm so ein tragisches Ende.

Die Edition unter Leitung von Hansen

Mit der Edition »Rheinische Briefe und Akten zur Geschichte der politischen Bewegung 1830–1850« beschritt Hansen in vielerlei Hinsicht Neuland. Zwar war er schon zuvor ein ausgewiesener Bearbeiter und Herausgeber von Editionen gewesen, diese hatten jedoch Quellen aus dem Mittelalter und der Frühen Neuzeit zum Gegenstand.[21] Die Edition »Rheinische Briefe und Akten zur Geschichte der politischen Bewegung 1830–1850« führte Hansen weg von seiner früheren Beschäftigung mit mittelalterlichen und frühneuzeitlichen Themen. Sie steht am Anfang der neuzeitlichen Quelleneditionen in Deutschland und darf als »Auftakt zur deutschen Parteienforschung angesehen werden«.[22] Den Anstoß dafür bildete nach Hansens Aussagen seine Arbeit an der Biographie von Gustav von Mevissen, für die er Druckschriften, Reden und Briefe aus dem Nachlass ausgewertet und teilweise publiziert hatte.[23] In die unmittelbare Vorgeschichte der Edition gehörte danach das 1915 begangene Jubiläum der 100-jährigen Zugehörigkeit der Rheinlande zum Königreich Preußen, zu dem Hansen die Festschrift herausgab.[24] Am 29. Juni 1916 stellte Hansen das Editionsvorhaben im Vorstand der Gesellschaft für Rheinische Geschichtskunde vor, die daraufhin die »Rheinischen Briefe und Akten zur Geschichte der politischen Bewegung 1830–1850« in ihr Programm aufnahm.[25] Hansen führte dazu aus, die »Bearbeitung [werde] er selbst übernehmen und er habe sie schon weit gefördert«.[26]

Als die Historische Kommission bei der Bayerischen Akademie der Wissenschaften in München auf Vorschlag ihres Präsidenten Moriz Ritter etwa gleichzeitig das editorische Großprojekt »Deutsche Geschichtsquellen des 19. Jahrhunderts« ins Leben rief, führte dies zu einer engen Kooperation mit wissenschaftlichen Akademien, Historischen Kommissionen und Gesellschaften, darunter der Gesellschaft für Rheinische Geschichtskunde.[27] Bei dem Quellenwerk ging es insbesondere darum, »zur Geschichte und Befes-

---

20 Ebd., S. 256; PELZER, Joseph Hansen, S. 281; KLEINERTZ, Joseph Hansen 1990, S. 280, der sich dabei auf zwei publizierte Briefe von Friedrich Meinecke bezieht. SOLDWISCH, Joseph Hansen, S. 69 f., zitiert den Eintrag im Personenstandsregister, wo als Todesursache »völlige Verbrennung« vermerkt ist.
21 Zum Schriftenverzeichnis von Joseph Hansen vgl. KLEINERTZ, Joseph Hansen 1993, S. 273–275.
22 HILDEBRAND, Editionen, S. 204.
23 RBA I, Vorwort, S. XIV; HANSEN, Gustav von Mevissen.
24 HANSEN (Hg.), Die Rheinprovinz. Vgl. dazu MÖLICH, »Preußen-Jubiläen«, S. 19 f.
25 Historisches Archiv der Stadt Köln, Best. 1800 A 35, Sitzung vom 29.6.1916 (Nr. 85) TOP 6, freundliche Auskunft von Herrn Dr. Max Plassmann. Vgl. KLEINERTZ, Joseph Hansen 1993, S. 270; RBA I, Vorwort, S. XIV.
26 Historisches Archiv der Stadt Köln, Best. 1800 A 35, Sitzung vom 29.6.1916 (Nr. 85) TOP 6.
27 Ritter ergriff die Initiative zur Gründung des Quellenwerks im Juli 1916, heute die Abteilung »Deutsche Ge-

tigung des Deutschen Reiches« beizutragen und diesem historische Legitimität zu verleihen.[28] Das Arbeitsprogramm des Editionsprojekts sah 1917 vor, insbesondere Editionen aus Nachlässen »bedeutender Persönlichkeiten« zu publizieren, was mit dem ursprünglichen Konzept der »Rheinischen Briefe und Akten« in hohem Maße übereinstimmte. Erwartet wurde dabei, »daß nach dem Ende des Weltkriegs das historische Interesse sich dem 19. Jahrhundert besonders lebhaft zuwenden werde […]«.[29] Der 1919 erschienene erste Band der »Rheinischen Briefe und Akten« wurde daher auch als erster Band des gewaltigen neuen Quellenwerks zur politischen Geschichte Deutschlands aufgenommen.[30] Hansen wurde 1917 in die Historische Kommission in München, 1919 zum korrespondierenden Mitglied der Bayerischen Akademie der Wissenschaften berufen.[31]

Während mit den »Deutschen Geschichtsquellen des 19. Jahrhunderts« ursprünglich auch ein Beitrag zur Legitimation der Hohenzollernmonarchie beabsichtigt war, setzte bereits der erste Band der »Rheinischen Briefe und Akten« neue Akzente. Im Vorwort zu diesem Band schrieb Hansen mitten in der Umbruchzeit nach dem Ersten Weltkrieg, dass die »Katastrophe […], die im Jahre 1918 über Deutschland hereingebrochen ist, und die inneren Umwälzungen« in ihrem Gefolge »uns allgemein die politische Bewegung, die im Jahre 1848 ihren Höhepunkt hatte, nähergebracht« habe.[32] Gegenstand der »Rheinischen Briefe und Akten« sei daher, wie sich »auch am Rheine aus den Fesseln der nach 1815 eingetretenen Reaktion ein frisches öffentliches Leben loszulösen begann, und die Hoffnung Boden faßte, daß Preußen seine im Befreiungskriege begonnene Aufgabe erfüllen und dem staatsbürgerlichen wie dem nationalen Geiste Raum zu einer freiheitlich organisierten Tätigkeit gewähren werde«.[33] Die für einen Nationalliberalen bemerkenswert distanzierten Untertöne gegenüber dem Kaiserreich wurden in einem unveröffentlichten Manuskript Hansens vom 8. November 1918 unter dem Titel »Deutsche Einheit und Partikularismus am Rhein« noch deutlicher: Darin wurde zwar separatistischen Strömungen eine Absage erteilt, zugleich aber ausgeführt, dass das Bismarck-Reich »nicht den ›ersehnten Volksstaat‹ hervorgebracht habe, […] weil es eine ›vorwiegend künstlerische Schöpfung‹ geblieben sei«. Die Ereignisse von 1848

---

schichtsquellen des 19. und 20. Jahrhunderts« der Historischen Kommission bei der Bayerischen Akademie der Wissenschaften. Ursprünglich hatte Ritter nur die unmittelbare Vorgeschichte der Reichsgründung und die Regierungszeit Bismarcks als Gegenstand des Editionsplans vorgehabt, dieser wurde aber aufgrund eines Vorschlags von Friedrich Meinecke auf die gesamte Zeit der deutschen Einheits- und Nationalbewegung ausgedehnt, HILDEBRAND, Editionen, S. 199–201.

28 Ebd., S. 199.
29 RBA I, Vorwort, S. XIV. Zu dieser Edition und Hansens »Rheinische Briefe und Akten« nunmehr KRAUS, Historikerbriefe, S. 324.
30 RBA I, S. XIV f.; zugleich PubGRhG, Nr. XXXVI.
31 KLEINERTZ, Joseph Hansen 1993, S. 263 f.
32 RBA I, Vorwort, S. XV.
33 Ebd., S. XIII.

sah Hansen dagegen als »die bedeutsamste Erscheinung« an, »die Deutschland zu bieten vermag«.[34]

Das Urteil von Everhard Kleinertz, der »fortschrittliche Liberale der Jahrhundertwende« habe sich im Zuge des Ersten Weltkriegs »zu einem rückwärts orientierten Konservativen gewandelt«, ist daher nicht aufrechtzuerhalten.[35] Viel zu wenig wurde beispielsweise bislang auch gewürdigt, dass die Wahl der »politischen Bewegung« des Vormärz und der Revolution von 1848/1849 für eine Edition im Jahr 1916 noch ungewöhnlich war. Bereits auf dem Deutschen Historikertag in Wien 1913 hatte Hansen einen Vortrag gehalten über »Friedrich Wilhelm IV. von Preussen und das liberale März-Ministerium 1848«.[36] Zwar gehörte die Erinnerung vor allem an die Nationalversammlung von 1848/1849 in der Paulskirche zu den liberalen Traditionsbeständen, doch erst mit dem Beginn der demokratischen Regierung in der Weimarer Republik fand auch offiziell eine positive Wertung der Revolution von 1848/1849 statt. Viele Konservative, und zu ihnen zählte damals die Mehrheit der deutschen Historiker, sahen in ihr nur einen Aufstand gegen die Obrigkeit.[37] Die Beschäftigung mit diesem Thema in historischen Arbeiten war im Kaiserreich nicht karrierefördernd. Es war daher kein Zufall, dass vor allem sozialdemokratische oder liberaldemokratische Historiker wie Wilhelm Blos, Franz Mehring, Eduard Bernstein, Ludwig Bergsträsser und Veit Valentin sich diesem Thema widmeten.[38] Selbst in der Zeit der Weimarer Republik wurde Veit Valentin, dessen 1930/1931 erschienene »Geschichte der deutschen Revolution von 1848–1849« bis heute Maßstäbe setzt, an keine deutsche Universität berufen. Mit seiner demokratischen Einstellung blieb er unter den deutschen Historikern ein Außenseiter.[39]

Zu Anfang waren die »Rheinischen Briefe und Akten« als »Quellensammlung zur Geschichte des rheinischen Frühliberalismus« konzipiert, die das »Streben der Rheinländer nach einer Gesamtstaatsverfassung für Preußen und ihre Teilnahme an der deutschen Einheitsbewegung« dokumentieren sollte.[40] Der »Kölner Kirchenstreit« sollte dagegen hier nicht berücksichtigt werden, sondern einer besonderen Publikation vorbehalten bleiben.[41] Schon im ersten Band kündigte Hansen allerdings auch an, die Sammlung um die »kirchenpolitische Bewegung in den Rheinlanden, die im Kölner Kirchenstreit

---

34 Zit. nach PELZER, Joseph Hansen, S. 279 (aus dem Nachlass von Hansen).
35 KLEINERTZ, Joseph Hansen 1990, S. 295, wobei stichhaltige Belege dafür fehlen. In seiner Biographie von 1993 wird diese Einschätzung nicht wiederholt.
36 BERG, Kaiserreich, S. 147.
37 Vgl. HETTLING, Nachmärz und Kaiserreich, S. 17 f.; WETTENGEL, Erinnern an die Revolution, S. 46–50.
38 Vgl. SIEMANN, Die deutsche Revolution, S. 9.
39 Vgl. FEHRENBACH, Veit Valentin.
40 RBA I, Vorwort, S. XIII.
41 Materialsammlung Dr. Klaus Pabst, freundlicherweise zur Verfügung gestellt von Georg Mölich; RBA I, S. 48*, Anm. 2. Dieses Forschungsvorhaben konnte erst sehr viel später durch die Arbeit von Friedrich Keinemann abgeschlossen werden, die einen eigenen Quellenteil enthält, KEINEMANN, Das Kölner Ereignis.

von 1837 kulminierte und zu einer besondern politischen Gruppenbildung führte«, zu ergänzen.[42] Außerdem war an eine »die Jahre 1815–1830 umfassende Vorgeschichte« gedacht, die aber nie fertiggestellt wurde.[43] Schon zu Beginn des Unternehmens wurden Umfang und zeitlicher Aufwand der Edition »Rheinische Briefe und Akten« zu optimistisch eingeschätzt. Bereits im Juni 1916 verkündete Hansen, dass der Druck des ersten Bandes im Winter beginnen könne.[44] Doch erst 1919 erschien der erste Band der »Rheinischen Briefe und Akten«, der die Zeit von 1830 bis 1845 umfasste. Beabsichtigt war, dass der zweite Band rasch folgen würde, da das Quellenmaterial dazu bereits 1919/1920 vorgelegen haben soll.[45]

Es dauerte aber bis 1942, bis ein weiterer Band veröffentlicht werden konnte, der dann als Band 2, erste Hälfte, lediglich den Zeitraum vom Januar 1846 bis April 1848 beinhaltete.[46] Kriegs- und nachkriegsbedingter Papiermangel, die in der Inflationszeit wegbrechenden finanziellen Mittel, aber auch die dienstliche und wissenschaftliche Inanspruchnahme Hansens, hier insbesondere seine vierbändige Großedition »Quellen zur Geschichte des Rheinlandes im Zeitalter der französischen Revolution 1780–1801«, verzögerten das Erscheinen. Außerdem hatte Hansen seine Quellensammlung deutlich erweitert und neben der liberalen Bewegung nun auch die demokratischen, sozialistischen und katholischen politischen Strömungen mitberücksichtigt.[47] Dabei wollte Hansen in dem neuen Band nicht nur die Tätigkeit der wichtigsten Akteure dokumentieren, sondern für »die Anfänge der politischen Bewegung in der Rheinprovinz überhaupt während der Jahre 1846 bis 1850 so viel an erreichbarem Quellenmaterial« bieten, dass »ein zuverlässiger Überblick möglich wird«.[48] Es ging ihm somit darum, die »Haltung und Parteibildung der Bevölkerung im Rheinland selbst zur Anschauung zu bringen«.[49] Auf ein Inhaltsverzeichnis und eine Einleitung verzichtete Hansen aufgrund des erneuten kriegsbedingten Papiermangels. Er hoffte, die Einleitung zum zweiten Band und die Register für das Gesamtwerk in der zweiten Hälfte des zweiten Bandes aufnehmen zu können.[50] Im ersten Band hatte Hansen die Quellentexte jeweils als einzelne Dokumente und in der Regel im Wortlaut wiedergegeben, wobei er Auslassungen kenntlich machte. Die Quellennachweise finden sich im Kopf des jeweiligen Dokuments. Zusätzliche bzw.

---

42 RBA I, Vorwort, S. XIII.

43 Ebd.; diese wurde schon 1917 als erster Band der »Rheinischen Briefe und Akten« geplant, während der gesamte Zeitraum von 1830 bis 1850 dem zweiten Band vorbehalten werden sollte, Materialsammlung Dr. Klaus Pabst.

44 Historisches Archiv der Stadt Köln, Best. 1800 A 35, Sitzung vom 29.6.1916 (Nr. 85) TOP 6.

45 Materialsammlung Dr. Klaus Pabst.

46 Zugleich als Bd. 36 der »Deutschen Geschichtsquellen des 19. Jahrhunderts«.

47 RBA II/1, Vorwort [S. V–VI].

48 Ebd. [S. V].

49 Ebd. [S. VI].

50 Ebd. [S. VI].

erläuternde Quellentexte wurden von ihm in den Anmerkungen eingefügt. Im zweiten Band wich Hansen von dieser Vorgehensweise insofern ab, als er unter einer Dokumentennummer mehrere Quellen oder Auszüge aus Quellen zu einem Thema oder Ereignis zusammenfasste und mit eigenen Erläuterungen und Ausführungen verband, sodass die Grenze zwischen Quellenpublikation und Darstellung gelegentlich verwischt wurde. Auch wurde nicht selten ein Quellentext über mehrere Anmerkungen verteilt. Möglicherweise versuchte Hansen dadurch, den Umfang des Buches zu begrenzen.[51]

Den Grundstock der Quellensammlung für die von Hansen bearbeiteten Bände der »Rheinischen Briefe und Akten« bildeten vor allem Briefe und andere Unterlagen aus den Nachlässen von David Hansemann, Ludolf Camphausen, Hermann von Beckerath, Gustav Mevissen, Karl von Stedmann und Fürst Joseph zu Salm-Reifferscheidt-Dyck, durchweg prominente Persönlichkeiten des rheinischen Liberalismus. Hinzu kamen Dokumente aus den Akten des preußischen Innenministeriums und des Oberpräsidiums der Rheinprovinz. Außerdem wertete Hansen für seine Quellensammlung auch Bestände des Historischen Archivs der Stadt Köln aus, hier beispielsweise die Überlieferung der »Rheinischen Zeitung«, und er erhielt Zugang zu dem in Privatbesitz befindlichen Nachlass von Johann Jacoby. Fast durchweg handelte es sich um bis dahin ungedruckte Quellen, wobei der Schriftwechsel zwischen Ludolf Camphausen und seinem ebenfalls liberal-konstitutionell eingestellten Bruder Otto von besonderer Bedeutung ist. Für seinen zweiten Band benutzte Hansen zusätzlich die Bestände des Reichsarchivs Potsdam und seiner Außenstelle Frankfurt am Main sowie des Heeresarchivs Potsdam, des Haus-, Hof- und Staatsarchivs in Wien, des Historischen Archivs des Erzbistums Köln und die Registratur des Kölner Generalvikariats.[52] Daneben hat Hansen schon im ersten Band, dann verstärkt im folgenden Teilband auch publizistische Quellen herangezogen. Hansen begründete dies zu Beginn des ersten Bandes damit, dass »die Entwicklung der politischen Presse zu einem Organ der öffentlichen Meinung in den Rheinlanden eine besondere […] Rolle« spielte.[53] Es war ein besonderes Verdienst Hansens, dass er als »einer der ersten Historiker Deutschlands systematisch Zeitungen als Quellen« berücksichtigte.[54] Hansen war nicht nur ein überaus produktiver und tatkräftiger Wissenschaftler und Organisator. Es ist an der Zeit, ihn auch als einen innovativen Historiker anzuerkennen, der für die neuzeitliche Parteiengeschichte früh Standards gesetzt hat und mit seiner Aufgeschlossenheit für wirtschafts- und kulturgeschichtliche Perspektiven in der historischen Forschung den meisten Fachkollegen seiner Zeit weit voraus war. Umso bitterer war es, dass es nach 1927 seinem Nachfolger als Vorsitzender der Gesellschaft für Rheinische Geschichtskunde, dem späteren »Führer der Gesellschaft«, Gerhard Kallen,

---

51 So die Vermutung von Boberach, RBA II/2, S. XX.
52 RBA I, S. 3*–9*; RBA II/1 [S. VI]. Zur Überlieferung des Heeresarchivs vgl. Devantier, Heeresarchiv.
53 RBA I, S. 3*; vgl. auch S. 62*.
54 Becker, Quellen; vgl. Kleinertz, Joseph Hansen 1990, S. 292.

gelang, Hansen zunächst aus allen wichtigen Kommissionen und 1935 ganz aus dem Vorstand der »Gesellschaft« zu entfernen.[55]

Abschluss der Edition durch Heinz Boberach

Der Tod von Joseph Hansen bildete eine Zäsur für die Arbeit an der Edition »Rheinische Briefe und Akten«. Da die Wohnung von Hansen durch den Bombenangriff vom 29. Juni 1943 völlig zerstört worden war, stellte es für den Fortgang der Edition einen glücklichen Umstand dar, dass Hansen nach seiner Pensionierung zur Fortführung seiner Editionen weiter im Stadtarchiv gearbeitet hatte und dort zumindest die meisten seiner Abschriften und Materialien lagerten. Sie wurden daher durch die Bombardierung nicht vernichtet und standen im Stadtarchiv für eine künftige Bearbeitung bereit.[56] Schon bald nach Kriegsende bemühte sich die Gesellschaft für Rheinische Geschichtskunde um eine Fortsetzung des Editionsprojekts, was angesichts des Umfangs des Vorhabens aber schwierig war. 1956/1957 gewann die »Gesellschaft« Walter Kühn als Bearbeiter, der die Quellensammlung ergänzte, bis ihm die »Gesellschaft« 1961 den Auftrag entzog. Dietrich Höroldt, damals Mitarbeiter der Archivberatungsstelle Rheinland und Schriftführer der Gesellschaft für Rheinische Geschichtskunde, empfahl 1960 seinen ehemaligen Archivreferendarskollegen Heinz Boberach, einen ausgewiesenen Kenner der rheinischen Geschichte des Vormärz und der Revolutionszeit, als künftigen Bearbeiter der Edition.[57] Nachdem ein von Max Braubach vorgesehener Bearbeiter abgesagt hatte, übertrug die

---

55 Pabst, Gesellschaft, S. 105 f., 109. Prof. Dr. Gerhard Kallen (1884–1973), 1925–1927 Professor für Mittlere und Neuere Geschichte an der Universität Münster, seit 1927 an der Universität Köln, bis er 1946 von der britischen Militärregierung seines Amtes enthoben wurde und vom Entnazifizierungsausschuss der Universität als Mitläufer eingestuft wurde. In der Berufungsinstanz entlastet, wurde er 1947 mit der Wahrnehmung seines Lehrstuhls beauftragt und 1948 wieder eingesetzt. Über seine Emeritierung 1952 hinaus hatte Kallen bis 1958 den Vorsitz der Gesellschaft inne, der 1946/1947 nur kurz geruht hatte. Pabst, Gesellschaft, S. 108–114, 255 f.; Art. Gerhard Kallen (Wikipedia, abgerufen am 27.7.2022); Pabst, Gerhard Kallen. Unter der »Führung« von Kallen war nach 1933 die »Gleichschaltung« der Gesellschaft für Rheinische Geschichtskunde erfolgt; Pabst, Gesellschaft, S. 87–92. Einschlägig zu Kallen insbesondere Haupts, Universität zu Köln, bes. S. 249 ff.

56 Nach Abschluss der Editionstätigkeit wurden die Editionsunterlagen dem Nachlass Joseph Hansen im Historischen Archiv der Stadt Köln, Best. 1045, zugeordnet. Darunter befinden sich auch Abschriften von Akten und Briefen aus der Zeit nach 1850. Zweifel, ob nicht doch auch »manche Stücke in Hansens Wohnung verbrannt sind«, äußerte Boberach am 6.4.2004 in einem Bericht an die Gesellschaft für Rheinische Geschichtskunde (Kopie im Besitz des Verfassers); auch in RBA II/2, S. XVII.

57 Boberach, Archivar, S. 119. Dr. Dietrich Höroldt, geb. 1927 in Eisleben, begann gemeinsam mit Boberach 1957 sein Archivreferendariat im Bundesarchiv in Koblenz, danach war er an der Archivberatungsstelle Rheinland tätig und wurde 1965 Leiter des Stadtarchivs Bonn. Boberach, Archivar, S. 13; Pabst, Gesellschaft, S. 120; Dietrich Höroldt (Wikipedia, abgerufen am 27.7.2022).

Abb. 19: Heinz Boberach auf einer Veranstaltung in der Villa ten Hompel, Münster, 2003.

»Gesellschaft« 1962 Boberach die Bearbeitung der »Rheinischen Briefe und Akten«, die Gesamtleitung der Edition hatte Braubach inne.⁵⁸

Der am 21. November 1929 in Köln geborene Heinz Boberach war nach Joseph Hansen demnach der zweite maßgebliche Bearbeiter der »Rheinischen Briefe und Akten«. Nach einem Studium der Geschichte und der lateinischen Philologie an der Universität Köln wurde er 1957 für seine Dissertation über Wahlrechtsfragen im Vormärz bei Theodor Schieder (1908–1984) promoviert.⁵⁹ Nach einer kurzen Tätigkeit im Archiv des Deutschen Bundestages trat Boberach 1957 sein Archivreferendariat im Bundesarchiv in Koblenz an und übernahm nach dessen Absolvierung 1959 die Leitung eines Fachreferates. Im weiteren Verlauf seiner beruflichen Tätigkeit wurde Boberach 1971 zum Archivdirektor, 1973 zum Leitenden Archivdirektor ernannt und war seit 1974 Stellvertreter des Präsidenten des Bundesarchivs. Seine berufliche Tätigkeit war geprägt durch viele grundlegende und zugleich wegweisende Arbeiten, so die Mitwirkung an der Aufarbeitung von nationalsozialistischen Verbrechen, für die er als zuständiger Referent ein viel gefragter Experte war, die Mitarbeit an der ersten Beständeübersicht des Bundesarchivs, die beginnende Zusammenarbeit mit Archiven der DDR und Polens, die Einführung von EDV-Verfahren für die archivarische Tätigkeit im Bundesarchiv, die Mitarbeit am Gedenkbuch für die Opfer der nationalsozialistischen Judenverfolgung und der Auf-

---

58 Materialsammlung Dr. Klaus Pabst; RBA II/2, Vorwort, S. V. Prof. Dr. Dr. h. c. Max Braubach (1899–1975), 1928–1967 Professor für Neuere und Neueste Geschichte an der Universität Bonn. REPGEN, Max Braubach; Max Braubach (Wikipedia, abgerufen am 27.7.2022).
59 BOBERACH, Wahlrechtsfragen. Der Tag der mündlichen Prüfung war der 16.2.1957.

bau der »Erinnerungsstätte für die Freiheitsbewegungen in der deutschen Geschichte« in Rastatt. Aufgrund schwerer gesundheitlicher Probleme schied Boberach im Sommer 1985 aus dem Dienst im Bundesarchiv aus. In den ihm verbleibenden Jahren widmete er sich intensiv seinen wissenschaftlichen Arbeiten.[60] Hier war er von Anfang an auch editorisch tätig, so bearbeitete er die »Richterbriefe. Dokumente zur Beeinflussung der deutschen Rechtsprechung 1942–1944« (1975) und die »Meldungen aus dem Reich. Die geheimen Lageberichte des Sicherheitsdienstes der SS 1938–1945« (1984/1985).[61]

Gleich zu Beginn der Arbeit von Boberach an den »Rheinischen Briefen und Akten« wurde deutlich, dass die Materialfülle einen dritten Band erforderlich machen würde, um den Zeitraum bis 1850 abdecken zu können.[62] Die vorliegenden Abschriften Hansens überprüfte Boberach soweit möglich entweder selbst oder mit der kollegialen Unterstützung mehrerer Archive. Über die Quellensammlung von Hansen hinaus erschloss Boberach mit Einverständnis von Braubach weitere Quellen, die er in der Edition aufnehmen wollte. Er bezog publizistische Quellen mit ein, außerdem Wahlprogramme, Vereinsstatuten und Sitzungsprotokolle, aber auch weitere Dokumente aus Nachlässen und Nachlassteilen, so aus dem Nachlass Ludolf Camphausen, aus der Korrespondenz der Brüder Camphausen mit Wilhelm Lenssen sowie dem Briefwechsel Hansemanns, die sich damals im Zentralen Staatsarchiv der DDR, Abteilung Merseburg, befanden, aus dem Nachlass Beckeraths im Stadtarchiv Krefeld, dem Briefwechsel Stedmanns im Archiv der Familie auf Haus Besselich in Urbar sowie den Nachlässen von August Reichensperger und Alexander Pagenstecher. Auch die Überlieferungen der Regierungen Düsseldorf und Trier erwiesen sich als ergiebig.[63] Durch die Aufnahme von Quellen zum Kölner Arbeiterverein und zum Düsseldorfer Volksclub, von Briefen von Friedrich Anneke, des Pfarrers Johann Hansen, von Reden des Kaplans Philipp von Berg und des Erzbischofs Johannes von Geissel sowie von Spitzelberichten aus staatlicher Provenienz wollte Boberach insbesondere dem politischen Katholizismus sowie demokratischen und sozialistischen Strömungen in der Edition breiteren Raum geben. Auch Dokumente zu sozialen und wirtschaftlichen Fragen, die bereits in den von Hansen bearbeiteten Bänden Berücksichtigung gefunden hatten, wurden nun neben den politischen Themen verstärkt einbezogen. In großem Umfang aufgenommen wurden aus dem Rheinland stammende, in der damaligen Außenstelle Frankfurt des Bundesarchivs (heute Bundesarchiv Berlin-Lichterfelde) verwahrte Petitionen an die Nationalversammlung von 1848/1849, für die ihm Konrad Repgen seine Aufzeichnungen zu den rheinischen Petitionen, ihrer Verbreitung und der Zahl der Unterschriften zur Verfügung gestellt hatte.[64]

---

60 Vgl. BOBERACH, Archivar; KAHLENBERG, Heinz Boberach; WULF, Heinz Boberach.
61 Zum Schriftenverzeichnis von Heinz Boberach vgl. BOBERACH, Archivar, S. 187–241; WULF, Heinz Boberach, S. 55–78.
62 Dies wurde bereits 1962 festgestellt, Materialsammlung Dr. Klaus Pabst.
63 RBA II/2, S. XVII f.
64 Ebd., S. XVIII f.; BOBERACH, Archivar, S. 119; vgl. REPGEN, Klerus und Politik; BOBERACH, Volksstim-

Die Recherchetätigkeit und der stark gewachsene Umfang des Quellenfundus führten jedoch zu einer Verzögerung des Bearbeitungsfortschritts. Hinzu kam, dass dienstliche Verpflichtungen Boberach bei der Arbeit an der Edition hinderten, wie er 1966 berichtete.[65] 1975 konnte Boberach die zweite Hälfte des zweiten Bandes der Edition abschließen, die den Zeitraum von April bis Dezember 1848 umfasst. Noch wenige Monate vor seinem Tod hatte Max Braubach das druckfertige Manuskript dem Vorstand der Gesellschaft für Rheinische Geschichtskunde zur Veröffentlichung empfohlen, sodass der Band 1976 erscheinen konnte. Die Hoffnung aber, den dritten Band »innerhalb der nächsten 4 Jahre vorlegen zu können«, erwies sich als zu optimistisch.[66] Erst 1998 gelang es Boberach schließlich, den dritten Band zu veröffentlichen, der die Jahre 1849 bis 1850 behandelt und durch den die editorische Arbeit abgeschlossen wurde. Damit lag das gesamte Editionswerk in vier Bänden mit über 2.800 Seiten Quellentexten zur Geschichte der preußischen Rheinprovinz und den unterschiedlichen politischen Strömungen von der französischen Julirevolution 1830 über die Revolution von 1848/1849 bis zum Scheitern der Unionspläne 1850 vor.

Bei der Wiedergabe der Dokumente kehrte Boberach zu dem Verfahren Hansens im ersten Band zurück, die Quellentexte jeweils als einzelne Dokumente im Wortlaut zu präsentieren. Boberach folgte dabei nach eigenen Aussagen den Editionsgrundsätzen der Kommission für Zeitgeschichte.[67] Alle Zusätze des Bearbeiters wurden durch Kursivdruck kenntlich gemacht. Wie in den früheren Bänden wurden Anreden und Grußformeln nur wiedergegeben, wenn sie für das Verhältnis von Aussteller und Empfänger aussagekräftig waren. Für die Kommentierung wurden neben den archivischen Beständen auch publizistische Quellen herangezogen, insbesondere die hierfür ausgewertete »Kölnische Zeitung«, die während der Revolutionszeit das führende liberale Presseorgan im Rheinland war.[68] Nach der Wiedervereinigung Deutschlands im Jahr 1990 konnte Boberach für den dritten Band der Edition die Bestände des ehemaligen Zentralen Staatsarchivs der DDR vollständig nutzen und so zusätzlich noch die Zeitungsberichte in den Akten des Geheimen Zivilkabinetts und die Eingaben an die Zweite Kammer mitein-

---

mung. Prof. Dr. Dr. h. c. Konrad Repgen (1923–2017), 1962–1967 Professor für Neuere und Neueste Geschichte an der Universität Saarbrücken, 1967–1988 Professor für Mittlere und Neuere Geschichte an der Universität Bonn. HOCKERTS, Konrad Repgen; Art. Konrad Repgen (Wikipedia, abgerufen am 27.7.2022). Die Vorlagen recherchierte Boberach in der damaligen Außenstelle Frankfurt des Bundesarchivs (heute Bundesarchiv Berlin), DB 50 und DB 51.

65 Materialsammlung Dr. Klaus Pabst; BOBERACH, Archivar, S. 119.
66 RBA II/2, Vorwort, S. V.
67 Ebd., S. XX. Nach freundlicher Auskunft von Herrn Dr. Christoph Kösters, Kommission für Zeitgeschichte, vom 16.5.2022 dürfte Boberach die Grundsätze der wenige Jahre zuvor veröffentlichten Edition der SD-Berichte übernommen haben, vgl. BOBERACH, Berichte des SD und der Gestapo. Hierzu auch BOBERACH, Archivar, S. 120 f.
68 RBA II/1, S. XXI; vgl. BOBERACH, Presse und Revolution, S. 51.

beziehen. Im Geheimen Staatsarchiv Preußischer Kulturbesitz wurden neu erworbene Briefe von Otto Camphausen, im Historischen Archiv der Stadt Köln die Materialsammlung von Walter Kühn über den Demokraten der Revolutionszeit und späteren Oberbürgermeister von Köln Hermann Heinrich Becker[69] und im Landeshauptarchiv Koblenz der Nachlass und das Familienarchiv Stedmann sowie der Nachlass August Reichensperger ausgewertet.[70]

Von Anfang an erwies es sich stets als ein großes Hemmnis für die wissenschaftliche Nutzung der Edition »Rheinische Briefe und Akten«, dass die Einzelbände unzureichend erschlossen waren. Der erste Band enthält nur ein sehr summarisches Inhaltsverzeichnis, in dem die Einzeldokumente nicht nachgewiesen sind, und in der ersten Hälfte des zweiten Bandes fehlt das Inhaltsverzeichnis gänzlich. Nur zu den Bänden II/2 und III gibt es detaillierte Inhaltsverzeichnisse sowie in Band II/2 einen Orts- und Personenindex. Bereits 1976 wurde in Band II/2 daher eine benutzerfreundliche Erschließung des Gesamtwerkes durch einen Registerband angekündigt, mit dem die Edition dann ihren Abschluss finden sollte.[71] Dieser wurde auch im dritten Band 1998 bekräftigt und sein Erscheinen in eineinhalb Jahren angekündigt.[72] Heinz Boberach hat diesen vierten Band noch begonnen und große Teile bearbeitet.

Aufgrund seiner angegriffenen Gesundheit hatte Heinz Boberach bereits im Jahr 1995 den Verfasser dieses Beitrags gebeten, im Falle seines Ablebens die Edition »Rheinische Briefe und Akten« fortzuführen und zum Abschluss zu bringen und diese »Nachfolgeregelung« von der Gesellschaft für Rheinische Geschichtskunde genehmigen lassen. Sie trat mit seinem Tod am 21. August 2008 in Kraft.[73] Angesichts der zeitlichen Distanz zum Erscheinen der Bände war es das Ziel, möglichst bald eine geeignete Erschließung der Edition »Rheinische Briefe und Akten« vorzulegen. Im Vordergrund stand daher ein leichterer und verbesserter Zugang zu den Texten der Quellensammlung. Die von Boberach erstellte Gliederung wurde ebenso übernommen wie seine Konventionen und Systematiken. Seine Vorarbeiten wurden fortgeführt und zum Abschluss gebracht. Im Januar 2013 konnte das Manuskript der Gesellschaft für Rheinische Geschichtskunde vorgelegt werden, die den Band noch im selben Jahr veröffentlichte. Der Gesamtindex enthält alle Inhaltsverzeichnisse der Einzelbände der »Rheinischen Briefe und Akten« mit sämtlichen Dokumentenbeschreibungen. Bei Abweichungen zwischen den Angaben in den Inhaltsverzeichnissen der Einzelbände und denen in den Dokumenten wurden die Beschreibungen vorgezogen und jeweils anhand des Inhalts überprüft. Der chronologische Index weist auch jene Quellentexte nach, die in Dokumenten oder Anmerkun-

---

69 Vgl. BIEFANG, Hermann Heinrich Becker.
70 RBA III, S. 18.
71 RBA II/2, S. XXI.
72 RBA III, S. 18.
73 Schreiben des Vorsitzenden der Gesellschaft für Rheinische Geschichtskunde, Prof. Dr. Wilhelm Janssen, an Boberach vom 19.6.1995.

gen nur auszugsweise oder verteilt aufgeführt sind. Er stellt somit den zentralen Zugang zu allen von Hansen und Boberach edierten Quellen dar. Es folgen eine Zeittafel, ein Verzeichnis der Aussteller und Verfasser, ein Index der Zeitungen sowie Personen-, Sach- und geographische Indices. Den Abschluss bilden Verzeichnisse der in den Bänden der Edition als Quellen angeführten Archivalien, soweit diese ermittelt werden konnten, die verwendeten publizistischen Quellen sowie die aufgeführte und bibliographierte Literatur.[74]

Die zentralen Inhalte und Themen der von Hansen bearbeiteten Bände der Edition

Der erste Band der Edition enthält 411 Dokumente zu dem für die Herausbildung politischer Strömungen wichtigen Zeitraum des rheinischen Vormärz von 1830 bis 1845. Er wird durch die französische Julirevolution, die belgische Revolution und den polnischen Novemberaufstand 1830 und die Auswirkungen dieser Ereignisse auf das Rheinland eingeleitet. Besonders die Abspaltung des überwiegend katholischen, industriell weiter entwickelten Belgien von den Niederlanden und die Errichtung einer parlamentarischen Monarchie in Brüssel schienen Parallelen zur Situation der Rheinlande aufzuweisen. Die Rheinprovinz war die bevölkerungsreichste und gewerblich-industriell am weitesten entwickelte Provinz des Königreichs Preußen, die zudem stark durch das bis 1814 geltende französische Rechts- und Verwaltungssystem geprägt war. Die politische Kultur und das gesellschaftliche Leben im Rheinland waren von denen des preußischen Kernlandes sehr verschieden. Hinzu kam der Einfluss der westlichen Nachbarländer, wo sich die katholische Bewegung, die von dem französischen Priester Félicité de Lamennais beeinflusst war, und sozialistische Ideen ausbreiteten.[75] Die Gefahr eines Übergreifens der Unruhen in Belgien auf die Rheinlande oder sogar einer möglichen Abspaltung der Rheinprovinz wurde von der preußischen Regierung ernst genommen. Zwischen 1830 und 1832 wurden wiederholt Truppen an der Westgrenze zusammengezogen.[76] Die Verhaftung des Kölner Erzbischofs Clemens August Droste zu Vischering 1837 und der hierdurch ausgelöste schwere Konflikt zwischen der katholischen Kirche und dem preußischen Staat förderten im Rheinland und in Westfalen die Herausbildung einer in breiten Bevölkerungsschichten verankerten »ultramontanen« katholischen Bewegung.[77] Einen wichtigen Einschnitt bildete im rheinischen Vormärz die Thronbesteigung König Friedrich

---

74 RBA IV.
75 Zu den Einflüssen der katholischen Bewegung und von Lamennais vgl. HANSEN, Preußen und Rheinland, S. 72 f.
76 Vgl. HANSEN, Preußen und Rheinland, S. 65; zu den Unruhen in der Rheinprovinz im Gefolge der Julirevolution 1830 vgl. MÜLLER, Die preußische Rheinprovinz.
77 Vgl. u. a. WEBER, Aufklärung und Orthodoxie.

Wilhelms IV., die von Erwartungen auf einen Kurswechsel begleitet war. Den Konflikt mit der katholischen Kirche entschärfte der neue König, während sich die Hoffnungen auf eine Liberalisierung und eine Verfassungsgebung nicht erfüllten.

Zu Beginn des Bandes wird als eines der wichtigsten Dokumente die programmatische Denkschrift »Preußens Lage und Politik am Ende des Jahres 1830« des Aachener Kaufmanns David Hansemann vom 31. Dezember 1830 an König Friedrich Wilhelm III. wiedergegeben, in der Hansemann vor dem Ausbruch einer Revolution warnte und auf Fehler der Regierung und die Unzufriedenheit in der rheinischen Bevölkerung hinwies. Er wollte seine Denkschrift als dezidiert antirevolutionäres Programm verstanden wissen und erhob Forderungen nach einem konstitutionellen Regierungssystem, wobei die Minister sowohl dem König als auch der Volksvertretung verantwortlich sein sollten, und einer auf der Rechtsgleichheit der Staatsbürger beruhenden Verfassung.[78] In der Zielrichtung ähnlich war eine Denkschrift, die Joseph Fürst zu Salm-Dyck, ein Mitglied des rheinischen Provinziallandtags, am 28. Januar 1831 an den Generalgouverneur der Provinzen Niederrhein und Westfalen, Prinz Wilhelm, richtete.[79] Eine Verfassung und ein gesamtstaatliches Parlament, so die Überzeugung der Verfasser, würden zu einer Integration der Rheinlande in den preußischen Staat beitragen. Hintergrund der beiden Denkschriften war die irrtümliche Annahme, dass die preußische Regierung angesichts der Vorgänge in den westlichen Nachbarländern eine Verfassung vorbereiten würde.[80] Die distanzierte Aufnahme der Denkschriften beim König und bei den Staatsbehörden sowie deren weitere Reaktionen werden in der Edition anhand von Schriftstücken aus den staatlichen Akten und privaten Nachlässen dokumentiert.[81]

Das uneingelöste Verfassungsversprechen des preußischen Königs, das dieser bereits 1815 im Besitzergreifungspatent gegeben hatte, zieht sich als zentrales politisches Thema durch die Edition.[82] Die Forderung nach einer gesamtstaatlichen Verfassung bildete ein zentrales Anliegen des liberalen rheinischen Bürgertums, zu dem unter anderem noch der Wunsch nach Beibehaltung der rheinischen Rechts- und Gerichtsordnung sowie nach einer eigenen Gemeindeordnung für die Rheinprovinz kamen. Zur Frage der Kommunalverfassung findet sich in der Edition auch die von Ludolf Camphausen entworfene und vom Kölner Oberbürgermeister und Stadtrat am 28. Oktober 1842 an den König gerichtete Eingabe.[83] Die Bedeutung der Handels- und Wirtschaftspolitik und ihrer Förderung, die Hansemann in seiner Denkschrift von 1830 betont, wird in der Edition

---

78 RBA I, Dok. Nr. 4; vgl. ebd., S. 32*–38*. Zu Hansemann vgl. Bergengrün, David Hansemann; Boch, David Hansemann. Zur Denkschrift vgl. Boch, Notabeltradition, S. 11–13.
79 RBA I, Dok. Nr. 5.
80 Hansen, Preußen und Rheinland, S. 65.
81 Vgl. u. a. RBA I, Dok. Nr. 6–11, 16.
82 Vgl. RBA IV, S. 353, Stichworte »Verfassungsforderungen« und »Verfassungsversprechen«.
83 RBA I, Dok. Nr. 151.

ausführlich belegt.[84] So wird in mehreren Dokumenten die Frage eines Handelsvertrags mit Belgien behandelt, der gerade auch von Hansemann angestrebt wurde.[85] Die Beziehungen zu dem neu entstandenen Staat im Westen besaßen für die rheinische Wirtschaft einen herausragenden Stellenwert, dies betraf insbesondere auch den Bau der »Rheinischen Eisenbahn« zwischen Köln und Antwerpen: 1837 wurde die »Rheinische Eisenbahn-Gesellschaft« gegründet, 1841 das Teilstück zwischen Köln und Aachen eröffnet und 1843 erfolgte der Anschluss an das belgische Streckennetz.[86] Bereits im ersten Band wurden Dokumente zur sozialen Frage aufgenommen: Eine Folge der sozialen Notlage breiter Bevölkerungsschichten war die Gründung des »Centralvereins für das Wohl der arbeitenden Klassen« in Berlin 1844, dem noch im selben Jahr Vereinsgründungen in Köln und Düsseldorf folgten. In Köln führte dies bereits zum Konflikt zwischen Liberalen und Demokraten über die Zielsetzung des Vereins und von der preußischen Regierung wurde das ganze Unternehmen kritisch beobachtet und wurden sozialistische Tendenzen geargwöhnt.[87]

Die rheinische Presse insgesamt, vor allem aber das Erscheinen der »Rheinischen Zeitung für Politik, Handel und Gewerbe« 1842 als ein »neues selbständiges Organ der öffentlichen Meinung«, ihre Auseinandersetzungen mit der Zensur und ihr baldiges Verbot durch die preußische Regierung erhielten einen bemerkenswert breiten Raum in der Edition, darunter auch die Wiedergabe der Petition von Kölner Bürgern zugunsten der »Rheinischen Zeitung« an den König.[88] Die Rolle der Presse im Vormärz und in der Revolutionszeit bekommt hier einen Stellenwert, wie sie ihn sonst in der damaligen Forschung noch nicht hatte.[89] Dies wird auch an den oft ausführlichen Zeitungsartikeln deutlich, die Hansen aus verschiedenen Presseorganen zu den jeweiligen Vorgängen und Sachverhalten in den Anmerkungen aufgenommen hat. Mit dem zeitweiligen Redaktionsleiter der »Rheinischen Zeitung«, Karl Marx, wirft Hansen zugleich auch ein Schlaglicht auf die Anfänge der sozialistischen Strömungen in der Rheinprovinz. So sind zahlreiche Briefwechsel von Marx, dessen Stellungnahme zum Erlass der Zensurminister gegen die »Rheinische Zeitung« und Einschätzungen seiner Person durch Dritte doku-

---

84 »Ohne Handel und Industrie ist keine Macht des Staates denkbar«, ebd., S. 39; vgl. u. a. RBA IV, S. 332, 356, Stichworte »Handel, Handelspolitik« und »Wirtschaftspolitik«.

85 Vgl. u. a. RBA I, Dok. Nr. 4, 12–15; RBA IV, S. 274, Stichworte »Belgien, Handelspolitik«, »Belgien, Handelsvertrag mit Preußen« und »Belgien, Handelsvertrag mit dem Zollverein«.

86 Vgl. ebd., S. 274, Stichwort »Eisenbahn« sowie die einzelnen Eisenbahnstrecken und -gesellschaften.

87 Vgl. RBA I, Dok. Nr. 286, 288–291, 294–297, 300, 301, 303, 306, 307, 317 (in Dok. Nr. 295 auch der Kölner Statutenentwurf vom 20. November 1844). Vgl. REULECKE, Sozialer Frieden; DERS., Vereinsbewegung; HERRES, Köln in preußischer Zeit, S. 207–210.

88 RBA I, S. 62*; zur Petition Dok. Nr. 183. Vgl. u. a. Dok. Nr. 101, 104, 107, 109, 111–114, 116, 118–120, 123, 124, 126–128, 131a, 133, 136, 137, 157–161, 163, 165, 168, 170, 171, 174–178, 180–183, 185–201, 204–209, 211, 212, 214, 215, 217–219, 223–225, 248. Vgl. zur Geschichte der preußischen Zensur mit umfassenden Literaturangaben HOLTZ, Staatlichkeit und Obstruktion; HOLTZ, Zensur und Zensoren.

89 Vgl. zur Geschichte der deutschen Presse 1848/1849 HENKEL / TAUBERT, Die deutsche Presse.

mentiert. Auch die Versuche der Regierung, mit Hilfe von Zeitungen Einfluss auf die öffentliche Meinung zu nehmen, finden sich häufig.[90] Darüber hinaus vermittelt die Edition auch lebendige Beschreibungen der Lebenswelt und Kulturgeschichte jener Zeit. So veranstalteten die Redakteure, Geranten und der Aufsichtsrat der verbotenen »Rheinischen Zeitung« vor dem 3. April 1843 ein parodistisches »Trauermahl« zum vorzeitigen Ableben der Zeitung, zu dem auch der Zensor Wilhelm von Saint Paul eingeladen worden war, der dann tatsächlich an dem karnevalesken Treiben teilnahm.[91]

Die Berichte der Landräte, Regierungspräsidenten und Oberpräsidenten über die politischen Bewegungen und die Stimmung in der rheinischen Bevölkerung spielen bereits im ersten Band der Edition eine wichtige Rolle. Dabei werden die zentralen Konfliktthemen im Verhältnis zwischen der Regierung und der Bevölkerung der Rheinprovinz deutlich. Die Beamten waren bemüht, genauestens über die Aktivitäten oppositioneller Vorgänge zu berichten, und stützten sich dabei auch auf »konfidentielle Mitteilungen« ihrer Spitzel. Die Regierung betrachtete nicht nur Liberale und Demokraten mit Argwohn, sondern auch die strengkirchlich »ultramontanen« Strömungen. Das Auftreten sozialistischer und kommunistischer Gruppierungen bildete einen wichtigen Gegenstand in den staatlichen Erlassen und Berichten.[92] Gelegentlich finden sich in den Berichten von Landräten und Regierungen auch Hinweise auf soziale und wirtschaftliche Verhältnisse. So berichtete der Düsseldorfer Regierungspräsident am 17. August 1844 dem Innenminister über die Existenzprobleme der Handschmiede im Kreis Lennep wegen der Entstehung einer Fabrik für Eisengusswaren.[93]

Bei der Korrespondenz zwischen politischen Akteuren, vor allem aus dem liberalen Spektrum, standen zwar die politischen Ereignisse und die – gelegentlich boshaften – Einschätzungen der Verfasser im Mittelpunkt, aber insbesondere wirtschaftliche Fragen, etwa zum Eisenbahnbau und zur Kontroverse zwischen Freihandel und Schutzzöllen, wurden immer wieder erörtert.[94] Insbesondere der 1834 in Kraft getretene Deutsche Zollverein bildete ein wichtiges Thema; mit ihm verbanden die rheinischen Liberalen große Hoffnungen.[95] Einen besonders wichtigen Bestandteil der Edition bildet der Briefwechsel zwischen dem Kölner Unternehmer und Handelskammerpräsidenten Ludolf Camphausen und seinem Bruder Otto, zu dieser Zeit Regierungsbeamter in Koblenz und Trier. Da Otto Camphausen selbst der preußischen Bürokratie angehörte, erstaunt die kritische Einschätzung, die er zu ihr und der Regierung zum Ausdruck brachte. In einem Brief an seinen Bruder vom 24. November 1842 schrieb er: »Wahre Staatsmänner hat Preußen

---

90 Vgl. u. a. RBA I, Dok. Nr. 275 und 277. In den weiteren Bänden der Edition finden sich immer wieder Diskussionen und Vorschläge zu einer aktiven staatlichen Pressepolitik.
91 Ebd., S. 509, Anm. 2.
92 Vgl. u. a. ebd., Dok. Nr. 257, 264, 290, 296.
93 Ebd., Dok. Nr. 283.
94 Vgl. u. a. ebd., Dok. Nr. 145, 149, 251.
95 Vgl. RBA IV, S. 356 f., Stichwort »Zollverein«.

nicht, und sie sind auch erst dann zu erwarten, wenn der bisherigen Abgeschlossenheit des Beamtenstandes und seiner mangelhaften Heranbildung ein Ende gemacht wird.«[96]

Einen häufigen Gegenstand von Berichten und Kommentaren bildete der Rheinische Provinziallandtag. Trotz seiner geringen Befugnisse wurde er zu einem wichtigen politischen Forum, dessen wachsende Bedeutung auch in der Zunahme des Raums deutlich wird, den er in der Edition einnimmt.[97] Bei den Verhandlungen des Provinziallandtags konnten sich rheinische Liberale positionieren und die bekannten Forderungen nach einer Verfassung und einer Repräsentation für den preußischen Staat vorbringen. Auch die Emanzipation der Juden, die Pressefreiheit, die Wahrung der persönlichen Freiheit, die Unabhängigkeit der Richter und die Öffentlichkeit der Verhandlungen des Provinziallandtags wurden hier von liberalen Abgeordneten gefordert.[98] Vielfach wurden diese durch Petitionen rheinischer Städte unterstützt.[99]

Die erste Hälfte des zweiten Bandes setzt zum Jahresbeginn 1846 ein und reicht bis zum 3. April 1848. Sie umfasst 401 Dokumente und eine besonders große Zahl inserierter oder in den Anmerkungen wiedergegebener Quellentexte. Dokumentiert werden die durch Unruhen und das verstärkte Hervortreten radikaler politischer Kräfte gekennzeichneten krisenhaften Jahre unmittelbar vor dem Beginn der Revolution im Frühjahr 1848 sowie die turbulenten ersten Monate der Revolutionszeit. So kam es in den Jahren 1846 und 1847 zu einer Wirtschaftskrise, zu Missernten und einer damit einhergehenden Verteuerung der Lebensmittelpreise, was angesichts der strukturellen sozialen Notlage großer Bevölkerungsschichten, die als Pauperismus wahrgenommen wurde, eine Hungersnot auslöste.[100] In der Edition spiegeln sich die soziale Not der Bevölkerung und die wirtschaftliche Krise vor allem in den regierungsamtlichen Berichten wider, sie sind aber auch Gegenstand der Korrespondenzen im liberalen Bürgertum.[101] Auch im Vereinigten Landtag wurde die allgemeine Notlage erörtert.[102] Keine Folge der Massenarmut, wohl aber des schwierigen Verhältnisses zwischen der Kölner Zivilbevölkerung und dem preußischen Militär der Festung war das Blutvergießen durch den Militäreinsatz während der Unruhen bei der Kölner Martinskirmes am 3./4. August 1846. Die Ereignisse, die auf überregionale Aufmerksamkeit stießen, vergifteten das politische Klima in der Stadt und verstärkten die Solidarisierung des Bürgertums gegen das preußische Militär.[103]

---

96 RBA I, S. 386.
97 Vgl. hierzu die Zunahme der Belegstellen zu den Provinziallandtagen im Sachindex, RBA IV, S. 344 f.; vgl. auch GROTHE, Früher Parlamentarismus.
98 Vgl. RBA I, Dok. Nr. 245, 344, 345, 354.
99 Vgl. u. a. ebd., Dok. Nr. 151, 268, 309, 317, 322, 347.
100 Vgl. am Beispiel Kölns HERRES, Köln in preußischer Zeit, S. 229–234. HANSEN, Preußen und Rheinland, S. 96–98, erwähnt die mangelnde Hilfsbereitschaft in Staat und Gesellschaft.
101 Vgl. u. a. RBA II/1, Dok. Nr. 38, 58, 65, 87, 120, 126.
102 Ebd., Dok. Nr. 127.
103 Ebd., Dok. Nr. 36; HERRES, Köln in preußischer Zeit, S. 210–218.

Der Vereinigte Landtag, der aufgrund staatlicher Finanznöte als Vollversammlung der preußischen Provinzialstände am 3. Februar 1847 von König Friedrich Wilhelm IV. einberufen wurde und am 11. April in Berlin zusammentrat, wurde für die rheinischen Liberalen zu einem wichtigen Forum, dessen Einberufung von großen Hoffnungen begleitet wurde.[104] In der Edition werden Reden in beiden Vereinigten Landtagen und Berichte über die Verhandlungen ausführlich wiedergegeben.[105] Für das Königreich Preußen umriss Hansemann die liberalen Ziele in einem Schreiben vom 24. April 1846 folgendermaßen: »Repräsentativ-Verfassung«, »Staatsbürgertum«, »Preßfreiheit, Glaubensfreiheit, Petitionsrecht, das Recht sich unbewaffnet zu versammeln und über Petitionen an die Behörden und die Stände zu beraten, Unabhängigkeit und Öffentlichkeit der Justiz, Geschworenengericht über alle politische Vergehen und Verbrechen, jährliche Steuerbewilligung, das Aufhören aller Kabinettsordres und Ordonnanzen in allen Gegenständen, welche das Eigentum, die Benutzung desselben und die Personenrechte betreffen.«[106] Außerdem zeigen die Korrespondenzen und die Teilnahme an überregionalen Zusammenkünften, dass rheinische Liberale deutschlandweit vernetzt waren und mit führenden Oppositionspolitikern anderer deutscher Länder ihre politischen Standpunkte klärten und eine gemeinsame Vorgehensweise mit dem Ziel einer deutschen Einheit und freiheitlicher Verfassungen für den Gesamtstaat und die deutschen Einzelstaaten verabredeten.[107] Der rheinische Liberale Hansemann war auch an der seit 1847 in Heidelberg erscheinenden »Deutschen Zeitung« beteiligt.[108]

Neben den Liberalen formierten sich auch andere politische Kräfte im unmittelbaren Vorfeld der Revolution von 1848/1849. Hierzu zählte vor allem der politische Katholizismus, der im Rheinland mit den Brüdern August und Peter Reichensperger profilierte Repräsentanten hatte und sich auf ein breites katholisches Vereinswesen sowie bereits auch Zeitungen stützen konnte.[109] So erschienen in der Koblenzer »Rhein- und Moselzeitung« Artikel, die eine politische Programmatik des rheinischen Katholizismus umrissen und vorantrieben.[110] Daneben gewannen radikaldemokratische und sozialistische Gruppierungen vor allem in der rheinischen Metropole Köln Anhänger. Ihnen galt die

---

104 Eine vorbereitende Versammlung von liberalen Abgeordneten der Rheinprovinz und der Provinz Preußen fand schon am 7. April 1848 statt, RBA II/1, Dok. Nr. 101. Vgl. die Einschätzung von HANSEN, Preußen und Rheinland, S. 92; GROTHE, Früher Parlamentarismus.

105 RBA IV, S. 352, Stichworte zu »Vereinigter Landtag«.

106 RBA II/1, S. 50; vgl. auch HANSEN, Preußen und Rheinland, S. 87 f.

107 Vgl. u. a. RBA II/1, Dok. Nr. 86, 133, 178.

108 Ebd., Dok. Nr. 55, 66, 68, 86, 99, 114, 122, 137, 152, 160, 185, 198. Zur Bedeutung der »Deutschen Zeitung« als Leitorgan des deutschen Liberalismus vgl. HIRSCHHAUSEN, Liberalismus und Nation.

109 Zu August und Peter Reichensperger vgl. PASTOR, August Reichensperger; MERGEL, Peter Reichensperger; HEHL, Peter Reichensperger.

110 Vgl. RBA I, Dok. Nr. 398; RBA II/1, Dok. Nr. 7, 206, 312, 395; vgl. auch RBA III, S. 425 f.; BOBERACH, Presse und Revolution, S. 53. Vgl. zusammenfassend zum katholischen Vereinswesen im Rheinland im Vormärz HERRES, Städtische Gesellschaft, insbes. S. 190–192, 232 f.

besondere Aufmerksamkeit der preußischen Behörden, die ohnedies rasch sozialistische und kommunistische Umtriebe mutmaßten.[111] Es ist daher kein Zufall, dass ein Bericht des Kölner Regierungspräsidenten über das Auftreten »kommunistischer Ideen« in Köln 1846 den Auftakt der ersten Hälfte des zweiten Bandes bildet.[112] Hansen dokumentiert in der Edition auch die Gründung des Bundes der Kommunisten in Brüssel, dessen Verbindungen nach Köln und die Übersiedlung der Bundeszentrale von Paris nach Köln im April 1848 und gibt mehrere Korrespondenzen zwischen Bundesmitgliedern wieder.[113] Schon vor dem Ausbruch der Revolution waren die Städte der Rheinprovinz politisiert, denn der Alphabetisierungsgrad der Bevölkerung war hoch und es gab hier bereits viele Zeitungen, deren Zahl 1848 deutlich zunahm.[114]

Die erste Phase der Revolution war im Rheinland durch Volksversammlungen, Adressen und Forderungskataloge sowie die Entstehung politischer Vereine geprägt.[115] Viele der wichtigsten Adressen und Forderungskataloge in dieser frühen Revolutionsphase finden sich in der Edition[116] und auch die zahlreichen Versammlungen, Proteste und Unruhen werden behandelt.[117] Zu den Protesten zählte auch das gewaltsame Vorgehen gegen Dampfschleppschiffe durch Schiffer und Schiffszieher, die um ihre Existenz fürchteten.[118] Die schweren wirtschaftlichen Probleme werden in der Edition häufig hervorgehoben, so im Fall der Zahlungseinstellung des Kölner Bankhauses Schaafhausen am 29. März 1848.[119] Die Einbindung der rheinischen Liberalen in die deutschen Freiheits- und Einigungsbestrebungen zeigte sich an ihrer Beteiligung an der Heidelberger Versammlung am 5. März 1848 (David Hansemann) und am Vorparlament, wo 99 von 574 Teilnehmern aus der Rheinprovinz stammten. In der Edition werden die Heidelberger Versammlung und die Verhandlungen des Vorparlaments mit ihren rheinischen Bezügen berücksichtigt.[120] Gezeigt wird aber beispielsweise auch, dass der Rheinländer Ludolf Camphausen bereits der Zusammenkunft des Vorparlaments ablehnend gegen-

---

111 RBA II/1, Dok. Nr. 1, 32, 36, 52, 171, 264.
112 Ebd., S. 3–8.
113 Ebd., Dok. Nr. 200, 394 (hier auch die Wiedergabe der »Forderungen der kommunistischen Partei in Deutschland« vom 1. April 1848). Vgl. zu Karl Marx und seiner Tätigkeit im Rheinland 1848/49 neuerdings HERRES, Karl Marx, S. 129–148.
114 Einen Überblick über die Presse der Revolutionszeit in der Rheinprovinz geben HENKEL/TAUBERT, Die deutsche Presse, S. 317–359, aus dem auch die nicht selten vor 1848 liegenden Ersterscheinungsdaten hervorgehen.
115 Vgl. als Überblick HERRES, Das preußische Rheinland, S. 18–22.
116 Zu den Petitionen Anfang März 1848 vgl. RBA II/1, Dok. Nr. 275 Ib, 275 Ic, 277, 277a, 277b, 280, 281, 283–285, 292, 295, 302, 304, 305, 332, 342, 355b.
117 Vgl. RBA IV, S. 351 f., 354, Stichworte »Unruhen und Demonstrationen« sowie »Volks- und Bürgerversammlungen«.
118 RBA II/1, Dok. Nr. 399.
119 Ebd., Dok. Nr. 375; RBA IV, S. 324, Bankhaus »Schaafhausen«.
120 RBA II/1, Dok. Nr. 257, 262, 287, 306, 359, 382, 389, 391, 396, 401; RBA II/2, Dok. Nr. 3.

überstand.[121] Am 29. März 1848 wurde mit Camphausen ein profilierter Repräsentant des rheinischen Liberalismus der erste bürgerliche Ministerpräsident des Königreichs Preußen. Zum Finanz- und später auch Handelsminister wurde mit Hansemann ebenfalls ein rheinischer Liberaler berufen.[122] Die Abläufe hin zur Bildung des Ministeriums Camphausen-Hansemann werden in der Edition dokumentiert.[123]

Die zentralen Inhalte und Themen der von Boberach bearbeiteten Bände der Edition

In der von Boberach bearbeiteten zweiten Hälfte des zweiten Bandes, der den Zeitraum zwischen April und Dezember 1848 umfasst, geht es gleich in den ersten Dokumenten um das Vorgehen der liberalen Märzregierung gegen die Proteste im Frühjahr 1848 im Rheinland, bei der diese mit den bisherigen zivilen und militärischen Gewalten zusammenarbeitete.[124] Eine zunehmende Radikalisierung und Gewaltbereitschaft kennzeichneten diese Phase der Revolutionszeit im Rheinland.[125] Die zugrunde liegenden sozialen und wirtschaftlichen Nöte werden auch in dem neuen Band der Edition ausführlich dokumentiert.[126] Dabei wird auch auf die Situation auf dem Land und die Problematik der Holzdiebstähle eingegangen.[127] Die Situation der Gewerbetreibenden und der rheinischen Winzer sowie deren Forderungen gehen nicht zuletzt auch aus deren Petitionen hervor.[128] Von Anfang an zeigten sich in radikaldemokratischen Kreisen deutliche Vorbehalte gegen das Ministerium Camphausen-Hansemann in Berlin. Offen bekannte der Kölner Arbeiterverein bereits am 14. April 1848 gegenüber Ministerpräsident Camphausen, der Verein habe »die Berufung E. E. an die oberste Leitung der Staatsgeschäfte, wir gestehen es freimütig, nur mit Mißtrauen vernommen, weil wir bei Ihnen Sympathien für die arbeitenden Klassen vorauszusetzen durchaus keinen Grund hatten«.[129] Als wichtiger Organisation der frühen Arbeiterbewegung im Rheinland widmete Boberach dem Kölner Arbeiterverein besondere Aufmerksamkeit.[130]

---

121 RBA II/1, Dok. Nr. 321.
122 Vgl. HOFMANN, Ministerium Camphausen-Hansemann; SCHWANN, Ludolf Camphausen; ANGERMANN, Ludolf Camphausen; CASPARY, Ludolf Camphausens Leben; HANSEN, König Friedrich Wilhelm IV.; HOLTZ, 1848. Zur Einschätzung Mevissens vgl. RBA II/1, Dok. Nr. 378.
123 RBA II/1, S. 680–685.
124 RBA II/2, Dok. Nr. 1, 2, 8, 9, 13.
125 Vgl. HERRES, Das preußische Rheinland, S. 22; DOWE, Aktion und Organisation, S. 133–138.
126 Vgl. u. a. RBA II/2, Dok. Nr. 4, 5, 12; RBA IV, S. 355 f., Stichwort »Wirtschaftskrise«.
127 Vgl. u. a. RBA II/2, Dok. Nr. 355.
128 Vgl. u. a. ebd., Dok. Nr. 114, 179, 220, 364–367.
129 Ebd., S. 44.
130 Vgl. u. a. ebd., Dok. Nr. 27, 28, 65, 86, 127, 128, 168; RBA IV, S. 296, Stichwort »Köln, Arbeiterverein«.

Große Hoffnungen setzte die rheinische Bevölkerung in die Wahlen zur Deutschen Nationalversammlung in Frankfurt und zur Preußischen Nationalversammlung in Berlin im Mai 1848, die zwar nach einem indirekten Wahlsystem vorgenommen wurden, aber in den Urwahlen weite Partizipationsmöglichkeiten eröffneten.[131] Die Edition enthält zahlreiche Wahlprogramme[132] sowie Berichte zur Kandidatenaufstellung und zum Verlauf und Ergebnis der Wahlen.[133] Auch die internen Absprachen bei der Kandidatenabstimmung werden deutlich, so im Dezember 1848 in der »gemäßigten Partei«.[134] Zur Entstehung politischer Parteien im Rheinland, die sich in der Gründung politischer Vereine zeigte, werden Statuten, Verlautbarungen, Kongressberichte und Petitionen von Vereinen sowie Reden in den Vereinen und insbesondere Berichte der Behörden über sie in der Edition abgedruckt.[135] Aus den Verhandlungen im Vorparlament, in der Deutschen Nationalversammlung in Frankfurt und der Preußischen Nationalversammlung in Berlin im Mai 1848 wird vor allem in Briefen von Abgeordneten berichtet. Dabei wird auch die Formierung von Fraktionen, vorwiegend aus konstitutionell-liberaler Sicht, ausführlich geschildert. Interessant ist für die Parlamentarismusgeschichte die Tatsache, dass nicht selten noch von einem imperativen Mandat ausgegangen wurde. So formulierte der Koblenzer Stadtrat im Juni 1848 Richtlinien für den Abgeordneten zur Preußischen Nationalversammlung, der diesem dann auch berichtete und sich dessen Votum unterwarf.[136] Besonders hervorzuheben sind in der Edition auch die in Briefen dokumentierten persönlichen Berichte über die Regierungs- und Kabinettsbildungen sowie die Beteiligung rheinischer Liberaler daran.[137] Die kritische Haltung des preußischen Ministerpräsidenten Camphausen gegenüber der Nationalversammlung in Frankfurt und der provisorischen Zentralgewalt wird ebenfalls deutlich. Der Versuch, ihn nach seinem Rücktritt als preußischer Ministerpräsident zur Übernahme des Präsidiums des Reichsministeriums zu bewegen, wurde von ihm im Juli 1848 in brüsker Weise zurückgewiesen.[138] Der preußische Liberale Hermann von Beckerath urteilte darüber in einem Brief an seine Frau, Camphausen fehle »das Vertrauen in das Gelingen der deutschen Einigung«.[139]

---

131 Vgl. REPGEN, Märzbewegung, S. 137–142 und S. 224–244; BOTZENHART, Deutscher Parlamentarismus, S. 141–163.
132 Vgl. u. a. RBA II/2, Dok. Nr. 17, 22, 23, 29, 32, 34, 35, 46, 58, 60, 65.
133 Vgl. u. a. ebd., Dok. Nr. 24, 37, 53, 54, 61, 62, 64, 68, 69, 71–75, 78, 88, 97.
134 Ebd., II/2, Dok. Nr. 362.
135 Vgl. die kommentierte Auswahledition zu den »Parteien« in Köln 1848/1849 von HERRES, Politische Vereinsversammlungen.
136 RBA II/2, Dok. Nr. 132, 152.
137 Vgl. u. a. ebd., Dok. Nr. 92, 158, 251, 256, 257.
138 Ebd., Dok. Nr. 186, 187.
139 Ebd., S. 305 f. Zu Beckerath vgl. HETTLINGER, Hermann von Beckerath.

Der Wendepunkt hin zur »defensiven Phase der Revolution«[140] vollzog sich im Herbst 1848 im Gefolge des Frankfurter Septemberaufstands und der Wiener Oktoberrevolution. In Preußen waren die Berufung eines Reaktionsministeriums unter Leitung des politisch unerfahrenen Grafen Brandenburg, die Verlegung der Preußischen Nationalversammlung nach Brandenburg und die militärische Besetzung Berlins die zentralen Ereignisse im Oktober/November 1848. Die Versuche im Rheinland, durch Proteste und Steuerverweigerungen gegen die Reaktionspolitik vorzugehen, scheiterten. Die Vorgänge werden in der Edition umfassend dokumentiert.[141] Deutlich wird dabei die wichtige Rolle des Militärs und seiner Loyalität für den Revolutionsverlauf.[142] Von Anfang an bekundete die preußische Militärführung eine ablehnende Haltung gegenüber der Märzbewegung 1848 und den städtischen Bürgerwehren der Revolutionszeit. So hieß es schon in einem Bericht des Generalkommandos des VIII. Korps vom 31. Mai 1848: »Zwei Herren können in einer Festung nicht befehlen, am wenigsten da, wo der eine sehr zweifelhafte Gesinnung hat.«[143] Im Herbst waren die Machtverhältnisse auch im Rheinland geklärt: In Köln wurde am 25./26. September 1848 der Belagerungszustand verhängt und die Bürgerwehr entwaffnet.[144] Auch über Trier war bereits der Belagerungszustand verhängt worden, es folgte im November Düsseldorf. Das preußische Militär war damit im Rheinland wieder zur alleinigen und entscheidenden bewaffneten Macht geworden.[145]

Der dritte Band der Edition, den Boberach bearbeitet hat, beginnt Anfang Januar 1849 und reicht bis Ende Dezember 1850. Die Dokumentation der »defensiven Phase« der Revolution wurde damit im dritten Band fortgesetzt und danach wurden die vom April bis Juni 1849 während Reichsverfassungskampagne und schließlich die frühe Reaktionszeit erfasst. Hatten große Teile der rheinischen Liberalen zunächst noch die Staatsstreichpolitik der preußischen Regierung abgelehnt, so waren sie bereit, einzulenken, als König Friedrich Wilhelm IV. am 5. Dezember 1848 eine preußische Verfassung oktroyierte, die ihren Wünschen entgegenkam.[146] Otto von Camphausen beurteilte diese als »im höchsten Maße liberal«, manche hielten sie sogar für zu freisinnig.[147] Ähnlich sahen dies auch Anhänger des politischen Katholizismus wie August Reichensperger und Albert Freiherr von Thimus, der am 7. Dezember 1848 schrieb, er »glaube, alle Vernünftigen werden lieber durch einen coup d'état gerettet als auf dem (ohnehin seit März revolutionären und

---

140 HERRES, Das preußische Rheinland, S. 24.
141 Vgl. u. a. RBA IV, S. 270, 344, 350–352, Stichworte »Wrangel, Graf v.«, »Preußische Nationalversammlung«, »Steuerverweigerung«, »Unruhen und Demonstrationen«.
142 Zu den Versuchen von Demokraten, Einfluss auf die Soldaten zu gewinnen, vgl. RBA II/2, Dok. Nr. 146, 273, 278.
143 Ebd., S. 199.
144 Vgl. ebd., Dok. Nr. 263, 264.
145 HERRES, Das preußische Rheinland, S. 25 f.
146 Vgl. ebd., S. 24 f.
147 RBA II/2, S. 580; Kritik kam von David Hansemann, ebd., S. 581, Anm. 3.

deshalb vitiosen) ›Rechtsboden‹ der Guillotine respektive dem Laternenpfahl und der allgemeinen Güterteilung entgegen geführt respektive vereinbart werden. Daher lebe die neue Verfassung hoch, die namentlich in kirchlicher Beziehung eine glückliche Zukunft uns eröffnet, alle unsere Wünsche befriedigt […]; die in politischen Dingen höchstens den Vorwurf verdient, zu liberal, zu konstitutionell zu sein […].«[148] Allerdings waren konservativ-katholische Kreise nur eingeschränkt mit der Verfassung zufrieden, da aus ihrer Sicht darin die Rechte ihrer Kirche nicht hinreichend berücksichtigt waren.[149] Die Demokraten lehnten dagegen die oktroyierte Verfassung aus grundsätzlichen Erwägungen ab.[150] Obgleich sie nach dem Scheitern der Steuerverweigerungskampagne in die Defensive geraten waren, gelang ihnen bei den preußischen Parlamentswahlen im Januar/Februar 1849 ein beachtlicher Sieg, der den großen Rückhalt der Demokraten in der Bevölkerung belegte.[151] Die Kandidatenaufstellung und die Durchführung der Wahlen werden ebenso wie die Wahlergebnisse in der Edition dokumentiert.

Nach der Niederschlagung der Wiener Oktoberrevolution und der geringen Aussicht auf eine großdeutsche Lösung versuchten die meisten Demokraten und Liberalen im Rheinland, einen kleindeutschen Nationalstaat durchzusetzen, dessen Ausgestaltung allerdings unterschiedlich beurteilt wurde. Die Beteiligung von Rheinländern am Zustandekommen der deutschen Reichsverfassung spielt daher eine wichtige Rolle in der Edition, wobei auch kritische Vorbehalte rheinischer Liberaler deutlich wurden.[152] Vom politischen Katholizismus wurde dagegen die von der Nationalversammlung beschlossene Reichsgründung mit preußischem Erbkaiser und ohne Österreich abgelehnt. Auch insgesamt war die Reaktion auf die Kaiserwahl verhalten. Im Bericht des Kölner Regierungspräsidiums hieß es am 31. März 1849: »Die Wahl Seiner Majestät zum Kaiser der Deutschen hat hier keinen bedeutenden Eindruck hervorgerufen.«[153] Nach der Ablehnung der Kaiserkrone durch den König urteilte der Kölner Piusverein am 1. Mai 1849, Friedrich Wilhelm IV. habe sich »um das deutsche Vaterland hoch verdient gemacht […]«.[154] Die Dokumente der Edition, die im Zusammenhang mit der Ablehnung der Kaiserkrone stehen, sind über den rheinischen Untersuchungsraum hinaus von In-

---

148 Ebd., S. 582. Vgl. zur Haltung von Erzbischof Geissel HERRES, Das preußische Rheinland, S. 25.
149 Vgl. RBA III, Dok. Nr. 18, 173, 205, 225; vgl. auch schon RBA II/2, Dok. Nr. 353.
150 Vgl. HERRES, Das preußische Rheinland, S. 25; dies wird in der Edition dokumentiert, vgl. u. a. RBA III, Dok. Nr. 19.
151 Vgl. u. a. zusammenfassend ebd., Dok. Nr. 30; HERRES, Das preußische Rheinland, S. 25. Zu den Folgen des Staatsstreichs für die Demokraten vgl. RBA II/2, Dok. Nr. 355, 357.
152 Vgl. zu den Berichten u. a. RBA III, Dok. Nr. 6, 9, 20, 35, 46, 47, 50, 52, 57; zu den kritischen Vorbehalten (insbesondere von Hansemann) Dok. Nr. 3, 15, 25, 53, 60, 69.
153 Ebd., S. 109; zur Haltung in katholischen Kreisen vgl. u. a. ebd., S. 17; HERRES, Städtische Gesellschaft, S. 306–309; KIM, Ein deutsches Reich, S. 148–172.
154 RBA III, S. 174; SPERBER, Rhineland Radicals, S. 356 f. Ähnlich die Einschätzung des Oberpräsidenten der Rheinprovinz, ebd., S. 190 f.

teresse.[155] Die bittere Enttäuschung der rheinischen Liberalen wurde in einer Erklärung des Kölner Bürgervereins deutlich, in der es hieß, »daß das gegenwärtige preußische Ministerium durch seine schwankende hinterhältige Politik sich unfähig bewiesen habe, die deutsche Frage zu einer gedeihlichen Lösung zu bringen […]«.[156] Zeitweilig deutete sich die Möglichkeit einer Zusammenarbeit von Liberalen und Demokraten zur Durchsetzung der Reichsverfassung an, die durch die erneute Auflösung des preußischen Parlaments zusätzlich befeuert wurde.[157] Auch im Rheinland kam es zu gewaltsamen Zusammenstößen zwischen Militär und Demonstranten.[158]

Für eine gewaltsame Durchsetzung der Reichsverfassung waren die rheinischen Liberalen jedoch nicht zu gewinnen.[159] Schon frühzeitig versuchten diese auf dem Weg der Vereinbarung mit dem preußischen König zu einer deutschen Reichsgründung zu gelangen. An der Gothaer Versammlung und am Erfurter Unionsparlament beteiligten sich viele rheinische Liberale.[160] Die katholisch-großdeutsche »Partei« im Rheinland sah darin dagegen ein »Erfurter Bastard-Parlament« und ein »Deutschlandverräterische[s] Sonderbundprojekt«.[161] Die Demokraten wiederum hielten an der von der Frankfurter Nationalversammlung beschlossenen Reichsverfassung fest und riefen ebenso wie bei den vorangegangenen Wahlen zum preußischen Abgeordnetenhaus zum Wahlboykott auf.[162] Zunächst setzten die rheinischen Liberalen noch Hoffnungen in die Unionspläne, doch schon seit April 1850 schwand die Zuversicht und Mevissen kommentierte, dass in Erfurt »alles schwankend« stehe.[163] Die Edition zeigt die Entwicklung bis hin zur Olmützer Punktation vom 29. November 1850 und zu der Aufgabe der Unionspläne durch Preußen. Bereits zuvor hatte sich unter rheinischen Liberalen Unzufriedenheit über die ihrer Auffassung nach mutlose und zu wenig zielstrebige Politik der preußischen Regierung ausgebreitet. Sie gipfelte im Urteil Otto Camphausens vom 26. August 1850, »noch niemals ist ein großes Land von einer so desorganisierten Bande regiert worden als gegenwärtig unser armes Preußen«.[164] Katholisch-großdeutsch eingestellte Persönlichkeiten begrüßten die Entwicklung dagegen, so bekundete Albert Freiherr von Thimus am

---

155 Vgl. RBA III, Dok. Nr. 63–66, 68, 76.
156 Ebd., S. 167.
157 Vgl. ebd., Dok. Nr. 86–88, 92; HERRES, Das preußische Rheinland, S. 26 f.; SPERBER, Rhineland Radicals, S. 354–356.
158 Vgl. u. a. RBA III, Dok. Nr. 99, 106, 109, 110, 114.
159 Vgl. u. a. ebd., Dok. Nr. 100, 111, 112.
160 Vgl. zur Gothaer Versammlung u. a. ebd., Dok. Nr. 129, 132, 133, 138; zum Erfurter Parlament Dok. Nr. 208, 212, 215, 216, 218, 219, 221–224, 227.
161 Ebd., S. 322, Albert Freiherr von Thimus an August Reichensperger, 23.11.1849.
162 Ebd., Dok. Nr. 195.
163 Ebd., S. 390.
164 Ebd., S. 431; vgl. im weiteren Verlauf auch Dok. Nr. 259, 260, 273–275.

3. Dezember 1850 in einem Brief: »Ich kann Dir nicht sagen, welche Herzensfreude mir die neuesten Ereignisse [verursachen].«[165]

Breiter Raum ist in der Edition auch den Beratungen im Preußischen Abgeordnetenhaus in Berlin und der Arbeit an einer Verfassungsrevision gewidmet. Ein wichtiges Themengebiet bildet die Entstehung und organisatorische Entwicklung der politischen Parteivereine im Rheinland in der beginnenden Reaktionsära, die durch deren Verlautbarungen und Protokolle sowie durch amtliche Berichte dokumentiert werden. Sie umfassen sowohl den politischen Katholizismus und die konstitutionellen Liberalen als auch die Demokraten und die Arbeiterbewegung.[166] Auch der Blick auf oft durch Konflikte und gegenseitige Vorwürfe gekennzeichnete Diskurse in Briefwechseln von emigrierten rheinischen Revolutionären findet sich in der Edition.[167] Neben den unterschiedlichen politischen Positionen und Kräfteverhältnissen sowie den Stimmungen in der Rheinprovinz werden in Korrespondenzen, Petitionen und amtlichen Berichten erneut auch die wirtschaftlichen und sozialen Nöte dokumentiert.[168]

Der reaktionäre Kurswechsel wurde im Rheinland fühlbar: Die provisorische Presseverordnung vom 5. Juni 1850 brachte eine Verschärfung der Zensur, den Ausschluss von Zeitungen vom Postversand und die Auflage an die Zeitungsverleger, eine Kaution zu hinterlegen, die bei Pressevergehen von den Behörden herangezogen werden konnte.[169] Für viele Zeitungen im Rheinland bedeuteten die neuen Bestimmungen das Ende.[170] Von Seiten der militärischen und zivilen Behörden wurde nun ganz offen wieder die »ultramontane Partei« als Gegner der Regierung wahrgenommen.[171] Noch im Frühjahr 1850 befürchteten preußische Behörden revolutionäre Umsturzversuche im Rheinland.[172] Mit massiven Polizei- und Militäreinsätzen gingen die Behörden in der Rheinprovinz gegen Demonstrationen, Versammlungen und Kundgebungen vor, wobei von Vorgesetzten ausdrücklich zur Ausübung von Gewalt gegen Demonstrierende aufgefordert wurde.[173] Auch gegen Sympathiebekundungen für angeklagte Revolutionäre schritt das preußische Militär ein. Es konnte aber, wie der zweite Kommandant der Festung Köln, Oberst Engels, am 21. Juni 1850 berichten musste, nicht verhindern, dass die »bessere Bevölkerung nirgends laute Sympathie für den hohen Herrn [den Prinzen von Preußen] kund-

---

[165] Ebd., S. 491.
[166] Vgl. zu den katholischen Vereinen u. a. ebd., Dok. Nr. 61, 74, 78, 85, 94, 97, 153, 171; zu den Konstitutionellen Dok. Nr. 70, 81, 82, 87, 151; zu den Demokraten, den Arbeitervereinen und der sozialistischen Bewegung Dok. Nr. 71, 81, 82, 94, 97, 195, 217.
[167] Vgl. u. a. ebd., Dok. Nr. 214.
[168] Zu den sozialen Problemen vgl. u. a. ebd., Dok. Nr. 5, 49, 55.
[169] Vgl. u. a. ebd., Dok. Nr. 240, 242; HOLTZ, Preußens Presse.
[170] Vgl. u. a. RBA III, S. 418, Anm. 4.
[171] Ebd., S. 389; vgl. auch Dok. Nr. 226, 235, 246.
[172] Vgl. u. a. ebd., Dok. Nr. 210, 211, 235.
[173] Vgl. u. a. ebd., Dok. Nr. 228, 229, 231, 235, 237, 246.

gab, während einem Halunken wie Kinkel von tausenden Lebehochs gebracht worden [sind]«.[174] Gegen Ende des dritten Bandes der Edition wird der prophetische Ausblick von Mevissen in einem Brief an Beckerath vom 19. Dezember 1850 wiedergegeben: »Ich sehe sehr schwarz in die Zukunft und glaube, daß mehrere Jahre vergehen müssen, bevor die siegreiche Reaktion so weit gedämpft sein wird, daß neue Fortschrittsbestrebungen Aussicht auf Erfolg darbieten.«[175]

Die Bedeutung der Edition »Rheinische Briefe und Akten« für die Forschung

Editionen bieten einen niedrigschwelligen Zugang zu wichtigen historischen Quellenbeständen und erschließen diese in komfortabler Weise. Zu Recht wurde darauf hingewiesen, dass »Quellen […] in all ihren Einzelheiten nicht voraussetzungslos verständlich« sind.[176] Es bedarf profunden Spezialwissens und der Quellenkritik, um einen Text, der unter spezifischen historischen Bedingungen, in bestimmten gesellschaftlichen, politischen oder organisationsspezifischen Zusammenhängen entstanden und durch persönliche Umstände oder gesellschaftliche Traditionen geprägt ist, zu verstehen. Durch die wissenschaftliche Kommentierung einer Edition werden Quellen somit verständlich oder sogar überhaupt erst zugänglich.[177] Dem Urteil, dass Editionen »eine zentrale Form historischer Grundlagenforschung« sind, kann daher nur zugestimmt werden.[178] Sie stellen darüber hinaus eine spezifische Form der Erschließung von Quellenbeständen dar. Dies gilt in besonderer Weise auch für die »Rheinischen Briefe und Akten«, die aufgrund ihrer Bedeutung für die Geschichte der politischen Bewegungen und Parteien im Rheinland zu den frühesten und für die Geschichtswissenschaft wichtigsten und folgenreichsten Editionen zur ersten Hälfte des 19. Jahrhunderts zählen.[179] Zutreffenderweise stellte Everhard Kleinertz fest, das Werk habe »über Jahrzehnte hinweg die Forschung angeregt« und den Ruf Hansens als Editor und Wissenschaftler dauerhaft begründet.[180] Für die beiden von Hansen bearbeiteten Bände gilt zudem, dass diese zu einem nicht uner-

---

174 Ebd., S. 429, Anm. 10. Gemeint war der populäre demokratische Politiker, Mitglied des Preußischen Abgeordnetenhauses, Schriftsteller und Professor für Kunst-, Literatur- und Kulturgeschichte an der Universität Bonn Gottfried Kinkel (1815–1882), der nach seiner Emigration Professor für Kunstgeschichte am Eidgenössischen Polytechnikum Zürich wurde, vgl. Ennen, Gottfried Kinkel.
175 RBA III, S. 492.
176 Büttner, Rekonstruktion, S. 59.
177 So die Edition »Kabinettsprotokolle der Bundesregierung«, die den Zugang zu den Protokollen in Form dieser wissenschaftlichen Edition ermöglicht, Büttner, Quellen, S. 14–17.
178 Ebd., S. 10; vgl. auch Büttner, Rekonstruktion.
179 Vgl. die Quellenkunde von Siemann, Restauration, S. 79 f., der die »Sonderstellung« der Edition »Rheinische Briefe und Akten« betont.
180 Kleinertz, Joseph Hansen 1993, S. 270.

heblichen Teil Quellen wiedergeben, die aufgrund von Zerstörungen infolge des Zweiten Weltkriegs oder aus anderen Gründen heute verloren sind. Zu nennen sind hier die Texte aus Akten im ehemaligen Heeresarchiv, die 1945 in Potsdam vernichtet wurden, ferner Schriftstücke aus den Nachlässen Camphausens und Stedmanns sowie Korrespondenzen von Erzbischof Geissel.[181] Ihre Inhalte sind der historischen Forschung nur noch durch die Edition erhalten geblieben.

Die »Rheinischen Briefe und Akten« bilden eine Auswahledition und weisen daher auch die grundsätzliche Problematik solcher Editionsvorhaben auf, denn der zeitspezifische Kontext ist ebenso wie ein »Rest an Subjektivität […] bei einer solchen Auswahl unvermeidbar«.[182] Dies gilt zudem für ein Editionsvorhaben wie dieses, bei dem sich Zielsetzung, Auswahlkonzept und Editionsgrundsätze in der langen Bearbeitungszeit von rund 80 Jahren veränderten. Begonnen als eine Edition vor allem ausgewählter Briefe aus den Nachlässen maßgeblicher liberaler rheinischer Politiker und von amtlichen Berichten aus staatlicher Überlieferung, weitete sich das Auswahlkonzept hin zur Einbeziehung von Zeugnissen aller politischen Strömungen und zur politischen Haltung im Rheinland insgesamt aus. Die Edition umfasste im Laufe der Zeit zunehmend auch Petitionen und Adressen, Programme, Aufrufe und Forderungskataloge. Die Auswahl reflektiert somit wandelnde Forschungsinteressen und unterschiedliche Anschauungen der Bearbeiter. Dies bedingt, dass es auch Bereiche gibt, die in der Edition vernachlässigt wurden, so beispielsweise die nicht institutionalisierten sozialen Bewegungen und ländlichen Proteste. Hervorzuheben ist auch, dass nur drei Frauen als Ausstellerinnen oder Verfasserinnen von Quellentexten in den »Rheinischen Briefen und Akten« auftreten. Dabei belegen die zahlreichen, in den »Rheinischen Briefen und Akten« edierten Briefe, bei denen Frauen Empfängerinnen waren, dass sich diese durchaus für politische Fragen interessiert haben. Es ist bemerkenswert, dass maßgebliche Politiker wie Hermann von Beckerath, Ludolf und Otto Camphausen, Franz Wilhelm Koenigs, Gustav Mevissen und Karl Stedmann Frauen als Gesprächspartnerinnen auch zu politischen Fragen wählten, obwohl diesen der politische Diskurs- und Aktionsraum dem zeitgenössischen normativen Verständnis nach eigentlich verschlossen waren. Hier wären weitergehende Forschungen zu den weiblichen Korrespondenzpartnerinnen wünschenswert. In der Edition wurden somit zusammenfassend vor allem die in bürgerlichen Kreisen, Vereinen und Parlamenten organisierten männlichen politischen Bewegungen im preußischen Rheinland dokumentiert.[183]

Für Forschungen zur Geschichte der preußischen Rheinlande in der ersten Hälfte des 19. Jahrhunderts stellen die »Rheinischen Briefe und Akten« eine unverzichtbare und be-

---

181 RBA II/2, S. XVII; RBA III, S. 18.
182 BÜTTNER, Quellen, S. 20.
183 Vgl. HERRES, Rheinische Briefe und Akten.

eindruckend umfangreiche Quellengrundlage dar.[184] Vor allem für Arbeiten zur Entstehung des Parlamentarismus und der politischen Parteien im Rheinland ist die Edition essenziell. Sie zeigt die Bruchstellen zwischen politischen Gruppierungen, aber auch die Nuancen und Differenzierungen innerhalb der politischen Lager. So bildeten etwa die rheinischen »Liberalen« keine geschlossene Einheit, sondern waren im Gegenteil durch Heterogenität gekennzeichnet und wiesen einerseits Übergänge in das demokratische, aber andererseits insbesondere in das konservative Spektrum auf.[185] Auch wer nach sozialen und wirtschaftlichen Ursachen für politische Haltungen fragt, wird hier fündig werden. Trotz der vorwiegend politikgeschichtlichen Ausrichtung der Edition spiegelt sie keineswegs nur die politischen Bewegungen und die Haltung der Behörden wider, sondern enthält auch umfangreiches Material zur Kultur- und Mentalitätsgeschichte sowie zu den sozialen und wirtschaftlichen Verhältnissen des Rheinlandes, das es in Teilen noch auszuwerten gilt. Mit der Hinwendung zu neuen Fragestellungen bei der Erforschung der Geschichte der Parteien und des Parlamentarismus in Deutschland seit den 1960er Jahren gewannen die »Rheinischen Briefe und Akten« eine vermehrte Aufmerksamkeit und wurden in den Forschungen zur rheinischen Geschichte, aber auch in maßgeblichen überregionalen Publikationen breit rezipiert. Vor allem die Erforschung der demokratischen und sozialistischen Bewegungen im Rheinland sowie die neuere Bürgertumsforschung haben auf Quellentexte der Edition zurückgegriffen und vielfältige Anregungen erhalten.[186]

Bis heute stellt die von Hansen begonnene mehrbändige Quellenedition ein evident wichtiges Hilfsmittel für die historische Forschung nicht nur zur Geschichte des Rheinlandes dar. Die verstärkte Aufmerksamkeit für »Demokratiegeschichte« lässt erwarten, dass das Editionswerk weiterhin aktuell und ein vielgenutzter Quellenfundus zur Geschichte des Vormärz und der Revolution von 1848/1849 sowie der nachfolgenden Reaktionsära bleiben wird.[187] Noch immer harren viele Quellen in der Edition einer Auswertung in neuem Licht. Für die anstehenden Projekte im Rheinland zum 175. Jubiläum der Revolution von 1848/1849 bieten die »Rheinischen Briefe und Akten« auch im Wandel der historischen Fragestellungen eine komfortabel zugängliche, zentrale Grundlage.

---

184 Vgl. u. a. in Werken zur rheinischen Geschichte HERRES, Köln in preußischer Zeit, S. 8; PADTBERG, Rheinischer Liberalismus in Köln, S. 11; in Auswahleditionen u. a. KLÖTZER/WENTZCKE, Deutscher Liberalismus, S. 463; FENSKE, Vormärz und Revolution, S. XV; FENSKE, Quellen, S. XIV; in Überblickswerken u. a. BOTZENHART, Deutscher Parlamentarismus, S. 807; HACHTMANN, Epochenschwelle, S. 223; SIEMANN, Die deutsche Revolution, S. 253.
185 Vgl. u. a. SOÉNIUS, Unternehmer und Liberale, S. 65–67; HOLTZ, 1848, S. 89.
186 Vgl. u. a. DOWE, Aktion und Organisation, S. 17; KLEINERTZ, Joseph Hansen 1990, S. 324 f.; BROPHY, Popular Culture, S. 321; HERRES, 1848/49, S. 116, 118; SEYPPEL, Die Demokratische Gesellschaft in Köln, S. 320; SPERBER, Rhineland Radicals, S. 508; MEGA, Erste Abteilung, Bd. 7 und 8; zur Bürgertumsforschung u. a. BOCH, Grenzenloses Wachstum, S. 295; MERGEL, Zwischen Klasse und Konfession, S. 428; METTELE, Bürgertum in Köln.
187 Vgl. KLEINERTZ, Joseph Hansen 1993, S. 272 f.

Quellen und Literatur

Die Edition

Hansen, Joseph (Hg.), *Rheinische Briefe und Akten* zur Geschichte der politischen Bewegung 1830–1850 (= PubGRhG, Nr. XXXVI), 4 Bde., Essen / Bonn / Düsseldorf 1919–2013.
   Bd. I (1830–1845), bearb. von Joseph Hansen, Essen / Leipzig 1919 (Neudr. Osnabrück 1967).
   Bd. II, 1. Hälfte (Jan. 1846 bis Apr. 1848), bearb. von Joseph Hansen, Bonn 1942.
   Bd. II, 2. Hälfte (Apr.–Dez. 1848), bearb. von Heinz Boberach, Köln / Bonn 1976.
   Bd. III (1849–1850), bearb. von Heinz Boberach, Düsseldorf 1998.
   Bd. IV (Gesamtindex), bearb. von Heinz Boberach und Michael Wettengel, Düsseldorf 2013.

Gedruckte Quellen

Boberach, Heinz (Bearb.), *Berichte des SD und der Gestapo* über Kirchen und Kirchenvolk in Deutschland 1934–1944 (= Veröffentlichungen der Kommission für Zeitgeschichte bei der Katholischen Akademie in Bayern, Reihe A, Quellen, Bd. 12), Mainz 1971.

Fenske, Hans (Hg.), *Vormärz und Revolution* 1840–1849 (= Quellen zum politischen Denken der Deutschen im 19. und 20. Jahrhundert. Freiherr-vom-Stein-Gedächtnisausgabe, Bd. IV), Darmstadt 1976.

Ders. (Hg.), *Quellen* zur deutschen Revolution 1848–1849 (= Ausgewählte Quellen zur Deutschen Geschichte. Freiherr-vom-Stein-Gedächtnisausgabe, Bd. XXIV), Darmstadt 1996.

Hansen, Joseph (Bearb.), *Quellen zur Geschichte des Rheinlandes* im Zeitalter der Französischen Revolution, 1780–1801 (= PubGRhG, Nr. XLII), 4 Bde., Bonn 1931–1938.

Herres, Jürgen, Die Revolution von 1848/49. *Politische Vereinsversammlungen* im Protokoll, in: ders. u. a. (Hgg.), Quellen zur Geschichte der Stadt Köln, Bd. 3: Das 19. Jahrhundert (1794–1914), Köln 2010, S. 172–200.

Ders. / Melis, François (Bearb.), Karl Marx Friedrich Engels Gesamtausgabe (*MEGA*). *Erste Abteilung*: Werke, Artikel, Entwürfe, *Bd. 7*: Februar bis Oktober 1848, Berlin 2016.

Ders. / Melis, François (Bearb.), Karl Marx Friedrich Engels Gesamtausgabe (*MEGA*). *Erste Abteilung*: Werke, Artikel, Entwürfe, *Bd. 8*: Oktober 1848 bis Februar 1849, Berlin 2020.

Keinemann, Friedrich, *Das Kölner Ereignis* und sein Widerhall in der Rheinprovinz und in Westfalen (= Geschichtliche Arbeiten zur westfälischen Landesforschung, Bd. 14), 2 Teile, Münster 1974.

Klötzer, Wolfgang / Wentzcke, Paul (Bearb.), *Deutscher Liberalismus* im Vormärz. Heinrich von Gagern, Briefe und Reden 1815–1848, Göttingen 1959.

Literatur

Angermann, Erich, *Ludolf Camphausen* (1803–1890), in: Rheinische Lebensbilder 2 (1966), S. 159–219.

Berg, Matthias, Vom Deutschen *Kaiserreich* bis zur Gründung der Bundesrepublik, in: ders. / Olaf

Blaschke / Martin Sabrow / Jens Thiel / Krijn Thijs (Hgg.), Die versammelte Zunft. Historikerverband und Historikertage in Deutschland 1893–2000, Bd. 1, Göttingen 2018, S. 25–327.

BERGENGRÜN, Alexander, *David Hansemann*, Berlin 1901.

BERGHAUSEN, Gregor, *Die großbürgerlichen Liberalen* im Rheinischen Provinziallandtag 1826–1845, Köln 1994.

BIEFANG, Andreas, *Hermann Heinrich Becker* (1820–1885), in: Rheinische Lebensbilder 13 (1993), S. 153–181.

BOBERACH, Heinz, *Archivar* zwischen Akten und Aktualität, Norderstedt 2004.

DERS., Die *Volksstimmung* im Rheinland 1848/49 im Spiegel der Petitionen an die Deutsche Nationalversammlung, in: ders. (Hg.), Beiträge zur rheinischen Landesgeschichte und zur Zeitgeschichte, Koblenz 2001, S. 23–42.

DERS., *Presse und Revolution* 1848/49 im Rheinland, in: Stephan Lennartz / Georg Mölich (Hgg.), Revolution im Rheinland. Veränderungen der politischen Kultur 1848/49 (= Bensberger Protokolle. Schriftenreihe der Thomas-Morus-Akademie Bensberg, Bd. 29), Köln 1998, S. 47–61.

DERS., *Wahlrechtsfragen* im Vormärz. Die Wahlrechtsanschauung im Rheinland 1815–1849 und die Entstehung des Dreiklassenwahlrechts, Düsseldorf 1959.

BOCH, Rudolf, *David Hansemann*. Das Kind der Industrie, in: Sabine Freitag (Hg.), Die Achtundvierziger. Lebensbilder aus der deutschen Revolution 1848/49, München 1998, S. 171–184.

DERS., *Grenzenloses Wachstum?* Das rheinische Wirtschaftsbürgertum und seine Industrialisierungsdebatte 1814–1857, Göttingen 1991.

DERS., *Notabelntradition* und »Große Industrie«: soziale Wurzeln und gesellschaftliche Zielvorstellungen des Liberalismus der Rheinprovinz 1820–1850, in: Politische Strömungen, S. 1–20.

BOTZENHART, Manfred, *Deutscher Parlamentarismus* in der Revolutionszeit 1848–1850 (= Handbuch der Geschichte des deutschen Parlamentarismus), Düsseldorf 1977.

BROPHY, James M., *Popular Culture* and the Public Sphere in the Rhineland, 1800–1850, Cambridge 2007.

BÜTTNER, Edgar, *Quellen* im Überlieferungszusammenhang. Über Editionen als Aufgabe des Bundesarchivs, in: Archivalische Zeitschrift 92 (2011), S. 9–26.

DERS., *Rekonstruktion* als Fixpunkt der Erinnerung – Editionen archivischer Quellen, in: Forum. Das Fachmagazin des Bundesarchivs 2021, S. 57–61.

CANIS, Konrad, *Konstruktiv gegen die Revolution*. Strategie und Politik der preußischen Regierung 1848 bis 1850/51, Paderborn 2022.

CASPARY, Anna, *Ludolf Camphausens Leben*. Nach seinem handschriftlichen Nachlaß, Stuttgart / Berlin 1902.

DEVANTIER, Sven Uwe, Das *Heeresarchiv* Potsdam. Die Bestandsaufnahme in der Abteilung Militärarchiv des Bundesarchivs, in: Archivar 61 (2008), S. 361–369.

DÖSSELER, Emil, *Luise v. Winterfeld*, geb. 10.6.1882 in Metz / Lothringen, gest. 21.7.1967 in Dortmund, in: Der Archivar 21 (1968), Sp. 382–384.

DOWE, Dieter, *Aktion und Organisation*. Arbeiterbewegung, sozialistische und kommunistische Bewegung in der preußischen Rheinprovinz 1820–1852, Hannover 1970.

ENNEN, Edith, *Gottfried Kinkel*, in: Rheinische Lebensbilder 1 (1961), S. 168–188.

FABER, Karl Georg, Die *kommunale Selbstverwaltung* in der Rheinprovinz im 19. Jahrhundert, in: RhVjbll 30 (1965), S. 132–151.

FEHRENBACH, Elisabeth, *Veit Valentin*, in: Hans-Ulrich Wehler (Hg.), Deutsche Historiker, Bd. 1, Göttingen 1973, S. 69–85.

GERNERT, Dörte, *Die Revolution von 1848/49* im Rheinisch-Bergischen (Landkreis Mülheim am Rhein), Remscheid 1984.

GROTHE, Ewald, *Früher Parlamentarismus* im rheinischen Provinziallandtag 1826–1848, in: Jahrbuch zur Liberalismus-Forschung 30 (2018), S. 69–83.

GRÜNTHAL, Günther, *Parlamentarismus in Preußen* 1848/49–1857/58 (= Handbuch der Geschichte des deutschen Parlamentarismus), Düsseldorf 1982.

HACHTMANN, Rüdiger, *Berlin 1848*. Eine Politik- und Gesellschaftsgeschichte der Revolution, Bonn 1997.

DERS., *Epochenschwelle* zur Moderne. Einführung in die Revolution von 1848/49, Tübingen 2002.

HANSEN, Joseph (Hg.), *Die Rheinprovinz 1815–1915*. Hundert Jahre preußischer Herrschaft am Rhein, 2 Bde., Bonn 1917.

DERS., *Gustav von Mevissen*. Ein rheinisches Lebensbild 1815–1899, 2 Bde., Berlin 1906.

DERS., *König Friedrich Wilhelm IV.* und das liberale Märzministerium Camphausen-Hansemann i. J. 1848, Trier 1913.

DERS., *Preußen und Rheinland* von 1815 bis 1915. Hundert Jahre politischen Lebens am Rhein (= Rheinprovinz, Bd. 4) [um verschiedene Beiträge ergänzter ND der Ausgabe von 1918], Köln 1990.

HAUPTS, Leo, Die *Universität zu Köln* im Übergang vom Nationalsozialismus zur Bundesrepublik (= Studien zur Geschichte der Universität zu Köln, Bd. 18), Köln / Weimar / Wien 2007.

HEHL, Ulrich von, *Peter Reichensperger* 1810–1892 (= Beiträge zur Katholizismusforschung. Reihe A: Quellentexte zur Geschichte des Katholizismus, Bd. 17), Paderborn 2000.

HENKEL, Martin / TAUBERT, Rolf, *Die deutsche Presse* 1848–1850, München u. a. 1986.

HERRES, Jürgen, *1848/49* – Revolution in Köln, Köln 1998.

DERS., *Das preußische Rheinland* in der Revolution von 1848/49, in: Stephan Lennartz / Georg Mölich (Hgg.), Revolution im Rheinland. Veränderungen der politischen Kultur 1848/49 (= Bensberger Protokolle. Schriftenreihe der Thomas-Morus-Akademie Bensberg, Bd. 29), Köln 1998, S. 13–36.

DERS., *Karl Marx* in den europäischen Revolutionen von 1848/49, in: Martin Endreß / Christian Jansen (Hgg.), Karl Marx im 21. Jahrhundert. Bilanz und Perspektiven, Frankfurt a. M. / New York 2020, S. 119–153.

DERS., *Köln in preußischer Zeit* 1815–1871 (= Geschichte der Stadt Köln, Bd. 9), Köln 2012.

DERS., *Städtische Gesellschaft* und katholische Vereine im Rheinland 1840–1870, Essen 1996.

DERS. / HOLTZ, Bärbel, *Rheinland und Westfalen* als preußische Provinzen (1814–1888), in: Georg Mölich / Veit Veltzke / Bernd Walter (Hgg.), Rheinland, Westfalen und Preussen: Eine Beziehungsgeschichte, Münster 2011, S. 113–208.

HETTINGER, Ulrich, *Hermann von Beckerath*. Ein preußischer Patriot und rheinischer Liberaler, Krefeld 2010.

HETTLING, Manfred, *Nachmärz und Kaiserreich*, in: Christof Dipper / Ulrich Speck (Hgg.), 1848. Revolution in Deutschland, Frankfurt a. M. 1998, S. 11–24.

HILDEBRAND, Klaus, *Editionen* zum 19. und 20. Jahrhundert. Deutsche Geschichtsquellen – Akten der Reichskanzlei – Bayerische Ministerratsprotokolle, in: Lothar Gall (Hg.), »… für deutsche Geschichts- und Quellenforschung«. 150 Jahre Historische Kommission bei der Bayerischen Akademie der Wissenschaften, München 2008, S. 199-227.

HIRSCHHAUSEN, Ulrike von, *Liberalismus und Nation*. Die Deutsche Zeitung 1847-1850 (= Beiträge zur Geschichte des Parlamentarismus und der politischen Parteien, Bd. 115), Düsseldorf 1998.

HOCKERTS, Hans Günter, *Konrad Repgen* (1923-2017), in: HZ 306 (2018), S. 121-130.

HOFMANN, Jürgen, Das *Ministerium Camphausen-Hansemann*. Zur Politik der preußischen Bourgeoisie in der Revolution 1848/49, Berlin (DDR) 1981.

DERS., *Ludolf Camphausen*. Erster bürgerlicher Ministerpräsident in Preußen, in: Helmut Bleiber / Walter Schmidt / Rolf Weber (Hgg.), Männer der Revolution von 1848, Bd. 2, Berlin (DDR) 1987, S. 425-448.

HOHMANN, Barbara, »Da ich unglücklich war und wohl etwas unterdrückt«. *Mathilde von Mevissen* und die Mädchenbildung, in: JbKölnGV 75 (2004), S. 87-141.

HOLTZ, Bärbel, *1848* – Der rheinische Liberalismus an der Macht? In: Jahrbuch zur Liberalismus-Forschung 30 (2018), S. 85-101.

DIES., *Preußens Presse* ohne Zensur? – Pressepolitische Instrumentarien von der Märzrevolution bis zur Reichsgründung, in: dies. (Hg.), Preußens Pressepolitik zwischen Aufhebung der Zensur und Reichspreßgesetz (1848 bis 1874) (= Acta Borussica. Neue Folge. 2. Reihe: Preußen als Kulturstaat. Abteilung II: Der preußische Kulturstaat in der politischen und sozialen Wirklichkeit, Bd. 11), Berlin 2019, S. 1-116.

DIES., *Staatlichkeit und Obstruktion* – Preußens Zensurpraxis als politisches Kulturphänomen, in: dies. (Hg.), Preußens Zensurpraxis von 1819 bis 1848 in Quellen (= Acta Borussica. Neue Folge. 2. Reihe: Preußen als Kulturstaat. Abteilung II: Der preußische Kulturstaat in der politischen und sozialen Wirklichkeit, Bd. 6), 2 Bde., Berlin 2015, S. 1-105.

DIES., *Zensur und Zensoren* im preußischen Vormärz, in: Gabriele B. Clemens (Hg.), Zensur im Vormärz. Pressefreiheit und Informationskontrolle in Europa (= Schriften der Siebenpfeiffer-Stiftung, Bd. 9), Ostfildern 2013, S. 105-119.

HUNDT, Martin, *Geschichte des Bundes der Kommunisten* 1836-1852 (= Philosophie und Geschichte der Wissenschaften, Bd. 3), Frankfurt a. M. 1993.

KAHLENBERG, Friedrich Peter, *Heinz Boberach*, in: Archivar 62 (2009), S. 323-324.

KASTNER, Dieter / MÖLICH, Georg / PADTBERG, Beate-Carola, *Auswahlbibliographie*: 1918 bis 1990, in: Hansen, Preußen und Rheinland, S. 351-371.

KIM, Phil-young, *Ein deutsches Reich* auf katholischem Fundament. Einstellungen zur deutschen Nation in der strengkirchlichen katholischen Presse 1848-1850 (= Europäische Hochschulschriften, Reihe III, Bd. 1079), Frankfurt a. M. u. a. 2010.

KLEINERTZ, Everhard, *Joseph Hansen* (1862-1943), in: Hansen, Preußen und Rheinland, S. 273-325.

DERS., *Joseph Hansen* (1862-1943), in: Rheinische Lebensbilder 13 (1993), S. 249-276.

KRAMP, Mario, *Bürgerstolz und altes Köln*. Kölns Historisches Museum in Hahnentorburg und Eigelsteintorburg. 1888 bis 1924, in: ders. (Hg.), 125 Jahre Kölnisches Stadtmuseum. 125 mal gekauft – geschenkt – gestiftet, Köln 2013, S. 13-15.

KRAUS, Hans-Christof, *Historikerbriefe* in den »Deutschen Geschichtsquellen des 19. Jahrhunderts«, in: Matthias Berg / Helmut Neuhaus (Hgg.), Briefkultur(en) in der deutschen Geschichtswissenschaft zwischen dem 19. und 21. Jahrhundert (= Schriftenreihe der Historischen

Kommission bei der Bayerischen Akademie der Wissenschaften, Bd. 106), Göttingen 2021, S. 323–334.

Langewiesche, Dieter, Die *Anfänge der deutschen Parteien*. Partei, Fraktion und Verein in der Revolution von 1848/49, in: Geschichte und Gesellschaft 4 (1978), S. 324–361.

Ders., Die *Rolle des Militärs* in den europäischen Revolutionen von 1848, in: Dieter Dowe / Heinz-Gerhard Haupt / Dieter Langewiesche (Hgg.), Europa 1848. Revolution und Reform, Bonn 1998, S. 915–932.

Ders., *Liberalismus* in Deutschland, Frankfurt a. M. 1988, ⁴1995.

Ders., *Republik*, konstitutionelle Monarchie und »Soziale Frage«. Grundprobleme der deutschen Revolution von 1848/49, in: ders. (Hg.), Die deutsche Revolution von 1848/49, Darmstadt 1983, S. 341–361.

Lewejohann, Stefan / Mölich, Georg (Hgg.), *Köln und Preußen*: Studien zu einer Beziehungsgeschichte, Köln 2019.

Mergel, Thomas, *Peter Reichensperger*: Der katholische Liberale, in: Sabine Freitag (Hg.), Die Achtundvierziger. Lebensbilder aus der deutschen Revolution 1848/49, München 1998, S. 185–199.

Ders., *Zwischen Klasse und Konfession*. Katholisches Bürgertum im Rheinland 1794–1914 (= Bürgertum, Bd. 9), Göttingen 1994.

Mettele, Gisela, *Bürgertum in Köln* 1775–1870. Gemeinsinn und freie Association (= Stadt und Bürgertum, Bd. 10), München 1998.

Mölich, Georg, 1865–2015: *»Preußen-Jubiläen«* in Köln und im Rheinland. Erinnerungskulturen im Wandel, in: Stefan Lewejohann / Georg Mölich (Hgg.), Köln und Preußen, S. 7–31.

Ders. / Pohl, Meinhard / Veltzke, Veit (Hgg.), *Preußens schwieriger Westen*. Rheinisch-preußische Beziehungen, Konflikte und Wechselwirkungen, Duisburg 2003.

Ders. / Veltzke, Veit / Walter, Bernd (Hgg.), *Rheinland, Westfalen und Preussen*: eine Beziehungsgeschichte, Münster 2011.

Müller, Michael, *Die preußische Rheinprovinz* unter dem Einfluß von Julirevolution und Hambacher Fest 1830–1834, in: JbwestdtLG 6 (1980), S. 271–290.

Niemann, Dietmar, *Die Revolution von 1848/49* in Düsseldorf. Geburtsstunde politischer Parteien und Bürgerinitiativen, Düsseldorf 1993.

Nonn, Christoph, *Nationale Volksbewegung*, bürgerliche Interessenpartei, gesellschaftliche Reformkraft. Der Liberalismus am Rhein, in: Jahrbuch zur Liberalismus-Forschung 30 (2018), S. 31–52.

Obenaus, Herbert, Anfänge des Parlamentarismus in Preußen bis 1848 (= Handbuch der Geschichte des deutschen Parlamentarismus), Düsseldorf 1984.

Pabst, Klaus, »Blut und Boden« auf rheinische Art. *Gerhard Kallen*, der Nationalsozialismus und der »Westraum«, in: Burkhard Dietz / Helmut Gabel / Ulrich Tiedau (Hgg.), Griff nach dem Westen, Teil 2, Münster u. a. 2003, S. 945–978.

Ders., Die *Gesellschaft* für Rheinische Geschichtskunde (1881–1981). Trägerschaft, Organisation und Ziele in den ersten 100 Jahren ihres Bestehens (Redaktion: Stephan Laux) (= Studien und Darstellungen der Gesellschaft für Rheinische Geschichtskunde, Bd. 1), Köln / Wien 2022.

Padtberg, Beate-Carola, *Die rheinisch-preußische Geschichte* zwischen 1815 und 1915 im Spiegel der Veröffentlichungen seit dem Ersten Weltkrieg. Ein Forschungsüberblick, in: Hansen, Preußen und Rheinland, S. 327–349.

DIES., *Rheinischer Liberalismus in Köln* während der politischen Reaktion in Preußen nach 1848/49, Köln 1985.

PALETSCHEK, Sylvia, *Ermentrude und ihre Schwestern*. Die ersten habilitierten Historikerinnen in Deutschland, in: Henning Albrecht / Gabriele Boukrif / Claudia Bruns / Kirsten Heinsohn (Hgg.), Politische Gesellschaftsgeschichte im 19. und 20. Jahrhundert. Festgabe für Barbara Vogel, Hamburg 2006, S. 175–187.

PASTOR, Ludwig von, *August Reichensperger 1808–1895*. Sein Leben und Wirken auf dem Gebiet der Politik, der Kunst und der Wissenschaft mit Benutzung seines ungedruckten Nachlasses dargestellt, 2 Bde., Freiburg 1899.

PELZER, Erich, *Joseph Hansen (1862–1943) und sein Beitrag zur Rheinischen Revolutionsforschung*, in: Tel Aviver Jahrbuch für deutsche Geschichte 18 (1989), S. 271–291.

PILGER, Kathrin, *Frauen im Archiv*, in: Archivar 75 (2022), S. 114–116.

Politische Strömungen und Gruppierungen am Rhein 1848/49. Vorträge gehalten auf dem Symposium anläßlich des 150. Jahrestages der Revolution von 1848/49 im Rheinland am 9. November 1998 im Landtag Nordrhein-Westfalen in Düsseldorf, veranstaltet von der Gesellschaft für Rheinische Geschichtskunde und vom Landschaftsverband Rheinland (= PubGRhG, Vorträge, Bd. 31), Düsseldorf 1999.

REINICKE, Christian, »Forderungen des Volkes«. *Petitionen im Rheinland 1848/49*, in: Ottfried Dascher / Everhard Kleinertz (Hgg.), *Petitionen und Barrikaden*, S. 101–105.

REPGEN, Konrad, *Klerus und Politik* 1848: Die Kölner Geistlichen im politischen Leben des Revolutionsjahres – als Beitrag zu einer »Parteigeschichte von unten«, in: Max Braubach / Franz Petri / Leo Weisgerber (Hgg.), Aus Geschichte und Landeskunde. Franz Steinbach zum 65. Geburtstag, Bonn 1960, S. 133–165.

DERS., *Märzbewegung* und Maiwahlen des Revolutionsjahres 1848 im Rheinland (= Bonner Historische Forschungen, Bd. 4), Bonn 1955.

DERS., *Max Braubach*. Person und Werk, in: Ulrich Pfeil (Hg.), Das Deutsche Historische Institut Paris und seine Gründungsväter, München 2007, S. 104–117.

REULECKE, Jürgen, Die *Vereinsbewegung* für das Wohl der arbeitenden Klassen, in: Ottfried Dascher / Everhard Kleinertz (Hgg.), *Petitionen und Barrikaden*. Rheinische Revolutionen 1848/49, Münster 1998, S. 54–57.

DERS., *Sozialer Frieden* durch soziale Reform: Der Centralverein für das Wohl der arbeitenden Klassen in der Frühindustrialisierung, Wuppertal 1983.

RIBHEGGE, Wilhelm, Preußen im Westen. Kampf um den Parlamentarismus in Rheinland und Westfalen 1789–1947, Münster 2008.

RUMMEL, Walter, *Kanonen gegen Winzer* – Kolonnen gegen Bauern: Die Revolution von 1848/49 in den ländlichen Gebieten des Saar-Mosel-Raumes, in: JbwestdtLG 24 (1998), S. 305–328.

SCHÜTZ, Rüdiger, Preußen und die Rheinlande. Studien zur *preußischen* Integrationspolitik im Vormärz, Wiesbaden 1979.

SCHEIDGEN, Hermann-Josef, *Der deutsche Katholizismus* in der Revolution von 1848/49. Episkopat – Klerus – Laien – Vereine, Köln / Weimar / Wien 2008.

SCHWANN, Mathieu, *Ludolf Camphausen*, 3 Bde., Essen 1915.

SEYPPEL, Marcel, *Die Demokratische Gesellschaft in Köln* 1848/49. Städtische Gesellschaft und Parteientstehung während der bürgerlichen Revolution (= Kölner Schriften zu Geschichte und Kultur, Bd. 15), Köln 1991.

Siemann, Wolfram, *Die deutsche Revolution* von 1848/49, Frankfurt a. M. 1985.
Ders., *Restauration*, Liberalismus und nationale Bewegung (1815–1870). Akten, Urkunden und persönliche Quellen (= Quellenkunde zur deutschen Geschichte der Neuzeit von 1500 bis zur Gegenwart, Bd. 4), Darmstadt 1982.
Soénius, Ulrich S., *Unternehmer und Liberale*. Rheinisches Wirtschaftsbürgertum im frühen 19. Jahrhundert, in: Jahrbuch zur Liberalismus-Forschung 30 (2018), S. 53–68.
Ders., *Zukunft im Sinn* – Vergangenheit in den Akten. 100 Jahre Rheinisch-Westfälisches Wirtschaftsarchiv zu Köln (= Schriften zur rheinisch-westfälischen Wirtschaftsgeschichte, Bd. 45), Köln 2006.
Soldwisch, Ines, *Joseph Hansen* (1862–1943). Historiker und Archivar aus Leidenschaft und mit Verve, in: Geschichtsverein für das Bistum Aachen e. V. (Hg.), Historiker aus dem Bistum Aachen. Sieben Lebensbilder, zusammengestellt anlässlich der 124. Generalversammlung der Görres-Gesellschaft in Aachen, 23.–25. September 2022, Neustadt a. d. Aisch 2022, S. 65–74.
Sperber, Jonathan, Die politischen und gesellschaftlichen *Zielvorstellungen* der »bürgerlichen« Demokraten im Rheinland 1848/49, in: Politische Strömungen, S. 21–37.
Ders., *Rhineland Radicals*: The Democratic Movement and the Revolution of 1848–1849, Princeton N. J. 1993.
Weber, Christoph, *Aufklärung und Orthodoxie* am Mittelrhein 1820–1850 (= Beiträge zur Katholizismusforschung, Reihe B: Abhandlungen), Paderborn 1973.
Wettengel, Michael, *Die Revolution von 1848/49* im Rhein-Main-Raum: Politische Vereine und Revolutionsalltag im Großherzogtum Hessen, Herzogtum Nassau und in der Freien Stadt Frankfurt (= Veröffentlichungen der Historischen Kommission für Nassau, Bd. XLIX), Wiesbaden 1989.
Ders., *Erinnern an die Revolution* von 1848/49, in: Bernd Braun / Frank Engehausen / Sibylle Thelen / Reinhold Weber (Hgg.), Demokratie erinnern. Historisch-politische Identitätsbildung im deutschen Südwesten (= Schriften zur politischen Landeskunde Baden-Württembergs, Bd. 53), Stuttgart 2023, S. 39–82.
Ders., *Parteibildung* in Deutschland. Das politische Vereinswesen in der Revolution von 1848, in: Dieter Dowe / Heinz-Gerhard Haupt / Dieter Langewiesche (Hgg.), Europa 1848. Revolution und Reform, Bonn 1998, S. 701–738.
Ders., Politische und literarische *Gruppenbildungen*. I: Politische Parteien, Vereine, Assoziationen, in: Norbert Otto Eke (Hg.), Vormärz-Handbuch, Bielefeld 2020, S. 248–256.
Wittka, Marina, *Studieren* für Frauen verboten! Über den Kampf um die Zulassung zum Hochschulstudium, in: Frauenbeauftragte der Universität zu Köln (Hg.), »Genia – Nur für Frauen«, Köln 1995, S. 13–22.
Wulf, Tom, »Täglich klüger werden«: Der Archivar Dr. *Heinz Boberach* und die Aufarbeitung der NS-Verbrechen (= Villa ten Hompel Aktuell 15), Münster 2011.

Rezensionen

Becker, Andreas, Rezension von: *Quellen* zur Geschichte des Rheinlandes im Zeitalter der Französischen Revolution 1780–1801. Ges. und hg. von Joseph Hansen, in: sehepunkte 6 (2006), Nr. 2 [15.2.2006], URL: https://www.sehepunkte.de/2006/02/7973.html (Zugriff: 2.4.2022).
Herres, Jürgen, Rezension von: *Rheinische Briefe und Akten* zur Geschichte der politischen Be-

wegung: 1830–1850. Ges. und hg. von Joseph Hansen, Bd. 3: 1849–1850. Unter Benutzung von Vorarbeiten von Joseph Hansen bearbeitet von Heinz Boberach, in: RhVjbll 64 (2000), S. 482–485.

Carla Meyer-Schlenkrich

Adolf Kober, »Grundbuch des Kölner Judenviertels 1135–1425« (1920)

Kartierung einer verlorenen Welt*

Aktuell entsteht im Zentrum der Stadt Köln nah am Rathaus ein neues Museum, das MiQua, kurz für »LVR-Jüdisches Museum im Archäologischen Quartier Köln«, dessen hell schimmernder Neubau mit seiner angedeuteten Giebelgruppe an die hier im Spätmittelalter verlaufenden Gassen und ihre dichte Bebauung erinnern soll. Das oberirdische Gebäude mit seinem Rautenwerk aus Stahl wird sich als schützende Ausstellungshalle über die ergrabenen Mauern des mittelalterlichen jüdischen Viertels wölben; zusammen mit dem antiken Prätorium sollen die künftigen Besucher*innen es über einen archäologischen Parcours erlaufen.[1] Die Idee zum Museum verdankt sich den sensationellen Funden und Befunden, die archäologische Grabungskampagnen seit dem Zweiten Weltkrieg bis hinein in die jüngste Vergangenheit erbrachten.[2] Ihre Kontextualisierungen allerdings konnten und können nur über die nicht weniger spektakuläre Schriftüberlieferung zur mittelalterlichen jüdischen Gemeinde Kölns gelingen, die seit dem 19. Jahrhundert als Thema entdeckt und sukzessive erschlossen wurde.

Ein Meilenstein auf diesem Weg war das »Grundbuch des Kölner Judenviertels 1135–1425«, das der promovierte Mediävist Adolf Kober in der Reihe der »Publikationen der Gesellschaft für Rheinische Geschichtskunde« 1920 gedruckt vorlegte.[3] Dieser Beitrag zu seiner Würdigung ist in drei Kapitel gegliedert: Bevor es um das Werk selbst und seine Wirkungsgeschichte geht, soll zuerst die durch Verfolgung und Vertreibung in der

---

* Ich bin Dr. Tanja Potthoff, LVR-Jüdisches Museum im Archäologischen Quartier Köln, zu großem Dank für ihre Hinweise und Erläuterungen insbesondere zum dritten Kapitel dieses Aufsatzes verpflichtet!
1 Zum Museumsneubau und dem geplanten Ausstellungsrundgang s. OTTEN/TWIEHAUS. Das aktualisierte Konzept für MiQua (aus dem Jahr 2018) sowie der MiQua-Blog sind abrufbar unter: https://miqua.blog/ (abgerufen am 2.9.2024). Einen Überblick über die archäologischen Befunde und Funde zum jüdischen Viertel vermittelt KLIEMANN/WIEHEN, Köln – jüdisches Leben.
2 S. dazu unten mehr unter Kap. 3.
3 S. KOBER, Grundbuch. Die ersten Bögen lagen bereits drei Jahre früher gedruckt vor, wie in JbGRhG 37 (1918), S. 16, in der Rubrik »Berichte über die wissenschaftlichen Veröffentlichungen« unter »C. Neue Unternehmungen« nachzulesen ist. Im 38. Band von 1918 ist unter »B. Vorbereitete Veröffentlichungen«, S. 15 f., Nr. 21, vermerkt, dass Kober den Druck beendet und eine Karte fertiggestellt habe, das Register jedoch noch fehle. Im 39. und 40. Band zu den Jahren 1919 und 1920, Bonn 1922, S. 5, Nr. 3, ist unter »A. Veröffentlichungen« das Erscheinen des Werks publiziert und der Ladenpreis mit 40 Mark angegeben. Ich danke Dr. Joachim Oepen, Historisches Archiv des Erzbistums Köln, herzlich für die Recherche dieser Informationen.

NS-Zeit geprägte Biographie, aber auch die akademische Lebensleistung des Autors im Mittelpunkt stehen, der nach Matthias Schmandt als »bedeutendster Erforscher der mittelalterlichen jüdischen Geschichte Kölns« zu gelten hat.[4]

Zur Biographie Adolf Kobers (1879–1958)

Adolf Kober (Abb. 20) wurde im Jahr 1879 in Beuthen/Bytom in der heutigen polnischen Woiwodschaft Schlesien geboren und wuchs vor allem in Breslau/Wrocław auf, wo er als junger Mann noch vor der Jahrhundertwende zu studieren begann.[5] Einerseits entschied er sich für ein Studium der Geschichte, Philosophie und semitischen Sprachen an der Universität Breslau. Andererseits war er auch am Breslauer jüdisch-theologischen Seminar eingeschrieben, wo er 1907 das Examen als Rabbiner ablegte.[6] Mit dieser doppelten Qualifikation waren die Grundlagen dafür gelegt, dass er – wie Ursula Reuter 2017 formuliert hat – zum deutsch-jüdischen Ideal »des akademisch gebildeten Rabbiner-Doktors« werden konnte.[7]

Beide Karrierewege, der des Historikers und der des Rabbiners, führten ihn früh von Breslau an den Rhein: Zum einen wurde er 1903 mit einer Untersuchung über die mittelalterliche Geschichte der Juden und Jüdinnen Kölns promoviert.[8] Zum anderen zog es ihn auch als Rabbiner nach Köln, das seine langjährige Heimat wurde. Abgesehen von zehn Jahren in Wiesbaden war er mehr als 20 Jahre ab 1906 bis zu seiner Vertreibung 1939 aus Deutschland in Köln tätig. Dort wurde er Rabbiner der Synagoge Roonstraße, er wirkte also in der gemäßigt liberalen Hauptsynagoge Kölns neben der orthodoxen Gemeinde in der Synagoge Glockengasse und war somit verantwortlich für eine der

---

4   SCHMANDT, Judei, cives et incole, S. 130, s. eine ausführlichere Würdigung auch ebd., S. 2f.
5   S. hierzu wie auch im Folgenden REUTER, Adolf Kober, und MÜLLER-JERINA, Adolf Kober (mit einer Bibliographie seiner wissenschaftlichen Arbeiten auf S. 283–296, allerdings ohne Rezensionen, s. z. B. Kobers zahlreiche Besprechungen in Monatsschrift für Geschichte und Wissenschaft des Judentums 79, NF 43, 1935). Kürzere Darstellungen zu Kobers Biographie finden sich auch bei MATZERATH u. a. (Hgg.), Jüdisches Schicksal in Köln, sowie in BROCKE/CARLEBACH (Hgg.), Biographisches Handbuch der Rabbiner, S. 336–339; Biographisches Portal der Rabbiner, o. S.; Deutsche Biographische Enzyklopädie, Bd. 5, S. 635; SCHOEPS (Hg.), Neues Lexikon des Judentums, S. 265.
6   Zur Geschichte und den pädagogischen Ansätzen des Jüdisch-Theologischen Seminars Fraenckel'sche Stiftung, eines zwischen 1854 und 1938 bestehenden Rabbiner- und Lehrerseminars in Breslau, das den Studenten die parallele Ausbildung in sowohl jüdischen als auch weltlichen Wissensfeldern ermöglichen wollte, s. knapp FUCHS, Critical Study, bes. S. 155–158. Ein Selbstzeugnis, in dem Kober den Historiker Heinrich Graetz – nach Fuchs einer der Schlüsselfiguren des Seminars – würdigt, zu dessen Schülerkreis er sich selbst zählte, hat sich in einem Aufsatz von 1954 erhalten, in dem Kober an das umfassende Studienprogramm seiner Alma Mater erinnert, s. KOBER, The Jewish Theological Seminar of Breslau.
7   REUTER, Adolf Kober, o. S.
8   S. KOBER, Studien zur mittelalterlichen Geschichte der Juden in Köln. S. dazu unten mehr unter Kap. 2.

größten jüdischen Gemeinden Deutschlands überhaupt. In diesen Kölner Jahren prägte Adolf Kober das innere Leben der jüdischen Gemeinde in Köln nicht zuletzt durch zahlreiche kulturelle und karitative Projekte wie etwa 1928 mit der Gründung des Jüdischen Lehrhauses, einer Stätte der jüdischen Erwachsenenbildung. Gleichzeitig war ihm auch die Außendarstellung der jüdischen Gemeinde und des deutschen Judentums allgemein ein Anliegen.

Ein herausragendes Beispiel für dieses Bemühen war Kobers Beteiligung an der »Jahrtausendausstellung der Rheinlande«, die 1925 in der neu gebauten Kölner Messe gezeigt wurde.[9] Als historischen Anlass für dieses Großprojekt hatte man die Einverleibung Lotharingiens 925 unter dem Ottonen Heinrich I. ins Ostfränkische Reich auserkoren, obwohl dieses Datum in seiner Bedeutung unter Fachhistoriker*innen schon damals umstritten war.[10] Politischer Grund für diese Ausstellung war die Besetzung der linksrheinischen Gebiete durch die Siegermächte nach dem Ersten Weltkrieg und die Sorge, dass es, anders als im Versailler Frieden vorgesehen, zu einer dauerhaften Grenzverschiebung Frankreichs an den Rhein kommen würde. Die »Jahrtausendausstellung« wie insgesamt die »Jahrtausendfeiern« im ganzen Rheinland sollten 1925 also die vermeintlich naturwüchsige Zugehörigkeit der Rheinlande zu Deutschland belegen – mit diesen Zielen nimmt es kein Wunder, dass Rüdiger Haude die Stoßrichtung dieser Ausstellung als »großangelegte Einübung in völkisches Denken« qualifiziert hat.[11]

Abb. 20: Adolf Kober, undatiert.

---

9 Von Kobers Beteiligung zeugen auch die folgenden Veröffentlichungen: KOBER, Juden und Judentum im Rheinland; DERS., Von der Jahrtausendausstellung der Rheinlande in Köln, sowie der 1931 publizierte Beitrag »Aus der Geschichte der Juden im Rheinland«, wiederabgedruckt in WIESEMANN, Zur Geschichte und Kultur der Juden im Rheinland, S. 11–98. In der Universitäts- und Stadtbibliothek Köln werden Exemplare von mehreren (Kurz-)Führern durch die »Jahrtausendausstellung« bzw. Begleitpublikationen aufbewahrt, s. etwa EWALD (Hg.), Führer; DERS. (Hg.), Katalog; MUSEUM FÜR HANDEL U. INDUSTRIE AN D. UNIV. KÖLN (Hg.), Photographien; Kölner VERKEHRSAMT (Hg.), Praktische Winke; Die Rheinische Jahrtausendfeier.
10 S. dazu ausführlich HAUDE, »Kaiseridee« oder »Schicksalsgemeinschaft«, S. 157–178.
11 S. HAUDE, Die »Jahrtausendausstellungen« (o. S.).

Die Ablehnung des »Diktat-« bzw. »Schandfriedens« konnte 1925 allerdings auch noch vom nationalpatriotischen Judentum geteilt werden, das nach Falk Wiesemann in den Rheinlanden seine Hochburg hatte.[12] Und so war es kein Widerspruch, dass die »Jahrtausendausstellung der Rheinlande« auch eine jüdische Abteilung umfasste, die Adolf Kober zusammen mit der Kunsthistorikerin Elisabeth Moses (1894–1957) kuratierte.[13] Hier wurden in drei Räumen erstmals Hunderte jüdische Dokumente, Objekte und Kultgegenstände aus dem Rheinland in einem übergreifenden landesgeschichtlichen Rahmen präsentiert.[14] Für Kober war damit die Hoffnung verbunden, so schrieb er in einem Artikel in der Zeitung des »Central-Vereins deutscher Staatsbürger jüdischen Glaubens« (CV-Zeitung), dass die Abteilung nicht nur »aller Welt den innigen Zusammenhang von rheinischem Judentum und rheinischem Boden dartun« solle, sondern dass sie auch »das Recht der deutschen Juden auf den rheinischen Heimatboden unwiderleglich beweist«.[15] Insgesamt wurde, wie sowohl Tobias Arand als auch Falk Wiesemann festhalten, der jüdische Beitrag zur »Jahrtausendausstellung« von der nichtjüdischen Umwelt zwar nur gelegentlich näher gewürdigt.[16] Diejenigen Stimmen jedoch, die darauf Bezug nahmen, waren oft ausgesprochen positiv; der Kölner Schuldezernent Kaspar Linnartz etwa erklärte in einer Rede vor jüdischen Lehrern über die Ausstellung: »Wir wußten gar nicht, daß sie eine so alte Kultur in unserer Mitte haben […] Ich habe die feste Über-

---

12 S. WIESEMANN, Die Abteilung »Juden und Judentum im Rheinland«, S. 291 f.

13 Mit einer positiven Wertung dieser konzeptionellen Entscheidung trotz zeitgenössischer Kritik an der Ausstellung ARAND, Die jüdische Abteilung, S. 207, skeptischer in der Gesamtwürdigung dagegen WIESEMANN, Die Abteilung »Juden und Judentum im Rheinland«, s. hier bes. die Darstellung der negativen Urteile aus judaistischer und museologischer Sicht auf S. 289.

14 Zur Beschreibung der Räume und ihrer Gestaltung u. a. mit Fotos s. ARAND, Die jüdische Abteilung, S. 199–203, und WIESEMANN, Die Abteilung »Juden und Judentum im Rheinland«, S. 276–281 sowie S. 288 f., s. hier auch S. 281–283 sowie S. 286–288 zur Rolle Kobers als Kurator. Weil die »jüdische Abteilung« 1925 nicht umfassender dokumentiert worden war, wurden 1931 in der Zeitschrift des Rheinischen Vereins für Denkmalpflege und Heimatschutz zwei längere Beiträge von Kober und Moses veröffentlicht, die Wiesemann ebd., S. 290, »gleichsam als Begleitbuch zu der damals bereits sechs Jahre zurückliegenden Jahrtausend-Ausstellung« bezeichnet hat; sie wurden wiederabgedruckt in: WIESEMANN (Hg.), Geschichte und Kultur der Juden, S. 11–98 und 99–201.

15 KOBER, Von der Jahrtausendausstellung der Rheinlande in Köln, S. 448. Ebenso deutlich wird dieser Wunsch im Artikel des Kölner Justizrats Bernhard Falk in derselben Ausgabe, der auch die Kölner Jahrtausendausstellung zum Thema hat. Im ersten Absatz dieses Textes heißt es: »Die Sehnsucht zum Rheinland, die Liebe zur Heimat geben dem Wollen und Denken des Rheinländers Richtung und Ziel. […] Das gilt selbstverständlich […] auch von uns rheinischen Juden.« S. FALK, Der deutsche Jude, S. 445. Der Text von Falk liegt eingeleitet und kommentiert vor bei PRACHT-JÖRNS, Jüdische Lebenswelten, S. 223–227. Zur deutschnationalen Ausrichtung des Central-Vereins s. knapp WIESEMANN, Die Abteilung »Juden und Judentum im Rheinland«, S. 291 f.

16 S. ARAND, Die jüdische Abteilung, S. 203–207, und WIESEMANN, Die Abteilung »Juden und Judentum im Rheinland«, S. 295 f.

zeugung und den Wunsch, daß gerade diese Ausstellung den Stein legen möge zu einem künftigen idealen Mit- und Nebeneinander im Dienste unseres Vaterlandes.«[17]

Wir wissen heute, dass diese guten Wünsche und Hoffnungen mit der Machtübernahme der Nationalsozialisten ein jähes Ende fanden. Adolf Kober musste nun nicht nur – wie Hans Vogts 1959 in einer Gedenkrede auf ihn formulierte – die »Zertrümmerung seiner Ideenwelt« erleben.[18] Nach dem Novemberpogrom 1938, als alle Kölner Synagogen, das heißt auch der ihm anvertraute Bau in der Roonstraße, verwüstet wurden, und nach gewalttätigen Übergriffen auf ihn selbst entschied er gemeinsam mit seiner Frau Hanna und ihren beiden Kindern zu emigrieren. Wissenschaftlich war er zu diesem Zeitpunkt in Deutschland wohl längst isoliert; die Gesellschaft für Rheinische Geschichtskunde jedenfalls hatte bereits 1937 den – so Klaus Pabst – »auch nach den damaligen Statuten satzungswidrigen Beschluss gefasst, alle nichtarischen Stifter, Patrone und Mitglieder aus den Listen der »Gesellschaft« zu streichen, ohne dass dafür ein akuter Anlass erkennbar« gewesen sei.[19]

Bis in die unmittelbare Zeit vor der so genannten Machtergreifung Hitlers und der NSDAP muss Kober noch die Hoffnung gehegt haben, die »Gesellschaft« für ein zweites Werk aus seiner Feder zu gewinnen. In einem Brief vom 3. Januar 1932, der heute in einer Sachakte im Historischen Archiv der Stadt Köln verwahrt wird, hatte er dazu jedenfalls Anlauf genommen: Darin hatte er vorgeschlagen, ein Quellenwerk über die »Geschichte der Juden am Rhein« vorzulegen, für das er schon sehr viel ungedrucktes Material gesammelt habe. Es solle »Mittelalter und Neuzeit umfassen, und zwar bis zur völligen Eingliederung der Juden in den Staat«, so heißt es in seinen Zeilen.[20] Die »Gesellschaft« hatte am 4. März desselben Jahres darauf mit einem reservierten Schreiben reagiert, der Vorstand habe sich »nicht grundsätzlich ablehnend verhalten«, aber fordere von Kober zuerst einen »genauen Plan seiner Arbeit betreffs Gliederung und Umfang«.[21]

Danach bricht die Korrespondenz zwischen »Gesellschaft« und Adolf Kober ab, ohne dass dies als Indiz für Kobers Resignation gewertet werden darf. Im Gegenteil: Wie Dirk Rupnow in seiner Monographie zur »Judenforschung« im Dritten Reich aus dem Jahr 2011 herausgestellt hat, ist auf jüdischer Seite unter dem Eindruck der Verfolgungen in den ersten Jahren allgemein sogar ein gesteigertes Interesse für eine wissenschaftliche Auseinandersetzung mit der eigenen Geschichte festzustellen. Rupnow nennt als Beispiel eine Artikelserie mit dem Titel »Zur Geschichte der Juden in Deutschland«, die

---

17 Zit. nach ARAND, Die jüdische Abteilung, S. 204.
18 VOGTS, Zum Gedächtnis an Adolf Kober, S. 209. Der Text fußt auf einer Gedenkrede, die Vogts am 19. März 1959 vor dem Kölnischen Geschichtsverein im Lesesaal des Historischen Archivs der Stadt Köln gehalten hatte.
19 S. PABST, Gesellschaft, S. 219. Nur wenige der damals aus der »Gesellschaft« Ausgeschlossenen seien nach dem Krieg wieder in den Jahresberichten bezeugt. S. dazu auch schon knapp weiter oben, S. 89–90.
20 Historisches Archiv der Stadt Köln, Best. 1800 A 300.
21 Ebd.

ab 1934 in der CV-Zeitung erschien und an der sich auch Kober als Autor beteiligte.[22] Auch die Pläne für eine Monographie, die die Summe seiner Forschungen zum jüdischen Köln bieten sollte, trieb er offenbar weiter voran: So war ein Skript schon 1937, das heißt noch vor den für die Kobers auch biographisch einschneidenden Ereignissen der »Reichskristallnacht«, fertiggestellt worden, wie eine Fußnote im Epilog verrät. In den Druck finden sollte es dagegen erst 1940 im amerikanischen Exil in Philadelphia in einer englischen Übersetzung von Solomon Grayzel – und nun ergänzt um eben diesen Epilog mit der düsteren Frage im letzten Absatz: »Will the Jewish community of Cologne ever rise again?«[23]

In den USA in New York verbrachte Kober seine letzten 20 Lebensjahre, hier wurde er wieder als Rabbiner tätig für eine Gemeinde, in der Emigrant*innen aus Köln und dem Rheinland zum Gottesdienst zusammenkamen. Daneben engagierte er sich auch in New York schnell sowohl in karitativen als auch in wissenschaftlichen Vereinigungen. So war Kober nicht zuletzt Mitinitiator des Leo Baeck Institutes, das heute auch seinen wissenschaftlichen Nachlass verwahrt.[24] Seine Bedeutung und die gleichgesinnter exilierter Rabbiner aus Deutschland für diese wichtige Institution hat die Münchner Historikerin Ruth Nattermann in einem Artikel 2012 herausgestrichen.[25] Das Ziel der Gründer war es bei der Einrichtung des Instituts 1955, den antisemitischen und pseudowissenschaftlichen Forschungen zum Judentum in Nazideutschland, ihrem »Schmutz« – wie Kober in einem Brief formuliert hatte –, etwas entgegenzusetzen und mit historisch-kritischer Forschung, wie er und seine Mitstreiter*innen sie in der deutschen Academia erlernt zu haben erklärten, der im Holocaust vernichteten jüdischen Welt Deutschlands ein Denkmal zu setzen.[26] Anfeindungen gab es dabei nicht nur aus antijüdischen Zirkeln.

---

22 S. Rupnow, Judenforschung, S. 242 f.
23 Kober, Cologne, Epilog auf S. 315 f., Zitat auf S. 316. Kober beantwortete diese Frage, die für ihn ebenso sehr für das gesamte jüdische Volk galt, eher fatalistisch als hoffnungsvoll mit einem Zitat aus den Midrashim: »The sun rises; the sun sets; one should add that it sets in order to rise again.«
24 S. Leo Baeck Institute, Adolf Kober Collection; AR 7188; s. mehr unter https://archives.cjh.org/repositories/5/resources/13341 (abgerufen am 10.9.2023). Über den Onlinekatalog des Leo Baeck Institutes sind einige von Kobers gedruckten Arbeiten sowie vereinzelt auch Archivalien zu seiner Familie als Digitalisate recherchierbar.
25 Nattermann, A Struggle for the Preservation, S. 90–102. Im Mittelpunkt des Aufsatzes steht neben Kober auch sein deutscher Rabbinerkollege Max Grünewald.
26 Zit. nach der englischen Übers. bei Nattermann, A Struggle for the Preservation, S. 92 mit Anm. 11. Zu den Bemühungen auf jüdischer Seite, der antisemitischen »Judenforschung« des NS wissenschaftspolitisch und institutionell »Paroli zu bieten«, s. allgemein Rupnow, Judenforschung, und bes. – mit Kober als Akteur – S. 30 f. und S. 52 f. Ein beeindruckendes Panorama der Forschungen, die Kober als »Wissenschaft des Judentums« verstanden haben wollte und in deren Reihe er auch seine eigenen Studien stellte, entfaltete er in einem 1954 veröffentlichten Aufsatz über seine 1938 von den Nazis zwangsgeschlossene Alma Mater in Breslau, s. Kober, The Jewish Theological Seminar of Breslau. Während Kober in diesem Text alle dort gelehrten Disziplinen würdigte und daher nur auf wenigen Seiten auf die »Jewish History« eingeht sowie

Sie kamen vielmehr auch intern aus dem orthodoxen Lager, das die Anschauungen der liberalen Rabbiner und ihre einstigen Hoffnungen auf Integration bzw. Kooperation mit der nichtjüdischen Umwelt verurteilte.

Es bleibt nach meiner Kenntnis des Forschungsstands offen, inwiefern Kober mit seinen Forderungen zur Fortsetzung der »Wissenschaft des Judentums« im Exil auch noch die alte, ihm feindlich gewordene Heimat erreichen wollte. Immerhin reiste er nach Kriegsende in den 1950er Jahren noch zweimal nach Köln,[27] wo in der Zwischenzeit ein anderer jüdischer Gelehrter und Rabbiner, der als Kulturattaché der Israel-Mission nach Köln berufene Zvi Asaria (1913–2002), das deutsch-jüdische Leben neu aufzubauen half und 1959 im Beisein von Konrad Adenauer die wieder errichtete Synagoge in der Roonstraße einweihte.[28] Im Gegensatz zu ihm entschied Kober jedoch nicht nur, in Amerika zu bleiben; bezeichnend ist auch, dass er in den New Yorker Jahren konsequent auf Englisch publizierte.[29]

Zu Kobers »Grundbuch des Kölner Judenviertels 1135–1425«

Diese Beobachtung gibt das Stichwort, um in einem zweiten Kapitel näher auf die Inhalte von Kobers Arbeiten zur deutsch-jüdischen Geschichte einzugehen. Die Themen, die er

---

nur die Breslauer Studien resümiert (s. ebd., S. 108–113, zu seinen eigenen Arbeiten S. 10 f.), hat er einen vergleichbaren Überblick nur über die geschichtswissenschaftlichen Beiträge zur »Wissenschaft des Judentums« u. a. in einem 1929 veröffentlichten Aufsatz aus Anlass der (Wieder-)Gründung der »Zeitschrift für die Geschichte der Juden in Deutschland« vorgelegt, s. KOBER, Die Geschichte der deutschen Juden in der historischen Forschung (s. die Erwähnung seines »Grundbuchs« auf S. 18).

27 S. dazu den Hinweis auf einen Vortrag, den Kober »bei seinem ersten Besuch in Deutschland von New-York aus im Kölnischen Geschichtsverein hielt«, bei VOGTS, Zum Gedächtnis an Adolf Kober, hier S. 209. Zu Kobers Köln-Reisen in den 1950er Jahren s. auch einen Nachruf in der Kölnischen Rundschau: LÖWENTHAL, Sein Herz schlug für Köln.

28 Zu Zvi Asarias Wirken in Köln s. MUSCH / WOLFF / RASS, Hermann Helfgott-Zvi Asaria, S. 264 f., und vor allem – auch zu den Zielen der Israel-Mission und der Entwicklung der Kölner Gemeinde – MUSCH, Verflechtungen. Sebastian Musch (Osnabrück) bereitet aktuell auch eine monographische Biographie zu Zvi Asaria vor. Sehr unterschiedliche, nicht unproblematische Zeitzeugnisse aus christlicher Perspektive zum jüdischen Leben in Köln im Nachkriegsdeutschland, die Asarias Mission aufgreifen, haben sich erhalten in einem Essay des Schriftstellers Heinrich Böll aus dem Jahr 1962, s. BÖLL, Porträt eines Rabbiners, und im ebenfalls persönlich gehaltenen Rückblick Willehad Paul Eckerts in der Festschrift Germania Judaica 1959–1984, s. ECKERT, Köln in der Nachkriegszeit, zu Asaria s. bes. S. 466; Kober wird in Eckerts Memoiren nicht erwähnt.

29 S. dazu die Bibliographie zu Kobers wissenschaftlichem Werk bei MÜLLER-JERINA, Adolf Kober, hier S. 286–289. Der erste Titel war zugleich sein bedeutendstes Werk im Exil, das von Solomon Grayzel übersetzte, 1940 in der Reihe »Jewish Communities Series« publizierte Buch KOBER, Cologne. Zu den wenigen und oft kurzen Ausnahmen in deutscher Sprache gehört ein Beitrag Kobers im von Zvi Asaria herausgegebenen, 1959 veröffentlichten Band »Die Juden in Köln von den ältesten Zeiten bis zur Gegenwart«, s. KOBER, Die Kölner Juden von den ältesten Zeiten.

anging, sind schon chronologisch breit gestreut von der Römerzeit bis ins 20. Jahrhundert und reichen auch immer wieder über den regionalen Horizont der Rheinlande hinaus.[30] Ein besonderer Schwerpunkt lag allerdings unzweifelhaft auf der jüdischen Geschichte Kölns im Mittelalter. Kobers Beschäftigung mit diesem Thema geht zurück bis in seine Breslauer Jahre und seine Dissertation, die er 1903 abschloss und die insbesondere den Grundbesitz der jüdischen Kölner*innen zum Gegenstand hatte.[31] Wie er im Vorwort seines »Grundbuchs« betont, waren die darin gewonnenen Erkenntnisse die Basis für diese spätere Publikation; offenbar wurden also mit dem »Grundbuch« 1920 Teile der Dissertation veröffentlicht, die 1903 noch nicht den Weg in den Druck gefunden hatten.

In der schon zitierten Sachakte der »Gesellschaft« im Historischen Archiv der Stadt Köln lässt sich das Werden des »Grundbuchs« ab 1917 nachvollziehen: Die ersten Zeugnisse aus dem Juni und Juli 1917 bestätigen nicht nur die Annahme der Arbeit durch die »Gesellschaft«, sondern halten auch fest, dass man ursprünglich an einen Abdruck in den »Mitteilungen aus dem Stadtarchiv von Köln« gedacht hatte, diese Pläne jedoch an der Länge des Textes gescheitert waren. Auch für die monographische Veröffentlichung in der Reihe der »Gesellschaft« werden dem Autor allerdings inhaltliche Kürzungen auferlegt und zugleich wird der Kölner Stadtarchivar Hermann Keussen als Wächter über die Einhaltung dieser Vorgaben bestellt.[32] Der Brief ist damit ein erster Beleg für mehrfach fassbare Bemühungen, den Umfang des Werks zu beschränken. Anlass dafür waren die schwierigen Produktionsbedingungen des Werks mitten in den Jahren des Ersten Weltkriegs, sodass in der Korrespondenz nicht nur die Kostenexplosion, sondern auch der akute Mangel an Papier und geschultem Personal in den Druckereien ein wiederkehrendes Thema sind.[33] Die lange Entstehungszeit des Buchs, das erst im Juni 1920 ausgeliefert werden sollte, wird in der Korrespondenz zwischen der »Gesellschaft« und dem von ihr beauftragten Verleger Peter Hanstein jedoch auch immer wieder unverblümt dem Autor Kober und seinen Korrekturwünschen angelastet.[34] Die wenigen erhaltenen, von

---

30 Für eine Bibliographie zu Kobers Arbeiten s. Anm. 5.

31 KOBER, Studien zur mittelalterlichen Geschichte der Juden in Köln am Rhein.

32 Historisches Archiv der Stadt Köln, Best. 1800 A 300: Protokoll vom 29. Juni 1917 und Brief der Gesellschaft an Kober vom 3. Juli 1917.

33 Historisches Archiv der Stadt Köln, Best. 1800 A 300: s. Brief der Gesellschaft vom 26. Juli 1917 über die Schwierigkeiten, eine Druckerei zu finden, ein Schreiben des als Verleger bestellten Buchhändlers Peter Hanstein aus Bonn vom 17. August 1917 mit der Klage über die Verdopplung der Herstellungskosten im Vergleich zur Vorkriegszeit sowie ein Dokument der Gesellschaft vom 20. September 1917, das die Abweichungen von den vertraglich getroffenen Bedingungen mit den massiv gestiegenen Papierpreisen rechtfertigt.

34 Historisches Archiv der Stadt Köln, Best. 1800 A 300: Brief vom 5. Januar 1918 mit der Beschwerde Hansteins, Kober habe »ungeheuer viele, vom Manuscript abweichende Verbesserungen angebracht« und der unzweideutigen Warnung, wenn dies »so weiter geht, wird das eine ungeheuer kostspielige Geschichte«; s. auch einen Brief vom 27. Dezember 1918 mit der Klage, Kober sei unbekannt verzogen und nicht mehr erreichbar, sowie einen Brief vom 24. Mai 1919 mit der Beschwerde über Verzögerungen durch Kober und der Aufforderung, »dass er das Werk endlich fertig stellt«. S. schließlich auch die Abrechnung Hansteins vom

ausgesuchter Höflichkeit geprägten Briefe Kobers wiederum zeigen, wie sehr er um die richtige und umfassende Darstellung seiner Ergebnisse rang.[35]

Was aber ist unter Kobers »Grundbuch« zu verstehen? Anders als der – nicht von ihm selbst gewählte, sondern durch den Vorstand der »Gesellschaft« vorgegebene[36] – Titel suggeriert, handelt es sich nicht um die Edition eines mittelalterlichen Amtsbuches zu Grundstücksgeschäften. Stattdessen verfasste er damit ein Regestenwerk, das systematisch alle in Köln verfügbaren Quellen zur Topographie des jüdischen Viertels und zur Besitzgeschichte der darin gelegenen Gebäude zusammenstellen wollte. Angeregt wurde Kobers Beschäftigung dabei sicher von der Edition des »Judenschreinsbuches« der Kölner Laurenzpfarre, die schon 1888 von Robert Hoeniger und Moritz Stern vorgelegt worden war.[37] Seine Quellenbasis war jedoch erheblich breiter: Zu ihr zählen vier frühe Schreinskarten und weitere 17 Schreinsbücher des 13. bis 15. Jahrhunderts aus den Schreinsbezirken St. Brigida, Laurenz, Columba, Niederich, dem Gericht der Hausgenossen von St. Maria ad Gradus (genannt »Dilles«, wohl abgeleitet von Maria »auf den Dielen«), dem »Schöffenschrein« und der »Mittwochs-Rentkammer«.[38] Außerdem nutzte Kober auch Schrifttum des Kölner Rates, vor allem dessen Eidbücher von 1321 und 1340, aber auch Rechnungen, ein Briefbuch und ein Ratsmemoriale.[39]

Mit dem Interesse, aus der ab dem 12. Jahrhundert einsetzenden Archivüberlieferung zu Kölner Häusern und ihren Eigentümer*innen ein umfassenderes Bild vom Aussehen der damaligen Stadt zu erarbeiten, stand Kober in dieser Zeit nicht allein: Schon 1914

---

16. Juli 1920, die unter dem Posten »Ersatz des Herrn Dr. Kober für Korrekturen« die Summe von 1.200 Mark notiert, was rechnerisch fast 14 Prozent der Gesamtkosten ausmacht. Auf die bitteren Klagen des Verlegers über die hohen Verluste, die ihm das Werk einbrächten, folgte am 19. Juli 1920 der Entschluss der Gesellschaft, ihm finanziell entgegenzukommen. Auch in diesem Dokument versäumt man nicht, einseitig Kober die Verantwortung für die Kostenexplosion zuzuschreiben: »Die Vergütung für extra Korrekturen erreicht bei dieser Publikation den Betrag von 1246,35 M. Diese fallen aber dem Herausgeber [= Kober, Anm. d. Verf.] zur Last, der von uns ein vertragsmäßiges Honorar von 755 Mark erhalten hat.«

35 Historisches Archiv der Stadt Köln, Best. 1800 A 300: Briefe vom 4. März und vom 4. Juli 1918.

36 Ebd.: Der Titel wird bestimmt in einem Brief des Vorstands an Kober vom 3. Juli 1917. Schon in einer der ersten Rezensionen vom 2. Oktober 1920 im Kölner Anzeiger wird die Kritik an diesem Titel geübt, es handele sich eben nicht um ein mittelalterliches Grundbuch, sondern um eine »Bearbeitung und Ausbeutung zumeist in den Schreinsbüchern verstreuten Stoffes«, s. Ausriss der Rezension in der Sachakte.

37 STERN/HOENIGER, Das Judenschreinsbuch der Laurenzpfarre zu Köln. Die Edition von 1888 war Anstoß dafür, dass es bis hinein in die Gegenwart intensiv ausgewertet wird, nicht nur für die Rekonstruktion von Topographie und Baugestalt des jüdischen Viertels im Herzen der Altstadt, sondern auch mit Blick auf seine Einwohnerschaft, ihre Verwandtschafts- und Geschäftsbeziehungen oder ihre Herkunftsorte. Diese nachhaltige Beschäftigung wiederum hat dazu geführt, dass die Innsbrucker Judaistin Ursula Schattner-Rieser aktuell eine digitale Neuedition nach modernen Standards und mit einer Übersetzung sowohl der hebräischen als auch der lateinischen Teile vorbereitet.

38 Zur Einführung in die Schreinsbezirke und in ihre komplexe Genese s. zuletzt OPITZ, Die Kölner Schreinsbücher, bes. S. 11–14.

39 S. KOBER, Grundbuch, S. XXVIII.

etwa hatte der Kölner Architekt und Denkmalpfleger Hans Vogts, der 1959 an Kober in einer (oben bereits kurz zitierten) Gedenkrede erinnern sollte[40], die Erstausgabe seiner Monographie zum »Kölner Wohnhaus« publiziert, die sich ebenfalls vor allem auf eine Auswertung der reichen Kölner Schreinsüberlieferung stützt. Anders als Kober zog Vogts das Material dazu allerdings nicht aus den Archivalien selbst, sondern – wie er im Vorwort selbst schreibt – aus »dem Keussen«.[41] Damit gemeint ist die bis heute einschlägige »Topographie der Stadt Köln im Mittelalter«, die der ebenfalls bereits erwähnte Kölner Stadtarchivar Hermann Keussen 1910 in zwei monumentalen Bänden im Druck vorgelegt hatte.[42]

Kober dagegen war nicht auf »den Keussen« angewiesen: Obwohl sein »Grundbuch« erst zehn Jahre nach dessen Opus magnum erschien, war es Keussen, der dafür von Kobers Vorarbeiten profitiert hatte. Sichtbarstes Zeichen dafür ist eine Karte des jüdischen Viertels zwischen ca. 1300 und 1349, die Keussen seinem knappen Abriss zu diesem Viertel in seinem allgemeinen Teil beifügte. In der Legende ist vermerkt, dass sie nach den Angaben von Adolf Kober durch den Ingenieur bzw. Architekten Ed. Goerner aufgezeichnet wurde, dem Kober auch noch zehn Jahre später im Vorwort des »Grundbuchs« für seine Arbeit dankt.[43] Kober selbst begnügte sich also damit, sie im eigenen Werk mit kleineren Verbesserungen und in Farbdruck noch einmal zu publizieren (Abb. 21).

---

40 S. dazu oben Anm. 18. Als Zeichen gegenseitiger Wertschätzung kann man eventuell Vogts Erwähnung in Kobers Monographie »Cologne« aus dem Jahr 1940 werten, s. KOBER, Cologne, S. 117: Kober führt Vogts hier als Autorität dafür an, dass die spätmittelalterliche Blütezeit von Malerei und Plastik in Köln wie auch die prächtige Ausstattung des Doms und die Neubauten am Rathaus ohne die Bereicherung durch jüdisches Eigentum nach dem Pestpogrom 1349 nicht denkbar gewesen seien (freilich ohne einen näheren Nachweis in den Anmerkungen oder im Literaturverzeichnis).

41 S. VOGTS, Das Kölner Wohnhaus, Vorwort. Eine stark überarbeitete und erweiterte Fassung der Monographie, die Vogts 1966 im Druck vorlegte, basiert dagegen stärker auf eigenen Archivarbeiten. Erhalten haben sich außerdem im Historischen Archiv der Stadt Köln bis heute ungedruckte »Häuserbücher«, für die Vogts in den 1950er Jahren Archivmaterial aus den Schreinsbezirken St. Severin und St. Alban zusammengetragen hatte. S. Historisches Archiv der Stadt Köln, Best. 7030: Chroniken und Darstellungen 535 (St. Severin, datiert 1953) und 536 (St. Alban, datiert 1956), s. https://historischesarchivkoeln.de/archive.xhtml (abgerufen am 22.7.2024).

42 KEUSSEN, Topographie der Stadt Köln im Mittelalter. Zur kritischen Einordnung und Wertung des Werkes in Bezug auf den heutigen Forschungsstand s. PLASSMANN, Die »Topographie der Stadt Köln im Mittelalter«, S. 55–64.

43 Erstabdruck der Karte bei KEUSSEN, Topographie der Stadt Köln im Mittelalter, Bd. 1, nach S. 30*, Tafel 1; das inhaltlich problematische, überholte Kapitel Keussens zum jüdischen Viertel findet sich auf S. 30*–33*, ebd. in Anm. 5 verweist Keussen auf Kobers Dissertation und lanciert einen Hinweis, dass der Verfasser zudem ein »Grundbuch des Kölner Judenviertels« vorbereite. Der bei Keussen als Ingenieur, in Kobers Vorwort 1920 als Architekt bezeichnete [Ed.] Goerner ist in der Ausgabe von Greven's »Adreßbüchern von Köln und Umgebung« für das Jahr 1910 ebenfalls mit abgekürztem Vornamen und der Berufsbezeichnung »Ingen.« in der St. Apernstraße 42 nachweisbar.

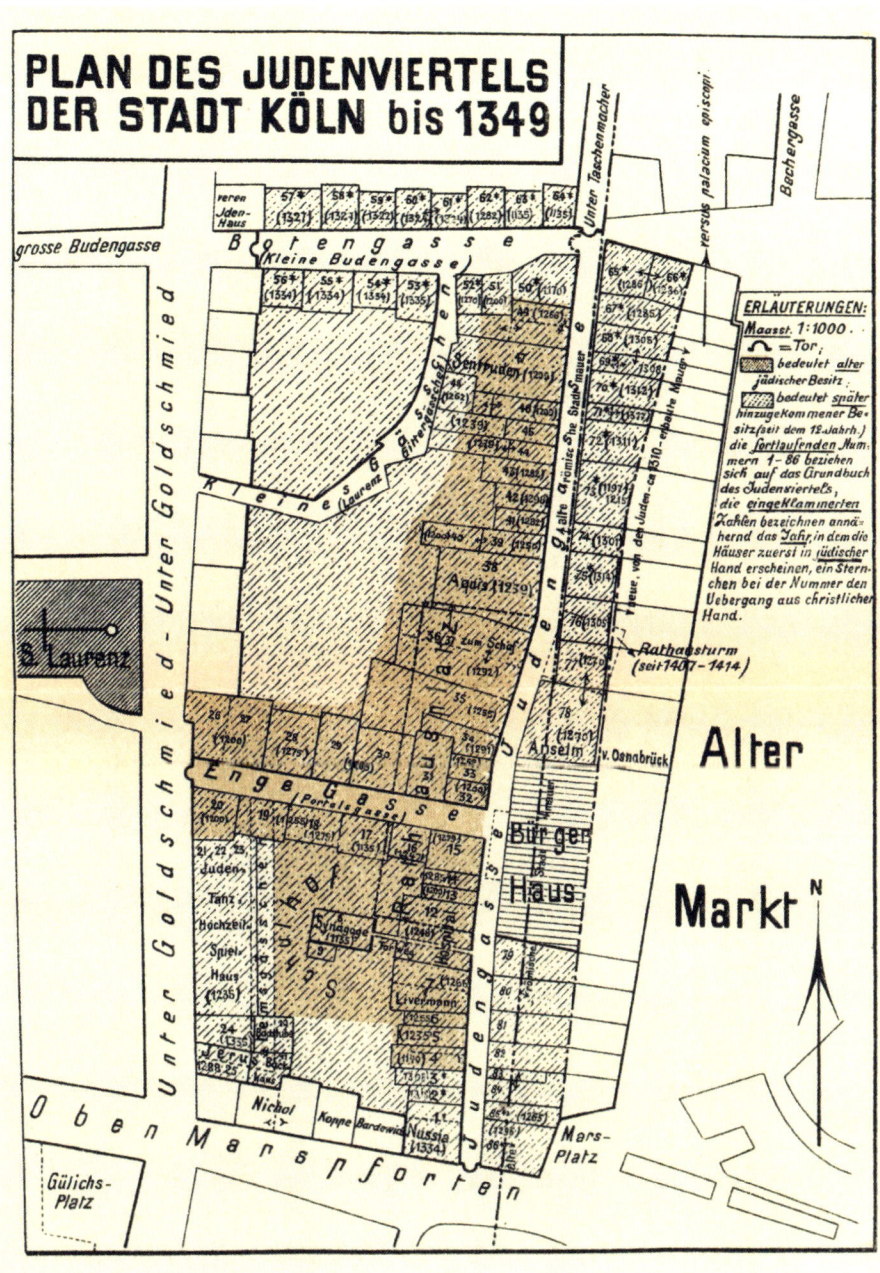

Abb. 21: Plan des Judenviertels der Stadt Köln bis 1349, aus Adolf Kober (Bearb.), Grundbuch des Kölner Judenviertels 1135–1425. Ein Beitrag zur mittelalterlichen Topographie, Rechtsgeschichte und Statistik der Stadt Köln (= PubGRhG, Nr. XXXIV), Bonn 1920.

Eingängig steht diese Karte bis heute für Kobers Forschungen. In vielen Publikationen bis hinein in die Gegenwart ist sie wiederverwendet worden; ein jüngeres Beispiel ist der Band zum Spätmittelalter in der Stadtgeschichte Kölns von Wolfgang Herborn und Carl Dietmar von 2019, in der sie neu umgezeichnet wiederauftaucht.[44] Die Anschaulichkeit der gezeichneten Karte freilich fehlt dem geschriebenen »Grundbuch«. Grund dafür sind die massiven Abkürzungen, zu denen sich Kober vielleicht angesichts der schwierigen Druckgeschichte seines Buches genötigt sah.[45] Gleich zwei von drei Rezensenten der Erstausgabe monierten daher an Kobers Werk, dass sein Studium – so die unmissverständliche Wortwahl Paul Rehmes – zur wahren Qual werden müsse.[46] Der zweite Kritiker, Willy Cohn, formulierte versöhnlicher, er hoffe, dass Kober seine stupende Quellenkenntnis noch in eine erschöpfende Darstellung gießen werde.[47]

Diesem Wunsch ist Kober – wie oben bereits angemerkt – in den Jahren des amerikanischen Exils nachgekommen: 1940 erschien übersetzt ins Englische seine monographische Geschichte des jüdischen Köln, die zeitlich gesehen von den Anfängen bis in die NS-Zeit reicht. Mehr als die Hälfte, rund 140 Seiten, sind darin der Geschichte des Mittelalters gewidmet. Vor allem das 10. Kapitel fasst unter der Überschrift »The Jewish Quarter« die zentralen Erkenntnisse des »Grundbuchs« pointiert zusammen, auch die oben schon erwähnte Karte daraus ist dem Kapitel beigegeben.[48] Nimmt man allerdings die Zahl der Auflagen als Messlatte, so muss das »Grundbuch« als erfolgreichere Publikation gelten: Nur das »Grundbuch« nämlich wurde bislang nachgedruckt – im Jahr 2000 durch die »Gesellschaft für Rheinische Geschichtskunde« – und dieser Nachdruck wurde sogar breiter rezensiert als die Erstauflage.[49]

Kommen wir nach diesen Kontextinformationen zum Inhalt des Werks: An erster Stelle steht eine wissenschaftliche Einleitung von etwa 70 Seiten, die Kober mit einem allgemeinen Teil über Grundbesitz von Juden und Jüdinnen in deutschen Städten des

---

44 HERBORN / DIETMAR, Köln im Spätmittelalter, S. 343, Karte 2. S. auch eine Umzeichnung der Karte, geringfügig ergänzt um neuere Informationen aus Arbeiten Otto Doppelfelds und Sven Schüttes, bei SCHMANDT, Judei, cives et incole, S. 270.

45 Dies teilt Kobers »Grundbuch« mit Keussens »Topographie«: Auch hier muss für die Lektüre der vom Verfasser nach Schreinsbezirken angelegten Regesten zu den fassbaren Bauten in der Stadt im Vorfeld eine Anleitung und begleitend ein umfangreiches Abkürzungsverzeichnis konsultiert werden, s. KEUSSEN, Topographie der Stadt Köln im Mittelalter, S. 205*–209*, ohne die die stark verkürzten Einträge nicht verständlich werden.

46 Rezension von REHME, in: Zeitschrift der Savigny-Stiftung für Rechtsgeschichte, S. 472–474.

47 Rezension von COHN, in: Monatsschrift für Geschichte und Wissenschaft des Judentums, S. 281–283. Für eine dritte Rezension des Werks in der Erstausgabe s. FREIMANN, Zeitschrift für Hebräische Bibliographie, S. 15.

48 S. KOBER, Cologne, S. 82–103, Karte auf S. 85.

49 S. BÖHRINGER, in: Der Archivar; JÜTTE, in: Aschkenas; KOSCHE, in: Rheinische Vierteljahrsblätter; MENTGEN, in: Hansische Geschichtsblätter; MÜLLER, in: Hessisches Jahrbuch für Landesgeschichte; SCHMANDT, Jahrbuch des Kölnischen Geschichtsvereins.

Mittelalters beginnt, wobei er erst seit etwa 1300, vor allem aber seit den Pestpogromen 1348/1350 signifikante Anzeichen für die Einschränkung jüdischer Besitzrechte erkennt.[50] Diese Beobachtungen finden sich auch später noch einmal für Köln bestätigt, wenn Kober die von Hoeniger aufgestellte These einer rechtlichen Schlechterstellung und früh wachsenden Ausgrenzung der Juden, welche sich auch in der Anlage eines eigenen Judenschreinsbuchs in der Kölner Pfarre St. Laurenz manifestiert haben soll, mit guten Gründen entkräftet.[51] Angefügt an diesen allgemeinen Teil ist schließlich ein alphabetisch sortiertes Verzeichnis an deutschen Städten, in denen im Mittelalter Judengassen, -viertel oder -dörfer nachweisbar sind, bevor sich der Fokus dann auf Köln verengt.[52]

Es folgen vier Kapitel über das Kölner Judenviertel, die vor allem um drei Komplexe kreisen: Beim ersten handelt es sich um die Topographie des jüdischen Viertels, die widerspruchsfrei aus den verstreuten schriftlichen Bemerkungen zu erschließen und final in einer Karte zu visualisieren zweifelsohne Kobers große Leistung darstellt. Das heißt, es geht hier nicht nur um die Lage des Viertels innerhalb der Stadt, sondern auch um seine Grenzen, um Mauern, Absperrungen und Tore, die in der Schriftüberlieferung vor allem ab dem 14. Jahrhundert fassbar werden, und um seine innere Struktur mit Gemeindebauten, Straßen und Gassen. Wertvolle Informationen zu diesem Komplex finden sich zusätzlich im Kapitel »Statistisches« zur Architektur, Größe und Funktion der *domus* (Häuser), *areae* (Höfe) und *curiae* (Hofstätten) sowie vereinzelt *cubicula* (Gaddemen), die die Schreinseinträge nennen.[53] Wichtig sind außerdem auch Kobers Beobachtungen zum Wandel des Viertels, der sich besonders drastisch nach dem großen Brand der Pogromnacht 1349 nachweisen lässt, durch neue Grundstücksgrößen und -zuschnitte, die im Schreinsbuch »Judeorum« aus dem Schöffenschrein (1352–1466) dokumentiert wurden, das heißt demjenigen Schreinsbuch, das den Übergang des einst jüdischen Besitzes nach dem Mord an den jüdischen Nachbar*innen bzw. ihrer Flucht an christliche Nachfolger*innen festhielt.[54]

Auf eine Visualisierung in Form einer zweiten Karte für die Zeit nach 1349 hat Kober dagegen verzichtet. Ersatzweise lässt sich in Keussens »Topographie« schauen: In der Tafel zum Schreinsbezirk »St. Laurenz« ist zum einen – schon auf den ersten Blick sichtbar – der erst nach dem Pogrom 1349 entstandene Rathausplatz, errichtet auf dem Brandschutt der dort zuvor stehenden Häuser in jüdischem Besitz, eingezeichnet. Zum anderen findet sich das jüdische Gotteshaus, nach seiner durch die Vertreibung der jüdischen Gemeinde 1423/1424 möglich gewordenen Umwidmung als »Ratskapelle (vor 1426 Synagoge)« bezeichnet.[55] Keussens Karte bleibt damit in Bezug auf die Zeitebenen

---

50 KOBER, Grundbuch, S. 3–15.
51 Ebd., S. 23.
52 Ebd., S. 16–21.
53 Ebd., S. 49–61.
54 Historisches Archiv der Stadt Köln, Best. 101, A 465. S. KOBER, Grundbuch, S. 51 f., 71–73.
55 S. KEUSSEN, Topographie der Stadt Köln im Mittelalter, Bd. 1, Tafel VI nach S. 184; Keussens Regesten zur Topographie von St. Laurenz finden sich ebd. auf S. 185–220.

eklektizistisch. Ein Vergleich seiner Tafel mit Kobers Kartierung des jüdischen Viertels lässt außerdem sehr schnell deutlich werden, wie viel exakter dessen Rekonstruktionsversuche angelegt waren, sodass er anders als Keussen auch Umrisse der Häuser bzw. Grundstücke einzuzeichnen vermochte.

Möglich werden diese erstaunlichen topographischen Rekonstruktionen durch die besondere Quellensituation in Köln, die Kober auch im außerdeutschen Vergleich mit England und der Iberischen Halbinsel als außergewöhnlich dicht und umfassend charakterisiert.[56] Trotzdem richtig bleibt sein Hinweis, dass es zu keiner Zeit einen Schreinszwang gab, dass man also mit einer Dunkelziffer an Grundbesitzveränderungen und sicher auch Grundstücken rechnen muss, die nie schriftlich erfasst wurden.[57] Nicht näher ausgeführt hat Kober leider, wie sich diese Kautel auf seine konkreten Vorstellungen des Viertels auswirkt; nach meinem Dafürhalten erscheint zumindest bemerkenswert, dass die Rekonstruktion des Viertels auf der Karte keine weißen Flecken kennt!

Als zweiten Komplex nimmt Kober an verschiedenen Stellen, vor allem im Kapitel »Statistisches«, die Frage nach den Bewohner*innen des Viertels in den Blick. So nimmt Kober die Zahl der Häuser, die er im jüdischen Besitz eruieren kann, als Ausgangspunkt für eine Hochrechnung zur jüdischen Einwohnerschaft, die er für die Zeit um 1340 auf rund 750 Personen schätzt.[58] In diese Zusammenhänge gehören auch seine Überlegungen, wie sich das jüdische Grundeigentum verteilte: Öfter, so hat er festgestellt, waren gleich zwei, in manchen Fällen sogar bis zu sechs Häuser in einer einzigen Hand.[59] Auch Informationen über die geographische Herkunft der Juden und Jüdinnen im mittelalterlichen Köln hat Kober aus den Schreinsbüchern systematisch zusammengetragen. Insgesamt stellt er eine starke Zuwanderung nach Köln vor allem seit der zweiten Hälfte des 13. Jahrhunderts fest, die er mit der positiven Schutzprivilegierung durch die Kölner Erzbischöfe seit Konrad von Hochstaden 1252 in Verbindung bringt.[60] Noch sehr viel weiträumiger allerdings wurde der Zuzug nach Köln nach dem Negativereignis des Pogroms 1349 und der Wiederansiedlung ab 1372. Nun waren Juden und Jüdinnen nicht nur aus dem Süden und Osten der deutschen Lande, aus Worms, Nördlingen oder Erfurt, sondern auch aus den heutigen Niederlanden oder Frankreich in Köln anzutreffen.[61]

In einem dritten Komplex beschäftigt sich Kober ausführlich mit den rechtlichen Rahmenbedingungen der von ihm erfassten Immobiliengeschäfte. Einen Schwerpunkt legt er hier auf die Frage nach Häufigkeit und Art der Grundstücksgeschäfte zwischen

---

56 S. KOBER, Grundbuch, S. 26 f.
57 Ebd., S. 24.
58 Ebd., S. 52. Noch SCHMANDT, Judei, cives et incole, greift Kobers Schätzungen wiederholt auf, auch wenn er auf S. 14, Anm. 40, vorsichtig anmerkt, dass sie eventuell zu hoch gegriffen sein könnten.
59 S. KOBER, Grundbuch, S. 59–61.
60 S. ebd., S. 61–67, wieder aufgegriffen bei SCHMANDT, Judei, cives et incole, S. 27 f.
61 S. KOBER, Grundbuch, S. 67–71, bestätigt und durch umfangreiche eigene prosopographische Studien erweitert bei SCHMANDT, Judei, cives et incole, S. 100–110.

jüdischen und christlichen Personen, einen zweiten auf die Frage nach den Unterschieden zwischen jüdischem und christlich-deutschem Recht besonders in Ehe- und Erbrechtsangelegenheiten. Dies sind Themen, denen sich in jüngerer Zeit auch der in Trier ausgebildete Spezialist für jüdische Geschichte Benjamin Laqua in sehr lesenswerten Aufsätzen gewidmet hat.[62] Wie Kober betont Laqua darin die Kooperation und dichte Kommunikation zwischen jüdischen und christlichen Nachbar*innen.

An die wissenschaftliche Einführung des Werks schließt das eigentliche Regestenwerk an, das Kober in zwei Teile gegliedert hat. Es setzt sich zusammen aus einem Häuserverzeichnis von etwa 25 Seiten und dem eigentlichen Grundbuch, das rund 70 Seiten umfasst. Insgesamt bespricht Kober in beiden Teilen 86 Gebäude, davon waren 75 in jüdischem Privateigentum.[63] Diejenigen, zu denen er die Lage näher bestimmen konnte, finden sich auch in die Karte mit der entsprechenden Nummer eingetragen. Nur für eine Handvoll Häuser und Hofstätten lassen dies die Quellenangaben nicht zu.

Im Häuserverzeichnis ist nachzuschlagen, um was für ein Gebäude bzw. um welchen Gebäudekomplex – *domus*, *area*, *curia* etc. – es sich handelte und ob noch Gärten, Brunnen, Ställe etc. zum Anwesen dazukamen. Zugleich nennt das Verzeichnis auch das Jahr, ab dem das Gebäude zuerst in jüdischer Hand nachweisbar war, und listet die Namen auf, unter denen das jeweilige Gebäude im Untersuchungszeitraum in den Quellen zu fassen ist. Ein prominentes, nicht allzu kompliziertes Beispiel für die Struktur der Einträge bietet Kobers Nr. 1 (Abb. 22):[64] Dabei handelt es sich um das »Haus Nussia«, das am südlichen Eingang zum Judenviertel neben anderen Häusern in christlicher Hand lag. Unter 1 im Häuserbuch ist als Name im Jahr 1334 *domus qui vocatur Nuysse apud portam Martis cum area* nachgewiesen; belegt ist auch eine Mauer zum Nachbarhaus Bardewich in christlichem Besitz. Schon in diesem kurzen Abschnitt wird deutlich, weshalb der Rezensent Paul Rehme die Lektüre als Qual empfand: Für nahezu jede Zeile muss nicht nur das immerhin fünfseitige, eng bedruckte Abkürzungsverzeichnis konsultiert werden. Zugleich arbeitete Kober auch mit den Originalbegriffen aus den Schreinsbüchern, deren Kenntnis er stillschweigend voraussetzte.

Blättern wir damit weiter zu dem Teil des Grundbuchs, das über rund 300 Jahre sämtliche, oft komplizierten Rechtsverhältnisse zu den 86 Häusern festhält. Unter der arabischen Nummer 1 finden wir wieder das »Haus Nussia«.[65] Hier hat Kober römische Ziffern vergeben, um alle über das Haus urkundlich erhaltenen Rechtsgeschäfte zu unterscheiden, seit es in jüdischer Hand nachgewiesen ist. Außerdem nutzt er das Abc für weitere Einträge zu denjenigen Geschäften, die nach der Brandnacht 1349 datieren. Sie

---

62 S. vor allem LAQUA, Kooperation, S. 147–171. S. auch DERS., Judenschreinsbuch.
63 S. KOBER, Grundbuch, S. 52.
64 S. ebd., S. 85 f. Zur gleichen Häusergruppe s. auch KEUSSEN, Topographie der Stadt Köln im Mittelalter, S. 210 f. unter der Überschrift »Obenmarspforten«, Haus 1–4.
65 S. hier und im Folgenden KOBER, Grundbuch, S. 110–113.

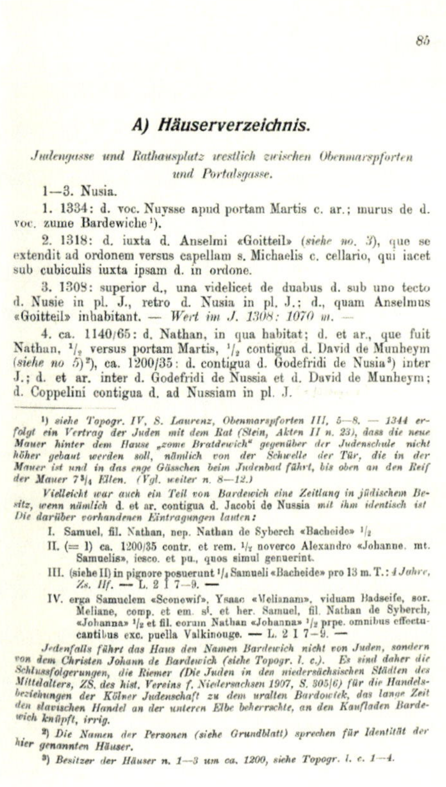

85

A) Häuserverzeichnis.

Judengasse und Rathausplatz westlich zwischen Obenmarspforten und Portalsgasse.

1—3. Nusia.

1. 1334: d. voc. Nuysse apud portam Martis c. ar.; murus de d. voc. zume Bardewiche[1]).

2. 1318: d. iuxta d. Anselmi «Goitteil» (*siehe no. 3*), que se extendit ad ordonem versus capellam s. Michaelis c. cellario, qui iacet sub cubiculis iuxta ipsam d. in ordone.

3. 1308: superior d., una videlicet de duabus d. sub uno tecto d. Nusie in pl. J., retro d. Nusia in pl. J.; d., quam Anselmus «Goitteil» inhabitant. — *Wert im J. 1308: 1070 m.* —

4. ca. 1140/65: d. Nathan, in qua habitat; d. et ar., que fuit Nathan, 1/2 versus portam Martis, 1/2 contigua d. David de Munheym (*siehe no 5*)[2]), ca. 1200/35: d. contigua d. Godefridi de Nusia[3]) inter J.; d. et ar. inter d. Godefridi de Nussia et d. David de Munheym; d. Coppelini contigua d. ad Nussiam in pl. J.

1) *siehe Topogr. IV, S. Laurenz, Obenmarspforten III, 5—8. — 1344 erfolgt ein Vertrag der Juden mit dem Rat (Stein, Akten II n. 23), dass die neue Mauer hinter dem Hause „zome Bratdewich" gegenüber der Judenschule nicht höher gebaut werden soll, nämlich von der Schwelle der Tür, die in der Mauer ist und in das enge Gässchen beim Judenbad führt, bis oben an den Reif der Mauer 7 3/4 Ellen. (Vgl. weiter n. 8—12.)*

Vielleicht war auch ein Teil von Bardewich eine Zeitlang in jüdischem Besitz, wenn nämlich d. et ar. contigua d. Jacobi de Nussia *mit ihm identisch ist. Die darüber vorhandenen Eintragungen lauten:*

I. Samuel, fil. Nathan, nep. Nathan de Syberch «Bacheide» 1/2

II. (= I) ca. 1200/35 contr. et rem. 1/2 noverco Alexandro «Johanne. mt. Samuelis», iesco. et pu., quos simul genuerint.

III. (siehe II) in pignore posuerunt 1/4 Samueli «Bacheide» pro 13 m. T.: *4 Jahre, Zs. Hf.* — L. 2 I 7—9. —

IV. erga Samuelem «Sconewif», Ysaac «Melianam», viduam Badseife, sor. Meliane, comp. et em. s[i]. et her. Samuel, fil. Nathan de Syberch, «Johanna» 1/2 et fil. eorum Nathan «Johanna» 1/2 prpe. omnibus effectucantibus exc. puella Valkinouge. — L. 2 I 7—9. —

Jedenfalls führt das Haus den Namen Bardewich nicht von Juden, sondern von dem Christen Johann de Bardewich (siehe Topogr. l. c.). Es sind daher die Schlussfolgerungen, die Riemer (Die Juden in den niedersächsischen Städten des Mittelalters, ZS. des hist. Vereins f. Niedersachsen 1907, S. 305/6) für die Handelsbeziehungen der Kölner Judenschaft zu dem uralten Bardowiek, das lange Zeit den slavischen Handel an der unteren Elbe beherrschte, an den Kaufladen Bardewich knüpft, irrig.

2) *Die Namen der Personen (siehe Grundblatt) sprechen für Identität der hier genannten Häuser.*

3) *Besitzer der Häuser n. 1—3 um ca. 1200, siehe Topogr. l. c. 1—4.*

Abb. 22: Ausschnitt aus dem Häuserverzeichnis (S. 85), aus Adolf Kober (Bearb.), Grundbuch des Kölner Judenviertels 1135–1425. Ein Beitrag zur mittelalterlichen Topographie, Rechtsgeschichte und Statistik der Stadt Köln (= PubGRhG, Nr. XXXIV), Bonn 1920.

existieren auch für das »Haus Nussia«, sind allerdings erst nach Haus 4 eingetragen, weil alle vier Häuser in eine Hand wechselten.

Beginnen wir mit einem Blick auf römisch I: Zuerst hat Kober als christliche Vorbesitzer mit je einer Haushälfte Hermannus Vulprume sowie Alexander und seine Frau Nesa festgehalten. Hermannus war außerdem auch Besitzer der Hälfte des benachbarten Hauses Nr. 2, das er sich mit einer Hinterbliebenen eines mit ihm verwandten Johannes teilte. Auch unter Nr. 3 finden sich noch wichtige Informationen zum »Haus Nussia«, nämlich, dass es sich mit den vorangehenden ein Dach teilte! Und irritierenderweise ist auch der früheste bekannte Besitzer des Hauses um 1200, Godefridus von Nussia, nach dem es benannt wurde, erst unter den folgenden Nummern genannt.

Kehren wir schließlich noch einmal zu Nr. 1 zurück: Hier erfahren wir, dass das »Haus Nussia«, wie unter römisch II dargestellt, nach einem Schreinseintrag aus dem »Schöffenschrein« vom 7. November 1334 verkauft wurde an vier jüdische Käufer und ihre Ehefrauen, wobei zwei Paare ein Viertel, die anderen beiden je ein Drittel und ein Sechstel erwarben.[66] Ergänzt hat Kober außerdem noch weitere Informationen aus dem Schreinsbucheintrag in Kursivschrift: so unter anderem, dass die jüdischen Neueigentümer*innen eine Mauer zwischen ihren Gebäuden und dem benachbarten Haus Bardewich aufführen durften, gegen die die christliche Nachbarschaft kein Veto einlegen konnte, außerdem dass sie »so viel Fenster machen« durften, »wie sie wollen«, die christlichen Nachbar*innen dagegen keine neuen Fenster- und Lichtöffnungen in ihr Haus brechen sollten. Das »Grundbuchblatt« endet mit dem Ver-

66 Das »Haus Nussia« wird, wie im eigentlichen Grundbuch unter Nr. 1,II dargestellt, nach einem Schreinseintrag im »Schöffenschrein« vom 7. November 1334 verkauft zu einem Viertel an Minnemannus de Lechenich und seine Frau Pura, zu einem Drittel an Moyses dictus Beyn und seine Frau Adeleydis, zu einem Viertel an Meygerus de Bruche und seine Frau Pure und zu einem Sechstel an Moissinus de Tambach und seine Frau Brune.

weis auf das genutzte Schreinsbuch. Es fehlt – das muss ein Versehen sein – ein Hinweis auf den entsprechenden Text im Wortlaut, den Kober im Anhang ediert hat.[67] Und das ist noch nicht alles: Zu manchen Namen der jüdischen Käufer*innen finden sich noch Fußnoten, in denen Kober weitere ihm bekannte urkundliche Erwähnungen dieser Personen festhielt.[68]

Insgesamt ist die Zahl der Transaktionen bei »Haus Nussia« noch überschaubar, was aber keineswegs repräsentativ ist. Nach der Zählung von Matthias Schmandt werden pro Haus in dieser Zeitspanne durchschnittlich zehn Besitzer*innen ausgewiesen, in einigen Fällen – so Schmandt – »lassen sich aus den Angaben geradezu spannende ›Hausbiographien‹ bzw. ganze Familiengeschichten entfalten«.[69] Auch hier freilich braucht es angesichts der vielen Abkürzungen, die Kober einsetzt, ein wenig Fleiß und Hartnäckigkeit, um diese Quellen zum Sprechen zu bringen.

Zur Wirkungsgeschichte von Adolf Kobers »Grundbuch«

Das »Haus Nussia« bietet sich zugleich als Beispiel an, um die Wirkungsgeschichte des »Grundbuchs« bis in die Gegenwart zu illustrieren. Auf der Homepage der Archäologischen Zone Kölns ist ein Grabungsfoto aus dem September 2009 zu entdecken, das von oben aus dem Wallraf-Richartz-Museum aufgenommen worden sein muss (Abb. 23). Ganz rechts haben die Archäolog*innen Teile des »Hauses Nussia« markiert, wobei ein anderer, größerer Teil noch unter der benachbarten Straße zu vermuten ist.

Das Foto steht beispielhaft für die archäologischen Untersuchungen, die angestoßen durch die massiven Zerstörungen des Zweiten Weltkriegs im Areal des ehemaligen mittelalterlichen Judenviertels und den Wiederaufbau seit den 1950er Jahren durch Otto Doppelfeld möglich wurden.[70] Seit 2007 analysiert die Stadt Köln das Areal des Rathausplatzes wieder großflächig durch eine Grabung als Vorarbeit für den Neubau des MiQua, der sich inzwischen längst über diesen archäologischen Funden erhebt. Zugleich ist die wissenschaftliche Auswertung der Ergebnisse in vollem Gange, die sich unter anderem in der stetigen Überarbeitung eines »Kellerkatasters« niederschlägt. Den jüngsten Stand präsentierten die beiden verantwortlichen Archäolog*innen Tanja Potthoff und Michael Wiehen in einem Vortrag über die Umgestaltungen des jüdischen Viertels nach dem Pogrom 1349 und der Vertreibung der jüdischen Gemeinde 1423/1424, gehalten im No-

---

67 S. Kober, Grundbuch, S. 182 f.: Urkundliche Beilagen, Nr. V.
68 S. ebd., S. 110–113, Anm.
69 Zit. aus der Rez. von Schmandt, in: Jahrbuch des Kölnischen Geschichtsvereins, S. 247.
70 S. u. a. Doppelfeld, Die Ausgrabungen im Kölner Judenviertel, S. 71–145.

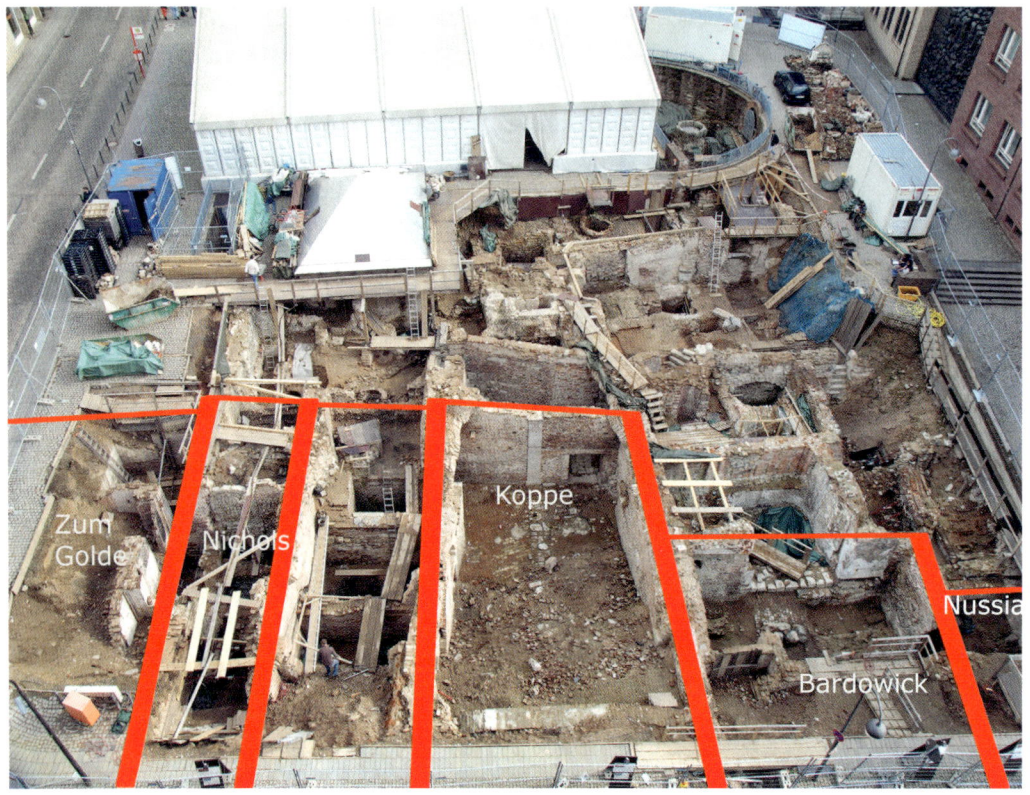

Abb. 23: Grabungsübersicht mit mittelalterlichen Hausgrundrissen, 2023.

vember 2023.[71] Zugleich demonstrierten sie an ersten Beispielen das Potential zur musealen Visualisierung des jüdischen Viertels durch digitale Rekonstruktionen im Aufriss.

Zuletzt publiziert wurde der »Kellerkataster« in einer Fassung aus dem Jahr 2017 (Abb. 24). Wie darauf zu erkennen ist, wird aktuell nur ein kleinerer Teil des einstigen jüdischen Viertels im Süden archäologisch beforscht. Die dunklen Farben zeigen den konkreten Befund, die Pastelltöne markieren diejenigen Flächen, die nicht ergraben sind. Rot-rosé sind alle Areale eingefärbt, für die man jüdischen Besitz vor 1349 annimmt; pastellblau sind diejenigen Flächen, die in christlicher Hand waren. Dunkelblau schließlich sind diejenigen Stellen eingezeichnet, die bei der Grabung von 2007 bis 2017 untersucht wurden, gelb markiert sind diejenigen Grabungen, die Otto Doppelfeld in den

---

71 S. Tanja Potthoff und Michael Wiehen, Vortrag »Die Umgestaltung der Stadt: Das jüdische Viertel in Köln nach 1349 und 1424« in der Ringvorlesung »Die Vertreibung der Kölner jüdischen Gemeinde 1423/1424 im europäischen Kontext«, gehalten am 14.11.2023 an der Universität Köln, als Videopodcast abrufbar unter: https://lisa.gerda-henkel-stiftung.de/das_juedische_viertel_in_koeln (abgerufen am 2.9.2024).

1950er Jahren durchführte. Insgesamt zeigt der Kellerkataster beeindruckende Übereinstimmungen mit denjenigen Rekonstruktionen, die Kober vor 100 Jahren nur auf der Basis der Schriftüberlieferung aufgestellt hatte. Gerade was die Grundstücksgrößen und -formen betrifft, kommt es jedoch auch zu signifikanten Abweichungen, wie schon an der Häuserzeile an den Obenmarspforten neben »Haus Nussia« schnell zu erkennen ist.

Nach dem neuesten Stand gibt es zudem noch mehr Abweichungen, wie an der Gegenüberstellung von Kobers Plan mit einer 2021 publizierten 3-D-Rekonstruktion des jüdischen Viertels deutlich wird (Abb. 25).[72] Bei einem Vergleich beider Darstellungen fällt ins Auge, dass in der Rekonstruktion von 2021 eine Straße durch das jüdische Viertel komplett fehlt, nämlich das kleine Laurenz-Gittergässchen. Kober hatte es aus späterem Kartenmaterial in diese frühe Zeit zurückprojiziert, obwohl es für seine Existenz nach den heutigen Überlegungen in der Zeit bis 1349 kein Indiz gibt. Gleiches gilt für das Jerusalemgässchen, das wohl erst am Anfang des 15. Jahrhunderts

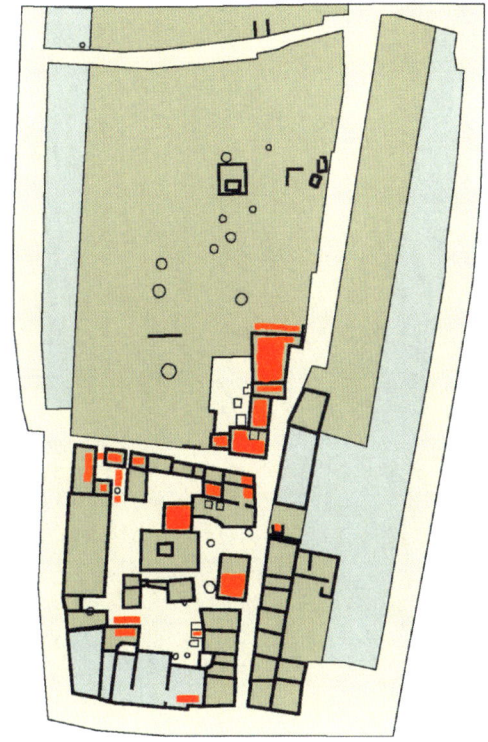

Abb. 24: Plan des jüdischen Viertels mit Kartierung des Zerstörungshorizonts von 1349, 2023.

nach der Vertreibung der jüdischen Gemeinde und dem Umbau der Synagoge zu einer Ratskapelle als deren Zugang angelegt wurde. Ein drittes Beispiel bietet das in Kobers Plan mit Abstand größte eingezeichnete Gebäude unter den jüdischen Gemeindebauten, das Tanz- und Hochzeitshaus, für das nach seiner Meinung gleich drei Parzellen, Nr. 21, 22 und 23, zusammengelegt worden seien. Das Team MiQua dagegen hält dies für deutlich überdimensioniert und Tanja Potthoff zweifelt dabei mit guten Gründen auch Kobers Lesart der Schreinseinträge an. In der Rekonstruktion von 2021 erstreckt sich das Tanz- und Hochzeitshaus daher nur über zwei Parzellen.

Sicher werden die hier genannten Korrekturen nicht die einzigen bleiben, die die heutige archäologische, aber auch die geschichtswissenschaftliche und judaistische Forschung in Zukunft vorschlagen wird. Und trotzdem werden sich kaum alle Lücken

---

72 Zur komplexen Entwicklung umfangreicher 3-D-Rekonstruktionen zum mittelalterlichen jüdischen Viertel Kölns, die einen maßgeblichen Teil des künftigen Ausstellungsparcours bilden sollen, s. ausführlich GRELLERT, Medieval Jewish Quarter.

Carla Meyer-Schlenkrich

Abb. 25: Rekonstruktion des mittelalterlichen jüdischen Viertels vor 1349 für das Museum MiQua, 2021.

schließen lassen: Wenn Tanja Potthoff im oben genannten Vortrag 2023 festgestellt hat, dass auch künftig Unschärfen bleiben werden beim Versuch, Kobers Plan und die aktuellen archäologischen Kartierungen miteinander zu korrelieren, dann liegt das vor allem darin begründet, dass – wie sie formuliert – »wir die Schriftquellen nur manchmal mit den archäologischen Quellen unmittelbar in Bezug setzen können«. Zugleich liegt auf der Hand – und auch dafür haben Potthof und Wiehen im genannten Vortrag bereits Entwürfe präsentiert –, die Ergebnisse bzw. Befunde besser in ihrer zeitlichen Differenzierung abzubilden, das heißt, eigene Karten für die Phasen bis zum Pogrom 1349, für die Zeit der so genannten »zweiten Gemeinde« ab 1372 und für den Wandel des Viertels nach der Vertreibung der jüdischen Gemeinde 1423/1424 anzubieten.

Fazit

Trotz aller offenen Fragen und Probleme im Detail wird im Umkehrschluss auch deutlich, wie maßgeblich Kobers Arbeiten aus der Zeit vor über 100 Jahren unser Bild des mittelalterlichen jüdischen Viertel Kölns noch immer prägen. Bedauerlich bleibt allerdings, dass diese gewaltigen Leistungen nur einer eingeweihten Leserschaft sichtbar werden, denjenigen, die die nötigen historischen Vorkenntnisse, aber auch die Lust und Hartnäckigkeit mitbringen, sich durch Kobers durch Abkürzungen verklausulierte Regesten zu kämpfen. Vielleicht bietet ja unser heutiger Aufbruch ins digitale Zeitalter für die »Gesellschaft für Rheinische Geschichtskunde« eine Chance, Kobers bis heute faszinierende Ergebnisse für ein breiteres Publikum zu erschließen – am besten natürlich mit den Archäolog*innen und Kurator*innen des MiQua gemeinsam!

Zugleich darf man in der heutigen Aufmerksamkeit für Kobers Arbeiten auch einen späten Triumph sehen über den – in seinen oben schon zitierten Worten – »Schmutz«, den die NS-Forschung zur so genannten »Judenfrage« über seine Form der historisch-kritischen Beschäftigung mit der deutsch-jüdischen Geschichte auszugießen suchte. Auch seine Arbeiten waren konkret davon betroffen, wie das bislang einzige digitalisiert verfügbare Exemplar seines »Grundbuchs« deutlich werden lässt: Auf seinem Titelblatt prangt heute mit Strichen ungültig gemacht, jedoch unübersehbar ein Stempel des »Reichsinstituts für neuere Geschichte Deutschlands«, das 1935 mit Unterstützung der höchsten NS-Kreise in München eingerichtet worden war.[73] Eine seiner Forschungsabteilungen war dezidiert der so genannten »Judenfrage« gewidmet worden; ihr war das

---

73 Universitätsbibliothek Johann Christian Senckenberg Frankfurt am Main, Judaica: Freimann-Sammlung, Signatur 900 T 100 U Köln, Digitalisat abrufbar unter: http://nbn-resolving.org/urn:nbn:de:hebis:30:1-126014 (abgerufen am 22.7.2024). Zum Berliner »Reichsinstitut für Geschichte des neuen Deutschlands« [sic] und seiner »Forschungsabteilung ›Judenfrage‹« in München s. etwa RUPNOW, Judenforschung, S. 67–85, zur »größten europäischen Bibliothek zum Judenproblem«, die dort aufgebaut werden sollte, s. bes. ebd., S. 74, zu Forschungen zum europaweiten Bibliotheksraub der Nationalsozialisten allgemein ebd. S. 26 f.

Recht eingeräumt worden, für sie relevanten Buchbesitz schlicht zu konfiszieren. Immerhin hat dieser gewaltsame Akt der Aneignung die Zerstörung des Exemplars verhindert. Heute gehört es zur Judaica-Sammlung der Universitätsbibliothek Frankfurt, die es als Digitalisat für alle Welt frei verfügbar ins Netz gestellt hat.

Quellen und Literatur

Die Edition

Kober, Adolf (Bearb.), *Grundbuch* des Kölner Judenviertels 1135–1425. Ein Beitrag zur mittelalterlichen Topographie, Rechtsgeschichte und Statistik der Stadt Köln (= PubGRhG, Nr. XXXIV), Bonn 1920, ND Düsseldorf 2000. Online: http://nbn-resolving.org/urn:nbn:de:hebis:30:1-126014 (abgerufen am 2.9.2024).

Gedruckte Quellen

Stern, Moritz / Hoeniger, Robert, *Das Judenschreinsbuch der Laurenzpfarre zu Köln* (= Quellen zur Geschichte der Juden in Deutschland, Bd. 1), Berlin 1888.

Literatur

Arand, Tobias, *Die jüdische Abteilung* der Kölner »Jahrtausend-Ausstellung der Rheinlande« 1925. Planung, Struktur und öffentlich-zeitgenössische Wahrnehmung, in: Monika Grübel / Georg Mölich (Hgg.), Jüdisches Leben im Rheinland – Vom Mittelalter bis zur Gegenwart, Köln / Weimar / Wien 2005, S. 194–213.

Böll, Heinrich, *Porträt eines Rabbiners*. Zum Problem der Juden im Nachkriegsdeutschland, in: Hans Werner Richter (Hg.), Bestandsaufnahme. Eine deutsche Bilanz 1962. Sechsunddreißig Beiträge deutscher Wissenschaftler, Schriftsteller und Publizisten, München 1962, S. 196–202.

Brocke, Michael / Carlebach, Julius (Hgg.), *Biographisches Handbuch der Rabbiner*. Teil 2: Die Rabbiner im Deutschen Reich 1871–1945, bearb. von Katrin Nele Jansen, Bd. 1, München 2009.

Die Rheinische Jahrtausendfeier und die Jahrtausendausstellung in Köln. Vorträge, gehalten auf der Konferenz der rheinisch-westfälischen Presse in Köln, [Köln] 1925.

Doppelfeld, Otto, *Die Ausgrabungen im Kölner Judenviertel*, in: Zvi Asaria (Hg.), Die Juden in Köln von den ältesten Zeiten bis zur Gegenwart, Köln 1959, S. 71–145.

Eckert, Willehad Paul, *Köln in der Nachkriegszeit*. Das Verhältnis zu den Juden, in: Jutta Bohnke-Kollwitz (Hg.), Köln und das rheinische Judentum. FS Germania Judaica 1959–1984, Köln 1984, S. 462–486.

Ewald, Wilhelm (Hg.), *Führer* durch die Jahrtausend-Ausstellung der Rheinlande in Köln, Köln 1925.

Ders. (Hg.), *Katalog* der Jahrtausendausstellung der Rheinlande in Köln 1925, Köln ²1925.

FALK, Bernhard, *Der deutsche Jude* auf rheinischer Erde, in: Central-Verein-Zeitung IV 26 (26. Juni 1925), S. 445.

FUCHS, Jenka, From the *Critical Study* of Jewish History and Culture to ›Enemy Research‹ and Provenance Research. The Library of the Breslau Rabbinical Seminary, in: Anke Hertling / Peter Carrier (Hgg.), Collecting Educational Media. Making, Storing and Accessing Knowledge, New York 2022, S. 153–173.

GRELLERT, Marc / WÖLFEL, Norwina / RISTOW, Sebastian / ÖZCAN, Ertan / WIEHEN, Michael, The *Medieval Jewish Quarter* in Cologne: A Virtual Reconstruction of 6000 m² of Archaeology, in: Wolfgang Börner / Christina Kral-Börner / Hendrik Rohland (Hgg.), Monumental Computations. Digital Archaeology of Large Urban and Underground Infrastructures: Proceedings of the 24th International Conference on Cultural Heritage and New Technologies 2019, Heidelberg 2021, S. 141–157. Online: https://books.ub.uni-heidelberg.de/propylaeum/catalog/book/747 (abgerufen am 2.9.2024).

HAUDE, Rüdiger, »*Kaiseridee*« oder »*Schicksalsgemeinschaft*«. Geschichtspolitik beim Projekt »Aachener Krönungsausstellung 1915« und bei der »Jahrtausendausstellung Aachen 1925« (= Beihefte der ZAGV, Bd. 6), Aachen 2000.

DERS., *Die »Jahrtausendausstellungen«* in Köln und Aachen 1925, in: Internetportal Rheinische Geschichte, abgerufen unter: http://www.rheinische-geschichte.lvr.de/Epochen-und-Themen/Themen/die-jahrtausendausstellungen-in-koeln-und-aachen-1925/DE-2086/lido/57d1357ad31239.21169195 (abgerufen am 2.9.2024).

HERBORN, Wolfgang / DIETMAR, Carl, *Köln im Spätmittelalter*. 1288–1512/13 (= Geschichte der Stadt Köln, Bd. 4), Köln 2019, S. 343.

KEUSSEN, Hermann, *Topographie der Stadt Köln im Mittelalter* (= Preis-Schriften der Mevissen-Stiftung, B. 2), 2 Bde., Bonn 1910 (ND 1918 u. des Gesamtwerks Düsseldorf 1986).

KLIEMANN, Katja / WIEHEN, Michael, *Köln – jüdisches Leben* zwischen Bischofssitz und Rathaus, in: Archäologie in Deutschland 35, 2 (2019) S. 24–27.

KOBER, Adolf, *Cologne* (Jewish Communities Series 6), übers. von Solomon Grayzel, Philadelphia 1940.

DERS., *Die Geschichte der deutschen Juden in der historischen Forschung* der letzten 35 Jahre, in: Zeitschrift für die Geschichte der Juden in Deutschland 1 (1929/30), S. 13–23.

DERS., *Die Kölner Juden von den ältesten Zeiten* bis zur Schwelle unseres Jahrhunderts, in: Zvi Asaria (Hg.), Die Juden in Köln von den ältesten Zeiten bis zur Gegenwart, Köln 1959, S. 35–70.

DERS., *Juden und Judentum im Rheinland*, in: Bruno Kuske / Wilhelm Ewald (Hgg.), Katalog der Jahrtausendausstellung der Rheinlande in Köln, Köln 1925, S. 315–339.

DERS., *Studien zur mittelalterlichen Geschichte der Juden in Köln* am Rhein, insbesondere ihres Grundbesitzes, Breslau 1903, Diss. phil. Breslau 1903 [die angekündigten Teile II u. III sind nicht erschienen]. Online: https://www.ub.uni-koeln.de/cdm/ref/collection/breslaudiss/id/34246 (abgerufen am 2.9.2024).

DERS., *The Jewish Theological Seminary of Breslau* and »Wissenschaft des Judentums«, in: Historia Judaica, 16,2 (1954), S. 85–122.

DERS., *Von der Jahrtausendausstellung der Rheinlande in Köln*, in: Central-Verein-Zeitung IV 26 (26. Juli 1925), S. 448.

KÖLNER VERKEHRSAMT (Hg.), *Praktische Winke* für die Reise zur Jahrtausend-Ausstellung und den Aufenthalt in Köln, [Köln] 1925.

Laqua, Benjamin, Das *Judenschreinsbuch* der Kölner Laurenz-Parochie. Zur Einführung, in: Corpus der Quellen zur Geschichte der Juden im spätmittelalterlichen Reich, 2011, abgerufen unter: http://www.medieval-ashkenaz.org/quellen/1273-1347/ks01/einleitung.html (abgerufen am 2.9.2024).

Ders., *Kooperation*, Kommunikation, Übersetzung: zur Anlage und Überlieferung des Judenschreinsbuches der Kölner Laurenz-Parochie, in: Alfred Haverkamp u. a. (Hg.), Beiträge zur Geschichte der Juden und der jüdisch-christlichen Beziehungen im spätmittelalterlichen Reich (13./14. Jahrhundert) (= Forschungen zur Geschichte der Juden, Bd. A25), Peine 2014, S. 147–171.

Löwenthal, E. G., *Sein Herz schlug für Köln*. Dr. Adolf Kober und seine Bedeutung als Historiker, in: Kölnische Rundschau (18. Januar 1959), Nr. 3e (?). Zitiert nach der Zeitungsausschnittsammlung der USB Köln, abgerufen unter: http://zeitungsausschnitte.ub.uni-koeln.de/portal/databases/id/kapsel/titles/id/27062.html?l=de, hier III.7,92 (abgerufen am 2.9.2024).

Matzerath, Horst / Pracht, Elfie / Becker-Jákli, Barbara (Hgg.), *Jüdisches Schicksal in Köln 1918–1945*. Katalog zur Ausstellung des Historischen Archivs der Stadt Köln/NS-Dokumentationszentrum (8. November 1988 bis 22. Januar 1989, im Kölnischen Stadtmuseum/Alte Wache), Köln 1988, S. 24–26.

Müller-Jerina, Alwin, *Adolf Kober* (1879–1958). Versuch einer Bio-Bibliographie anläßlich seines 30. Todestages, in: Menora 1 (1990), S. 278–296.

Musch, Sebastian, *Verflechtungen* einer »Liquidationsgemeinde« zwischen Israel und Deutschland. Zvi Asaria und der Wiederaufbau der jüdischen Gemeinde zu Köln in der frühen Bundesrepublik, in: Philipp Neumann-Thein / Daniel Schuch / Markus Wegewitz (Hgg.), Organisiertes Gedächtnis. Kollektive Aktivitäten von Überlebenden der nationalsozialistischen Verbrechen, Göttingen 2022, S. 400–424.

Ders. / Wolff, Frank / Rass, Christoph, *Hermann Helfgott-Zvi Asaria* (1913–2002). Biografie, Gewaltmigration und jüdische Geschichte zwischen Niedersachsen, Deutschland und Israel, in: Osnabrücker Mitteilungen 124 (2019), S. 261–271.

Museum für Handel u. Industrie an d. Univ. Köln (Hg.), *Photographien aus der Jahrtausend-Ausstellung Köln 1925*, masch. Köln 1925.

Nattermann, Ruth, *A Struggle for the Preservation* of a German-Jewish Legacy. The Foundation of the Leo Baeck Institute in New York, in: European Judaism. A Journal for the New Europe 45,2 (2012), S. 90–102.

Opitz, Rainer, *Die Kölner Schreinsbücher*. Eine Untersuchung zur Kodikologie und der Praxis ihrer Führung, in: ders. / Max Plassmann (Hgg.), Die Schreinsbücher – Spiegel der Kölner Vormoderne (= Mitteilungen aus dem Stadtarchiv von Köln, H. 102), Köln 2017, S. 9–54.

Otten, Thomas / Twiehaus, Christiane, Eine Begegnung mit zwei Jahrtausenden. *Das aktualisierte Konzept für MiQua*. LVR-Jüdisches Museum im Archäologischen Quartier Köln (= Beiträge zur rheinisch-jüdischen Geschichte, Bd. 8), Köln 2018. Online: https://www.lvr.de/media/wwwlvrde/kultur/museen/az_jm/dokumente_43/MiQua-Freunde_8_Konzept_2022_BF.pdf (abgerufen am 2.9.2024).

Pabst, Klaus, Die *Gesellschaft* für Rheinische Geschichtskunde (1881–1981). Trägerschaft, Organisation und Ziele in den ersten 100 Jahren ihres Bestehens (Redaktion: Stephan Laux) (= Studien und Darstellungen der Gesellschaft für Rheinische Geschichtskunde, Bd. 1), Köln / Wien 2022.

PLASSMANN, Max, *Die »Topographie der Stadt Köln im Mittelalter« und die Schreinsbücher – nach Keussen*, in: Bettina Schmidt-Czaia (Hg.), Die Schreinsbücher – Spiegel der Kölner Vormoderne (= Mitteilungen aus dem Stadtarchiv von Köln, H. 102), Köln 2017, S. 55–64.

POTTHOFF, Tanja / TWIEHAUS, Christiane, Raum und Raumvorstellungen im mittelalterlichen jüdischen Viertel Köln – eine interdisziplinäre Untersuchung, in: Laura Cohen u. a. (Hgg.), Jüdische Geschichte und Gegenwart in Deutschland. Aktuelle Fragen und Positionen. Akten der Tagung 12. und 13. April 2021 als Online-Konferenz (= MiQua, Bd. 1), Oppenheim 2021, S. 16–25.

DIES. / WIEHEN, Michael, »da man die Juden zu Colne sluch […] inde die hus in der Judengassen verbrannt wurden« – Das Kölner Judenpogrom von 1349, in: Joachim Müller (Hg.), Archäologie des Glaubens: Umbrüche und Konflikte, Paderborn 2018, S. 21–36.

PRACHT-JÖRNS, Elfi (Bearb.), *Jüdische Lebenswelten* im Rheinland. Kommentierte Quellen von der Frühen Neuzeit bis zur Gegenwart, Köln / Weimar / Wien 2011.

REUTER, Ursula, *Adolf Kober*, in: Internetportal Rheinische Geschichte, abgerufen unter: https://www.rheinische-geschichte.lvr.de/Persoenlichkeiten/adolf-kober-/DE-2086/lido/57c9366 66a8146.07984133 (abgerufen am 2.9.2024).

RUPNOW, Dirk, *Judenforschung* im Dritten Reich. Wissenschaft zwischen Politik, Propaganda und Ideologie (= Historische Grundlagen der Moderne 4), Baden-Baden 2011.

SCHMANDT, Matthias, *Judei, cives et incole*. Studien zur jüdischen Geschichte Kölns im Mittelalter (= Forschungen zur Geschichte der Juden. Abteilung, Bd. A11), Hannover 2002.

SCHOEPS, Julius H. (Hg.), *Neues Lexikon des Judentums*, Gütersloh 1992, S. 265.

VOGTS, Hans, *Das Kölner Wohnhaus* bis zum Anfang des 19. Jahrhunderts, 2 Bde., Köln 1914 [ND 1966].

DERS., *Zum Gedächtnis an Adolf Kober*, in: JbKölnGV 34/35 (1960), S. 208–210.

WIESEMANN, Falk (Hg.), Zur *Geschichte und Kultur der Juden* im Rheinland. Mit Beiträgen von Adolf Kober, Elisabeth Moses und Friedrich Wilhelm Bredt, Schwann, Düsseldorf 1985.

DERS., *Die Abteilung »Juden und Judentum im Rheinland« auf der Kölner Jahrtausendausstellung von 1925*, in: Gertrude Cepl-Kaufmann (Hg.), Jahrtausendfeiern und Befreiungsfeiern im Rheinland. Zur politischen Festkultur 1925 und 1930 (= Düsseldorfer Schriften zur neueren Landesgeschichte und zur Geschichte Nordrhein-Westfalens, Bd. 71), Essen 2009, S. 275–300.

Rezensionen zur Erstausgabe von Kobers »Grundbuch«

COHN, Willy, in: *Monatsschrift für Geschichte und Wissenschaft des Judentums* 65,7/9, 1921, S. 281–283.

FREIMANN, Aron, in: *Zeitschrift für Hebräische Bibliographie* 23 (1920), S. 15.

REHME, Paul, in: *Zeitschrift der Savigny-Stiftung für Rechtsgeschichte*. Germ. Abt. 41,1 (1920), S. 472–474.

Rezensionen zum Nachdruck

BÖHRINGER, Letha, in: *Der Archivar* 56,2 (2003), Sp. 167 f.

JÜTTE, Robert, in: *Aschkenas – Zeitschrift für Geschichte und Kultur der Juden* 11,1 (2001), S. 315 f.
KOSCHE, Rosemarie, in: *Rheinische Vierteljahrsblätter* 66 (2002), S. 369 f.
MENTGEN, Gerd, in: *Hansische Geschichtsblätter* 120 (2002), S. 281 f.
MÜLLER, Jörg, in: *Hessisches Jahrbuch für Landesgeschichte* 52 (2002), S. 255 f.
SCHMANDT, Matthias, in: *Jahrbuch des Kölnischen Geschichtsvereins* 72 (2001), S. 246–248.

Georg Mölich

Joseph Hansen (Hg.), »Geschichte des Rheinlandes von der ältesten Zeit bis zur Gegenwart« (1922)

Gesamtdarstellung als geschichtspolitisches Angebot

Mit der vor etwas mehr als 100 Jahren erschienenen zweibändigen Publikation aus dem Jahr 1922 liegt bis heute die einzige abgeschlossene größere Geschichte des Rheinlandes in Buchform vor. Joseph Hansen, der Vorsitzende der Gesellschaft für Rheinische Geschichtskunde und entscheidender Initiator und Motor des Projektes, gab dieses Sammelwerk im Umfang von über 900 Druckseiten im Auftrag des Vorstandes heraus. Insgesamt elf Beiträge von neun Autoren sind gegliedert in die Bände »Politische Geschichte« und »Kulturgeschichte«, wobei Letzteres im damaligen weiten Verständnis neben Sprachgeschichte, Geistesleben und bildender Kunst auch Verfassungs-, Agrar- und Stadtgeschichte sowie Gewerbe, Handel und Verkehr umfasste.

Das Werk steht im Kontext der sonstigen Publikationen der »Gesellschaft« eher isoliert, da es sich nicht um eine Quellenpublikation, sondern um eine Synthese von profunden Handbuchdarstellungen zu Themen der Geschichte des Rheinlands handelt. Gleichwohl ist es angebracht, diese Gesamtdarstellung im Zusammenhang eines analytischen Rückblicks auf die Publikationen der Gesellschaft für Rheinische Geschichtskunde zu würdigen. Bisher ist diese auch durch die relativ hohe Auflage in die Breite wirkende Publikation meist nur im Rahmen von allgemeineren Darstellungen behandelt bzw. am Rande erwähnt worden.[1]

Entstehung und verlegerische Umsetzung

1922 erschien die zweibändige Handbuchdarstellung, die von der renommierten, 1881 gegründeten Gesellschaft für Rheinische Geschichtskunde herausgegeben wurde. Das auf April 1922 datierte Vorwort des Vorsitzenden dieser Gesellschaft, des Leiters des Historischen Archivs der Stadt Köln, Joseph Hansen[2], verortet diese erste Synthese der rhei-

---

1 Vgl. WEIN, Rhein, S. 181–183; GROTEN, Landesgeschichte, S. 177 f.; DERS., Levison, S. 232–236; zuletzt DERS., Kulturprovinzen, S. 148 f. In der Geschichte der Gesellschaft von 2022 wird das Projekt der »Geschichte des Rheinlandes« nicht behandelt, PABST, Gesellschaft. Vgl. zudem die knappe historiographische Würdigung bei PETRI/DROEGE, Einleitung, S. XXV.
2 Zu Hansen als Überblick KLEINERTZ, Hansen. Auf weitere Literaturangaben zu dieser Zentralfigur wird hier verzichtet, vgl. die entsprechenden Hinweise in den Beiträgen von Wettengel und Blazejewski in diesem Band.

nischen Landesgeschichte stark zeitgeistbezogen: »Das Bedürfnis nach einer Geschichte des Rheinlandes ist aber neuerdings in der Lage, in die unser Gebiet durch den unglücklichen Ausgang des Weltkrieges versetzt worden ist, in verstärktem Maße hervorgetreten. Die deutsche Westmark, von der wir glaubten, daß die Gefahr fremden Übergriffs auf sie für immer beseitigt sei, erscheint uns heute nicht mehr als sicherer eigener Besitz, sondern als heiß umstrittener Kampfpreis der Fremden.«³ Oberstes Ziel einer solchen Gesamtdarstellung sollte eindeutig die Herausarbeitung der Tatsache sein, dass die Rheinlande deutsches Land und unverbrüchlich Deutschland zugehörig gewesen seien.⁴

Für die »Gesellschaft« hatte das Großprojekt einer auf die gesamte rheinische Geschichte ausgerichteten Synthese jedoch auch eine auf ihre eigene Arbeit bezogene besondere Bedeutung, wie Hansen in seinem Vorwort deutlich ausführte: »Außer ihrer allgemeinen Bedeutung hat eine solche Zusammenfassung für eine Gesellschaft, deren Aufgabe die systematische Veröffentlichung der rheinischen Geschichtsquellen ist, noch einen besonderen Wert. Indem sie einen Gesamtüberblick über den augenblicklichen Stand unserer Quellenforschung gewährt, offenbart sie zugleich, an welchen Punkten die Vorarbeiten bisher noch zurückgeblieben sind, der Ausbau der Quelleneditionen also der Ergänzung bedarf.«⁵ Eine explizit daran anknüpfende inhaltliche Auswertung der »Geschichte des Rheinlandes« durch die Gesellschaft für Rheinische Geschichtskunde ist – soweit ersichtlich – nie erfolgt.

1919/1920 taucht das Vorhaben⁶ erstmals in den Jahresberichten der »Gesellschaft« auf – aber nicht als eigenständiges Projekt, sondern nur im Kontext des Berichtes über die »Mevissen-Stiftung«: »Aus den Mitteln der Stiftung sollen mit Zustimmung der Nachkommen des Stifters die Honorare bestritten werden für die Bearbeitung und Herausgabe einer übersichtlichen Geschichte der Rheinlande von der ältesten Zeit bis zur Gegenwart. Das Werk, das auf neun Mitarbeiter verteilt ist, soll im Jahre 1921 erscheinen.«⁷ In der Finanzkommission der »Gesellschaft« vom 13. März 1920 wurde eine Publikationsplanung durch Hansen vorgelegt. Die Finanzierung der Autorenhonorare sollte aus der Mevissen-Stiftung erfolgen, geplant wurde eine Auflage von 2.000 Exemplaren. Die Daten zu dem Projekt wurden dann 1921 der Fachöffentlichkeit mitgeteilt.⁸ Nach mehreren Anläufen

---

3 HANSEN, Vorwort, S. V.
4 Die damit verbundenen ideologischen Setzungen und anachronistischen Begriffsverwendungen können hier nicht ausführlich diskutiert werden. Zum Selbstverständnis und zur Rolle der rheinischen Historiker in dieser Phase vgl. PABST, Historikerschlacht, sowie THEIS, Historiker; DIES., Geschichtswissenschaft. Übergreifend: WEIN, Propaganda.
5 HANSEN, Vorwort, S. VI.
6 Die folgenden Ausführungen zur Projektentwicklung fußen vornehmlich auf HAStK, Sachakte sowie auf der knappen Materialsammlung von Klaus Pabst.
7 Jahresbericht 1919/1920, 1921, S. 12.
8 Vgl. Historische Zeitschrift 123 (1921), S. 187: »Aus den Mitteln der v. Mevissen-Stiftung soll eine übersichtliche Geschichte der Rheinlande von der ältesten Zeit bis auf die Gegenwart 1921 veröffentlicht werden.«

mit anderen Verlagen kam es dann zur Zusammenarbeit mit dem Hansen schon aus anderen Projekten bekannten Verlag G. D. Baedeker in Essen.⁹ Der Verlag wurde von Hansen im Vorwort über die Maßen aufgrund seines patriotischen Engagements gelobt.¹⁰

Auch bei der inflationsbedingt schwierigen Preisgestaltung für die geplante zweite Auflage des Werkes im Herbst 1922 formulierte Alfred Baedeker, dass er »aus vaterländischen Erwägungen« auf eine an sich zwingend notwendige Preiserhöhung verzichte.¹¹ Zwischen der »Gesellschaft« und dem Verlag wurde am 16. August 1921 ein Verlagsvertrag geschlossen.¹² Als Auflage wurden 3.000 Exemplare der zweibändigen Publikation verabredet. Davon sollten 2.000 Exemplare über eine Subskription zum Preis von 25 Mark angeboten werden, die restliche Auflage sollte über den Buchhandel zum Ladenpreis von 80 Mark vertrieben werden. Für das Sonderangebot in der Subskription musste die »Gesellschaft« 35.000 Mark als Ausgleich an den Verlag zahlen. Die »Gesellschaft« bezog 150 Exemplare zur Verteilung an

Abb. 26: Alfred Wilhelm Baedeker, seit 1922 Alleininhaber des Essener Verlages G. D. Baedeker, undatiert.

Stifter, Patrone und Vorstandsmitglieder; die Mitglieder der »Gesellschaft« erhielten das Werk ebenfalls zum Subskriptionspreis von 25 Mark. Die notwendige Ausgleichssumme konnte durch größere Spenden einzelner Personen 1921/1922 aufgebracht werden.¹³ Die Subskription der ersten Auflage verlief sehr erfolgreich, sogar so erfolgreich, dass der Verlag über die vorgesehene Zahl von 2.000 Exemplaren hinaus liefern musste, was dazu führte, dass die erste Auflage des Werkes recht schnell vergriffen war. Baedeker be-

---

9 Zum Verlag und seiner politischen Ausrichtung vgl. umfassend WISOTZKY, Verlag, zur Publikation von 1922 bes. S. 176.
10 HANSEN, Vorwort, S. VIII. Der Verlag habe die »Herausgabe unter Bedingungen ermöglicht, die seiner Opferwilligkeit für wissenschaftliche und vaterländische Zwecke ein glänzendes Zeugnis ausstellen.«
11 Alfred Baedeker an Hansen, 17.10.1922, HAStK, Sachakte.
12 Verlagsvertrag vom 16.8.1921, Ausfertigung in HAStK, Sachakte. Hierin die folgenden Bestimmungen.
13 HAStK, Sachakte: Schreiben Louis Hagen an Hansen vom 25.1.1922 (insgesamt 15.000 Mark von Geheimrat Strauss, Otto Wolff und Hagen selbst), zur bedeutenden Rolle Hagens für die GRhG insgesamt vgl. PABST, Geschichte, S. 133; Schreiben Paul Silverberg an Hansen vom 21.1.1922 (der auf seine Zahlung von 2.500 Mark vom 20.7.1921 verwies).

schwerte sich denn auch über diese Problematik: »Infolge des ›Schleuderpreises‹, wie ihn mit Recht ein Buchhändler genannt hat, ist der glückliche Subskribent, der ein Exemplar erhalten hat, in nicht zu rechtfertigender Weise seinen Kollegen gegenüber bevorzugt worden. […] Ich glaube, dass durch die völlig aus dem normalen Rahmen herausfallende Preisfestsetzung wir viel Neid und Missgunst gesät haben […].«[14] Die zweite Auflage (4.000–6.000) erschien als unveränderter Nachdruck im Oktober 1922.

Die inhaltliche Planung des Gesamtwerkes oblag uneingeschränkt Joseph Hansen, der die einzelnen Autoren angesprochen hatte. Im Frühjahr 1920 gab es zwar noch offene Punkte wie etwa die Übernahme des frühmittelalterlichen Teils.[15] Nachdem diese Vorabklärungen erfolgt waren, fanden zwei dokumentierte Autorenbesprechungen statt, in denen die einzelnen Beiträge abgestimmt wurden.[16] Wenn man den Althistoriker Koepp (Jg. 1860) und Hansen (Jg. 1862) herausnimmt, lag das Durchschnittsalter der Mitarbeiter bei gerade 44 Jahren, was sicher für ein solches Handbuchprojekt als relativ jung und damit ungewöhnlich gelten kann. Einige der Historiker waren schon akademisch etabliert, andere wie Hashagen, Aubin und Platzhoff befanden sich in einer Phase der beruflichen Neuorientierung. Dass sich Hansen auf ein solches Wagnis eingelassen hat, spricht einerseits für seine Routine, andererseits kannte er die Herren meist schon seit Jahren aus der Zusammenarbeit bei der »Gesellschaft« oder anderen Kontexten.

Das Handbuch im Überblick

Von den elf Beiträgen der Darstellung sollen im Folgenden diejenigen etwas näher charakterisiert werden, die sich mit politischer Geschichte beschäftigten (Levison, Platzhoff und Hansen). Die Aufsätze von Hermann Aubin[17] (»Das Reich und die Territorien«[18] und »Agrargeschichte«[19]), von Bruno Kuske[20] (»Die rheinischen Städte«[21] und »Ge-

---

14 Alfred Baedeker an Hansen, 4.10.1922, HAStK, Sachakte.
15 Justus Hashagen an Hansen, 5.2.1920: Er verstärkt den Hinweis, dass Levison »der erste Kenner« sei und dass er Levison gerne persönlich ansprechen könne. »Wenn Levison ablehnt, bleibt es bei unserer Verabredung[,] wonach ich die Zeit von 500–1250 übernehme.«
16 Besprechung 7.4.1920 in Bonn (anwesend Hansen, Kuske, Renard, Hashagen, Levison, Frings, Platzhoff und Aubin); Besprechung am 19.6.1920 Bonn (anwesend Hansen, Frings, Levison, Platzhoff, Aubin und Renard), HAStK, Sachakte. Es handelt sich jeweils um Kurzprotokolle.
17 Zu Aubin knapp MÜHLE, Aubin.
18 GESELLSCHAFT, Geschichte, Bd. 2, S. 1–50.
19 Ebd., S. 115–148.
20 Zu Kuske umfassend ENGELS, Wirtschaftsgemeinschaft, der diese doch umfangreichen Beiträge Kuskes aber nur am Rande erwähnt (S. 77 f.).
21 GESELLSCHAFT, Geschichte, Bd. 2, S. 51–112.

werbe, Handel und Verkehr«[22]), Theodor Frings[23] (»Rheinische Sprachgeschichte«[24]), Edmund Renard[25] (»Die bildende Kunst«[26]), Justus Hashagen[27] (»Rheinisches Geistesleben im Wandel der Zeiten«[28]) sowie der Beitrag von Friedrich Koepp[29] (»Die Zeit der Römerherrschaft«[30]) bleiben in diesem Überblicksaufsatz außerhalb der Betrachtung, weil eine systematische inhaltliche Analyse den Rahmen sprengen würde.

Dem Beitrag von Wilhelm Levison[31] zum Früh- und Hochmittelalter[32] fiel in der Gesamtkonzeption des Werkes eine »Schlüsselposition«[33] zu. Gleich zu Anfang des Beitrages wird die starke Rolle des »Fränkischen Volkstums« betont, »[…] die Rheinlande werden aus einem keltisch-romanischen Grenzgebiet, dessen Germanisierung freilich längst begonnen hatte, ein deutsches Land.«[34] »Die Rheinlande sind so ein rein deutsches Land geworden […].«[35] Eine doch zentrale Rolle spielte in Levisons Darstellung die Entwicklung bis 925 – sein viertes Kapitel hieß daher »Die Übergangszeit vom Vertrag von Verdun bis zur endgültigen Vereinigung der Rheinlande mit dem übrigen Deutschland (840–925)«.[36] Er formulierte fast apodiktisch: »[…] mit 925 beginnen für die Rheinlande Jahrhunderte ununterbrochener Verbindung mit dem rechtsrheinischen Deutschland. Unter dem Gesichtspunkt der Staatszugehörigkeit bezeichnet überhaupt erst die Französische Revolution einen neuen Abschnitt in der rheinischen Geschichte.«[37] Bei den Vorüberlegungen und den Planungen der so genannten »Jahrtausendfeiern der Rheinlande« im Jahr 1925 war Levison damit ein wichtiger Impulsgeber.[38] Entsprechendes galt neben mehreren spezifischen Beiträgen sicher auch für diese weit verbreitete Gesamtdarstellung aus dem Jahr 1922. Trotz der bei Levison ausführlich beschriebenen

---

22 Ebd., S. 149–248.
23 Zu Frings knapp CORNELISSEN, Frings.
24 GESELLSCHAFT, Geschichte, Bd. 2, S. 251–298.
25 Zu Renard ADAMEK-POHL, Renard.
26 GESELLSCHAFT, Geschichte, Bd. 2, S. 365–462.
27 Zu Hashagen vgl. MÖLICH, Begriff und KLESMANN, Wegbereiter.
28 GESELLSCHAFT, Geschichte, Bd. 2, S. 299–364.
29 Zu Koepp vgl. Propylaeum-VITAE, Koepp, Friedrich, abgerufen unter: https://sempub.ub.uni-heidelberg.de/propylaeum_vitae/de/wisski/navigate/3017/view (abgerufen am 22.5.2024).
30 GESELLSCHAFT, Geschichte, Bd. 1, S. 1–43.
31 Zu Levison und seinem Beitrag vgl. BECHER, Levison; BÖHRINGER, Levison; GROTEN, Levison.
32 LEVISON, Römerherrschaft.
33 So die Formulierung bei GROTEN, Landesgeschichte, S. 177. Vgl. auch DERS., Levison, bes. S. 232–236.
34 LEVISON, Römerherrschaft, S. 45.
35 Ebd., S. 49.
36 Ebd., S. 66–73.
37 Ebd. S. 73.
38 LEVISON, Tausendjahrfeier. Zu den »Jahrtausendfeiern« 1925 und der Rolle der Historiker vgl. THEIS, Historiker, und DIES., Geschichtswissenschaft. Allgemein zum Kontext: MÜLLER, Geschichtspolitik. Die »Jahrtausendfeiern« im Rheinland sind in den letzten Jahren Gegenstand unterschiedlicher Darstellungen geworden. Hierauf kann an dieser Stelle nicht näher eingegangen werden.

Territorialisierungsprozesse, die er als »Zersplitterung der öffentlichen Macht« charakterisierte[39], blieb er für die Zeit bis 1250 doch bei seinem Fazit: »[…] die enge Verbindung mit dem übrigen Deutschland stand ebenso fest wie das deutsche Wesen des Landes und das Bewußtsein der Zusammengehörigkeit seiner Bewohner untereinander und mit den anderen Deutschen.«[40] Levison hatte also – ganz im Sinne der Gesamtintention des Werkes – die schon früh verankerte Zusammengehörigkeit der Rheinlande mit dem übrigen Deutschland herausgearbeitet.

Der Historiker Walter Platzhoff (1881–1969)[41], 1922 noch außerordentlicher Professor an der Universität Bonn, behandelte in seinem Beitrag[42] den Zeitraum von 1250 bis 1789, in dem er einleitend für die Rheinlande die in seiner Sicht negativen Tendenzen zur Territorialisierung herausarbeitet. Ein geschlossenes Territorium konnte sich am Rhein nicht etablieren. Platzhoff benennt eindeutig die Hauptverantwortlichen für diese Entwicklung: »Die geistlichen Staaten haben die Errichtung eines Einheitsstaates in der Westmark Deutschlands verhindert und sie der Zersplitterung und Ohnmacht preisgegeben.«[43] Eine zentrale Bedeutung in dem Beitrag hat der Neußer Krieg 1474/1475, also die Abwehr der Expansionspläne Burgunds. Der Widerstand von Neuß »[…] hatte aber auch die unlösbar enge Verbindung der Rheinlande mit dem deutschen Reich vor aller Welt erhärtet. Die deutsche Gesinnung der Rheinländer, ihr unerschütterlicher Wille, am Reich festzuhalten, war über jeden Zweifel erhaben.«[44] Gleichwohl ergab sich in den folgenden Jahrhunderten durch eine Abfolge von Konflikten die Tatsache, das zunehmend das »Rheinland als Objekt der internationalen Politik« herabsank.[45] »Die Kleinstaaterei und die Ohnmacht sind von der Mitte des 13. bis zum Ende des 18. Jahrhunderts das Schicksal und das Verhängnis der Rheinlande gewesen. […] Dunkel lagerte die Zukunft vor ihnen, um so mehr, da eben jetzt im Westen die Wetterwolken einer neuen Zeit aufstiegen. Aber was sie auch in ihrem Schoße bergen mochte, das eine hatte die Geschichte eines Jahrtausends unwiderleglich bewiesen: an dem deutschen Charakter der Rheinlande, an ihrer Zugehörigkeit zu Deutschland war nicht zu rütteln.«[46] Mit diesem Fazit endet Platzhoffs Darstellung, die sich so einpasst in den Duktus des Gesamtwerkes.

Den Abschluss des Bandes zur »Politischen Geschichte« bildet der umfangreiche Beitrag von Joseph Hansen unter dem Titel »Von der Französischen Revolution bis zur

---

39 LEVISON, Römerherrschaft, S. 85.
40 Ebd. S. 168.
41 Zu Platzhoff und seinem Geschichtsverständnis vgl. KRETSCHMANN, Platzhoff. Zu seiner Sicht auf die rheinische Geschichte insgesamt siehe seinen Aufsatz von 1921: PLATZHOFF, Stellung.
42 PLATZHOFF, Interregnum. Vgl. zu dem Beitrag MÜLLER, Geschichtsschreibung, S. 17 f.
43 PLATZHOFF, Interregnum, S. 171.
44 Ebd., S. 197.
45 Ebd., S. 224.
46 Ebd., S. 238.

Gegenwart«.[47] Auf fast 200 Seiten bietet der Autor eine differenzierte Geschichte des Zeitraumes von 1789 bis zur Gegenwart der Nachkriegssituation nach 1918. Hansen konnte auf umfassende Vorarbeiten und genaue Quellenkenntnis zurückgreifen.[48] Hier sollen nur einige Aspekte aus Hansens Text herausgestellt werden, die zur Einordnung des Gesamtwerkes der »Geschichte des Rheinlandes« beitragen. In der Nachkriegsperspektive beschreibt Hansen die Situation Deutschlands: »Aus seinem Zusammenbruch hat das durch den Krieg ermattete deutsche Volk die Einheit und das Bewußtsein, was sie bedeutet, als das kostbare Erbgut gerettet, das ihm die Reichsschöpfung Bismarcks hinterlassen hat. Die deutsche Westmark aber ist wiederum, wie schon so oft in der Vergangenheit, der gefährdete Brennpunkt europäischer Auseinandersetzung geworden, weil Frankreich sich am Rhein sein altes Ziel, die kontinentale Vorherrschaft, als Siegespreis sichern möchte.«[49] Die Abwehrhaltung gegen vor allem französische Machtansprüche wird zum Signum der Epoche – und das Rheinland hat hier eine besondere Rolle inne: »In dieser entscheidenden Stunde seiner Geschichte ist es für das Rheinland die heilige Sache des Vaterlandes, daß es den nationalen Einheitsgedanken, um den das deutsche Volk von 1813 bis 1871 voll Sehnsucht gerungen und gekämpft hat, bewahrt und behauptet. Auf seine Einheit ist die Zukunft des deutschen Volkes gestellt.«[50]

Den Gesamtimpetus der »Geschichte des Rheinlandes« greift Hansen zum Ende seiner Darstellung fast beschwörend auf:

»Das Rheinland ist aber deutsches Land; das beweist seine Sprache und seine Geschichte, die in dem vorliegenden Werke zusammengefasst ist. Seine Bevölkerung, der jetzt in Wahrheit die Wacht am deutschen Strome anvertraut ist, hat den einmütigen Willen zur Nationalität; sie will die Kraftquelle des nationalen Lebenstriebes nicht preisgeben, sondern die Unversehrtheit des nationalen Territoriums wahren, das sie bewohnt. […] Der Rheinländer weiß, daß, so vielseitig sich im Laufe der Jahrhunderte an den Ufern des deutschen Stromes der Austausch germanischen und romanischen Geistes vollzogen hat, doch wenn irgendwo so hier der ehrwürdige Mutterboden der deutschen Kultur ist. […] Aus diesem Bewußtsein heraus wird unser Volk, so hoffen wir, wieder Vertrauen zu sich selbst gewinnen und mit dem Sinn für nationale Würde auch wieder das stolze Nationalgefühl zurückerlangen, das unentbehrlich ist für politische Größe.«[51]

---

47 HANSEN, Revolution.
48 Vgl. KLEINERTZ, Hansen, bes. S. 301–311 (»Hansen als Wissenschaftler«). Genannt sei vor allem Hansens Darstellung »Preußen und Rheinland von 1815 bis 1915«.
49 HANSEN, Revolution, S. 428 f.
50 Ebd., S. 434.
51 Ebd., S. 434 f.

Hinweise zur Wirkungsgeschichte

Das Handbuch wurde in den einschlägigen Fachzeitschriften kaum oder wenig rezensiert. Ein Grund dafür war die Tatsache, dass der Verlag von der ersten Auflage keine Rezensionsexemplare verschickt hatte. Der verärgerte Herausgeber Hansen schrieb diesbezüglich im Oktober 1922 an den Verleger: »Das Buch ist daher in den Kreisen der Historiker und geschichtlich interessierter Gruppen bisher ganz unbekannt geblieben. […] Ich nehme an, daß auch Sie beabsichtigen, bei der jetzt vor dem Erscheinen stehenden zweiten Auflage [das] nachzuholen.«[52] Hansen fügte dann noch eine Liste mit zehn Zeitschriften (mit Adressen) übergreifender und regionaler Geschichtszeitschriften bei. Ob dieser Nachversand erfolgt ist, lässt sich nicht klären – es bleibt das Faktum, dass die Bände kaum besprochen wurden.

Die einzige umfangreiche und grundsätzliche Besprechung des Werkes an prominenter Stelle stammt aus der Feder von Paul Wentzcke.[53] Dieser gilt als einer der zentralen Akteure im Kontext der so genannten »Historikerschlacht«[54] um den Rhein nach dem Ersten Weltkrieg. Nach grundsätzlichem Lob für den Organisator und Herausgeber Hansen unterstreicht Wentzcke den zeitgenössischen Kontext. Er betont die »bange Sorge, ob Deutschland und insbesondere das rheinische Volk einen Ansturm abzuwehren wissen, dessen Kämpfer mit Geschick auch die Verfälschung unserer geschichtlichen Anschauungen ins Feld führen«. Für diesen Kampf sei nun »das allzu lange fehlende Rüstzeug zur Verteidigung« bereitgestellt worden. Der Rezensent beschreibt dann den Aufbau des Werkes und kritisiert das Fehlen von Literatur- und Quellenangaben. Grundsätzlicher formuliert er zwei Bedenken. Der Einstieg mit der Römerzeit im Beitrag von Friedrich Koepp verzichtet auf die Vorgeschichte, die nach Meinung Wentzckes darstellerisch durchaus zu leisten gewesen wäre. Der Mangel an Karten verweise zudem darauf, dass der zentrale geopolitische Blick auf das Rheinland fehle. Ein noch wichtigeres Manko der Darstellung sieht er in der Begrenzung auf das Gebiet der preußischen Rheinprovinz seit 1815, wie es Hansen im Vorwort skizziert hat. Die räumliche Perspektive müsse nach Wentzcke dagegen sein, »das ganze Stromgebiet als Kernland der abendländischen Kultur und Staatenwelt und doch zugleich als unlösbaren Bestand des Deutschen Reiches« zu behandeln.[55] Ziel müsse die »geschichtliche Betrachtung des ganzen deutschen Rheintals« sein. Wentzcke knüpft mit diesen Forderungen an eine eigene knappe Darstellung von 1920 an, wo er als Perspektive formuliert: »Im lückenlosen Kreise nur, ein Glied ans andere gekettet, rheinauf und rheinab das linke Ufer des deutschen Stromes

---

52 Hansen an Verlag Baedeker, 14.10.1922, HAStK, Sachakte.
53 WENTZCKE, Besprechung. Zu Wentzcke (1879–1960) LAUX/WOELKE, Paul Wentzcke; LAUX, Wentzcke, und CORNELISSEN, Historiografie, bes. S. 29 ff.
54 PABST, Historikerschlacht.
55 WENTZCKE, Besprechung, S. 147.

mit der Gesamtheit der deutschen Stämme eng verbunden, rheinische Vergangenheit zugleich als Reichsgeschichte schlechthin gedacht und empfunden: in diesem Kreis liegt die geschichtliche Einheit des Rheintals begründet.«[56]

Aus der Nachbarregion Westfalen gibt es noch einen interessanten inhaltlichen Bezug auf die 1922 publizierte Geschichte des Rheinlandes.[57] 1924 hatte der westfälische Landeshauptmann Franz Dieckmann den Altertumsvereinen in Münster und Paderborn die Summe von 30.000 Goldmark zur Verfügung gestellt, um eine von der Provinzialverwaltung gewünschte Geschichte Westfalens herauszubringen. Der Archivar und Historiker Friedrich Philippi (1853–1930), Leiter des Staatsarchivs Münster bis 1921 und bis 1908 Vorsitzender der westfälischen Historischen Kommission, wurde wohl von den beiden Vereinen mit der Prüfung der Möglichkeiten einer westfälischen Geschichte beauftragt. Seine daraus entstandene »Denkschrift«[58] vom Sommer 1925 schlug unter anderem vor, dem Beispiel der Rheinlande zu folgen und mit einem Autorenteam an ein solches Projekt heranzugehen. In dieser Denkschrift bewertete Philippi das rheinische Vorbild durchaus positiv, bot aber auch kritische Einschätzungen: »Bei einer genaueren Nachprüfung […] ist nicht zu verkennen, daß es nicht allen Mitarbeitern hat gelingen wollen, wirklich Rheinische Geschichte zu schreiben, am ehesten noch denjenigen, welche die politische Geschichte dargestellt haben. Andere Abschnitte, welche die Wirtschafts- und Verfassungsgeschichte behandeln […] geben vielmehr allgemein Deutsche Wirtschafts- und Verfassungsgeschichte, erläutert durch Beispiele aus ihrem engeren Kreise. Daß auf diese Weise eine Rheinische Geschichte nicht zu Stande kommen konnte, ist offensichtlich.«[59] Größere konzeptionelle Bedenken hatte er auch gegenüber der im Rheinland vollzogenen Trennung von politischer Geschichte und Kulturgeschichte.

In einem Literaturbericht zur deutschen Geschichte behandelte Walter Goetz (1867–1958) 1928 knapp auch die »Geschichte des Rheinlandes«. Er kommt dabei zu der Gesamtbewertung: »Im Grunde ist das alles eine deutsche Geschichte mit besonderer Betonung des Rheinlandes.«[60] Aus der Intention des Herausgebers und der Autoren trifft diese zugespitzte Bewertung den Kern des Ganzen – Rheinische Geschichte als integraler Teil der deutschen Geschichte als Programm dieses Handbuchprojektes.

Theodor Schieffer hat in einem Gedenkvortrag zu Wilhelm Levison 1976 das Gesamtwerk der »Geschichte des Rheinlandes« so charakterisiert: »[…] keineswegs eine auf den Augenblick zugeschnittene Kampfschrift, sondern eine wissenschaftlich fundierte, aber nicht nur der gelehrten Welt zugedachte Gesamtdarstellung, die in ruhiger Bestimmtheit,

---

56 Ders., Einheit, S. 29.
57 Dazu zusammenfassend Reininghaus, Philippi, S. 210 f. Zudem ders., Kommission, S. 365–368 allgemein zu den westfälischen Handbuchprojekten zwischen 1924 und 1938 mit mehrfachem Rückbezug auf die »Geschichte des Rheinlandes« von 1922.
58 Philippi, Denkschrift.
59 Ebd., S. 298.
60 Goetz, Literaturbericht, S. 217.

ohne schrille Töne, den germanisch-deutschen Charakter der rheinischen Lande ins Bewußtsein rief«.[61] Heute würde man die Akzente sicher etwas anders setzen und die – wie gezeigt – auch sprachliche Zeitbezogenheit der Darstellung im Kontext der Situation der frühen Weimarer Republik im Westen betonen. Auch unter dem Aspekt einer auf öffentliche Wahrnehmung abzielenden Geschichtswissenschaft der Zwischenkriegszeit könnte man die »Geschichte des Rheinlandes« interpretieren – als Element eines großformatigen Versuches »mit den Rheinlanden zu reden«[62], um der Nachkriegssituation eine in die Zukunft weisende historische Perspektive zu verleihen.

Quellen und Literatur

Die Publikation

GESELLSCHAFT für Rheinische Geschichtskunde (Hg.), Geschichte des Rheinlandes von der ältesten Zeit bis zur Gegenwart, 2 Bde., Essen 1922.
HANSEN, Joseph, Vorwort, in: Gesellschaft, Geschichte, Bd. 1, S. V–VIII.
DERS., Von der Französischen Revolution bis zur Gegenwart, in: Gesellschaft, Geschichte, Bd. 1, S. 239–435.
LEVISON, Wilhelm, Vom Ende der Römerherrschaft bis zum Interregnum (450–1250), in: Gesellschaft, Geschichte, Bd. 1, S. 45–168.
PLATZHOFF, Walter, Vom Interregnum bis zur Französischen Revolution (1250–1789), in: Gesellschaft, Geschichte, Bd. 1, S. 169–238.

Ungedruckte Quellen

Historisches Archiv der Stadt Köln, Bestand 1800 Gesellschaft für Rheinische Geschichtskunde, Sachakte A 272: Das Rheinland von der ältesten Zeit bis auf die Gegenwart (zitiert HAStK, Sachakte).

Gedruckte Quelle

PHILIPPI, Friedrich, Denkschrift über die von der Provinzialverwaltung von Westfalen geplante Westfälische Geschichte, in: Reininghaus, Philippi, S. 296–299.

---

61 SCHIEFFER, Levison, S. 232.
62 Vgl. in anderem Kontext MÖLICH, Aktivitäten.

Literatur

ADAMEK-POHL, Petra/EUSKIRCHEN, Claudia/KIESER, Marco, Edmund *Renard* (1871–1932). Provinzialkonservator der Rheinprovinz, in: Rheinische Heimatpflege Neue Folge 28 (1991), S. 241–246.

BECHER, Matthias, Wilhelm *Levison* (1876–1947). Als Gelehrter geschätzt, als Jude vertrieben, in: Institut für Geschichtswissenschaft (Hg.), 150 Jahre Historisches Seminar. Profile der Bonner Geschichtswissenschaft. Erträge einer Ringvorlesung (= Bonner Historische Forschungen 64), Siegburg 2013, S. 161–176.

BÖHRINGER, Letha, »… glaube ich durch Schrift und Tat der deutschen Sache mehrfach genützt zu haben.« Wilhelm *Levison* als politische Persönlichkeit, in: Matthias Becher/Yitzhak Hen (Hgg.), Wilhelm Levison (1876–1947). Ein jüdisches Forscherleben zwischen wissenschaftlicher Anerkennung und politischem Exil (= Bonner Historische Forschungen 63), Siegburg 2010, S. 251–317.

BRAUBACH, Max, Aloys *Schulte* und die rheinische Geschichte. Zum 100. Geburtstag des großen Bonner Historikers, Bonn 1957.

CORNELISSEN, Georg, Theodor *Frings*, in: Internetportal Rheinische Geschichte, abgerufen unter: https://www.rheinische-geschichte.lvr.de/Persoenlichkeiten/theodor-frings/DE-2086/lido/57c6c0cf12c1c5.53852583 (abgerufen am 22.5.2024).

CORNELISSEN, Christoph, Vom »Ruhrkampf« zur Ruhrkrise: Die *Historiografie* der Ruhrbesetzung, in: Gerd Krumeich/Joachim Schröder (Hgg.), Der Schatten des Weltkrieges. Die Ruhrbesetzung 1923, Essen 2004, S. 25–45.

ENGELS, Marc, Die »*Wirtschaftsgemeinschaft* des Westlandes«: Bruno Kuske und die wirtschaftswissenschaftliche Westforschung zwischen Kaiserreich und Bundesrepublik (= Aachener Studien zur Wirtschafts- und Sozialgeschichte 4), Aachen 2007.

GOETZ, Walter, Deutsche Geschichte. *Literaturbericht*, in: Archiv für Kulturgeschichte 18 (1928), S. 213–227.

GROTEN, Manfred, *Kulturprovinzen* in den Rheinlanden (1926) und ›spatial turn‹. Lehren aus der Bonner Kulturraumforschung, in: RhVjbll 87 (2023), S. 143–159.

DERS., *Landesgeschichte* an der Universität Bonn, in: RhVjbll 72 (2008), S. 166–183.

DERS., Wilhelm *Levison* und die Rheinische Geschichte, in: Matthias Becher/Yitzhak Hen (Hgg.), Wilhelm Levison (1876–1947). Ein jüdisches Forscherleben zwischen wissenschaftlicher Anerkennung und politischem Exil (= Bonner Historische Forschungen 63), Siegburg 2010, S. 225–239.

HANSEN, Joseph, *Preußen und Rheinland* von 1815 bis 1915. Hundert Jahre politischen Lebens am Rhein (= Rheinprovinz, Bd. 4) [um verschiedene Beiträge ergänzter ND der Ausgabe von 1918], Köln 1990.

KLEINERTZ, Everhard, Joseph *Hansen* (1856–1943), in: Joseph Hansen, Preußen und Rheinland von 1815 bis 1915. Hundert Jahre politischen Lebens am Rhein. Mit Beiträgen von Everhard Kleinertz und Beate-Carola Padtberg und einer Auswahlbibliographie herausgegeben von Georg Mölich, Köln 1990, S. 273–325.

KLESMANN, Bernd, Ein *Wegbereiter* der historischen Presseforschung. Justus Hashagens Tätigkeit an der Kölner Universität 1919–1926, in: Geschichte in Köln 68 (2021), S. 89–108.

KRETSCHMANN, Carsten, Geschichte als Politik. Walter *Platzhoff*, in: Moritz Epple u. a. (Hgg.),

»Politisierung der Wissenschaft«. Jüdische Wissenschaftler und ihre Gegner an der Universität Frankfurt am Main vor und nach 1933 (= Schriftenreihe des Frankfurter Universitätsarchivs, Bd. 5), Göttingen 2016, S. 147–172.

Laux, Stephan, Paul *Wentzcke*, in: Neue Deutsche Biographie 27 (2020), S. 790–791.

Ders. / Woelke, Sven, *Paul Wentzcke*, in: Michael Fahlbusch u. a. (Hgg.), Handbuch der völkischen Wissenschaften, Bd. 1, Berlin / New York ²2017, S. 881–884.

Levison, Wilhelm, Der Sinn der rheinischen *Tausendjahrfeier* 925–1925, Bonn / Leipzig 1925.

Mölich, Georg, »Gemeinsame Ordnungen« oder »Grenzen« – Historiker und der *Begriff* des Rheinlandes vor dem Ersten Weltkrieg: Justus Hashagen (1877–1961) im Kontext. Mit einem Textanhang, in: Peter Burggraaf u. a. (Hgg.), Les Pays de l'entre-deux: Übergangsräume – Grenzregionen – Konfliktzonen (= Siedlungsforschung. Archäologie – Geschichte – Geographie, Bd. 38), Bonn 2021, S. 291–306.

Ders., »Zu den Rheinlanden reden …«. Rheinische Neujahrsblätter, Fortbildungskurse und andere öffentlichkeitsorientierte *Aktivitäten* des Bonner Instituts im Jahrzehnt nach 1920, in: Manfred Groten / Andreas Rutz (Hgg.), Rheinische Landesgeschichte an der Universität Bonn. Traditionen – Entwicklungen – Perspektiven, Göttingen 2007, S. 113–127.

Mühle, Eduard, Hermann *Aubin*, in: Internetportal Rheinische Geschichte, abgerufen unter: https://www.rheinische-geschichte.lvr.de/Persoenlichkeiten/hermann-aubin/DE-2086/lido/57adba98616a97.12472310 (abgerufen am 2.5.2024).

Müller, Guido, *Geschichtspolitik* im Westen und Rheinische Jahrtausendfeier 1925, in: Gertrude Cepl-Kaufmann (Hg.), Jahrtausendfeiern und Befreiungsfeiern im Rheinland. Zur politischen Festkultur 1925 und 1930 (= Düsseldorfer Schriften zur Neueren Landesgeschichte und zur Geschichte Nordrhein-Westfalens, Bd. 71), Essen 2009, S. 35–57.

Müller, Heribert, »Von welschem Zwang und welschen Ketten des Reiches Westmark zu erretten«. Burgund und der Neusser Krieg 1474/75 im Spiegel der deutschen *Geschichtsschreibung* von der Weimarer Zeit bis in die frühe Bundesrepublik (= PubGRhG, Vorträge, Bd. 33), Düsseldorf 2003.

Pabst, Klaus, Die »*Historikerschlacht*« um den Rhein, in: Jürgen Elvert / Susanne Krauss (Hgg.), Historische Debatten und Kontroversen im 19. und 20. Jahrhundert (= Historische Mitteilungen im Auftrage der Ranke-Gesellschaft. Beihefte, Bd. 46), Wiesbaden 2003, S. 70–81.

Ders., Die *Gesellschaft* für Rheinische Geschichtskunde (1881–1981). Trägerschaft, Organisation und Ziele in den ersten 100 Jahren ihres Bestehens (Redaktion: Stephan Laux) (= Studien und Darstellungen der Gesellschaft für Rheinische Geschichtskunde, Bd. 1), Köln / Wien 2022.

Petri, Franz / Droege, Georg, *Einführung* in das Gesamtwerk, in: dies. (Hgg.), Rheinische Geschichte, Bd. 1, 1. Halbband, Düsseldorf 1978, S. XV–XXX.

Platzhoff, Walter, Die *Stellung* der Rheinlande in der deutschen Geschichte, in: Festgabe Friedrich von Bezold dargebracht zum 70. Geburtstag von seinen Schülern, Kollegen und Freunden, Bonn / Leipzig 1921, S. 304–320.

Reininghaus, Wilfried, Die Historische *Kommission* für Westfalen 1896 bis 2021. Eine regionale Wissenschaftsgeschichte (= Veröffentlichungen der Historischen Kommission für Westfalen, N. F. 70), Münster 2021.

Ders., Friedrich *Philippi*. Historiker und Archivar in wilhelminischer Zeit – eine Biographie (= Veröffentlichungen der Historischen Kommission für Westfalen, N. F. 15), Münster 2014.

Schieffer, Theodor, Wilhelm *Levison*, in: RhVjbll 40 (1976), S. 225–242.

THEIS, Kerstin, Die *Historiker* und die Rheinische Jahrtausendfeier, in: Geschichte im Westen 20 (2005), S. 23–48.

DIES., *Geschichtswissenschaft* und die Rheinische Jahrtausendfeier 1925, Magisterarbeit Universität zu Köln 2005 (unveröff. Manuskript).

WEIN, Franziska, Deutschlands Strom – Frankreichs Grenze. *Geschichte und Propaganda* am Rhein 1919–1930 (= Düsseldorfer Schriften zur Neueren Landesgeschichte und zur Geschichte Nordrhein-Westfalens, Bd. 33), Essen 1992.

DIES., Der *Rhein* in der Landesgeschichte. Deutscher Strom oder europäische Achse?, in: Westfälische Forschungen 46 (1996), S. 177–185.

WENTZCKE, Paul, Die geschichtliche *Einheit* des Rheintals, in: Die Westmark 1 (1921), S. 16–29.

WISOTZKY, Klaus, »… dem Buch eine Heimstätte zu geben«. Buchhandlung und *Verlag* in den 20er und 30er Jahren, in: Dorothea Bessen/ders. (Hgg.), Buchkultur inmitten der Industrie. 225 Jahre G. D. Baedeker in Essen, Essen 2000, S. 167–184.

Rezension

WENTZCKE, Paul, *Besprechung* Geschichte des Rheinlandes […], in: Historische Zeitschrift 129 (1924), S. 142–148.

Jort Blazejewski

Joseph Hansen, »Quellen zur Geschichte des Rheinlandes im Zeitalter der Französischen Revolution 1780–1801« (1931–1938)

Deutsch-französische Zeitgeschichte im Spiegel des Alten Reiches und der Revolutionsepoche

Einführung

Die zwischen 1931 und 1938 erschienene Edition »Quellen zur Geschichte des Rheinlandes im Zeitalter der Französischen Revolution« von Joseph Hansen gehört zu den einflussreichsten Veröffentlichungen der Gesellschaft für Rheinische Geschichtskunde. Die vierbändige Edition des Kölner Stadtarchivars bildet bis heute ein Referenzwerk für die Revolutionsforschung.[1] Zuletzt 1989 anlässlich des 200-jährigen Jubiläums der Französischen Revolution von Erich Pelzer kritisch gewürdigt[2], übertrifft die Publikation mit insgesamt über 2,5 Millionen Wörtern[3] sogar editorische Großprojekte des digitalen Zeitalters. Stärker noch als durch seinen imposanten Umfang ragt das vielschichtige Werk jedoch aufgrund seiner langen Entstehungs- und Rezeptionsgeschichte hervor. Einerseits erfüllte Hansen damit eine traditionsreiche Aufgabe der »Gesellschaft«, die gemäß ihren Originalstatuten von 1881 in der Publikation von Quellen bestand.[4] Andererseits verband die »Gesellschaft« mit der Edition die Absicht, eine weichenstellende Epoche in der Geschichte des Rheinlandes neu zu bewerten. Unter dem Eindruck der Folgen des Ersten Weltkrieges führten deutsche und französische Historiker eine Debatte um die historische Zugehörigkeit des Rheinlandes. Die Veröffentlichung einer Quellensammlung sollte in der so genannten »Historikerschlacht um den Rhein« die entscheidende Wende herbeiführen.

Im Interesse an der Entstehung von Hansens Werk lässt sich allerdings nicht nur das Wirken der »Gesellschaft« ergründen. Die Geschichte seines Editionsprojekts reflektiert in hohem Maße die politischen Konflikte und wirtschaftlichen Probleme der Zwischenkriegszeit. Der zeitgenössischen Bedeutung des Editionsprojekts entsprach es vollkom-

---

1 LACHENICHT, Französische Revolution, S. 154; GANTET/STRUCK, Revolution, Krieg und Verflechtung, S. 227.
2 PELZER, Joseph Hansen.
3 So BLANNING, French Revolution, S. 14.
4 PABST, Gesellschaft, S. 79.

men, dass sich mit Joseph Hansen eines der profiliertesten Mitglieder der »Gesellschaft« der Sache annahm. Als Hansen seine Arbeiten Ende der 1920er Jahre begann, blickte er bereits auf eine eindrucksvolle Karriere zurück.[5] Nachdem er 1891 zum Leiter des renommierten Kölner Stadtarchivs ernannt worden war, übernahm Hansen 1893 den Vorsitz der Gesellschaft für Rheinische Geschichtskunde. Es folgten Mitgliedschaften in nahezu allen wichtigen Historischen Kommissionen und Geschichtsvereinen. Für ein Editionsprojekt, das die Diskussion um die Rheinfrage auf eine neue Grundlage heben sollte, besaß der anerkannte Archivdirektor nicht nur das nötige Format, sondern auch die wissenschaftliche Expertise. Tatsächlich hat sich Hansen über einen Zeitraum von 50 Jahren dem Edieren historischer Quellen gewidmet. Mehrere Publikationen, darunter seine Quellenwerke zu den Nuntiaturberichten oder der Hexenverfolgung, fanden große Anerkennung in der Fachwelt.[6] Die Mehrheit davon vollendete Hansen während seiner Amtszeit als Vorsitzender der »Gesellschaft«, der er insgesamt 35 Jahre lang bis 1928 – und damit, wenn auch nur kurz, über seine Pensionierung als Archivar hinaus – vorstand. Die Fertigstellung der hier interessierenden Edition zur Geschichte der Französischen Revolution bildete anschließend das Projekt seines Ruhestandes, wobei sich die Veröffentlichung über mehr als ein Jahrzehnt hinzog.[7]

Im Folgenden sind neben der schwerfälligen Entstehung die inhaltlichen Schwerpunkte der Edition näher in den Blick zu nehmen. Die ausführliche Kommentierung der Quellen zeugt von Hansens eingehenden Kenntnissen einer Epoche, die vordergründig nicht zu seinen ausgewiesenen Arbeitsgebieten zählte.[8] Wie zu zeigen sein wird, bediente Hansen damit zugleich andere Publikationsinteressen der »Gesellschaft«, die ihr Programm in den politisch und wirtschaftlich angespannten Zwischenkriegsjahren einschränken musste. Die Erarbeitung der Quellenedition über die Französische Revolution entwickelte sich so zum Vorzeigeprojekt der »Gesellschaft«. Zwar fiel die Resonanz darauf zu Hansens Lebzeiten verhalten aus, allerdings war dem Werk in der zweiten Hälfte des 20. Jahrhunderts ein internationaler Erfolg beschieden, wie schließlich ein Blick auf seine jüngere Rezeptionsgeschichte verdeutlicht.

Munition für die »Historikerschlacht um den Rhein«

Der Ausgangspunkt für das Editionsprojekt lag in der seit 1914 aufflammenden Diskussion über die nationale Zugehörigkeit der Rheinlande. Deutsche wie französische

---

5   Vgl. zur Biographie Hansens auch den Beitrag von Michael Wettengel in diesem Sammelband.
6   HANSEN (Bearb.), Nuntiaturberichte aus Deutschland u. HANSEN, Geschichte des Hexenwahns.
7   Eine umfassende Biographie Hansens sowie Darstellung seines wissenschaftlichen Wirkens bietet KLEINERTZ, Joseph Hansen (1990). Siehe neuerdings auch SOLDWISCH, Joseph Hansen.
8   KLEINERTZ, Joseph Hansen (1990), S. 301–307.

Historiker führten diese Streitfrage auf die konfliktreichen Phasen ihrer gemeinsamen Geschichte zurück, wobei sie für den Nachweis ihrer je eigenen Interpretation sämtliche Epochen ins Bewusstsein riefen. Während die einen ihre Argumente mit Blick auf die Keltenzeit bezogen, sahen andere die nationalen Ansprüche auf den Rhein im karolingischen Zeitalter begründet, noch andere im »Grand Siècle« Ludwigs XIV. Die Phase der Französischen Revolution, welche 1794 zunächst aus deutscher Sicht und 1814 dann aus französischer Sicht mit dem je schmerzhaften Verlust des linken Rheinufers verbunden war, galt dabei als »Prüfstein der Geister«.[9] Federführend in Frankreich wirkte der an den Universitäten in Lille und Paris lehrende Philippe Sagnac (1868–1954), der 1917 sein Werk »Le Rhin français pendant la Révolution et l'Empire« vorlegte. Weniger der Inhalt, der eine ausgeglichene Darstellung der bewegten Revolutionszeit bot[10], als vielmehr der provokante Titel des Buchs bildete ein Ärgernis für die deutschnationale Geschichtsschreibung im späten Kaiserreich. Dies galt nicht weniger für die zwischen 1916 und 1918 veröffentlichte Darstellung »Le Rhin dans l'Histoire« des Altertumsforschers Ernest Babelon (1854–1924), die auf über 1.000 Seiten die französische Deutungshoheit in der Thematik untermauerte.[11]

Der Schlagabtausch um die Rheinfrage überdauerte das Kriegsende 1918 und nahm in den 1920er Jahren eine neue Dynamik an. Einen Höhepunkt erreichte die Publikationsflut im Vorfeld der Rheinischen Jahrtausendfeier 1925, die viele Verfasser zum Anlass nahmen, die Geschichte des Rheinlandes bis in die jüngste Vergangenheit fortzuschreiben. Der im Auftrag der Gesellschaft für Rheinische Geschichtskunde veröffentlichte Doppelband »Geschichte des Rheinlandes von der ältesten Zeit bis zur Gegenwart« von 1922 vereinte Beiträge wichtiger Vertreter der institutionalisierten rheinischen Geschichtswissenschaft.[12] Wenngleich sich die Historikerzunft an vorderster Stelle engagierte, mobilisierte die Diskussion auch Wissenschaftler anderer Fachrichtungen sowie nicht zuletzt Politiker, Intellektuelle, Publizisten und Propagandisten. Die Argumente für die nationale Zugehörigkeit des Rheins schienen desto überzeugender, je mehr Verfasser sie vertraten.[13]

Dies galt auch für den von Aloys Schulte (1857–1941) im Auftrag der Rheinprovinz 1925 herausgegebenen Band »Tausend Jahre deutscher Geschichte und deutscher Kultur am Rhein«, dessen Titel eine unverkennbare Reaktion auf Sagnacs früher gewählte Werkbezeichnung bildete. In beiden Sammelwerken fand die Revolutionszeit bezeichnenderweise nur wenig Beachtung. Während ihr Joseph Hansen in der Veröffentlichung von 1922 immerhin 30 Seiten gewidmet hatte[14], beschränkte sich der Jubiläumsband von 1925

---

9 KAUDELKA, Französische Geschichtswissenschaft, S. 260.
10 PABST, Historikerschlacht, S. 73.
11 BABELON, Le Rhin dans l'histoire.
12 HANSEN (Hg.), Geschichte des Rheinlandes. Vgl. den Beitrag von Georg Mölich in diesem Sammelband.
13 Allgemein WEIN, Geschichte und Propaganda, S. 62–89 u. 143–163.
14 HANSEN, Von der Französischen Revolution bis zur Gegenwart.

auf deutlich weniger Seiten. Die 13-seitige Abhandlung aus der Feder von Max Braubach (1899–1975) lief auf eine grundsätzliche Herabsetzung der Französischen Revolution und ihrer Folgen in dem mit über 500 Seiten reich befüllten Band hinaus. Demnach läutete das Jahr 1789 das vorzeitige Ende des Aufgeklärten Absolutismus am Rhein ein, an dessen Tradition man erst nach 1814 unter der preußischen Herrschaftsnachfolge Friedrichs des Großen anknüpfen konnte. Die »Franzosenzeit« am Rhein zwischen 1794 und 1814 galt demgegenüber als episodische und daher belanglose »Militärherrschaft«[15], der politische Legitimität letztlich ebenso gefehlt habe wie nennenswerte Nachwirkungen.

Historische Belege für Grenzansprüche und -verletzungen standen so inhaltlich wie formal im Zeichen einer politischen Beweisführung, die der Staatsfähigkeit der jeweils eigenen Nation eine überdauernde Geltung verschaffen sollte. Im Kern fochten Historiker beiderseits des Rheins jene Probleme aus, die militärisch – mit dem Waffenstillstand von Compiègne 1918 – und politisch – mit den Bestimmungen des Versailler Vertrags 1919 – allenfalls vorübergehend gelöst worden waren. Doch abgesehen von Darstellungen mit epochenübergreifenden Deutungsansprüchen, wie sie Inhaber universitärer Lehrstühle wie Ernest Babelon oder Aloys Schulte vorlegten, verfolgte die Fachwelt auch vertiefende Interessen. Besonders bemerkbar machte sich diese gegenläufige Tendenz in Deutschland, wo die Geschichtsvereine als Träger der quellenbasierten landeshistorischen Forschung seit dem Ende des 19. Jahrhunderts an Bedeutung gewonnen hatten. In der Zwischenkriegszeit hatten sie einen gewichtigen Anteil an der nationalistischen Geschichtsforschung.[16]

Die Planungen der Gesellschaft für Rheinische Geschichtskunde

Der Beitrag der Gesellschaft für Rheinische Geschichtskunde zur Rheinkontroverse beschränkte sich insofern nicht auf die erwähnte Handbuchpublikation von 1922. Auch plante sie weitere Veröffentlichungen zur Endphase des Alten Reiches, die gemäß § 1 ihrer Satzung ungedruckte Quellen zur Geschichte des Rheinlandes versammeln und der französisch-deutschen Diskussion so entscheidende Impulse liefern sollten. Die Pläne dafür nahmen erstmals im Januar 1926 Gestalt an, als der Vorstand der »Gesellschaft« ein Publikationsprojekt zum späten 18. Jahrhundert und der Revolutionsepoche mit dem Ziel beschloss, dass es »der Forschung über die noch so verschieden beurteilten und so wenig klargestellten Anfänge des politischen Lebens am Rhein eine [...] allseitig gesicherte Grundlage darbieten« sollte.[17]

---

15 Siehe das von Max Braubach bearbeitete Kapitel (»VI. Buch«) mit dem Titel »Die Zeit der französischen Herrschaft« in Schulte (Hg.), Tausend Jahre deutscher Geschichte, S. 313–325, hier S. 316.
16 Laux, Deutschlands Westen, S. 145–148; Pabst, Gesellschaft, S. 33.
17 JbGRhG 46 (1926), S. 9.

Die Leitung des Projekts übernahm der Vorsitzende Joseph Hansen persönlich.[18] Die Finanzierung der ursprünglich nur auf zwei Bände[19] veranschlagten Veröffentlichung belief sich zwischen 1930 und 1938 auf insgesamt 41.119,02 Reichsmark.[20] Diese Ausgaben bildeten eine strapaziöse und zugleich riskante Investition. Die Weltwirtschaftskrise hatte die hauptsächlich von Stiftern und Patronen finanzierte »Gesellschaft« Ende der 1920er Jahre in große Geldprobleme gestürzt.[21] Druckkostenzuschüsse der Deutschen Forschungsgemeinschaft zwischen 1930 und 1937 dürften daran nur wenig geändert haben.[22] Gemessen an den Kosten zählte das Publikationsvorhaben unter der Leitung Hansens somit zu den Hauptbestrebungen der »Gesellschaft«, die ihre restlichen Aktivitäten drastisch reduzieren musste.[23]

Die Drucklegung der ersten Ergebnisse zögerte sich seit dem Vorstandsbeschluss von 1926 um fünf ereignisreiche Jahre hinaus. Hansen, der nach seiner Pensionierung Ende 1927 weiterhin lange mit der Übergabe seiner archivischen Amtsgeschäfte an seinen Nachfolger Erich Kuphal (1895–1965) beschäftigt war, konnte die Vorarbeiten an dem Quellenwerk nur sporadisch vorantreiben.[24] Die Veröffentlichung der Edition fiel so in eine denkbar ungünstige Phase. Als 1931 endlich der erste Band publiziert wurde, waren in politischer Hinsicht neue Tatsachen geschaffen worden. Der im Versailler Vertrag vorgesehene Abzug der Alliierten aus dem Rheinland gelangte 1930, und damit früher als vorgesehen, zum Abschluss. In allen ehemaligen Besatzungszonen war die »Rheinlandbefreiung« im Juni und Juli 1930 Anlass für große Festakte, wobei die Zugehörigkeit von Land und Bevölkerung zum Deutschen Reich in zahlreichen Städten öffentlich inszeniert wurde.[25] Beschrieben mit den Worten, die Hansen in einer früheren Abhandlung gewählt hatte, war das Rheinland so seinem »geschichtlichen Beruf« nachgekommen, indem es sich erneut »in die erste Reihe der Träger des deutschen Einheitswillens« gestellt hatte.[26] Die »Historikerschlacht« hatte damit jedenfalls an Brisanz verloren.

---

18 Ebd. 47 (1927), S. 8.
19 Ebd.
20 Die Zahl ergibt sich aus der Summe der in den Jahresberichten für 1930, 1931, 1932–1934, 1935, 1936, 1937 und 1938 aufgeführten Ausgaben.
21 PABST, Gesellschaft, S. 13 u. 83.
22 So ausweislich der Datenbank GEPRIS Historisch, abrufbar unter: https://gepris%%-historisch.dfg.de/ (abgerufen am 20.12.2022).
23 Siehe JbGRhG 51 (1931), S. 6: »Für das Jahr 1932 sieht sich die Gesellschaft zu weiterer Einschränkung ihrer Publikationstätigkeit gezwungen. Die Hauptversammlung hat beschlossen, daß nur solche Werke veröffentlicht werden sollen, die sich bereits im Druck befinden oder deren Manuskript druckfertig vorliegt.«
24 JbGRhG 48 (1928), S. 8. Siehe weiterhin KLEINERTZ, Joseph Hansen, S. 279–280.
25 BERNARD, Befreiungsfeiern.
26 HANSEN, Rheinland und Rheinländer, S. 41.

Evidenz durch Fülle: Format und Merkmale der Edition

Wenngleich die historische Rheinfrage faktisch zugunsten der deutschnationalen Seite geklärt schien, knüpfte Hansen 1931 im Vorwort des lang erwarteten ersten Bandes an die ursprüngliche Zielsetzung des Editionsprojekts an. Zur Geschichte des Rheinlandes im Zeitalter der Revolution seien »in Deutschland und in Frankreich schon vielfach größere und kleinere Untersuchungen« entstanden, doch hinsichtlich »entscheidender Ereignisse und Zustände« würden sie »verschiedene, häufig entgegengesetzte Standpunkte« vertreten. Eine »Verständigung« schien Hansen »bisher nicht möglich, weil es sich einerseits um Fragen handelt, die auch unsere Zeit noch lebhaft, und zwar gegensätzlich, bewegen, weil andererseits die Verfasser von dem in großer Fülle überlieferten Quellenmaterial jeweils nur einzelne Teile kennen gelernt haben«. Seine Quellensammlung biete der Forschung künftig eine neue, vor allem breitere Grundlage.[27] Nicht nur die inhaltliche Auswahl des Materials, sondern auch die schiere Anzahl der Quellen sollte neue Evidenz schaffen. Dafür sprach auch der Umstand, dass noch drei Bände anstatt des ursprünglich geplanten zweiten und letzten Bandes folgen sollten (1933, 1935 und 1938).

Trotz des ambitiösen Umfangs musste Hansen der Edition schon aus praktischen Gründen geographische und territorialstaatliche Grenzen setzen. In Übereinstimmung mit dem regionalen Schwerpunkt der »Gesellschaft« richtete sich das Werk hauptsächlich auf das historische Gebiet der preußischen Rheinprovinz. Dabei hatte Hansen sich auf die »selbständigen Staatswesen«[28] konzentriert, womit in erster Linie die drei geistlichen Kurfürstentümer Köln, Trier und Mainz im Fokus standen. Die Stadt und Region Mainz lagen zwar deutlich außerhalb des historischen Raumes der Rheinprovinz, doch schrieb deren Berücksichtigung die Ereignisgeschichte der Revolutionszeit vor. Gerade die Erforschung der auf das linksrheinische Gebiet ausgreifenden Mainzer Republik 1792/1793 war im Verhältnis zu anderen Themenfeldern der Revolutionsgeschichte in der Zwischenkriegszeit noch nicht weit fortgeschritten. Zudem lieferte sie in vielerlei Hinsicht starke Argumente in der »Historikerschlacht«.[29]

Neben den Kurstaaten umfasst die Edition vereinzelt andere Städte, allen voran die Reichsstädte Köln und Aachen, denen Hansen persönlich verbunden war. Als gebürtiger Aachener hatte Hansen Köln im jungen Alter zu seiner Wahlheimat gemacht. Der Umstand, dass die Kurstaaten in dem Gesamtwerk besonders raumgreifend sind, ist nicht etwa auf eine grundsätzliche Sympathie Hansens für die geistlichen Fürsten oder die katholische Kirche zurückzuführen. Als Nationalliberaler mit einer ausgesprochen antiklerikalen Haltung dürfte Hansen den geistlichen Staaten aus eigenem Forschungsinter-

---

27 Ders. (Hg.), Quellen, Bd. 1, Vorwort.
28 Ebd.
29 Siehe die Ausführungen ebd., Bd. 2, S. 45–82, oder auch in seiner früheren Schrift Hansen, Rheinland und Rheinländer, S. 4–5.

esse keinen großen Stellenwert eingeräumt haben.³⁰ Ihre weitläufige Berücksichtigung in der Edition ergab sich vielmehr aus ihrer territorialstaatlichen und geographischen Dominanz im Rheinland.

Mehr noch als der geographische Rahmen war die Festlegung des Betrachtungszeitraums von 1780 bis 1801 mit historiographischen Intentionen verbunden. Vordergründig führte Hansen für diesen Rahmen historische Ereignisse mit Zäsurcharakter an. Zum einen fand 1780 die Wahl des Habsburgers Maximilian Franz zum Koadjutor des Kölner Kurfürsten statt, zum anderen beschloss 1801 der Frieden von Lunéville die rechtliche Eingliederung des Rheinlandes in den französischen Staat.³¹ Diese aus heutiger Sicht ungewöhnliche Absteckung der Revolutionsepoche diente einer vergleichenden Bewertung: Mit der Berücksichtigung des vorrevolutionären Jahrzehnts verfolgte Hansen das Ziel, zunächst die Reformleistungen der rheinischen Fürsten und weiterer aufklärerischer Bewegungen im Rheinland ins Licht zu rücken. Es galt, bei der Erschließung von Quellen zur Französischen Revolution »ständig die geistige Bewegung« hervorzukehren, »von der diese Entwicklung, und zwar z. T. auf Grund von Strömungen, die schon vor 1789 einsetzten, beeinflußt wurde«.³² Bei früheren Gelegenheiten hatte Hansen die Wirkmächtigkeit des aufgeklärten Absolutismus im Rheinland betont, welcher sich im Gegensatz zur revolutionären Bewegung in Frankreich jede Form von Radikalismus immerzu versagt hatte.³³ Indem er so Belege für genuin rheinische »Strömungen« zusammentrug, relativierte Hansen die positiven Effekte der letztlich importierten Französischen Revolution.³⁴ Dieser Prämisse entsprach es, dass er seine Betrachtung der Revolutionsepoche just zu dem Zeitpunkt enden ließ, als sich im Rheinland strukturelle Veränderungen unter der französischen Verwaltung bemerkbar machten. Weiter unten wird zu zeigen sein, inwiefern sich diese Gegenüberstellung von Aufklärung und Revolution in thematischen Schwerpunkten niedergeschlagen hat.

Ungeachtet dieser Tendenz bleiben die Recherche- und Sammelleistungen Hansens auch nach den Maßstäben digitaler Datenverarbeitung gewaltig, zumal davon auszugehen ist, dass er überwiegend allein arbeitete. Die Quellen stammen aus zahlreichen Institutionen, die zusammen das Spektrum der damaligen Archivlandschaft abbilden. Für die Edition verwertete Hansen Quellen aus den Staatsarchiven in Berlin, Düsseldorf, Darmstadt, Karlsruhe, Koblenz, Stuttgart und Wien. Neben kirchlichen Archiven wie dem damaligen Erzdiözesanarchiv Köln, dem Archiv des Generalvikariats Mainz oder dem Archiv der evangelischen Gemeinde Köln liegen der Edition Dokumente aus diversen Stadtarchiven sowie Staats-, Universitäts- und Stadtbibliotheken zugrunde. Insgesamt

---

30 PELZER, Joseph Hansen, S. 276.
31 HANSEN, Quellen, Bd. 1, Vorwort.
32 JbGRhG 47 (1927), S. 8.
33 HANSEN, Das linke Rheinufer, S. 423–425.
34 PELZER, Joseph Hansen, S. 283–285; PABST, Gesellschaft, S. 110–111, Anm. 43.

machte Hansen Überlieferungen aus insgesamt 30 Institutionen nutzbar. Abgesehen von wenigen Quellen aus den Pariser »Archives nationales«, enthält die Edition vorrangig Material aus deutschen Archiven.[35]

Hansens Erfahrungen als »Wissenschaftsorganisator«[36] begünstigten diese Leistung. Nicht nur war er der Vorsitzende der Gesellschaft für Rheinische Geschichtskunde, sondern er fungierte auch als Mitglied in Geschichtsvereinen, so dem »Hansischen Geschichtsverein« oder dem »Historischen Verein für den Niederrhein«, sowie überregionalen Organisationen wie der »Historischen Kommission« bei der »Bayerischen Akademie der Wissenschaften« oder der »Preußischen Akademie der Wissenschaften«. Diese Mitgliedschaften zeugen von Hansens großer Anerkennung im wissenschaftlichen Milieu der Weimarer Republik. 1895 war Hansen auch zum Schatzmeister, 1900 zum Geschäftsführer des Deutschen Historikerverbandes gewählt worden, wodurch er wertvolle Kontakte zu in- und ausländischen Wissenschaftlern pflegte.[37]

Unter den geschilderten Voraussetzungen gelang es Hansen, eine Vielzahl von Quellengattungen zusammenzutragen, die gegensätzliche Perspektiven auf die Revolutionszeit eröffneten. Seit Beginn des 20. Jahrhunderts waren mehrere Verfasser der Frage nachgegangen, welche Haltung die rheinischen Kurfürsten zum revolutionären Frankreich eingenommen hatten.[38] Diese Arbeiten basierten zum Teil auf den älteren Werken von Heinrich von Sybel (1817–1895) und Alfred von Vivenot (1836–1874) aus den 1870er Jahren[39], zum Teil auf ungedruckten Quellen aus überwiegend landesfürstlicher oder zentralbehördlicher Provenienz. Andere Überlieferungen aus den rheinländischen Archiven und Bibliotheken waren dabei kaum berücksichtigt worden. Während die deutschsprachigen Studien somit einen vergleichsweise begrenzten Blick auf das späte 18. Jahrhundert eröffneten, war die französische Revolutionsforschung durch Auseinandersetzungen über ihre ideologische Ausrichtung gehemmt. Davon abgesehen, war sie auf innerfranzösische Themen fokussiert.[40] Zum Zeitpunkt ihrer Planung versprach Hansens Edition somit eine substanzielle Bereicherung für die Forschung.

Die chronologisch aufgebauten Bände umfassen Regierungsakten, Gesandtschaftsberichte, Zeitungen, Flugschriften, Briefe, Gedichte und andere Schriftquellen. Indem er historische Presseerzeugnisse heranzog, förderte er die Auswertung einer bis dahin kaum genutzten Quellengruppe.[41] Mit Hansens eigenen Worten verschrieb sich die Quellen-

---

35 Vor allem in HANSEN, Quellen, Bd. 4 kommen die Pariser Quellen zur Geltung.
36 PELZER, Joseph Hansen, S. 278.
37 BERG, Professionalisierung, S. 95–96.
38 LIESENFELD, Kurfürst von Trier; VEZIN, Politik des Mainzer Kurfürsten; BRAUBACH, Max Franz. Vgl. auch KUNZER, Beziehungen des Speierer Fürstbischofs; SCHREPFER, Pfalzbayerns Politik; BIERMANNS, Politik des Kurfürsten von Köln.
39 SYBEL, Geschichte der Revolutionszeit u. VIVENOT (Hg.), Kaiserpolitik.
40 Überblick bei GARCIA, Historiographie, S. 1199–1207.
41 KLEINERTZ, Joseph Hansen (1990), S. 291–292.

kombination dem Ziel, »ein objektives Bild nicht nur der Politik der Regierungen, sondern auch der Haltung und Willensrichtung der Bevölkerung«[42] zu gewinnen. Mit der Abkehr von einer bloß etatistischen Sichtweise verlieh Hansen auch der nationalliberalen Einstellung seiner Jugendjahre Ausdruck. Individuellen Zeugnissen sprach er so einen hohen Erkenntniswert zu. Bezeichnend dafür sind die zwiespältigen Bemühungen, die auf das Rheinland zurückzuführende Lyrik zusammenzutragen. Nach Hansens Auffassung war sie nämlich weder besonders qualitätsvoll noch stark verbreitet gewesen.[43] Dass er weiterhin aus kirchlichen Überlieferungen schöpfte, stand in einem gewissen Widerspruch zu den antiklerikalen Standpunkten, die Hansen mit zunehmendem Alter stärker vertrat. So kann die Berücksichtigung kirchlicher Quellen als Beleg für sein übergeordnetes Interesse zur »unermüdlichen Erschließung unbekannten Materials« gelten.[44]

Aus heutiger Sicht überragt die Sammelleistung die editorische Konzeption, die in mancherlei Hinsicht Schwachpunkte und Inkonsistenzen aufweist. So ist der eigentliche Quellentext oftmals nur schwer von Hansens Kommentierung zu unterscheiden, wodurch die Edition stellenweise die Form einer Darstellung annimmt. Hinzu kommt, dass sich Hansen bei der Wiedergabe der Quellen ohne eindeutig erkennbare Systematik für Paraphrasierungen entschied. Sicherlich sprachen für diese Vorgehensweise neben subjektiven Relevanzkriterien auch objektive Platzgründe, konnte er auf diese Weise doch unzählige Seiten einsparen. Im Interesse am Wortlaut der Quellen sehen sich Benutzer der Edition allerdings in zahlreichen Fällen auf das Archivale selbst verwiesen, wodurch das Werk sein selbsterklärtes Ziel streng genommen verfehlt.[45]

Als Wissenschaftler richtete Hansen sein Augenmerk weniger auf theoretische und methodische Fragen als vielmehr auf empirische Grundlagenarbeit, wie sie der verbreiteten positivistischen Orientierung der damaligen Geschichtswissenschaft entsprach. Hansen, der bereits als Doktorand seine quellenkundliche und hilfswissenschaftliche Expertise unter Beweis gestellt hatte, lebte in einer regelrechten »Quelleneuphorie«.[46] Den vier Bänden geht jeweils nicht nur eine umfangreiche Einleitung voran, sondern nahezu jede Quelle ist mehrfach annotiert. Einerseits war dies Ausdruck seines typischen Herausgeberstils, hatte er doch auch frühere Editionen mit ähnlich umfangreichen Anmerkungsapparaten versehen.[47] Andererseits stand diese Textproduktion im Zusammenhang mit einem Parallelprojekt, das eine umfangreiche Gesamtdarstellung

---

42 HANSEN, Quellen, Bd. 1, Vorwort.
43 Siehe z. B. HANSEN, Quellen, Bd. 4, S. 52* (Einleitung).
44 KLEINERTZ, Joseph Hansen (1990), S. 302.
45 HANSEN, Quellen, Bd. 1, Vorwort: »Nur durch Quellensammlungen, in denen die Zeit selbst, ihre Eigenart und Ereignisfülle, im Wortlaut oder im Auszug zu uns redet, das subjektive Element ausgeschaltet […] wird, kann vorderhand dem wissenschaftlichen Bedürfnis entsprochen werden.«
46 KLEINERTZ, Joseph Hansen (1990), S. 302.
47 Vgl. z. B. HANSEN (Bearb.), Rheinische Akten.

über die Französische Revolution im linksrheinischen Gebiet vorsah.[48] Zwar kam diese Unternehmung letztlich über vereinzelte Artikel nicht hinaus[49], doch geben Hansens Ausführungen in der Edition Ansätze dieses Vorhabens zu erkennen. Insofern kann die Edition als »sein eigentliches wissenschaftliches Vermächtnis zur rheinischen Revolutionshistorie« betrachtet werden.[50]

Zwischen Aufklärung und Revolution: Themenfelder und Kontroversen

Auch mehr als 90 Jahre nach Erscheinen des ersten Bandes stößt jede tiefergehende Beschäftigung mit der Französischen Revolution im Rheinland früher oder später auf den »Hansen«. Nach Maßgabe des Forschungsstandes der Zwischenkriegszeit erweiterte der Herausgeber die thematische Bandbreite um wichtige Problemfelder, die er in ausführlichen Kommentaren zum Teil selbst erschloss. Die Forschungsfragen, die seine Edition berührt, sind entsprechend zahlreich, wobei Hansens Vorliebe für politische Themen unverkennbar ist.[51] Das Spektrum umfasst die Politik der aufgeklärten Kurfürsten, insbesondere in Hinsicht auf das Bildungswesen, die verbreiteten sozialen Unruhen, die überregionale Wahrnehmung der revolutionären Ereignisse, die Geschichte der Mainzer Republik, die Opposition der kurtrierischen Landstände gegen die kurfürstliche Emigrantenpolitik, die so genannte Cisrhenanen-Bewegung oder die diplomatischen Verhandlungen um eine Beendigung des Koalitionskrieges. Diese Themen sind noch heute Gegenstand zentraler Forschungsfragen.[52]

Hervorzuheben ist Hansens Interesse an dem vorrevolutionären Jahrzehnt. Indem er das »Zeitalter der Französischen Revolution« mit dem Jahr 1780 beginnen ließ, hob er die Bedeutung von damals wie heute wirkmächtigen Zäsuren auf. Dazu zählt in erster Linie das Revolutionsjahr 1789, doch auch die Ereignisse von 1794, als französische Truppen das linke Rheinufer besetzten, und das »Epochenjahr«[53] 1798, als das Rheinland der französischen Zivilverwaltung unterstellt wurde, standen ihm vor Augen. Hansen, der als Nationalliberaler die freiheitlichen Revolutionsideale durchaus wertschätzte, stellte der von Frankreich ausgehenden Umwälzung so Erträge einer rheinisch-deutschen Aufklärungs- und Reformbewegung entgegen. Auf über 400 Seiten trug Hansen im ersten Band Quellen aus der Zeit zwischen 1780 und 1789 zusammen, die sein Interesse für die Ausprägungen religiöser Toleranz deutlich zu erkennen geben. Zahlreiche Dokumente

---

48 Pelzer, Joseph Hansen, S. 282.
49 Hansen, Von der Französischen Revolution bis zur Gegenwart; ders., Das linke Rheinufer.
50 Pelzer, Joseph Hansen, S. 282.
51 Hansen, Quellen, Bd. 1, Vorwort.
52 Blazejewski, Émigrés an der Grenze; Struck/Gantet, Revolution, Krieg und Verflechtung, Kap. II; Laux, Deutschlands Westen, S. 151–163.
53 Müller, Das Jahr des Umbruchs.

belegen zum Beispiel die Bemühungen der Reichsstadt Köln, die Rechte der protestantischen Gemeinde zu stärken.[54]

Hansens Beschäftigung mit der Aufklärung entsprach einem älteren Forschungsanliegen der »Gesellschaft«. Schon 1912 hatte der Vorstand die Finanzierung eines Projekts in die Wege geleitet, durch welches »das weitverzweigte, zum Teil versprengte gedruckte Material nach den geistigen Zentralpunkten des Rheinlandes« zusammengetragen werden sollte, um »für eine dereinstige Geschichte der rheinischen Aufklärung sowohl eine bibliographische Grundlage als auch wichtige Quellen zu liefern«. Zeitlich erstreckte sich das Vorhaben von den Anfängen der Aufklärung um 1700 bis zum »Durchbruch der romantischen Bewegung am Rhein (um 1804)«. Die Leitung lag beim Bonner Universitätsrektor Friedrich von Bezold (1848–1928), während dessen in Breslau wirkender Schüler Gisbert Beyerhaus (1882–1960) die eigentliche wissenschaftliche Bearbeitung des Quellenwerks übernahm.[55]

Mit Beyerhaus hatte die »Gesellschaft« einen nationalkonservativen Kant-Spezialisten engagiert, der in späteren Jahren seiner Abneigung gegenüber den Idealen der Französischen Revolution offen Ausdruck verlieh.[56] Unter Berufung auf die Thesen von Auguste Cochin (geb. 1876), dessen soziologische Interpretation der Revolutionsgeschichte nach seinem frühen Tod 1916 von Anhängern der antirepublikanischen Historiographie übernommen wurde, geringschätzte Beyerhaus die französischen Revolutionäre als »Durchschnittsmenschen«, ihr politisches System als »Anarchie und Despotismus«.[57] Dass es ihm bei der Zusammenstellung von Quellen zur rheinischen Aufklärung um die Hervorhebung überdauernder staatstragender Ideen deutschen Ursprungs zu tun war, die noch dazu der Transformation von 1789 vorausgegangen waren, lag auf der Hand. Aufgrund kriegsbedingter und finanzieller Rückschläge entwickelte sich Beyerhaus' Arbeit allerdings zu einer langwierigen Unternehmung, die die »Gesellschaft« noch mehr als 35 Jahre beschäftigen sollte, bevor sie das Projekt in der frühen Nachkriegszeit offenbar endgültig aufgab.[58] Vor dem Hintergrund dieser ambitionierten, aber schleppenden Aufklärungsforschung, die auch Ende der 1920er Jahre nicht erfolgversprechend anmu-

---

54 Zum Kölner Toleranzstreit siehe z. B. HANSEN, Quellen, Bd. 1, Nr. 43, 65–67, 69–81, 83–108, 110–111.
55 JbGRhG 32 (1912), S. 18.
56 KAUDELKA, Französische Geschichtswissenschaft, S. 398–399.
57 BEYERHAUS, Staatsidee, S. 23.
58 Nachdem Beyerhaus das Projekt schon früh »durch militärische Pflichten« (JbGRhG 33 [1913], S. 16, weiterhin JbGRhG 34 [1914], S. 16) unterbrechen musste, nahmen die Pläne für eine Drucklegung eines ersten Bandes im Jahr 1921 Gestalt an (JbGRhG 39/40 [1919/1920], S. 11). In den Jahresberichten folgten zwar weitere Ankündigungen einer bevorstehenden Fertigstellung, so in JbGRhG 41–44 (1921–1924), S. 10; JbGRhG 45 (1925), S. 9–10; JbGRhG 47 (1927), S. 8; JbGRhG 49 (1929), S. 7 u. JbGRhG 50 (1930), S. 6. Bis Mitte der 1930er Jahre ruhte das Projekt offenbar. Im JbGRhG 55 (1935), S. 6, hielt man fest, dass Beyerhaus das Vorhaben »auf den Stand der gegenwärtigen Forschungen bringen« wolle. Dennoch blieben auch diese Bemühungen ergebnislos, denn im JbGRhG 57 (1937), S. 6, war die Rede davon, dass das Projekt »erneut in Angriff genommen« werden müsse. 1938 schien tatsächlich ein druckfertiges Manuskript vorzuliegen (JbGRhG 58 [1938], S. 6), allerdings scheinen wiederum die Kriegsereignisse weitere Schritte verhindert zu

tete[59], gewann Hansens Edition an Bedeutung für die »Gesellschaft«. In dem Maße, wie er dieses Thema in seine Quellenerschließung aufnehmen konnte, ließ sich der enttäuschende Verlauf des Projekts von Bezold und Beyerhaus aufwiegen.

Hansen wollte mit seiner Themen- und Quellenauswahl nach eigenem Bekunden ein »objektives Bild«[60] der Revolutionsepoche ermöglichen. Im Vergleich zu den eindeutig nationalistisch gefärbten Arbeiten anderer Verfasser konnte er diese Eigenschaft durchaus beanspruchen, allerdings kannte sein Bestreben zur wissenschaftlichen Objektivität auch Grenzen. Die Edition zeugt nämlich ebenfalls vom Selbstverständnis eines Historikerarchivars, der es nicht bei einer bloß herausgeberischen Tätigkeit beließ, sondern der Quellen interpretierte, kommentierte und so an den Forschungsdebatten teilnahm. Am Beispiel der so genannten Reunionsadressen von 1798, in denen die rheinische Bevölkerung ihrem Willen zur Vereinigung mit der französischen Republik scheinbar Ausdruck verliehen hatte, zeigt sich diese Haltung deutlich. Zur Widerlegung der These von französischen Historikern wie Philippe Sagnac, die in ihren Studien den mehrheitlichen Willen der Rheinländer zugunsten der Reunion mit Frankreich betonten, wertete Hansen die Adressen der linksrheinischen Gemeinden auf über 160 Seiten aus. Dabei gelangte er zu dem Schluss, dass die Haltung der Rheinländer nicht nur uneinheitlich war, sondern dass »sich erheblich weniger als ein Viertel der ganzen Bevölkerung« für den Anschluss an Frankreich aussprach.[61] Seine ausgedehnte Gegenanalyse einer für die französische Geschichtswissenschaft der 1920er Jahre ebenso zentralen wie neuralgischen Thematik[62] kam einer Zurechtweisung gleich.

An den geschilderten Beispielen lässt sich weiterhin ersehen, dass die langwierige Editionsarbeit für Hansen selbst ein Erkenntnisprozess war. Mitunter gelangte er zu anderen als den projektierten Ergebnissen, lagen zwischen der Anregung der Publikation im Jahr 1926 und dem Abschluss der Veröffentlichung 1938 immerhin zwölf lange Jahre. Hansens ursprüngliches Vorhaben, die Phase des Koalitionskrieges zwischen 1792 bis 1797 in einem Band zu behandeln, hatte sich als nicht realisierbar erwiesen. Nach eigenen Angaben war dies auf seine Einsicht zurückzuführen, dass die Haltung der rheinischen Bevölkerung gegenüber Frankreichs erster Offensive Ende 1792 geteilter gewesen sei, als er zuvor angenommen hatte. Da er diesem Thema mehr Platz einräumen wollte, umfasste der zweite Band letztlich fast ausschließlich Quellen zum Koalitionskrieg im Rheinland.[63]

---

haben. Ein Hinweis aus dem Jahr 1948 deutete zumindest noch die Existenz des Manuskripts an (JbGRhG 59–68 [1939–1948], S. 10: »das Manuskript soll in Breslau liegen«).

59 JbGRhG 48 (1928), S. 7.
60 HANSEN, Quellen, Bd. 1, Vorwort.
61 Ebd., Bd. 4, S. 812.
62 PELZER, Joseph Hansen, S. 287.
63 HANSEN, Quellen, Bd. 2, Vorwort.

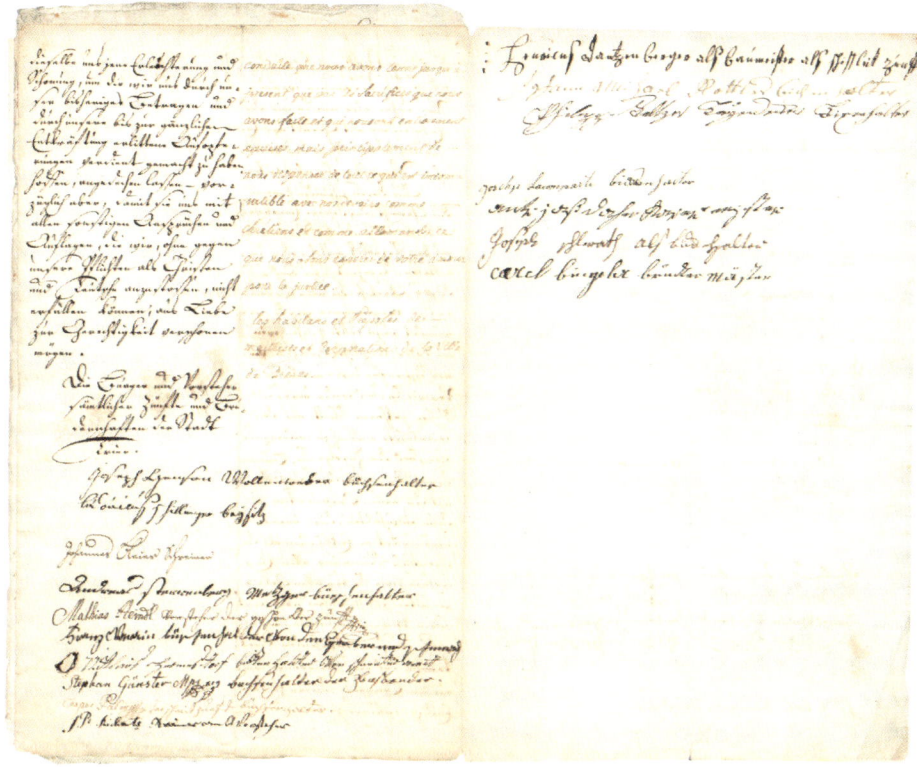

Abb. 27: Hansen erforschte intensiv die Quellen zur Reunionsproblematik. Hier zu sehen: Erklärung der Trierer Bürger und Zunftvorsteher gegen die Reunion mit Frankreich, ca. Februar 1798.

Hinzu kam, dass Hansen noch vor dem Abschluss seines Werks selbst einsah, dass es nicht mehr den gewünschten Einfluss auf die »Historikerschlacht« würde nehmen können. Hansen führte die Edition nach der so genannten Machtergreifung Hitlers im Januar 1933 nicht im Zeichen der nationalsozialistischen Feindseligkeit gegenüber Frankreich fort. Im Vorwort des nur wenige Monate später erscheinenden zweiten Bandes sprach er bloß nebenbei und unbestimmt von dessen Relevanz »für die moderne Verfassungsfrage und für die nationalstaatliche Frage«.[64] Zum einen steht zu vermuten, dass Hansen den Großteil der Quellen bereits früher zusammengetragen hatte, zum anderen war seine politische Gesinnung unvereinbar mit der Rassenideologie der Nationalsozialisten.[65] So brachte Hansen in den zwei letzten Editionsbänden von 1935 und 1938 zwar durchaus

---

64 Ebd.
65 PELZER, Joseph Hansen, S. 281.

noch eine antifranzösische Haltung zum Ausdruck[66], versagte es sich jedoch, damit einer völkischen Ideologie das Wort zu reden.

Auf die politisch brisante Saarabstimmung von 1935 und die Rheinlandbesetzung deutscher Truppen im Jahr 1936 reagierte Frankreich zurückhaltend. Die Diskussion um die Rheingrenze lebte anders als noch 1923, als alliierte Truppen das Rheinland und Teile des Ruhrgebiets besetzt hatten, Mitte der 1930er Jahre nicht mehr auf. Einer der führenden Historiker der Dritten Französischen Republik, der Mitbegründer der Annales-Schule Lucien Febvre (1878–1956), legte 1935 eine Abhandlung über die Geschichte des Rheins vor, die sich von der nationalistischen Interpretationsweise der vorangegangenen Debatten klar distanzierte. Nach der Veröffentlichung von Febvres »Le Rhin« galt die »Historikerschlacht« im Wesentlichen als beendet.[67]

Hatte sich der 1931 erschienene erste Band der Edition noch als direkte Reaktion auf die Diskussion um die Rheinfrage verstanden, so schlug auch Hansen im vierten und letzten Band andere Töne an. Retrospektiv schrieb er im Vorwort unter Verwendung des Präteritums, weniger bewerbend als rechtfertigend: »Das Bedürfnis einer Quellenpublikation für diesen von der historischen Forschung noch zu wenig geklärten Zeitabschnitt rheinischer Geschichte trat […] nach dem Ende des Weltkrieges besonders stark hervor.«[68] Nichtsdestotrotz sah er das ursprüngliche Ziel der Edition unter veränderten Rahmenbedingungen erfüllt. Folgerichtig suchte Hansen nunmehr den Anschluss an die zeitgemäße Einschätzung. Sein Quellenwerk suche »die Wirklichkeit so einwandfrei klarzustellen, daß die erwähnte Historikerschlacht von beiden Seiten als unnötig anerkannt werden kann«.[69]

Überholte und wiederkehrende Interessen: die Rezeption der Edition

Aufgrund der politischen und wissenschaftlichen Entschärfung der Rheinfrage fiel die Resonanz auf Hansens Quellenwerk verhalten aus. In der deutschsprachigen Fachwelt fand nur der erste Band von 1931 größere Aufmerksamkeit. Namhafte Professoren wie Justus Hashagen (1877–1961), Max Braubach, Walter Platzhoff (1881–1969) und Adolf Hasenclever (1875–1938) rezensierten das Werk. Mit den Worten Hashagens, der zwischen 1903 und 1906 unter Hansens Leitung im Kölner Stadtarchiv gearbeitet hatte[70], könne die deutsche Geschichtswissenschaft »stolz sein« auf die Leistung, die Hansen mit seiner »unermüdlichen Forscherenergie« vollbracht habe.[71]

---

66 HANSEN, Quellen, Bd. 4, Vorwort.
67 PABST, Historikerschlacht, S. 80.
68 HANSEN, Quellen, Bd. 4, Vorwort.
69 Ebd.
70 BOROWSKY, Justus Hashagen, S. 165.
71 HASHAGEN, Rezension (1932), S. 207.

Ähnlich enthusiastisch fiel auch die Rezension des jüdischen Historikers Arnold Berney (1897–1943) aus Freiburg aus, der die ersten zwei Bände im Jahr 1935 für die »Historische Zeitschrift« besprach und dennoch zu einer geteilten Schlussfolgerung gelangte. Berney, der in Fachkreisen mit dem Artikel »Reichstradition und Nationalstaatsgedanke (1789–1815)« für die »HZ« im Jahr 1929 auf sich aufmerksam gemacht hatte[72], attestierte der Edition eine mustergültige Beschaffenheit, sei ihr doch »eine archivalisch und bibliographisch erschöpfende Recherche« vorangegangen. Mit Blick auf die Haltung der rheinischen Bevölkerung könne das Werk so »einer gewissen französischen Geschichtsauffassung methodisch unüberbietbare, politisch unüberhörbare Ergebnisse« entgegenhalten. Demnach sei »Revolutionsfreudigkeit« ebenso schwach ausgeprägt gewesen wie »Franzosenfreundschaft«, wodurch Hansen Historiker wie zum Beispiel Sagnac und Babelon »ausdrücklich vor die Schranke« rufe. Nichtsdestotrotz müsse der »mühevollen Edition eine gegenwartspolitische Wirkung versagt bleiben«, weil ihre »politischen Zielsetzungen bereits der Geschichte« angehörten. Das imposante Werk besitze schließlich »nicht jene Wendigkeit und rasch zu aktualisierende Brauchbarkeit, die geeignet wäre, der Publizistik zu dienen oder den schwer belehrbaren Gegner zu überzeugen«.[73] Der Umstand, dass damals noch zwei Bände auf sich warten ließen, verstärkte das Fazit Berneys, der nach 1933 ein so genanntes »Frontkämpferprivileg« besaß und so noch für kurze Zeit publizistisch tätig bleiben konnte.[74] Mit der Rezension von Hansens Werk vollendete Berney eine seiner letzten Publikationen, bevor er endgültig von der Freiburger Universität verdrängt wurde.

Waren die Reaktionen auf Hansens Gesamtwerk über das Rheinland hinaus zurückhaltend, so blieben sie in der französischsprachigen Fachwelt nahezu komplett aus. Dass die Edition von Georges Lefebvre (1874–1959), dem namhaften Revolutionshistoriker an der Sorbonne, besprochen wurde, kam zwar einer gewissen Anerkennung gleich, doch blieb die Wahrnehmung der Edition damit letztlich auf die deutschsprachige, stark spezialisierte Revolutionshistoriographie beschränkt. Der Thematisierung von Hansens Werk im Rahmen eines Literaturberichts für die »Revue historique« 1935 folgte eine kurze Buchanzeige in den »Annales historiques de la Révolution française« 1936. Wie auch Berney würdigte Lefebvre darin die Originalität der ersten zwei Bände, die dazu beitrügen, Erkenntnisse über die »opinion rhénane« zu differenzieren. Allerdings sah Lefebvre davon ab, die veraltete Rheinpolemik aufzugreifen.[75]

Die kostspielige Veröffentlichung der zwei letzten Bände blieb von der zeitgenössischen Forschung nahezu unbemerkt. Als 1938 der abschließende vierte Band erschien,

---

72 Biographische Darstellungen haben DUCHHARDT, Arnold Berney, 1993 und MATTHIESEN, Verlorene Identität, 1998 vorgelegt.
73 BERNEY, Rezension (1935), S. 144.
74 MATTHIESEN, Verlorene Identität, 1998, S. 60.
75 LEFEBVRE, Notices (1936), S. 377, u. DERS., Histoire de la Révolution, S. 76–77.

besorgte Justus Hashagen eine zweite Besprechung der Edition für die »Vierteljahrschrift für Sozial- und Wirtschaftsgeschichte«, die jedoch eher einer Gefälligkeit für den betagten Hansen gleichkam. Die würdigende Rezension des 1938 von seinem Hamburger Lehrstuhl verdrängten Historikers war für die wissenschaftliche Resonanz des Werkes kaum maßgeblich.[76] Der Abschluss des langjährigen Editionsprojekts veranlasste Hashagen, der sich im Rahmen seiner Habilitationsschrift ausgiebig mit Formen des rheinischen Widerstands gegen die französische Herrschaft beschäftigt hatte[77], ein Forschungsdesiderat zu unterstreichen. Mit den Worten des Rezensenten sei zu hoffen, dass Hansens Werk »den dankbaren Benützern die Verpflichtung auferlegt, nun auch für eine aktenmäßige französisch-rheinische Verwaltungsgeschichte von 1801–1814 Sorge zu tragen«.[78] In der Tat hatte die »Gesellschaft« 1929 bereits ein chronologisch an Hansens Forschungen anschließendes Projekt zur Geschichte des Rhein- und Moseldepartements angedacht. Neben Archivalien aus dem Koblenzer Staatsarchiv sollten dafür Akten aus dem französischen Nationalarchiv in Paris ausgewertet werden. Im Mittelpunkt standen nicht die Umbrüche, die mit Blick auf die Einführung der französischen Verwaltung geradezu offenkundig waren, sondern vielmehr die Kontinuitäten, die zwischen dem Ende des Alten Reichs und dem Beginn der preußischen Herrschaft am Rhein nachweisbar erschienen. Den Vorstand der »Gesellschaft« interessierten wiederum vornehmlich »die Einwirkungen deutscher Unterströmungen und deutscher Tradition« zwischen 1801 und 1814.[79] Aufgrund der finanziellen Notlage gelangte das Projekt jedoch nicht über die Planungsphase hinaus.[80] Hinzu kam, dass der mit der Edition betraute Staatsarchivar Hans Schubert (1884–1961) auswanderte, nachdem er 1936 zwangsweise in den Ruhestand versetzt worden war.[81]

Ebenso wenig wie Hansens Vollendung der Edition Aufmerksamkeit erzielte, stießen Plädoyers für die Erarbeitung einer Verwaltungsgeschichte der französischen Zeit im Rheinland Ende der 1930er Jahre noch auf offene Ohren. Die erste Verwertung der vierbändig vorliegenden »Quellen zur Geschichte des Rheinlandes im Zeitalter der Französischen Revolution« stammte bezeichnenderweise von dem französischen Historiker Jacques Droz (1909–1998), mit dem Hansen in den 1930er Jahren eine persönliche Verbindung gepflegt hatte.[82] Droz legte 1940 eine Monographie über die »pensée politique et morale des cisrhénans« vor, die zu großen Teilen auf der Quellenedition von Hansen basierte. Schon im Vorwort seiner Studie, die Droz seinem akademischen Lehrer Georges Lefebvre widmete, betonte er den hohen Stellenwert der »magnifique collection« von

---

76 Dazu BOROWSKY, Justus Hashagen, S. 173–180.
77 HASHAGEN, Das Rheinland und die französische Herrschaft, Kap. 2.
78 DERS., Rezension (1939), S. 104.
79 JbGRhG 49 (1929), S. 7.
80 Siehe etwa ebd. 51 (1931), S. 6.
81 LEESCH, Archivare, S. 552.
82 PELZER, Joseph Hansen, S. 289.

Hansen, durch die eine fundierte Analyse erst möglich geworden sei.[83] Droz' thematischer Schwerpunkt entsprach der Einschätzung Lefebvres, der in seinem Literaturbericht von 1936 das Potential der Quellenedition für die tiefere Erforschung des »esprit public« und der »opinion rhénane« unterstrichen hatte.[84]

Eine breitere Rezeption der Edition erlebte Hansen, der 1943 bei einem Bombenangriff auf Köln zusammen mit seiner Frau ums Leben kam[85], nicht mehr. Erst im Zuge neuer Forschungskonjunkturen der Nachkriegszeit offenbarte sich der Nutzen seiner Quellensammlung, die angesichts der Nichtverfügbarkeit deutscher Archivbestände an Bedeutung zunahm. Im Wesentlichen lassen sich drei große Themenfelder unterscheiden, für die Hansens Edition wichtige Impulse lieferte.

Erstens bildete sie einen reichhaltigen Quellenfundus für die rheinische Aufklärungsforschung. Zu nennen sind in diesem Zusammenhang etwa Veröffentlichungen von Max Braubach und Guido Groß aus den 1950er Jahren, weiterhin auch die von Winfried Dotzauer einige Jahre später.[86] Die von Hansen im ersten Band zusammengetragenen Dokumente zu den Universitäten, den Freimaurern, Illuminaten und Lesegesellschaften kamen zur Geltung. Besonders die bis dahin von der Forschung vernachlässigten Quellen aus der umfangreichen Publizistik erfuhren neue Aufmerksamkeit. Hervorzuheben ist die 1998 veröffentlichte Studie von Theuringer, »Liberalismus im Rheinland«, die ausgiebigen Gebrauch von der Edition Hansens machte und den Fokus insbesondere auf die geistlichen, also katholischen Kurstaaten richtete.[87]

Zweitens profitierte die in den 1960er Jahren in Gang kommende Jakobiner-Forschung von der Edition. Angesprochen sind damit Beiträge von Walter Grab, Kyösti Julku, Axel Kuhn, Helmut Mathy und nicht zuletzt Franz Dumont, die, abgesehen von den für die Aufklärungsgeschichte relevanten Quellen, das gesammelte Material zur Mainzer Republik und der rheinischen Revolutionsklubs auswerteten.[88] Dies gilt auch für den in der DDR führenden Revolutionshistoriker Heinrich Scheel, welcher Hansen aber gleichzeitig anlastete, die Geschichte der Mainzer Republik zu sehr aus »konterrevolutionärer« Sicht beleuchtet zu haben.[89] In analoger Weise gelangte Walter Grab zu dem Schluss, dass das Quellenwerk es »[t]rotz der Fülle des Archivmaterials und der Bemühungen Hansens um Objektivität« nicht schaffe, »die Vorgänge im Lichte der Gesellschaftsentwicklung«

---

83 Droz, La pensée politique, Préface.
84 Lefebvre, Histoire de la Révolution, S. 76–77.
85 Vgl. den Beitrag von Michael Wettengel in diesem Sammelband.
86 Braubach, Rheinische Aufklärung; Gross, Trierer Geistesleben; Dotzauer, Aufgeklärte Sozietäten.
87 Vgl. Theuringer, Liberalismus. Der Titel der Arbeit ist insofern missverständlich, als sie nicht eine geistige oder philosophische Bewegung ins Auge fasst, sondern sich vielmehr im staatlichen und gesellschaftlichen Horizont des ausgehenden 18. Jahrhunderts bewegt.
88 Grab, Deutsche Jakobiner; Julku, Bewegung; Kuhn, Der Kölner konstitutionelle Zirkel; Mathy, Studien zum Geschichtsbild; Dumont, Mainzer Republik.
89 Scheel, Mainzer Republik, Bd. 1, S. 17, auch Pelzer, Hansen, S. 286.

darzustellen. Insbesondere bleibe die Frage ungeklärt, ob die thematisierten Exzesse der französischen Armee »Ausdruck einer beabsichtigten Politik waren oder dem Zwang der Umstände [...] entsprangen«.[90]

Drittens diente die Edition all jenen Studien zum Rheinland, welche aus dem wachsenden Interesse an Transfers und Verflechtungen der deutsch-französischen Demokratiegeschichte hervorgingen. Hansens Werk erlebte seit den 1980er Jahren in gewisser Weise eine Renaissance. Bereits Hansgeorg Molitor hatte in seiner 1980 gedruckten Habilitationsschrift »Vom Untertan zum Administré« den Stellenwert der Edition bekräftigt, »ohne die jetzt und in Zukunft die Forschung zur rheinischen Geschichte im Revolutionsalter undenkbar« sei.[91] Deren Nutzen bestätigten zu derselben Zeit auch ausländische Historiker wie Timothy Blanning und Jeffry Diefendorf. Für ihre militär- beziehungsweise wirtschaftsgeschichtlichen Monographien griffen sie vielfach auf den »Hansen« zurück.[92]

Infolge des Bicentenaire im Jahr 1989 setzte sich die Hansen-Rezeption fort. Im Jubiläumsjahr unterstrich der Freiburger Historiker Erich Pelzer Hansens Beitrag zur Revolutionsforschung in einem 20-seitigen Artikel für das »Tel Aviver Jahrbuch für deutsche Geschichte«.[93] Die nur wenig später erscheinenden biographischen Artikel über Joseph Hansen von Everhard Kleinertz verhalfen der Edition zu einer gesteigerten Aufmerksamkeit.[94] Nicht nur im deutsch-, sondern auch im französischsprachigen Raum gehörte die Auswertung von Hansens wiederentdecktem Quellenwerk zu den Voraussetzungen jedweder Untersuchung zur Übergangszeit im Rheinland. Der Umstand, dass die Revolutionsspezialisten Jean Tulard, Jean-François Fayard und Alfred Fierro die Edition in ihrer vielgelesenen Einführung von 1987 zu den »ouvrages de base« für die künftige Forschung zählten, war nicht nur bezeichnend, sondern auch richtungsweisend.[95]

Die Liste der Hansen-Rezipienten in der Revolutionshistoriographie ist beachtlich. Genannt seien an dieser Stelle nur ausgewählte Monographien. So legte der Pariser Historiker Alois Schumacher fast ausschließlich mit Hilfe der Edition eine Studie zur Geschichte der Stadt Trier zwischen 1794 und 1801 vor.[96] Josef Smets griff für seine Neubewertung des »esprit public« der Rheinländer vielfach auf die Quellensammlung zurück.[97] Auch für Christian Henkes Arbeit über die französischen Emigranten in Koblenz erwiesen sich die von Hansen edierten Dokumente mitunter als zentrale Quellen.[98]

---

90 GRAB, Deutsche Jakobiner, S. 11.
91 MOLITOR, Vom Untertan zum Administré, S. 6.
92 BLANNING, French Revolution; DIEFENDORF, Businessmen and Politics.
93 PELZER, Joseph Hansen.
94 KLEINERTZ, Joseph Hansen (1990 u. 1993).
95 TULARD / FAYARD / FIERRO (Hgg.), Histoire et dictionnaire de la Révolution française, S. 1182–1183.
96 SCHUMACHER, Idéologie révolutionnaire.
97 SMETS, Les pays rhénans.
98 HENKE, Coblentz.

Dass Michael Rowe die Edition 2003 als »invaluable source«[99] für die Erforschung der Übergangszeit bezeichnete, reflektierte die späte internationale Anerkennung von Hansens Werk. Rowes Einschätzung verwies gleichzeitig auf den begründeten Bedarf an vertiefenden, empirischen Untersuchungen zur ereignisreichen Revolutionsepoche im Rheinland.

Der Nachdruck der zur Jahrtausendwende weitgehend vergriffenen Edition in den Jahren 2003 und 2004 erfolgte demnach auch als Reaktion auf eine gesteigerte Nachfrage aus der Fachwelt, wobei die neu erarbeiteten Quellenverzeichnisse die inhaltliche Erschließung der Bände um ein Vielfaches erleichterten. Nach Christophe Duhamelle gehöre die Edition auch im neuen Jahrtausend in jede Handbibliothek von Aufklärungs- und Revolutionsforschern.[100] Die Unternehmung des Droste Verlags schien umso mehr geboten, weil einige der von Hansen herangezogenen Archivbestände im Zweiten Weltkrieg zerstört worden waren, darunter wichtige Quellen aus dem Staatsarchiv Darmstadt zum Departement Donnersberg. Die Edition gilt damit vielleicht als einzig verbliebene Überlieferung.[101] Mit Blick auf den Einsturz des Kölner Historischen Archivs 2009 muss die Bewerkstelligung des Neudrucks ebenfalls als begrüßenswert gelten, denn explizit hat Hansen mehr als 150-mal auf die Kölner Archivbestände zurückgegriffen oder verwiesen. Verglichen mit der Gesamtzahl von fast 1.500 einzeln ausgewiesenen Quellen sind damit schätzungsweise zehn Prozent der Edition angesprochen, deren Verfügbarkeit es heute zumindest zu überprüfen gilt.

Schlussbetrachtung

Misst man das Editionsprojekt an der ursprünglichen Zielsetzung, muss man aus heutiger Sicht eine geteilte Bilanz ziehen. Ihren ursprünglichen Zweck zur empirisch basierten »Verständigung«[102] in der Rheinfrage erfüllte die Edition nicht – dies nicht etwa, weil ihr dafür die empirische Substanz oder gar die Verwertbarkeit für ideologische Zwecke fehlten, sondern weil die Diskussion mit dem Erscheinen des ersten Bandes größtenteils überholt war. Für die nachfolgenden drei Bände galt dies umso mehr, wodurch das Gesamtwerk hinter den hohen Erwartungen der »Gesellschaft« zurückblieb. Den finanziell bedingten Misserfolg thematisch verwandter Publikationsprojekte zum 18. und frühen 19. Jahrhundert konnte Hansens Edition unmittelbar nicht aufwiegen.

In der Nachkriegszeit wurde die Quellensammlung im Interesse an den rheinischen Aufklärern und Jakobinern nutzbar gemacht, was durchaus ihrer ursprünglichen Ziel-

---

99 Rowe, From Reich to State, S. 3, Anm. 5.
100 Duhamelle, Rezension (2003). Siehe auch ders., Rezension (2004), u. ders., Rezension (2005).
101 Becker, Rezension (2006), auch Pelzer, Joseph Hansen, S. 283.
102 Hansen, Quellen, Bd. 1, Vorwort.

setzung entsprach. Allerdings beschränkte sich die Rezeption auf eine spezialisierte deutschsprachige Historikergruppe. Erst im Rahmen des Bicentenaire erfuhr die Edition eine internationale Anerkennung. Dabei wurde sie auch für andere Themenfelder entdeckt – oder vielmehr wiederentdeckt. Hatte bis dahin die Leitfrage nach der politischen Haltung der rheinischen Bevölkerung die historische Forschung dominiert, diente Hansens Quellensammlung fortan auch Studien, die sich sozial- und kulturgeschichtlichen Interessen verschrieben. Dass sie heutzutage wiederum für die Neubewertung historiographischer Kernthemen der Zwischenkriegszeit herangezogen wird, zeugt nicht nur von der empirischen Leistung ihres Herausgebers, sondern spricht auch für den weiteren Forschungsbedarf zur französisch-deutschen Geschichte.[103]

Eine dichte Quellendokumentation regionalen Zuschnitts zur Revolutionsgeschichte ist nicht nur in Deutschland eine bis heute unübertroffene Leistung. Die anhaltende Wertschätzung der Edition in Forschung und Lehre muss insofern auch auf den Umstand zurückgeführt werden, dass es an geeigneten Alternativen fehlt. Im »Hansen« nachzuschlagen, bleibt eine gebotene, wenn auch zunehmend schwerfällige Aufgabe für künftige Revolutionshistorikerinnen und -historiker. So steht das Werk ebenfalls für das Erfordernis, weiterhin über neue Editionsformate nachzudenken, die den formalen und inhaltlichen Standards des 21. Jahrhunderts Rechnung tragen. Dass den meist langwierigen Editionsprojekten auch ein langwieriger Erfolg beschieden sein kann, verdeutlicht nicht zuletzt das vorliegende Beispiel.

Quellen und Literatur

Die Edition

HANSEN, Joseph (Bearb.), *Quellen* zur Geschichte des Rheinlandes im Zeitalter der Französischen Revolution 1780–1801, 4 Bde., Bd. 1: 1780–1791 [1931], Bd. 2: 1792 und 1793 [1933], Bd. 3: 1794–1797 [1935], Bd. 4: 1797–1801 [1938] (= PubGRhG, Nr. XLII), Bonn 1931–1938.

Gedruckte Quellen

HANSEN, Joseph (Bearb.), *Nuntiaturberichte aus Deutschland* nebst ergänzenden Aktenstücken, 3. Abteilung: 1572–1585, 2 Bde., Bonn 1892–1894.
DERS. (Bearb.), *Rheinische Akten* zur Geschichte des Jesuitenordens 1542–1582, Bonn 1896.
DERS., Quellen und Untersuchungen zur *Geschichte des Hexenwahns* und der Hexenverfolgung im Mittelalter, Bonn 1901.

---

103 Siehe neuerdings etwa KALLABIS, Diskurse der Elite, S. 19, Anm. 71, oder die Arbeit von HAYWORTH, War of Conquest, die in Teilen auf der Quellenedition von Hansen beruht (so etwa Kap. 8).

Literatur

BABELON, Ernest, *Le Rhin dans l'histoire*, 2 Bde., Paris 1916–1917.
BERG, Matthias, *Professionalisierung* und Disziplinierung (1900–1914), in: ders./Olaf Blaschke/ Martin Sabrow/Jens Thiel/Krijn Thijs (Hgg.), Die versammelte Zunft. Historikerverband und Historikertage in Deutschland 1893–2000, Bd. 1, Göttingen 2018, S. 93–155.
BERNARD, Birgit, *Rheinlandbefreiungsfeiern* 1930, in: Internetportal Rheinische Geschichte, abgerufen unter: https://www.rheinische-geschichte.lvr.de/Epochen-und-Themen/Themen/rheinland-befreiungsfeiern-1930/DE-2086/lido/5ef45525ac4b02.92690718 (abgerufen am 23.12.2022).
BEYERHAUS, Gisbert, Die konservative *Staatsidee* in Frankreich, in: HZ 156 (1937), S. 1–23.
BIERMANNS, Paul, Die *Politik des Kurfürsten von Köln* Maximilian Franz gegenüber der französischen Revolution in den Jahren 1789–1792 (= Beiträge für die Geschichte Niedersachsens und Westfalens, H. 23), Hildesheim 1910.
BLANNING, Timothy, The *French Revolution* in Germany. Occupation and resistance in the Rhineland 1792–1802, Oxford 1983.
BLAZEJEWSKI, Jort, *Émigrés an der Grenze*. Flucht, Exil und Migrationsregime in Frankreich und Nordwesteuropa im Zeitalter der Revolutionen (1789–1815) (= Pariser Historische Studien, Bd. 133), Heidelberg 2024 [i. Dr.].
BOROWSKY, Peter, *Justus Hashagen*, ein vergessener Hamburger Historiker, in: Zeitschrift des Vereins für Hamburgische Geschichte 84 (1998), S. 163–183.
BRAUBACH, Max, Max Franz von Österreich, letzter Kurfürst von Köln und Fürstbischof von Münster. Versuch einer Biographie auf Grund ungedruckter Quellen, Münster 1925.
DERS., *Rheinische Aufklärung*. Neue Funde zur Geschichte der ersten Bonner Universität, 2 Bde., Bonn 1950–1952.
DIEFENDORF, Jeffry M., *Businessmen and Politics* in the Rhineland 1789–1834, Princeton 1980.
DOTZAUER, Winfried, Freimaurergesellschaften am Rhein. *Aufgeklärte Sozietäten* auf dem linken Rheinufer vom Ausgang des Ancien Régime bis zum Ende der napoleonischen Herrschaft (= Geschichtliche Landeskunde, Bd. 16), Wiesbaden 1977.
DROZ, Jacques, *La pensée politique* et morale des cisrhénans, Paris 1940.
DUCHHARDT, Heinz, *Arnold Berney* (1897–1943). Das Schicksal eines jüdischen Historikers (= Münstersche historische Forschungen, Bd. 4), Köln u. a. 1993.
DUMONT, Franz, *Mainzer Republik* von 1792/93. Studien zur Revolutionierung in Rheinhessen und der Pfalz (= Alzeyer Geschichtsblätter, Sonderheft, Bd. 9), Alzey ²1993.
GARCIA, Patrick, Révolution française. *Historiographie* au XXe siècle, in: Christian Delacroix/François Dosse/ders./Nicolas Offenstadt (Hgg.), Historiographies. Concepts et débats, Bd. 2, Paris 2010, S. 1199–1213.
GRAB, Walter, Eroberung oder Befreiung? *Deutsche Jakobiner* und die Franzosenherrschaft im Rheinland 1792–1799 (= Schriften aus dem Karl-Marx-Haus Trier, Bd. 4), Trier 1971.
GROSS, Guido, *Trierer Geistesleben* unter dem Einfluß der Aufklärung und Romantik (1750–1850), Trier 1956.
HANSEN, Joseph (Hg.), *Geschichte des Rheinlandes* von der ältesten Zeit bis zur Gegenwart, 2 Bde., Bonn 1922.
DERS., *Das linke Rheinufer* und die französische Revolution 1789–1801, in: Mitteilungen der Aka-

demie zur Wissenschaftlichen Erforschung und zur Pflege des Deutschtums 12 (1927), S. 421–455.

Ders., *Rheinland und Rheinländer*, Bonn / Leipzig 1925.

Ders., *Von der Französischen Revolution bis zur Gegenwart* (Erstes Kapitel), in: ders. (Hg.), Geschichte des Rheinlandes von der ältesten Zeit bis zur Gegenwart, Bd. 1, Bonn 1922, S. 239–269.

Hashagen, Justus, *Das Rheinland und die französische Herrschaft*. Beiträge zur Charakteristik ihres Gegensatzes, Bonn 1908.

Hayworth, Jordan R., Revolutionary France's *War of Conquest* in the Rhineland. Conquering the Natural Frontier 1792–1797, Cambridge 2019.

Henke, Christian, *Coblentz*, Symbol für die Gegenrevolution. Die französische Emigration nach Koblenz und Kurtrier 1789–1792 und die politische Diskussion des revolutionären Frankreichs 1791–1794 (= Beihefte der Francia, Bd. 47), Stuttgart 2000.

Julku, Kyösti, Die revolutionäre *Bewegung* im Rheinland am Ende des 18. Jahrhunderts, 2 Bde., Helsinki 1965/1969.

Kallabis, Anna, Katholizismus im Umbruch. *Diskurse der Elite* im (Erz-)Bistum Trier zwischen Aufklärung und französischer Herrschaft (= Ancien Régime, Aufklärung und Revolution, Bd. 46), Berlin / Boston 2020.

Kaudelka, Steffen, Rezeption im Zeitalter der Konfrontation. *Französische Geschichtswissenschaft und Geschichte in Deutschland 1920–1940* (= Veröffentlichungen des Max-Planck-Instituts für Geschichte, Bd. 186), Göttingen 2003.

Kleinertz, Everhard, *Joseph Hansen* (1862–1943), in: Joseph Hansen, Preußen und Rheinland von 1815 bis 1915. Hundert Jahre politischen Lebens am Rhein (= Rheinprovinz. Dokumente und Darstellungen zur Geschichte der Rheinischen Provinzialverwaltung und des Landschaftsverbandes Rheinland, Bd. 4), Köln 1990, S. 273–325.

Ders., *Joseph Hansen* (1862–1943), in: Franz-Josef Heyen (Hg.), Rheinische Lebensbilder 13 (1993), S. 249–276.

Kuhn, Axel, Jakobiner im Rheinland. *Der Kölner konstitutionelle Zirkel* von 1798 (= Stuttgarter Beiträge zur Geschichte und Politik, Bd. 10), Stuttgart 1976.

Kunzer, Georg Eugen, *Die Beziehungen des Speierer Fürstbischofs* Damian August Philipp Karl, Grafen von Limburg-Styrum, zu Frankreich, Speyer 1915.

Lachenicht, Susanne, Die *Französische Revolution*, Darmstadt ²2016.

Laux, Stephan, *Deutschlands Westen – Frankreichs Osten*. Überlegungen zur Historiographie und zu den Perspektiven der rheinischen Landesgeschichte in der Frühen Neuzeit, in: RhVjbll 79 (2015), S. 143–163.

Leesch, Wolfgang, Die deutschen *Archivare* 1500–1945, Bd. 2, München u. a. 1992.

Lefebvre, Georges, *Histoire de la Révolution* et de l'Empire, in: Revue historique 176 (1935), S. 63–90.

Ders., *Notices*, in: Annales historiques de la Révolution française 13 (1936), S. 375–378.

Liesenfeld, Franz, Klemens Wenzeslaus, der letzte *Kurfürst von Trier*, seine Landstände und die französische Revolution (1789–1794) (= Westdeutsche Zeitschrift für Geschichte und Kunst, Ergänzungsheft, Bd. 17), Trier 1912.

Mathy, Helmut, Als Mainz französisch war. *Studien zum Geschichtsbild* der Franzosenzeit am Mittelrhein 1792/93 und 1798–1814 (= Schriftenreihe des Instituts für Staatsbürgerliche Bildung in Rheinland-Pfalz, Bd. 15), Mainz 1968.

MATTHIESEN, Michael, *Verlorene Identität*. Der Historiker Arnold Berney und seine Freiburger Kollegen (1923–1938), Göttingen 1998.

MIARD-DELACROIX, Hélène/THIEMEYER, Guido, *Einführung*, in: dies. (Hgg.), Der Rhein/Le Rhin. Eine politische Landschaft zwischen Deutschland und Frankreich 1815 bis heute/Un espace partagé entre la France et l'Allemagne de 1815 à nos jours (= Schriftenreihe des Deutsch-Französischen Historikerkomitees, Bd. 14), Stuttgart 2018, S. 7–13.

MOLITOR, Hansgeorg, *Vom Untertan zum Administré*. Studien zur französischen Herrschaft und zum Verhalten der Bevölkerung im Rhein-Mosel-Raum von den Revolutionskriegen bis zum Ende der napoleonischen Zeit (= Veröffentlichungen des Instituts für Europäische Geschichte, Abt. Universalgeschichte, Bd. 99), Wiesbaden 1980.

MÜLLER, Jürgen, 1798. *Das Jahr des Umbruchs* im Rheinland, in: RhVjbll 62 (1998), S. 204–237.

PABST, Klaus, Die »*Historikerschlacht*« um den Rhein, in: Jürgen Elvert (Hg.), Historische Debatten und Kontroversen im 19. und 20. Jahrhundert. Jubiläumstagung der Ranke-Gesellschaft in Essen, Wiesbaden 2003, S. 70–81.

DERS., Die *Gesellschaft* für Rheinische Geschichtskunde (1881–1981). Trägerschaft, Organisation und Ziele in den ersten 100 Jahren ihres Bestehens (Redaktion: Stephan Laux) (= Studien und Darstellungen der Gesellschaft für Rheinische Geschichtskunde, Bd. 1), Köln 2022.

PELZER, Erich, *Joseph Hansen* (1862–1943) und sein Beitrag zur rheinischen Revolutionsgeschichtsforschung, in: Tel Aviver Jahrbuch für deutsche Geschichte XVIII (1989), S. 271–291.

ROWE, Michael, *From Reich to State*. The Rhineland in the Revolutionary Age 1780–1830, Cambridge u. a. 2003.

SCHEEL, Heinrich (Hg.), Die *Mainzer Republik*, 3 Bde., Ost-Berlin 1975–1989.

SCHREPFER, Rudolf, *Pfalzbayerns Politik* im Revolutionszeitalter 1789–1793, auf Grund archivalischen Materials, München 1903.

SCHULTE, Aloys (Hg.), *Tausend Jahre deutscher Geschichte* und deutscher Kultur am Rhein, Düsseldorf 1925.

SCHUMACHER, Alois, *Idéologie révolutionnaire* et pratique politique de la France en Rhénanie de 1794 à 1801. L'exemple du Pays de Trèves, Paris 1989.

SMETS, Josef, *Les pays rhénans* (1794–1814). Le comportement des Rhénans face à l'occupation française (= Contacts Série 2, Gallo-Germanica, Bd. 22), Bern u. a. 1997.

SOLDWISCH, Ines, *Joseph Hansen* (1862–1943). Historiker und Archivar aus Leidenschaft und mit Verve, in: Geschichtsverein für das Bistum Aachen e. V. (Hg.), Historiker aus dem Bistum Aachen. Sieben Lebensbilder, zusammengestellt anlässlich der 124. Generalversammlung der Görres-Gesellschaft in Aachen, 23.–25. September 2022 (= Geschichte im Bistum Aachen, Beiheft 11), Neustadt a. d. Aisch 2022, S. 64–74.

STRUCK, Bernard/GANTET, Claire, *Revolution, Krieg und Verflechtung* 1789–1815 (= WBG Deutsch-Französische Geschichte, Bd. 5), Darmstadt 2008.

SYBEL, Heinrich von, *Geschichte der Revolutionszeit* von 1789–1795, 5 Bde., Düsseldorf 1853–1879.

THEURINGER, Thomas, *Liberalismus* im Rheinland. Voraussetzungen und Ursprünge im Zeitalter der Aufklärung (= Europäische Hochschulschriften, Bd. 803), Frankfurt a. M. u. a. 1998.

TULARD, Jean/FAYARD, Jean-François/FIERRO, Alfred (Hgg.), *Histoire et dictionnaire de la Révolution française* 1789–1799, Paris 1987.

VEZIN, Liselotte, Die *Politik des Mainzer Kurfürsten* Friedrich Karl von Erthal vom Beginn der französischen Revolution bis zum Falle von Mainz 1789–1792, Dillingen a. d. D. 1932.

VIVENOT, Alfred Ritter von (Hg.), Quellen zur Geschichte der deutschen *Kaiserpolitik* Österreichs, 2 Bde., 1873–1874.

WEIN, Franziska, Deutschlands Strom – Frankreichs Grenze. *Geschichte und Propaganda* am Rhein 1919–1930 (= Düsseldorfer Schriften zur Neueren Landesgeschichte und zur Geschichte Nordrhein-Westfalens, Bd. 33), Essen 1992.

Rezensionen

BECKER, Andreas, *Rezension* zu: Joseph Hansen (Hg.), Quellen zur Geschichte des Rheinlandes im Zeitalter der Französischen Revolution, in: sehepunkte 6 (2006), abgerufen unter: http://www.sehepunkte.de/2006/02/7973.html (abgerufen am 20.12.2022).

BERNEY, Arnold, *Rezension* zu: Joseph Hansen (Hg.), Quellen zur Geschichte des Rheinlandes im Zeitalter der Französischen Revolution, Bd. 1 u. 2, Bonn 1931 u. 1933, in: HZ 152 (1935), S. 140–145.

DUHAMELLE, Christophe, *Rezension* zu: Joseph Hansen (Hg.), Quellen zur Geschichte des Rheinlandes im Zeitalter der Französischen Revolution, Bd. 1 u. 2, Bonn 1931 u. 1933 [ND 2003], in: Revue de l'Institut français d'histoire en Allemagne 2003, abgerufen unter: http://journals.openedition.org/ifha/1083 (abgerufen am 20.12.2022).

DERS., *Rezension* zu: Joseph Hansen (Hg.), Quellen zur Geschichte des Rheinlandes im Zeitalter der Französischen Revolution, Bd. 3, Bonn 1935 [ND 2004], in: Revue de l'Institut français d'histoire en Allemagne 2004, abgerufen unter: http://journals.openedition.org/ifha/926 (abgerufen am 20.12.2022).

DERS., *Rezension* zu: Joseph Hansen (Hg.), Quellen zur Geschichte des Rheinlandes im Zeitalter der Französischen Revolution, Bd. 4, Bonn 1938 [ND 2004], in: Revue de l'Institut français d'histoire en Allemagne 2005, abgerufen unter: http://journals.openedition.org/ifha/815 (abgerufen am 20.12.2022).

HASHAGEN, Justus, *Rezension* zu: Joseph Hansen (Hg.), Quellen zur Geschichte des Rheinlandes im Zeitalter der Französischen Revolution, Bd. 1, Bonn 1931, in: VSWG 25 (1932), S. 207.

DERS., *Rezension* zu: Joseph Hansen (Hg.), Quellen zur Geschichte des Rheinlandes im Zeitalter der Französischen Revolution, Bd. 4, Bonn 1938, in: VSWG 32 (1939), S. 103–104.

Helmut Rönz

Burkhard Dietz / Anselm Faust / Bernd A. Rusinek, »Lageberichte rheinischer Gestapostellen« (2012–2016)

Die »Gesellschaft« entdeckt das 20. Jahrhundert

Seit mehr als 120 Jahren fungiert die Gesellschaft für Rheinische Geschichtskunde de facto als Historische Kommission für das Rheinland. In dieser Eigenschaft hat sie es sich zur Aufgabe gemacht, der Forschung wichtige Quellenkonvolute über Editionen auf breiter Basis zugänglich zu machen. Zentrale Urkundenbücher und Regestenwerke zu Städten, Institutionen, Territorien und kirchlichen Einrichtungen wurden bisher von der »Gesellschaft« herausgegeben. Nicht nur für die Wissenschaft, auch für die regionale Heimatkunde und für benachbarte Disziplinen war und ist die editorische Arbeit der »Gesellschaft« von großer Bedeutung. Bisher lag der Schwerpunkt dabei oft auf vormodernen Quellen. Bestände des 20. Jahrhunderts wurden dagegen seltener in den Blick genommen. In dieser Hinsicht war die Edition der Lageberichte der rheinischen Gestapostellen ein Leuchtturm und ein Pilotprojekt.[1] Und dies aus gleich mehreren Gründen, aus kommissionsgeschichtlichen Gründen, aus fachlich-editorischen Gründen und nicht zuletzt auch aus wissenschaftspolitischen Gründen. Zwar war diese Publikation nicht die erste in Deutschland und auch nicht die erste im Rheinland, allerdings eine der bisher umfassendsten.[2]

Die Edition zur Gestapo war lange die einzige Edition der Gesellschaft für Rheinische Geschichtskunde zum 20. Jahrhundert. Erst 2023 erschien Anselm Fausts Edition der Dokumente der Arbeitsmarktpolitik zwischen 1933 und 1945.[3] Weitere Bände sind inzwischen in der Fertigstellung. Auch das 19. Jahrhundert wurde seither beleuchtet, zunächst mit seriellen Quellen, später dann, durchaus als Richtungsentscheidung zu werten, mit der Edition von Ego-Dokumenten. Erwähnt seien hier etwa das Baudri-Tagebuch[4] von Ludwig Gierse (1913–2015) und Ernst Heinen (1933–2024) sowie die Groote-

---

1 Dietz / Faust / Rusinek (Bearb.), Lageberichte Bd. I; dies. (Bearb.), Lageberichte Bd. II,1; dies. (Bearb.), Lageberichte Bd. II,2; dies. (Bearb.), Lageberichte Bd. III.
2 Fast gleichzeitig erschienen die Gestapoberichte zu Sachsen. Rupieper / Sperk (Hgg.), Lageberichte Sachsen. Siehe dazu auch Stelbrink, Sammelrezension. Schon in den 1980er Jahren waren die zweibändigen Berichte zur Provinz Hessen-Nassau erschienen, 1998 beispielsweise die Berichte zu Brandenburg. Klein (Hg.), Lageberichte Hessen-Nassau. Ribbe (Hg.), Lageberichte Potsdam.
3 Faust (Bearb.), Arbeitsmarkt.
4 Gierse / Heinen (Bearb.), Friedrich Baudri.

Abb. 28: Anselm Faust bei einer Buchvorstellung der Gesellschaft für Rheinische Geschichtskunde, 2023.

Edition von Barbara Becker-Jákli.[5] Nicht alles wurde erfolgreich zu einem Ende gebracht. Die Quellen zum Kulturkampf von Herbert Lepper (1935–2014) warten immer noch auf ihre Vollendung trotz Vorarbeiten in römischen Archiven. Als in den späten 2010er Jahren die Entscheidung fiel, dem 20. Jahrhundert, vor allem der Weimarer Republik, mehr Zeit und Energie zu widmen, und dies in Klausurtagungen und Arbeitskreisen auch mit Vorschlägen angereichert wurde, war das Gestapoprojekt freilich längst in der Endbearbeitung, ja einige Bände waren bereits erschienen. Die Edition der Lageberichte war insofern ein Vorbote des umfassenden Paradigmenwechsels hin zur Moderne, zum 19. und 20. Jahrhundert, wie er nach 2012, flankiert durch einen breiten Diskurs, stattfand.

Widmen wir uns zunächst der wissenschaftspolitischen Genese dieses Werkes innerhalb der Gesellschaft für Rheinische Geschichtskunde, bevor wir es einordnen und nach Rezeptionsmöglichkeiten fragen. Es ist allerdings nicht einfach, die wissenschaftspolitische Entscheidungsfindung nachzuzeichnen. Hier erschwerte der Einsturz des Kölner Stadtarchivs und die leider zu spät einsetzende Überlieferung in der neuen Geschäftsstelle, die sich mitunter lediglich aus jüngeren Handakten und gespendeten Protokollkonvoluten speist, die Arbeit ungemein.[6] Man möge dem Autor daher die ungenauen Datierungen nachsehen. Man kann aus den Unterlagen nur schwer die genauen zeitlichen Verläufe nachvollziehen. Hier muss die »Gesellschaft« wohl oder übel auf die ein oder andere Schenkung von Vor- oder Nachlässen hoffen.

Die Edition wurde von Heinz Boberach (1929–2008) vorgeschlagen und erstmals am 7. Mai 1997 während der Vorstandssitzung in der Industrie- und Handelskammer Köln

---

5 BECKER-JÁKLI, (Bearb.), Eberhard von Groote.
6 Folgende Angaben wurden rekonstruiert durch die Protokolle aus der Geschäftsstelle der Gesellschaft sowie über die Handakten von Margret Wensky, Max Plassmann, Toni Diederich und Georg Mölich. Die Sammlungen liegen in der Geschäftsstelle der Gesellschaft für Rheinische Geschichtskunde im LVR-Institut für Landeskunde und Regionalgeschichte und werden hier mit aktuellen Aktenzeichen zitiert (im Folgenden daher in Abweichung von dem in diesem Sammelband verwendeten Sigel: GGRhG Bonn). Zudem haben sich Hinweise von Manfred Groten und Kurt Düwell als dienlich erwiesen.

diskutiert.[7] In seiner Ursprungsidee sah Boberach im Projekt eine Aufgabenteilung zwischen dem Norden (hier Anselm Faust und Bernd A. Rusinek) sowie dem Süden (hier Peter Brommer) vor. Nachdrückliche (und nachhaltige) Unterstützung erfuhr das Vorhaben von Kurt Düwell und Ottfried Dascher. Auch wenn die Vorstandsprotokolle nicht darauf schließen lassen, war das Projekt zu Beginn nicht unumstritten, näherte man sich doch der Moderne an, ging durchaus neue und ungewohnte Wege, weg von den Urkunden und Regesten der Vormoderne.

Erste Überlegungen zu einem DFG-Antrag wurden schließlich verworfen. Finanziert wurde die Edition schließlich von der Gerda Henkel Stiftung sowie der Fritz Thyssen Stiftung.[8] Beide Zusagen waren damals, wie Manfred Groten 2012 im Vorwort von Band I der Gestapoberichte schrieb[9], nicht hoch genug einzuschätzen, da schon zur Zeit der Antragsstellung die Finanzierung von Grundlagenforschung und Quellenarbeiten ein zunehmend schweres Unterfangen war. Das hat sich sicherlich bis heute kaum geändert, insbesondere, wenn es sich um regionale Leitquellen handelt. Später kam dann noch die Landeszentrale für politische Bildung als Förderer hinzu. Von Beginn an wurde das Projekt auch und vor allem durch den Landschaftsverband Rheinland begleitet.

Die weitere Konkretisierung des Projektes lag bald in den Händen von Ottfried Dascher. Nach der Förderzusage der Gerda Henkel Stiftung begann Bernd A. Rusinek mit den inhaltlichen Arbeiten. In der Vorstandssitzung vom 2. Mai 2001 konnte das erfasste Material nach erfolgten Archivreisen nach Berlin chronologisch für alle fünf Untersuchungsbezirke dargestellt werden. Optimistisch plante man eine Fertigstellung des ersten Bandes (1933–1935) für das Jahr 2002.[10] Die Arbeiten verzögerten sich zwischenzeitlich durch eine Lehrstuhlvertretung des Bearbeiters in Siegen. Am 1. April 2003 legte Rusinek die Bearbeitung nieder, womit die Suche nach neuen Bearbeitern begann. Bis auf lokale Ergänzungen war das Material damals erfasst und der Vorstand sah sechs bis acht Bände vor.[11] Der erste Band sollte schnellstmöglich erscheinen. Aufgrund der ungewissen Situation stand auch die Überlegung im Raum, dieses erste Werk – freilich

---

7 Vgl. GGRhG Bonn, AZ 984-07/10/02/08-05, Niederschrift über die Sitzung des Vorstandes der GRhG am 7.5.1997.

8 Die Gerda Henkel Stiftung machte die erste finanzielle Zusage zur Förderung des Projektes durch Mittel für eine 30-monatige Wissenschaftlerstelle. Vgl. GGRhG Bonn, AZ 984-07/10/02/08-05, Niederschrift über die Sitzung des Vorstandes der GRhG am 5.5.1999.

9 »Die Erarbeitung der mehrbändigen Publikation ist in großzügiger Weise von der Fritz Thyssen Stiftung und der Gerda Henkel Stiftung gefördert worden. In einer Zeit, in der die Finanzierung von Grundlagenforschung und Quellenveröffentlichungen große Schwierigkeiten bereitet, ist dieses Engagement besonders hoch zu bewerten.« Zit. nach Manfred GROTEN, Vorwort, in: DIETZ/FAUST/RUSINEK (Bearb.), Lageberichte Bd. I, S. IX.

10 Vgl. GGRhG Bonn, AZ 984-07/10/02/08-05, Niederschrift über die Sitzung des Vorstandes der GRhG am 2.5.2001.

11 Von dieser großzügigen Einschätzung entfernte sich der Vorstand recht bald. Nach der Übernahme des Projektes durch Burkhard Dietz war bald klar, dass das Werk in seiner vierbändigen Form erscheinen sollte.

ohne Kenntnis der damit einhergehenden Herausforderungen – »eventuell zunächst als offene Edition im Internet« vorzusehen.[12] Rusinek folgten Burkhard Dietz und schließlich Anselm Faust, der die Edition verdienstvoll und mit allergrößtem Engagement zur Druckreife brachte. Der erste Band erschien 2012[13], Band II folgte in zwei Teilen bereits 2014 und 2015[14], Band III schließlich 2016.[15]

Die Edition der Gestapoberichte ist sowohl für die Gesellschaft für Rheinische Geschichtskunde als auch für die regionale und überregionale NS-Forschung eine Großleistung. Die Lageberichte rheinischer Gestapostellen sind eine Leitquelle von herausragender Bedeutung für zahlreiche Fragestellungen und Fächer, für einen klar umgrenzten, historisch bedeutsamen Zeitraum. Die Gestapo war die zentrale Instanz zur Verfolgung Andersdenkender, Oppositioneller und sonstiger »Gegner«-Gruppen. Zudem war sie wichtigstes Instrument zur Disziplinierung der Bevölkerung und zur Beobachtung derselben – auch wenn die Zahl der hauptamtlichen Mitarbeiter nie eine flächendeckende Beobachtung zuließ; nicht einmal dann, wenn man Informanten und Denunzianten, auf die die Gestapo angewiesen war, hinzurechnet.

In der zweiten Jahreshälfte 1933 ordnete die NS-Führung eine reichsweite und breit angelegte monatliche Berichterstattung durch die einzelnen Staatspolizeistellen an. Diese sollten nicht nur über die Tätigkeiten der Verfolgungsbehörden berichten, sondern auch über die gesellschaftliche, ökonomische und soziale Lage und einzelne signifikante beziehungsweise spezifische Entwicklungen. Zudem lag ihr Augenmerk auf der aktuellen Berichterstattung über die Arbeit großer Institutionen wie der Kirchen sowie über die Tätigkeit widerständiger beziehungsweise oppositioneller Gruppierungen.[16] Hier hatten die Berichte eine Doppelfunktion, sie waren zudem auch Rechenschaftsberichte der Verfolgungsbehörden über die Effektivität ihres Handelns. Genau dort ist auch ein neuralgischer Punkt bei der Einschätzung des Quellenwertes der Berichte zu sehen, denn mitunter hatten die Behörden ein nachvollziehbares Interesse, ihre eigene Arbeit gut aussehen zu lassen und die Reichsebene von der Notwendigkeit ihrer Arbeit und Existenz zu überzeugen. Denn die Gestapo war nicht nur »ein entscheidendes Element des nationalsozialistischen Unterdrückungs- und Verfolgungsapparats«, wie Anselm Faust in der Einleitung zu Band I schrieb[17], sondern auch »eine unterbesetzte und überbüro-

---

Vgl. GGRhG Bonn, AZ 984-07/10/02/08-05, Niederschrift über die Sitzung des Vorstandes der GRhG am 4.5.2005.

12 Vgl. GGRhG Bonn, AZ 984-07/10/02/08-05, Niederschrift über die Sitzung des Vorstandes der GRhG am 7.5.2003.

13 Dietz / Faust / Rusinek (Bearb.), Lageberichte Bd. I.

14 Ebd., Bd. II,1; dies. (Bearb.), Lageberichte Bd. II,2.

15 Ebd., Bd. III.

16 Erlass des Geheimen Staatspolizeiamtes vom 23.12.1933, LHAK, Rep. 403, Nr. 16915, abgedruckt im Nachrichten-Blatt des Gestapa, Nr. 2 vom 28.12.1933; BArch R 58/1083, Bl. 1 ff.

17 Dietz / Faust / Rusinek (Bearb.), Lageberichte Bd. I., S. 1.

kratisierte Behörde«, wie Klaus Michael Mallmann und Gerhard Paul in einem Aufsatz in der »Zeitschrift für Geschichtswissenschaft« von 1993 konstatieren.[18]

Vor diesem Hintergrund sind auch manche Übertreibungen zu erklären. So wurden zum Beispiel kommunistische und zuweilen auch kirchliche Aktivitäten mit großer Intensität und mit dem Hinweis auf die angeblich überall lauernden Gefahren beschrieben, nicht zuletzt, um die Bedeutung der eigenen Arbeit hervorzuheben und die Kosten zu rechtfertigen – und natürlich auch, um neue Mittel und Stellen zu generieren. Dabei war die Gestapo nicht ganz erfolglos. Offenbleiben muss, inwieweit diese institutionelle Aufwertung allein den Berichten geschuldet war. Schließlich waren sich die neuen Machthaber des Personalbedarfs in ihrem auf politische Unterdrückung und umfassende Gleichschaltung ausgerichteten System durchaus bewusst. Jedenfalls erhöhten sich die Zahlen der Mitarbeitenden sukzessive von rund 1.700 in Preußen im Jahr 1934 auf mehr als 6.000 im Jahr 1937.[19] Auf das ganze Reich verteilt war dies dennoch vergleichsweise wenig. Thomas Roth merkte einmal an, dass beispielsweise für den gesamten bergischen Raum oft nicht mehr als drei oder vier Beamte zur Verfügung standen.

Man war hier vor allem auf ehrenamtliche Helfer und Denunzianten angewiesen, die es jedoch in großer Zahl gab, ob aus politischen Gründen oder aus persönlicher Rache und/oder Habgier. Dass vor allem die zweite Gruppe eine große Rolle spielte, zeigt der Blick auf die Untersuchungsakten der Gestapo. Viele Anzeigen wurden nicht angenommen, sondern als persönliche Rachefeldzüge oder Nachbarschaftsstreitigkeiten entlarvt, oft mit bitteren und weit von jeder Rechtsstaatlichkeit entfernten Folgen für die Anzeigenden.[20] Zumindest war dies noch in der Anfangsphase der Fall. Allein für Koblenz können wir aufgrund unseres LVR-Projektes »Widerstand im Rheinland 1933–1945« kalkulieren, dass ca. 70 Prozent der bis 1937 durch Denunziationen angestoßenen Ermittlungen eingestellt wurden.[21] Hier zeigt sich auch, dass die Durchdringung der Sicherheitspolizei durch die SS ein allmählicher Prozess war, der 1933 begann, aber 1937 noch nicht abgeschlossen war. Gerhard Paul wies darauf hin, dass noch in den späten 1930er Jahren das Jurastudium der Königsweg in die Führungsriege der Gestapo war, man auf die Erfüllung beamtenrechtlicher Voraussetzungen Wert legte und die SS-Mitgliedschaft eine nur untergeordnete Bedeutung hatte.[22] Dies könnte auch der Grund

---

18 MALLMANN/PAUL, Gestapo, S. 989.
19 Vgl. DIETZ/FAUST/RUSINEK (Bearb.), Lageberichte Bd. I, S. 5.
20 Siehe die einschlägigen Bestände der Archive: LHAK, Best. 441, Nr. 28239/28240 für die Staatspolizeidienststelle Koblenz sowie LAV NRW Abt. Rhl. RW 0036/RW 0058 für Düsseldorf; LAV NRW Abt. Rhl. RW 0034 für Köln; LAV NRW Abt. Rhl. RW 0035 für Aachen; LAV NRW Abt. Rhl. 0018 für nachgeordnete Dienststellen.
21 LHAK, Best. 441, Nr. 28239/28240; siehe für die Karte des LVR-Projekts: Widerstand im Rheinland 1933–1945, abgerufen unter: https://www.rheinische-geschichte.lvr.de/Projekte/Widerstand-im-Rheinland-1933-1945/Widerstandskarte?term= (abgerufen am 14.7.2023).
22 Vgl. PAUL, Akademiker, S. 241.

sein für das geordnete Verhalten im Unrecht oder, wie Anselm Faust formulierte: »Von den Gestapobeamten war die Fähigkeit zur zweckrationalen Organisation sicherheitspolizeilicher Maßnahmen ohne moralische Bedenken und innere emotionale Beteiligung gefordert.«[23] Diesem Leitbild wurden die nach 1935 eingestellten Jungakademiker von den juristischen Fakultäten des Reiches durchaus und zunehmend gerecht. Dies traf auch auf das Rheinland zu. Sicherlich war eine typische Handlungsoption dieser Verwaltungselite der Bericht.

So kam eine Flut an Berichten aus dem gesamten Reich fortwährend in Berlin an. Die großen Mengen aus den Gestapoleitstellen führten allerdings zunehmend zu Unmut in Berlin – nicht zuletzt bei Hermann Göring (1893–1946) und bei Reichspropagandaminister Joseph Goebbels (1897–1945). Hier empfand man die negativ gefärbten Darstellungen über Lage und Stimmung in der Bevölkerung als Dramatisierungen.[24] Vereinzelte Proteste oder Unzuträglichkeiten würden unnötig aufgebauscht und gäben ein verzerrtes Bild über die Stimmung im Reich wieder. Langfristig würde dies daher mehr Schaden anrichten als nützen. Hier prallten natürlich zwei politische und strategische Interessen aufeinander: das Interesse der Gestapo an einer adäquaten Bedeutungs- und Materialzumessung seitens Berlins und das Interesse des Ministeriums für Volksaufklärung sowie des preußischen Ministerpräsidenten, die eigene Politik und Propaganda als wirkungsvoll darzustellen. Wo wenig Protest und Delinquenz festzustellen war, dort erzielten das Regime und seine Propaganda eben Wirkung und hatten Erfolg. Göring setzte sich letztlich durch. Deshalb stellten die Behörden die regionale Berichterstattung im Frühjahr 1936 ein. Der letzte Bericht aus dem Rheinland datiert auf den März 1936. Stattdessen gab es nur noch Gestapoberichte über illegale kommunistische und marxistische (sozialdemokratische) Gruppierungen.[25]

Im Rheinland war die Gestapo mit mehreren Leitstellen ausgestattet, die jeweils eigene Lageberichte für ihren Sprengel formulierten. Dies waren im Einzelnen die Gestapostellen in Aachen, Düsseldorf, Köln, Koblenz und Trier. Zudem wartete Düsseldorf regelmäßig mit einem Gesamtbericht auf. Alle diese Berichte wurden von den Editoren berücksichtigt, außerdem noch Lageberichte der Regierungspräsidenten sowie einzelne Quellen der Gegen- beziehungsweise Parallelüberlieferung.[26] Hier wäre vielleicht ein zusätzlicher Blick auf das gesamte rheinische NS-Berichtswesen fruchtbar gewesen, denn im Nationalsozialismus betätigte sich eine unübersichtliche Vielzahl weiterer Berichtsträger. Bis 1936 gab es neben den Gestapoberichten die »Berichte der Oberpräsidenten und Regierungspräsidenten«, die sich teilweise auf Material der Gestapoberichte stützten und so eine hohe Ähnlichkeit aufwiesen. Im Herbst 1935 führte Reichsjustizminister

---

23 Dietz / Faust / Rusinek (Bearb.), Lageberichte Bd. I, S. 9.
24 Vgl. ebd., S. 17.
25 Vgl. ebd.
26 Siehe zum Aufbau Dietz / Faust / Rusinek (Bearb.), Lageberichte Bd. I, S. 31 f.

Franz Gürtner (1881–1941) schließlich »Lageberichte der Justiz« ein, mit denen er anhand von Berichten der Oberlandesgerichtspräsidenten und der Generalstaatsanwälte einen Überblick über die Lage der Justiz erhalten wollte. Die heute in Berlin (BArch R 3001) liegende Überlieferung des Reichsjustizministeriums enthält eine 41-bändige und bis 1945 laufende Aktenserie, die wiederholt Einschlag in die Forschung gefunden hat.[27] Sie berichteten nicht nur über die personelle und finanzielle Situation an den Gerichten und im Justizwesen, sondern auch über Geschehnisse in ihrem Sprengel, etwa über nicht abgestimmte Aktionen von Parteigenossen gegen Juden. Ab 1937 lieferte der Sicherheitsdienst SS (SD) regelmäßig Berichte, die ab Dezember 1939 als »Meldungen aus dem Reich« bezeichnet wurden. Diese wurden von Heinz Boberach ediert.[28]

Daneben gab es ein geregeltes Berichtswesen der NSDAP, dem zufolge die Gauleitungen monatlich die Stimmung der Bevölkerung schildern sollten. Im Bundesarchiv in Berlin lagern unter dem Bestand NS 22 beispielsweise Stimmungs- und Lageberichte des Gauleiters Josef Grohé (1902–1987) aus dem Gau Köln-Aachen.[29] Diese behandeln vor allem kirchliche und politische Fragen, etwa die Beziehungen zu den Kirchenführungen im Rheinland, bei Grohé speziell zum Kölner Erzbischof Karl Joseph Kardinal Schulte (1871–1941) und dem Aachener Bischof Joseph Vogt (1865–1937), aber auch ökonomische Probleme. Darüber hinaus enthalten die Berichte stets eine Stellungnahme zur allgemeinen Stimmung im Gau. Hierbei ging es vor allem um die Versorgungslage und Engpässe bei Lebensmitteln. Allerdings waren die Berichte so gestaltet, dass beispielsweise auch abgehaltene Parteitage als propagandistischer Sieg über die mangelhafte Ernährungslage wahrgenommen werden konnten.

Vergleicht man die Berichte der Gestapo und des Kölner Gauleiters, beispielsweise für den Dezember 1935[30], werden schnell signifikante Unterschiede sowohl in Bezug auf den Umfang als auch auf den Inhalt deutlich, zumal der Gauleiter vornehmlich aus seiner eigenen politischen Umgebung heraus argumentierte. Während die Gestapo Köln in immer länger werdenden Konvoluten[31] jeder noch so nachrangigen Einzelheit große Bedeutung beimisst und auch alle Bereiche der Berichtspflicht mit Genauigkeit wahrnimmt, konzentriert sich der Gaubericht vor allem auf die eigenen politischen Initiativen und Konfrontationen, die sich beispielsweise im Dezember 1935 vor allem um die katholische Kirche und dort um Kardinal Schulte drehten.[32] Pflichtschuldig wurde auch die

---

27 Jüngst etwa in HAASE, Strafverfolgungspraxis. Grundlegend MICHELBERGER, Berichte.
28 BOBERACH, Meldungen.
29 BArch NS 22/716.
30 Während der Bericht der Gestapo 56 Blätter umfasst, ist der Lagebericht Grohés nur wenige Seiten lang.
31 Vgl. Lagebericht Nr. 57 der Gestapostelle Köln für Dezember 1935, in: DIETZ / FAUST / RUSINEK (Bearb.), Lageberichte Bd. II,2, S. 1501–1529.
32 Dazu demnächst weiterführende Informationen in der in Bonn entstandenen Doktorarbeit von Keywan Klaus Münster: Macht und Konzilianz. Zur Biographie des Kölner Erzbischofs Karl Joseph Kardinal Schulte (1871–1941).

evangelische Kirche erwähnt – aber nur der Vollständigkeit halber. Ob das daran lag, wie Anselm Faust in der Einführung meinte, weil sie zu sehr mit sich selbst beschäftigt war, muss offenbleiben, ist jedoch unwahrscheinlich.[33] Jedenfalls war Josef Grohé durchaus vornehmlich mit sich selbst beschäftigt, nämlich mit den Erfolgen seiner Arbeit in einem NS-treuen Mustergau. Deutlicher werden Unterschiede und Intentionen bei der eben erwähnten Lebensmittellage. Hier nahm die Gestapo kein Blatt vor den Mund und führte zahlreiche Mängel an, etwa bei der Milch- und Fleischwirtschaft, wies aber auch auf Probleme auf dem Wohnungsmarkt hin.[34] Sie schlug auch eigene Maßnahmen vor, etwa staatliche Regulierungen bei den Fleischpreisen und Eingriffe in den Immobiliensektor. Grohé hingegen behandelte die Probleme auf dem Lebensmittelmarkt, indem er die Überbringer solcher Botschaften mitverantwortlich machte. Doch nicht nur das: Während die Gestapo im Dezemberbericht 1935 auf die Missstände hinwies, sah Grohé diese bereits als behoben an, durch den Parteitag und natürlich durch seine eigene Leistung.[35]

Dieser knappe Vergleich von Berichten zeigt beispielhaft, dass im Bereich des NS-Berichtswesens noch viel zu forschen ist, dass solche Parallelüberlieferungen alte und neue politische und institutionengeschichtliche Fragestellungen nicht nur aufwerfen, sondern auch befruchten können und wie bedeutend und zentral eine breite Quellenkritik bei dieser Art Quelle ist. Es ist eben nicht nur der Blick auf neue Stellen im Stellenplan und neue Sachmittel oder der Wunsch und der Ehrgeiz zum Aufstieg im System: Es sind durchaus auch und immer wieder politische Ziele, die mit den Berichten einhergehen und berücksichtigt werden müssen. Noch deutlicher wird dies bei den Einlassungen zur Kirche in beiden Berichten von Dezember 1935.

Kommen wir nochmals zur Struktur des Werks zurück. Dem ersten Band der Edition vorangestellt ist ein fast 80 Seiten langer Abriss der Geschichte des Rheinlandes im so genannten »Dritten Reich« sowie eine kurze Geschichte der Gestapo im Rheinland und ihrer Lageberichte.[36] Den geneigten Leserinnen und Lesern sind diese Einführungen nur zu empfehlen, denn sie stehen in einem logischen Verhältnis zu den Berichten – viel mehr noch, sie nehmen die Themen ein Stück weit ordnend vorweg und erleichtern so den Einstieg in die Quelle. Die Berichte selbst sind für viele Fächer eine unverzichtbare Quelle für die eigene Forschung. Denn sie sind nicht nur für die genuine Opfer- oder Täterforschung bedeutsam, sondern auch für andere Bereiche, auf die man sicher nicht

---

33 Vgl. Dietz / Faust / Rusinek (Bearb.), Lageberichte Bd. III, S. 6.
34 Vgl. Lagebericht Nr. 57, S. 1522 ff.; für den Wohnungsmarkt siehe ebd. S. 1525 f.
35 »Der Reichsparteitag hatte eine günstige Auswirkung von noch nicht dagewesenem Ausmaß. Der bald darauf bemerkbar gewordene Fett- und Fleischmangel wurde Anlaß zur inneren Beunruhigung weiter Kreise […]. Unebenheiten der Ernährungssituation sind inzwischen weitgehend ausgeglichen worden, und die hinzugekommene Aufklärung war so wirksam, daß heute wieder von einer vollkommenen Beruhigung in der Bevölkerung gesprochen werden kann.« BArch NS 22/716.
36 Dietz / Faust / Rusinek (Bearb.), Lageberichte Bd. I, S. 33–112.

unmittelbar schließt, wenn man an Gestapoberichte denkt. So sind sie wichtige Quellen für die Erforschung der sozialen und ökonomischen Geschichte der Region, konkret der Industrie- und Gewerbeentwicklung, der Situation in der Landwirtschaft und im Handel. Sie geben darüber hinaus Auskunft über die Zufriedenheit der Arbeiterschaft und anderer Gruppen, über deren Lebensverhältnisse, aber auch über Reaktionen der Bevölkerung auf staatliche Eingriffe in allen Lebensbereichen. Sie sind also eine wichtige sozial- und wirtschaftsgeschichtliche Quelle, die bei der Berichterstattung über die regionalen Entwicklungen eine zeitliche Lücke schließt. Wertvoll sind die Berichte darüber hinaus in kultur- und alltagsgeschichtlicher Perspektive. Dies gilt sowohl für klassische Gegenstandsfelder wie Handwerk, Hausbau und Brauch als auch für NS-spezifische Themen, etwa die Umwandlung beziehungsweise Umdeutung von Begriffen wie »Heimat«.

Von besonderem Interesse für die klassische Widerstandsforschung sind die Abschnitte über die grenzüberschreitende Zusammenarbeit von oppositionellen Gruppen und den Behörden an den Grenzen zu Frankreich, Belgien, den Niederlanden und Luxemburg, bis 1935 auch noch zum Saargebiet. Mit Hilfe der Berichte und weiterer Quellen kann nun dieses als Desiderat zu betrachtende Forschungsfeld bearbeitet werden. Gewiss fällt es grundsätzlich nicht leicht, bei einer so jungen Editionsreihe schon Aussagen über die Rezeption im Fach zu treffen. Bei den Gestapolageberichten lässt sich aber schon heute als Zwischenfazit konstatieren, dass sie sowohl in der nationalen, als auch in der internationalen Fachöffentlichkeit dankbar aufgegriffen worden sind. Das gilt aus naheliegenden Gründen etwa für das von Thomas Grotum bei der Professur von Lutz Raphael betriebene Projekt zur Aufarbeitung der bislang recht unbekannten Geschichte der im Mai 1933 etablierten Staatspolizeistelle Trier.[37] Die Edition fand aber schon kurz nach ihrem Erscheinen Eingang in neuere Forschungen, genannt seien beispielsweise die jüngste Geschichte der Hitlerjugend oder die Untersuchung deutscher Schriftsteller von 1933 bis 1945.[38] Die Vielseitigkeit der Edition wurde schon mehrmals in Rezensionen betont.[39] Erfreulich ist außerdem, dass die edierten Gestapoberichte auch in so manchen Quellenverzeichnissen internationaler Arbeiten zu finden sind – ein prominentes Beispiel ist wohl Robert Gellatelys jüngste Analyse der NS-Gesellschaft.[40] Auch in neueren Studien, die Justiz- und Verfolgungsgeschichte miteinander verschränken, wird die Edition genutzt.[41]

---

37 Siehe hierzu: Die Gestapo Trier in der Christophstrasse 1 – Justiz und Polizei im regionalen Umfeld in der NS-Zeit, abgerufen unter: https://www.uni-trier.de/universitaet/fachbereiche-faecher/fachbereich-iii/faecher/geschichte/profil/fachgebiete/neuere-und-neueste-geschichte-3/personen/dr-thomas-grotum/forschungsprojekte/projekt-gestapo-trier/einfuehrung#c168801 (abgerufen am 14.7.2023).
38 Gemeint sind hier beispielhaft: KRENZLIN/GOLASZEWSKI/KARDACH (Hgg.), Schriftsteller; POSTERT, Hitlerjugend; MOORE, Reaktionen.
39 Vgl. MOLL, Rezension; KUROPKA, Rezension Bd. 1; DERS., Rezension Bd. II,1; DERS., Rezension Bd. II,2; ROTH, Rezension; FRESE, Rezension; SASSIN, Rezension.
40 GELLATELY, Believers. In den gleichen Bereich fällt STACKHOUSE, Enemies.
41 Etwa 2023 HAASE, Strafverfolgungspraxis.

Die Edition der Gestapo-Lageberichte ist nicht hoch genug zu würdigen und ein wertvoller Beitrag zur Erforschung der regionalen und überregionalen, auch vergleichenden Zeitgeschichte. Die editorische Leistung ist absolut zufriedenstellend, auch wenn ein tieferer Einstieg in die Parallelüberlieferungen an der einen oder anderen Stelle sicherlich förderlich gewesen wäre. Dazu gab es bereits an verschiedenen Stellen einige Hinweise. Allerdings kann das auch Aufgabe jener sein, die die Berichte in den historischen Zusammenhang einordnen müssen. Zudem hätte man sich für die eigene Projektarbeit gewünscht, dass die Berichte nicht parallel ediert werden, sondern getrennt für jede Gestapostelle. Das hätte die Arbeit zum Beispiel für eine Region sehr erleichtert, zumal sich immer wieder Berichte auf vergangene Berichterstattungen, etwa Untersuchungen oder Verhaftungen, beziehen. Hier wäre vielleicht eine Bucheinteilung nach der Provenienz von Vorteil gewesen. Insbesondere durch die Masse an Informationen, die im Laufe der Monate bis 1936 stetig zunahmen, wäre dies wünschenswert gewesen. Ein Register schafft hier durchaus Abhilfe, kann aber manche Probleme nicht lösen. Wenn etwa die Gestapo in einem Monat von Unbekannten berichtete, die Flugblätter verteilten, und drei Monate später deren Namen nennen konnte, sind diese im Register nur in Bezug auf den späteren Eintrag auffindbar. Aber diese Kritik ist marginal im Vergleich zum Wert dieser Edition und zur Leistung der Editoren, vor allem Anselm Fausts, zumal die Forschenden nicht von der Einsicht in die Parallelüberlieferungen befreit sind.

Mit der Edition der Lageberichte wurden zudem früh die Möglichkeiten einer hybriden Veröffentlichung ausgelotet. Den Projektbeteiligten und Mitantragstellern war schnell klar, dass neben der gedruckten auch eine digitale Publikation vorbereitet werden musste. Nach der Veröffentlichung aller vier Bände im Druck folgte im November 2016 daher ein Antrag bei der Gerda Henkel Stiftung zur digitalen Aufbereitung und Onlinestellung der Lageberichte. Es war auch den überzeugenden Inhalten und der Pionierstellung eines solchen Projektes zu verdanken, dass der Antrag nach nur wenigen Wochen Begutachtung angenommen wurde (Fördersumme rd. 25.000 Euro). Ziel des Folgeprojektes war und ist die Umwandlung der vier Teilbände bzw. 2.900 Textseiten in ein langzeitstabiles XML-basiertes Format und die Einbindung der Daten in die Publikationsumgebung des Landesarchivs NRW.[42] Die geplante Onlineedition bringt zahlreiche Vorteile mit sich, die hier nicht gesondert dargestellt werden müssen. Die Edition war auch in dieser Hinsicht ein Pilotprojekt, wurde hier doch erstmals seit den entsprechenden Grundsatzbeschlüssen im Vorstand eine Onlineveröffentlichung nicht mit einer bloßen Bereitstellung eines scrollbaren PDFs verbunden, sondern mit einer strukturierten digitalen Publikation und der Anreicherung mit weiteren Metadaten, Recherche- sowie Komfortfunktionen.

---

42 Siehe: Landesarchiv Nordrhein-Westfalen: Publikationen und Editionen, abgerufen unter: https://www.archive.nrw.de/landesarchiv-nrw/ueber-uns/publikationen-und-editionen (abgerufen am 14.7.2023).

Zugleich werden hier die Herausforderungen sichtbar, denen sich die »Gesellschaft« im 21. Jahrhundert zu stellen hat: hohe Ansprüche an den »technischen Sachverstand« meist aus dem Fach kommender Beteiligter, Abhängigkeit von externen Anbietern und deren Zuverlässigkeit und nicht zuletzt erheblich gestiegene Kosten. Mit dem »Rheinischen Urkundenbuch« und mit den Lageberichten beschreitet die »Gesellschaft« neue Wege der Edition und Vermittlung von Quellen, ist aber jeweils noch nicht am Ziel angelangt. Wie es bei Pionieren oft der Fall ist, ist der Weg ein Stück des Zieles. Es bleibt abzuwarten, wo die Reise hingeht.

Quellen und Literatur

Die Edition

Dietz, Burkhard / Faust, Anselm / Rusinek, Bernd A. (Bearb.), *Lageberichte* rheinischer Gestapostellen, Bd. I: 1934 [2012]; Bd. II,1: Januar – Juni 1935 [2014]; Bd. II,2: Juli – Dezember 1935 [2015], Bd. III: Januar – März 1936 [2016] (= PubGRhG, Nr. LXXXI), Düsseldorf 2012–2016.

Ungedruckte Quellen

Landeshauptarchiv Koblenz (LHAK)
    Rep. 403, Nr. 16915
    Best. 441, Nr. 28239/28240
Bundesarchiv (BArch)
    R 58/1083
    NS 22/716
Landesarchiv Nordrhein-Westfalen Abt. Rheinland (LAV NRW R)
    RW 0018
    RW 0034
    RW 0035
    RW 0036
    RW 0058

Gedruckte Quellen

Becker-Jákli, Barbara (Bearb.), *Eberhard von Groote* – Tagebuch 1815–1824 (= PubGRhG, Nr. LXXXII), 2 Bde., Düsseldorf u. a. 2015–2020.
Boberach, Heinz (Bearb.), *Meldungen* aus dem Reich: Auswahl aus den geheimen Lageberichten des Sicherheitsdienstes der SS 1938–1945, 17 Bde., Herrsching 1984.
Faust, Anselm (Bearb.), Vom *Arbeitsmarkt* zum Arbeitseinsatz 1933–1945. Dokumente zur Ar-

beitsmarktpolitik im nördlichen Rheinland und in Westfalen (= PubGRhG, Nr. LXXXV), Wien/Köln/Weimar 2023.
Gierse, Ludwig/Heinen, Ernst (Bearb.), *Friedrich Baudri*, Tagebücher 1854–1871 (= PubGRhG, Nr. LXXIII), 4 Bde., Düsseldorf u. a. 2006–2020.
Klein, Thomas (Hg.), Die *Lageberichte* der Geheimen Staatspolizei über die Provinz *Hessen-Nassau* 1933–1936, 2 Bde., Köln 1986.
Ribbe, Wolfgang (Hg.), Die *Lageberichte* der Geheimen Staatspolizei über die Provinz Brandenburg und die Reichshauptstadt Berlin 1933 bis 1936, Teilbd. 1: Der Regierungsbezirk *Potsdam*, Köln 1998.
Rupieper, Hermann-Josef/Sperk, Alexander (Hgg.), Die *Lageberichte* der Geheimen Staatspolizei zur Provinz *Sachsen* 1933–1936, 3 Bde., Halle 2003–2006.

Literatur

Gellately, Robert, Hitler's True *Believers*: How Ordinary Germans became Nazis, Oxford 2020.
Haase, Lena, *Strafverfolgungspraxis* im Schein-Rechtsstaat des »Dritten Reiches«. Zur Zusammenarbeit von Justiz- und Polizeibehörden unter nationalsozialistischer Herrschaft (= Gestapo – Herrschaft – Terror, Bd. 2), Wien/Köln/Weimar 2023.
Krenzlin, Leonore/Golaszewski, Marcin/Kardach, Magdalena (Hgg.), Zwischen Innerer Emigration und Exil. Deutschsprachige *Schriftsteller* 1933–1945, München 2016.
Mallmann, Klaus-Michael/Paul, Gerhard, Allwissend, allmächtig, allgegenwärtig? *Gestapo*, Gesellschaft und Widerstand, in: ZfG 41 (1993), S. 984–999.
Michelberger, Hans, *Berichte* aus der Justiz des Dritten Reichs. Die Lageberichte der Oberlandesgerichtspräsidenten von 1940–1945 unter vergleichender Heranziehung der Lageberichte der Generalstaatsanwälte, Pfaffenweiler 1989.
Moore, Paul, »Es geht ihm soweit ganz gut«. *Reaktionen* auf die Konzentrationslager im Arbeitermilieu 1933 bis 1936, in: Jörg Osterloh/Kim Wünschmann (Hgg.), »… der schrankenlosen Willkür ausgeliefert«. Häftlinge der frühen Konzentrationslager 1933–1936/37 (= Wissenschaftliche Reihe des Fritz Bauer Instituts, Bd. 31), Frankfurt a. M. 2017.
Paul, Gerhard, Ganz normale *Akademiker*. Eine Fallstudie zur regionalen staatspolizeilichen Funktionselite, in: ders./Klaus-Michael Mallmann (Hgg.), Die Gestapo – Mythos und Realität, Darmstadt ²2003, S. 236–254.
Postert, André, Die *Hitlerjugend*: Geschichte einer überforderten Massenorganisation, Göttingen 2020.
Stackhouse, J. Ryan, *Enemies* of People. Hitler's Critics and the Gestapo, Cambridge 2021.

Online (sortiert nach der Nennung im Text)

Publikationen der Gesellschaft für Rheinische Geschichtskunde, abgerufen unter: https://rheinische-geschichte.lvr.de/GRhG_Veroeffentlichungen (abgerufen am 13.7.2023).
Stelbrink, Wolfgang, *Sammelrezension* zu: Rupieper/Sperk (Hgg.), Lageberichte Sachsen, abgerufen unter: https://www.hsozkult.de/searching/id/reb-4488 (abgerufen am 21.7.2023).

Widerstand im Rheinland 1933–1945, abgerufen unter: https://www.rheinische-geschichte.lvr.de/Projekte/Widerstand-im-Rheinland-1933-1945/Widerstandskarte?term= (abgerufen am 14.7.2023).

Die Gestapo Trier in der Christophstrasse 1 – Justiz und Polizei im regionalen Umfeld in der NS-Zeit, abgerufen unter: https://www.uni-trier.de/universitaet/fachbereiche-faecher/fachbereich-iii/faecher/geschichte/profil/fachgebiete/neuere-und-neueste-geschichte-3/personen/dr-thomas-grotum/forschungsprojekte/projekt-gestapo-trier/einfuehrung#c168801 (abgerufen am 14.7.2023).

Landesarchiv Nordrhein-Westfalen: Publikationen und Editionen, abgerufen unter: https://www.archive.nrw.de/landesarchiv-nrw/ueber-uns/publikationen-und-editionen (abgerufen am 14.7.2023).

Rezensionen

Übergreifend:
FRESE, Matthias, *Rezension*, in: Westfälische Forschungen 67 (2017), S. 715–717.
RÖNZ, Helmut, *Rezension*, in: Rheinisch-Westfälische Zeitschrift für Volkskunde 61 (2016), S. 317–318.
ROTH, Thomas, *Rezension*, in: AHVN 281 (2015), S. 337–341.
SASSIN, Horst, *Rezension*, in: ZBGV 104 (2012–2016), S. 249–253.

zu Bd. 1:
KUROPKA, Joachim, Rezension, in: RhVjBll 77 (2013), S. 433–435.
MOLL, Martin, Rezension, in: HZ 299/1 (2014), S. 251–252.

zu Bd. 2/1:
KUROPKA, Joachim, *Rezension*: RhVjBll 79 (2015), S. 416–419.

zu Bd. 2/2:
KUROPKA, Joachim, *Rezension*, in: RhVjBll 80 (2016), S. 395–397.

Siglen und Abkürzungen

AD	Alte Drucke (s. Beitrag Schmitz)
ADB	Allgemeine Deutsche Biographie
AHVN	Annalen des Historischen Vereins für den Niederrhein
Art.	Artikel
Aufl.	Auflage
Ausg.	Ausgabe
Bd., Bde.	Band, Bände
Bearb.	Bearbeiterin / Bearbeiter
begr.	begründet
Best.	Bestand
BlldtLG	Blätter für deutsche Landesgeschichte
ders., dies.	derselbe, dieselbe, dieselben
Diss.	Dissertationsschrift
DJb	Düsseldorfer Jahrbuch
DOI	Digital Object Identifier
ebd.	ebenda
geb.	geboren
GRhG	Gesellschaft für Rheinische Geschichtskunde (Verwendung in Fußnoten)
GW	Gesamtkatalog der Wiegendrucke (s. Beitrag Schmitz)
H.	Heft
Hg. / Hgg.	Herausgeberin / Herausgeber, Herausgeberinnen
HAStK	Historisches Archiv der Stadt Köln
HZ	Historische Zeitschrift
i. Dr.	im Druck
JbGRhG	Jahresbericht der Gesellschaft für Rheinische Geschichtskunde
JbKölnGV	Jahrbuch des Kölnischen Geschichtsvereins
JbwestdtLG	Jahrbuch für westdeutsche Landesgeschichte
LVR	Landschaftsverband Rheinland
N. F.	Neue Folge
ND	Nachdruck / Neudruck
NDB	Neue Deutsche Biographie
Nr.	Nummer
NWBib	Nordrhein-Westfälische Bibliographie
o. S.	ohne Seite
PubGRhG	Publikationen der Gesellschaft für Rheinische Geschichtskunde
RBA	Hansen, Rheinische Briefe und Akten (s. Beitrag Wettengel)
Rez.	Rezension
RhVjbll	Rheinische Vierteljahrsblätter
S.	Seite

Sp.	Spalte
URL	Uniform Resource Locator [Website]
VK	Voulliéme, Der Buchdruck Kölns (s. Beitrag Schmitz)
VSWG	Vierteljahrschrift für Sozial- und Wirtschaftsgeschichte
WZ	Westfälische Zeitschrift
ZAGV	Zeitschrift des Aachener Geschichtsvereins
ZBGV	Zeitschrift des Bergischen Geschichtsvereins
ZfG	Zeitschrift für Geschichtswissenschaft

Abbildungsnachweise

Archiv der Philipps-Universität Marburg: Abb. 10 (UniA MR 312/7 Nr. 3)
Archiv des LVR: Abb. 12 (Bild 13 Nr. 16 Bild 16)
Bundesarchiv: Abb. 9 (BArch N 1298/1)
F[riedrich] Philippi (Bearb.), Die westfälischen Siegel des Mittelalters, Heft 1, Abt. 1: Die Siegel des XI. und XII. Jahrhunderts und die Reitersiegel, hrsg. m. Unterstützung der Landstände der Provinz v. Verein für Geschichte und Alterthumskunde Westfalens, Münster 1882: Abb. 4, Abb. 5
Geschichtsort Villa ten Hompel – Memorial & Museum/Dr. Christoph Spieker: Abb. 19
Gesellschaft für Rheinische Geschichtskunde: Abb. 1, Abb. 21, Abb. 22, Abb. 28
Haus der Essener Geschichte/Stadtarchiv: Abb. 26 (HdEG, Slg. 302 (Sammlung Baedeker-Archiv), 52)
Landesarchiv Nordrhein-Westfalen: Abb. 13 (LAV NRW R, RWB 04786_0012), Abb. 14 (LAV NRW R, RWB 29806_0018), Abb. 15 (LAV NRW R, RWB 29837_0007), Abb. 17 (LAV NRW R, RWB 28373a/23)
Landeshauptarchiv Koblenz: Abb. 11 (LHAKo Best. 710 Nr. 1560)
Rheinisches Bildarchiv: Abb. 2 (RBA 127 289), Abb. 6 (RBA 109 374), Abb. 18 (RBA 109 373), Abb. 20 (RBA L 07 451/29)
Staatsbibliothek zu Berlin – Preußischer Kulturbesitz: Abb. 16 (SBB / Portr.Slg / Bibl. M / Vouliéme, Ernst, Nr. 1)
Stadt Köln/Chr. Kohnen: Abb. 23
Stadt Köln, Dezernat Kunst und Kultur, VII/3 – Archäologische Zone; MiQua. LVR-Jüdisches Museum im Archäologischen Quartier Köln; Technische Universität Darmstadt, Fachgebiet Digitales Gestalten; Architectura Virtualis GmbH, Kooperationspartner der TU Darmstadt, 2020; Grafische Bearbeitung: Christoph Duntze, LVR: Abb. 25
Stadt Köln/Michael Wiehen: Abb. 24
Stadtarchiv Düsseldorf: Abb. 7 (StAD, 5_8_0_180_360_030)
Stadtarchiv Trier: Abb. 27 (StA Trier, Fz 12)
Universitäts- und Landesbibliothek Bonn: Abb. 3 (S 2713:B:5:3)
Universitätsbibliothek Tübingen (Bilddatenbank): Abb. 8 (L XV 60,4-3=95/142)

Autoren und Autorinnen

Dr. Frank M. Bischoff: Präsident des Landesarchivs Nordrhein-Westfalen, Dissertation zur Gestaltung von Papsturkunden im Hohen Mittelalter in den Historischen Hilfswissenschaften (Philipps-Universität Marburg), Mitherausgeber der Kabinettsprotokolle der Landesregierung von Nordrhein-Westfalen; Forschungsschwerpunkte u. a. Historische Hilfswissenschaften, digitale/quantitative Geschichtswissenschaft, Archivwissenschaft und Archivgeschichte, elektronische Archivierung und digitale Bereitstellung. Kontakt: frank.bischoff@lav.nrw.de.

Dr. Jort Blazejewski: Wissenschaftlicher Mitarbeiter am Stadtarchiv Trier; Dissertation zu französischen Revolutionsemigranten nach 1789 (Universität Trier); Forschungsschwerpunkte u. a.: Geschichte der Französischen Revolution, Landesgeschichte des Rhein-Maas-Mosel-Raums, Trierer Stadtgeschichte. Kontakt: jort.blazejewski@trier.de.

Dr. Ralf-Peter Fuchs (Univ.-Prof. i. R.): bis 2023 Professor für Landesgeschichte der Rhein-Maas-Region an der Universität Duisburg-Essen; Dissertation zu Ehrkonflikten vor dem Reichskammergericht (Ruhr-Universität Bochum), Habilitationsschrift zur Beendigung des Dreißigjährigen Krieges über die Normaljahrsregel (Ludwig-Maximilians-Universität München); zuletzt Forschungsschwerpunkte in der Historischen Friedensforschung, der Geschichte des Dreißigjährigen Krieges, der frühneuzeitlichen Reformationsgeschichte und der Hexenforschung. Kontakt: ralf-peter.fuchs@uni-due.de.

Dr. Stephan Laux (Univ.-Prof.): Professor für Geschichtliche Landeskunde an der Universität Trier; Dissertation zu rheinischen Städten in der Reformationszeit, Habilitationsschrift über Landstände und Judengeleit in der Frühen Neuzeit (beides an der Heinrich-Heine-Universität Düsseldorf); Forschungsschwerpunkte u. a.: vergleichende Städtegeschichte, Historiographie- und Wissenschaftsgeschichte, jüdische Geschichte, politische Ideengeschichte, Partizipations- und Demokratieforschung, Landeszeitgeschichte von Rheinland-Pfalz. Kontakt: lauxst@uni-trier.de.

Dr. Carla Meyer-Schlenkrich (Univ.-Prof.): Professorin für Westfälische und Vergleichende Landesgeschichte an der Universität Münster; Dissertation über die Entstehung städtischer Kollektividentitäten am Beispiel der spätmittelalterlichen Reichsstadt Nürnberg, Habilitationsschrift über Einführung und Durchsetzung des Papiers als neuem Beschreibstoff seit dem hohen Mittelalter (beides an der Universität Heidelberg); Forschungsschwerpunkte u. a.: (vergleichende) Städte- und Regionalgeschichte,

Geschichte der Schriftlichkeit, Historiographiegeschichte, Material Studies, jüdische Geschichte, Umweltgeschichte; Schwerpunkt auf der Epoche des Mittelalters. Kontakt: c.meyer-schlenkrich@uni-muenster.de.

Georg Mölich: Bis 2022 Historiker im LVR-Institut für Landeskunde und Regionalgeschichte, Bonn; zahlreiche Veröffentlichungen und Forschungsprojekte zu unterschiedlichen Bereichen der rheinischen Geschichte vom Mittelalter bis zur Zeitgeschichte; Mitherausgeber der Zeitschrift »Geschichte im Westen. Zeitschrift für Landes- und Zeitgeschichte«, Schwerpunkte zuletzt: Beziehungsgeschichte Rheinland-Preußen, Geschichte der Weimarer Republik im Westen, Kultur- und Wissenschaftsgeschichte. Kontakt: gomkoeln@netcologne.de.

Dr. Joachim Oepen: Leiter des Historischen Archivs des Erzbistums Köln; Mitherausgeber von »Geschichte in Köln. Zeitschrift für Stadt- und Regionalgeschichte«, Redaktionsmitglied von »Colonia Romanica. Jahrbuch des Fördervereins Romanische Kirchen Köln«; Dissertation über die Totenbücher von St. Maria im Kapitol, Köln; Forschungsschwerpunkte u. a.: Kölner Stadtgeschichte, Rheinische Landes- und Kirchengeschichte, Historische Hilfswissenschaften; Mitherausgeberschaft des »Nordrheinischen Klosterbuchs«. Kontakt: joachim.oepen@erzbistum-koeln.de.

Dr. Wilfried Reininghaus (apl. Prof. für westfälische Landesgeschichte an der Universität Münster): Präsident des Landesarchivs NRW a. D.; Dissertation über Gesellengilden des Spätmittelalters und Habilitation über die Stadt Iserlohn und ihre Kaufleute 1700–1815 (beides in Münster); Forschungsschwerpunkte: Wirtschafts- und Sozialgeschichte, westfälische Landesgeschichte. Kontakt: wilfried.reininghaus@t-online.de.

Dr. Helmut Rönz: Leiter des LVR-Instituts für Landeskunde und Regionalgeschichte; Dissertation zum Trierer Diözesanklerus im 19. Jahrhundert, anschließend zahlreiche Veröffentlichungen und Forschungsprojekte zu unterschiedlichen Aspekten der rheinischen Geschichte des 19. und 20. Jahrhunderts; Forschungsschwerpunkte zuletzt u. a.: Vergleichende Städtegeschichte, NS-und Katholizismusforschung, Landeszeitgeschichte, Historiographie- und Wissenschaftsgeschichte, Institutionengeschichte, Demokratieforschung. Kontakt: helmut.roenz@lvr.de.

Dr. Andreas Rutz (Univ.-Prof.): Inhaber des Lehrstuhls für Sächsische Geschichte der TU Dresden und Direktor des Instituts für Sächsische Geschichte und Volkskunde in Dresden; Dissertation zu katholischer Mädchenbildung und weiblichem Ordenswesen im frühneuzeitlichen Rheinland, Habilitationsschrift zu territorialen Grenzziehungen als herrschaftliche Raumpraxis im Heiligen Römischen Reich in Mittelalter und Früher Neuzeit (beides an der Universität Bonn); aktuelle Forschungsschwerpunkte u. a.: Regentschaften im Heiligen Römischen Reich 1495–1806, August der Starke (Biographie), Polen-Litauen und Sachsen im 18. Jahrhundert, globale Perspektiven der sächsischen Landesgeschichte, kulinarische Ästhetik vom 18. bis 21. Jahrhundert. Kontakt: andreas.rutz@tu-dresden.de.

Dr. Wolfgang Schmitz (apl. Prof.): Ltd. Bibliotheksdirektor i. R. der Universitäts- und Stadtbibliothek Köln und des Universitätsarchivs. Dissertation zu einer mittelalterlichen Heiligenlegende, Habilitation über den Kölner Buchdruck im 15. und 16. Jahrhundert (beides Universität zu Köln); Forschungsschwerpunkte: Geschichte des Buchdrucks, besonders der Inkunabelzeit; Kölner Buch- und Verlagswesen der frühen Neuzeit; Bibliotheksgeschichte. Kontakt: awschmitz@web.de.

Dr. Günther Schulz (Univ.-Prof. i. R.): Professor em. für Verfassungs-, Sozial- und Wirtschaftsgeschichte an der Rheinischen Friedrich-Wilhelms-Universität Bonn; Dissertation zur Unternehmensgeschichte im 19. und frühen 20. Jahrhundert; Habilitationsschrift über die Wohnungsbaupolitik in den Westzonen und der Bundesrepublik von 1945 bis 1957; Forschungsschwerpunkte: Sozial- und Wirtschaftsgeschichte des 19./20. Jahrhunderts, insbesondere der Wirtschafts- und Sozialordnung, Sozial- und Wohnungspolitik, Arbeiter und Angestellten, Unternehmer und Unternehmen, von Kreditwirtschaft und Sparverhalten. Kontakt: g.schulz@uni-bonn.de.

Dr. Michael Wettengel (Hon. Prof.): Leitender Stadtarchivdirektor des Hauses der Stadtgeschichte – Stadtarchiv Ulm und Gründungsdirektor des Museums »Die Einsteins«, Honorarprofessor für neuere Geschichte an der Eberhard Karls Universität Tübingen; Dissertation zur Revolution von 1848/1849 im Rhein-Main-Raum (Universität Hamburg), beteiligt an den Editionen »Der Parlamentarische Rat 1948–1949« und »Rheinische Briefe und Akten zur Geschichte der politischen Bewegung 1830–1850«; Forschungsschwerpunkte u. a.: Städtegeschichte, Landesgeschichte, politische Geschichte und Parteiengeschichte. Kontakt: m.wettengel@ulm.de, family.wettengel@t-online.de.

Register

Die Indizes wurden von Konrad Langner (Universität Trier) in Verbindung mit dem Herausgeber in dessen Verantwortung angefertigt. Von der Aufnahme lebender Personen wurde abgesehen. Verwendete Abkürzungen: Ebf., Ebtm.: Erzbischof, Erzbistum; Fbtm.: Fürstbistum; Fhr.: Freiherr; Gf., Gft.: Graf, Grafschaft; Hzg., Hzm.: Herzog, Herzogtum; Kf., Kftm.: Kurfürst, Kurfürstentum; Kgr., Kg.: Königreich, König; Ks.: Kaiser; Reg.bez.: Regierungsbezirk.

Personen

Abbe, Ernst 65
Abs, Hermann Josef 64
Adelmann, Gerhard 38, 86
Adenauer, Konrad 223, 265
Aldenhoven, Carl 42
Alexander u. Nesa (Hausbesitzer) 274
Althoff, Friedrich 62–63, 69, 132–133
Andernach, Norbert 172, 174, 177
Anneke, Friedrich 232
Asaria, Zvi 265
Aubin, Hermann 27, 89, 132, 135, 145–147, 151, 153, 288
Auguste Victoria (Deutsche Kaiserin) 101

Babelon, Ernest 301–302, 313
Bäcker von Ranke, Ermentrude 224
Baedeker, Alfred Wilhelm 287–288, 292
Bär, Max 42
Barth, Waldemar 83
Bauermann, Johannes 87
Becker, Hermann Heinrich 76, 79, 234
Beckerath, Hermann von 229, 232, 243, 249
Beitz, Berthold 64
Below, Georg von 20–21, 86–87, 121–158, 207–208, 215, 222
Below, Gustav von 132
Below, Minnie von 126
Berg, Philipp von (Kaplan) 232
Bergsträsser, Ludwig 227
Berney, Arnold 313

Bernstein, Eduard 227
Beyerhaus, Gisbert 309–310
Bezold, Friedrich von 309–310
Bismarck, Otto Fürst von 16, 136, 144, 291
Blickle, Peter 142, 144–145
Blondel, Georges 134
Blos, Wilhelm 227
Boberach, Heinz 22, 229–235, 242–248, 324–325, 329
Böckenförde, Ernst-Wolfgang 140
Böll, Heinrich 265
Bourdieu, Pierre 69
Brackmann, Albert 81
Bradshaw, Henry 183, 195, 200
Brandt, Ahasver von 14–15
Brant, Sebastian 181
Braubach, Max 230–233, 302, 312, 315
Büllingen, Ludwig von 185
Bungart, Dietmar 85
Burger, Konrad 185, 190, 196–198
Burkhardt, Johannes 141
Buyken, Thea 80

Caesarius von Heisterbach 61–62, 82
Campbell, Marinus 190, 200
Camphausen, Ludolf 229, 232, 236, 238, 241–243, 249
Camphausen, Otto 229, 232, 234, 238, 244, 246, 249
Cardauns, Hermann 88
Carstanjen, Adolf von 101

345

Carsten, Francis L. 123
Clemen, Paul 40
Cochin, Auguste 309
Cohn, Willy 270
Copinger, Walter Arthur 185, 187, 189, 197
Cornelius, Carl Adolph 74, 87
Corsten, Severin 198, 200
Crecelius, Wilhelm 89
Cymorek, Hans 133, 135, 139, 151–152

Darpe, Franz 82
Deichmann, Theodor 57, 69
Dieckmann, Franz 293
Diekamp, Wilhelm 74, 76–77, 79
Dithmar, Justus Christopher 211
Doppelfeld, Otto 270, 275–276
Dotzauer, Winfried 315
Droste zu Vischering, Clemens August (Ebf. von Köln) 235
Droz, Jacques 314–315
Drugulin (wohl Johannes Baensch-Drugulin, Buchdrucker) 188
Duisberg, Carl 65
Dumont, Franz 315
Dziatzko, Karl 183, 191

Eckert, Willehad Paul 265
Eckertz, Gottfried 80
Eitel, Anton 76
Engels (wohl Friedrich Ludwig, Stadtkommandant in Köln) 247
Engels, Friedrich 145
Ennen, Leonard 80, 101–103, 184–186, 200
Erhard, Heinrich August 74
Erler, Georg 75
Ewald, Wilhelm 42, 79

Falk, Bernhard 262
Fayard, Jean-François 316
Febvre, Lucien 312
Felten & Guilleaume (Firma) 65
Ferdinand II. (Deutscher Kg. u. Ks.) 131
Ficker, Julius (von) 74, 87
Fierro, Alfred 316
Fink, Georg 15
Finke, Heinrich 74, 77, 79
Forsthoff, Heinrich 216
Franz, Maximilian (Kf. u. Ebf. von Köln) 305

Frensdorff, Ferdinand 81
Friedensburg, Walter 209
Friedländer, Ernst 82
Friedrich I. (»Barbarossa«, Römischer Kg. u. Ks.) 137
Friedrich II. (»der Große«, Kg. in u. von Preußen) 302
Friedrich von Saarwerden (Kf. u. Ebf. von Köln) 159, 165, 169
Friedrich Wilhelm (Kurfürst von Brandenburg) 123
Friedrich Wilhelm III. (Kg. von Preußen) 236
Friedrich Wilhelm IV. (Kg. von Preußen) 132, 227, 235–236, 240, 244–245
Friedrich Wilhelm Karl, Prinz von Preußen (Offizier) 236, 247
Frings, Theodor 27, 288–289

Geissel, Johannes von 232, 249
Giefers, Wilhelm Engelbert 77
Gierke, Anna (von) 142
Gierke, Hildegard (von) 142
Gierke, Lili (von) 142
Gierke, Otto (von) 142–145
Gierse, Ludwig 323
Glagau, Hans 148
Godefridus von Nussia 273–275, 277
Goebbels, Joseph 328
Goerner, Ed. (Architekt) 268
Goetz, Walter 293
Goldschmidt, Dietrich 136
Goldschmidt, Hans 127–128, 130, 132, 136–137, 147
Gooch, George Peabody 137
Göring, Hermann 328
Gothein, Eberhard 85
Grab, Walter 315
Graetz, Heinrich 260
Grayzel, Solomon 264–265
Grohé, Josef 329–330
Groß, Guido 315
Grünewald, Max 264
Gürtner, Franz 329
Güttsches, Arnold 169

Haebler, Konrad 183–184, 196–197, 200
Hagen, Gottfried 88
Hagen, Louis von 287
Hain, Ludwig 182, 184–187, 189–191, 197

Hamelmann, Hermann 89
Hansemann, David 229, 232, 236–237, 240–242, 244–245
Hansen, Barbara 221
Hansen, Johann 232
Hansen, Johanna 224
Hansen, Joseph 15, 21–23, 27–28, 38, 49–50, 70, 76, 86, 88, 127–128, 149–150, 176, 208, 221–250, 285–294, 299–318
Hansen, Ludwig 221
Hanstein, Peter 266
Hanthaler, Chrysostomus 189
Harleß (auch: Harless), Woldemar 76, 124, 129, 137, 148
Hartung, J. (Rezensent) 148
Hasenclever, Adolf 312
Hashagen, Justus 14–16, 85, 214, 216, 288–289, 312, 314
Hegel, Karl 88–89, 100
Heinen, Ernst 323
Heinrich I. (Deutscher Kg. u. Ks.) 261
Helmolt, Hans F. 83
Herborn, Wolfgang 270
Hermann von Hessen (Kf. u. Ebf. von Köln) 165
Hermann von Hochstaden (Kf. u. Ebf. von Köln) 165
Hermannus Vulprume (Hausbesitzer) 274
Hettner, Felix 62
Hilliger, Benno 83
His, Rudolf 89
Hitler, Adolf 263, 311
Hoeniger, Robert 80, 134, 267, 271
Hofmeister, Adolf 15
Höhlbaum, Konstantin 20, 62, 80, 85, 97–115, 164
Hollweg, Otto 148
Hölscher, Georg 197–198
Holtrop, Johannes Willem 183–184
Hömberg, Albert K. 90
Hüffer, Hermann 163
Hundt, Friedrich 79
Husung, Max Josef 198

Ilgen, Theodor 76, 79, 81, 88, 209
Inama-Sternegg, Karl Theodor von 82

Jacoby, Johann 229
Jakobe von Baden (Hzg.in von Jülich-Kleve-Berg) 130–131

Janssen, Johannes 74, 87–88
Janssen, Wilhelm 21, 32, 44, 76, 159, 161, 167–168, 171–172, 175, 177, 234
Johann III. (Hzg. von Jülich-Kleve-Berg) 212–214, 217
Johann Wilhelm (»Jan Wellem«, Hzg. von Jülich-Berg u. Kf. von der Pfalz) 148
Johann Wilhelm (Hzg. von Jülich-Kleve-Berg, † 1609) 122, 130–131
Juchhoff, Rudolf 198
Julku, Kyösti 315

Kallen, Gerhard 28–29, 168–169, 171, 229–230
Karl V. (Deutscher Kg. u. Ks.) 114
Kautzsch, Rudolf 190
Kehr, Paul 171
Keller, Kaspar 85
Keller, Ludwig 215
Kelleter, Heinrich 83
Kerssenbroch (auch: Kerssenbrock), Hermann von 89
Keussen, Hermann 266, 268, 270–272
Keysser, Adolf 193
Kinkel, Gottfried 248
Kisky, Wilhelm 166–170, 175–176
Kloss (Kloß), Johann Georg Burckhard Franz 189
Kluckhohn, August 209
Knipping, Richard 21, 80–81, 159–178
Kober, Adolf 22, 259–280
Kober, Hanna 263
Koenigs, Franz Wilhelm 249
Koepp, Friedrich 288–289, 292
Könige u. Kaiser (Deutschland) → Auguste Victoria, Ferdinand II., Friedrich I. (»Barbarossa«), Heinrich I., Karl V., Wilhelm II.
Konrad von Hochstaden (Ebf. von Köln) 272
Kötzschke, Rudolf 82–84
Kraus, Thomas R. 77
Krementz, Philipp 176
Krieg, Martin 89
Küch, Friedrich 87, 129, 131–132, 137–138, 147–149, 153–154
Kuhl, Joseph 207
Kühn, Walter 230, 234
Kukula, Richard 190
Kuphal, Erich 303
Kuske, Bruno 85–86, 288–289

Lacomblet, Theodor Joseph 76–77, 87, 161–162
Lamennais, Félicité de 235
Lamprecht, Hugo 61, 63
Lamprecht, Karl 57–70, 82–83, 85, 88–89, 100–103, 122, 132, 142, 144–145, 147, 215, 221
Landsberg, Ernst 38
Lau, Friedrich 20, 81, 98–99, 107–108
Lefebvre, Georges 313–315
Lehmann, Max 127, 136, 214
Lenssen, Wilhelm 232
Leo XIII. (Papst) 79
Lepper, Herbert 324
Levison, Wilhelm 137, 288–290, 293
Lindner, Theodor 221
Linnartz, Kaspar 262
Linneborn, Johannes 216
Loersch, Hugo 89
Loesch, Heinrich von 85
Loewe, Victor 147
Löffler, Klemens 89
Löwe, Hugo 147
Lüdicke, Reinhard 81
Ludwig XIV. (Kg. von Frankreich) 301
Luneslaeth, Caspar 215

Marx, Karl 144–145, 237, 241
Mathy, Helmut 315
Maurenbrecher, Wilhelm 62, 124, 132, 208
Mehring, Franz 227
Meinecke, Friedrich 225–226
Meisner, Joachim (Ebf. von Köln) 174, 176
Meister, Aloys 75–76, 84
Melanchthon, Philipp 213
Menzel, Karl 77, 162–167
Merlo, Johann Jakob 200
Meuthen, Erich 77, 171
Mevissen (geb. Leiden), Elise von 60
Mevissen, Gustav von 20, 57–70, 75, 101, 222, 225, 229, 242, 246, 248–249
Mevissen, Mathilde von 223
Mevissen (geb. Leiden), Therese von 60
Meyer, Ignaz Liborius 73
Meyer, Richard M. 134
Meygerus de Bruche (Hausbesitzer) 274
Milchsack, Gustav 191
Minnemannus de Lechenich u. Pura (Hausbesitzer) 274
Molitor, Hansgeorg 316

Moses, Elisabeth 262
Moissinus de Tambach u. Brune (Hausbesitzer) 274
Moyses gen. Beyn u. Adeleydis (Hausbesitzer) 274
Müllenark, Heinrich von 174
Müller, Moritz 167
Mummenhoff, Wilhelm 77
Mussolini, Benito 224

Nahde, Heinrich 30
Nesa (Hausbesitzerin) 274
Nolden, Reiner 84
Nuyss, Johann van 85

Oediger, Friedrich Wilhelm 167, 170–172, 174
Oexle, Otto Gerhard 134, 142, 145
Oncken, Hermann 224
Oppermann, Otto 77, 163, 165, 170–171
Overmann, Alfred 81

Pagenstecher, Alexander 232
Panzer, Georg Wolfgang 187, 189
Päpste → Leo XIII., Sixtus IV.
Pellechet, Marie 183, 187, 189–190
Philipp (»der Großmütige«, Landgraf von Hessen) 137
Philipp Wilhelm (Kf. von der Pfalz) 148
Philippi, Friedrich 75–76, 78–79, 293
Pirenne, Henri 62
Planitz, Hans 80
Platter (Chronisten) 101
Platzhoff, Walter 288, 290, 312
Proctor, Robert 183–184, 189–191, 193–195, 197–200

Quentell, Heinrich 193

Ranke, Leopold von 13, 68, 103, 160, 213
Rath, Erich von 183, 199
Redinghoven, Johann Godfried von 125
Redlich, Otto Reinhard 21, 148, 207–218
Rehme, Paul 270, 273
Reichensperger, August 232, 234, 240, 244
Reichensperger, Peter 240
Renard, Edmund 288–289
Repgen, Konrad 231–233
Ritter, Moriz 15–16, 38, 86, 121, 123–126, 132–133, 147–148, 225–226
Rörig, Fritz 15

Rübel, Karl 76, 81
Rüthing, Heinrich 89

Sagnac, Philippe 301, 310, 313
Salm-Reifferscheidt-Dyck, Fürst Joseph zu 229
Sastrow, Bartholomäus 101
Sauerland, Heinrich Volbert 79
Savigny, Friedrich Carl von 142
Schaarschmidt, Carl 183
Schäfer, Arnold 62
Schäfer, Dietrich 147
Scheel, Heinrich 315
Scheibler, Ludwig 42
Schieder, Theodor 231
Schieffer, Rudolf 13, 162, 174–175, 177
Schieffer, Theodor 172, 293
Schmidt, Adolf 199
Schmitz-Kallenberg, Ludwig 87
Schmoller, Gustav 133, 147
Schreiber, Georg 75
Schreuer, Hans 89
Schröder, Karl 88
Schubert, Hans 314
Schulte, Aloys 167, 301–302
Schulte, Eduard 89, 90
Schulte, Karl Joseph (Ebf. von Köln) 223, 329
Schulte, Wilhelm 86
Schulteis, Constantin 188
Schumacher, Alois 316
Schumacher, Karl 148
Schweinichen, Hans von 101
Silverberg, Paul 287
Sixtus IV. (Papst) 193
Spormecker, Georg 89
Stachelscheid, Carl August 41
Stedmann, Karl von 229, 232, 234, 249
Stehkämper, Hugo 76, 173
Stein, Josef 20, 98–99, 108–109, 111
Stein, Karl Heinrich Frhr. vom 16, 73, 149
Stern, Moritz 267
Stein, Walther 80
Steinbach, Franz 86, 167
Strauss (Geheimrat) 287
Stutz, Ulrich 89

Sybel, Heinrich von 58, 60, 75, 125, 209, 306

Teschenmacher, Werner 211
Thimus, Albert von 244, 246
Tibus, Adolf 74
Tille, Armin 83
Tönnies, Paul 210
Treitschke, Heinrich von 125, 134, 213
Tumbült, Georg 79

Valentin, Veit 227
Varrentrapp, Conrad 137, 207
Vincke, Ludwig 74
Virneburg, Heinrich von 166–167
Vivenot, Alfred von 306
Vogt, Joseph 329
Vogts, Hans 263, 268
Voulliéme, Ernst 21, 181–201

Waitz, Georg 98
Weinsberg, Hermann 20, 61, 80, 97–115
Wentzcke, Paul 292
Widukind von Corvey 73
Wiepen, Eduard 99, 109
Wigand, Paul 73–74
Wikbold (Wigbold) von Holte (Ebf. von Köln) 165
Wilhelm (Prinz von Preußen) 236
Wilhelm IV. (Hzg. von Jülich) 212
Wilhelm V. (Hzg. von Jülich-Kleve-Berg) 112, 122, 131, 139, 211–215, 217
Wilhelm von Saint Paul 238
Wilhelm II. (Deutscher Ks.) 101
Wilmans, Roger 76–77, 82
Winterfeld, Luise von 224
Wisplinghoff, Erich 77, 162–163
Wolff, Otto 287
Wolfgang Wilhelm (Kf. von der Pfalz) 129, 131, 138
Wrede (Adolf) 209
Wundt, Wilhelm 68

Zaretzky, Otto 193, 196–200
Zarncke, Friedrich 199
Zedler, Gottfried 190, 194–195, 200
Zipfel, Ernst 137

Orte

Aachen 77, 83, 88, 129, 163, 167–168, 173, 188, 190, 221, 236–237, 304, 327–329
Anholt (Isselburg) 167
Antwerpen 237
Arnsberg 173
Augsburg 187, 193, 213
Aurich 82

Baden-Württemberg 32
Badenweiler 133
Basel 181, 189
Bayern 32, 88
Belgien 39, 167, 175, 235, 237, 331
Berg (Hzm.) 21, 82, 122, 124, 126, 129, 138–142, 150, 153 (→ auch: Jülich-Berg)
Berlin 32–33, 69, 99, 101, 134, 183–184, 186–187, 198, 232–233, 237, 240, 242–244, 247, 279, 305, 325, 328–329 (→ auch: Lichterfelde)
Bielefeld 122, 150
Bochum 39, 84
Böddeken (Kloster) 89
Böhmen 141
Bonn 8, 19, 27, 34, 36, 42, 44, 46, 57, 58, 60–65, 69–70, 75, 85, 98–99, 112, 124–125, 132, 163–164, 183–184, 186, 188, 190, 198, 208, 210, 221, 230–231, 248, 266, 288, 290, 309, 329
Boppard 89
Brandenburg-Preußen
    Region, Herrschaften, Land etc. 32, 122–123, 131, 147, 149, 244, 323
    Regenten u. Angehörige der Hohenzollerndynastie → Friedrich II., Friedrich Wilhelm, Friedrich Wilhelm III., Friedrich Wilhelm IV., Friedrich Wilhelm Karl, Wilhelm (Prinz von Preußen)
Braunschweig 187, 190
Brauweiler 168
Bremen 32
Breslau 22, 63, 147, 187–188, 222, 260, 264–266, 309–310
Brüssel 165, 167, 190, 235, 241
Budapest 187
Burgund 290
Buxheim (Schwaben) 166

Danzig 188

Darmstadt 32, 187, 305, 317
DDR 231–233, 315
Detmold 187
Dortmund 76, 79, 81, 84, 88–90, 222, 224
Dresden 17, 187–188, 209
Duisburg 36, 88, 210
Dülken 59
Düsseldorf 21, 63, 76, 79, 99, 105, 124–126, 128–130, 137–138, 166, 169–172, 188, 190, 209–210, 232, 237–238, 244, 305, 328

Eisleben 230
Elten (Damenstift) 163
England 39, 272
Erfurt 246, 272
Erlangen 65
Essen 64, 173, 287 (→ auch: Werden)

Frankfurt a.M. 32, 60, 229, 232–233, 243–244, 246, 279
Frankreich
    Kgr., Staat 8, 23, 39, 57, 83, 122, 149–150, 175, 182, 224, 228, 233, 235, 261, 272, 290–291, 299–318
    Könige → Ludwig XIV.
Freiburg i. Br. 79, 128, 133, 136, 191, 313, 316

Geldern 39
Gießen 69, 80, 98, 107, 164
Gotha 188, 246
Göttingen 98, 136, 187–188, 191
's-Gravenhage (Den Haag) 187
Greifswald 148

Hain (bei Leipzig) 208
Halle (Saale) 63, 88, 165, 183, 187–188
Haltern 74
Hamburg 136, 188, 314
Hamm 81
Hannover 76, 187
Heidelberg 85, 133, 191, 240–241
Hessen
    Region, Herrschaften, Länder 32, 43, 45–46, 123, 137, 148, 165, 323
    Regenten → Philipp von Hessen
Höxter 73